ଦୁଇ ଦୁନିଆ ମଝିରେ-
ପ୍ରାଚ୍ୟ ଓ ପାଶ୍ଚାତ୍ୟ

ଏକ ଆତ୍ମଜୀବନୀ

ଜିତେନ୍ଦ୍ରନାଥ ମହାନ୍ତି

ଅନୁବାଦ:

ସୁଭାଷ ଚନ୍ଦ୍ର ଶତପଥୀ

ବ୍ଲାକ୍ ଈଗଲ୍ ବୁକ୍ସ

ଭୁବନେଶ୍ୱର, ଓଡ଼ିଶା

BLACK EAGLE BOOKS

Dublin, USA

ଦୁଇ ଦୁନିଆ ମଝିରେ: ପ୍ରାଚ୍ୟ ଓ ପାଶ୍ଚାତ୍ୟ / ଜିତେନ୍ଦ୍ରନାଥ ମହାନ୍ତି

ଅନୁବାଦ: **ସୁଭାଷ ଚନ୍ଦ୍ର ଶତପଥୀ**

ବ୍ଲାକ୍ ଇଗଲ୍ ବୁକ୍ସ : ଭୁବନେଶ୍ୱର, ଓଡ଼ିଶା • ଡବ୍‌ଲିନ୍, ଯୁକ୍ତରାଷ୍ଟ୍ର ଆମେରିକା

BLACK EAGLE BOOKS

USA address:
7464 Wisdom Lane
Dublin, OH 43016

India address:
E/312, Trident Galaxy, Kalinga Nagar,
Bhubaneswar-751003, Odisha, India

E-mail: info@blackeaglebooks.org
Website: www.blackeaglebooks.org

First International Edition Published by
BLACK EAGLE BOOKS, 2024

DUI DUNIA MAJHIRE: PRACHYA O PRASCHATYA
by **J.N. Mohanty**
Translated by **Suvash Satpathy**

Original Copyright © Oxford University Press 2002
Translation Copyright © **Suvash Satpathy**

All rights reserved. No part of this publication may be reproduced, stored in a retrieval system, or transmitted, in any form or by any means, electronic, mechanical, photocopying, recording or otherwise without the prior permission of the publisher.

Cover & Interior Design: Ezy's Publication

ISBN- 978-1-64560-086-2 (Paperback)

Printed in the United States of America

ବିଖ୍ୟାତ ଦାର୍ଶନିକ ଜିତେନ୍ଦ୍ରନାଥ ମହାନ୍ତି କହିଥିବା କଥା 'ଅପୂର୍ଣ୍ଣତା ଭିତରେ ହିଁ ଜୀବନ ପରିପୂର୍ଣ୍ଣ' ତାଙ୍କର ଏହି ଆତ୍ମଜୀବନୀ 'ଦୁଇ ଦୁନିଆ ମଝିରେ: ପ୍ରାଚ୍ୟ ଓ ପାଶ୍ଚାତ୍ୟ' ବହିଟି ପାଇଁ ପ୍ରଯୋଜ୍ୟ। ଏ ବହି ଜଣେ ଅସାଧାରଣ ମଣିଷର ଜୀବନ କାହାଣୀ, ଯାହା ଅତ୍ୟନ୍ତ ସାଧାରଣ ଭଙ୍ଗୀରେ ରଚନା କରାଯାଇଛି। ଜୀବନ ରହସ୍ୟର ଭାଷ୍ୟକାର ପ୍ରଫେସର ମହାନ୍ତିଙ୍କର ଏହି ଆତ୍ମଜୀବନୀଟିକୁ ଓଡ଼ିଆରେ ଅନୁବାଦ କରି ଦକ୍ଷ ଓ ନିପୁଣ ଅନୁବାଦକ ସୁଭାଷ ଚନ୍ଦ୍ର ଶତପଥୀ ଏକ ଜାତୀୟ କର୍ତ୍ତବ୍ୟ ସଂପାଦନ କରିଛନ୍ତି; କାରଣ ଓଡ଼ିଶାରେ ଜନ୍ମଗ୍ରହଣ କରିଥିବା ଏହି ବିଶ୍ୱପ୍ରସିଦ୍ଧ ଦାର୍ଶନିକ ଯିଏ ମାତ୍ର ୩୯ ବର୍ଷ ବୟସରେ, ଏକଦା ସର୍ବପଲ୍ଲୀ ରାଧାକ୍ରିଷ୍ଣନ୍ ମଣ୍ଡନ କରିଥିବା କଲିକତା ବିଶ୍ୱବିଦ୍ୟାଳୟର କିଙ୍ଗ୍ ଜର୍ଜ ପ୍ରଫେସର ପଦବୀରେ ଅଧିଷ୍ଠିତ ହୋଇଥିଲେ, ତାଙ୍କ ସମ୍ବନ୍ଧରେ ଓଡ଼ିଶା ରାଜ୍ୟର ଅଧିକାଂଶ ଅଧିବାସୀ ବିଶେଷ ଜାଣନ୍ତି ନାହିଁ।

-ଗୌରହରି ଦାସ

ସାହିତ୍ୟ ଏକାଡେମୀପ୍ରାପ୍ତ ବରିଷ୍ଠ ସାହିତ୍ୟକାର

'ଦୁଇ ଦୁନିଆ ମଝିରେ: ପ୍ରାଚ୍ୟ ଓ ପାଶ୍ଚାତ୍ୟ' ଏକ ଅତି ଉପାଦେୟ ଓ ଉପଭୋଗ୍ୟ ପୁସ୍ତକ। ଏହା ବିଶ୍ୱପ୍ରସିଦ୍ଧ ଦାର୍ଶନିକ, ଶିକ୍ଷାବିତ୍ ପ୍ରଫେସର ଜିତେନ୍ଦ୍ରନାଥ ମହାନ୍ତିଙ୍କ ଦ୍ୱାରା ଇଂରାଜୀରେ ରଚିତ ଆତ୍ମଜୀବନୀ। ଯଦି ଶ୍ରୀ ପ୍ରଫେସର ମହାନ୍ତଙ୍କ ଏହି ଗ୍ରନ୍ଥଟି ଆତ୍ମଜୀବନୀ କିପରି ଲେଖାଯିବାକୁ ହୁଏ ତାହାର ଏକ ଉଦାହରଣ, ତେବେ ଶ୍ରୀ ଶତପଥୀଙ୍କ ଓଡ଼ିଆ ରୂପାନ୍ତର ଗୋଟିଏ ଅତି ଉଚ୍ଚକୋଟୀର ଜଟିଳ ପୁସ୍ତକକୁ କିପରି ସୁନ୍ଦର ଓ ସାବଲୀଳ ଭାବରେ ଅନୁବାଦ କରିବାକୁ ହୁଏ ତାହାର ଏକ ବିରଳ ନମୁନା। ଏହି ବହିଟିକୁ ପଢ଼ିଲେ ଲାଗେ ସତେ ଯେପରି ମୂଳତଃ ଏହା ଓଡ଼ିଆରେ ଲେଖାଯାଇଛି। ଏହା କେବଳ ଓଡ଼ିଆ ପାଠକମାନଙ୍କ ସକାଶେ ଏକ ସୁନ୍ଦର ଉପହାର ନୁହେଁ, ଓଡ଼ିଆ ଅନୁବାଦ ସାହିତ୍ୟକୁ ମଧ୍ୟ ଏକ ବଳିଷ୍ଠ ଅବଦାନ।

- ପ୍ରଫେସର ବିବୁଧେନ୍ଦ୍ର ନାରାୟଣ ମହାନ୍ତି

ପ୍ରାକ୍ତନ ଇଂରାଜୀ ପ୍ରଫେସର, ଆଇଆଇଟି, କାନପୁର

ଦେଶ ବିଦେଶରେ ବିଭିନ୍ନ ଭାଷାରେ ଲେଖା ହୋଇଥିବା ଗଳ୍ପ,କବିତା ଓ ଉପନ୍ୟାସ ଓଡିଆରେ ଅନୁଦିତ ହୋଇ ଆମ ସାହିତ୍ୟକୁ ଋଦ୍ଧିମନ୍ତ କରିଥିବା କଥା ସମସ୍ତଙ୍କୁ ଜଣା। ସେଗୁଡ଼ିକର ନୂତନ ଆଙ୍ଗିକ ଓ ଆତ୍ମିକ ସଂଗ୍ରହ କରି ଆମ ସାହିତ୍ୟ ସମୃଦ୍ଧ ହୋଇଛି। କିନ୍ତୁ ଜ୍ଞାନଭିତ୍ତିକ ପୁସ୍ତକଗୁଡ଼ିକର ଅନୁବାଦ ଯେତେ ପରିମାଣରେ ହେବା କଥା ତାହା ହୋଇପାରିନାହିଁ ବୋଲି ଲାଗେ। ଅର୍ଥନୀତି, ସମାଜବିଜ୍ଞାନ, ଦର୍ଶନ, ଇତିହାସ ଭଳି ବିଷୟ ଉପରେ ଲେଖା ଯାଇଥିବା ପୁସ୍ତକସବୁର ଓଡ଼ିଆ ଅନୁବାଦର ସଂଖ୍ୟା ସେତେ ବେଶୀ ନୁହେଁ। ଏଗୁଡ଼ିକ ବିଶେଷ ପାଠକୀୟ ଆଦୃତି ଲାଭ କରିଥିବା ମନେହୁଏ ନାହିଁ। ଏହି କ୍ଷେତ୍ରରେ ସୁଭାଷ ଶତପଥୀଙ୍କର ଉଲ୍ଲେଖନୀୟ ଅବଦାନ ନିଶ୍ଚିତ ଭାବରେ ପ୍ରଶଂସାଯୋଗ୍ୟ ଓ ଅଭିନନ୍ଦନୀୟ।

ଏଥର ସେ ପାଠକମାନଙ୍କୁ ବିଶ୍ୱବିଖ୍ୟାତ ଦାର୍ଶନିକ ପ୍ରଫେସର ଜିତେନ୍ଦ୍ରନାଥ ମହାନ୍ତିଙ୍କର ଜୀବନଯାତ୍ରାର କାହାଣୀ ଅନୁବାଦ ମାଧ୍ୟମରେ ଉପହାର ଦେଇଛନ୍ତି। ଏକ ବୌଦ୍ଧିକ ଅନ୍ୱେଷଣ

କିପରି ସଂଘର୍ଷଭରା, ବୈଚିତ୍ର୍ୟମୟ ଓ ଚିତ୍ତାକର୍ଷକ ହୋଇପାରେ ଏହି ଅନନ୍ୟ ଆତ୍ମଜୀବନୀଟି ପଢ଼ିଲେ ପାଠକମାନେ ଜାଣିପାରିବେ। ଏଥିରୁ ପ୍ରଥିତଯଶା ଦାର୍ଶନିକ ହାନା ଆରେଣ୍ଟ୍ ଉଲ୍ଲେଖ କରିଥିବା *Life of the Mind*ର ପରିଚୟ ଆମେ ପାଇଥାଉ। ଏହିପରି ଅନେକ ଜ୍ଞାନଭିତ୍ତିକ ପୁସ୍ତକର ଅନୁବାଦ କରି ଓଡ଼ିଆକୁ ଜ୍ଞାନସୃଜନ ଓ ଜ୍ଞାନ ବିତରଣର ମାଧ୍ୟମ ଭାବେ ପ୍ରତିଷ୍ଠିତ କରିବାରେ ଶ୍ରୀ ଶତପଥୀ ସାହାଯ୍ୟ କରିବେ ବୋଲି ମୋର ଆଶା ଓ ବିଶ୍ୱାସ।

- ପ୍ରଫେସର ଯତୀନ୍ଦ୍ର କୁମାର ନାୟକ
ବିଶିଷ୍ଟ ସମାଲୋଚକ, ଅନୁବାଦକ

ବିଶ୍ୱବିଖ୍ୟାତ ଦର୍ଶନ ପ୍ରଫେସର ଜୀତେନ୍ଦ୍ରନାଥ ମହାନ୍ତିଙ୍କ ଆତ୍ମଜୀବନୀ ଓଡ଼ିଆରେ ଅନୂଦିତ ହୋଇ ପ୍ରକାଶ ପାଇବା ଅତ୍ୟନ୍ତ ଖୁସିର କଥା। ଏହାକୁ ଓଡ଼ିଆରେ ରୂପାନ୍ତର କରିବାରେ ଶ୍ରୀଯୁକ୍ତ ଶତପଥୀଙ୍କ ଶ୍ରମ ଓ ନିଷ୍ଠା ଏହି ଓଡ଼ିଆ ବହିଟିକୁ ପଢ଼ିଲେ ଯେକେହି ସହଜରେ ଅନୁଭବ କରିପାରିବ।

- ପ୍ରଫେସର ପ୍ରଫୁଲ୍ଲ କୁମାର ମହାପାତ୍ର
ପ୍ରାକ୍ତନ ପ୍ରଫେସର ଓ ବିଭାଗୀୟ ମୁଖ୍ୟ, ଦର୍ଶନ ବିଭାଗ, ଉତ୍କଳ ବିଶ୍ୱବିଦ୍ୟାଳୟ

ବିଗତ କଥାକୁ ନେଇ ନିଜ ସହ କଥାବାର୍ତ୍ତାର ଅକ୍ଷରରୂପ ଆତ୍ମଜୀବନୀ। ସେଥିରେ ଜୀବନ ଥାଏ, ଦର୍ଶନ ଥାଏ। ଦର୍ଶନ ମୂଲ୍ୟବୋଧ ଗଢ଼େ ଏବଂ ସେହି ଅନୁସାରେ ବଞ୍ଚିବା ଧାରାକୁ ନିୟନ୍ତ୍ରିତ କରେ। ପ୍ରଫେସର ଜିତେନ୍ଦ୍ରନାଥ ମହାନ୍ତିଙ୍କ ସାରା ଜୀବନ ଏକ ଦର୍ଶନ ଆଧାରିତ ଜୀବନ। ବେଶ୍ ମହତ୍, ଖୁବ୍ ଗଭୀର। ପ୍ରାଚ୍ୟ ଓ ପାଶ୍ଚାତ୍ୟ ଦର୍ଶନର ସେ ନିଜେ ଥିଲେ ଗୋଟେ ଦୃଢ଼ ସେତୁବନ୍ଧ। ଓଡ଼ିଆ ଭାଷାରେ ତାଙ୍କର ଆତ୍ମଜୀବନୀ ପୁସ୍ତକର ପ୍ରତିରୂପ ହାତପାଆନ୍ତା ହେବା ଏକ ସୌଭାଗ୍ୟର କଥା।

- ଦାଶ ବେନହୁର
ବରିଷ୍ଠ ସାହିତ୍ୟିକ ଓ ଶିକ୍ଷାବିତ୍

ତଥାକଥିତ 'ଭାରତ ବିଦ୍ୟା'ର ବିଶାରଦ ଡକ୍ଟର ମହାନ୍ତିଙ୍କ ସମାଲୋଚନା ଏବଂ ଭାରତ ଦର୍ଶନ'ର ପାଶ୍ଚାତ୍ୟ ସମାଲୋଚନାର ତାଙ୍କ ସମାଲୋଚନା ମୋତେ ତାଙ୍କ କୃତିମାନଙ୍କ ଆଡ଼କୁ ବିଶେଷ ଭାବରେ ଆକୃଷ୍ଟ କରିଥିଲା। ଶ୍ରୀଯୁକ୍ତା ଅନ୍ନପୂର୍ଣ୍ଣା ମହାରଣାଙ୍କ ସମ୍ପର୍କରେ ତାଙ୍କ ଦୁଇପୁଅଙ୍କ ସମ୍ପାଦିତ ପାଞ୍ଚଟି ପ୍ରବନ୍ଧର ଏକ ଇଂରାଜୀ କ୍ଷୁଦ୍ର ସଂକଳନରେ ଡ.ମହାନ୍ତିଙ୍କ ସହିତ ଏକତ୍ର ସ୍ଥାନିତ ହେବାର ସୌଭାଗ୍ୟ ଯୁଟିଛି। ତାଙ୍କ ଆତ୍ମଜୀବନୀଟି ଯେତିକି ଜ୍ଞାନଗର୍ଭକ ସେତିକି ସୁଖପାଠ୍ୟ। ତାହା ପାଶ୍ଚାତ୍ୟ ଓ ପ୍ରାଚ୍ୟ ଦର୍ଶନ ସମ୍ପର୍କରେ ପାଠକଙ୍କ ମନରେ ସ୍ଥୂଳ ଧାରଣା ଜନ୍ମାଏ। ଏହି ଗ୍ରନ୍ଥଟିକୁ ଇଂରାଜୀରୁ ଓଡ଼ିଆକୁ ଅନୁବାଦିତ ହେବା ଖୁସିର କଥା ଏବଂ ଶ୍ରୀମାନ ସୁଭାଷ ଶତପଥୀ ତାହା ଅତି ନିଷ୍ଠାର ସହିତ କରିଛନ୍ତି। ସମସ୍ତଙ୍କ ପାଇଁ ପଢ଼ିବା ଭଳି ଏକ ଉପାଦେୟ ପୁସ୍ତକ।

- ଶୈଳଜ ରବି
ବରିଷ୍ଠ ଗାନ୍ଧୀବାଦୀ ଚିନ୍ତକ, କବି ଏବଂ ସମାଲୋଚକ

ଦୁଇ ଦୁନିଆ ମଝିରେ
ପ୍ରାଚ୍ୟ ଓ ପାଶ୍ଚାତ୍ୟ
ଏକ ଆତ୍ମଜୀବନୀ

ଦୁଇ ଦୁନିଆ ମଝିରେ ସମସାମୟିକ ଜଣେ ଭାରତୀୟ ପ୍ରଖ୍ୟାତ ଦାର୍ଶନିକଙ୍କ ଦ୍ୱାରା ଲିଖିତ ଏକ ଚିତ୍ତାକର୍ଷକ ଆତ୍ମଜୀବନୀ। ଏହି ପୁସ୍ତକରେ ଦାର୍ଶନିକ ଶ୍ରୀ ଜିତେନ୍ଦ୍ରନାଥ ମହାନ୍ତି କଟକ ସହରରେ ତାଙ୍କର ବାଲ୍ୟଜୀବନ ସ୍ମୃତିଠାରୁ ଆରମ୍ଭ କରି ପରବର୍ତ୍ତୀ ସମୟରେ ଭାରତ, ଜର୍ମାନୀ ଏବଂ ଆମେରିକାରେ ନିଜର ଦାର୍ଶନିକ ଯାତ୍ରାକୁ ବେଶ୍ ମନୋଜ୍ଞ ଭାବରେ ବର୍ଣ୍ଣନା କରିଛନ୍ତି। ତାଙ୍କର ଏହି ବିଶ୍ୱ ଅଭିଯାନ କେବଳ ଆକ୍ଷରିକ ଭାବରେ ନୁହେଁ, ବରଂ ତାତ୍ତ୍ୱିକ ଦୃଷ୍ଟିରୁ 'ପ୍ରାଚ୍ୟ ଜଗତରୁ ପାଶ୍ଚାତ୍ୟ ଦୁନିଆ'କୁ ଏକ ପ୍ରଜ୍ଞାଯାତ୍ରା ବୋଲି କୁହାଯାଇପାରେ ଯାହାକୁ ସେ ତାଙ୍କର ଅନନ୍ୟ ବର୍ଣ୍ଣନା ଚାତୁରୀରେ କେତେବେଳେ ମହାନ ଭାରତୀୟ ଓ ପାଶ୍ଚାତ୍ୟ ଦାର୍ଶନିକ ପରମ୍ପରା ମଧ୍ୟରେ ସଙ୍ଗମ ତ ଆଉ କେତେବେଳେ ସଂଘାତ ଭାବେ ବଖାଣିଛନ୍ତି। ଏହି ପୁସ୍ତକରେ ସେ ଜନ୍ମମାଟି ଓଡ଼ିଶାର ଏକ ଅଖ୍ୟାତ ଗାଆଁରେ ନିଜର ଚେରକୁ ଖୋଜିଛନ୍ତି, କଲିକତା ଓ ଗେଟିଂଗେନ୍ (ଜର୍ମାନୀ) କିଭଳି ତାଙ୍କର ମନ ଓ ଚିନ୍ତନକୁ ଗଢ଼ିବାରେ ସହାୟକ ହୋଇଥିଲା ତାହା ବଖାଣିଛନ୍ତି। ପ୍ରାରମ୍ଭିକ ପର୍ଯ୍ୟାୟରେ ପାଶ୍ଚାତ୍ୟ ସାମାଜିକ ଓ ରାଜନୈତିକ ଭାବଧାରା ତଥା ଗାନ୍ଧିବାଦୀ ଚିନ୍ତାଧାରାକୁ ବୁଝିବା ଓ ତାହାକୁ ଆତ୍ମସ୍ଥ କରିବା ଅବସରରେ ଶ୍ରୀ ମହାନ୍ତି ନିଜ ସଂସ୍କୃତିକୁ ତନ୍ନତନ୍ନ କରି ତର୍ଜମା ଓ ମୂଲ୍ୟାୟନ କରିଛନ୍ତି। ଏହା ତାଙ୍କୁ ସୂକ୍ଷ୍ମ ଭାବରେ ଚେତାଇ ଦେଇଛି ଯେ ପାଶ୍ଚାତ୍ୟ ୟୁରୋପୀୟ ଏବଂ ଭାରତୀୟ ଚିନ୍ତନ ପରସ୍ପରକୁ ପରିମାର୍ଜିତ ଏବଂ ସହଯୋଗ କରୁଛନ୍ତି।

ଜଣେ ଦାର୍ଶନିକ ଭାବରେ ନିଜ ଜୀବନ ଓ କର୍ମକୁ ଟିକିନିଖି ଭାବରେ ବର୍ଣ୍ଣନା କରିବା ଅବସରରେ ଶ୍ରୀ ମହାନ୍ତି କେତେକ ପ୍ରଖ୍ୟାତ ଭାରତୀୟ ଓ ପାଶ୍ଚାତ୍ୟ ଦାର୍ଶନିକଙ୍କ

ଉପରେ ଆଲୋକପାତ କରିଛନ୍ତି ଏବଂ ସେମାନଙ୍କ କଥା ସ୍ମରଣ କରିଛନ୍ତି। ଯେଉଁ ସ୍ଥାନରେ ସେ ଅବସ୍ଥାନ କରୁଥିଲେ ଏବଂ ଯେଉଁ ଯେଉଁ ସ୍ଥାନ ପରିଦର୍ଶନ କରିଥିଲେ ସେସବୁର ସ୍ମୃତିକୁ ମଧ୍ୟ ଅତି ଆତ୍ମିକ ଓ ଅନ୍ତର୍ଦୃଷ୍ଟିର ସହ ଉଲ୍ଲେଖ କରିଛନ୍ତି। ଯେଉଁ ପରିବ୍ୟାପ୍ତ ପୃଥିବୀକୁ ସେ ଦେଖିଛନ୍ତି ଏବଂ ଅନୁଭବ କରିଛନ୍ତି ତାହାକୁ ଶ୍ରୀ ମହାନ୍ତି ଏକତ୍ରିତ କରି ସ୍ମରଣ ଓ ବିଶ୍ଳେଷଣ କରିଛନ୍ତି। ଯାହା ସେ ନିଜ ପ୍ରାକ୍ କଥନରେ କହିଛନ୍ତି,'ମୋ ପାଇଁ, ଏ ଜୀବନ ବଞ୍ଚିବା ଯଦି ସଫଳ ହୋଇଥାଏ, ତେବେ ତାହା ଏକ ଅଧ୍ୟାତ୍ମିକ ସାଧନା ବୋଲି ମୁଁ କହିବି।' ଶ୍ରୀ ମହାନ୍ତିଙ୍କ ଜୀବନ ଓ କର୍ମ ସମ୍ପର୍କରେ ଆଗ୍ରହୀ ଦର୍ଶନ ଶାସ୍ତ୍ରର ଛାତ୍ରଛାତ୍ରୀ ଓ ଗବେଷକ ତଥା ସାଧାରଣ ପାଠକମାନେ ଏହି ଆତ୍ମଜୀବନୀରେ ଏକ ପ୍ରଗାଢ଼ ଚିନ୍ତାଶୀଳ ଓ କର୍ମମୟ ଜୀବନର ବର୍ଣ୍ଣନା ପାଇବେ ଯାହା ଅତୀବ ହୃଦୟସ୍ପର୍ଶୀ ଓ ମୁଗ୍ଧକର।

ପ୍ରଭାବ ରହିଛି । ମୁଁ କ'ଣ କରିବି ସେକଥା ସେ ମୋତେ କେବେ କହି ନଥିଲା । କିନ୍ତୁ ମୋ ଉପରେ ତା'ର ଥିଲା ଅଖଣ୍ଡ ଆସ୍ଥା । ମୁଁ ଯାହା କରିବାକୁ ନିଷ୍ପତ୍ତି ନେଉଥିଲି, ସେଥିପାଇଁ ବୋଉର ସମର୍ଥନ ଥିଲା ଅକୁଣ୍ଠ । ଜୀବନରେ କେବେ ମତଭେଦକୁ ନେଇ ଆମ ଭିତରେ ସମ୍ପର୍କ ବ୍ୟାହତ ହୋଇ ନଥିଲା ବରଂ ବୋଉର ଶେଷ ଜୀବନ ପର୍ଯ୍ୟନ୍ତ ଆମେ ପରସ୍ପରର ପରିପୂରକ ହୋଇ ରହିଥିଲୁ । ଯେତେବେଳେ ସେ ଜାଣିଲା ଯେ ତା' ପାକସ୍ଥଳୀରେ କର୍କଟ ରୋଗ ହୋଇଛି ଏବଂ ସେ ଆଉ ବେଶୀ ଦିନ ବଞ୍ଚିବ ନାହିଁ, ସେତେବେଳେ ସେ ତାକୁ ଆମ ଗାଆଁକୁ ନେଇଯିବା ଲାଗି ମୋତେ କହିଲା । ହସ୍ପିଟାଲର ବେଡ୍‌ରେ ପଡ଼ି ପଡ଼ି ସେ ମରିବାକୁ ଚାହୁଁ ନଥିଲା । ମୁଁ ଯେତେବେଳେ ତାକୁ ନେଇ ଗାଆଁରେ ପହଞ୍ଚିଲି, ତା'ମୁହଁର ଶାନ୍ତି ଓ ପ୍ରସନ୍ନତାକୁ ମୁଁ ଲକ୍ଷ୍ୟ କରିଥିଲି- ଯଦିଚ ସେତେବେଳେ ସେ ଉଦରରେ ବେଶ୍ ଯନ୍ତ୍ରଣା ଅନୁଭବ କରୁଥିଲା । ଗାଆଁରେ ଥିବା ଏକମାତ୍ର ଡାକ୍ତର ତାକୁ ଚିକିତ୍ସା କଲା । ଆମ ଗାଆଁ ଓ ଆଖପାଖ ଗାଆଁର ଶହଶହ ଲୋକ ତାକୁ ଦେଖା କରିବା ଲାଗି ପ୍ରତିଦିନ ଆସୁଥିଲେ । ତା'ଶେଯ ପାଖରେ ବସି ତା'ହାତଧରି ଆଉଁସି ପ୍ରବୋଧନା ଦେଉଥିଲେ । ଧୀରେ ଧୀରେ ସେ ଅନ୍ତର୍ଜଳ(କୋମା)କୁ ଚାଲି ଯାଇଥିଲା ଏବଂ ପରିଶେଷରେ ତା' ଜୀବନଦୀପ ନିଃଶେଷ ହୋଇଯାଇଥିଲା । ମୋତେ ଲାଗିଥିଲା, ଭାରତ, ଓଡ଼ିଶା, କଟକ ଓ ମୋ ନିଜ ଗାଆଁ ସହିତ ଯେଉଁ ସୂକ୍ଷ୍ମ ସୂତ୍ରରେ ମୁଁ ଏତେଦିନ ଧରି ବାନ୍ଧି ହୋଇ ରହିଥିଲି, ତାହା ହଠାତ୍ ଛିଣ୍ଡି ଯାଇଥିଲା । ଏବେ ଏତେ ବଡ଼ ବିଶାଳ ଦୁନିଆରେ ମୋତେ ଏକୁଟିଆ ବଞ୍ଚି ରହିବାକୁ ପଡ଼ିବ । ନିଜ ମାଆଙ୍କ ମୃତ୍ୟୁ ପରେ କାର୍ଲ ଜାସ୍ପର୍ସ ହାନା ଆରେଣ୍ଟ୍‌ଙ୍କ ନିକଟକୁ ଖଣ୍ଡିଏ ପତ୍ର ଲେଖିଥିଲେ:'ମାଆର ମୃତ୍ୟୁପରେ ଜଣେ ବ୍ୟକ୍ତିଠାରେ ପ୍ରତ୍ୟକ୍ଷରେ ହେଉ କି ପରୋକ୍ଷରେ ହେଉ ଏକ ମୌଳିକ ପରିବର୍ତ୍ତନ ଲକ୍ଷ୍ୟ କରାଯାଇଥାଏ...। ଜଣେ ବ୍ୟକ୍ତିର ମାତୃହାନି ଘଟିବା ଅର୍ଥ ଯେଉଁ ଆଶ୍ରୟ, ଅର୍ଥାତ୍ ନିଃସର୍ତ୍ତ ସମର୍ଥନଟି ଏତେଦିନ ଧରି ତା'ର ମୁଣ୍ଡ ଉପରେ ଥିଲା, ତାହାକୁ ସେ ହଠାତ ହରାଇ ବସିଥାଏ ।'

୧୯୭୦ ମସିହା ଜାନୁଆରୀ ମାସରେ ମୁଁ ଯେତେବେଳେ ଭାରତ ଛାଡ଼ି ଆମେରିକା ଯାଇଥିଲି, ସେତେବେଳେ ମୁଁ ମୋ ବୋଉ ପାଖକୁ ମୋର ସବୁ ବହି ଏବଂ ଗବେଷଣା ନିବନ୍ଧମାନ ପଠାଇଥିଲି । ଆମ ଗାଆଁ ଘରେ ସେସବୁକୁ ସେ ସଯତ୍ନରେ ସାଇତି ରଖିଥିଲା । କୀଟ ଦଂଶନଠାରୁ ଆରମ୍ଭ କରି ଫିମ୍ପିମାରି ନଷ୍ଟ ହୋଇଯିବା ଭଳି ବିପଦରୁ ସେ ସେସବୁକୁ ରକ୍ଷାକରି ଆସୁଥିଲା । ଯେତେବେଳେ ସେ ଜାଣିଲା ଯେ ଆଉ ବେଶୀ ଦିନ ସେ ବଞ୍ଚିବ ନାହିଁ, ସେତେବେଳେ ବହିଗୁଡ଼ିକୁ କିପରି ରକ୍ଷା କରାଯିବ ସେଥିନେଇ ସେ ମୋତେ ବାରମ୍ବାର ତାଗିଦା କରୁଥିଲା । କେବଳ ପାଠାଗାରରେ

ଥିବା ବହିଗୁଡ଼ିକ ନୁହେଁ, ସମଗ୍ର ଘର, ପ୍ରଶସ୍ତ ଘରବାଡ଼ି ଏବଂ ମୋ ବାପା ତୋଳାଇଥିବା ଜଗନ୍ନାଥ ମନ୍ଦିର, ସବୁକିଛିର ଉପଯୁକ୍ତ ଯତ୍ନ ନିଆଯିବା ଓ ରକ୍ଷଣାବେକ୍ଷଣ କରାଯିବା ଦରକାର। ଗାଆଁର ପୈତୃକ ସମ୍ପତ୍ତିକୁ ତ କେବେ ବିକ୍ରି କରାଯାଏ ନାହିଁ। ପିଢ଼ି ପରେ ପିଢି ଉତ୍ତରାଧିକାରୀ ସୂତ୍ରରେ ତାହା ଆହରଣ କରାଯାଏ ଏବଂ ହାତକୁ ହାତ ତାହା ଗଡ଼ି ଚାଲିଥାଏ। ଗାଆଁ ଘରକୁ ଭଡ଼ାରେ ମଧ୍ୟ ଦିଆଯାଏ ନାହିଁ। ଯଦିଚ ଏବେ ସବୁକିଛି ବଦଳିବାରେ ଲାଗିଛି। ଯେପର୍ଯ୍ୟନ୍ତ ମୋ ବଡ଼ଭାଇ ଜୀବିତ ଥିବେ, ସେ ଏସବୁର ଦାୟିତ୍ୱ ତୁଲାଇବେ। କିନ୍ତୁ ତାଙ୍କ ପରେ କ'ଣ ହେବ ?

ଗାଆଁ ଘର ଚତୁଃପାର୍ଶ୍ୱରେ ଘେରି ରହିଥିବା ଏହି ପାରିବାରିକ ପରମ୍ପରାରେ ଏହିଭଳି ଭାବେ ପୂର୍ଣ୍ଣଚ୍ଛେଦ ପଡ଼ିଥାଏ। ଯେଉଁ ଘରେ ପୁରୁଷ ଓ ମହିଳାମାନେ ଚଳପ୍ରଚଳ ହେଉଥିଲେ, ପିଲାଛୁଆମାନେ ଜନ୍ମ ହୋଇ ବଢ଼ିଥିଲେ, ଉତ୍ସବ ଅନୁଷ୍ଠାନମାନ ହେଉଥିଲା, ସଦାବେଳେ ପରିବାର ଲୋକ ଚଳଚଞ୍ଚଳ ରହୁଥିଲେ, କୁଣିଆ ମଇତ୍ର ଓ ଅତିଥି ଅଭ୍ୟାଗତମାନେ ଆସୁଥିଲେ...ଏବେ ସେହି ଘର ଶୂନ୍ୟ ପଡ଼ିବ ଏବଂ ତା'ପରେ ଧୀରେ ଧୀରେ କାନ୍ଥରେ ଫାଟମାନ ଆଁ ମେଲା କରିବ ଓ ଘରର ମଜଭୁତ କାଠଖୁଣ୍ଟଗୁଡ଼ିକୁ ଘୁଣପୋକ ଖାଇ ଚାଲିବ। ସବୁକିଛି ବିଲୟ ଆଡ଼କୁ ମୁହାଁଇବ ଓ ଶେଷରେ ନଷ୍ଟ ହୋଇଯିବ। ଯେଉଁ ଘରେ ଦିନେ ସ୍ନେହ ଓ ଘୃଣା, ଆନନ୍ଦ ଓ ଦୁଃଖ, କ୍ରୋଧ ଓ ସ୍ନେହ ଭରି ରହିଥିଲା, ତାହା କେବଳ ସ୍ମୃତିର ଖିଅଟିଏ ହୋଇ ରହିଯିବ।

ମୁଁ ବ୍ୟକ୍ତିଗତ ଅମରତ୍ୱରେ ବିଶ୍ୱାସୀ ନୁହେଁ କିମ୍ବା ଏଥିରେ ବିଶ୍ୱାସ କରିବାର କୌଣସି ବଳିଷ୍ଠ କାରଣ ମଧ୍ୟ ନାହିଁ। ଅବୈ୍ୟକ୍ତିକ ଅମରତ୍ୱ- ଅର୍ଥାତ୍, ମୋ ଶରୀର ଯେମିତି ଦିନେ ପଞ୍ଚଭୂତରେ ମିଶିଯିବ, ସେମିତି ମୋର ଚେତନା ମଧ୍ୟ ଜାଗତିକ ଚେତନାରେ ଏକୀଭୂତ ହୋଇଯିବ। ଏଭଳି ଧାରଣାରେ ମୁଁ ବିଶ୍ୱାସୀ। କିନ୍ତୁ ଜାଣେନା ଏହା ସତ କି ମିଛ। ମୋ ନିଜସ୍ୱ ଦୃଷ୍ଟିରୁ ମୋର ବାପା ଓ ବୋଉ ଏ ସଂସାରରୁ ଚିରଦିନ ପାଇଁ ବିଦାୟ ନେଇ ସାରିଛନ୍ତି। ସେମାନଙ୍କର କୌଣସି ଅବଶେଷ ନାହିଁ। ମୁଁ ମଧ୍ୟ ସେହିଭଳି ଦିନେ ଏ ସଂସାରରୁ ବିଦାୟ ନେବି। ଯାହା ରହିଯାଏ ଏବଂ ରହିବ, ତାହା ହେଉଛି କେବଳ ପରମ୍ପରା, କାହାଣୀ ଓ ଇତିହାସ, ଯାହା ସ୍ମୃତି ମାଧ୍ୟମରେ ଜଣକଠାରୁ ଅନ୍ୟ ଜଣକ ନିକଟକୁ ଯାଇଥାଏ। ପୂର୍ବଜଙ୍କ ଉପାସନାରେ ଯଥାର୍ଥତା ରହିଛି- କଳ୍ପିତ ଈଶ୍ୱରଙ୍କଠାରୁ ସେମାନଙ୍କ ଉପାସନା ଅଧିକ ଯୁକ୍ତିସିଦ୍ଧ ମନେହୁଏ।

■

କାଲକାଟା, ଓଃ କାଲକାଟା !

କଲିକତା ହେଲା ପ୍ରାସାଦ ନଗରୀ, କୋଟି କୋଟି ଦୀନ ଦରିଦ୍ରଙ୍କ ନଗରୀ, ଯେଉଁଠାରେ ଖାଲଖମାପୂର୍ଣ୍ଣ ରାଜରାସ୍ତାରେ ହଜାର ହଜାର କାର୍ ଅହରହ ଦୌଡୁଥାଏ, ଏବଂ ଏବେ ସୁଦ୍ଧା ଦୌଡୁଛି; ଯେଉଁଠି ପଙ୍କୁଆ ହୁଗୁଳୀ ନଦୀରେ ଷ୍ଟୀମରସବୁ ଧୂଆଁଛାଡ଼ି ଆତଯାତ ହେଉଥାଏ; ଯେଉଁଠି ନାଲିରଙ୍ଗର ଦୋତାଲା ବସ୍ (ହାୟ ! ଆଜିକାଲି ସେସବୁ ବସ୍ ଆଉ ଚାଲୁନି ।) ସରୁଆ ସଡ଼କରେ ଗଦାଗଦା ଯାତ୍ରୀଙ୍କୁ ଧରି ଆତଯାତ ହେଉଥାଏ - ଏଭଳି ଏକ ସହରକୁ ଭଲା ଜଣେ କେମିତି ଭଲ ପାଇ ପାରିବ? ତଥାପି ସେଇ ସହରରେ ପହଞ୍ଚିଲା ପରେ ଖୁବ୍ ଶୀଘ୍ର ତା' ପ୍ରେମରେ ପଡ଼ିଯାଇଥିଲି । ମୀର୍ଜାପୁର ଷ୍ଟ୍ରୀଟ୍ ଏକ ଚଳଚଞ୍ଚଳ ସଡ଼କ, ଯାହା ଗୋଟିଏ ପଟେ ଯାଇ ୟୁନିଭର୍ସିଟି ବିଲଡିଂଠାରେ କଲେଜ୍ ଷ୍ଟ୍ରୀଟ୍‌ରେ ମିଶିଛି । ସେଇ ମୀର୍ଜାପୁର ଷ୍ଟ୍ରୀଟ୍‌ର ଅନେକ ସରୁ ଓ ଧୂଆଁଳିଆ ଗଳିରୁ ଗୋଟିକରେ ମୁଁ ରହୁଥିଲି । ମୋ ଦ୍ୱିତୀୟ ଭାଇ ଯିଏ ଆକାଶବାଣୀ (ଅଲ୍ ଇଣ୍ଡିଆ ରେଡିଓ)ରେ ଜଣେ ପ୍ରୋଗ୍ରାମ୍ ଅଫିସର ଭାବରେ ସେଠାରେ କାମ କରୁଥିଲା, ତା'ରି ସହିତ ଗୋଟିଏ ଫ୍ଲାଟ୍‌ରେ ରହୁଥିଲି । କଲେଜ ଷ୍ଟ୍ରୀଟ୍‌ରେ ୟୁନିଭର୍ସିଟିର ଆଶୁତୋଷ ବିଲ୍ଡିଂଟା ମୁଣ୍ଡ ସଳଖି ଗର୍ବର ସହ ସାମ୍ନାରେ ଠିଆ ହୋଇଥିବା ପରି ଲାଗେ । ସେଇଠି ମୀର୍ଜାପୁର ଷ୍ଟ୍ରୀଟ୍ ଯାଇ ତା'ରି ସହ ମିଶିଛି । ଦକ୍ଷିଣ ଦିଗକୁ ଆଉ ଅଳ୍ପ ବାଟ ଆଗକୁ ଗଲେ ସିନେଟ୍ ହାଉସ୍‌ର କୋରିନ୍ଥିଆନ୍ ସ୍ତମ୍ଭସବୁ (କ୍ଷୋଭର କଥା, ଏବେ ସେସବୁକୁ ଚିନ୍ତାଶୂନ୍ୟ ଯୋଜନାକାର ଓ ଆବେଗହୀନ ସ୍ଥପତିମାନଙ୍କ ଦ୍ୱାରା ଭାଙ୍ଗି ଦିଆଯାଇଛି !)ଠିଆ ହୋଇଥାଆନ୍ତି । ତା' ଆଗକୁ ଥିବା ପାହାଚ ପାଖକୁ ରାଜା ପ୍ରସନ୍ନ କୁମାର ଟାଗୋରଙ୍କର ଆବକ୍ଷ ପ୍ରତିମୂର୍ତ୍ତିଟିଏ ଥିଲା । କଲେଜ ଚୌକ କହିଲେ ଗୋଟିଏ ଗୋଲାକୃତି ପୁଷ୍କରିଣୀ ଯାହା ଚାରିକଡ଼େ ଗୋଟିଏ ସରୁ ପାଦଚଲା ରାସ୍ତା ଓ ଦି'କଡ଼େ ବେଞ୍ଚସବୁ ଧାଡ଼ି ଧାଡ଼ି ହୋଇ ପଡ଼ିଥିଲା । ତା'ର ଗୋଟିଏ ପଟକୁ ସିନେଟ୍

ହାଉସ୍‌କୁ ସାମ୍ନା କରି ଈଶ୍ୱରଚନ୍ଦ୍ର ବିଦ୍ୟାସାଗରଙ୍କର ଚେକା ପକାଇ ବସିରହିଥିବା ଠାଣିର ପ୍ରତିମୂର୍ତ୍ତିଟିଏ ଗୋଟିଏ ସ୍ତମ୍ଭ ଉପରେ ଆସୀନ ଥିଲା। (ମୋର ଯାହା ଅନୁମାନ ହୁଏ ସତୁରି ଦଶକରେ ନକ୍ସଲ ଆନ୍ଦୋଳନକାରୀମାନେ ଏହି ପ୍ରତିମୂର୍ତ୍ତିଟିକୁ ଭାଙ୍ଗି ପକାଇଥିଲେ)। ତା' ଆଗକୁ ସିନେଟ୍ ହାଉସ୍‌ଠାରୁ ପ୍ୟାରୀଚରଣ ସରକାର ଷ୍ଟ୍ରୀଟ୍ ଦ୍ୱାରା ବିଚ୍ଛିନ୍ନ ହୋଇ କଲେଜ ଷ୍ଟ୍ରୀଟ୍‌ରେ ପଡ଼େ ପ୍ରେସିଡେନ୍ସି କଲେଜ, ଯାହା ଦିଓଟି ବିଶାଳକାୟ କୋଠାକୁ ନେଇ ଗଠିତ ଏବଂ ଏ ଦୁଇଟି କୋଠାକୁ ମଝିରୁ ପୃଥକ୍ କରେ ସବୁଜିମାଭରା ମୈଦାନଟିଏ। ତା'ର ଗୋଟିଏ କଡ଼କୁ କଲେଜର ମୁଖ୍ୟ ସୌଧ ଏବଂ ଅନ୍ୟ କଡ଼କୁ ବେକର୍ ଲାବୋରେଟୋରୀଜ୍। ସେଇ ଚୌକର ଦକ୍ଷିଣ ପଟକୁ ଚାହିଁଲେ ସଂସ୍କୃତ ମହାବିଦ୍ୟାଳୟର ବିଶାଳକାୟ ସ୍ତମ୍ଭସବୁ ଉପରେ ନଜର ପଡ଼େ। ଏହା ସେଇ ସଂସ୍କୃତ ମହାବିଦ୍ୟାଳୟ ଯେଉଁଠାରେ ଏକଦା ଈଶ୍ୱରଚନ୍ଦ୍ର ବିଦ୍ୟାସାଗର ଅଧ୍ୟକ୍ଷ ଥିଲେ। ପ୍ରେସିଡେନ୍ସି କଲେଜ ସାମ୍ନାକୁ କଲେଜ ଷ୍ଟ୍ରୀଟ୍ କଡ଼େ କଡ଼େ ଏବଂ ତା'ର ପଛପଟ ଗଳିମାନଙ୍କରେ ଧାଡ଼ି ଧାଡ଼ି ବହି ଅସଂଖ୍ୟ ଦୋକାନ ଥିଲା (ଏବଂ ଆଜି ସୁଦ୍ଧା ଅଛି)। ସେସବୁ ବହି ଦୋକାନମାନଙ୍କରେ ମୁଖ୍ୟତଃ ସ୍କୁଲ ଓ କଲେଜ ପାଠ୍ୟପୁସ୍ତକସବୁ ମିଳେ ଓ ତା'ଛଡ଼ା ଅତି ପୁରୁଣା ଓ ଦୁର୍ଲଭ ପୁସ୍ତକ ବି ଉପଲବ୍ଧ ହୋଇଥାଏ। ସେଇସବୁ ବହି ଦୋକାନ ଉହାଡ଼ରେ ଲୁଚି ରହିଥାଏ ୧୫ କଲେଜ ଚୌକ, ଯେଉଁଠାରୁ ଉପର ମହଲାକୁ ଶିଢ଼ିଟିଏ ଲମ୍ବି ଯାଇଥାଏ ଇଣ୍ଡିଆ କଫି ହାଉସ୍‌କୁ ଓ ଅନ୍ୟ ଗୋଟିଏ ଶିଢ଼ି ଉଠିଥାଏ ଅରବିନ୍ଦ ପାଠମନ୍ଦିରକୁ (ଯାହା ପୁରୁଣା ଆଲବର୍ଟ ହଲ୍ ସ୍ଥାନରେ ସ୍ଥାପିତ ହୋଇଥିଲା। ସେଇ ଆଲବର୍ଟ ହଲ୍‌ଠାରେ ଏକଦା କଲିକତାର ନାଗରିକମାନେ ନୋବେଲ୍ ପୁରସ୍କାର ପାଇବା ପରେ ଟାଗୋରଙ୍କୁ ସମ୍ବର୍ଦ୍ଧିତ କରିଥିଲେ ଏବଂ ସେହି ହଲ୍‌ର ମଞ୍ଚରେ ଏହାର ପ୍ରତ୍ୟୁତ୍ତରରେ ଟାଗୋର ମହୋଦୟ ଖୋଲା ହୃଦୟରେ ସେମାନଙ୍କୁ ଆକ୍ଷେପ କରି କହିଥିଲେ ଯେ ସେମାନେ ହେଉଛନ୍ତି ସେଇ ଲୋକ ଯେଉଁମାନେ ଆଜି ତାଙ୍କୁ ପାଶ୍ଚାତ୍ୟ ଜଗତ 'ଚିହ୍ନିବା'ପରେ ସମ୍ମାନିତ କରୁଛନ୍ତି; କିନ୍ତୁ ଇତି ପୂର୍ବରୁ ସେହିମାନେ ତାଙ୍କୁ ଅତି ଅନ୍ୟାୟୋଚିତ ଭାବରେ କଟୁ ସମାଲୋଚନା ଓ ଅପମାନିତ କରିଥିଲେ)। ଏଇସବୁ ସୌଧଗୁଡ଼ିକ ଭିତରେ ଓ ଆଖପାଖ ଗଳି ଓ ସଡ଼କରେ ମୁଁ ପରବର୍ତ୍ତୀ ଚାରିବର୍ଷର ଛାତ୍ର ଜୀବନ ବିତାଇଥିଲି। କଟକ ଭଳି ଏକ ଶାନ୍ତ ଓ ନିର୍ଜୀବ ସହରରୁ ଯାଇଥିବା ଯୁବକଟି ପାଇଁ ସେତେବେଳେ କଲିକତା ଥିଲା ମନରେ ଭୟ ଉଦ୍ରେକକାରୀ ଏକ ମହାନଗରୀ। ସେଇ କେତେ ବର୍ଷ ଭିତରେ କଲିକତାର ଅଧିକାଂଶ ଅଂଶକୁ ମୁଁ କ୍ୱଚିତ୍ ଆବିଷ୍କାର କରିଥିଲି। ଆଉ ଯେତେବେଳେ ପ୍ରକୃତରେ ସେସବୁକୁ ଆବିଷ୍କାର କଲି, ସେତେବେଳେ କଲିକତାକୁ ପାଇଥିଲି ଏକ ସଂସ୍କୃତି ଓ ରାଜନୀତିର ପୀଠସ୍ଥଳୀ

ଭାବରେ, ଯାହାକି ମୋ ମନର ଆଗ୍ରହକୁ ସମ୍ପୂର୍ଣ୍ଣ ରୂପେ ଆଚ୍ଛନ୍ନ କରି ରଖିଥିଲା। ବାଣିଜ୍ୟ ନଗରୀ, ପ୍ରାଚୁର୍ଯ୍ୟର ନଗରୀ (ଏବଂ ଦାରିଦ୍ର୍ୟର ନଗରୀ ମଧ୍ୟ), ବଡ଼ ବଡ଼ ବ୍ୟବସାୟୀଙ୍କ ପେଣ୍ଠସ୍ଥଳୀ (ସେମାନେ ସାଧାରଣତଃ ଅଣ-ବଙ୍ଗାଳୀ ବର୍ଗ ଭାବରେ ଅଧିକାଂଶ ସମୟରେ ଚିହ୍ନିତ ହେଉଥିଲେ ଏବଂ ସେକଥା ଭାବିଲେ ମୋତେ ଆଶ୍ଚର୍ଯ୍ୟ ଲାଗେ) ମୋ ପାଇଁ କିଛି ଅର୍ଥ ରଖୁ ନ ଥିଲା। ମୁଁ ଯେଉଁ କଲିକତା ମହାନଗରୀ ପ୍ରେମରେ ପଡ଼ିଥିଲି ଓ ଦେଖିଥିଲି, ତାହା କେବଳ ଟାଗୋରଙ୍କ ନଗରୀ ନୁହେଁ, ବରଂ ଆହୁରି ଅନେକ ଅନାମଧେୟ କବି ଓ ଲେଖକରେ ଭରପୂର ଥିଲା; ସେ ନଗରୀରେ କେବଳ ଅବନୀ ଟାଗୋର ଓ ଯାମିନୀ ରାୟ ନ ଥିଲେ, ସେମାନଙ୍କ ସହ ଥିଲେ ଆହୁରି ଅସଂଖ୍ୟ ଅଜ୍ଞାତ ଓ ଅଖ୍ୟାତ ସଂଘର୍ଷରତ ଚିତ୍ରକର ଓ କଳାକାର। ସେହିଭଳି ଏହା ଥିଲା ପଣ୍ଡିତ ଓ ଜ୍ଞାନୀଗୁଣୀମାନଙ୍କ ନଗରୀ (ସେମାନଙ୍କ ମଧ୍ୟରେ ସି.ଭି. ରମଣ ଓ ସର୍ବପଲ୍ଲୀ ରାଧାକୃଷ୍ଣନ୍‌ଙ୍କ ଭଳି ମହାନ୍ ବ୍ୟକ୍ତିମାନେ ସହଜରେ ବାରି ହୋଇ ପଡୁଥିଲେ।)। ଗୋଟିଏ ପ୍ରଖ୍ୟାତ ବିଶ୍ୱବିଦ୍ୟାଳୟ (ହାୟ ! ଏବେ ତା'ର ପୂର୍ବ ଗୌରବରୁ ଭୂପତିତ !) ଯେଉଁଠାରେ ଅନେକ ସାରଗର୍ଭକ ଜ୍ଞାନଚର୍ଚ୍ଚା ହେଉଥିଲା ଏବଂ ସେଭଳି ବ୍ୟକ୍ତିତ୍ୱମାନଙ୍କୁ ଲୋକେ ହୃଦୟର ସହ ଭଲ ପାଉଥିଲେ - ଅନ୍ତତଃପକ୍ଷେ ମୋତେ ସେତେବେଳେ ସେମିତି ଲାଗୁଥିଲା।

ଏମିତି ଭାବରେ କଲିକତାରେ ମୋ ଜୀବନର ପ୍ରଥମ ଦି'ବର୍ଷ କେବଳ କଲେଜ ଷ୍ଟ୍ରୀଟ୍‌ରେ ଥିବା ସେଇ ବିଶାଳକାୟ ଅଟ୍ଟାଳିକା, ଯେଉଁଠାରେ ପ୍ରେସିଡେନ୍ସି କଲେଜ ଥିଲା, ସେହିଠାରେ କେନ୍ଦ୍ରୀଭୂତ ରହିଥିଲା। ମନ ଭିତରେ ଅନେକ ଆଶା, ଆଶଙ୍କା ଓ ସମ୍ଭାବନା ନେଇ ମୁଁ ସେ କଲେଜକୁ ଆସିଥିଲି। ସେତେବେଳେ ଅବିଭକ୍ତ ବଙ୍ଗଳାର ଶ୍ରେଷ୍ଠ ଛାତ୍ରମାନେ ପ୍ରେସିଡେନ୍ସି କଲେଜରେ ସିଟ୍‌ଟିଏ ପାଇବା ସକାଶେ ପରସ୍ପର ମଧ୍ୟରେ ତୀବ୍ର ପ୍ରତିଦ୍ୱନ୍ଦ୍ୱିତା କରୁଥିଲେ। ତେଣୁ ମନରେ ଭୟ ଆସୁଥିଲା - ସତରେ କ'ଣ ମୁଁ ସେମାନଙ୍କ ସାଙ୍ଗରେ ପ୍ରତିଯୋଗିତା କରିପାରିବି ? କଟକରେ ମୁଁ ହାସଲ କରିଥିବା ସାଫଲ୍ୟର ଏଠାରେ କିଛି ଅର୍ଥ ନ ଥିଲା। ତେଣୁ ମୋତେ ପୁଣି ଥରେ ମୂଳରୁ ହିଁ ନୂଆକରି ପଢ଼ାପଢ଼ି ଆରମ୍ଭ କରିବାକୁ ପଡ଼ିବ। ଏଇ କଲେଜର ଚଉଡ଼ା ଓ ତୀଖ ଶିଢ଼ି ତଳେ ଥରେ ସୁଭାଷ ବୋଷ ଜଣେ ବ୍ରିଟିଶ୍ ପ୍ରଫେସର,ମିଷ୍ଟର ଓଟେନ୍‌ଙ୍କୁ ଶକ୍ତ ଧକ୍କାଟିଏ ପକାଇଥିଲେ। କାରଣ, ସେ ଭଦ୍ରବ୍ୟକ୍ତି ଭାରତୀୟମାନଙ୍କ ପ୍ରତି କିଛି ଅଶାଳୀନ ପ୍ରତିକୂଳ ମନ୍ତବ୍ୟ ଦେଇଥିଲେ। ସେଇ ଶିଢ଼ି ଚଢ଼ିଲାବେଳେ ମୁଁ ସତକୁ ସତ ଧଇଁସଇଁ ହୋଇ ପଡୁଥିଲି। ମୋର ପ୍ରଥମ ଦର୍ଶନ ଅଧ୍ୟାପକ ଥିଲେ ନଳିନୀକାନ୍ତ ବର୍ମା, ଯାହାଙ୍କ ବାହ୍ୟ ବ୍ୟକ୍ତିତ୍ୱ ଯେତିକି ଶାନ୍ତ ମନ ସେତିକି ଶାଣିତ।

ସେ ସଦାବେଳେ ହଳେ ଲୋଚାକୋଚା ସୁଟ୍ ପିନ୍ଧୁଥିଲେ ଯାହା ତାଙ୍କ ଚେହେରାକୁ ଆଦୌ ଖାପ ଖାଉ ନଥିଲା। ସେ ଯେତେବେଳେ ଶ୍ରେଣୀ କକ୍ଷକୁ ପଶିଆସନ୍ତି ଆମ ଛାତି ଧଡ଼ପଡ଼ ହୋଇଉଠେ। ସେ କେଇ ମିନିଟ୍ ପର୍ଯ୍ୟନ୍ତ ଚୌକିରେ ଚୁପ୍‌ଚାପ୍ ବସି (ମୁଁ ଲକ୍ଷ୍ୟ କରିଥିଲି ଯେ ଏହା ତାଙ୍କର ନିୟମିତ ଅଭ୍ୟାସ) ଆମକୁ ସିଧାସଳଖ ଚାହିଁରହନ୍ତି (ପରେ ମୁଁ ଯାହା ଅନୁମାନ କଲି ଏମିତି ବସି ସେ ପ୍ରଥମେ ନିଜ ଚିନ୍ତାକୁ ଏକାଗ୍ର କରନ୍ତି); ଏବଂ ତା'ପରେ ଧୀରେ ଆମକୁ ପଢ଼େଇବା ଆରମ୍ଭ କରନ୍ତି - ପୂରାପୂରି ମାପଚୁପର ସହ, ବିଷୟବସ୍ତୁ ସହିତ ଯଥାସମ୍ଭବ ସମ୍ପର୍କୀତ, ସେଥିରୁ କୌଣସି ଗୋଟିଏ ସୁଦ୍ଧା ବାକ୍ୟ ଉପର ଠାଉରିଆ ନ ଥିବ ଏବଂ ସବୁଠାରୁ କମ୍ ବାକ୍ୟ ଉଚ୍ଚାରଣ କରି କିପରି ସିଧାସଳଖ ପ୍ରସଙ୍ଗର ମଞ୍ଜି କଥାଟିକୁ ପ୍ରାଞ୍ଜଳ ଭାବରେ ଛାତ୍ରମାନଙ୍କୁ ବୁଝାଯାଇ ପାରିବ। ଜଣେ ଶିକ୍ଷକ ଭାବରେ ସେ ଅବଶ୍ୟ ପ୍ରଭାବଶାଳୀ ଥିଲେ ଏବଂ ଯଥା ଶୀଘ୍ର ମୋ ମନରେ ଧାରଣା ବଦ୍ଧମୂଳ ହୋଇଥିଲା ଯେ ତାଙ୍କର ସେଇ ରୁକ୍ଷ ବାହ୍ୟ ଚେହେରା ତଳେ ଏକ ଉଷ୍ମ, ସମ୍ବେଦନଶୀଳ ଓ ଉଦାର ହୃଦୟ ଛପି ରହିଛି। ସେ ମୋତେ ପରେ କହିଥିଲେ ଯେ ମୁଁ ଓଡ଼ିଶାରୁ ଆସିଛି ବୋଲି ସେ ଜାଣିବାକୁ ପାଇଛନ୍ତି। ମୋର ଦର୍ଶନ ଶାସ୍ତ୍ର ଉପରେ ଥିବା ଦଖଲ ସମ୍ପର୍କରେ କେତେଥର ପରୀକ୍ଷା କରିବା ପରେ (ଯାହା ମୁଁ ପରେ ଜାଣିବାକୁ ପାଇଥିଲି) ସେ ମୋ ଉପରେ ଅକୁଣ୍ଠ ଆସ୍ଥା ଓ ଭରସା ସ୍ଥାପନ କରିଥିଲେ। ଅଣ୍ଡର ଗ୍ରାଜୁଏଟ୍ ଶ୍ରେଣୀରେ ଅନ୍ୟ ଯେଉଁ ଅଧ୍ୟାପକମାନେ ଆମକୁ ପଢ଼ାଉଥିଲେ ସେମାନଙ୍କ ଭିତରୁ ମୁଁ ଯେଉଁମାନଙ୍କ ନାଁ ଅବଶ୍ୟ ସ୍ମରଣ କରିବି ସେମାନେ ଥିଲେ ତାରାପଦ ମୁଖାର୍ଜୀ, ଓ ତାରକ ସେନ୍; ଉଭୟେ ଆମକୁ ସେକ୍ସପିୟର ପଢ଼ାଉଥିଲେ; ଶ୍ରୀକୁମାର ବାନାର୍ଜୀ (ଯାହାଙ୍କ ପ୍ରଚଣ୍ଡ ଇଂରାଜୀ ଜ୍ଞାନ ପାଇଁ ତାଙ୍କୁ ଅଧିକାଂଶ ସମୟରେ ଅନ୍ୟମାନେ ନକଲ କରି ମଜା ଉଡ଼ାଉଥିଲେ)। କିନ୍ତୁ ସର୍ବୋପରି ଥିଲେ ଆମକୁ ୟୁରୋପୀୟ ଇତିହାସ ପଢ଼ାଉଥବା ସୁଶୋଭନ ସରକାର। ସାରା ବିଶ୍ୱରେ ଏମାନଙ୍କ ଭଳି ଏତେ ଉତ୍ତମ ଓ ପ୍ରେରଣାଦାୟୀ ଅଧ୍ୟାପକ ମୁଁ ଅନ୍ୟ କେଉଁଠି ସୁଦ୍ଧା ଦେଖିନି।

ପ୍ରେସିଡେନ୍ସି କଲେଜରେ ମୋର ଯେଉଁମାନେ ସହପାଠୀ ଥିଲେ - ଯେଉଁ ଛାତ୍ରମାନଙ୍କ ସାନ୍ନିଧ୍ୟ ମୋତେ କେବଳ ସଖ୍ୟ ପ୍ରଦାନ କରି ନ ଥିଲା, ବରଂ ମୋର ଜ୍ଞାନର ଦିଗ୍‌ବଳୟକୁ ସମ୍ପ୍ରସାରିତ କରିବାରେ ସହାୟକ ହୋଇଥିଲା - ସେମାନଙ୍କ କଥା ଚିନ୍ତା କଲାବେଳେ ମୋହିତ ସେନ୍ (ପରେ ସେ ଭାରତୀୟ କମ୍ୟୁନିଷ୍ଟ ପାର୍ଟିର ପଲିଟିବ୍ୟୁରୋର ସଦସ୍ୟ ହୋଇଥିଲେ); ଶିବେନ୍ଦୁ ଘୋଷ (ଇନ୍ଦିରା ଗାନ୍ଧୀଙ୍କ ଶାସନ କାଳରେ ପ୍ରତିରକ୍ଷା ସଚିବ ଭାବରେ କାର୍ଯ୍ୟରତ ଥିବାବେଳେ ତାଙ୍କର ଅସମୟରେ

ପରଲୋକ ଘଟିଥିଲା); ତାପସ ମଜୁମଦାର (ଜଣେ ପ୍ରଖ୍ୟାତ ଅର୍ଥନୀତିଜ୍ଞ) ଏବଂ ସୁରଜିତ ସିହ୍ନା (ବିଶିଷ୍ଟ ନୃତତ୍ତ୍ୱବିଦ୍ ଓ ପରେ ବିଶ୍ୱଭାରତୀର କୁଳପତି ଆସ ଅଳଂକୃତ କରିଥିଲେ)ଙ୍କ ନାମ ସ୍ୱତଃ ମନକୁ ଆସେ।

ଇଡେନ୍ ହିନ୍ଦୁ ହଷ୍ଟେଲ୍‌ରେ(ଯେଉଁଠାକୁ ମୁଁ ମୋ ଭାଇଙ୍କ ଆପାର୍ଟମେଣ୍ଟ୍ ଛାଡ଼ି ସ୍ଥାନାନ୍ତରୀତ ହୋଇଥିଲି) ରହଣି କାଳରେ ଦୀର୍ଘ ଘଣ୍ଟାର ପାଠପଢ଼ା, ବଡ଼ ବଡ଼ ଜ୍ଞାନୀଗୁଣୀ (ସେମାନଙ୍କ ମଧ୍ୟରୁ ଅଧିକାଂଶ କୌଣସି ନା କୌଣସି ବ୍ରାଣ୍ଡ୍‌ର ମାକ୍ସବାଦୀ ଥିଲେ)ଙ୍କ ସହିତ ରାଜନୀତି ଓ ରାଜନୈତିକ-ତାତ୍ତ୍ୱିକ ଆଲୋଚନା, ୧୫ କଲେଜ ସ୍କୋୟାରରେ କଫି ହାଉସ୍‌ରେ ବସି କଫି ପିଆ ଓ ବଙ୍ଗୀୟ ଯୁବକମାନଙ୍କ ତଥାକଥିତ 'ଆଡ୍ଡା'ରେ ଯୋଗଦେଇ ଖଟି ମାରିବାରେ ଜୀବନ ସୁରୁଖୁରୁରେ କଟୁଥିଲା। ସେତେବେଳେ ଭାରତ ସଦ୍ୟ ସ୍ୱାଧୀନତା ଲାଭ କରିଥିଲା ଏବଂ ଅତି ଦୁଃଖଦ ପରିସ୍ଥିତିରେ ଘଟିଥିବା ଦେଶ ବିଭାଜନ ସମସ୍ତଙ୍କୁ ଆକ୍ରାନ୍ତ କରି ରଖିଥିଲା। ଗୋଟିଏ ଦୃଷ୍ଟିରୁ ବିଚାର କଲେ ଆମେ ସଭିଏଁ ଏହା ସହ ଆବେଗିକ କିମ୍ବା ବୌଦ୍ଧିକ ଦୃଷ୍ଟିରୁ ସଂଶ୍ଲିଷ୍ଟ ଥିଲୁ; ଅବଶ୍ୟ ସ୍ୱାଧୀନତା ସଂଗ୍ରାମ ସହ ସକ୍ରିୟ ଭାବରେ ନୁହେଁ। ସେତେବେଳେ ବଙ୍ଗଳାର ଶାସକ ଥାଆନ୍ତି ମୁସଲିମ୍ ଲିଗ୍‌ର ନେତା ସହିଦ୍ ସରାୱର୍ଦ୍ଦି। ଭାରତ ବିଭାଜନ ଏବଂ ପାକିସ୍ତାନ ଗଠନ ପାଇଁ ଜିନ୍ନାଙ୍କ ଡାକରାକୁ ଆମେମାନେ ଏବେସୁଦ୍ଧା, ମୋ ପକ୍ଷେ ନିଶ୍ଚିତ ଭାବରେ, ଏକ ଘୃଣ୍ୟ ଓ ମହତ୍ତ୍ୱହୀନ ଚିନ୍ତାଧାରା ବୋଲି ଭାବୁ। ମୋର ଯାହା ମନେ ପଡୁଛି, ୧୯୪୬ ମସିହା ପ୍ରାରମ୍ଭରେ ସେ ଏହି ଡାକରା ଦେଇଥିଲେ। ଥରେ କଲିକତାରେ ଏକ ବିରାଟ ମୁସଲିମ୍ ଜନ ସମାବେଶରେ ଭାଷଣ ଦେବାକୁ ଜିନ୍ନା କଲିକତା ଆସିଥିଲେ ଏବଂ ମୁଁ ତାଙ୍କ ଭାଷଣ ଶୁଣିବା ଲାଗି ସେଇ ଜନ ସମାବେଶ ଭିତରେ ପଶି ଯାଇଥିଲି। ସେ ତାଙ୍କର ଚିରାଚରିତ ସୌଖିନ୍ ବିଲାତୀ ସୁଟ୍‌କୋଟ୍ ପରିଧାନ କରିଥିଲେ ଓ ପୂରାପୂରି କିଙ୍ଗ୍‌ସ୍ ଇଂଲିଶ୍‌ରେ କଥାବାର୍ତ୍ତା କରୁଥିଲେ। ଇସଲାମର ଲେଶ ମାତ୍ର ସଂକେତ ତାଙ୍କ ଭାବଭଙ୍ଗୀରୁ ପ୍ରକଟିତ ହେଉ ନ ଥିଲା। କିନ୍ତୁ ସେଇ ବିଦେଶୀ ପରିପାଟୀ ଓ ଭାବଭଙ୍ଗୀରେ ସେ ସଂଖ୍ୟାଗରିଷ୍ଠ ହିନ୍ଦୁମାନଙ୍କ ବିରୁଦ୍ଧରେ ମୁସଲମାନ ଭାବାବେଗକୁ ଆହ୍ୱାନ ଜଣାଉଥିଲେ। ସେତିକିବେଳେ ସାର୍ ଷ୍ଟାଫୋର୍ଡ କ୍ରିପ୍ସଙ୍କ ପ୍ରସ୍ତାବ ଉପରେ ବିଚାର ଆଲୋଚନା କରିବା ନିମନ୍ତେ କଲିକତାଠାରେ କଂଗ୍ରେସ କାର୍ଯ୍ୟକାରୀ କମିଟିର ବୈଠକ ବସିବାର ଥିଲା। ସେଠାକୁ ତୁଙ୍ଗ କଂଗ୍ରେସ ନେତାମାନେ ଆସିବେ ବୋଲି ଆମେ ଖବର ପାଇଥିଲୁ। ତେଣୁ ଆମେ ବାଲିଗଞ୍ଜ ସର୍କୁଲାର ରୋଡ୍‌କୁ ଯାଇସେଠାରେ ମୌଲାନା ଆଜାଦଙ୍କ (ସେ ସେତେବେଳେ କଂଗ୍ରେସର ଅଧ୍ୟକ୍ଷ ପଦରେ ଥିଲେ) ଘର ବାହାରେ ଅପେକ୍ଷା କରି ଠିଆ ହେଲୁ।

ଉଦ୍ଦେଶ୍ୟ - କଂଗ୍ରେସ କାର୍ଯ୍ୟକାରୀ କମିଟିର ସଦସ୍ୟ -ନେହରୁ, ଆଚାର୍ଯ୍ୟ କୃପାଲାନୀ, ଗୋବିନ୍ଦ ବଲ୍ଲଭ ପନ୍ଥ ଓ ସର୍ଦ୍ଦାର ବଲ୍ଲଭଭାଇ ପଟେଲଙ୍କ ସମେତ ଅନ୍ୟ ନେତାମାନଙ୍କ ଆଗମନକୁ ଦେଖିବା। ପରେ ଆମ କଲେଜରେ ନେହରୁଙ୍କୁ ଶୁଣିବା ସକାଶେ ମନରେ କେତେ ଆଗ୍ରହ ଓ ଉତ୍କଣ୍ଠା! କିନ୍ତୁ ସେସବୁ ଉତ୍କଣ୍ଠା - ବିଶେଷ କରି ରୋମାଣ୍ଟିକ୍ ଦେଶପ୍ରେମ, ଏବଂ ମାନବତାରେ ଜୁଡୁବୁଡୁ ସବୁ କିଛି ଧୂଳିସାତ୍ ହୋଇଯାଇଥିଲା ଯେତେବେଳେ ହଠାତ୍ ୧୯୪୬ ମସିହା ଅଗଷ୍ଟ ୧୬ ତାରିଖ ଦିନ କଲିକତା ମହାନଗରୀରେ ବିରାଟ, ବାସ୍ତବ ପକ୍ଷେ ହୀନତମ 'ସାମ୍ପ୍ରଦାୟିକ' ଗଣହତ୍ୟା ଆରମ୍ଭ ହୋଇଯାଇଥିଲା। ଚାରିଆଡ଼େ କୁଢ଼ କୁଢ଼ ଶବ, ବିଶେଷ କରି ମୁସଲମାନ ଲୋକଙ୍କର, କଲେଜ ସ୍କୋୟାରରେ ଜମା ହେବାରେ ଲାଗିଲା; ଅନ୍ୟ ଆଖପାଖ ଅଞ୍ଚଳରେ ହିନ୍ଦୁମାନଙ୍କୁ ଅନୁରୂପ ଭାବରେ ହତ୍ୟା କରାଗଲା। ଆମେ ଯେଉଁ ଇଡେନ ହିନ୍ଦୁ ହଷ୍ଟେଲରେ ରହୁଥିଲୁ ତାହା ଥିଲା ଏଇ ଦୁଇ ଅଞ୍ଚଳର ମଝାମଝି - ଗୋଟିଏ ପଟକୁ ବିଶାଳ ମୁସଲମାନ ବସ୍ତି (ତଥାକଥିତ *କାଲା ବାଗାନ*, ଅଥବା, 'କଦଳୀ ବଗିଚା'); ଏବଂ ଆର ପଟଟି ଥିଲା ହିନ୍ଦୁ ଲୋକମାନଙ୍କର, ମାରୱାଡ଼ି ଜନବସତି। ଯେହେତୁ ଆମ ହଷ୍ଟେଲଟି ଥିଲା ହିନ୍ଦୁ ଛାତ୍ରାବାସ - ଯାହାକି ତା'ର ନାମରୁ ସ୍ପଷ୍ଟ ସୂଚୀତ ହେଉଥିଲା - ଏବଂ ଏହା ବ୍ରିଟିଶ୍ ଶାସକମାନଙ୍କ ଦ୍ୱାରା ବିଭିନ୍ନ ସମ୍ପ୍ରଦାୟର ଲୋକମାନଙ୍କୁ ପରସ୍ପରଠାରୁ ପୃଥକ୍ ରଖିବାର ଏକ ବିଚିତ୍ର ବ୍ୟବସ୍ଥା - ତା'ଉପରେ ମୁସଲମାନ ଗୁଣ୍ଡାମାନେ ଆକ୍ରମଣ କଲେ। ସେମାନଙ୍କୁ ମୁକାବିଲା କରିବା ସକାଶେ ପୂର୍ବରୁ ହଷ୍ଟେଲ ଛାତ ଉପରେ ଆମେ ଢେଲା ପଥର ମହଜୁଦ ରଖିଥିଲୁ (ଆକ୍ରମଣକାରୀ ଗୁଣ୍ଡାଙ୍କ ଉପରକୁ ଛାତ ଉପରୁ ଫିଙ୍ଗିବା ସକାଶେ)। ଏପରିକି ସେମାନଙ୍କ ଉପରେ ଫିଙ୍ଗିବା ଲାଗି ତତଲା ପାଣି ସୁଦ୍ଧା ପ୍ରସ୍ତୁତ ରଖାଯାଇଥିଲା। ତା'ଛଡ଼ା ବେକର୍ସ ଲାବୋରେଟୋରିଜ୍‌କୁ ସଂଯୋଗ ଥିବା ବିଜୁଳି ଲାଇନ୍‌ରୁ ଖୋଲା ତାର ଆଣି ଆମ ହଷ୍ଟେଲ ଚାରିକଡ଼େ ଗୁଡ଼ା ଯାଇଥିଲା। ଆମ ହଷ୍ଟେଲର ଆସିଷ୍ଟାଣ୍ଟ ସୁପରିଣ୍ଟେଣ୍ଡେଣ୍ଟ୍ ଥିଲେ ଜଣେ ପୂର୍ବତନ ସେନା ଅଧିକାରୀ। ସେ ଆମକୁ ଆତ୍ମରକ୍ଷାର ବିଭିନ୍ନ କୌଶଳ ଶିଖାଇଥିଲେ ଓ ହଷ୍ଟେଲର ଚାରିପଟୁ ଆକ୍ରମଣକାରୀଙ୍କ ଉପରେ ସଦାବେଳେ ତୀକ୍ଷ୍ଣ ନଜର ରଖିବାକୁ ପରାମର୍ଶ ଦେଇଥିଲେ। ମାରୱାଡ଼ି ରିଲିଫ୍ ସୋସାଇଟି ପକ୍ଷରୁ କିଛି ଖାଦ୍ୟ ଯୋଗାଣ ଆରମ୍ଭ ହେବା ପର୍ଯ୍ୟନ୍ତ ହଷ୍ଟେଲରେ ଆମକୁ ଖାଦ୍ୟାଭାବରେ କେଇ ଦିନ ବିତାଇବାକୁ ପଡ଼ିଥିଲା। ତା'ଛଡ଼ା ରାସ୍ତା ଉପରେ ଚାରିଆଡ଼େ ଏତେ ପଚା ଶବ ଜମା ହୋଇଥିଲା ଯେ ତା'ଗନ୍ଧରେ ତୁଣ୍ଡକୁ ଦାନା ଯିବା ଅସମ୍ଭବ। ଦୀର୍ଘ ଦୁଇ ସପ୍ତାହ ଧରି ଏମିତି ସଂହାରଲୀଳା, ରକ୍ତପାତ, ହାଣକାଟ ଚାଲିବା ପରେ ଯେତେବେଳେ

ଦଙ୍ଗା ଥମିଲା, ଓ ପୁଣି ଥରେ ଯାତାୟାତ ଲାଗି ସଡ଼କ ଖୋଲିଲା। ଆମେ ଓଡ଼ିଶାର କିଛି ଛାତ୍ର ଗୋଟିଏ ଘୋଡ଼ାଟଣା ଟାଙ୍ଗା ଭଡ଼ାକରି ନିଜ ନିଜ ହଷ୍ଟେଲ ରୁମ୍‌କୁ ଭିତରୁ ପଟୁ କିଲି, ହାଓଡ଼ା ଷ୍ଟେସନ ଅଭିମୁଖେ ବାହାରିଥିଲୁ। କୌଣସି ମତେ କଟକମୁହାଁ ଗୋଟିଏ ଟ୍ରେନ୍‌ରେ ଖୁନ୍ଦିଖାନ୍ଦି ହୋଇ ବସିବା ସକାଶେ ଜାଗାଟିକେ ଯୋଗାଡ଼ କରିପାରିଥିଲୁ। ସେତେବେଳକୁ କଲିକତା ନଗରୀରୁ ପ୍ରାଣ ନେଇ ଘରକୁ ଫେରିବା ସକାଶେ ସେ ଟ୍ରେନ୍‌ରେ ଲୋକମାନେ ଏତେ ସଂଖ୍ୟାରେ ଭର୍ତ୍ତି ହୋଇ ସାରିଥିଲେ ଯେ ସୋରିଷ ପକାଇବାକୁ ସୁଦ୍ଧା ସ୍ଥାନ ନ ଥିଲା।

ଏବେ ପାକିସ୍ତାନ ଗଠନ ଆଉ ଜିନ୍ନାଙ୍କ ଦ୍ୱାରା ପ୍ରସ୍ତାବିତ ଏକ ଅବାସ୍ତବ ଚିନ୍ତାଧାରା ହୋଇ ରହି ନ ଥିଲା। ସେତେବେଳକୁ ଧର୍ମ ଉପରେ ମୋ ମନରେ ଥିବା ଧାରଣା ଏକବାରେ ଧୂଳିସାତ୍ ହୋଇ ସାରିଥିଲା। ଧର୍ମ କିପରି ନୀରିହ, ନିଷ୍ପାପ ନରନାରୀ ଓ ଶିଶୁମାନଙ୍କ ହତ୍ୟାର କାରଣ ହୋଇପାରେ ସେକଥା ମୁଁ ମନେ ମନେ ଭାବି ହେଉଥିଲି।(ପରେ ଜର୍ମାନୀର ଜଣେ ଗଣିତଜ୍ଞ, ହେର୍ କ୍ଲେନ୍ ସ୍ମିଡ୍ ଯେତେବେଳେ ମୋତେ କହିଥିଲେ ଯେ ପରସ୍ପର ମଧ୍ୟରେ ସଂଗ୍ରାମରେ ଲିପ୍ତ ରହିବା ସକାଶେ ଧର୍ମଠାରୁ ବଳି ଆଉ କିଛି ଉପଯୁକ୍ତ କାରଣ ଥାଇ ନ ପାରେ, ତାହା ମୋତେ ବିସ୍ମିତ କରିଥିଲା)। କିନ୍ତୁ ମହାତ୍ମାଙ୍କ ପ୍ରତି ମୋ ମନରେ ଥିବା ଅନୁରାଗ ଓ ପ୍ରତିବଦ୍ଧତା ବୃଦ୍ଧି ପାଇ ଚାଲିଥିଲା ଏବଂ ମୁଁ ତାଙ୍କର ଧର୍ମ ବିଶ୍ୱାସଠାରୁ ଅନ୍ୟାନ୍ୟ ଉପଦେଶକୁ ନିଜ ମନରେ ପୃଥକ୍ ରଖିବା ସକାଶେ ଚେଷ୍ଟା କଲି। ଯେତେବେଳେ ସାମ୍ପ୍ରଦାୟିକ ଦଙ୍ଗା କଲିକତାରୁ ବିହାର ଓ ଦିଲ୍ଲୀକୁ ଦାବାନଳ ଭଳି ବ୍ୟାପିବାରେ ଲାଗିଲା ଏବଂ ଅନ୍ୟ ପଟେ ପୂର୍ବ ବଙ୍ଗଳାକୁ ସମ୍ପ୍ରସାରିତ ହେଲା, ଗାନ୍ଧି ଅଧ୍ୟାତ୍ମିକ ଚେତନାର ଉର୍ଦ୍ଧ୍ୱକୁ ଉଠିଥିଲେ (ଉଠିବା ବି ସ୍ୱାଭାବିକ। ସେତେବେଳେ ମୁଁ 'ଆଧ୍ୟାତ୍ମିକ' ଭାବନା ସହ ନିଜକୁ ଚିହ୍ନିତ କରିବାକୁ ଚେଷ୍ଟା କରୁଥିଲି, ଯାହାକି ଧର୍ମୀୟ ଦୃଷ୍ଟିକୋଣଠାରୁ ସମ୍ପୂର୍ଣ୍ଣ ମୁକ୍ତ)। ଜଣେ ରାଜନେତା ଭାବରେ ସେ ଦୀର୍ଘ ଦିନରୁ ସୁପରିଚିତ ଥିଲେ। ଏବେ ସେ ଜଣେ ଆଧ୍ୟାତ୍ମିକ ବ୍ୟକ୍ତିତ୍ୱରେ ପରିଣତ ହୋଇଗଲେ ଏବଂ ଏକାକୀ ଏଭଳି ଅମାନବୀୟ ଦଙ୍ଗା ଓ ରକ୍ତପାତକୁ ରୋକିବାକୁ ଏବଂ ଲୋକଙ୍କ ମଧ୍ୟରେ ସଦ୍ଭାବନା ଓ ସଂପ୍ରୀତି ପୁନଃସ୍ଥାପନ କରିବା ନିମନ୍ତେ ପ୍ରୟାସ କଲେ। ଏଭଳି ହିଂସାର କେଇ ମାସ ପରେ ମୁଁ ଯେତେବେଳେ ପୁଣି ଥରେ କଲିକତାକୁ ଫେରିଲି, ସେତେବେଳେ ଗାନ୍ଧି କଲିକତାରେ ଥିଲେ ଓ ସେ ତାଙ୍କ ବ୍ୟକ୍ତିତ୍ୱର ଉତ୍ତୁଙ୍ଗ ଶିଖରରେ ପହଞ୍ଚିଥିଲେ। ସେତେବେଳେ ସେ ପୂର୍ବ ବଙ୍ଗଳାକୁ ଯିବା ଲାଗି ପ୍ରସ୍ତୁତ ହେଉଥିଲେ। ମୋ ମାଇଁ ମାଳତୀ ଚୌଧୁରୀ ମଧ୍ୟ ତାଙ୍କ ସହ ସେଠାକୁ ଯାତ୍ରା କରିଥିଲେ। ତାଙ୍କ ଦଳରେ ସାମିଲ ସମସ୍ତ ସହଯାତ୍ରୀଙ୍କର ଜୀବନ ପ୍ରତି ଘୋର

ବିପଦ ଥିଲା। କିନ୍ତୁ ଗାନ୍ଧିଙ୍କ ନିର୍ଭୟ ଭାବନା ସେମାନଙ୍କୁ ସାହସ ଯୋଗାଇଥିଲା ଓ ସେମାନେ ସଭିଏଁ ତାଙ୍କ ସହ ପୂର୍ବ ବଙ୍ଗଳା ଯାତ୍ରା କରିଥିଲେ। ପୂର୍ବ ବଙ୍ଗଳାରେ ହିନ୍ଦୁମାନଙ୍କ ପ୍ରତି ହେଉଥିବା ଅମାନବୀୟ ଅତ୍ୟାଚାର ଓ ସେଠାରେ ଶାନ୍ତି ଓ ସଦ୍ଭାବନା ଫେରାଇ ଆଣିବା ସକାଶେ ଗାନ୍ଧିଙ୍କ ପ୍ରୟାସର ନାନାପ୍ରକାର କାହାଣୀ ଆମମାନଙ୍କ ନିକଟରେ କଲିକତାରେ ପହଞ୍ଚୁଥିଲା। କେହି କେହି ତାଙ୍କୁ ଜଣେ ଅବାସ୍ତବବାଦୀ ସ୍ୱପ୍ନଭୁକ୍ ବୋଲି ସୁଦ୍ଧା ବିବେଚନା କରୁଥିଲେ। କିନ୍ତୁ ମୋ ମତରେ ସେ ଥିଲେ ଜଣେ ସଚ୍ଚା ବାସ୍ତବବାଦୀ। ନୂଆଖାଲି ଠାରୁ ଗାନ୍ଧି ବିହାରକୁ ଯାତ୍ରା କରିଥିଲେ ଯେଉଁଠାରେ ମୁସଲମାନ ଲୋକଙ୍କୁ ନିର୍ମମ ଭାବରେ ହତ୍ୟା କରାଯାଉଥିଲା। ବିହାରରୁ ଗାନ୍ଧିଙ୍କ ଗନ୍ତବ୍ୟସ୍ଥଳ ଥିଲା ଦିଲ୍ଲୀ ଏବଂ ସେଠାରେ ତାଙ୍କର ପରଲୋକ ଘଟିଥିଲା। ତା'ରି ଭିତରେ ମଝିରେ ମଝିରେ ଦଙ୍ଗା ଓ ରକ୍ତପାତକୁ ରୋକିବା ସକାଶ ସେ କଲିକତା ଆସୁଥିଲେ। ତାଙ୍କୁ ଭେଟିବା ଲାଗି ମୁଁ ଥରେ ବେଲିଆଘାଟ ଖସି ପଳାଇଥିଲି। ସେଠାରେ ସେ ଅନଶନରେ ବସିଥିଲେ ଓ ଏତେ ଦୁର୍ବଳ ହୋଇ ପଡ଼ିଥିଲେ ଯେ ସେ ଆଉ ବଞ୍ଚିବେ ନାହିଁ ବୋଲି ଆଶଙ୍କା କରାଯାଉଥିଲା। ତାଙ୍କର ଜିଦ୍ ଥିଲା, ଉଭୟ ହିନ୍ଦୁ ଓ ସୁମଲମାନ ହିଂସା ପରିହାର କରି ପୁଣି ଥରେ ପାରସ୍ପରିକ ସଂପ୍ରୀତିକୁ ଫେରି ଆସନ୍ତୁ। ଏହା ପରର କାହାଣୀ ସମସ୍ତଙ୍କୁ ଉତ୍ତମ ରୂପେ ଜଣା। ଏହାର କିଛି ମାସ ପରେ ଶ୍ରଦ୍ଧାନନ୍ଦ ପାର୍କରେ ମୁଁ ତାଙ୍କୁ ଦେଖିଥିଲି। ତାଙ୍କ ସହ ସେହି ସଭାରେ ଥିଲେ ଶରତ ବସୁ ଓ ସୟିଦ୍ ସରାଓ୍ୱର୍ଦ୍ଦି। ସେମାନେ ସଭିଏଁ ବଙ୍ଗଳା ପାଇଁ ଏକ ମିଳିତ କମିଟି ଗଠନ ନିମନ୍ତେ ଲୋକମାନଙ୍କୁ ପ୍ରବର୍ତ୍ତାଉଥିଲେ(ଯଦ୍ୟପି ଭାରତ ବିଭାଜନ ଅବଧାରିତ ଥିଲା)। ସେମାନଙ୍କର ଏଭଳି ଆହ୍ୱାନ ବଧିର କାନରେ ପ୍ରବଚନ ଶୁଣାଇବା ସଦୃଶ ଥିଲା। ଭାରତ ବିଭାଜିତ ହେଲା। ନେହରୁଙ୍କ ସେଇ ଐତିହାସିକ ଅଭିଭାଷଣକୁ ଆମେ ରେଡିଓରୁ ଶୁଣିଥିଲୁ। ୧୯୪୮ ମସିହା ଜାନୁଆରୀ ୩୦ ତାରିଖ ଦିନ ପ୍ରାର୍ଥନା ସଭାକୁ ଆସିବା ବେଳେ ବାଟରେ ଗାନ୍ଧି ଆତତାୟୀ ଗୁଳିର ଶିକାର ହେଲେ। ନେହରୁ ରେଡ଼ିଓ ବାର୍ତ୍ତାରେ କହିଥିଲେ: ଆଲୁଅ ଲିଭିଗଲା। ସେତେବେଳେ କେଇ ଦିନ ଛୁଟି କଟେଇବା ସକାଶେ ମୁଁ ଟ୍ରେନ୍‌ରେ ରାଞ୍ଚି ଯାଉଥିଲି। ବାଟରେ ଏଇ ଦୁଃଖଦ ଖବରଟି ମୁଁ ପାଇଥିଲି। ହଠାତ୍ ଏକ କଳାହାଣ୍ଡିଆ ଘନ ବିପର୍ଯ୍ୟୟର ଆଶଙ୍କା ମୋ ମନକୁ ଗୋଟାପଣେ ଆବୋରି ବସିଥିଲା।

ସାମ୍ପ୍ରଦାୟିକ ଗଣ୍ଡଗୋଳ କାରଣରୁ ଆମର ଫାଇନାଲ ବର୍ଷର ପରୀକ୍ଷାକୁ ଘୁଞ୍ଚାଇ ଦିଆଯାଇଥିଲା। ଏହା ପରେ ଆମେ ଯେତେବେଳେ ପରୀକ୍ଷାରେ ଉତ୍ତୀର୍ଣ୍ଣ ହେଲୁ, ସେତେବେଳକୁ ଦେଶ ସ୍ୱାଧୀନ ହୋଇ ସାରିଥିଲା। ଏହା ମୋତେ ସ୍ୱାଧୀନ ଭାରତର

ପ୍ରଥମ କଲେଜ ଗ୍ରାଜୁଏଟ୍ ସଦସ୍ୟମାନଙ୍କ ମଧ୍ୟରୁ ଜଣେ ଭାବରେ ଗୌରବ ଅର୍ଜନର ସୁଯୋଗ ପ୍ରଦାନ କଲା। ମୁଁ ଦର୍ଶନ ଶାସ୍ତ୍ରରେ ପ୍ରଥମ ଶ୍ରେଣୀରେ ସମ୍ମାନର ସହ ପ୍ରଥମ ସ୍ଥାନ ଅଧିକାର କରିଥିଲି। ଗଗନ ବିହାରୀଲାଲ ମେହେଟ୍ଟାଙ୍କ ଦ୍ୱିତୀୟା କନ୍ୟା, ଉମା ମେହେଟ୍ଟା (ପରେ ସେ ଆମେରିକାରେ ଭାରତର ରାଷ୍ଟ୍ରଦୂତ ହୋଇଥିଲେ) ସ୍କଟିଶ୍ ଚର୍ଚ୍ଚ କଲେଜରୁ ଦ୍ୱିତୀୟ ସ୍ଥାନ ଲାଭ କରିଥିଲେ। ଏହା ପରେ ମୁଁ ପୁଣି ଥରେ ପୋଷ୍ଟ୍ ଗ୍ରାଜୁଏଟ୍ କ୍ଲାସ୍‌ରେ ନାମ ଲେଖାଇବା ସକାଶେ ଓଡ଼ିଶାରୁ କଲିକତା ଫେରିଲି ଓ ଦର୍ଶନ ବିଭାଗରେ ନାମ ଲେଖାଇଲି। ଏକା ସଙ୍ଗେ ଆଇନ କଲେଜରେ ମଧ୍ୟ ପଢ଼ିବା ଲାଗି ଏଡମିଶନ୍ କରିଥିଲି। କିନ୍ତୁ ଏବେ ମୋ ପାଇଁ ସମସ୍ୟାଟି ହେଲା ବିଶାଳ କଲିକତା ନଗରୀରେ ରହିବି କେଉଁଠି ? ଇଡେନ୍ ହିନ୍ଦୁ ହଷ୍ଟେଲ୍‌ରେ ପୋଷ୍ଟ୍ ଗ୍ରାଜୁଏଟ୍ ଛାତ୍ରଙ୍କ ପ୍ରବେଶ ମନା। କଲେଜ କର୍ତ୍ତୃପକ୍ଷ ସିଆଲଦା ରେଳଷ୍ଟେସନ ପାଖରେ ଥିବା ଗୋଟିଏ ଭଙ୍ଗାଦଦରା ଘରକୁ ଭଡ଼ାରେ ନେଇ ତାକୁ ପୋଷ୍ଟ୍ ଗ୍ରାଜୁଏଟ୍ ପିଲାଙ୍କ ରହିବା ନିମନ୍ତେ ହଷ୍ଟେଲରେ ରୂପାନ୍ତରଣ କରିଥିଲେ। ମୋର ଅନେକ ବନ୍ଧୁ ସେଠାକୁ ଗଲେ। ମୋତେ କିନ୍ତୁ ଆଇନ କଲେଜର ହାର୍ଡିଞ୍ଜ୍ ହଷ୍ଟେଲଟି କେମିତି ମହୁଫେଣା ପରି ଲାଗୁଥିଲା। ସବୁ ଛାତ୍ରଙ୍କ ପାଇଁ ଗୋଟିଏ ଲେଖାଏଁ ଛୋଟ କୋଠରୀ (କ୍ୟୁବିକିଲ୍)। ଅଧିକାଂଶ ଛାତ୍ର କେବଳ କାଗଜ କଲମରେ ହିଁ ସେଠାରେ ଅବସ୍ଥାନ କରୁଥିଲେ। ସେମାନେ ଆଇନ କଲେଜରେ ନାମ ଲେଖାଇଥିଲେ (ଯାହାକି ଅତି ସହଜସାଧ୍ୟ ଥିଲା। ସେଥିପାଇଁ କୌଣସି ପ୍ରବେଶିକା ପରୀକ୍ଷା ଦେବାକୁ ପଡୁ ନ ଥିଲା)। ଅଧିକାଂଶ ପିଲା ଆଇନ କଲେଜରେ ନାମ ଲେଖାଉଥିଲେ କେବଳ ରହିବାକୁ ଖଣ୍ଡେ ଜାଗା ପାଇବା ଆଶାରେ। କାରଣ, ସେମାନେ ସେଠାରେ ବର୍ଷ ବର୍ଷ ଧରି ଛାତ୍ର ଭାବରେ ରହିପାରୁଥିଲେ (ଟ୍ୟୁସନ୍ ଫି ମଧ୍ୟ ଥିଲା ଯତ୍‌ସାମାନ୍ୟ)। ତେଣୁ ସେମାନେ ଅନ୍ୟତ୍ର ଚାକିରି କରୁଥିଲେ, କିମ୍ବା ଛାତ୍ର ରାଜନୀତିରେ ପୂର୍ଣ୍ଣକାଳୀନ ଭାବରେ ଜଡ଼ିତ ରହୁଥିଲେ। ଓଡ଼ିଶାର ଭବିଷ୍ୟତର ଜଣେ ମୁଖ୍ୟମନ୍ତ୍ରୀ ନିଜର ରୋଷେୟା ଓ ଅନ୍ୟ ଜଣେ ଚାକରକୁ ଧରି ବର୍ଷ ବର୍ଷ ଧରି ସେଠାରେ ଅବସ୍ଥାନ କରୁଥିଲେ। ଏମିତି ଅବସ୍ଥାରେ ମୁଁ ସକାଳବେଳା ବିଶ୍ୱବିଦ୍ୟାଳୟ ପାଠାଗାର (ଯାହା ଦୁଇ ମିନିଟର ପାଦଚଲା ରାସ୍ତା)ରେ ପଢ଼ାପଢ଼ି କରୁଥିଲି ଏବଂ ତା'ପରେ ଦିନବେଳା ଦର୍ଶନ ଶାସ୍ତ୍ର କ୍ଲାସ୍ କରିବାକୁ ଯାଉଥିଲି। ପୁଣି ସନ୍ଧ୍ୟାବେଳେ ଆଇନ କଲେଜ କ୍ଲାସ୍ କରୁଥିଲି। ତେଣୁ କ୍ୟାମ୍ପସ୍ ବାହାରକୁ ପାଦ ବଢ଼ାଇବା ସକାଶେ ମୋ ପାଖରେ ଆଦୌ ଫୁର୍ସତ ନ ଥିଲା। ଏପରି ଭାବରେ ବର୍ଷ ବର୍ଷ ଧରି ମୋତେ କଠିନ ପରିଶ୍ରମ କରିବାକୁ ପଡ଼ିଥିଲା ଏବଂ ମୁଁ ସେଥିରେ ଏକପ୍ରକାର ଅଭ୍ୟସ୍ତ ହୋଇଯାଇଥିଲି।

ପ୍ରେସିଡେନ୍ସି କଲେଜ୍ ସହିତ ମୋର ସମ୍ପର୍କ ସମୟକ୍ରମେ ଦୁର୍ବଳ ହେବାରେ ଲାଗିଲା - ଯଦିବା ମୁଁ ସେ କଲେଜର ତଥାପି ଜଣେ ଛାତ୍ର ଥିଲି। କିନ୍ତୁ ଆମର ସବୁ କ୍ଲାସ୍ ୟୁନିଭର୍ସିଟିର ଆଶୁତୋଷ ବିଲଡିଂରେ ହିଁ ହେଉଥିଲା। ସେତେବେଳକୁ ମୋର ଅଣ୍ଡର ଗ୍ରାଜୁଏଟ୍ କ୍ଲାସ୍‌ର ଅଧିକାଂଶ ଶିକ୍ଷକ ଅବସର ଗ୍ରହଣ କରିସାରିଥିଲେ କିମ୍ବା ଅନ୍ୟ ସ୍ଥାନକୁ ବଦଳି ହୋଇ ଯାଇଥିଲେ। ନଳିନୀ ବ୍ରାହ୍ମା ହୁଗୁଳିର ମୋହସିନ୍ କଲେଜର ପ୍ରିନ୍ସିପାଲ ହୋଇ ସାରିଥିଲେ। ଜିତେନ୍ ଚକ୍ରବର୍ତ୍ତୀ ଏବଂ ବାକୁଇ ସାହେବ (ଅନ୍ୟ ଦୁଇ ଜଣ ଦର୍ଶନ ଅଧ୍ୟାପକ), ଉଭୟେ ଅବସର ନେଇ ସାରିଥିଲେ।

ଏବେ ୟୁନିଭର୍ସିଟିର ପୋଷ୍ଟ୍ ଗ୍ରାଜୁଏଟ୍ ଡିପାର୍ଟମେଣ୍ଟରେ ଯେଉଁ ଅଧ୍ୟାପକମାନଙ୍କୁ ଭେଟିଲି, ସେମାନେ ସମୟକ୍ରମେ ମୋର ଚିନ୍ତାଧାରାକୁ ସମ୍ପୂର୍ଣ୍ଣ ରୂପେ ବଦଳାଇଦେଲେ। ନଳିନୀ ବାବୁ ମୋତେ ଗୋଟିଏ ଦ୍ୱନ୍ଦ୍ୱ ଭିତରେ ଛାଡ଼ିଦେଲେ: ଶଙ୍କର ନା ଶ୍ରୀ ଅରବିନ୍ଦ ? ତାଙ୍କ ଘରେ ଏହି ବିବାଦଟି ଉପରେ ଅନେକ ବାର ଘମାଘୋଟ ଆଲୋଚନା ହୋଇଥିଲା। ଆଉ ମୋର ଇଡେନ୍ ହିନ୍ଦୁ ହଷ୍ଟେଲ୍‌ର ଓ ହଷ୍ଟେଲ ବାହାରର ବନ୍ଧୁମାନଙ୍କ ସହିତ ଯେଉଁ ପ୍ରସଙ୍ଗଟିକୁ ନେଇ ଆମେ ବିତର୍କ କରୁଥିଲୁ, ତାହା ଥିଲା - ଗାନ୍ଧି ନା ମାର୍କ୍ସ ? ଏଭଳି ପ୍ରସଙ୍ଗ ଉପରେ ଆମର ଆଲୋଚନା ଥିଲା ଅସରନ୍ତି। ଏହା ଆମମାନଙ୍କ ସକାଶେ କେବଳ ଏକ ତାତ୍ତ୍ୱିକ ସିଦ୍ଧାନ୍ତର ପ୍ରସଙ୍ଗ ନ ଥିଲା, ବରଂ ଥିଲା ଗାନ୍ଧିଙ୍କ ଜୀବଦ୍ଦଶାରେ ଏବଂ ସେ ମହାନତାର ଶୀର୍ଷରେ ଥିବାବେଳେ ଏକ ଜୀବନ୍ତ ପ୍ରଶ୍ନ। କିନ୍ତୁ ଏବେ ସୈଦ୍ଧାନ୍ତିକ ଦର୍ଶନ ଏବଂ ଏହା ସମସ୍ତ ସ୍ୱରୂପ ଓ ପ୍ରଭାବର ସହ ମୋତେ ଗୋଟାପଣେ ଆବୋରି ବସିଥିଲା। ଏଥିପାଇଁ ମୁଖ୍ୟତଃ ତିନି ଜଣ ଶିକ୍ଷକଙ୍କ ନାମ ମୁଁ ସ୍ମରଣ କରିବାକୁ ଚାହିଁବି: କାଳିଦାସ ଭଟ୍ଟାଚାର୍ଯ୍ୟ, ରାସ ବିହାରୀ ଦାସ ଏବଂ ମହାମହୋପାଧ୍ୟାୟ ଯୋଗେନ୍ଦ୍ରନାଥ ତର୍କ ବେଦାନ୍ତତୀର୍ଥ। କାଳିଦାସ ଭଟ୍ଟାଚାର୍ଯ୍ୟ ଥିଲେ କୃଷ୍ଣଚନ୍ଦ୍ର ଭଟ୍ଟାଚାର୍ଯ୍ୟଙ୍କ ସୁଯୋଗ୍ୟ ପୁତ୍ର। କୃଷ୍ଣଚନ୍ଦ୍ର ଭଟ୍ଟାଚାର୍ଯ୍ୟ ହେଉଛନ୍ତି ଆଧୁନିକ ଭାରତର ସବୁଠାରୁ ଚର୍ଚ୍ଚିତ ଏବଂ ସୃଜନଶୀଳ ଶୈକ୍ଷିକ ଦାର୍ଶନିକ (ମୁଁ 'ଶୈକ୍ଷିକ' ବୋଲି କହୁଛି, କାରଣ ମୁଁ ଗାନ୍ଧି, ଟାଗୋର କିମ୍ବା ଶ୍ରୀ ଅରବିନ୍ଦଙ୍କ ବର୍ଗରୁ ତାଙ୍କୁ ପୃଥକ୍ ରଖିବାକୁ ଚାହୁଁଛି)। ମୁଁ ଯେତେବେଳେ କାଳିଦାସ ଭଟ୍ଟାଚାର୍ଯ୍ୟଙ୍କୁ ପ୍ରଥମେ ଭେଟିଲି, ତାଙ୍କ ପିତା କୃଷ୍ଣଚନ୍ଦ୍ର ଭଟ୍ଟାଚାର୍ଯ୍ୟ ମଧ୍ୟ ତାଙ୍କ ସହିତ ଶ୍ରୀରାମପୁର ବାସଭବନରେ ଅବସ୍ଥାନ କରୁଥିଲେ, କିନ୍ତୁ ଏହି ମହାନ୍ ବ୍ୟକ୍ତିତ୍ୱଙ୍କୁ ଭେଟିବାର ସୁଯୋଗ ମୋ ଭାଗ୍ୟରେ ଜୁଟି ନ ଥିଲା। ମୁଁ ପୋଷ୍ଟ୍ ଗ୍ରାଜୁଏଟ୍ କ୍ଲାସ୍‌ରେ ପଢୁଥିବାବେଳେ ତାଙ୍କର ବିୟୋଗ ଘଟିଥିଲା। ପରେ ଯେତେବେଳେ ମୁଁ କଲିକତା ବିଶ୍ୱବିଦ୍ୟାଳୟରେ ଅଧ୍ୟାପନା ଆରମ୍ଭ କଲି, ସେତେବେଳର ବିଭାଗୀୟ ମୁଖ୍ୟ ସତୀଶ ଚାଟାର୍ଜୀ ଏବଂ ମୁଁ ଅନେକ କଷ୍ଟ

ସ୍ୱୀକାରପୂର୍ବକ କଲିକତା ସହରସାରା ବୁଲି କୃଷ୍ଣଚନ୍ଦ୍ର ଭଟ୍ଟାଚାର୍ଯ୍ୟ ସ୍ମାରକୀ ବକ୍ତୃତାମାଳା ପାଇଁ ସେହି ବିଭାଗର ପ୍ରାକ୍ତନ ଛାତ୍ରମାନଙ୍କ ଠାରୁ ଚାନ୍ଦା ସଂଗ୍ରହ କରିଥିଲୁ। (ଏହା ଫଳରେ ସେହି ବିଭାଗରେ ପୂର୍ବରୁ ଅଧ୍ୟାପକ ଥିବା ଏବଂ ସେତେବେଳେ ଭାରତ ସରକାରଙ୍କ ଶିକ୍ଷା ସଚିବ ଥିବା ହୁମାୟୁନ କବୀର ସରକାରଙ୍କ ଠାରୁ ତତ୍ତୁଲ୍ୟ ଅର୍ଥ (ମ୍ୟାଚିଂ ଗ୍ରାଣ୍ଟ) ପ୍ରଦାନର ବ୍ୟବସ୍ଥା କରିଥିଲେ)। ଏହାର ଢେର୍ ବର୍ଷ ପରେ, ୧୯୮୧ ମସିହାରେ ସେହି ବକ୍ତୃତା ଦେବା ନିମନ୍ତେ ବିଶ୍ୱବିଦ୍ୟାଳୟ ମୋତେ ଆମନ୍ତ୍ରଣ କରିଥିଲା। ତେବେ, ବର୍ତ୍ତମାନ ପାଇଁ ଆମେ କାଳିଦାସ ଭଟ୍ଟାଚାର୍ଯ୍ୟଙ୍କ ପ୍ରସଙ୍ଗକୁ ଫେରିବା। ମୋର ବିଶ୍ୱାସ ଯେ ମୋ ଜାଣତରେ ସେ ଥିଲେ (ଗେଟିଂଗେନ୍‌ରେ ଯୋଶେଫ୍ କୋନିଗ୍‌ଙ୍କୁ ଛାଡି) ମୁଁ ଜୀବନରେ ଭେଟିଥିବା ସବୁଠାରୁ ପ୍ରେରଣାଦାୟୀ ଅଧ୍ୟାପକ। ସେ ସେମିତି ଜଣେ ମହାନ୍ ବକ୍ତା ନ ଥିଲେ କି ତାଙ୍କର ସେପରି କୌଣସି ବାକ୍‌ପଟୁତା ନ ଥିଲା। କିନ୍ତୁ ସେ ଯାହା କରିଥିଲେ, ତାହା କ୍ୱଚିତ୍ ଦାର୍ଶନିକ କରନ୍ତି: ଶ୍ରେଣୀ କକ୍ଷରେ ସେ ନିଜ ଭାବନାକୁ ସ୍ପଷ୍ଟ ସ୍ୱରରେ ପରିପ୍ରକାଶ କରିପାରୁଥିଲେ ଏବଂ ତଦ୍ୱାରା କିପରି ଚିନ୍ତା କରିବାକୁ ପଡ଼େ, ତାହା ସେ ଆମମାନଙ୍କୁ ଶିଖାଇଥିଲେ। ପ୍ରଥମେ ସେ କୌଣସି ଗୋଟିଏ ଆଲୋଚ୍ୟ ପ୍ରସଙ୍ଗ (ଆର୍ଗୁମେଣ୍ଟ) ଉତ୍ଥାପନ କରନ୍ତି। ଏହାର ସକଳ ପ୍ରକାର ସମ୍ଭାବ୍ୟ ବିରୋଧାଭାସ (ଅବ୍‌ଜେକ୍ସନ୍)କୁ ପୁଙ୍ଖାନୁପୁଙ୍ଖ ଭାବରେ ତର୍ଜମା କରନ୍ତି ଏବଂ ପ୍ରତ୍ୟେକ ବିରୋଧାଭାସ ସମ୍ପର୍କରେ ଅନ୍ୟମାନଙ୍କ ଭିତରେ ପ୍ରତିକ୍ରିୟା ଭାବ ଉଦ୍ରେକ କରିଥାଆନ୍ତି - ଏବଂ ସେତେବେଳକୁ ସେ ମୂଳ ପ୍ରସଙ୍ଗଟିକୁ ସମ୍ପୂର୍ଣ୍ଣ ରୂପେ ଭୁଲି ଯାଇଥାଆନ୍ତି। ଜଣେ ମଣିଷ ହିସାବରେ ଏବଂ ଚିନ୍ତାଶୀଳ ବ୍ୟକ୍ତିତ୍ୱ ଦୃଷ୍ଟିରୁ ସେ ଅତି ସରଳ ଥିଲେ, ଯାହାକି ମୋତେ ତାଙ୍କ ପ୍ରତି ଆକୃଷ୍ଟ କରିଥିଲା। ତାଙ୍କଠାରେ ନା ଥିଲା ଲୋକଦେଖାଣିଆ ରୁଚିସମ୍ପନ୍ନ ମାର୍ଜିତ ଭାବ, ନା ଥିଲା ପାଣ୍ଡିତ୍ୟପୂର୍ଣ୍ଣ ଛଳନା। ଏପରିକି ମହା ମହା ବିଦ୍ୱାନ୍‌ଙ୍କ ନାମ ଉଚ୍ଚାରଣ କରି ସେମାନଙ୍କ ସହିତ ତାଙ୍କର ସମ୍ପର୍କ କଥା ଉଲ୍ଲେଖ କରିବାରେ ସେ ଆଦୌ ବିଶ୍ୱାସୀ ନ ଥିଲେ। ତାଙ୍କ ହୃଦୟରେ ସଦାବେଳେ ଏକ ଶୁଦ୍ଧ ଚିନ୍ତନ ଭାବ ହିଁ ଭରି ରହିଥିଲା - ତେଣିକି ତାହା ତାଙ୍କୁ ଯେଉଁ ପରିସ୍ଥିତିରେ ପହଞ୍ଚାଉ ନା କାହିଁକି। ମୁଁ ଏମ.ଏ. ପାସ୍ କରି ସାରିବାପରେ, ଏବଂ ଏପରିକି ମୁଁ ଗେଟିଂଗେନ୍‌ରୁ ଫେରି କଲିକତା ବିଶ୍ୱବିଦ୍ୟାଳୟରେ ଅଧ୍ୟାପନା କରିବା ସମୟରେ ସୁଦ୍ଧା, କାଳିଦାସ ଭଟ୍ଟାଚାର୍ଯ୍ୟଙ୍କ ସହିତ ବିଭିନ୍ନ ପ୍ରସଙ୍ଗରେ ତାତ୍ତ୍ୱିକ ଆଲୋଚନା ଜାରି ରଖିଥିଲି। କିଛି ଦିନ ପରେ ସେ କଲିକତା ବିଶ୍ୱବିଦ୍ୟାଳୟ ଛାଡ଼ି, ସଂସ୍କୃତ କଲେଜରେ ନୂଆକରି ସ୍ଥାପିତ ଗବେଷଣା ବିଭାଗରେ ରିସର୍ଚ୍ଚ ପ୍ରଫେସର ଭାବରେ ଯୋଗ ଦେଇଥିଲେ। ସେଠାରେ ତାଙ୍କ ସହ ସେହିଭଳି ଆଲୋଚନା କରିବା ସକାଶେ ତାଙ୍କ

ଅଫିସ୍‌କୁ ମୁଁ ଏବଂ ପ୍ରଣବ ସେନ୍, ଶିବଜୀବନ ଭଟ୍ଟାଚାର୍ଯ୍ୟ ଓ ଆହୁରି ଅନେକ ଛାତ୍ର ନିୟମିତ ଯାଉଥିଲୁ। ସେତିକିବେଳେ କଲିକତା ବାହାରୁ ଆସିଥିଲେ ଦୟା କ୍ରିଷ୍ଣା। ସେତେବେଳେ ସେ ଜଣେ ଯୁବ ଦାର୍ଶନିକ (ସେତେବେଳେ ସେ କୌଣସି ଅନୁଷ୍ଠାନ ସହିତ ଅନୁବନ୍ଧିତ ନ ଥିଲେ)। ରବିବାରିଆ ସକାଳବେଳା ମୁଁ ତାଙ୍କ ସହ ବିଭିନ୍ନ ଦାର୍ଶନିକ ପ୍ରସଙ୍ଗ ଉପରେ ଆଲୋଚନା କରିବା ଲାଗି ତାଙ୍କ ବାଲିଗଞ୍ଜ ଲେକ୍ ନିକଟବର୍ତ୍ତୀ ଜନକ ରୋଡ୍ ବାସଭବନକୁ ଯାଉଥିଲି ଓ ପ୍ରାୟ ମଧ୍ୟାହ୍ନ ଭୋଜନ ପର୍ଯ୍ୟନ୍ତ ସେଠାରେ ରହୁଥିଲି। ଶ୍ରୀମତୀ ଭଟ୍ଟାଚାର୍ଯ୍ୟ ସଦାବେଳେ ମୋତେ ମଧ୍ୟାହ୍ନ ଭୋଜନ ପାଇଁ ବାଧ୍ୟ କରିଥାଆନ୍ତି। କାଳିଦାସ ଭଟ୍ଟାଚାର୍ଯ୍ୟ ଯେତେବେଳେ ଶାନ୍ତିନିକେତନ ଚାଲିଗଲେ, ପ୍ରଥମେ ପ୍ରଫେସର ପଦରେ ଏବଂ ପରେ କୁଳପତି ଭାବରେ - ଆମ ନିୟମିତ ଆଲୋଚନା ସାମୟିକ ଭାବରେ ଭଟ୍ଟା ପଡ଼ିଯାଇଥିଲା ସତ କିନ୍ତୁ ସମ୍ପୂର୍ଣ୍ଣ ବନ୍ଦ୍ ହୋଇ ନ ଥିଲା। ଏପରିକି ପରେ ଯେତେବେଳେ ମୁଁ ଆମେରିକାରୁ ଭାରତକୁ ମଝିରେ ମଝିରେ ଆସୁଥିଲି, ଶାନ୍ତିନିକେତନ ଯାଇ ତାଙ୍କୁ ଭେଟିବାକୁ ଚେଷ୍ଟା କରୁଥିଲି। ସେତେବେଳକୁ ସେ ଅବସର ନେଇ ସାରିଥିଲେ ଓ ବୁଢ଼ା ହୋଇଯାଇଥିଲେ। କିନ୍ତୁ ଲକ୍ଷ୍ୟ କରିଥିଲି, ତାଙ୍କ ବୟସ ତୁଳନାରେ ସେ ସେତେବେଳେ କିପରି ଅଧିକ ବୟୋବୃଦ୍ଧ ଲାଗୁଥିଲେ। ତା'ର କାରଣ ହୋଇପାରେ, ପାଟିରୁ ଦାନ୍ତସବୁ ପଡ଼ିବା ପରେ ସୁଦ୍ଧା ସେ ତା'ସ୍ଥାନରେ ନକଲି ଦାନ୍ତ ଲଗାଇ ନ ଥିଲେ ! ତାଙ୍କୁ ଦେଖିଲେ ସଦାବେଳେ ଜଣେ ଶାନ୍ତ, ସରଳ, ଚିନ୍ତାଶୀଳ ମଣିଷ ପରି ଲାଗନ୍ତି। ମୁହଁରୁ ଏକ ବିଚିତ୍ର ଔଜ୍ଜ୍ୱଲ୍ୟ ଉଦ୍‌ଭାସିତ ହେଉଥାଏ। ସେ ସରଳପଣ ସଂକ୍ରାମକ ଭାବରେ ପ୍ରଭାବୀ। ଥରେ କଥା ପ୍ରସଙ୍ଗରେ ସେ ମୋତେ କହିଥିଲେ, 'ଅବସର ନେବାପରେ ଆଜିକାଲି ମୁଁ ଢେର୍ ଲେଖାଲେଖି କରୁଛି', ଏବଂ ତା'ପରେ ଆମେ ଦାର୍ଶନିକସୁଲଭ ଢଙ୍ଗରେ ନାନା ପ୍ରସଙ୍ଗରେ ଭାବ ବିନିମୟ କରିଥିଲୁ। ତାଙ୍କ ସହିତ ମୋର ସମ୍ପର୍କ - ପାରସ୍ପରିକ ଶ୍ରଦ୍ଧା ଓ ଭକ୍ତିର ସହ ଜାରି ରହିଥିଲା। ମୋର କେବଳ ଏତିକି ଦୁଃଖ ଯେ ଶାନ୍ତିନିକେତନରେ ପ୍ରଫେସର ଭାବରେ ଯୋଗ ଦେବା ସକାଶେ ତାଙ୍କ ଆମନ୍ତ୍ରଣକୁ ମୁଁ ଗ୍ରହଣ କରିପାରି ନ ଥିଲି, ତେବେ ସେଥିପାଇଁ ମୋ ପ୍ରତି ତାଙ୍କ ମନରେ କୌଣସି ପ୍ରକାର କ୍ଷୋଭ ଅବା ଆକ୍ରୋଶ ଭାବ ନ ଥିଲା। ୧୯୮୧ ମସିହାରେ ମୁଁ ମୋ ବୋଉ ସହିତ ଶାନ୍ତିନିକେତନରେ ଅବସ୍ଥାନ କରୁଥିଲି। ସେତେବେଳେ ମୁଁ ସେଠାରେ ଜଣେ ଭିଜିଟିଂ ଫେଲୋ ଥିଲି। ଥରେ ସେ ସପତ୍ନୀକ ମୋ ବୋଉକୁ ଭେଟିବାକୁ ଆମ ଘରକୁ ଆସିଥିଲେ ଓ ଏକଥା ଦେଖି ମୋତେ ଲାଜ ମାଡ଼ିଲା ଯେତେବେଳେ ସେ ବୋଉ ପାଦତଳେ ହଠାତ୍ ସାଷ୍ଟାଙ୍ଗ ମୁଣ୍ଡିଆ ମାରିଥିଲେ। ସେ ଏପରି କରିବା ଉଚିତ

ନୁହେଁ ବୋଲି ମୁଁ ଯେତେବେଳେ ତାଙ୍କୁ କହିଲି, ଏହାର ଉତ୍ତରରେ ସେ କହିଥିଲେ ଯେ ତାଙ୍କର ଏଭଳି ପାଦସ୍ପର୍ଶ କରି ପ୍ରଣିପାତର କରିବା ସ୍ୱତଃସ୍ଫୂର୍ତ୍ତ ଥିଲା। 'ତୁମ ମା' କିଏ ସେକଥା କ'ଣ ମୁଁ ଜାଣିନି ? ସେ ପରା ଗୋପବନ୍ଧୁ ଚୌଧୁରୀ ଓ ନବକୃଷ୍ଣ ଚୌଧୁରୀଙ୍କ ଭଉଣୀ ?' ଏହାର ଗୋଟିଏ ବର୍ଷ ଉତ୍ତାରୁ, ତାଙ୍କୁ ଆମନ୍ତ୍ରଣ କରିବା ସକାଶେ ମୁଁ ଶାନ୍ତିନିକେତନ ଯାଇଥିଲି। କଲିକତାରେ ତାଙ୍କୁ ସମ୍ବର୍ଦ୍ଧିତ କରିବା ଲାଗି ଶଙ୍କରୀ ବାନାର୍ଜୀ (ସେତେବେଳେ ସେ କଲିକତା ବିଶ୍ୱବିଦ୍ୟାଳୟର ରେଜିଷ୍ଟ୍ରାର୍ ଥାଆନ୍ତି) ଓ ମୁଁ ଗୋଟିଏ ଛୋଟ ଅଭିନନ୍ଦନ କାର୍ଯ୍ୟକ୍ରମର ଆୟୋଜନ କରିଥିଲୁ। ତାଙ୍କ ସମ୍ମାନାର୍ଥେ ଆମେ ଖଣ୍ଡିଏ ନିବନ୍ଧ ପୁସ୍ତକ ମଧ୍ୟ ସମ୍ପାଦନା କରିଥିଲୁ ଯାହା ସେହି କାର୍ଯ୍ୟକ୍ରମରେ ତାଙ୍କୁ ଉପହାର ସ୍ୱରୂପ ପ୍ରଦାନ କରାଯିବାକୁ ସ୍ଥିର କରାଯାଇଥିଲା। ସେହି ପୁସ୍ତକକୁ ମୁଁ ସମ୍ପାଦନା କରିଥିଲି। ମୁଁ ଆଶ୍ଚର୍ଯ୍ୟ ହେଲି ଯେ ଏଭଳି କାର୍ଯ୍ୟକ୍ରମକୁ ସେ ଆସିପାରିବେ ନାହିଁ ବୋଲି ରୋକଠୋକ ମନା କରିଦେଲେ। ଏହାର କାରଣ ଦର୍ଶାଇ ସେ କହିଥିଲେ,'ସେଠାରେ ତୁମେମାନେ ମୋର ମାତ୍ରାଧିକ ପ୍ରଶଂସା କରିବ। ଜଣେ ବ୍ୟକ୍ତି ମଞ୍ଚରେ ବସି ନିଜର ପ୍ରଶଂସା ଶୁଣିବା ମହାପାପ।' ତେବେ କାର୍ଯ୍ୟକ୍ରମରେ ଯୋଗ ଦେବାଲାଗି ମୁଁ ତାଙ୍କୁ କୌଣସି ମତେ ବୁଝାଇ ରାଜି କରାଇଥିଲି। ତାଙ୍କୁ ନିର୍ଭର ପ୍ରତିଶ୍ରୁତି ମଧ୍ୟ ଦେଇଥିଲି ଯେ ତାଙ୍କ ଗୁଣଗାନ କରି କେହି କୌଣସି ଅତିଶୟ ବକ୍ତବ୍ୟ ଦେବେନାହିଁ। କୌଣସି ପ୍ରକାର ଭାଷଣ କିମ୍ବା ଲେକଚର୍ ଦିଆଯିବନାହିଁ। କେବଳ ତାଙ୍କ ଦର୍ଶନ ଓ ଚିନ୍ତନ ସମ୍ପର୍କରେ ମୁଁ ଯାହା କିଛି ସମ୍ୟକ୍ ମନ୍ତବ୍ୟ ରଖିବି। ସେ ରାଜି ହୋଇଥିଲେ। ଆମେ ସାଙ୍ଗ ହୋଇ କଲିକତା ଆଇ.ସି.ୟୁ. ଏବଂ ସେହି ସ୍ମରଣୀୟ କାର୍ଯ୍ୟକ୍ରମରେ ସାମିଲ ହୋଇଥିଲୁ। ସେହି ସଭାରେ ତାଙ୍କର ଅନେକ ଛାତ୍ର ଓ ସୁହୃଦ୍ ଉପସ୍ଥିତ ଥିଲେ। ୟୁନିଭର୍ସିଟିର ଭବ୍ୟ ସିନେଟ୍ ହଲ୍‌ରେ ଏହି କାର୍ଯ୍ୟକ୍ରମର ଆୟୋଜନ କରାଯାଇଥିଲା। ତାଙ୍କର ବିୟୋଗ ଖବର ମୋ ପାଇଁ ଥିଲା ଏକ ଦାରୁଣ ଧକ୍କା ସଦୃଶ। କାରଣ, ଯେତେବେଳେ ମୁଁ ଜାଣିବାକୁ ପାଇଲି ଯେ ଯଦି ଶାନ୍ତିନିକେତନରେ ଉନ୍ନତ ଚିକିତ୍ସା ସୁବିଧା ଉପଲବ୍ଧ ଥାଆନ୍ତା, ତା'ହେଲେ ସମ୍ଭବତଃ ତାଙ୍କ ଜୀବନ ରକ୍ଷା କରାଯାଇ ପାରିଥାଆନ୍ତା। ତାଙ୍କର ବିଦାୟ ସହ ମୁଁ ମୋର ଜଣେ ପରମ ଶୁଭାକାଂକ୍ଷୀଙ୍କୁ ହରାଇଥିଲି। ତାଙ୍କ ଶ୍ରଦ୍ଧା ଓ ପ୍ରଜ୍ଞା ପ୍ରତି ମୁଁ ସଦାବେଳେ ଦୃଢ଼ ନିଶ୍ଚିତ ଥିଲି। ମୋତେ ଲାଗିଲା, ସତେ ଯେପରି ତାଙ୍କ ବିୟୋଗ ସହ ମୋ ଦୁନିଆ ସଂକୁଚିତ ହୋଇଗଲା !

ରାସ ବିହାରୀ ଦାସ ଥିଲେ ଜଣେ ସମ୍ପୂର୍ଣ୍ଣ ଭିନ୍ନ ଧାତୁର ମଣିଷ। ଯଦି କାଳିଦାସ ଭଟ୍ଟାଚାର୍ଯ୍ୟ ମୋତେ କେମିତି ଚିନ୍ତା କରିବାକୁ ହୁଏ, ତାହା ଶିଖାଇଥିଲେ ଏବଂ ଶୁଦ୍ଧ ଚିନ୍ତନର ଆନନ୍ଦ ଓ ପୀଡ଼ାର ସ୍ୱାଦ ଚଖାଇଥିଲେ, ରାସ ବିହାରୀ ଦାସ ମୋତେ ଧର୍ମୀୟ

ପ୍ରଜ୍ଞାର ମୂଲ୍ୟବୋଧ ସମ୍ପର୍କରେ ପରିଚିତ କରାଇଥିଲେ ଏବଂ ସେଥିରେ ସନ୍ଦେହାଚ୍ଛନ୍ନ ସଂଶୟର ଅବଧାରଣା ସାମିଲ ଥିଲା। ଦେଖିବାକୁ ଜଣେ ଗେଡ଼ା ଓ ପତଳା ମଣିଷ (ସେ ଭାବୁଥିଲେ ଯେ କାଣ୍ଟଙ୍କ ଉଚ୍ଚତା ସହ ତାଙ୍କ ଉଚ୍ଚତା ସମାନ) ଏବଂ ମୁହଁସାରା ବେଶ୍ ପ୍ରଭାବଶାଳୀ ଶ୍ମଶ୍ରୁ। ମୁହଁଟି ବାମପାର୍ଶ୍ୱକୁ ସାମାନ୍ୟ ଢଳିଥିବ ଓ ସଦାବେଳେ ଖୁବ୍ ଚଳଚଞ୍ଚଳ ପାହୁଣ୍ଡ ପକାଇ ସେ ଚାଲୁଥିବେ (ସେ ଭାବୁଥିଲେ, ଏବଂ ତାଙ୍କ ଚିନ୍ତାଧାରା ମଧ୍ୟ ଠିକ୍, କାଣ୍ଟ୍ ମଧ୍ୟ ଏମିତି ଢଙ୍ଗରେ ଚାଲୁଥିଲେ - ତାଙ୍କ ସମାଲୋଚକମାନେ କହନ୍ତି ଯେ ସେ ଜାଣିଶୁଣି ସେମିତି ଭାବରେ ଚାଲି ନିଜର ପ୍ରଜ୍ଞାଶୀଳ ଭାବଭଙ୍ଗୀ ପ୍ରଦର୍ଶନ କରନ୍ତି !)। ଚାଲିଲାବେଳେ ତାଙ୍କର ଗୋଟିଏ ହାତରେ ବହି ଖଣ୍ଡିଏ ଅବଶ୍ୟ ଥିବ ଏବଂ ଅନ୍ୟ ହାତରେ ଛତାଟିଏ ଧରିଥିବେ। ଦେଖିଲା ମାତ୍ରେ ସେ ସମସ୍ତଙ୍କୁ ସ୍ମିତ ହାସ୍ୟରେ ସମ୍ଭାଷଣ ଜଣାନ୍ତି ଓ କୌତୁକିଆ କଥା ପଦେ ଶୁଣାନ୍ତି (ଯାହା ତାଙ୍କ ଅନ୍ତରର ଜଟିଳ ଭାବର ବାହ୍ୟିକ ପରିପ୍ରକାଶ)। ତାଙ୍କ ବକ୍ରୋକ୍ତି ସମ୍ପର୍କରେ ଅନେକ ରୋଚକ କାହାଣୀମାନ ଶୁଣିବାକୁ ମିଳୁଥିଲା। ସେଥିରୁ କେବଳ ଦୁଇଟି ମୋର ଏବେ ସୁଦ୍ଧା ସ୍ମରଣ ଅଛି। ଯୌବନାବସ୍ଥାରେ ସେ ମହାରାଷ୍ଟ୍ରର ଅମଲନେରରେ ଅବସ୍ଥାନ କରୁଥିଲେ। ସେଠାରେ ଭାରତୀୟ ଦର୍ଶନ ପ୍ରତିଷ୍ଠାନରେ ସେ କାର୍ଯ୍ୟ କରୁଥିଲେ। ଶୁଣାଯାଏ ଯେ ଥରେ ସେ ପ୍ରସିଦ୍ଧ ଲେଲେ ବାବାଙ୍କୁ ସାକ୍ଷାତ କରିବାକୁ ଯାଇଥିଲେ। ବାବା ଲେଲେ ହେଉଛନ୍ତି ସେହି ମହାନ୍ ବ୍ୟକ୍ତି ଯିଏ ଶ୍ରୀ ଅରବିନ୍ଦଙ୍କୁ ଅଧ୍ୟାତ୍ମିକ ଜୀବନ ଆଡ଼କୁ ପ୍ରଭାବିତ କରିଥିବା କୁହାଯାଏ)।

ଲେଲେ ବାବା ଯେତେବେଳେ ଜାଣିବାକୁ ପାଇଲେ ଯେ ଦର୍ଶନାର୍ଥୀ ଶ୍ରୀ ଦାସ ଜଣେ ଦାର୍ଶନିକ, ସେ ତାଙ୍କୁ ପଚାରିଥିଲେ,‘ତୁମେମାନେ ଈଶ୍ୱରଙ୍କୁ କାହିଁକି ଏମିତି ବ୍ୟବଚ୍ଛେଦ କରୁଛ ?’ରାସ ବିହାରୀ ଦାସ ଚଟାପଟ୍ ଉତ୍ତର ଦେଇଥିଲେ - ତାଙ୍କ ମୁହଁର ସେଇ ଶ୍ଳେଷପୂର୍ଣ୍ଣ କୁଟୀଳ ହସକୁ ସ୍ମରଣ କରି ମୁଁ ସେକଥା ସହଜରେ ଅନୁମାନ କରିପାରୁଛି -‘କାରଣ ତାଙ୍କର (ଅର୍ଥାତ୍, ଈଶ୍ୱରଙ୍କର) ସେମିତି ବ୍ୟବଚ୍ଛେଦ ଦରକାର।’ ଦର୍ଶନାର୍ଥୀଙ୍କ ତୁଣ୍ଡରୁ ଏଭଳି ବିଚିତ୍ର ଉତ୍ତର ଲେଲେଙ୍କୁ କଦାପି ଭଲ ଲାଗି ନ ଥିଲା। ଆଉ ଗୋଟିଏ କାହାଣୀ ମୁଁ ମୋ ନିଜସ୍ୱ ଅନୁଭୂତିରୁ ବଖାଣୁଛି। ୧୯୫୦ ମସିହାର କଥା। ମୁଁ ସଦ୍ୟ ଏମ.ଏ. ପରୀକ୍ଷାରେ ଉତ୍ତୀର୍ଣ୍ଣ ହୋଇଥାଏ। ସେଇବର୍ଷ କଲିକତାଠାରେ ଭାରତୀୟ ଦର୍ଶନ କଂଗ୍ରେସର ଅଧିବେଶନର ଆୟୋଜନ କରାଯାଇଥିଲା। ରାଧାକୃଷ୍ଣନ୍ ଥିଲେ ସେହି ଅଧିବେଶନର ସଭାପତି। ମୁଁ ସେଥିରେ ଜଣେ ସ୍ୱେଚ୍ଛାସେବୀ କର୍ମୀ ହିସାବରେ ଯୋଗ ଦେଇଥିଲି। ମୋର କାମ ହେଲା ମଞ୍ଚ ନିକଟରେ ସଦାବେଳେ ଅପେକ୍ଷା କରି ରହିବା। ଐତିହାସିକ ସିନେଟ୍ ହଲ୍ (କ୍ଷୋଭର

ବିଷୟ,ଏହାକୁ ଏବେ ଭାଙ୍ଗି ଦିଆଯାଇଛି ଏବଂ ତା'ସ୍ଥାନରେ ଏକ ଅସୁନ୍ଦର ସୌଧ ନିର୍ମାଣ କରାଯାଇଛି)ରେ କାର୍ଯ୍ୟକ୍ରମର ଆୟୋଜନ କରାଯାଇଥିଲା। ସେହି ଅଧିବେଶନରେ ରାସ ବିହାରୀ ଦାସ ତାଙ୍କ ପାଇଁ ଉଦ୍ଦିଷ୍ଟ ବିଷୟବସ୍ତୁ ଉପରେ ଭାଷଣ ଦେବା ଆରମ୍ଭ କଲେ। ସେ ତାଙ୍କର କ୍ଷୀଣ ଓ ଥରଥର କଣ୍ଠରେ କହିଲେ, 'ଶଙ୍କରଙ୍କ ମାୟାବାଦକୁ ଶ୍ରୀ ଅରବିନ୍ଦ ଖଣ୍ଡନ କରିଥିଲେ କି ?' ଅଧିବେଶନରେ ଅଧ୍ୟକ୍ଷତା କରୁଥିବା ସର୍ବପଲ୍ଲୀ ରାଧାକୃଷ୍ଣନ୍ ତାଙ୍କୁ ଚେତେଇଦେଇ କହିଲେ,'ରାସ ବିହାରୀ,ମାଇକ୍ରୋଫୋନ୍ ମୁହଁ ପାଖକୁ ଲଗାଇ କାହିଁକି କହୁନାହଁ? ସେମାନେ (ପଛଧାଡ଼ିରେ ବସିଥିବା ଶ୍ରୋତାମାନେ)ତୁମକୁ ଶୁଣି ପାରିବେନି।' ରାସ ବିହାରୀ ଦାସଙ୍କ ତୁରନ୍ତ ତାଙ୍କର ସେଇ ଥଙ୍ଗଥଙ୍ଗ ଗଳାରେ ଉତ୍ତର ଦେଇଥିଲେ, 'କିନ୍ତୁ ପ୍ରଫେସର, ସେମାନେ ମୋ କଥା ଶୁଣିଲେ ସୁଦ୍ଧା ମୋତେ ବୁଝି ପାରିବେନି।' ଏପରି ଉତ୍ତର ଦେଇ ପର ମୁହୂର୍ତ୍ତରେ ସେ ସ୍ୱାଭାବିକ ଭାବରେ ନିଜ ଭାଷଣ ଜାରି ରଖିଥିଲେ। (ରାଧାକୃଷ୍ଣନ୍‌ଙ୍କୁ ମୁଁ ପରେ କୌଣସି ଏକ ଘଟଣାରେ ଭେଟି କଥାବାର୍ତ୍ତା ହେଉଥିଲି ଓ ପ୍ରସଙ୍ଗ କ୍ରମେ ରାସ ବିହାରୀ ଦାସଙ୍କ କଥା ପଡ଼ିଲା। ରାଧାକୃଷ୍ଣନ୍ ମୋତେ କହିଲେ, 'ରାସ ବିହାରୀ ଭାବେ ଯେ ମୋତେ ଦର୍ଶନ ଶାସ୍ତ୍ର ମାଲୁମ୍ ନାହିଁ!)। ମୋର ଧାରଣା ଯେ ଜଣେ ଶ୍ରେଣୀକକ୍ଷ ଅଧ୍ୟାପକ ଭାବରେ ରାସ ବିହାରୀ ଦାସ ସମ୍ପୂର୍ଣ୍ଣ ବିଫଳ ଥିଲେ। ଶ୍ରେଣୀକକ୍ଷରେ ଏଣୁ ତେଣୁ ଗପସପ କରି ସେ ସମୟ ବିତାଇ ଥାଆନ୍ତି। କିନ୍ତୁ ବାସ୍ତବପକ୍ଷେ ସେ ଯାହା ସନ୍ଧାନ କରୁଥିଲେ, ତାହା ହେଲା ଭବିଷ୍ୟତର ଦାର୍ଶନିକ ପ୍ରତିଭା। ସେମାନଙ୍କୁ ସେ ନିଜ ଘରକୁ ଆମନ୍ତ୍ରଣ କରୁଥିଲେ। ସେଠାରେ ପଞ୍ଚାଏ ଯୁବ ଓ ପ୍ରୌଢ଼ ଦାର୍ଶନିକ ରୁଣ୍ଡ ହୋଇ ବହିପତ୍ର ପଢ଼ାପଢ଼ି କରୁଥିଲେ ଏବଂ ନାନା ପ୍ରସଙ୍ଗରେ ଆଲୋଚନା ମଧ୍ଯ କରୁଥିଲେ। (ମୋର ଯଦି ଠିକ୍ ମନେଥାଏ, ସେ ଆମ କେତେଜଣଙ୍କୁ କାଣ୍ଟଙ୍କ ପ୍ରଥମ 'କ୍ରିଟିକ୍' ଏବଂ ଭାହିଙ୍ଗରଙ୍କ '*କମେଣ୍ଟାରୀ*' ପଢ଼ାଇଥିଲେ।) ତାଙ୍କ ଘରେ ସେ ଆମମାନଙ୍କୁ ତାଙ୍କ ବ୍ୟକ୍ତିଗତ ଲାଇବ୍ରେରୀରେ ଭେଟୁଥିଲେ। ସେଠାରେ ହିଁ ମୋ ମନରେ ଧାରଣା ବଦ୍ଧମୂଳ ହୋଇଥିଲା ଯେ ବିଭିନ୍ନ ଦର୍ଶନ ଗ୍ରନ୍ଥକୁ ପଢ଼ିବା ସକାଶେ ସେ ଜର୍ମାନ୍, ଫ୍ରେଞ୍ଚ, ଇଟାଲିଆନ୍, ଆରବିକ୍, ପର୍ସିଆନ୍, ଓ ତା' ସହିତ ସଂସ୍କୃତ ଭାଷା ଅଧ୍ୟୟନ କରିଥିଲେ। ପୁସ୍ତକ ବିକ୍ରେତାମାନଙ୍କ ନାଁରେ ସେ ଗୋଟିଏ ବ୍ୟକ୍ତିଗତ ଜମାଖାତା ଖୋଲିଥିଲେ। ସେଥି ମଧ୍ୟରେ ଥିଲେ ବ୍ଲାକ୍‌ୱେଲ୍ ଓ ଅକ୍ସଫୋର୍ଡ ଭଳି ପୁସ୍ତକ ବିକ୍ରେତା। ସେଇସବୁ ବହିଦୋକାନୀମାନଙ୍କ ମାଧ୍ୟମରେ ସେ ଏଭଳି ଲେଖକମାନଙ୍କ ଗ୍ରନ୍ଥସବୁ ବିଦେଶରୁ ମଗାଉଥିଲେ ଯାହାର ନାଁ କଲିକତାରେ କେହି କେବେ ଶୁଣି ନ ଥିଲେ। ସେଇ ଘରୋଇ ଲାଇବ୍ରେରୀରୁ ମୁଁ ତାଙ୍କ ବ୍ୟକ୍ତିଗତ କପି,

ହସେର୍ଲଙ୍କ '*Logische Untersuchungen*' ବହି ଖଣ୍ଡିକ ଉଧାର ଆଣିଥିଲି (ଯାହାକୁ ସେ ମୋତେ ପରେ ନିଜ ପାଖରେ ରଖିବାକୁ କହିଥିଲେ ଓ ଫେରସ୍ତ ନେଇ ନ ଥିଲେ।)। ସେହି ଦିନଠାରୁ ହସେର୍ଲଙ୍କ ଚିନ୍ତନ ପ୍ରତି ମୋ ମନରେ ସାରା ଜୀବନ ଆଗ୍ରହ ସୃଷ୍ଟି ହୋଇଥିଲା। ତାଙ୍କ ମନରେ ସୃଷ୍ଟ ଏଭଳି ନକାରାତ୍ମକ ଭାବନା (*ସିନିସିଜିମ୍*)ର କାରଣ ଥିଲା ଏହା ଯେ ଯେଉଁ ଛାତ୍ରମାନେ ଦର୍ଶନ ଶାସ୍ତ୍ର ପ୍ରତି ଆଗ୍ରହ ପ୍ରକଟ କରୁଥିଲେ ସେମାନଙ୍କୁ ସେ ସନ୍ଦେହ କରୁଥିଲେ। ଏପରିକି ଯେଉଁମାନେ ପରୀକ୍ଷାରେ ସଫଳତାର ସହ କୃତକାର୍ଯ୍ୟ ହେଉଥିଲେ ସେମାନଙ୍କ ପ୍ରତି ସୁଦ୍ଧା ସେ ଘୋର ସନ୍ଦିହାନ୍ ଥିଲେ। ସେ ଜାଣିବାକୁ ଚାହୁଁଥିଲେ - ସତରେ କ'ଣ ଏ ପିଲାଟି 'ଦର୍ଶନ ଶାସ୍ତ୍ର' ଅନ୍ତଃକରଣରେ ଗ୍ରହଣ କରିଛି! ସେ ଭାବୁଥିଲେ ଯେ ଯେଉଁମାନେ ଦର୍ଶନ ଶାସ୍ତ୍ର ଅଧ୍ୟୟନ କରୁଛନ୍ତି ତାହା ପଛରେ ସେମାନଙ୍କର କିଛି ନିହିତ ସ୍ୱାର୍ଥ ଅଛି କିମ୍ବା ଭିନ୍ନ କିଛି ଲକ୍ଷ୍ୟରେ ସେମାନେ ଏ ପାଠ ପଢୁଛନ୍ତି। ଉଦାହରଣ ସ୍ୱରୂପ, କେତେକ ଧର୍ମ ପ୍ରତି ଆକୃଷ୍ଟ ହୋଇ ଦର୍ଶନ ଶାସ୍ତ୍ର ପଢ଼ନ୍ତି, ଆଉ କେତେକ ଛାତ୍ର ଦର୍ଶନକୁ ହାତବାରିସି କରି ବ୍ୟବହାର କରିବା ଉଦ୍ଦେଶ୍ୟ ରଖି ଓ ସେମାନଙ୍କ ଧର୍ମୀୟ ସ୍ୱାର୍ଥକୁ ସାକାର କରିବା ସକାଶେ ଏ ବିଦ୍ୟା ଅଧ୍ୟୟନ କରିଥାଆନ୍ତି। ଆଉ ଥୋକାଏ ରାଜନୈତିକ ଆଦର୍ଶବାଦ ପ୍ରଭାବରେ ଆସି ଏହାକୁ ଚୟନ କରିଥାଆନ୍ତି। ରାସ ବିହାରୀ ଦାସ ଥରେ ଆଶଙ୍କା ପ୍ରକଟକରି ମୋତେ କହିଥିଲେ,'ତୁମେ ତ ଦର୍ଶନ ଶାସ୍ତ୍ର ସହିତ ଆଇନ ବିଦ୍ୟା ପଢୁଛ। ତେଣୁ ଭବିଷ୍ୟତରେ ତୁମ ବାପାଙ୍କ ପେସା ଆପଣାଇପାର; କିମ୍ବା ତୁମ ମାମୁଙ୍କ ପଦାଙ୍କ ଅନୁସରଣ କରି ରାଜନୀତି କରିପାର!' ସେତେବେଳେ ମୁଁ ଅଧିକାଂଶ ସମୟରେ ଭାଷଣବାଜି କରୁଥିଲି। ତାହା ଲକ୍ଷ୍ୟକରି ସେ ବ୍ୟସ୍ତ ବିବ୍ରତ ହୋଇପଡୁଥିଲେ। ଥରେ ସେ ସମ୍ଭାଳି ନ ପାରି ମୋତେ କହିଥିଲେ,'ତୁମ ଲକ୍ଷ୍ୟ ଅନ୍ୟ କେଉଁଠି ନିହିତ ଥିବା ମୁଁ ଜାଣିପାରୁଛି।' ଶ୍ରୀ ଅରବିନ୍ଦଙ୍କ ପ୍ରତି ମୋର ଆଗ୍ରହ କଥା ସେ ଜାଣିଥିଲେ। ଦିନେ ରବିବାରିଆ ସକାଳବେଳା କୌଣସି ଏକ ଦାର୍ଶନିକ ଆଲୋଚନା ପାଇଁ ଆମେ ତାଙ୍କ ଘରେ ରୁଣ୍ଡ ହୋଇଥିଲୁ। ସେଇ ଆଲୋଚନାବେଳେ ହରିଦାସ ଚୌଧୁରୀ (ଯିଏ ପରେ ଆମେରିକା ଚାଲିଯାଇ ସେଠାରେ ବସବାସ କରିବା ସହ ସାନ୍ ଫ୍ରାନ୍ସିସ୍କୋଠାରେ **'ଇନଷ୍ଟିଚ୍ୟୁଟ୍ ଅଫ୍ ଇଣ୍ଟିଗ୍ରାଲ୍ ଷ୍ଟଡିଜ୍'** ସ୍ଥାପନା କରିଥିଲେ ଏବଂ ଏବେ ତାହା ଏକ ସୁନାମଧନ୍ୟ ୟୁନିଭର୍ସିଟିର ଆକାର ଧାରଣ କରିସାରିଛି) ଆସି ମୋ ପାଖକୁ ଲାଗି ବସିପଡ଼ିଲେ ଓ ମୋତେ କୁଶଳ ଜିଜ୍ଞାସା କଲେ। ରାସ ବିହାରୀ ଦାସ ଏକଥା ଲକ୍ଷ୍ୟକରି ହଠାତ୍ ହସ୍ତକ୍ଷେପ କଲାଭଳି କହିଉଠିଲେ, 'ହରିଦାସ, ତୁମର ସେ ଯୋଗକୁ ତା'ମୁଣ୍ଡରେ ଭର୍ତ୍ତିକରି ତାକୁ ନଷ୍ଟ

କରନା।' (ହରିଦାସ ଚୌଧୁରୀ ସେତେବେଳେ ଶ୍ରୀ ଅରବିନ୍ଦଙ୍କ ଆଧ୍ୟାତ୍ମିକ ଯୋଗାଭ୍ୟାସ କରୁଥିଲେ)। ସମୟକ୍ରମେ ମୁଁ ବୁଝିପାରିଲି, ସେ କାହିଁକି ଦର୍ଶନଶାସ୍ତ୍ର ପ୍ରତି ଆଗ୍ରହ ପ୍ରକଟ କରୁଥିବା ଛାତ୍ରଙ୍କ ପ୍ରତି ଏତେ ମାତ୍ରାରେ ସନ୍ଦେହୀ ଥିଲେ। ଥରେ ଆମେ କୌଣସି ଗୋଟିଏ ପ୍ରସଙ୍ଗରେ ଆଲୋଚନା କରୁଥିବାବେଳେ ସେ ମୋତେ କହିଲେ ଯେ ତାଙ୍କ ପାଇଁ ଓ କୃଷ୍ଣଚନ୍ଦ୍ର ଭଟ୍ଟାଚାର୍ଯ୍ୟଙ୍କ ଯୋଗୁ, 'ଦର୍ଶନଶାସ୍ତ୍ର ଏକ ସ୍ୱୟଂସମ୍ପୂର୍ଣ୍ଣ ଆଧ୍ୟାତ୍ମିକ କାର୍ଯ୍ୟଧାରା'ରେ ପରିଣତ ହୋଇପାରିଛି: ତେଣୁ କେହି ଏହାକୁ ଅନ୍ୟ କୌଣସି ପ୍ରକାରେ ବାହ୍ୟିକ ସ୍ୱାର୍ଥ ସାଧନ ଉଦ୍ଦେଶ୍ୟରେ ଉପଯୋଗ ନ କରିବା ଉଚିତ। ଗୋଟିଏ ଦୃଷ୍ଟିରୁ ବିଚାର କଲେ, ଦର୍ଶନଶାସ୍ତ୍ର ପ୍ରତି ମନରେ ଥିବା ଏହି ଧାରଣା ତାଙ୍କୁ ଗଭୀର ଭାବରେ ଅନୁପ୍ରାଣିତ କରିଥିଲା ଏବଂ ଧର୍ମ ଓ ରାଜନୀତି ପଛରେ ପଡ଼ିଯାଇଥିଲା।

କିନ୍ତୁ ମୋ ମନରେ ଶ୍ରୀ ଅରବିନ୍ଦଙ୍କୁ ନେଇ ଥିବା ଆଗ୍ରହ ଅଧିକ କିଛି ସମୟ ପର୍ଯ୍ୟନ୍ତ ରହିଥିଲା। ମୁଁ ଭାବୁଥିଲି, ତାଙ୍କରିଠାରେ (ଏବଂ ପରେ କୃଷ୍ଣଚନ୍ଦ୍ର ଭଟ୍ଟାଚାର୍ଯ୍ୟଙ୍କ ଠାରେ) ସୃଜନଶୀଳ ଚିନ୍ତାଧାରାକୁ ମୁଁ ଖୋଜି ପାଇଥିଲି ଯାହାକି ଭାରତରେ ମୁଁ ଅନ୍ୟମାନଙ୍କ ଠାରେ ପାଇ ନ ଥିଲି। ପୂର୍ବରୁ ଯାହା ବର୍ଣ୍ଣନା କରିସାରିଛି, ପ୍ରେସିଡେନ୍ସି କଲେଜରେ ଅଣ୍ଡର୍ ଗ୍ରାଜୁଏଟ୍ ଶ୍ରେଣୀରେ ଅଧ୍ୟୟନ କଲାବେଳେ, ମୋ ମନର ଅନ୍ୟତମ ପ୍ରମୁଖ ଦାର୍ଶନିକ ଚିନ୍ତାଧାରାଟି ଥିଲା: ଏପରିକି ସର୍ବଶ୍ରେଷ୍ଠ ଆଧ୍ୟାତ୍ମିକ ଜ୍ଞାନ ଦୃଷ୍ଟିରୁ ସୁଦ୍ଧା ଯଦି ବିବେଚନା କରାଯାଏ ସ୍ଥୂଳ ଜଗତ ଓ ନଶ୍ୱର ମନୁଷ୍ୟ (ବ୍ୟକ୍ତି ବିଶେଷ) ବାସ୍ତବ କି ?, ଯାହାକି ଶ୍ରୀ ଅରବିନ୍ଦ କହିଛନ୍ତି। ଅଥବା ସ୍ଥୂଳ ଜଗତ ଓ ନଶ୍ୱର ମନୁଷ୍ୟ କେବଳ ଏକ ଦୃଶ୍ୟମାନ ଚିତ୍ର ମାତ୍ର, ଅର୍ଥାତ୍, ମିଥ୍ୟା ଏବଂ ସେମାନ ଚରମ ସତ୍ୟ ସମ୍ପର୍କରେ ସମ୍ପୂର୍ଣ୍ଣ ଅଜ୍ଞ ଓ (ଅବିଦ୍ୟା)ରେ ପରିପୂର୍ଣ୍ଣ, ଯାହା ଶଙ୍କର କହନ୍ତି ?' ବି.ଏ. ଫାଇନାଲ ବର୍ଷ ମୁଁ 'ପରିମିତ ଓ ଅପରିମିତ' (*'ଫାଇନାଇଟ୍ ଓ ଇନ୍‌ଫାଇନାଇଟ୍'*) ଶୀର୍ଷକ ଏକ ନିବନ୍ଧ ପ୍ରେସିଡେନ୍ସି କଲେଜ ପତ୍ରିକାରେ ପ୍ରକାଶ କରିଥିଲି ଏବଂ ସେଥିରେ ମୁଁ ଶଙ୍କରଙ୍କ 'ମାୟାବାଦ' ବିରୁଦ୍ଧରେ ଯୁକ୍ତି ଦର୍ଶାଇଥିଲି ଓ ଶ୍ରୀ ଅରବିନ୍ଦଙ୍କ 'ପୂର୍ଣ୍ଣ ବ୍ରହ୍ମ' ଚିନ୍ତାଧାରା ସପକ୍ଷରେ ଉଲ୍ଲେଖ କରିଥିଲି। ଏହାକୁ ପଢ଼ି ମୋ ପ୍ରଫେସର ନଳିନୀ ବାବୁ (ତାଙ୍କ ସମ୍ପର୍କରେ ପୂର୍ବରୁ ମୁଁ ଏହି ଅଧ୍ୟାୟରେ ଉଲ୍ଲେଖ କରିଛି) ତାଙ୍କ ଘରେ ମୋତେ ଦେଖା କରିବାକୁ କହିଲେ। ନିର୍ଦ୍ଧାରିତ ସମୟରେ ତାଙ୍କ ବାସଭବନକୁ ମୁଁ ଅତି ସନ୍ତର୍ପଣରେ ଗଲି। ସ୍କଟିଶ୍ ଚର୍ଚ୍ଚ କଲେଜ ପାଖାପାଖି ଗୋଟିଏ ଧୂଆଁଳିଆ ଅନ୍ଧାରୁଆ ଗଳିରେ ତାଙ୍କ ଘର। ସେଠାରେ ପହଞ୍ଚି ଲକ୍ଷ୍ୟ କଲି, ତାଙ୍କ ବୈଠକଖାନାଟି ଖୁବ୍ ବିପର୍ଯ୍ୟସ୍ତ। ସେଥିରେ କାହିଁ ଅତି ମାନ୍ଧାତା ଅମଳର ପୁରୁଣା ଆସବାବପତ୍ର ପଡ଼ିଛି। କାନ୍ଥ ବି ଭାରି ସନ୍ତସନ୍ତିଆ। ସତେ ଯେମିତି ସମଗ୍ର ଘରଟା ଯେକୌଣସି ମୁହୂର୍ତ୍ତରେ

ଭୁଶୁଡ଼ି ପଡ଼ିବ ! ସେଇ ଘରକୁ ପରବର୍ତ୍ତୀ କେଇମାସ ପର୍ଯ୍ୟନ୍ତ ମୁଁ ଅନେକ ଥର ଯା'ଆସ କରିଥିଲି। ଆମେ ସଭିଏଁ ତାଙ୍କୁ 'ଡକ୍ଟର ବ୍ରହ୍ମା' ବୋଲି ସମ୍ବୋଧନ କରୁଥିଲୁ। ସେ ମୋ ସହିତ ମୋର ନିବନ୍ଧ ପ୍ରସଙ୍ଗରେ ଆଲୋଚନା କରିବାକୁ ଡାକିଥିଲେ। କିନ୍ତୁ ତାଙ୍କ ସହ ଆଲୋଚନା ଖୁବ୍ ଜଟିଳ ଓ ଚିନ୍ତାଦ୍ୟୋତକ ପରି ମତେ ଲାଗିଲା। ସେ ସିଧାସଳଖ ଭାବରେ ମୋତେ କହିଲେ,'ତୁମେ ଯଦି ଶଙ୍କରଙ୍କ 'ଅଦ୍ୱୈତ'କୁ ଠିକ୍ ଭାବରେ ଗ୍ରହଣ କରିପାରିନାହଁ, ତା'ହେଲେ ମୋ ଅଧ୍ୟାପନାରେ ଅବଶ୍ୟ କେଉଁଠି ତ୍ରୁଟି ରହିଯାଇଛି।' ତା'ପରେ ଚାଲିଲା ଶ୍ରୀ ଅରବିନ୍ଦଙ୍କ ଗ୍ରନ୍ଥର ଘନପାଠ; ମାୟାବାଦ ସମ୍ପର୍କରେ ସେ ଦର୍ଶାଇଥିବା ଯୁକ୍ତିର ତର୍ଜମା। ତାହା ଏପରି ପର୍ଯ୍ୟାୟରେ ପହଞ୍ଚିଲାଯେ ଆମକୁ ଦୁଇଟି ବିକଳ୍ପ ମଧ୍ୟରୁ ଗୋଟିକୁ ଗ୍ରହଣ କରିବା ଭଳି ସ୍ଥିତି ଉତ୍ପନ୍ନ ହେଲା। ଯଦି ପୂର୍ଣ୍ଣବ୍ରହ୍ମ ସମ୍ପର୍କରେ ଶ୍ରୀ ଅରବିନ୍ଦଙ୍କ ଯୁକ୍ତି ଠିକ୍, ତା'ହେଲେ ସେ ଯାହା ଦର୍ଶାଇଛନ୍ତି ତାହା ଶଙ୍କରଙ୍କ ତତ୍ତ୍ୱ ସଙ୍ଗେ ସମାନ। ଯଦି ଶ୍ରୀ ଅରବିନ୍ଦଙ୍କ ଯୁକ୍ତି ଶଙ୍କରଙ୍କ ଠାରୁ ଭିନ୍ନ, ତା'ହେଲେ ତାଙ୍କ ଧାରଣା ଭ୍ରାନ୍ତ। ଏଭଳି ଦୁଇଟି ବିକଳ୍ପରୁ ଆମେ ଅବା କିପରି ଗୋଟିକୁ ଗ୍ରହଣ କରିପାରିବୁ ? ଆମେ 'ନ ଯଯୌ, ନ ତସ୍ଥୌ' ଅବସ୍ଥାରେ ପଡ଼ିଗଲୁ। ଏଭଳି ଦ୍ୱିଧାରୁ ମୁକ୍ତି ପାଇବାର କେବଳ ଗୋଟିଏ ହିଁ ଉପାୟ ଆମ ନିକଟରେ ଥିଲା ଏବଂ ତାହା ହେଲା - ଏ ବିଷୟରେ ସ୍ୱୟଂ ଗୁରୁଦେବ (ଶ୍ରୀ ଅରବିନ୍ଦ)ଙ୍କ ନିକଟକୁ ପତ୍ର ଲେଖିବା। ତେଣୁ ଆମେ ଶ୍ରୀ ଅରବିନ୍ଦଙ୍କ ପାଖକୁ ଚିଠି ଲେଖିଲୁ ଓ ସେଥିରେ ଅତି ସ୍ପଷ୍ଟ ଭାବରେ ଦର୍ଶାଇଲୁ ଯେ ଆମେ ତର୍କ ମାଧ୍ୟମରେ କେଉଁ ସଂଶୟ ଭିତରେ ଫସି ଯାଇଛୁ। ହେଲେ ଶ୍ରୀ ଅରବିନ୍ଦଙ୍କ ପାଖରେ ପତ୍ରଟି ପହଞ୍ଚିବ କିପରି ? ଆମେ କ'ଣ ଚିଠିଟିକୁ ସିଧା ଡାକବାକ୍ସରେ ଗଳେଇଦେଲେ ତାହା ତାଙ୍କ ପାଖରେ ପହଞ୍ଚିଯିବ ? ମୋ ମନକୁ ଗୋଟିଏ ବିଚିତ୍ର ଚିନ୍ତାଧାରା ଢୁକିଲା: ମୁଁ ଜାଣିଥିଲି ଯେ ଦିଲ୍ଲୀପ ରାୟ(ଶ୍ରୀ ଅରବିନ୍ଦ ଆଶ୍ରମ,ପଣ୍ଡିଚେରୀରେ ସେ ଅବସ୍ଥାନ କରୁଥିଲେ) ସେତେବେଳେ କଲିକତା ଆସିଛନ୍ତି ଓ ଲାଲଗୋଲାର ରାଜା ଧୀରେନ୍ଦ୍ର ନାରାୟଣ ରାୟଙ୍କ ଘରେ ଅତିଥି ଭାବରେ ଅବସ୍ଥାନ କରୁଛନ୍ତି। ରାଜାଙ୍କ ପୁଅ ବୀରେନ୍ ମୋର ଜଣେ ଭଲ ସାଙ୍ଗ। ତାଙ୍କ ମେର୍ଲିନ୍ ପାର୍କସ୍ଥିତ ବାସଭବନକୁ ଇତି ପୂର୍ବରୁ ମୁଁ ଅନେକ ବାର ଯା'ଆସ କରିଥିଲି। ତେଣୁ ଚିଠି ଖଣ୍ଡିକ ଧରି ମୁଁ ରାଜାଙ୍କ ଘରକୁ ଚାଲିଲି ଓ ସେ ଖଣ୍ଡିକ ଦିଲ୍ଲୀପ ରାୟଙ୍କ ହାତରେ ଧରେଇଦେଲି। ଦିଲ୍ଲୀପ ବାବୁ ଚିଠି ଖଣ୍ଡିକ ବିଷୟରେ ଜାଣି ଆମୋଦିତ ହେଲେ ଓ ଶ୍ରୀ ଅରବିନ୍ଦଙ୍କ ଠାରୁ ଉତ୍ତର ଖଣ୍ଡିଏ ଅବଶ୍ୟ ମିଳିବ ବୋଲି ମୋତେ ନିର୍ଭର ପ୍ରତିଶ୍ରୁତି ଦେଲେ ଏବଂ ଖୁବ୍ ଶୀଘ୍ର ସେ ତାଙ୍କ ପ୍ରତିଶ୍ରୁତି ପୂରଣ ମଧ୍ୟ କରିଥିଲେ। ଦିଲ୍ଲୀପ ରାୟଙ୍କୁ ସମ୍ବୋଧିତ କରି ଶ୍ରୀ ଅରବିନ୍ଦ ଲେଖିଥିବା ସେହି ପତ୍ରଟି ଏକ ବିସ୍ମୟରୁ ଆରମ୍ଭ

ହୋଇଥିଲା। ସେଥିରେ ସେ ଉଲ୍ଲେଖ କରିଥିଲେ ଯେ ନଳିନୀ ବ୍ରହ୍ମାଙ୍କ ଭଳି ଜଣେ ପ୍ରଖ୍ୟାତ ଅଦ୍ୱୈତୀ ଯୁକ୍ତି କରୁଛନ୍ତି ଯେ ତାଙ୍କ ମତ ଶଙ୍କରଙ୍କ ମତ ସଙ୍ଗେ ସମାନ? ତା'ହେଲେ ସେ ପ୍ରାଞ୍ଜଳ ଭାବରେ ବୁଝାଇ ଦିଅନ୍ତୁ ଯେ ଶଙ୍କର ଓ ତାଙ୍କ ଭିତରେ ନିର୍ଦ୍ଦିଷ୍ଟ ଭାବରେ ଭିନ୍ନତା କେଉଁଠି ରହିଛି? ତାଙ୍କ(ଶ୍ରୀ ଅରବିନ୍ଦ) କହିବା ଅନୁସାରେ ଶଙ୍କର 'ମାୟା' ଉପରେ ଗୁରୁତ୍ୱ ଆରୋପ କରିଛନ୍ତି ଏବଂ ସେ (ଶ୍ରୀ ଅରବିନ୍ଦ) 'ଲୀଳା' ଉପରେ ପ୍ରାଧାନ୍ୟ ଦିଅନ୍ତି।

ଯଦିଚ ଡକ୍ଟର ବ୍ରହ୍ମା ଅଦ୍ୱୈତ ବିଷୟରେ ମୋତେ ଖୁବ୍ ଭଲ ଭାବରେ ପଢ଼ାଇଥିଲେ, ତଥାପି ବେଦାନ୍ତ ଶାସ୍ତ୍ରରେ ମୋର ମାର୍ଗଦର୍ଶକ ଥିଲେ ପଣ୍ଡିତ ଯୋଗେନ୍ଦ୍ରନାଥ ତର୍କ ବେଦାନ୍ତତୀର୍ଥ। କଲେଜ ଚୌକର ସେହି ପୁଷ୍କରିଣୀ ଚାରିକଡ଼େ ଅଧିକାଂଶ ଦିନ ସନ୍ଧ୍ୟାରେ ବୁଲାବୁଲି କରିବା ମୋର ଅଭ୍ୟାସରେ ପରିଣତ ହୋଇ ସାରିଥିଲା। ଦିନେ ସେଠାରେ ଏମିତି ବୁଲଚାଲ କରିସାରି ମୁଁ ଗୋଟିଏ ବେଞ୍ଚରେ ବସିପଡ଼ିଥିଲି। ସେଠାରେ ଆଉ ଜଣେ ବ୍ୟକ୍ତି ବସିଥିଲେ ଯିଏ ଥିଲେ ଜଣେ ମହାନ୍ ପଣ୍ଡିତ। କିନ୍ତୁ ମୁଁ ତାଙ୍କୁ ସେତେବେଳେ ଚିହ୍ନି ନ ଥିଲି କି ସେ କିଏ ତାହା ଜାଣି ନ ଥିଲି। ସେ ମଧ୍ୟ ସବୁଦିନ ସନ୍ଧ୍ୟାରେ ସେଇ ପୁଷ୍କରିଣୀ କୂଳକୁ ବୁଲିବାକୁ ଆସୁଥିଲେ। ତାଙ୍କ ସହ ମୋର ଏବେ ଅଧିକାଂଶ ସମୟରେ ସାକ୍ଷାତ ହେଲା ଏବଂ କିଛି ଦିନପରେ ଆମେ ପରସ୍ପରର ପରିଚିତ ହୋଇଗଲୁ। ତା'ପରେ ମୁଁ ଧୀରେ ଧୀରେ ଆବିଷ୍କାର କଲି ଯେ ସେ ହେଉଛନ୍ତି ମୀମାଂସା ଓ ବେଦାନ୍ତ ଶାସ୍ତ୍ରରେ ସମଗ୍ର ଭାରତର ଜଣେ ଅଗ୍ରଣୀ ବିଦ୍ୱାନ୍। ସେ ତାଙ୍କ ଗୁରୁ ପଣ୍ଡିତ ଲକ୍ଷ୍ମଣ ଶାସ୍ତ୍ରୀ ଦ୍ରାବିଡ଼ଙ୍କ ବିଷୟରେ ଥରେ ମୋତେ କହିଲେ। ତାଙ୍କୁ ସାର୍ ଆଶୁତୋଷ ମୁଖାର୍ଜୀ ଦକ୍ଷିଣ ଭାରତରୁ ଆଣି କଲିକତା ବିଶ୍ୱବିଦ୍ୟାଳୟର ଉପାଧ୍ୟୁତ୍ତର ସଂସ୍କୃତ ବିଭାଗର ବେଦ ପ୍ରଫେସର ଭାବରେ ଅବସ୍ଥାପନ କରିଥିଲେ। ହରିଦ୍ୱାର ନିକଟରେ ଗୁରୁକୁଳରେ ସେ ଢେର୍ ବର୍ଷ ଧରି ଅଧ୍ୟାପନା କରି ବିପୁଳ ଅଭିଜ୍ଞତା ଅର୍ଜନ କରିଥିଲେ ଏବଂ ସେଠାରେ ତାଙ୍କ ନିକଟରେ ଉଭୟ ଦକ୍ଷିଣ ଓ ଉତ୍ତର ଭାରତର ବର୍ତ୍ତମାନୀ ଅନେକ ପ୍ରସିଦ୍ଧ ପଣ୍ଡିତ ଶାସ୍ତ୍ର ଅଧ୍ୟୟନ କରିଥିଲେ। କଲିକତାରେ ଥିବା ତାଙ୍କ ଛାତ୍ରମାନଙ୍କ ମଧ୍ୟରେ ସୁରେନ ଦାସଗୁପ୍ତା, ସତ୍‌କାରୀ ମୁଖାର୍ଜୀ ଏବଂ ଗୋପୀନାଥ ଭଟ୍ଟାଚାର୍ଯ୍ୟ ଥିଲେ ଅନ୍ୟତମ। ମୁଁ ସେହି ପ୍ରଖ୍ୟାତ ଗୋଷ୍ଠୀରେ ସମୟକ୍ରମେ ସାମିଲ ହୋଇଗଲି। (ପରେ ସେ ଚିତ୍ତରଞ୍ଜନ କ୍ୟାନସର ହସପିଟାଲରେ ମୃତ୍ୟୁଶଯ୍ୟାରେ ପଡ଼ିଥିବାବେଳେ ନିଜ ପୁଅ ସୀତାଂଶୁ ବାଗଚୀଙ୍କୁ ଡାକି କହିଥିଲେ ଯେ ନିଜ ଛାତ୍ରମାନଙ୍କ ସମ୍ପର୍କରେ ତାଙ୍କ ମନରେ ଯେଉଁ ଅଲିଭା ସ୍ମୃତି ରହିଛି ତାହାକୁ ସେ ପୁସ୍ତକାକାରରେ ଲିପିବଦ୍ଧ କରିବାକୁ ଚାହାନ୍ତି ଏବଂ ତାଙ୍କ ଅନୁରୋଧରେ ସେ

ଯାହା ଡାକିଥିଲେ, ସୀତାଂଶୁ ତାହା ଲେଖିଥିଲେ। ଏହା ନିଜର ଶିଷ୍ୟମାନଙ୍କ ପ୍ରତି ତାଙ୍କର ପରମ କର୍ତ୍ତବ୍ୟ ବୋଲି ସେ ବିବେଚନା କରୁଥିଲେ। ନିଜ ପ୍ରିୟ ଛାତ୍ରମାନଙ୍କ ସମ୍ପର୍କରେ ସେ ଟିକିନିଖି କଥା ସେଥିରେ ବର୍ଣ୍ଣନା କରିଥିଲେ ଯାହାକି **'ବିଦ୍ୟା ବଂଶ'** ନାମରେ ଏକ ପୁସ୍ତିକା ଆକାରରେ ପ୍ରକାଶ ପାଇଥିଲା। ସୀତାଂଶୁ ବାଗଚୀ ମୋ ପାଖକୁ ଏହାର ଖଣ୍ଡିଏ କପି ପଠାଇଥିଲେ। 'ଯୋଗେନ୍ ପଣ୍ଡିତ' ମହାଶୟ(ଆମେ ତାଙ୍କୁ ଶ୍ରଦ୍ଧା ଓ ଭକ୍ତିରେ ଏହି ନାମରେ ସମ୍ବୋଧନ କରୁଥିଲୁ)ଙ୍କର ଗୋଟିଏ ଉଲ୍ଲେଖନୀୟ ବୈଶିଷ୍ଟ୍ୟ ହେଲା ତାଙ୍କର ଅବିଶ୍ୱସନୀୟ ସ୍ମରଣଶକ୍ତି। ମୁଁ ତାଙ୍କ ନିକଟରୁ ଶଙ୍କରଙ୍କ ***ବ୍ରହ୍ମସୂତ୍ର ଭାଷ୍ୟ*** ପଢ଼ିଥିଲି। ଏହା ସହିତ ସେ ମୋତେ ***ଭାମତୀ***ଙ୍କ ଭାଷ୍ୟ ଓ ଅନ୍ୟ ଦୁଇଟି ଉପ-ଭାଷ୍ୟ- ***କଳ୍ପତରୁ*** ଓ ***ପରିମଳ***ରୁ ମଧ୍ୟ ଏକାସଙ୍ଗେ ପଢ଼ାଇଥିଲେ। ମୋ ସାମ୍ନାରେ ସେହି ଚାରୋଟିଯାକ ଭାଷ୍ୟ ଓ ଟୀକା ଗ୍ରନ୍ଥ ଥୁଆ ହୋଇଥିବ। ଯୋଗେନ୍ ପଣ୍ଡିତ ମହାଶୟ ଶଙ୍କର ଭାଷ୍ୟ ଏବଂ ଅନ୍ୟ ତିନୋଟି ଭାଷ୍ୟରେ ଥିବା ଶ୍ଳୋକଗୁଡ଼ିକୁ ନିର୍ଭୁଲ ଭାବରେ ଆବୃତ୍ତି କରୁଥିବେ। (ପରେ, ମୁଁ ମାର୍‌ବୁର୍ଗଙ୍କ ଠାରେ ଏହିଭଳି ପ୍ରଚଣ୍ଡ ଧୀଶକ୍ତି ଦେଖିବାକୁ ପାଇଥିଲି।)। ପ୍ରଖ୍ୟାତ ମନସ୍ତତ୍ତ୍ୱବିଦ୍ ଏବଂ ସୁପ୍ରସିଦ୍ଧ ମାର୍‌ବୁର୍ଗ ନବ୍ୟ-କାଣ୍ଟିଆନ୍ ଗୋଷ୍ଠୀର ଶେଷ ସଦସ୍ୟଙ୍କ ସୁପୁତ୍ର ଜୁଲିଅସ୍ ଏବିଙ୍ଗ୍‌ହସ୍‌ଙ୍କ ଦ୍ୱାରା ଆୟୋଜିତ କାଣ୍ଟଙ୍କ ଉପରେ ଏକ ଆଲୋଚନାଚକ୍ରରେ ଯୋଗ ଦେବାକୁ ସେଠାକୁ ଯାଇଥିଲି। ଏବିଙ୍ଗ୍‌ହସ୍ ତାଙ୍କର ଛାତ୍ରଛାତ୍ରୀମାନଙ୍କୁ ***'କ୍ରିଟିକ୍ ଅଫ୍ ପିଓର୍ ରିଜିନ୍'*** ପୁସ୍ତକର ବିଭିନ୍ନ ସଂସ୍କରଣ (ଯାହାକି କାଣ୍ଟଙ୍କ ***'କ୍ରିଟିକ୍'***ଙ୍କ ପ୍ରଥମ ଓ ଦ୍ୱିତୀୟ ସଂସ୍କରଣକୁ ସୂଚୀତ କରେ)ର ଭିନ୍ନ ଭିନ୍ନ ପୃଷ୍ଠା ଖୋଲିବାକୁ କହନ୍ତି ଏବଂ ତା'ପରେ ସେ ତାଙ୍କ ସ୍ମୃତିରୁ ପ୍ରତି ସଂସ୍କରଣରେ ଉଲ୍ଲେଖ ଥିବା ବାକ୍ୟକୁ ନିର୍ଭୁଲ ଭାବରେ କହିଚାଲନ୍ତି। ତାଙ୍କ ହାତରେ ସେତେବେଳେ ସେ କୌଣସି ବହି ଧରି ନ ଥାଆନ୍ତି। କିନ୍ତୁ ପ୍ରତି ସଂସ୍କରଣର ସୁନ୍ଦର ବ୍ୟାଖ୍ୟା ସେ ଚମତ୍କାର ଢଙ୍ଗରେ କରିଥାଆନ୍ତି)। ଯୋଗେନ୍ ପଣ୍ଡିତ ମହାଶୟ ପ୍ରାୟ ସମସ୍ତ ସଂସ୍କୃତ ଶାସ୍ତ୍ରକୁ ହୃଦୟର ସହ କେବଳ ସ୍ମରଣ ରଖି ନ ଥିଲେ ଏହାକୁ ଗଭୀର ଭାବରେ ଆତ୍ମସ୍ଥ ମଧ୍ୟ କରିଥିଲେ। ରବିବାରିଆ ସକାଳବେଳା, ତାଙ୍କର ଆମ୍‌ହେର୍ଷ୍ଟ ଷ୍ଟ୍ରୀଟ୍‌ସ୍ଥିତ ଫ୍ଲାଟ୍‌ର ବୈଠକଖାନାଟି ଲୋକାରଣ୍ୟ ହୋଇଯାଏ। ସେଥିରେ ପ୍ରଫେସର, ଗବେଷକ ସ୍କଲାର୍ ଓ ମୋ ଭଳି ତରୁଣ ଛାତ୍ରଛାତ୍ରୀମାନେ ଥାଆନ୍ତି। ସେଠାରେ ସମସ୍ତେ ତାଙ୍କୁ ବିଭିନ୍ନ ରେଫରେନ୍ସ, ପାଠ୍ୟପୁସ୍ତକ କିମ୍ବା କୌଣସି ଶାସ୍ତ୍ରର ବ୍ୟାଖ୍ୟା ଓ ସରଳ ଅର୍ଥ ପଚାରିଥାଆନ୍ତି ଏବଂ ଆଉ କେହି କେହି ସଂସ୍କୃତର ଯେକୌଣସି ଶାସ୍ତ୍ରର ହୋଇଥାଉ ପଛେ, ଗହନ ତତ୍ତ୍ୱ ଜନିତ ସମସ୍ୟାର ସମାଧାନ କରିନିଅନ୍ତି। ସେ ତାଙ୍କର ସ୍ୱଭାବସୁଲଭ ଓ ସ୍ନେହଶୀଳ ସ୍ୱର ଏବଂ ଅସୀମ ଧୈର୍ଯ୍ୟ ଓ ପାଣ୍ଡିତ୍ୟର ସହ

ସମସ୍ତଙ୍କୁ କହନ୍ତି, *'ଲିଖେ ନାଓ'* (ଲେଖି ନିଅ)। ତା'ପରେ ସେ ଶ୍ଳୋକଟି ପାଠ କରିବା ସହିତ ତାହାର ଅନ୍ୱୟ ମଧ୍ୟ ସରଳ ଭାବେ କହିଥାଆନ୍ତି। ଏଭଳି ସାକ୍ଷାତ ଆଲୋଚନା ଓ ପ୍ରଶ୍ନୋତ୍ତର ସମୟରେ ସେମାନେ ଯେଉଁ ତତ୍ତ୍ୱ ଓ ତଥ୍ୟମାନ ପାଇଥାଆନ୍ତି, ତାହାକୁ ଆଧାର କରି କତିପୟ ଲୋକ ସେମାନଙ୍କର ଡକ୍ଟରେଟ୍ ନିବନ୍ଧ ରଚନା କରିଥିବା ମୋତେ ଜଣାଥିଲା। ନିଜର ବିତରିତ ଜ୍ଞାନକୁ କିଏ କିପରି ଭାବରେ ଉପଯୋଗ କଲା ସ୍ଥିତପ୍ରଜ୍ଞ ପଣ୍ଡିତ ମହାଶୟ ସେଥିପ୍ରତି ସାମାନ୍ୟ ବିଚଳିତ ନ ଥିଲେ। ବରଂ ସମସ୍ତଙ୍କୁ ନିଜର ଜ୍ଞାନ ବାଣ୍ଟିବାରେ ତାଙ୍କର ଥିଲା ପ୍ରବଳ ଆଗ୍ରହ। ସୁତରାଂ, ଯେତେବେଳେ କେହି ତାଙ୍କ ବ୍ୟାଖ୍ୟାକୁ ଲେଖେନାହିଁ, ସେ ନିଜ ଆଡୁ ତାଙ୍କୁ ଶ୍ରଦ୍ଧାଶୀଳ ଭାବରେ କହିଥାଆନ୍ତି, *'ଆର୍ କୋଥାଏ ପାବି ନା'* (ଆଉ କେଉଁଠାରେ ତୁମକୁ ଏହା ମିଳିବନି)। ବାସ୍ତବ ପକ୍ଷେ, ଯୋଗେନ୍ ପଣ୍ଡିତ ମହାଶୟ ଥିଲେ ଅଦ୍ୱିତୀୟ ଓ ଅସାମାନ୍ୟ।
ମୋର ଏମ.ଏ. ପରୀକ୍ଷା ଶେଷ ହେବା ପରେ ମୁଁ ମୋର ଜଣେ ମାମୁଙ୍କ ପାଖକୁ ଦିଲ୍ଲୀ ଯାଇଥିଲି (ସେ ସେତେବେଳେ ସାଂସଦ ଥିଲେ)। ତାଙ୍କ ଘରେ ମୁଁ ଶ୍ୟାମାପ୍ରସାଦ ମୁଖାର୍ଜୀ (ସାର୍ ଆଶୁତୋଷ ମୁଖାର୍ଜୀଙ୍କ ସୁପୁତ୍ର)ଙ୍କୁ ଭେଟିଥିଲି। ଡକ୍ଟର ମୁଖାର୍ଜୀ ସେତେବେଳେ *ହିନ୍ଦୁ ମହାସଭାର* ମୁଖ୍ୟ ଥାଆନ୍ତି। ମୁଁ କ'ଣ ପଢ଼ାପଢ଼ି କରୁଛି ବୋଲି ଡକ୍ଟର ମୁଖାର୍ଜୀ ମୋ ସହ କଥାବାର୍ତ୍ତା କଲାବେଳେ ପଚାରିଲେ। ଯେତେବେଳେ ସେ ଜାଣିଲେ ଯେ ପ୍ରଖ୍ୟାତ ଯୋଗେନ୍ ପଣ୍ଡିତ ମହାଶୟଙ୍କ ନିକଟରେ ମୁଁ ସଂସ୍କୃତ ପଢୁଛି, ସେ କହିଥିଲେ: 'ତାଙ୍କଠାରୁ ଯାହା ପାରୁଛ ଶିଖିନିଅ। ତାଙ୍କ ଭଳି କେହି ନାହାନ୍ତି, କି ଆଉ କେହି ହେବେନାହିଁ।'

ଦୁଇ ବର୍ଷର ସ୍ନାତକୋତ୍ତର ପାଠପଢ଼ା ପରେ ମୁଁ ମୋର ଏମ.ଏ. ପରୀକ୍ଷା ଦେଲି ଏବଂ ସମଗ୍ର ବିଶ୍ୱବିଦ୍ୟାଳୟରେ ପ୍ରଥମ ଶ୍ରେଣୀରେ ପ୍ରଥମ ସ୍ଥାନ ଅଧିକାର କରି ଉତ୍ତୀର୍ଣ୍ଣ ହେଲି। ସେତେବେଳକୁ ମୁଁ ମୋର ଆଇନ ଶିକ୍ଷାର ପ୍ରଥମ ଦୁଇଟି ପରୀକ୍ଷାରେ ମଧ୍ୟ କୃତକାର୍ଯ୍ୟ ହୋଇସାରିଥିଲି। କିନ୍ତୁ ଫାଇନାଲ ପରୀକ୍ଷା ସେପର୍ଯ୍ୟନ୍ତ ହୋଇ ନ ଥିଲା। ସେତେବେଳେ କଲିକତା ଆଇନ ମହାବିଦ୍ୟାଳୟରେ ଅନେକ ପ୍ରଖ୍ୟାତ ଅଧ୍ୟାପକ ଥିଲେ। ସେମାନଙ୍କ ଭିତରେ କେତେଜଣ ବିଚାରପତି ଓ ବାରିଷ୍ଟର ବି ଥିଲେ। କିନ୍ତୁ ସମସ୍ତଙ୍କ ମଧ୍ୟରୁ ଜଣେ ତାଙ୍କର ବୌଦ୍ଧିକ ଜ୍ଞାନରେ ଅନ୍ୟ ସମସ୍ତଙ୍କ ଠାରୁ ଅଗ୍ରଣୀ ଥିଲେ। ସେ ଥିଲେ ବାରିଷ୍ଟର ଅଶୋକ ସେନ୍ (ସେ ସଦାବେଳେ ଆମକୁ ଉଦାହରଣ ଛଳରେ କହନ୍ତି, ଜର୍ମାନ୍ ଛାତ୍ରମାନେ କେତେ କଠିନ ପରିଶ୍ରମୀ ଏବଂ ଭାରତୀୟ ଛାତ୍ରମାନେ କେତେ ଅଳସୁଆ!)। ବର୍ତ୍ତମାନ କିନ୍ତୁ ମୋ ସାମ୍ନାରେ ସବୁଠାରୁ ବଡ଼ ସମସ୍ୟାଟି ଥିଲା – ମୁଁ ଏବେ କରିବି କ'ଣ? ସେତେବେଳକୁ ମୁଁ ହାର୍ଡିଞ୍ଜ୍

ହଷ୍ଟେଲ୍ ଛାଡ଼ି ୮୦, ପାର୍କ ଷ୍ଟ୍ରୀଟ୍‌କୁ ସ୍ଥାନାନ୍ତରୀତ ହୋଇସାରିଥିଲି। ଆମେ କେତେଜଣ ଇଡେନ୍ ହିନ୍ଦୁ ହଷ୍ଟେଲର ପୂର୍ବତନ ଅନ୍ତେଃବାସୀ ସେହି ଘରଟିକୁ ଭଡ଼ାରେ ନେଇଥିଲୁ। ଆମେ ପ୍ରାୟ ସମସ୍ତେ ଥିଲୁ ପ୍ରେସିଡେନ୍ସି କଲେଜର ପ୍ରାକ୍ତନ ଛାତ୍ର। ସେତେବେଳେ ଚାକିରି ଖୋଜିବା ଥିଲା ଆମର ମୁଖ୍ୟ ଉଦ୍ଦେଶ୍ୟ। ତେଣୁ ଜୀବନର ଏକ ଅନିଶ୍ଚିତ ଓ ଅସ୍ଥିର ପର୍ଯ୍ୟାୟ ଦେଇ ଆମେ ସଭିଏଁ ଗତି କରୁଥିଲୁ। ଯେତେବେଳେ ଜଣେ ଛାତ୍ର କଲେଜ ପଢ଼ା ଶେଷ କରିଥାଏ ଏବଂ ଏତେ ବଡ଼ ଦୁନିଆରେ ସେ ନିଜପାଇଁ ଗୋଟିଏ 'ସ୍ଥାନ' ଖୋଜି ପାଇ ନ ଥାଏ, ଏବଂ ନିଜ କଲେଜ ଠାରୁ ସମ୍ପୂର୍ଣ୍ଣ ଭାବରେ ସମ୍ପର୍କ ତୁଟି ନ ଥାଏ ଓ ଛୋଟମୋଟ ପ୍ରତି କଥାରେ କଲେଜ କ୍ୟାମ୍ପସ୍‌କୁ ଧାଇଁଯାଉଥାଏ (ଯେଉଁଠାରେ, କେତେଜଣ ପୁରୁଣା ଅଧ୍ୟାପକଙ୍କୁ ଛାଡ଼ି ତାକୁ ଆଉ କେହି ଚିହ୍ନିପାରନ୍ତି ନାହିଁ) ଓ ସେ କଲେଜ କ୍ୟାଣ୍ଟିନ୍‌ରେ ବସି ଚା' ପିଇଲାବେଳେ ମନେ ମନେ ମନେ ଚିନ୍ତା କରୁଥାଏ ଜୀବନରେ କ'ଣ କରିବି, କେଉଁ ମାର୍ଗଟିକୁ ବାଛିବି, ସେତେବେଳେ ତା'ର ମନ ସମ୍ପୂର୍ଣ୍ଣ ଅସ୍ଥିର ଓ ଅନିଶ୍ଚିତ ଥାଏ। ଜୀବନର ସେହି ପର୍ଯ୍ୟାୟରେ ମୋତେ ଓ ମୋ ପରି ଆଉ କେତେଜଣ ବନ୍ଧୁଙ୍କୁ ୮୦, ପାର୍କ ଷ୍ଟ୍ରୀଟ୍ ଆଶ୍ରୟ ଦେଇଥିଲା, ମନରେ ଆଶା ଜଗାଇଥିଲା। କାରଣ ଆମ ପଞ୍ଚାକ ଯୁବକଙ୍କୁ ଲାଗୁଥିଲା ଯେ ଆମର କୌଣସି ଭବିଷ୍ୟତ ନାହିଁ- ଆମ ଭବିଷ୍ୟତ ଅନ୍ଧକାର। ୮୦, ପାର୍କ ଷ୍ଟ୍ରୀଟ୍‌ର ଅନ୍ତେଃବାସୀମାନଙ୍କ ମଧ୍ୟରୁ ଜଣେ ଥିଲେ ଅଣ-ପ୍ରେସିଡେନ୍ସି ସଦସ୍ୟ। ତାଙ୍କ ନାଁ ମନୀ ଘଟକ ଓ ସେ ଥିଲେ ସବୁଠାରୁ ସଫଳ। ସେ ଥିଲେ ଇଷ୍ଟ ବେଙ୍ଗଲ ଫୁଟବଲ ଦଳର ଗୋଲ୍‌କିପର୍। ପରେ ସେ ରାଜସ୍ଥାନ ଫୁଟବଲ ଦଳରେ ସାମିଲ ହୋଇଥିଲେ।

'ତର୍କଶାସ୍ତ୍ର' ଅଧ୍ୟାପନା ସକାଶେ ମୁଁ ଦୁଇଟି ସ୍ଥାନୀୟ କଲେଜରେ ଅସ୍ଥାୟୀ ଅଧ୍ୟାପକ ଚାକିରି ପାଇଲି। ସେଥିରୁ ପ୍ରଥମଟି ଥିଲା ସେଣ୍ଟ ପଲସ୍ କଲେଜରେ ଏବଂ ଅନ୍ୟଟି ଥିଲା ବାଲିଗଞ୍ଜର ସୁରେନ୍ଦ୍ରନାଥ କଲେଜ୍ ଅଫ୍ କମର୍ସର ସାନ୍ଧ୍ୟ ବିଭାଗରେ। ଦେଶପ୍ରିୟ ପାର୍କର ଠିକ୍ ସାମ୍ନାକୁ ଦ୍ୱିତୀୟ କଲେଜଟି ଥିଲା। ପ୍ରତି ଚାକିରିରେ ମୋତେ ମାସିକ ୧୦୦ ଟଙ୍କା ବେତନ ମିଳିଲା। ଏବେ ଆଉ ଖର୍ଚ୍ଚ ତୁଲାଇବା ସକାଶେ ବାପାଙ୍କୁ ଟଙ୍କା ମାଗିବାକୁ ପଡ଼ିଲାନି। ମୁଁ ନିଜ ରୋଜଗାରେ ଚଳିପାରିଲି। କିନ୍ତୁ ବେଳେବେଳେ ନିଜକୁ ନିଜେ ପଚାରୁଥିଲି, ମୁଁ ଆଉ କଲିକତାରେ ରହିଛି କାହିଁକି? ଓଡ଼ିଶାକୁ ଫେରିଯାଇ ସେଠାରେ ମୋ ଭାଗ୍ୟ ପରୀକ୍ଷା କଲେ କେମିତି ହୁଅନ୍ତା? ମୋତେ ସେତେବେଳେ କଲିକତା ନଗରୀରେ ଦୁଇଟି କାରଣ ବାନ୍ଧି ରଖିଥିଲା। ସେତେବେଳେ ମୁଁ ଯୋଗେନ୍ ପଣ୍ଡିତ ମହାଶୟଙ୍କ ଠାରୁ ବେଦାନ୍ତ ଶାସ୍ତ୍ର ଅଧ୍ୟୟନ କରୁଥିଲି ଏବଂ ଯେତେବେଳେ ସମୟ ମିଳୁଥିଲା କାଳିଦାସ ଭଟ୍ଟାଚାର୍ଯ୍ୟଙ୍କ ଘରକୁ

ଯାଇ ତାଙ୍କ ସହିତ ଦର୍ଶନ ଶାସ୍ତ୍ର ଆଲୋଚନା କରୁଥିଲି। ଦ୍ୱିତୀୟ କାରଣଟି ଥିଲା, ସେତେବେଳେ ମୁଁ ଗୋଟିଏ ଝିଅକୁ ଭଲ ପାଉଥିଲି ଯାହାକୁ ସମୟକ୍ରମେ ବିବାହ କରିଥିଲି। ଏମିତି କିଛି ମାସ ପରେ, ମୋର ଯାହା ମନେପଡୁଛି, ୧୯୫୦ ମସିହା ଶରତ ଋତୁ ସମୟରେ ହଠାତ୍ ମୋତେ ଖଣ୍ଡିଏ ଭଲ ଅଧ୍ୟାପକ ଚାକିରି ମିଳିଗଲା। ବଙ୍ଗଳା ଶିକ୍ଷା ସେବା ଅଧୀନରେ ଅଧ୍ୟାପକ ପଦ। ମୋତେ ହୁଗୁଳିର ମୋହସିନ୍ କଲେଜ (ସେ କଲେଜଟି ଚିନସୁରାଠରେ ଥିଲା ଯାହା କଲିକତା ସହରଠାରୁ ପ୍ରାୟ ତିରିଶ ମାଇଲ ଦୂରରେ)ରେ ଯୋଗ ଦେବାକୁ ନିଯୁକ୍ତି ପତ୍ରରେ ଲେଖାଥିଲା। ଏକଥା ଜାଣିବା ପରେ ମୋର ଅନ୍ୟ ବନ୍ଧୁମାନେ ମୋତେ ଭାଗ୍ୟବାନ୍ ବୋଲି କହି ବଧେଇ ଜଣାଇଲେ। କିନ୍ତୁ ମୁଁ ମନେ ମନେ ଭାବି ହେଉଥିଲି, ଯଦି କଲିକତା ସହର ଛାଡ଼ିବି, ତା'ହେଲେ ଓଡ଼ିଶାକୁ କାହିଁକି ଫେରି ନ ଯିବି? ଏମିତି ଦ୍ୱନ୍ଦ୍ୱ ଭିତରେ ମୁଁ ସେଦିନ କଲେଜ ଷ୍ଟ୍ରୀଟ୍‌ରେ ଚାଲି ଚାଲି ଯାଉଥିବାବେଳେ ପ୍ରେସିଡେନ୍ସି କଲେଜ ଫାଟକ ପାଖରେ ଅଚାନକ ସାମ୍ନାରେ ଭେଟ ପଡ଼ିଗଲେ ଗୋପୀନାଥ ଭଟ୍ଟାଚାର୍ଯ୍ୟ। ସେତେବେଳକୁ ସେ ପ୍ରେସିଡେନ୍ସି କଲେଜର ଦର୍ଶନ ବିଭାଗର ପ୍ରଫେସର ଭାବରେ ନଳିନୀ ବ୍ରହ୍ମାଙ୍କ ସ୍ଥାନରେ ଯୋଗ ଦେଇ ସାରିଥାଆନ୍ତି। ସେ ମୋତେ ବିଶ୍ୱବିଦ୍ୟାଳୟରେ ଅଳ୍ପ କିଛି ଦିନ ପଢ଼ାଇଥିଲେ, କିନ୍ତୁ ଭଲ ଭାବରେ ଚିହ୍ନିଥିଲେ। ସେ ଥିଲେ କୃଷ୍ଣଚନ୍ଦ୍ର ଭଟ୍ଟାଚାର୍ଯ୍ୟଙ୍କ ବଡ଼ପୁଅ। ଗୋପୀନାଥ ଭଟ୍ଟାଚାର୍ଯ୍ୟ ଜଣେ ପ୍ରଖ୍ୟାତ ତର୍କଶାସ୍ତ୍ରୀ ଓ ବିଶ୍ଳେଷଣାତ୍ମକ ଚିନ୍ତକ ରୂପେ ସର୍ବତ୍ର ଜଣାଶୁଣା ଥିଲେ। ତାଙ୍କୁ ସମସ୍ତେ ସମାନ ଭାବରେ ଶ୍ରଦ୍ଧା ଓ ସମ୍ମାନ ପ୍ରଦର୍ଶନ କରୁଥିଲେ। ତା'ଛଡ଼ା ଜଣେ ବିଦ୍ୱାନ୍ ଅଧ୍ୟାପକ ଓ ଜ୍ଞାନୀ ଭାବରେ ତାଙ୍କର ପ୍ରସିଦ୍ଧି ଥିଲା। ସେ ମୋତେ ଦେଖୁ ଦେଖୁ ଆଜିକାଲି ମୁଁ କ'ଣ କରୁଛି ବୋଲି ପଚାରି ବସିଲେ। ହୁଗୁଳି କଲେଜରେ ଅଧ୍ୟାପକ ଚାକିରି ଖଣ୍ଡେ ପାଇଛି ବୋଲି ମୁଁ ତାଙ୍କୁ ଜଣାଇଲି ଓ ସେଠାରେ ଯୋଗ ଦେବି କି ନାହିଁ ତାହା ସ୍ଥିର କରିପାରୁନାହିଁ ବୋଲି ମଧ୍ୟ କହିଲି। ଏକଥା ଶୁଣି ସେ ମୋ ମୁହଁକୁ ସିଧା ଚାହିଁ ପଚାରିଲେ – ସହସା ଚାକିରି ଖଣ୍ଡେ ଆଦରି ତୁମର ଟଙ୍କା ରୋଜଗାର କରିବା କ'ଣ ନିହାତି ଦରକାର? ମୁଁ 'ନା' ବୋଲି କହିଲି। ମୋତେ ଆଶ୍ଚର୍ଯ୍ୟ କଲାଭଳି ଏଥର ସେ କହିଲେ (ଆଜି ସେ ଅତୀତ ଦିନର କଥା ଭାବିଲେ, ଈଶ୍ୱରଙ୍କ ନିକଟରେ ଭକ୍ତିରେ ମୁଣ୍ଡ ନଇଁଯାଏ):'ସେ ଚାକିରି କଥା ଛାଡ଼। ଏବେ ତୁମେ ଅନନ୍ତ ପଣ୍ଡିତ ମହାଶୟଙ୍କ ନିକଟରେ ସଂସ୍କୃତ ଅଧ୍ୟୟନ କର।' ଏତିକି କହି ସେହି ସ୍ଥାନରୁ ଓ ତତକ୍ଷଣାତ୍ ମୋତେ ଧରି ସେ କଲେଜ ଷ୍ଟ୍ରୀଟ୍‌ର ଆରପଟେ ଥିବା ସଂସ୍କୃତ କଲେଜ ଆଡ଼େ ଚାଲିଲେ। ଆମେ ଦୁହେଁ କଲେଜର ପ୍ରଶସ୍ତ ବାରଣ୍ଡାର କୋରିନ୍ଥିଆନ୍ ଖୁମ୍ବସବୁ ଅତିକ୍ରମ କରି

ଆଗକୁ ଚାଲିଲୁ ଓ ପରିଶେଷରେ ଯାଇ ଗୋଟିଏ ବିରାଟ ହଲ୍‌ରେ ପହଞ୍ଚିଲୁ। ସେଇ ହଲ୍ ଭିତରେ ଉଚ୍ଚା ଉଚ୍ଚା ମଣ୍ଡପମାନଙ୍କ ଉପରେ ବିଦ୍ୱାନ୍ ପଣ୍ଡିତମାନେ ଧାଡ଼ି ଧାଡ଼ି ହୋଇ ବସିଥିଲେ ଓ ସେମାନଙ୍କ ଚତୁଃପାର୍ଶ୍ୱରେ ଲମ୍ବା ଲମ୍ବା ଧଳା ପର୍ଦ୍ଦାମାନ ଝୁଲୁଥିଲା। ସେମାନଙ୍କ ମଧ୍ୟରୁ ଜଣଙ୍କ ସହ ପ୍ରଫେସର ଭଟ୍ଟାଚାର୍ଯ୍ୟ ମୋତେ ପରିଚୟ କରାଇଦେଇ କହିଲେ, 'ପଣ୍ଡିତ ମୋସାଏ, ଇଏ ହେଲା ଜିତେନ୍ ମହାନ୍ତି। ତାଙ୍କୁ ଆପଣ ଦୟାକରି *'ନବ୍ୟ-ନ୍ୟାୟ'* ପଢ଼ାନ୍ତୁ। ତାଙ୍କୁ ପଢ଼ାଇଲେ ଆପଣ କେବେ ହତାଶ ହେବେନାହିଁ।' ସେହିଠାରୁ ଆରମ୍ଭ ହୋଇଥିଲା ମୋର ବର୍ଷ ବର୍ଷର ଦର୍ଶନ ଓ ସଂସ୍କୃତ ଶାସ୍ତ୍ରର ଗହନ ଅଧ୍ୟୟନ। ୧୯୬୭ ମସିହାରେ ସେହି ମହାନ୍ ପଣ୍ଡିତଙ୍କ ତିରୋଧାନରେ ହିଁ ସେଥିରେ ପୂର୍ଣ୍ଣଚ୍ଛେଦ ପଡ଼ିଥିଲା। ଅବଶ୍ୟ ତାଙ୍କ ଅନୁମତି ସହିତ ମୁଁ ଗେଟିଂଗେନ୍‌ରେ ଗବେଷଣା କରିବାକୁ ଯାଇଥିବା କେଇ ବର୍ଷ ମୋ ପଢ଼ାରେ ସାମୟିକ ଭାବରେ ବିରତି ଘଟିଥିଲା। ଏବେ ବେଳେବେଳେ ମୁଁ ଅତୀତର ସେଇ ଦିନର କଥା ମନେ ପକାଏ, ସେଦିନ ଯଦି ମୁଁ ଗୋପୀନାଥ ଭଟ୍ଟାଚାର୍ଯ୍ୟଙ୍କୁ କଲେଜ ଷ୍ଟ୍ରୀଟ୍‌ରେ ଅକସ୍ମାତ୍ ଭେଟି ନ ଥାଆନ୍ତି, ସେ ଯଦି ମୋତେ ଏତେ ବଡ଼ ମହାନ୍ ପଣ୍ଡିତଙ୍କ ସହିତ ସେ ପରିଚୟ କରାଇ ଦେଇ ନଥାଆନ୍ତେ, ମୁଁ ଯଦି ତାଙ୍କ ଶିଷ୍ୟ (*Schuler*) ହୋଇ ନ ଥାଆନ୍ତି, ତେବେ ମୋ ଜୀବନ ଓ ଦର୍ଶନ ଅଧ୍ୟୟନରେ ଯେଉଁ ପୂର୍ଣ୍ଣତା ପ୍ରାପ୍ତ ହୋଇଛି ତାହା କଦାପି ସମ୍ଭବ ହୋଇପାରି ନ ଥାଆନ୍ତା। ମୁଁ ଭାବେ, ପ୍ରତି ମଣିଷର ଜୀବନଯାତ୍ରା ଏମିତି ଦୁର୍ଘଟଣାରେ ଭରପୂର ଏବଂ ସେଥିରୁ କେତୋଟିର ସୁଦୂରପ୍ରସାରୀ ପରିଣାମ ଥାଏ। ଏପରିକି କାହା ପ୍ରେମରେ ପଡ଼ିବା ମଧ୍ୟ ଏକ ଦୁର୍ଘଟଣା !

ସଂସାରରେ ଦୁଇ ପ୍ରକାର ଦାର୍ଶନିକ ଜ୍ଞାନ ରହିଛି: କିଛି ଲୋକ ସବୁ ଘଟଣା ପଛରେ କିଛି ଉଦ୍ଦେଶ୍ୟ ଥିବା ବିଶ୍ୱାସ କରନ୍ତି; ଏପରିକି ସବୁଠାରୁ ଅପ୍ରତ୍ୟାଶିତ ଓ ଅସମ୍ଭବ ଘଟଣା ପଛରେ ସୁଦ୍ଧା ତାହା ନିହିତ ଥାଏ ବୋଲି ସେମାନଙ୍କର ବିଶ୍ୱାସ। ଆଉ ଥୋକାଏ ଲୋକ ଅଛନ୍ତି ଯେଉଁମାନେ ସବୁ ଘଟଣାକୁ, ଏମିତିକି ଯୋଜନାବଦ୍ଧ ଭାବରେ ସମ୍ପାଦିତ କାର୍ଯ୍ୟକୁ ମଧ୍ୟ ପରିସ୍ଥିତି ଅନୁସାରେ ପୂର୍ବ ନିର୍ଦ୍ଧାରିତ ଘଟଣା ବୋଲି ହେତୁ କରନ୍ତି (ଯାହା ହୋଇ ହୋଇ ନ ଥାଇପାରେ ବୋଲି ନୁହେଁ)। ମୋର ଧାରଣା, ଦ୍ୱିତୀୟ ଅବବୋଧଟି ଆଡ଼କୁ ମୋ ମନ ଅଧିକତର ଢଳିଥାଏ।

ପଣ୍ଡିତ ଅନନ୍ତ କୁମାର ତର୍କତୀର୍ଥଙ୍କ ବୟସ ସେତେବେଳକୁ ପଚାଶରୁ ସାମାନ୍ୟ ବେଶି। ଦେଖିବାକୁ ଖର୍ବକାୟ ଓ ଗୌରବର୍ଣ୍ଣ, କିନ୍ତୁ ଶରୀରର ଗଢ଼ଣ ବେଶ୍ ହୃଷ୍ଟପୁଷ୍ଟ। ଆଖି ଯୋଡ଼ିକ ବଡ଼ ବଡ଼ ଓ ଖୁବ୍ ଉଜ୍ଜ୍ୱଳ। ସେ କଥାବାର୍ତ୍ତା କରୁଥିବା ଲୋକଙ୍କୁ ସିଧାସଳଖ ଚାହିଁଥାଆନ୍ତି। ସତେ ଯେପରି ତାଙ୍କ ଦୃଷ୍ଟି ତୁମ ମୁଣ୍ଡ ଭିତରେ ପଶି ତୁମର

ଚିନ୍ତାଧାରାକୁ କଳିବାକୁ ଚେଷ୍ଟା କରୁଛି ! ବିହାରର ବୈଦ୍ୟନାଥ ଦେଓଘରଠାରେ (ବାଲାନନ୍ଦ ବ୍ରହ୍ମଚାରୀଙ୍କ ଆଶ୍ରମରେ)ଅନେକ ବର୍ଷ ଧରି ଅଧ୍ୟାପନା କରିବା ପରେ ସେ କଲିକତାର ସଂସ୍କୃତ କଲେଜକୁ ନ୍ୟାୟ ଓ ବେଦାନ୍ତ ବିଭାଗର ପ୍ରଫେସର ଭାବରେ ନିଯୁକ୍ତ ହୋଇ ଆସିଥିଲେ। ସେତେବେଳକୁ ଜଣେ ପ୍ରଚଣ୍ଡ ତର୍କ ବିଦ୍ୱାନ୍ ଭାବରେ ତାଙ୍କର ପ୍ରସିଦ୍ଧି ସର୍ବତ୍ର ପ୍ରସାରିତ ହୋଇ ସାରିଥିଲା। ତାଙ୍କ ପ୍ରଜ୍ଞା ଯେତିକି ପ୍ରଖର, ମନ ସେତିକି ସ୍ୱାଧୀନ ଓ ଦୃଢ଼। ତାଙ୍କର ଜଣାଶୁଣା ଛାତ୍ରମାନଙ୍କ ମଧ୍ୟରେ ଗୋପୀନାଥ ଭଟ୍ଟାଚାର୍ଯ୍ୟ ଥିଲେ ଅନ୍ୟତମ। ପଣ୍ଡିତ ମହାଶୟଙ୍କ ସହିତ ମୋର ଖୁବ୍ ଶୀଘ୍ର ଘନିଷ୍ଠ ସମ୍ପର୍କ ଗଢ଼ି ଉଠିଥିଲା। ମୁଁ ତାଙ୍କୁ କେବଳ ଏତିକି ପ୍ରତିଶ୍ରୁତି ଦେଇଥିଲି ଯେ ଅଧାରୁ କେବେ ମୋର ପଢ଼ା ଛାଡ଼ିବିନାହିଁ। ମୋ ପାଇଁ ସେ ଜଣେ ପଣ୍ଡିତଙ୍କ ଠାରୁ ଅଧିକ କିଛି ମାନ୍ୟତା ବହନ କରୁଥିଲେ। ସବୁ ଶାସ୍ତ୍ର ତାଙ୍କ ଜିଭ ଅଗରେ ଥିଲା। କେବଳ ଜିଭ ଅଗରେ ନୁହେଁ, ସେଥିରେ ତାଙ୍କର ଅଗାଧ ବ୍ୟୁତ୍ପତ୍ତି ଥିଲା। ମୋ ଜ୍ଞାତସାରରେ ମୁଁ ଜାଣିଥିବା ପ୍ରାଜ୍ଞ ପ୍ରତିଭାମାନଙ୍କ ମଧ୍ୟରେ ସେ ଥିଲେ ସର୍ବଶ୍ରେଷ୍ଠ। ନୂଆ ନୂଆ ତର୍କ ଉପସ୍ଥାପନ କରିବା, ପୂର୍ବପକ୍ଷ ଦର୍ଶାଇବା ଲାଗି ସେ ମୋତେ ବରାବର ପ୍ରୋତ୍ସାହିତ କରୁଥିଲେ। କେହି ଜଣେ ବିଜ୍ଞ ବ୍ୟକ୍ତି ବଳିଷ୍ଠ ଯୁକ୍ତି ଉପସ୍ଥାପନ କଲେ, ତାକୁ ସହଜରେ ଗ୍ରହଣ କରି ନ ନେବାକୁ ମୋତେ ପ୍ରବର୍ତ୍ତାଉଥିଲେ। ନୂଆ ଢଙ୍ଗରେ ସବୁ କଥା ଚିନ୍ତା କରିବା ପାଇଁ ପରାମର୍ଶ ଦେଉଥିଲେ। ୧୯୬୦ ଦଶକରେ ମୋର ସଂସ୍କୃତ ଶାସ୍ତ୍ର ଅଧ୍ୟୟନ ସମୟରେ ଦିନେ ସେ ମୋତେ କହିଥିଲେ,'ଜିତେନ୍, ସେଇ ଏକା ଦାର୍ଶନିକ ଯୁକ୍ତି ପଢ଼ି ପଢ଼ି ମୋତେ ଚିଟା ଲାଗିଲାଣି। ସଦାବେଳେ ସେଇ ମୀମାଂସା, ବୌଦ୍ଧବାଦ ଓ ନ ହେଲେ ବେଦାନ୍ତ। ନୂଆ ନୂଆ ଚିନ୍ତା ଓ ଯୁକ୍ତି ଉପସ୍ଥାପନ କରିବାକୁ ମୋର ଭାରି ଇଚ୍ଛା ହେଉଛି। ତୁମେ ମୋତେ ପାଶ୍ଚାତ୍ୟ ଚିନ୍ତାଧାରା ବିଷୟରେ କିଛିଟା ପ୍ରବେଶ କରେଇ ପାରିବ ?'ଏହା ପରେ ଆମେ ଆରିଷ୍ଟୋଟଲଙ୍କ 'ମେଟାଫିଜିକ୍ସ' ଓ କାଣ୍ଟଙ୍କ ପ୍ରଥମ 'କ୍ରିଟିକ୍' ପଢ଼ା ଆରମ୍ଭ କରିଥିଲୁ। ତାଙ୍କୁ ଖୁବ୍ ଖୁସି ଲାଗିଲା ଓ ଏସବୁ ପଢ଼ି ସେ ବେଶ୍ ଉତ୍ସାହିତ ହେଲେ। ଆରିଷ୍ଟୋଟଲ ଓ କାଣ୍ଟଙ୍କ ସମ୍ପର୍କରେ ସେ ନୂଆ ନୂଆ ପ୍ରଶ୍ନମାନ ପଚାରିବାକୁ ଆରମ୍ଭ କଲେ। ବୟସ ବଢ଼ିବା ସହିତ ପଣ୍ଡିତ ମହାଶୟଙ୍କର ସ୍ୱାସ୍ଥ୍ୟଭଗ୍ନ ହେବାକୁ ଆରମ୍ଭ କଲା ଓ ତା'ପରେ ସେ କିଛି ସାଧୁସନ୍ଥଙ୍କୁ ଭେଟିବାରେ ଲାଗିଲେ। କିନ୍ତୁ ସେମାନଙ୍କ ନିକଟରୁ ଫେରିବା ବେଳକୁ ତାଙ୍କ ମୁହଁ ଶୁଖିଯିବା ଓ ମନ ମରିଯିବା ପରି ଲାଗେ। ଆସ୍ଥା ନାମରେ କୌଣସି କଥାକୁ ଆଖି ବୁଜି ଗ୍ରହଣ କରିନେବା ଭଳି ମଣିଷ ସେ ନ ଥିଲେ। ତାଙ୍କର ବିଶ୍ଳେଷକ ମନ ସେସବୁର ନୂଆ ତର୍ଜମା ଖୋଜୁଥିଲା। ତେଣୁ ଜଣେ ସୁପ୍ରତିଷ୍ଠିତ 'ପଣ୍ଡିତ' ଭାବରେ ହିନ୍ଦୁ ପାରମ୍ପରିକ ରୀତିନୀତିରେ

ସେ କେତୋଟି ସାଧାରଣ ପରିବର୍ତ୍ତନ ଘଟାଇବାକୁ ଚାହିଁଲେ। ଏପରିକି ଏହି ଉଦ୍ଦେଶ୍ୟରେ ବଙ୍ଗଳାରେ ଏକ ପ୍ରବନ୍ଧ ଲେଖି ପ୍ରକାଶ କଲେ। ସେଥିରେ ସେ ଯୁକ୍ତି ଦର୍ଶାଇଥିଲେ ଯେ ଦେବୀ ଦୁର୍ଗାଙ୍କ ସକଳ ବାହ୍ୟିକ ଆଡ଼ମ୍ବରପୂର୍ଣ୍ଣ ଉପାସନା ଓ ପୂଜାର୍ଚ୍ଚନା ସମ୍ପୂର୍ଣ୍ଣ ନିରର୍ଥକ ଓ ଏହା କେବଳ ଜାଗତିକ ଲୋକଦେଖାଣିଆ କାର୍ଯ୍ୟ। ଏଭଳି ପୂଜାର୍ଚ୍ଚନାରୁ କେତେକ ଶିଳ୍ପୀ ଓ ସେହି ଆଡ଼ମ୍ବରପୂର୍ଣ୍ଣ ଉତ୍ସବ ସହିତ ଜଡ଼ିତ ବିଭିନ୍ନ ଶ୍ରେଣୀର ଲୋକମାନେ ଯାହା ଉପକୃତ ହୋଇଥାଆନ୍ତି। ଏହା ଦ୍ୱାରା କେବଳ ଏକ ସାମାଜିକ ଓ ସାଂସ୍କୃତିକ ନବୀକରଣ ଘଟିଥାଏ। ତାଙ୍କର ଏଭଳି ରଢ଼ୀବାଦବିରୋଧୀ ଓ ଅଣ-ପାରମ୍ପରିକ ମତ କଲିକତାର କିଛି ତଥାକଥିତ ପଣ୍ଡିତଙ୍କୁ କ୍ଷୁବ୍ଧ କରିଥିଲା ଓ ତାଙ୍କୁ ପ୍ରଫେସର ପଦରୁ ତୁରନ୍ତ ବରଖାସ୍ତ କରିବା ସକାଶେ ସେମାନେ ସରକାରଙ୍କୁ ପତ୍ର ଲେଖିଲେ। କିନ୍ତୁ ପଣ୍ଡିତ ଅନନ୍ତ କୁମାର ତର୍କତୀର୍ଥ ଥିଲେ ନିର୍ଭୀକ ଏବଂ ସେ ନିଜ ମତରେ ଶେଷ ପର୍ଯ୍ୟନ୍ତ ଅଟଳ ରହିଥିଲେ। ତାଙ୍କର ତର୍କଶାସ୍ତ୍ରୀୟ ଦକ୍ଷତାକୁ ମୁଁ ଯେତିକି ପ୍ରଶଂସା କରୁଥିଲି, ସାମାଜିକ ଉଦାରବାଦୀ ଚିନ୍ତାଧାରା ମୋତେ ସେତିକି ମାତ୍ରାରେ ପ୍ରଭାବିତ କରିଥିଲା। ଯାହା ମୁଁ ଇତି ପୂର୍ବରୁ ଉଲ୍ଲେଖ କରିଛି, ତାଙ୍କ ଦେହାନ୍ତ ପର୍ଯ୍ୟନ୍ତ ମୁଁ ତାଙ୍କଠାରୁ ବେଦାନ୍ତ ଶିକ୍ଷା କରୁଥିଲି। ମୃତ୍ୟୁର କେତେ ମାସ ପୂର୍ବରୁ ସେ ଖୁବ୍ ଦୁର୍ବଳ ଓ କ୍ଲାନ୍ତ ହୋଇପଡ଼ିଥିଲେ ଏବଂ ସଦାବେଳେ ତାଙ୍କର ଉଚ୍ଚ ରକ୍ତଚାପ ରହୁଥିଲା। କିନ୍ତୁ ନ୍ୟାୟ ତର୍କଶାସ୍ତ୍ରର ଜଟିଳ ପ୍ରସଙ୍ଗ ଉପରେ ଆଲୋଚନା କରିବାଠାରୁ ତାଙ୍କୁ ଅନ୍ୟ କୌଣସି କଥା ଅଧିକ ଆନନ୍ଦ ଦେଉ ନ ଥିଲା କି ମନକୁ ଉଦ୍‌ବୁଦ୍ଧ କରୁ ନ ଥିଲା। *ପଣ୍ଡିତ ମୋସାଏଙ୍କ*ର କାଳ ହେବାପରେ ମୁଁ ତୁରନ୍ତ କଲିକତା ଛାଡ଼ି ବର୍ଦ୍ଧମାନ ଚାଲିଯାଇଥିଲି। କଲିକତାରେ ରହିବାର ମୋର ଆଉ କିଛି ବିଶେଷ କାରଣ ନ ଥିଲା। ତେବେ ସେ ବିଷୟରେ ମୁଁ ପରେ ଆଲୋଚନା କରିବି।

କଲିକତାରେ ଛାତ୍ର ଥିବାବେଳେ ମୁଁ ଗାନ୍ଧି ଓ ତାଙ୍କ ଚିନ୍ତାଧାରା କଥା ଯେତିକି ଚିନ୍ତା କରୁଥିଲି, ରହସ୍ୟବାଦ ଦୃଷ୍ଟିରୁ ଧର୍ମ ପ୍ରସଙ୍ଗକୁ ନେଇ ମୋ ମନ ସେତିକି ଭାରାକ୍ରାନ୍ତ ରହୁଥିଲା। ପ୍ରତିଷ୍ଠିତ ଧର୍ମମାନଙ୍କ ଉପରେ ମୋ ଆସ୍ଥା ସମ୍ପୂର୍ଣ୍ଣ ରୂପେ ତୁଟିଯାଇଥିଲା। ତଥାପି ମୋ ଭିତରେ ଆଶାର କ୍ଷୀଣ ଆଲୋକବର୍ତ୍ତିକାଟିଏ ଉଜ୍ଜୀବିତ ଥିଲା ଯେ ଧର୍ମୀୟ ଭେଦଭାବ ଅଥବା ରହସ୍ୟବାଦୀ ଅନୁଭୂତି ଜରିଆରେ ସେପରି କିଛି ଧାରଣାର ପୁନରୁତ୍ଥାନ ଘଟିବାର ସମ୍ଭାବନା ଅଛି। ଶ୍ରୀ ରାମକୃଷ୍ଣ ହୁଅନ୍ତୁ ଅବା ଶ୍ରୀ ଅରବିନ୍ଦ, ଏମାନଙ୍କ ଗୁରୁତ୍ୱକୁ କିଏ ଅବା ସନ୍ଦେହ କରିବ? ସାଧୁସନ୍ଥଙ୍କୁ ଭେଟି ଆଲୋଚନା କରିବା ସକାଶେ ନଳିନୀ ବ୍ରହ୍ମା ମୋତେ ପ୍ରୋତ୍ସାହିତ କରିଥିଲେ। ପୂର୍ବରୁ, ଅଣ୍ଡର ଗ୍ରାଜୁଏଟ୍ ଶ୍ରେଣୀରେ ଅଧ୍ୟୟନ କଲାବେଳେ, ପୁରୀର ସେପରି ଜଣେ ସାଧୁଙ୍କୁ ସାକ୍ଷାତ

କରିବା ଲାଗି ସେ ମୋତେ ପରାମର୍ଶ ଦେଇଥିଲେ। ତ୍ରୈଲଙ୍ଗସ୍ୱାମୀଙ୍କ କଥା ମଧ୍ୟ କହିଥିଲେ ଏବଂ ପରେ ଶ୍ରୀ କୃଷ୍ଣପ୍ରେମ ଓ ମାତା ଆନନ୍ଦମୟୀଙ୍କ ସମ୍ପର୍କରେ ସୂଚନା ଦେଇଥିଲେ। ମୁଁ ମାତା ଆନନ୍ଦମୟୀଙ୍କୁ ଅଦୂରରୁ ଦେଖିଥିଲି। ଯେତେବେଳେ ଶ୍ରଦ୍ଧାଳୁମାନେ ମନ୍ତ୍ର ବୋଲିବା ଆରମ୍ଭ କଲେ, ସେ ମୋହାଚ୍ଛନ୍ନ ହୋଇ ପଡ଼ିବା ପରି ମୋତେ ଲାଗିଲା। ତେବେ ତାଙ୍କ ମୁଖମଣ୍ଡଳର ଆଭା ଓ ପ୍ରଶାନ୍ତ ଭାବ ମୋ ମନକୁ ଛୁଇଁଥିଲା। କିନ୍ତୁ ସେଥିରୁ ଅବା ମୋତେ ମିଳିବ କ'ଣ? ପରିଣତ ବୟସରେ ନଳିନୀ ବ୍ରହ୍ମା (ମୁଁ ସେତେବେଳେ ତାଙ୍କ ସହ ଆଉ ପ୍ରାୟ ସମ୍ପର୍କରେ ନ ଥିଲି) ତାଙ୍କ ନିକଟକୁ ଯା'ଆସ କରୁଥିଲେ ଓ ତାଙ୍କ ଆଶ୍ରମରେ ଅଧିକାଂଶ ସମୟ ବିତାଉଥିଲେ। କୃଷ୍ଣପ୍ରେମ କ୍ୱଚିତ୍ କଲିକତା ଆସୁଥିଲେ। ସେମିତି ଥରେ ତାଙ୍କର ଏହି ବିରଳ କଲିକତା ଆଗମନବେଳେ କୃଷ୍ଣପ୍ରେମଙ୍କ ସହ ମୋର ଭେଟ ହୋଇଥିଲା। ତାଙ୍କ ଚେହେରା, କଣ୍ଠସ୍ୱର ଓ ତାଙ୍କ ସ୍ନେହର ନିରୁତାପଣ ମୋତେ ବିମୁଗ୍ଧ କରିଥିଲା। ମୋର ଦାର୍ଶନିକ ରୁଚି ସମ୍ପର୍କରେ ସେ ମୋତେ ପଚାରିଥିଲେ। କଥା ଛଳରେ ସେ ମୋତେ କହିଥିଲେ ଯେ କୃଷ୍ଣଙ୍କ ପ୍ରତି ସମର୍ପିତ ହେବା ସକାଶେ ସେ ତାଙ୍କର କେମ୍ବ୍ରିଜ୍ ଦର୍ଶନଶାସ୍ତ୍ର ଅଧ୍ୟୟନକୁ ଜଳାଞ୍ଜଳି ଦେଇଥିଲେ। ଏବେ ମୋ ମନରେ ଧାରଣା ସ୍ପଷ୍ଟ ହୋଇଥିଲା ଯେ ମୋ ମାର୍ଗ ତାହା ନୁହେଁ। ତେବେ ମୁଁ ଶ୍ରୀ ଦିଲ୍ଲୀପ ରାୟଙ୍କ ସହ ଯୋଗାଯୋଗରେ ଥିଲି – ଏହାର ଆଂଶିକ କାରଣ ଥିଲା, ବୀରେନ୍ ରାୟଙ୍କ ପରିବାର ସହ ମୋର ଥିବା ସମ୍ପର୍କ। କଲିକତା ବିଶ୍ୱବିଦ୍ୟାଳୟର ସଙ୍ଗୀତ କାର୍ଯ୍ୟକ୍ରମକୁ ମୁଁ ତାଙ୍କୁ ଅନେକ ଥର ଆମନ୍ତ୍ରଣ କରିଥିଲି ଓ ତାଙ୍କୁ ଆଣିବାରେ ବି ସକ୍ଷମ ହୋଇଥିଲି।

ପରେ ଥରେ ମୁଁ ମୋର ପୁରୁଣା କାଗଜପତ୍ର ଘାଣ୍ଟୁ ଘାଣ୍ଟୁ ତା' ଭିତରୁ ଦିଲ୍ଲୀପ ରାୟଙ୍କ ହାତଲେଖା ଚିଠି ଖଣ୍ଡେ ମୋ ନଜରରେ ପଡ଼ିଥିଲା। ମୁଁ ସେତେବେଳେ କ'ଣ ଚାହୁଁଥିଲି, ସେକଥା ଦର୍ଶାଇବା ଲାଗି ସେ ଚିଠି ଖଣ୍ଡିକ ଏଠାରେ ଅବିକଳ ଉଦ୍ଧାର କରୁଛି:

ଓମ୍

ଶ୍ରୀ ଅରବିନ୍ଦ ଆଶ୍ରମ
ପଣ୍ଡିଚେରୀ

ବନ୍ଧୁ ମୋର,
ଜିତେନ୍ଦ୍ରନାଥ ମହାନ୍ତି

କାମ ଚାପରେ ଆପଣଙ୍କ ପତ୍ରର ଉତ୍ତର ଦେବାରେ ବିଳମ୍ବ ଘଟିଲା, ସେଥିପାଇଁ କ୍ଷମାପ୍ରାର୍ଥୀ। ପ୍ରେମ ତ କିଛି ବୁଝି ନ ଥାଏ, ଆପଣ ତାହା ଜାଣିଛନ୍ତି। କିନ୍ତୁ ବାସ୍ତବତାଟି

ହେଲା, ମାସ ମାସ ଧରି ଏଠାରୁ ଅନୁପସ୍ଥିତ ରହିବା ଯୋଗୁ ଏବେ ମୋ ମୁଣ୍ଡରେ କାମର ବିରାଟ ବୋଝ ଲଦି ହୋଇଯାଇଛି। ଚିଠିସବୁ ମୋ ଟେବୁଲ୍ ଉପରେ ଗଦା ହୋଇଛି। ମୋର କେହି ସେକ୍ରେଟାରୀ ନାହାନ୍ତି। ଏମିତି ଏକ ସମୟ ଥିଲା ଯେତେବେଳେ ସମସ୍ତଙ୍କ ଚିଠିର ତୁରନ୍ତ ଉତ୍ତର ଦେବାରେ ମୋତେ ଖୁବ୍ ଆନନ୍ଦ ମିଳୁଥିଲା। କିନ୍ତୁ ଆଜିକାଲି ଲାଗୁଛି, ଅନ୍ୟମାନଙ୍କୁ ଶିଖେଇବା ଲାଗି ମୋ ପାଖରେ ସେପରି କିଛି ଜ୍ଞାନ ନାହିଁ। କେବଳ ଗୁରୁଦେବଙ୍କ ସମ୍ପର୍କରେ କିଛି ଦୃଢ଼ତାର ସହ କହିବା ଭଳି ସାହସ ଅଛି ବୋଲି ମୁଁ ଅନୁଭବ କରେ। ତା'ଛଡ଼ା ମୋର ବ୍ୟକ୍ତିଗତ ଅନୁଭୂତି ଓ ଜୀବନ ପରି ବଦଳିଥିବା ଦୃଷ୍ଟିଭଙ୍ଗୀ ସମ୍ପର୍କରେ ମୁଁ କିଛି କହି ପାରିବି ମାତ୍ର। ତେବେ ସେସବୁ ବୌଦ୍ଧିକ ଭାଷାରେ ପ୍ରକାଶ କରିବା ଭଳି ସାମର୍ଥ୍ୟ ମୋ ପାଖରେ ନାହିଁ। ମୁଁ ଯେତେବେଳେ ଆସନ୍ତାଥର(ସେପ୍ଟେମ୍ବର ମାସରେ) କଲିକତା ଯିବି, ସେତେବେଳେ ମନଖୋଲି ଆପଣଙ୍କ ସହ ବସି ଆଲୋଚନା କରିବି। କାଇଁକିନା, ଆପଣଙ୍କ ଉତ୍କଣ୍ଠା ଓ ଶ୍ରଦ୍ଧା ମୋତେ ଭାରି ଭଲ ଲାଗେ। ଆଜିକାଲି ପ୍ରେସ୍‌ରେ ମୋତେ କିଛି ନୀରସ କାମରେ ଅଧିକ ସମୟ ଦେବାକୁ ପଡୁଛି। ସକାଳ ପହରୁ ଚିଠି ଲେଖି ବସିଛି - ଗୋଟିଏ ଚିଠି ଜଣେ ପଞ୍ଜାବୀ ଧନୀକଙ୍କ ପାଖକୁ, ଆଉ ଗୋଟିଏ ଚିଠି ଜଣେ ଅର୍ବୁଦପତିଙ୍କ କନ୍ୟାଙ୍କ ନିକଟକୁ। ଉଭୟ ଖୁବ୍ ଉତ୍ତମ ଲୋକ। ସବୁଠାରୁ ବଡ଼ କଥାଟି ହେଲା, ସେମାନେ ଯାହା କିଛି ଚାହୁଁଛନ୍ତି ତାହା ସେମାନଙ୍କ ପ୍ରାଚୁର୍ଯ୍ୟ ସେମାନଙ୍କୁ ଦେଇ ପାରିନାହିଁ। କିନ୍ତୁ ଆପଣ ସେ ଦୃଷ୍ଟିରୁ ବଡ଼ ଭାଗ୍ୟବାନ : ମୁଁ ଆପଣଙ୍କୁ ଯେତିକି ଜାଣିଛି, ଆପଣ ଧନୀ ନୁହନ୍ତି। ତେଣୁ ଆପଣଙ୍କୁ ମୁଁ ପତ୍ରରେ ସେସବୁ କଥା ଲେଖିବାର ପ୍ରୟୋଜନ ନାହିଁ। ତା'ଛଡ଼ା ଆପଣଙ୍କୁ ଅନେକ କଥା ଜଣା ଓ ଦର୍ଶନ ଶାସ୍ତ୍ରରେ ଆପଣଙ୍କର ଗଭୀର ପ୍ରବେଶ। ତେଣୁ ବନ୍ଧୁବର, କେବଳ ନିରୁତା ସ୍ନେହ ଓ ଶ୍ରଦ୍ଧା ଛଡ଼ା ଦାର୍ଶନିକ ଦୃଷ୍ଟିକୋଣରୁ ମୁଁ ଅବା ଆପଣଙ୍କୁ ଅଧିକ କ'ଣ ଦେଇପାରିବି ?

ସ୍ନେହାନୁବନ୍ଧ

ଦିଲ୍ଲୀପ

ଦିଲ୍ଲୀପ ରାୟ ଏବଂ ନଳିନୀ ବ୍ରହ୍ମାଙ୍କ ମାଧ୍ୟମରେ ମୁଁ ଶ୍ରୀ ଗୋବିନ୍ଦ ଗୋପାଳ ମୁଖୋପାଧ୍ୟାୟ ନାମକ ଜନୈକ ସଂସ୍କୃତ ବିଦ୍ୱାନ୍ ଓ ସଙ୍ଗୀତଜ୍ଞଙ୍କ ସଂସ୍ପର୍ଶରେ ଆସିଥିଲି। ତାଙ୍କ ଜରିଆରେ ମୋତେ ମୋହନାନନ୍ଦ ବ୍ରହ୍ମଚାରୀ ନାମକ ଆଉ ଜଣେ ସାଧୁଙ୍କୁ ସାକ୍ଷାତ କରିବାର ସୁଯୋଗ ଯୁଟିଥିଲା - ତାଙ୍କୁ କେବଳ ଦୂରରୁ ହିଁ ଦେଖିଥିଲି। (ଏହାର ଢେର୍ ବର୍ଷ ପରେ, ଆମେରିକାରେ, ତାଙ୍କୁ ମୁଁ ଅଧିକ ଘନିଷ୍ଠ ଭାବରେ ଜାଣିବାକୁ

ପାଇଥିଲି, ଯେତେବେଳେ ମୋର ଝିଅ ମିଟି ତାଙ୍କଠାରୁ ଦୀକ୍ଷା ଗ୍ରହଣ କରିଥିଲା)। କିନ୍ତୁ ଅରବିନ୍ଦ ଆଶ୍ରମ ସହିତ ମୋର ସମ୍ପର୍କ ଯଥାରୀତି ଅତୁଟ ରହିଥିଲା (ବସ୍ତୁତଃ, ଯାହା ମୁଁ ପୂର୍ବରୁ ସୂଚାଇଛି, ମୋର ସ୍କୁଲ ସହପାଠୀ ଅବନୀ ଘୋଷଙ୍କ ମାଧ୍ୟମରେ ମୁଁ ଶ୍ରୀ ଅରବିନ୍ଦଙ୍କ ରଚନା ସହିତ ପରିଚିତ ହୋଇଥିଲି। ଅବନୀ ସେତେବେଳକୁ ଆହ୍ଲାବାଦ ବିଶ୍ୱବିଦ୍ୟାଳୟରେ ଦର୍ଶନଶାସ୍ତ୍ର ଅଧ୍ୟୟନ କରୁଥିଲା। କିନ୍ତୁ ଶ୍ରୀ ଅରବିନ୍ଦଙ୍କ ପ୍ରତି ତା'ମନରୁ ପୂର୍ବର ଉନ୍ମାଦନା ସେତେବେଳକୁ ପ୍ରଶମିତ ହୋଇ ସାରିଥିଲା ଓ ସେ ତା'ର ଲମ୍ବା କେଶ ଓ ଦାଢ଼ିକୁ ଛେଦନ କରିସାରିଥିଲା)। ମୁଁ ଥରେ ଚାରୁ ଦତ୍ତଙ୍କୁ ମଧ୍ୟ ଭେଟିଥିଲି। ସେ ଜଣେ ଅବସରପ୍ରାପ୍ତ ଆଇ.ସି.ଏସ. ଅଫିସର ଓ ଶ୍ରୀ ଅରବିନ୍ଦଙ୍କର ବ୍ୟକ୍ତିଗତ ବନ୍ଧୁ। ସେତେବେଳକୁ ସେ ତାଙ୍କର ଅନୁଗାମୀ (ଶିଷ୍ୟ) ହୋଇ ସାରିଥାଆନ୍ତି। ତା'ଛଡ଼ା ୧୫ କଲେଜ ସ୍କୋୟାରରେ ଥିବା ଅରବିନ୍ଦ 'ପାଠମନ୍ଦିର'କୁ ମଧ୍ୟ ମୁଁ ଯା'ଆସ କରୁଥିଲି। ପାଠମନ୍ଦିରଟି ଠିକ୍ ଇଣ୍ଡିଆ କଫି ହାଉସ୍‌କୁ ଲାଗି ଥିଲା। ସେଠାରେ 'ଆଶ୍ରମ'ରୁ ଆସୁଥିବା ସାଧୁ ଓ ଅନ୍ୟ ବିଦ୍ୱାନ୍‌ମାନେ ଭାଷଣ ଦେଉଥିଲେ। ସେସବୁ ମୁଁ ଶୁଣୁଥିଲି। ପରେ, ଜର୍ମାନୀରୁ ଫେରିବା ପରେ ମୁଁ କଲିକତା ବିଶ୍ୱବିଦ୍ୟାଳୟରେ ଅଧ୍ୟାପନା କଲି। ସେତେବେଳେ ମୋର ପରମ ମିତ୍ର ମାନିକ୍ ମିତ୍ର (ଯିଏ କି ସେତେବେଳେ ଶ୍ରୀ ଅରବିନ୍ଦ ପାଠମନ୍ଦିରର ପରିଚାଳନା ଦାୟିତ୍ୱରେ ଥିଲେ) ମୋତେ ପ୍ରୋତ୍ସାହିତ କଲେ *'ଲାଇଫ୍ ଡିଭାଇନ'* ଉପରେ ମୁଁ ନିୟମିତ ଭାବରେ ପାଠମନ୍ଦିରରେ ଭାଷଣ ଦିଏ। ଏହା ପରେ ପ୍ରତି ମାସରେ ଓ ଦୀର୍ଘ ପାଞ୍ଚ ବର୍ଷ ଧରି ଏହି ମହାନ୍ ଗ୍ରନ୍ଥ ଉପରେ ଆରମ୍ଭରୁ ଶେଷ ପର୍ଯ୍ୟନ୍ତ ମୁଁ ବକ୍ତୃତା ଦେଇଥିଲି। ଏହା ମୋତେ ସେ ଗ୍ରନ୍ଥଟିକୁ ଅତି ନିବିଷ୍ଟ ଭାବରେ ଅଧ୍ୟୟନ କରିବାର ସୁଯୋଗ ଦେଇଥିଲା ଏବଂ ମୋର ବକ୍ତୃତା ଶୁଣିବାକୁ ଆସୁଥିବା ଅନେକ ବିଶିଷ୍ଟ ଭଦ୍ରବ୍ୟକ୍ତି ଓ ଭଦ୍ରମହିଳାଙ୍କ ସହ ମଧ୍ୟ ମୋର ପରିଚୟ ଘଟିଥିଲା। *'ଲାଇଫ୍ ଡିଭାଇନ୍'* ଶେଷ ହେବା ପରେ, ଶ୍ରୀ ଅରବିନ୍ଦଙ୍କ ରଚିତ ଆଉ ଦୁଇଟି ଗ୍ରନ୍ଥ *'ଦି ସାଇକିଲ'* ଓ *'ଦି ଆଇଡିଆଲ୍ ଅଫ ହ୍ୟୁମାନ୍ ୟୁନିଟି'* ଉପରେ ମୋର ମାସିକ ବକ୍ତୃତା ପ୍ରଦାନ ଧାରା ଜାରି ରଖିଥିଲି ଓ ତାହା ଆଉ କେଇ ବର୍ଷ ପର୍ଯ୍ୟନ୍ତ ଚାଲିଲା। ଏହିସବୁ ଭାଷଣ ଶ୍ରୀ ଅରବିନ୍ଦଙ୍କ ଚିନ୍ତା ଚେତନାକୁ ଅବବୋଧ କରିବାରେ ମୋତେ ବହୁ ମାତ୍ରାରେ ସହାୟକ ହୋଇଥିଲା। ତେବେ ଶ୍ରୀ ଅରବିନ୍ଦଙ୍କ ଦର୍ଶନ ଉପରେ ମୁଁ ଖୁବ୍ କମ୍ ଲେଖାଲେଖି କରିଛି ବୋଲି କହିବି। ଏଇ ଗୋଟଏ କାର୍ଯ୍ୟ ମୁଁ ଭବିଷ୍ୟତରେ ସମ୍ପୂର୍ଣ୍ଣ କରିବାକୁ ସକ୍ଷମ ହେବି ବୋଲି ତଥାପି ଆଶାବାନ ରହିଛି।

ଦିଲ୍ଲୀପ ରାୟଙ୍କୁ ମୁଁ ପୁଣି ଥରେ ୟୁରୋପରେ ଭେଟିଥିଲି। ମୁଁ ଯେତେବେଳେ

ଗେଟିଂଗେନ୍‌ରେ ଥିଲି, ମୋ ପାଖରେ ଖବର ପହଞ୍ଚିଲା ଯେ ଦିଲ୍ଲୀପ ରାୟ (ତାଙ୍କ ଶିଷ୍ୟା ଇନ୍ଦିରା ଦେବୀଙ୍କ ସହିତ, ଯାହାଙ୍କ ସମ୍ପର୍କରେ ସେ ମୋତେ ଲେଖିଥିବା ପତ୍ରରେ 'ଅର୍ବୁଦପତିଙ୍କ କନ୍ୟା' ବୋଲି ସୂଚାଇଥିଲେ)ଏବେ ପ୍ୟାରିସ୍‌ରେ ଅଛନ୍ତି। ତାଙ୍କୁ ଗେଟିଂଗେନ୍‌କୁ ଆଣିବା ସକାଶେ ସେତେବେଳେ ସେଠାରେ ପଢୁଥିବା ଜଗଦୀଶ ମେହେରା ନାମକ ଜନୈକ ପଦାର୍ଥ ବିଜ୍ଞାନ ଛାତ୍ର ଓ ମୁଁ ବ୍ୟବସ୍ଥା କଲୁ। ତଦନୁସାରେ, ବିଶ୍ୱବିଦ୍ୟାଳୟ କର୍ତ୍ତୃପକ୍ଷଙ୍କୁ କହି ତାଙ୍କୁ ଆମନ୍ତ୍ରଣ କରିବାରେ ସକ୍ଷମ ହେଲୁ। ଦିଲ୍ଲୀପ ରାୟଙ୍କୁ ଗେଟିଂଗେନ୍‌କୁ ଆଣିବା ସକାଶେ ଜଗଦୀଶ ପ୍ୟାରିସ୍ ଗଲା। ଯେତେବେଳେ ତାଙ୍କୁ ଧରି ଜଗଦୀଶ ଟାଉନ୍‌କୁ ଫେରିଲା, ଆମେ ଏକଥା ଜାଣି ବିସ୍ମିତ ହେଲୁ ଯେ ବିଶ୍ୱବିଦ୍ୟାଳୟର ଅତିଥି ଭବନରେ ଯେଉଁ ସୁଟ୍‌ଟି ଦିଲ୍ଲୀପ ରାୟଙ୍କ ସକାଶେ ସଂରକ୍ଷିତ ରଖାଯାଇଥିଲା, ତାକୁ କର୍ତ୍ତୃପକ୍ଷ ମାର୍ଟିନ୍ ବୁବରଙ୍କ ନାମରେ ମଞ୍ଜୁର କରିଦେଇଛନ୍ତି। ମାର୍ଟିନ୍ ବୁବର ଜଣେ ବିଶିଷ୍ଟ ଅତିଥି ଭାବରେ ବିଶ୍ୱବିଦ୍ୟାଳୟରେ ଭାଷଣ ଦେବାକୁ ଆମନ୍ତ୍ରିତ ହୋଇଥିଲେ । ତାଙ୍କ ଭଳି ଜଣେ ପ୍ରଚଣ୍ଡ ପ୍ରତିଭାଙ୍କ ବକ୍ତୃତା ଶୁଣି ମୁଁ ଉଲ୍ଲସିତ ହୋଇଥିଲି ସତ, କିନ୍ତୁ ଆମ ଅତିଥିଙ୍କ ପାଇଁ ପୂର୍ବରୁ ସଂରକ୍ଷିତ ସୁଟ୍‌ଟି ଆମଠାରୁ ଓହରାଇ ନିଆଯିବା ଘଟଣାର ମୁଁ ବିଶ୍ୱବିଦ୍ୟାଳୟ ନିକଟରେ ଦୃଢ଼ ଅଭିଯୋଗ ବାଢ଼ିଥିଲି। ବିଶ୍ୱବିଦ୍ୟାଳୟ କର୍ତ୍ତୃପକ୍ଷ ତୁରନ୍ତ ଆମ ପାଖରେ କ୍ଷମାପ୍ରାର୍ଥୀ ହେବା ସହିତ ଆମକୁ ଗୋଟିଏ 'କ୍ୟାସଲ'(ଭବନ)କୁ ସମ୍ପୂର୍ଣ୍ଣ ରୂପେ ବ୍ୟବହାର କରିବା ସକାଶେ ମଞ୍ଜୁର କରିଦେଲେ। ବାସ୍ତବ ପକ୍ଷେ ସେ 'କ୍ୟାସଲ'ଟି ଥିଲା ଗୋଟିଏ ପାହାଡ଼ ଉପରେ ଓ ତାହା ବିଶ୍ୱବିଦ୍ୟାଳୟର ସବୁଠାରୁ ଭବ୍ୟ ଅତିଥିଶାଳା। କେବଳ 'କ୍ୟାସଲ'ଟି ନୁହେଁ, ଦିଲ୍ଲୀପ ରାୟ ଓ ଇନ୍ଦିରା ଦେବୀ ସେଠାରେ ଯେତେ ସମୟ ଅବସ୍ଥାନ କରିଥିଲେ, ସେମାନଙ୍କ ବ୍ୟବହାର ସକାଶେ କାର୍‌ଟିଏ ବି ଯୋଗାଇ ଦେଇଥିଲେ। ଦିଲ୍ଲୀପ ଓ ଇନ୍ଦିରା ପ୍ରଥମେ ସେ ପାହାଡ଼ ଉପରେ ସେହି ସୁନ୍ଦର 'କ୍ୟାସଲ' ଓ ତା'ର ଚତୁଃପାର୍ଶ୍ୱର ପ୍ରାକୃତିକ ଶୋଭାରାଜିକୁ ଦେଖି ପୂରାପୂରି ଭାବବିହ୍ୱଳ ହୋଇପଡ଼ିଥିଲେ। ଦିଲ୍ଲୀପ ବଙ୍ଗଳା, ଇଂରାଜୀ ଓ ଏପରିକି ଜର୍ମାନ୍‌ରେ ଗୀତ ଗାଇ ଚାଲିଲେ ଓ ଇନ୍ଦିର ଆନନ୍ଦରେ ଆତ୍ମହରା ହୋଇ ନୃତ୍ୟ ଆରମ୍ଭ କରିଥିଲେ।'କ୍ୟାସଲ'କୁ ଫେରି ସେମାନେ ଆହୁରି ଅନେକ କବିତା ଲେଖିଲେ ଓ ଗାଇଲେ। ଇନ୍ଦିରା ସେହିଭଳି ଆବିଷ୍ଟ ମନରେ ପଙ୍‌କ୍ତି ପରେ ପଙ୍‌କ୍ତି କବିତା ଡାକି ଚାଲିଥିଲେ (ଯାହା ମୁଁ ପରେ ଶୁଣିବାକୁ ପାଇଥିଲି) ଓ ଦିଲ୍ଲୀପ ତାକୁ ଚଟାପଟ୍ ଲେଖି ପକାଇଥିଲେ। ଦିଲ୍ଲୀପ ରାୟଙ୍କ ସହ ତାହା ଥିଲା ମୋର ଶେଷ ସାକ୍ଷାତ। ଏହାପରେ ସେ ପଣ୍ଡିଚେରୀ ଛାଡ଼ି ପୁନାରେ ନିଜର 'ଆଶ୍ରମ' ପ୍ରତିଷ୍ଠା କରିଥିଲେ। ୧୯୭୦ ଦଶକ ପ୍ରାରମ୍ଭରେ ସେଇଠାରେ ତାଙ୍କର ଦେହାନ୍ତ ହୋଇଥିଲା।

ମୁଁ ଭଲ ପାଉଥିବା ଝିଅକୁ ବାହା ହୋଇଥିଲି । ଅନ୍ନଦା ଶଙ୍କର ରାୟ ମୋତେ ଚିଠି ଲେଖି ଜଣାଇଥିଲେ ଯେ ଏହା ମୋର ଭାଗ୍ୟର ଏକକ ଓ ଅନନ୍ୟ ସଫଳତା । ମୋତେ ବାହା ହେବା ସକାଶେ ବାଣୀ ତାଙ୍କ ଘର ଛାଡ଼ିଦେଇଥିଲା । ମୋର ମାମୁ ନବକୃଷ୍ଣ ଚୌଧୁରୀ ଓ ମାଇଁ ମାଳତୀ ଚୌଧୁରୀ ତାଙ୍କ ଅନୁଗୁଳର ଅନୁପମ ଆଶ୍ରମ ପରିବେଶରେ ବାଣୀର ମାତାପିତା ହୋଇ କନ୍ୟାଦାନ କରିଥିଲେ । ବାହାଘରର ଗୋଟିଏ ବର୍ଷ ପରେ ମିଟି ଜନ୍ମ ହୋଇଥିଲା । ବାବୁନୀ ବାଣୀ ଗର୍ଭରେ ଥିବାବେଳେ ମୁଁ ଭାରତ ଛାଡ଼ି ଗେଟିଂଗେନ୍ ଯାଇଥିଲି । ଅନ୍ନଦା ଶଙ୍କର ରାୟ ତାଙ୍କ ବଡ଼ପୁଅ ପୁଣ୍ୟଶ୍ଳୋକକୁ ଧରି ଆମ ଦୁହିଁଙ୍କୁ ବଳେଇ ଦେବା ସକାଶେ ବମ୍ବେ ପର୍ଯ୍ୟନ୍ତ ଯାଇଥିଲେ ।

ମୁଁ ଭାରତ ଛାଡ଼ିବା ପରେ, ବାଣୀ ଓ ମୋର ଜଣେ ଘନିଷ୍ଠ ବାନ୍ଧବୀ ଭାରତୀ ରାୟକୁ ଅବନୀ ବିବାହ କରିଥିଲେ । ସେମାନେ ରାଜସ୍ଥାନକୁ ଯାଇ ସେଠାରେ ଦୀର୍ଘଦିନ ଧରି ନିଜର ବୌଦ୍ଧିକ ଅଧ୍ୟୟନ ଓ ଅଧ୍ୟାପନା ଜୀବନ ବିତାଇଥିଲେ । କିନ୍ତୁ ୧୯୯୨ ମସିହାରେ ଅବନୀର ଆକସ୍ମିକ ଦେହାନ୍ତ ଘଟିଥିଲା । ଭାରତୀ, ଓରଫ୍ ମୁକ୍ତାଦି'ଙ୍କୁ ଶାନ୍ତ୍ୱନା ଓ ସମବେଦନା ଜଣାଇବା ସକାଶେ ବାଣୀ ଓ ମୁଁ ଆମେରିକାରୁ ତାଙ୍କ ପାଖକୁ ଆସିଥିଲୁ । ଆମର କଲିକତା ଓ କଟକ ଦିନର ସୁଖଦ ସ୍ମୃତିକୁ ମନେ ପକାଇ ମୁକ୍ତାଦି' ଓ ଆମେ ଦୁଃଖକୁ ପାଶୋରିବାକୁ ପ୍ରୟାସ କରିଥିଲୁ ।

■

ଜାମାତା ଫ୍ରେଡ୍ ନିମସ୍ଙ୍କ ସହିତ ଜେଏନ୍ ମହାନ୍ତି

ଗେଟିଂଗେନ୍: ସେବେ (୧୯୫୨-୫୪) ଓ ଏବେ (୧୯୯୩)

ତା'ପରେ ୧୯୫୨ ମସିହା ଅକ୍ଟୋବର ମାସରେ ମୁଁ ଯାଇ ଜେନୋଆରେ ପହଞ୍ଚିଲି - ବମ୍ବେଠାରୁ *'ଅଷ୍ଟ୍ରେଲିଆ'* ନାମକ ଏକ ଜାହାଜରେ ବସି ବାର ଦିନର ଜଳଯାତ୍ରା ପରେ - ଏବଂ ସେଠାରୁ ଫ୍ରାଙ୍କ୍‌ଫର୍ଟ ଯିବା ଲାଗି ଗୋଟିଏ ରାତି ଟ୍ରେନ୍ ଧରିଲି। ସେଠାରୁ ମୋତେ ଓ କଲିକତାରୁ ଆସିଥିବା ଅନ୍ୟ ତିନିଜଣ ସାଙ୍ଗ (ହାୟ ! ସେମାନଙ୍କ ଭିତରେ ଜଣେ ଆଉ ଏ ସଂସାରରେ ନାହିଁ)ଙ୍କୁ ଧରି ଗୋଟିଏ ବାଷ୍ପଚାଳିତ ଜାହାଜଟି ହାଡ଼ଭଙ୍ଗା ଶୀତୁଆ ରାତିରେ ଗେଟିଂଗେନ୍ ନେଇଯାଇଥିଲା। ଏକ କ୍ୟାଥୋଲିକ୍ ମିଶନ୍ ଆମକୁ ସେଦିନ ରାତିରେ ସେମାନଙ୍କ ତମ୍ବୁରେ ଆଶ୍ରୟ ପ୍ରଦାନ କରିଥିଲା। ମିଶନ ପକ୍ଷରୁ ଷ୍ଟେସନ୍ ବାହାରେ ପୂର୍ବ ଜର୍ମାନୀରୁ ଆସୁଥିବା ଶରଣାର୍ଥୀମାନଙ୍କୁ ସ୍ୱାଗତ କରିବା ସକାଶେ ସେସବୁ ତମ୍ବୁ ପକାଯାଇଥିଲା। ଗେଟିଂଗେନ୍‌କୁ ଲାଗି ପୂର୍ବ ଜର୍ମାନୀର ସୀମାନ୍ତ। ତା'ପର ଦିନ ଭୋର୍‌ରୁ ଆମେ ଚାଲିଚାଲି ଯାଇ ବିଶ୍ୱବିଦ୍ୟାଳୟର *'Auslandsamt'* ବା ବିଦେଶୀ ଛାତ୍ରଙ୍କ କାର୍ଯ୍ୟାଳୟରେ ପହଞ୍ଚିଗଲୁ। ଆମେ ଆସି ଗେଟିଂଗେନ୍‌ରେ ପହଞ୍ଚି ସାରିଛୁ ବୋଲି ସେମାନଙ୍କୁ ଜଣାଇବା ଆମର ଉଦ୍ଦେଶ୍ୟ। ସେଠାରେ ଆମର ପ୍ରାଥମିକ କାର୍ଯ୍ୟ ଶେଷ କରିବା ପରେ ଆମମାନଙ୍କୁ ବିଭିନ୍ନ ସ୍ଥାନକୁ ପଠାଗଲା। ମୋତେ ପଠାଇ ଦିଆଯାଇଥିଲା *'Studentenheim'* କୁ ଯାହାକି *'Historisches Colloquium'* ଭାବରେ ସୁପରିଚିତ ଏବଂ ତାହା ୮୧ କ୍ରିଉବର୍ଜରିଂ ଠାରେ ଥିଲା ଏବଂ ସେଠାରେ ମୁଁ ଇତିହାସ ବିଭାଗର ଅନ୍ୟ ଛାତ୍ର (ଯେଉଁମାନେ କି ଏବେ ଜର୍ମାନୀର ପ୍ରମୁଖ୍ୟ ଐତିହାସିକ ଭାବେ ସୁପ୍ରତିଷ୍ଠିତ)ମାନଙ୍କ ସହିତ ଅଢ଼େଇ ବର୍ଷ କାଳ ବିତେଇଥିଲି।

ଯଦିବା ୧୯୫୪ ଠାରୁ ୧୯୯୩ ମସିହା ଭିତରେ ମୁଁ ଏ ସହରକୁ ଅନେକବାର ଆସିଛି ଓ କିଛି ଦିନ ଲେଖାଏଁ ରହିଛି, ଏବେ- ସେଠାରେ ପ୍ରଥମେ ପାଦ ଥାପିବାର ଦୀର୍ଘ ୪୦ ବର୍ଷରୁ ଅଧିକ ସମୟ ପରେ ପୁଣି ଥରେ ଆଉ କିଛି ଦିନ ଅବସ୍ଥାନ ପାଇଁ ଆସିଛି। ୧୯୫୨ ମସିହାରେ ପ୍ରଥମେ ମୁଁ ଜଣେ ଯୁବ ଗ୍ରାଜୁଏଟ୍ ଛାତ୍ର ଭାବରେ ଏଠାକୁ ଆସିଥିଲି। ସେତେବେଳେ ପ୍ରଥମ ଥର ପାଇଁ ମୋର ବୃଦ୍ଧ ବାପା-ମା', ଯୁବତୀ ପତ୍ନୀ ଓ ବର୍ଷକର ଝିଅକୁ ଛାଡ଼ି ମୁଁ ପାଶ୍ଚାତ୍ୟ ଦୁନିଆରେ ଆସି ପହଞ୍ଚିଥିଲି। ମୁଁ ପାଶ୍ଚାତ୍ୟ ଜଗତର ଯେଉଁ ବୌଦ୍ଧିକ ଦୁନିଆରେ ପ୍ରବେଶ କରିବାକୁ ଯାଉଛି ସେ ଉତ୍କଣ୍ଠା ମୋ ମନକୁ ଉଚ୍ଚାଟିତ କରୁଥିଲା ଏବଂ ତା'ସହିତ ଏକ ଉଦାସ ଭାବ ମଧ ମୋ ମନକୁ ଆବୋରି ବସିଥିଲା। ତାହା ହେଲା, ମୋତେ ବିବାହ କରିବା ସକାଶେ ନିଜ ପରିବାର ଓ ଘରକୁ ଛାଡ଼ି ଆସିଥିବା ମୋର ପତ୍ନୀ ବାଣୀଙ୍କୁ ଛାଡ଼ି ଆସିବାର ଦୁଃଖ। ଦୀର୍ଘ ଅଢ଼େଇ ବର୍ଷ କାଳ ଏହି ମାନସିକ ଦ୍ୱନ୍ଦ୍ୱ ମୋ ମନକୁ ଘାଣ୍ଟି ଚକଟି ଚାଲିଥିଲା। ଏହା ସତ୍ତ୍ୱେ ଗେଟିଂଗେନ୍ ମୋତେ ଯାହାକିଛି ବୌଦ୍ଧିକ ଜ୍ଞାନ ଦେବାକୁ ସକ୍ଷମ ତାହା ହାସଲ କରିବା ସକାଶେ ମୁଁ ଅକ୍ଳାନ୍ତ ପ୍ରୟାସ ଜାରି ରଖିଥିଲି ଏବଂ ସେଥିରେ ସାମାନ୍ୟ ଅବହେଳା ପ୍ରଦର୍ଶନ କରି ନ ଥିଲି।

ଏଥର ମୁଁ ଲୁଫ୍‌ଥାନ୍‌ସା ବିମାନରେ ବିଜିନେସ୍ କ୍ଳାସ୍‌ରେ ଯାତ୍ରା କରିଥିଲି - ପ୍ରଥମେ ଫିଲାଡେଲଫିଆ ଠାରୁ ବୋଷ୍ଟନ୍ ଏବଂ ତା'ପରେ ବୋଷ୍ଟନରୁ ଫ୍ରାଙ୍କ୍‌ଫର୍ଟ। ଫ୍ରାଙ୍କ୍‌ଫର୍ଟ ବିମାନ ବନ୍ଦରଠାରୁ ମୁଁ ସିଟିର *Hauptbanhof* ପର୍ଯ୍ୟନ୍ତ ଟ୍ରେନ୍‌ଟିଏ ଧରି ଆସିଥିଲି ଏବଂ ସେଠାରୁ ଗୋଟିଏ ଅତ୍ୟାଧୁନିକ, ସୁପରଫାଷ୍ଟ, ତୁଷାର ଧବଳ ଓ ଗ୍ଲାସ୍‌ରେ ନିର୍ମିତ ହେବାଭଳି ସୁଦୃଶ୍ୟ ଟ୍ରେନ୍‌ରେ ବସି ଗେଟିଂଗେନ୍‌ରେ ପହଞ୍ଚିଲି। ରେଳ ଷ୍ଟେସନରେ ମୋତେ ଅପେକ୍ଷା କରିଥିଲେ ମୋର ୧୯୫୦ ଦଶକର ଜଣେ ପୁରୁଣା ବନ୍ଧୁ ଗୁନ୍ଥର ପାଟ୍‌ଜିଗ୍ ଯିଏ ଆରିଷ୍ଟୋଟଲଙ୍କ ଉପରେ ଜଣେ ବିଶ୍ୱପ୍ରସିଦ୍ଧ ବିଦ୍ୱାନ୍ ଏବଂ ଫ୍ରେଜେ, ଯିଏ ସେତେବେଳେ ଗେଟିଂଗେନରେ ଏମେରିଟସ୍ ପ୍ରଫେସର ଭାବରେ ଅବସ୍ଥାପିତ ଥିଲେ। ଲକ୍ଷ୍ୟ କଲି, ଗେଟିଂଗେନ ରେଳଷ୍ଟେସନଟି ପୁଣି ଥରେ ନୂଆକରି ନିର୍ମିତ ହୋଇଛି। ଅବଶ୍ୟ ୪୦ବର୍ଷ ତଳେ ମୁଁ ଦେଖିଥିବା ସେ ଷ୍ଟେସନର କୀୟଦଂଶ ତଥାପି ଚିହ୍ନି ହେଉଥିଲା। ଆମେ ପରସ୍ପରଙ୍କୁ କୁଣ୍ଢାଇ ସମ୍ଭାଷଣ ଜଣାଇଲୁ। ପାଟ୍‌ଜିଗ୍ ଜଣେ ଡେଙ୍ଗା, ହୃଷ୍ଟପୁଷ୍ଟ ଓ ସୌମ୍ୟକାନ୍ତ ଭଦ୍ରବ୍ୟକ୍ତି। ଥାର୍ଡ ରିଏଚ୍ ଶାସନ କାଳରେ ଜର୍ମାନ ନୌସେନାର ଜଣେ ଆଡମିରାଲଙ୍କ ସୁପୁତ୍ର। ପୂର୍ବରୁ ତାଙ୍କ ମୁଣ୍ଡବାଳ ଯେତିକି ସୁନାଭଳି ଚକ୍‌ଚକ୍ କରୁଥିଲା ମୁହଁରୁ ସେତିକି ଆନନ୍ଦର ଆଭା ଫୁଟି ଉଠୁଥିବା ପରି ଲାଗୁଥିଲା। କିନ୍ତୁ ଏବେ ମୁଁ ଦେଖିଲାବେଳକୁ ସେ ବୟୋବୃଦ୍ଧ ଏବଂ ଖଣ୍ଡିଏ

ବଙ୍କୁବାଡ଼ି ଧରି ଚାଲୁଛନ୍ତି। ମୁହଁରେ ଦାଢ଼ି। ଅବଶ୍ୟ ଖଣ୍ଡେ ନୀଳ ଜିନ୍ସ ଓ ସ୍ୱେଟର (ସେ ଗାଢ଼ ଧୂସର ରଙ୍ଗର ବିଜିନେସ୍ ସୁଟ୍ ପିନ୍ଧା ଯୁଗ କେବେଠାରୁ ଗତ ହୋଇସାରିଥିଲା) ତାଙ୍କୁ ବେଶ୍ ମାନୁଥିଲା। ଆମେ ପରସ୍ପରଙ୍କୁ ଅଭିବାଦନ ଜଣାଇ ଏତେଦିନ ପରେ ପୁଣି ଥରେ ଭେଟ ହୋଇଥିବାରୁ ବେଶ୍ ଖୁସି ହେଲୁ। ଆମ ପିଲାମାନେ ମଧ୍ୟ ପରସ୍ପରଙ୍କୁ ଭେଟି ଖୁବ୍ ଖୁସି ହେଲେ। (ମିଟି ଯେତେବେଳେ ଅକ୍ସଫୋର୍ଡରୁ ଯାଇ ସେମାନଙ୍କ ଘରେ କିଛିଦିନ ବିତାଇଥିଲା, ସେଠାରେ ସେ ପାଟ୍‌ଜିଗ୍‌ଙ୍କ ପରିବାର ସଦସ୍ୟଙ୍କ ସହ ଘନିଷ୍ଠ ହୋଇପାରିଥିଲା)। ଆମେ ହାମବର୍ଗରେ ଆଜକୁ ଢେର ବର୍ଷପୂର୍ବେ ଯେତେବେଳେ ପ୍ରଥମେ ପରସ୍ପରକୁ ଭେଟିଥିଲୁ, ସେ କଥାର ସ୍ମୃତିଚାରଣ କଲୁ। (ଅବଶ୍ୟ ଏହା ପୂର୍ବରୁ ଆମେ ପରସ୍ପରଙ୍କୁ ଚିହ୍ନିଥିଲୁ ଏବଂ ଚିଠିପତ୍ର ଆଦାନପ୍ରଦାନ ମାଧ୍ୟମରେ ସମ୍ପର୍କ ବଢ଼ାଇଥିଲୁ। ଆମ ଦୁହିଁଙ୍କୁ ପରସ୍ପର ସହ ପରିଚିତ କରାଇଦେବା ଭଦ୍ରବ୍ୟକ୍ତି ଥିଲେ ରାସବିହାରୀ ଦାସ ଏବଂ ଆମେ ଉଭୟେ ତାଙ୍କୁ ସମ ପରିମାଣରେ ସମ୍ମାନ ଜଣାଉଥିଲୁ)। ପରେ ଗେଟିଂଗେନରେ ପଢ଼ିଲାବେଳେ ଆମ ଭିତରେ ଘନିଷ୍ଠତା ବୃଦ୍ଧି ପାଇଥିଲା (ସେ ମଧ୍ୟ ଯୋଶେଫ୍ କୋନିଗ୍‌ଙ୍କ ସହକାରୀ ଭାବରେ ଗେଟିଂଗେନକୁ ଆସିଥିଲେ)। ପୁରୁଣା ଟାଉନ୍ ଦେଇ ସେ ମୋତେ କାର୍‌ରେ ନେଇଗଲେ। ଅବଶ୍ୟ ଏହା ଫଳରେ ଆମେ କେତୋଟି ଦର୍ଶନୀୟ ସ୍ଥାନକୁ ଏଡାଇ ଯାଇଥିଲୁ। ଏବେ ମୁଁ ମୋର ପ୍ରିୟ ଓ ପରିଚିତ ସହରକୁ ଆଦୌ ଚିହ୍ନିପାରୁ ନ ଥିଲି। ସବୁକିଛି ବଦଳି ସାରିଥିଲା। ପୁନଃନିର୍ମାଣ ହୋଇ ସାରିଥିଲା। ରାସ୍ତାସବୁ ଅଲଗା ପ୍ରକାର ଡିଜାଇନର ହୋଇ ସାରିଥିଲା। ଏପରିକି ବିଶ୍ୱବିଦ୍ୟାଳୟର କୋଠାଘର ସବୁ ବି ନୂଆକରି ତୋଳା ସରିଥିଲା। କେମିତି ଏକ ଉଦାସଭାବ ଓ ଦୁଃଖ ମୋ ମନକୁ ଗୋଟାପଣେ ଆବୋରି ବସିଲା। କିନ୍ତୁ ଏଭଳି କଥା ଅନୁମାନ କରିବା କ'ଣ ମୋର ଉଚିତ୍ ନ ଥିଲା କି? ଆମେ ସଦାବେଳେ ଅତୀତକୁ କାନିରେ ଗଣ୍ଠି ପକାଇ ବାନ୍ଧି ରଖିବାକୁ ଚେଷ୍ଟା କରୁ। ମୋ ଭାବନା ହଠାତ୍ କଲିକତା ଆଡ଼କୁ ଲେଉଟିଗଲା, ଯାହାକି ମୋର ସବୁଠାରୁ ପ୍ରିୟ ଭାରତୀୟ ସହର। ଅବଶ୍ୟ, ୫୦ବର୍ଷ ପୂର୍ବେ ମୁଁ ଯେତେବେଳେ ପ୍ରଥମେ କଲିକତାକୁ ଯାଇଥିଲି, ସେ ସମୟ ତୁଳନାରେ ବର୍ତ୍ତମାନ ସୁଦ୍ଧା ସେଠାରେ ସେମିତି କିଛି ବଡ଼ଧରଣର ପରିବର୍ତ୍ତନ ଘଟିନାହିଁ।

ଗେଟିଂଗେନ୍‌ରେ ମୁଁ ପହଞ୍ଚିବାର ଗୋଟିଏ ଦିନ ପରେ, ଆର୍ଥାତ୍ ୧୯୫୨ ମସିହା ଅକ୍ଟୋବର ମାସର ଗୋଟିଏ ଜାଡୁଆ ଦିନରେ ମୁଁ କର୍ଜ ଜିସ୍ମମର୍ ଷ୍ଟ୍ରାସେ ବିଲଡିଂକୁ ଯାଇଥିଲି। ତାହା ଏକ ତିନିମହଲା ବିଶିଷ୍ଟ ପୁରୁଣା ବାରକ୍ ଶୈଳୀରେ ନିର୍ମିତ ଅଟ୍ଟାଳିକା। ଏହି ଅଟ୍ଟାଳିକାର ତୃତୀୟ ମହଲାରେ ଦର୍ଶନ ବିଭାଗ ସେମିନାରଟି

ଥିଲା। ଆଉ 'Kunstgeschichte'ସେମିନାର ଥିଲା ଦ୍ୱିତୀୟ ମହଲାରେ। ଉପର ମହଲାକୁ ଯିବାକୁ ପଡ଼ିଥିବା ସୁନ୍ଦର ଗୋଲାକାର ଶିଡିରେ ଚଢ଼ି ମୁଁ ସେଠାରେ ପହଞ୍ଚିଲି। ବାହାରେ ଗୋଟିଏ ଫଳକ ଟଙ୍ଗା ଯାଇଥିଲା- ଟାଉନସାରା ଅନେକ ସ୍ଥାନରେ ଏଭଳି ଫଳକସବୁ ଲେଖା ଯାଇଥିଲା, ଯାହାକି ଏହାର ପ୍ରସିଦ୍ଧ ନାଗରିକଙ୍କ ସ୍ମୃତିରେ ଥିଲା। ସେ ଫଳକରେ ଲେଖାଯାଇଥିଲା ଯେ ପ୍ରସିଦ୍ଧ ସଙ୍ଗୀତକାର ବ୍ରାହାମ୍‌ସ୍ ଆଜକୁ ଦୁଇଶହ ବର୍ଷ ତଳେ ଏହି ଅଟ୍ଟାଳିକା *Frauenklinik*ରେ କିଛିଦିନ ଅବସ୍ଥାନ କରିଥିଲେ। ବ୍ରାହାମ୍‌ସ୍ ସେହି ହସ୍ପିଟାଲରେ ଦାୟିତ୍ୱରେ ଥିବା ଡାକ୍ତରଙ୍କ କନ୍ୟାଙ୍କୁ ବିବାହ କରିଥିଲେ। ମୁଁ ଯେତେବେଳେ ଦର୍ଶନ ବିଭାଗରେ ପହଞ୍ଚି ଦୁଆର ଖଟଖଟ କଲି, ଜଣେ ବିରାଟକାୟ ସୌମ୍ୟ ଓ ଚନ୍ଦାଲୋକ କବାଟ ଖୋଲି ମୋତେ ଭିତରକୁ ସ୍ୱାଗତ ଜଣାଇଲେ। ସେ ନିଜକୁ ଭ୍ୱିଲଫ୍ରାଏଡ୍ ଷ୍ଟାଚେ ବୋଲି ପରିଚୟ ଦେଲେ। ଷ୍ଟାଚେ ସେହି ବିଭାଗର ଥିଲେ ଜଣେ ସହକାରୀ (ଜର୍ମାନ ଶିକ୍ଷାବିଭାଗରେ ଏହାକୁ ଭାଗ୍ୟର କଥା ବୋଲି ଧରାଯାଏ ଯେ ଯଦି ପିଏଚ୍.ଡି. ହାସଲ କରିବା ପରେ ତୁମକୁ ଆସିଷ୍ଟାଣ୍ଟ ପଦବୀଟିଏ ମିଳେ, କାରଣ ତାହା ଫଳରେ ଦ୍ୱିତୀୟ ଗବେଷଣା ସନ୍ଦର୍ଭ ଲେଖିବାକୁ ସୁଯୋଗ ମିଳିଥାଏ। ଏହାଦ୍ୱାରା ବିଶ୍ୱବିଦ୍ୟାଳୟରେ ଇନ୍‌ଷ୍ଟ୍ରକ୍ଟର ବା *Dozent* ଚାକିରି ପାଇବାକୁ ଜଣେ ଅଧିକ ଯୋଗ୍ୟ ବିବେଚିତ ହୋଇଥାଏ)। ଷ୍ଟାଚେ ନିକୋଲାଇ ହାର୍ଟମ୍ୟାନଙ୍କ ଅଧୀନରେ ବର୍ଲିନରୁ ପିଏଚ୍.ଡି. ଡିଗ୍ରୀ ହାସଲ କରିଥିଲେ। ଦ୍ୱିତୀୟ ବିଶ୍ୱଯୁଦ୍ଧ ପରେ ଯେତେବେଳେ ହାର୍ଟମ୍ୟାନ ଗେଟିଂଗେନ ବିଶ୍ୱବିଦ୍ୟାଳୟର ଦର୍ଶନ ବିଭାଗରେ ପ୍ରଫେସର ପଦରେ ଅଭିଷିକ୍ତ ହେଲେ ସେ ତାଙ୍କ ଆସିଷ୍ଟାଣ୍ଟ ଭାବରେ ଷ୍ଟାଚେଙ୍କୁ ଆଣିଥିଲେ। କିନ୍ତୁ ଷ୍ଟାଚେଙ୍କ ଦୁର୍ଭାଗ୍ୟ ଯେ ସେ ସ୍ଥାୟୀଭାବରେ ଥଇଥାନ ହେବା ପୂର୍ବରୁ ହାର୍ଟମ୍ୟାନ୍‌ଙ୍କର ଦେହାନ୍ତ ଘଟିଥିଲା। ଏହାପରେ ବିଚରା ଷ୍ଟାଚେ ପବନରେ ଶିମିଳି ତୁଳା ଉଡ଼ିଲା ପରି ଦର୍ଶନ ବିଭାଗରେ ଘୂରି ବୁଲିଲେ। ତାଙ୍କୁ ଥଇଥାନ କରିବାର କୌଣସି ନିଶ୍ଚିତତା ନ ଥିଲା। କାରଣ ତାଙ୍କର କେହି ସ୍ପୋନ୍‌ସରର୍ ନ ଥିଲେ। ତେଣୁ ଏବେ ଅଧ୍ୟାପକ ଭାବରେ ଖଣ୍ଡେ ଚାକିରି ପାଇବା ତାଙ୍କ ପାଇଁ କଷ୍ଟସାଧ୍ୟ ହୋଇପଡ଼ିଥିଲା। ସମସ୍ତେ ଅପେକ୍ଷା କରିଥିଲେ ଯେ ହାର୍ଟମ୍ୟାନ୍‌ଙ୍କ ଉତ୍ତରାଧିକାରୀ ଭାବରେ କିଏ ତାଙ୍କ ଚେୟାରରେ ପ୍ରଫେସର ପଦରେ ନିଯୁକ୍ତି ପାଇବେ। ଇତ୍ୟବସରରେ ହର୍ମାନ ୱେନ୍- ହାର୍ଟମ୍ୟାନ୍‌ଙ୍କର ଆଉ ଜଣେ ସ୍କଲାର ଅସ୍ଥାୟୀ ଭାବରେ ସେହି ସ୍ଥାନରେ କାର୍ଯ୍ୟ କଲେ। ମୁଁ ୱେନଙ୍କ ଆଗମନକୁ ଉତ୍କଣ୍ଠାର ସହ ଅପେକ୍ଷାକରି ରହିଲି।

ସମୟକ୍ରମେ ହାର୍ଟମାନ୍ ୱେନ୍ ମୋର ସୁପରଭାଇଜର ହେଲେ। ଜଣେ ବିଚକ୍ଷଣ ବୁଦ୍ଧିମାନ ଏବଂ କର୍ମଚଞ୍ଚଳ ମଣିଷ। ବର୍ଲିନରେ ୱେନ୍ ହାର୍ଟମ୍ୟାନ୍‌ଙ୍କ ପାଖରେ ଥଇଥାନ

ହୋଇଥିଲେ । ତେଣୁ ସେ ହାର୍ଟମ୍ୟାନଙ୍କ ସହାୟତାରେ ଜଣେ ଅଧ୍ୟାପକ *ordinarius* ହେବେ ବୋଲି ମନରେ ଆଶା ବାନ୍ଧିଥିଲେ । କିନ୍ତୁ ସେ ଜଣେ ସୁନାମଧନ୍ୟ ପ୍ରଫେସର ଭାବରେ ତାଙ୍କ ଗୁରୁଙ୍କ ଅକାଳ ବିୟୋଗ ପରେ ନିଜକୁ ସୁପ୍ରତିଷ୍ଠିତ କରିପାରିଥିଲେ । ଅପରପକ୍ଷେ ଓ୍ୱେନ୍ ପଦୋନ୍ନତି ନ ପାଇ ମନେ ମନେ ତିକ୍ତ ରହିଥିଲେ ସୁଦ୍ଧା ମୋତେ ଛାତ୍ରଭାବରେ ପାଇ ଖୁବ୍ ଖୁସି ହୋଇଥିଲେ । ଯଦିଚ ମୋର ନିଜସ୍ୱ ଦାର୍ଶନିକ ଚିନ୍ତାଧାରା ପାଇଁ ଯୋଶେଫ କୋନିଗ୍ (ଯିଏ ପରେ ମୋର ସେଠାରେ ପହଞ୍ଚିବାର ଏକବର୍ଷ ପରେ ହାର୍ଟମ୍ୟାନ୍‌ଙ୍କ ସ୍ଥାନରେ ଅବସ୍ଥାପିତ ହେବାପାଇଁ ହାମବର୍ଗରୁ ଆସିଥିଲେ) ଏବଂ ହେଲମୁଥ୍ ପ୍ଲେସନର୍ (ପ୍ରଖ୍ୟାତ ସମାଜବିଜ୍ଞାନୀ ହସେର୍ଲଙ୍କ ଛାତ୍ର ଏବଂ ମାକ୍ସ ସେଲରଙ୍କ ବନ୍ଧୁ) ଅଧିକ ଗୁରୁତ୍ୱପୂର୍ଣ୍ଣ ବୋଲି ନିଜକୁ ସାବ୍ୟସ୍ତ କରିଥିଲେ । ଓ୍ୱେନ ଥିଲେ ଜଣେ ଅତି ଉତ୍ତମ ଓ ସକାରାତ୍ମକ ମନୋଭାବାପନ୍ନ ସୁପରଭାଇଜର ଯାହାଙ୍କ ସହ କାର୍ଯ୍ୟ କରିବା ବେଶ୍ ଆନନ୍ଦଦାୟକ ଥିଲା । ସେ ମୋତେ ମୋର ନିଜସ୍ୱ ଆଗ୍ରହ ଏବଂ ଚିନ୍ତାଧାରା ଅନୁସାରେ ଗବେଷଣା କାର୍ଯ୍ୟ ଜାରି ରଖିବା ଲାଗି ସକାଳ ପ୍ରକାର ସ୍ୱାଧୀନତା ଯୋଗାଇ ଦେଇଥିଲେ । ଏପରିକି ମୁଁ ଗେଟିଂଗେନ୍ ଛାଡ଼ିବା ପୂର୍ବରୁ ଏବଂ ମୋର ଡକ୍ଟରେଟ୍ ଡିଗ୍ରୀ ଗ୍ରହଣ କରିବା ପରେ ସେ ମୋ ପାଇଁ ଏକ ବିଦାୟକାଳୀନ ସମ୍ବର୍ଦ୍ଧନା ସଭାର ଆୟୋଜନ କରିଥିଲେ । ସେହିସଭାରେ ସେ ମୋ ସମ୍ପର୍କରେ କହିଥିଲେ,'ମୋର ସବୁଠାରୁ ପ୍ରିୟ ବନ୍ଧୁଙ୍କ ମଧ୍ୟରୁ ଜଣେ ଆଜି ବିଦାୟ ନେଉଛି । ମହାନ୍ତି ସମ୍ପର୍କରେ ମୋର କେବଳ ଗୋଟିଏ ମାତ୍ର ଅଭିଯୋଗ ଅଛି' ବୋଲି ପରିହାସ ଛଳରେ, କିନ୍ତୁ ସାମାନ୍ୟ ଗମ୍ଭୀର ଭାବରେ ସେ ଆହୁରି କହିଥିଲେ,'ଏଇ କିଛିବର୍ଷ ଭିତରେ ସେ ଜର୍ମାନ ଦର୍ଶନଶାସ୍ତ୍ରକୁ ଆମୂଳଚୂଳ ପଢ଼ି ଶେଷ କରିଦେଇଛନ୍ତି । କିନ୍ତୁ ଦୁଃଖର କଥା, ସେ ମୁଁ ଲେଖିଥିବା କୌଣସି ବହି ପଢ଼ିନାହାନ୍ତି ।'

ଭାରତକୁ ଫେରିବା ପରେ ଆମେ ପରସ୍ପର ସହ ସମ୍ପର୍କରେ ରହିଥିଲୁ । ତାଙ୍କର ପ୍ରତି ପିଢ଼ିର ଛାତ୍ରମାନଙ୍କୁ - ମୁଁ ଥରେ ଜର୍ମାନୀ ଯାଇଥିବାବେଳେ ସେ ମୋତେ ଏକଥା କହିଥିଲେ- କେମିତି କଠିନ ଭାବରେ ପରିଶ୍ରମ କରି ପାଠ ପଢ଼ିବାକୁ ଓ କାମ କରିବାକୁ ହୁଏ, ସେକଥା କହିଲାବେଳେ ମୋ ନାଁ ଉଲ୍ଲେଖ କରୁଥିଲେ । ଗେଟିଂଗେନ୍‌ରେ ପହଞ୍ଚିବା ପରେ ମୋ ହୋଟେଲରୁ ମୁଁ ଫ୍ରାଉ କୋନିଗ୍‌ଙ୍କୁ ଫୋନ୍ କଲି । ସେ ହୋଟେଲକୁ ଆସି ମୋତେ ଧରି ଗେଟିଂଗେନ୍‌ର ସହରତଳି ଅଞ୍ଚଳରେ ଥିବା ତାଙ୍କ ନୂଆଘରକୁ ନେଇଗଲେ । ବୋଧହୁଏ ମୋର ଯାହା ମନେ ପଡୁଛି, ପରେ ମୁଁ କୋନିଗ୍‌ଙ୍କ ଘରୁ ଓ୍ୱେନ୍‌ଙ୍କୁ ମଧ୍ୟ ଫୋନ କରିଥିଲି । ସେ କ୍ଷୋଭ ପ୍ରକଟ କରିଥିଲେ ଯେ ଗେଟିଂଗେନ୍‌ରେ ପହଞ୍ଚିବା ପରେ ମୁଁ କାହିଁକି ତାଙ୍କୁ ପ୍ରଥମେ ଫୋନ୍ କରି ଜଣାଇଲି

ନାହିଁ। ସେ ଆହୁରି ମିଛିମିଛିକା କ୍ରୋଧ ପ୍ରକାଶ କଲାଭଳି କହିଥିଲେ, *'Ich dachte, wir sind Freunde'* (ମୁଁ ଭାବିଥିଲି ଯେ ଆମେ ଦୁହେଁ ଭଲ ସାଙ୍ଗ ବୋଲି !)। କେବଳ ମୋ ପାଇଁ ନୁହେଁ, ସାରା ସଂସାର ବିରୋଧରେ ତାଙ୍କ ମନରେ ପ୍ରଚଣ୍ଡ ରାଗ ଓ ଅଭିମାନ ଥିଲା। ସେ ଭାବୁଥିଲେ ଯେ ଦୁନିଆ ତାଙ୍କ ସହ ଉଚିତ ଆଚରଣ ପ୍ରଦର୍ଶନ କରିନାହିଁ କି ତାଙ୍କ ଜ୍ଞାନଗୁଣକୁ ଉତ୍ତମ ରୂପେ ଚିହ୍ନିପାରିନାହିଁ। ତେଣୁ ଗେଟିଂଗେନ୍‌ରେ ସେ ଜଣେ *ordinarius* ଅଧ୍ୟାପକ ସୁଦ୍ଧା ହୋଇପାରି ନ ଥିଲେ (କେବଳ ହାର୍ଟମାନ୍ ଯଦି ଅସମୟରେ ମୃତ୍ୟୁବରଣ କରି ନ ଥାଆନ୍ତେ, ସମ୍ଭବତଃ ସେ ତାହା ହୋଇପାରିଥାଆନ୍ତେ)। ମୁଁ ଯେତିକି ଜାଣେ, ତାଙ୍କ ପ୍ରତି କୋନିଗ୍ ସଦାବେଳେ ସହାନୁଭୂତିଶୀଳ ଥିଲେ। କିନ୍ତୁ ୱେନ୍ କଦାପି କୋନିଗ୍‌ଙ୍କ ସହ ମାନସିକ ସ୍ତରରେ ସହଜ ହୋଇପାରି ନ ଥିଲେ। କୋନିଗ୍‌ଙ୍କ ପ୍ରତି ମୋ ମନରେ ସକଳ ପ୍ରକାର ସମ୍ମାନବୋଧ ଥିଲା। କିନ୍ତୁ ୱେନ୍‌ଙ୍କ ପାଇଁ ମୁଁ ମନେ ମନେ ଦୁଃଖ ଅନୁଭବ କରୁଥିଲି।

ଗେଟିଂଗେନ୍‌ରେ ଛାତ୍ର ଥିବାବେଳେ, ମୁଁ ଦର୍ଶନ ବିଭାଗ (ଫିଲୋସୋଫି ସେମିନାର)ରେ ଯେତିକି ସମୟ ବିତାଉ ନ ଥିଲି ତା'ଠାରୁ ଅଧିକ ସମୟ ରହୁଥିଲି ଗଣିତ ବିଭାଗ (ମାଥମେଟିକାଲ ଇନଷ୍ଟିଚୁଟ) ଓ ମାକ୍ସ ପ୍ଲାଙ୍କ୍ ପ୍ରତିଷ୍ଠାନରେ। ମୋ ମନରେ ଗଣିତ ଶାସ୍ତ୍ର ପ୍ରତି ସଦାବେଳେ ଅସମ୍ଭବ ଶ୍ରଦ୍ଧା ଥିଲା। ପ୍ରେସିଡେନ୍ସି କଲେଜରେ ପଢ଼ିଲାବେଳେ ମୁଁ ଦର୍ଶନ ଶାସ୍ତ୍ର ସହିତ ଗଣିତ ପଢ଼ିବାକୁ ଚାହୁଁଥିଲି। କିନ୍ତୁ କଲେଜ କର୍ତ୍ତୃପକ୍ଷ ମୋତେ ସେଥିପାଇଁ ଅନୁମତି ଦେଇ ନ ଥିଲେ, କାରଣ 'ପ୍ରଶାସନିକ'ବ୍ୟବସ୍ଥା ଯୋଗୁ ତାହା ସମ୍ଭବପର ନ ଥିଲା (ମୋତେ କୁହାଯାଇଥିଲା ଯେ ଟାଇମ୍ ଟେବୁଲ ପ୍ରସ୍ତୁତ କରିବାରେ ଅସୁବିଧା ହେଉଥିବାରୁ ଜଣେ ଛାତ୍ର ଚାହିଁଲେ ନିଜ ଇଚ୍ଛା ଅନୁସାରେ ସବୁ ବିଷୟ ନେଇପାରିବ ନାହିଁ)। ତେଣୁ ମୁଁ କଲେଜରେ ଦର୍ଶନ ଶାସ୍ତ୍ର ସହିତ ସଂସ୍କୃତ ନେଇଥିଲି। ତେବେ ମୁଁ ମିଡଲ୍ ସ୍କୁଲରେ ପଢ଼ିବାବେଳେ ଯେତିକି ସଂସ୍କୃତ ପଢ଼ିଥିଲି କଲେଜରେ ତା'ଠାରୁ ଅଧିକ କିଛି ପଢ଼ିବାର ସୁଯୋଗ ପାଇ ନ ଥିଲି। ତେଣୁ ଗେଟିଂଗେନ୍‌ରେ ପହଞ୍ଚିବା ପରେ ମୋ ମନରେ ଗଣିତଶାସ୍ତ୍ର ପଢ଼ିବା ସକାଶେ ବହୁଦିନରୁ ଅବଦମିତ ରହିଥିବା ଇଚ୍ଛାଟି ପୁନରୁଜ୍ଜୀବିତ ହୋଇଥିଲା ଓ ତୁରନ୍ତ ଗଣିତ ବିଭାଗରେ ନାମ ଲେଖାଇବା ଲାଗି ମୁଁ ଆଗ୍ରହୀ ହୋଇପଡ଼ିଥିଲି ଏବଂ ସେଥିରେ ସକ୍ଷମ ହୋଇଥିଲି। ଗେଟିଂଗେନ୍ ଗଣିତଶାସ୍ତ୍ର ଅଧ୍ୟୟନ ସକାଶେ ସାରା ବିଶ୍ୱର ଏକ ମୁଖ୍ୟ କେନ୍ଦ୍ର ନ ଥିଲା କି ? ଗାଉସ୍, ରିମାନ ଓ ହିଲବର୍ଟ, କ୍ଲେନ୍ ଓ କୁରାଣ୍ଟ, ଏବଂ ୱିଲ୍ ଓ ଏମି ନୋଏଦର ଦିନେ ଏହି ବିଶ୍ୱବିଦ୍ୟାଳୟରେ ଅଧ୍ୟାପନା କରୁ ନ ଥିଲେ କି ? ମୁଁ ପ୍ରଫେସର ରାଲିଚ୍‌ଙ୍କ ଅଧୀନରେ କାଲକୁଲସ୍‌ର ଗୋଟିଏ କୋର୍ସରେ ଗଣିତଶାସ୍ତ୍ର ପଢ଼ା ଆରମ୍ଭ କଲି। ମୁଁ

ଶୁଣିବାକୁ ପାଇଲି ଯେ ରାଲିଚ୍ ଜଣେ ପ୍ରଖ୍ୟାତ ଗଣିତଜ୍ଞ, କିନ୍ତୁ କୁରାଣ୍ଟ୍ ଓ ସିଗେଲଙ୍କ ଭଳି ଗଣିତଜ୍ଞମାନେ ଯେତେବେଳେ ଜର୍ମାନୀ ଛାଡ଼ି ଚାଲିଯାଇଥିଲେ ଏବଂ ହିଲବର୍ଟ ଅବସର ଗ୍ରହଣ କରି ମାନସିକ ସ୍ତରରେ ଅପାରଗ ହୋଇପଡ଼ିଥିଲେ,ସେତେବେଳେ ନାଜିମାନେ ସିଗେଲ୍‌ଙ୍କ ପ୍ରତି ଅନୁକମ୍ପା ପ୍ରଦର୍ଶନ କରିଥିଲେ। ତେଣୁ ବିଶ୍ୱଯୁଦ୍ଧ ପରବର୍ତ୍ତୀ ଅବସ୍ଥାରେ ତାଙ୍କ କ୍ୟାରିଅର୍‌ରେ ସଂକଟ ଦେଖାଦେଇଥିଲା। ରାଲିଚ୍‌ଙ୍କ ବ୍ୟତୀତ ମୁଁ ଲାଇରାଙ୍କ ନମ୍ବର ଥିଓରୀ ଓ ଆନାଲିସିସ୍ କ୍ଲାସ୍‌ରେ ମଧ୍ୟ ବସିଲି। ଲାଇରା ଜଣେ ଅତ୍ୟନ୍ତ ସ୍ନେହଶୀଳ ମଣିଏ ଏବଂ ତାଙ୍କର ଥିଓସୋଫି ଓ ଶୂନ୍ୟବାଦ ପ୍ରତି ବିଶେଷ ଆଗ୍ରହ ଥିଲା। ତା'ଛଡ଼ା ମାକ୍ସ ଡୁଏରିଂ (ଜଣେ ଚମତ୍କାର ଆଲଜେବ୍ରା ବିଶେଷଜ୍ଞ)ଙ୍କ ନନ୍-କମୁଟେଟିଭ୍ ଆଲଜେବ୍ରା ଓ କାର୍ଲ ସିଗେଲ୍‌ଙ୍କ ହାୟର୍ ଆନାଲିସିସ୍ କ୍ଲାସ୍‌ରେ ମଧ୍ୟ ସାମିଲ୍ ହେଲି। ମାକ୍ସ ଡୁଏରିଂ ଥିଲେ ସେ ସମୟରେ ଗେଟିଂଗେନ୍‌ର ସବୁଠାରୁ ପ୍ରଖ୍ୟାତ ଗଣିତଜ୍ଞ। ପୂର୍ବରୁ ସେ ହିଲବର୍ଟଙ୍କ ଆସିଷ୍ଟାଣ୍ଟ୍ ଭାବରେ କାର୍ଯ୍ୟ କରୁଥିଲେ। ସେ ସେଠାରୁ ଆମେରିକାର ପ୍ରିନ୍ସଟନ୍ ବିଶ୍ୱବିଦ୍ୟାଳୟକୁ ଯାଇ କିଛି ବର୍ଷ ଅଧ୍ୟାପନା କରିବା ପରେ ପୁଣି ଥରେ ସଦ୍ୟ ଗେଟିଂଗେନ୍‌କୁ ଫେରିଥାଆନ୍ତି। ଗେଟିଂଗେନ୍‌ରେ ଗଣିତ ଶାସ୍ତ୍ର ଅଧ୍ୟୟନ ଆରମ୍ଭ କରିବା ସହିତ ମୁଁ ଶୁଦ୍ଧ ଗଣିତର ସ୍ୱାଦ ଆସ୍ୱାଦନ କଲି। ପିଓର୍ ମାଥ୍‌ମେଟିକ୍ସ ପଢ଼ିବାର ଯେଉଁ ସୁନ୍ଦର, ଶୃଙ୍ଖଳିତ ଓ ସୈଦ୍ଧାନ୍ତିକ ସ୍ୱାଦ ରହିଛି ତାହା ମୋତେ ସମ୍ପୂର୍ଣ୍ଣ ରୂପେ ଆବିଷ୍ଟ କରି ରଖିଲା। ଏହାର ପ୍ରୟୋଗସିଦ୍ଧ ବିଷୟବସ୍ତୁ ଏବଂ ବିୟୋଜକ ପ୍ରଦର୍ଶନ ପ୍ରେମରେ ମୁଁ ଗୋଟାପଣେ ପଡ଼ିଯାଇଥିଲି। ସଂଖ୍ୟାଗୁଡ଼ିକର ଯେଉଁ ସୀମା ରହିଛି ତାହାକୁ କିପରି ପ୍ରାକୃତିକରୁ ବାସ୍ତବ ଓ ବାସ୍ତବରୁ ଜଟିଳ ଯୌଗିକ ସୀମା ଏବଂ ଜଟିଳରୁ ଟ୍ରାନ୍ସସେଡେଣ୍ଟାଲ୍ ସଂଖ୍ୟା ପର୍ଯ୍ୟନ୍ତ ସମ୍ପ୍ରସାରିତ କରିହେବ ତାହାର ସୂତ୍ର ସହିତ ମୁଁ ସୁପରିଚିତ ହେବାରେ ଲାଗିଲି। ପିଅନୋ (Peano's)ଙ୍କ ଆକ୍ସିଓମ୍ ତା'ର ସରଳତାରେ ମୋତେ ସବୁଠାରୁ ଅଧିକ ଆକୃଷ୍ଟ କରିଥିଲା। ସେହିଭଳି ଗାଲଓ୍ୱାଙ୍କ ଗ୍ରୁପ୍‌ର ଜାଦୁକରୀ ଗଠନ, ନନ୍-କମ୍ୟୁଟେଟିଭ୍ ଆଲଜେବ୍ରାର ସିମେଟ୍ରି ସମ୍ପର୍କରେ ଆମ ମନରେ ଯେଉଁ ଭ୍ରାନ୍ତ ଧାରଣାଟି ରହିଛି ତାହାକୁ ବଦଳାଇ ଦେବାରେ ଲାଗିଲା। ଧୀରେ ଧୀରେ ମୁଁ ଗଣିତ ଶାସ୍ତ୍ର ଭିତରକୁ ଟାଣି ହୋଇଯାଇଥିଲି ଓ ପରିଶେଷରେ କାର୍ଲ ଫ୍ରେଡେରିକ୍ ଭନ୍ ୱିଜାକେରଙ୍କୁ ସାକ୍ଷାତ କରି ତାଙ୍କ ସେମିନାର୍‌ରେ'ଗାଣିତିକ ବିଜ୍ଞାନର ଦର୍ଶନ'ଉପରେ କାର୍ଯ୍ୟ କରିବାକୁ ଅନୁମତି ଲୋଡ଼ିଲି।

ଭନ୍ ୱିଜାକେର, ଯାହାଙ୍କ ସାନଭାଇ ରିଚାର୍ଡ ମୁଁ ଏହିକଥା ଲେଖିଲା ବେଳକୁ ଜର୍ମାନୀର ରାଷ୍ଟ୍ରପତି ପଦରେ ଅବସ୍ଥାପିତ ଅଛନ୍ତି, ସେ ଥିଲେ ୱିଜାକେର ସିନିୟରଙ୍କ ବଡ଼ପୁଅ। ୱିଜାକେର ସିନିୟର ଥିଲେ ହିଟଲରଙ୍କ ସ୍ୱରାଷ୍ଟ୍ର ସଚିବ ଏବଂ ଯୁଦ୍ଧ ଅପରାଧରେ

ନ୍ୟୁରେନବର୍ଗ ବିଚାରାଳୟରେ ତାଙ୍କର ବିଚାର କରାଯାଇଥିଲା। କିନ୍ତୁ ହିଟଲରଙ୍କ ସହ ଶେଷ କେଇବର୍ଷ ତାଙ୍କର ମତଭେଦ ଘଟି ସେ ତାଙ୍କ ପ୍ରିୟ ଗୋଷ୍ଠୀଠାରୁ ଦୂରେଇ ଯାଇଥିବାରୁ ଏହି ବିଚାରାଳୟରେ ତାଙ୍କୁ ଦୋଷମୁକ୍ତ କରି ଦିଆଯାଇଥିଲା। ତେବେ ତାଙ୍କଠାରୁ ସମସ୍ତ ପଦପଦବୀ ଓହରାଇ ନିଆଯାଇ ତାଙ୍କୁ ଜର୍ମାନୀର ରାଷ୍ଟ୍ରଦୂତ ଭାବରେ ରୋମକୁ ପଠାଇ ଦିଆଯାଇଥିଲା। ଭନ୍ ୱିଜାକେର ଥିଲେ ପ୍ରଖ୍ୟାତ ପଦାର୍ଥ ବିଜ୍ଞାନୀ ତଥା ମନସ୍ତତ୍ତ୍ୱବିତ୍ ଭିକ୍ଟର ଭନ୍ ୱିଜାକେରଙ୍କ ପୁତୁରା। ଫ୍ରଏଡଙ୍କର ଜଣେ ପରମ ମିତ୍ର ଏବଂ 'ସାଇକୋ-ସୋମାଣ୍ଟିକ ସିଷ୍ଟମ ଅଫ୍ ମେଡିସିନ୍'ର ସ୍ଥାପୟିତା ଭାବରେ ଭିକ୍ଟର ଭନ୍ ୱିଜାକେର୍ ସୁପ୍ରସିଦ୍ଧ ଥିଲେ। ଏହା ବ୍ୟତୀତ ସେ ଥିଲେ ନିଉ ଟେଷ୍ଟାମେଣ୍ଟକୁ ଜର୍ମାନ ଭାଷାରେ ପ୍ରଥମେ ଅନୁବାଦ କରିଥିବା ଅନୁବାଦକଙ୍କ ନାତି, ଯାହାକି ଜର୍ମାନୀରେ ସବୁଠାରୁ ଅଧିକ ଆଦୃତ ବାଇବେଲ। ମାତ୍ର ଚାଳିଶବର୍ଷ ବୟସରେ କାର୍ଲ ଫ୍ରେଡିରକ୍ ଭନ୍ ୱିଜାକେର ନିଜକୁ ଜଣେ ପ୍ରସିଦ୍ଧ ଆଣବିକ ଏବଂ ନକ୍ଷତ୍ର ପଦାର୍ଥ ବିଜ୍ଞାନୀ ଭାବରେ ସୁପ୍ରତିଷ୍ଠିତ କରି ସାରିଥିଲେ। ତେବେ ତା'ର ବାରବର୍ଷ ପୂର୍ବରୁ ଆମେରିକାର ରାଷ୍ଟ୍ରପତି ରୁଜଭେଲ୍ଟ ଆଇନଷ୍ଟାଇନଙ୍କୁ ପଚାରିଥିଲେ ଯେ ଜର୍ମାନମାନେ ଆଣବିକ ବୋମା ନିର୍ମାଣ କରିପାରିବେ କି? ଆଇନଷ୍ଟାଇନ ସେତେବେଳେ ତାଙ୍କୁ ଉତ୍ତରରେ ଲେଖିଥିଲେ ଯେ ଯୁବ ପଦାର୍ଥବିଜ୍ଞାନୀ ଭନ୍ ୱିଜାକେର ଚାହିଁଲେ ତାହା ନିଶ୍ଚୟ ପ୍ରସ୍ତୁତ କରିପାରିବେ। ଅନେକବର୍ଷ ପରେ ଏହି ପତ୍ରଖଣ୍ଡିକୁ ମୁଁ ୱେଷ୍ଟ୍ ପଏଣ୍ଟ୍ ମିଲିଟାରୀ ଏକାଡେମୀରେ ଦେଖିବାକୁ ପାଇଥିଲି। ଦ୍ୱିତୀୟ ବିଶ୍ୱଯୁଦ୍ଧର ଶେଷବର୍ଷ ଆଡ଼କୁ ହିଟଲର ୱେର୍ଣ୍ଣର ହାଇଜେନବର୍ଗ ଏବଂ ଭନ୍ ୱିଜାକେରଙ୍କୁ ଆଣବିକ ବୋମା ନିର୍ମାଣ ଲାଗି ଗଠିତ ଗୋଷ୍ଠୀର ଦାୟିତ୍ୱ ଦେଇଥିଲେ। କିନ୍ତୁ ଏହି ଦୁଇ ପଦାର୍ଥ ବିଜ୍ଞାନୀ ପ୍ରକଳ୍ପଟିକୁ ଜାଣିଶୁଣି ଅଟକାଇ ଦେଇଥିଲେ ଯଦ୍ୱାରା ହିଟଲରଙ୍କ ହାତରେ ଯେପରି ଆଣବିକ ବୋମା ପଡ଼ିବ ନାହିଁ। ଅନ୍ତତଃପକ୍ଷେ ଉଭୟ ହାଇଜେନବର୍ଗ ଏବଂ ୱିଜାକେର ଏକଥା ମୋତେ କହିଥିଲେ। ତେଣୁ ଏହା ବିଶ୍ୱାସ କରିବା ଭୁଲ ହେବ (ଯାହା ଅନେକ ଆମେରିକୀୟ ବିଶ୍ୱାସ କରନ୍ତି) ଯେ ଜର୍ମାନୀ ଗୋଷ୍ଠୀ ଆଣବିକ ବୋମା ନିର୍ମାଣ କରିବା ଦିଗରେ ବିଶେଷ ପ୍ରଗତି କରିପାରି ନ ଥିଲେ। ଏହା ପଛରେ ଥିବା ସତ୍ୟଟି ହେଲା ସେମାନେ ଏ ଦିଗରେ ଅଧିକ ପ୍ରଗତି କରିବାକୁ ଚାହୁଁ ନ ଥିଲେ। ବିଶ୍ୱଯୁଦ୍ଧ ଶେଷ ହେବାପରେ ହାଇଜେନବର୍ଗ, ୱିଜାକେର, ମାକ୍ସ ବର୍ଣ୍ଣ, ଓଟୋ ହାନ୍ସ (ସମସ୍ତେ ଗେଟିଂଗେନ୍ ବିଶ୍ୱବିଦ୍ୟାଳୟର) ଏବଂ ଅନ୍ୟ ପ୍ରମୁଖ ଜର୍ମାନ ଆଣବିକ ବିଜ୍ଞାନୀମାନଙ୍କୁ ବ୍ରିଟିଶ ସରକାର ବନ୍ଦୀ କରି ଇଂଲଣ୍ଡରେ ଗୃହବନ୍ଦୀ ଭାବେ ଅଟକ ରଖିଥିଲେ। ମୁଁ ଯେତେବେଳେ ଯାଇ ଗେଟିଂଗେନରେ ପହଞ୍ଚିଥିଲି, ସେତେବେଳକୁ ସେମାନେ

ଜର୍ମାନୀକୁ ଫେରି ସାରିଥିଲେ। ସେ ସମୟରେ ଓଟୋ ହାନ୍ସ ପ୍ରସିଦ୍ଧ ମାକ୍ସ ପ୍ଲାଙ୍କ୍ ଇନଷ୍ଟିଚ୍ୟୁଟର ଅଧକ୍ଷ ପଦରେ ଥିଲେ। ପ୍ରାଚୀନ ଓ ପ୍ରସିଦ୍ଧ କାଇଜର ୱିଲିହେମ୍ ଇନଷ୍ଟିଚ୍ୟୁଟ୍ ଅଫ୍ ବର୍ଲିନର ନାମକୁ ବଦଳାଇ ପ୍ରତିଷ୍ଠାନଟିର ଏହି ନୂଆ ନାମକରଣ କରାଯାଇଥିଲା। ସେ ସମୟରେ ମାକ୍ସ ପ୍ଲାଙ୍କ୍ ଇନଷ୍ଟିଚ୍ୟୁଟ ଅଫ୍ ଫିଜିକ୍ସର ନିର୍ଦ୍ଦେଶକ ଥିଲେ ହାଇଜେନବର୍ଗ ଏବଂ ଭନ୍ ୱିଜାକେର ଥିଲେ ମାକ୍ସ ପ୍ଲାଙ୍କ୍‌ର ପଦାର୍ଥ ବିଜ୍ଞାନ ବିଭାଗର ପ୍ରଫେସର। ଉଭୟ ହାଇଜେନବର୍ଗ ଓ ଭନ୍ ୱିଜାକେର ଥିଲେ ଘନିଷ୍ଠ ବନ୍ଧୁ। ହାଇଜେନବର୍ଗ ସେତେବେଳେ ୨୫ ବର୍ଷର ଯୁବକ ଏବଂ ଭନ୍ ୱିଜାକେରଙ୍କୁ ମାତ୍ର ୧୪ ବର୍ଷ ବୟସ। ହାଇଜେନବର୍ଗ ସେତେବେଳେ ୱିଜାକେରଙ୍କୁ ପଦାର୍ଥ ବିଜ୍ଞାନ (ଏବଂ ତା'ପରେ ଦର୍ଶନ ଶାସ୍ତ୍ର) ପଢ଼ିବାକୁ ପ୍ରବର୍ତ୍ତାଇଥିଲେ। ସେତେବେଳକୁ ଭନ୍ ୱିଜାକେର ଦର୍ଶନ ଶାସ୍ତ୍ରରେ ପ୍ଲାଟୋଠାରୁ ଆରମ୍ଭ କରି କାଣ୍ଟ୍ ଏବଂ ହାଇଡେଗାରଙ୍କ ପର୍ଯ୍ୟନ୍ତ ସମସ୍ତଙ୍କୁ ଅଧ୍ୟୟନ କରି ସାରିଥିଲେ। ମୋର ମନେ ଅଛି, ଛାତ୍ରଛାତ୍ରୀମାନେ ପରସ୍ପର ମଧ୍ୟରେ କଥାବାର୍ତ୍ତା ହେଉଥିଲେ ଯେ ଭନ୍ ୱିଜାକେର ହେଉଛନ୍ତି ଜର୍ମାନୀର ସର୍ବଶ୍ରେଷ୍ଠ ଶିକ୍ଷିତ ବ୍ୟକ୍ତି। ପରେ ଭନ୍ ୱିଜାକେର ମୋତେ କହିଥିଲେ ଯେ ସେ ପଦାର୍ଥ ବିଜ୍ଞାନକୁ ଛାଡ଼ିଦେଇ ପାରିବେ, କିନ୍ତୁ ଗ୍ରୀକକୁ ନୁହେଁ। ବାସ୍ତବପକ୍ଷେ ସେ ପଦାର୍ଥ ବିଜ୍ଞାନକୁ ଛାଡ଼ି ନ ଥିଲେ, ବରଂ ନିଲ୍ ବୋହର୍, ଆଇନଷ୍ଟାଇନ୍, ହେଜେନବର୍ଗ ଏବଂ ନକ୍ଷତ୍ର ବିଜ୍ଞାନର ଚିନ୍ତାଧାରାକୁ ଏକତ୍ର କରି ୟୁନିଟି ଅଫ୍ ଫିଜିକ୍ସର ବିକାଶ ଉପରେ ତାଙ୍କର ଗବେଷଣା କାର୍ଯ୍ୟ ଜାରି ରଖିଥିଲେ।

ଦିନେ ସକାଳେ ତାଙ୍କ କାର୍ଯ୍ୟାଳୟରେ ମୁଁ ଭନ୍ ୱିଜାକେରଙ୍କୁ ଭେଟିଥିଲି ଏବଂ ଗେଟିଂଗେନରେ ମୁଁ ଅବସ୍ଥାନ କରିଥିବା ଅବଶିଷ୍ଟ ସମୟ ପାଇଁ ତାଙ୍କ ସେମିନାରର ଜଣେ ସଦସ୍ୟ ଭାବେ ସାମିଲ ହୋଇଯାଇଥିଲି। ସେଇ ସେମିନାରରେ ପଢ଼ିବାବେଳେ ମୁଁ ୱେର୍ଣ୍ଣର ହାଇଜେନବର୍ଗଙ୍କ ସହିତ ପରିଚିତ ହୋଇଥିଲି। ସେତେବେଳେ ସେ ସଦାବେଳେ ଆସି ୱିଜାକେରଙ୍କ କ୍ଲାସ୍‌ରେ ଯୋଗ ଦେଉଥିଲେ। ପଦାର୍ଥ ବିଜ୍ଞାନର ଜଟିଳ 'ପ୍ରିନ୍ସପଲ ଅଫ୍ ଅନସର୍ଟର୍ନିଟି'ର ଆବିଷ୍କର୍ତ୍ତାଙ୍କ ସହିତ ଏକାଠି ଗୋଟିଏ ଶ୍ରେଣୀକକ୍ଷରେ ବସିବା ମୋ ପାଇଁ ଯେତିକି ଉତ୍ସାହଜନକ ଥିଲା, ସେତିକି ମାତ୍ରାରେ ଥିଲା ପ୍ରେରଣାଦାୟୀ। ଥରେ 'Historisches Colloquiun'ରେ ଆୟୋଜିତ ଏକ ପାର୍ଟିକୁ ହେଜେନବର୍ଗ ଜଣେ ଅତିଥିଭାବରେ ଆମନ୍ତ୍ରିତ ହୋଇ ଆସିଥିଲେ। ମୋର ମନେଅଛି, ସେ ପାର୍ଟିରେ ତାଙ୍କ ପତ୍ନୀଙ୍କ ସହ ମୁଁ ନିର୍ଦ୍ଧୁମ ନୃତ୍ୟ କରିଥିଲି।

ଆଉ ଦୁଇଜଣ ପ୍ରଖ୍ୟାତ ଗେଟିଂଗେନ ପ୍ରଫେସରଙ୍କ ସହିତ ମୋର ଘନିଷ୍ଠତା ହୋଇଥିଲା। ସେମାନେ ଦୁଇଜଣ ଥିଲେ ପ୍ରଖ୍ୟାତ ଜର୍ମାନ ଐତିହାସିକ- ପର୍ସି ଏର୍ଣ୍ଣଷ୍ଟ୍

ସ୍କ୍ରାମ୍ ଏବଂ ହର୍ମାନ୍ ହିମ୍ପେଲ। ପୃଥିବୀରେ ଏ ଦୁଇଜଣ ପରସ୍ପରଠାରୁ ଭିନ୍ନ ବ୍ୟକ୍ତିଙ୍କଠାରୁ ବଳି ଅଧିକ ଅସାମଞ୍ଜସ୍ୟ ଥିବା କୌଣସି ବ୍ୟକ୍ତିଙ୍କୁ ମୁଁ ଭେଟିନାହିଁ। ଉଭୟ ଥିଲେ ମଧ୍ୟଯୁଗ ଇତିହାସର ଅଧ୍ୟେତା ଓ ବିଶାରଦ। ଜଣେ ଐତିହାସିକ ହିସାବରେ ସମ୍ଭବତଃ ସ୍କ୍ରାମ ଅଧିକ ଜଣାଶୁଣା ଥିଲେ। ୟୁରୋପର ମଧ୍ୟଯୁଗ ଇତିହାସର ସେ ଥିଲେ ଜଣେ ବିଶିଷ୍ଟ ବିଦ୍ୱାନ୍। ମଧ୍ୟଯୁଗୀୟ ଶାସକ ଏବଂ ସେମାନଙ୍କର ପ୍ରତୀକ ସମ୍ପର୍କରେ ସେ ଏତେ ଗବେଷଣା କରିଥିଲେ ଯେ ଦ୍ୱିତୀୟ ବିଶ୍ୱଯୁଦ୍ଧ ପରେ ପରେ ଜଣେ ଜର୍ମାନ ନାଗରିକ ହୋଇସୁଦ୍ଧା ଇଂଲଣ୍ଡର ରାଣୀ ଏଲିଜାବେଥଙ୍କୁ ରାଜ୍ୟାଭିଷେକକୁ ତାଙ୍କୁ ଐତିହାସିକ ପରାମର୍ଶଦାତା ଭାବେ ଆମନ୍ତ୍ରଣ କରାଯାଇଥିଲା ! ସ୍କ୍ରାମ ଦେଖିବାକୁ ଯେତିକି ଡେଙ୍ଗା, ତାଙ୍କ କଥାବାର୍ତ୍ତା ସେତିକି ସ୍ୱଚ୍ଛନ୍ଦ ଓ ସଦାବେଳେ ଚଳଚଞ୍ଚଳ। ଦ୍ୱିତୀୟ ବିଶ୍ୱଯୁଦ୍ଧ ସମୟରେ ସେ ଥିଲେ ହିଟଲରଙ୍କ କାର୍ଯ୍ୟାଳୟର ଐତିହାସିକ ଓ ଅଭିଲେଖବିତ୍। ତେଣୁ ଗେଟିଂଗେନରେ ସେ ଯେତେବେଳେ ଇତିହାସ ବିଭାଗରେ ଅଧ୍ୟାପନା କରନ୍ତି ଏବଂ ଦ୍ୱିତୀୟ ବିଶ୍ୱଯୁଦ୍ଧ ସମ୍ପର୍କରେ ଛାତ୍ରମାନଙ୍କୁ ପଢ଼ାନ୍ତି, ଶହ ଶହ ଶ୍ରୋତା ଆସି ତାଙ୍କୁ ଶୁଣିବା ଲାଗି ଶ୍ରେଣୀକକ୍ଷରେ ଖୁନ୍ଦାଖୁନ୍ଦି ହୋଇ ବସୁଥିଲେ। ଏପରିକି ଶ୍ରେଣୀକକ୍ଷ ବାହାରେ ବାରଣ୍ଡାରେ ମଧ୍ୟ ଶ୍ରୋତାମାନେ ବସି ତାଙ୍କୁ ଶୁଣୁଥିଲେ। ଏଭଳି ଅବସ୍ଥା ଦେଖି ତାଙ୍କ ଅଧ୍ୟାପନାବେଳେ ସେ ଲାଉଡ୍ ସ୍ପିକରରେ କହିବା ଲାଗି ବ୍ୟବସ୍ଥା କରାଯାଇଥିଲା। କିନ୍ତୁ ହିମ୍ପେଲ୍ ଥିଲେ ଭାବଗମ୍ଭୀର ସ୍ୱଭାବର। କିନ୍ତୁ ତାଙ୍କ ହୃଦୟରେ ସମସ୍ତଙ୍କ ପ୍ରତି ସମବେଦନା ଓ କରୁଣା ଭରି ରହିଥିଲା। ଦେଖିବାକୁ ଖୁବ୍ ସ୍ମାର୍ଟ ଓ ସୌଖିନ। ଦେଖିବାମାତ୍ରେ ଯେ କେହି ତାଙ୍କୁ ଜଣେ ଗୁଣୀ ଓ ବିଦ୍ୱାନ ବ୍ୟକ୍ତି ବୋଲି ସହଜରେ ଠଉରାଇ ପାରୁଥିଲା। ତାଙ୍କର କଥା କହିବାର ଶୈଳୀ ଥିଲା ଅନନ୍ୟ। ସେଇଥିପାଇଁ ତାଙ୍କ ଛାତ୍ରଛାତ୍ରୀମାନେ ହିମ୍ପେଲଙ୍କୁ ଖୁବ୍ ସମ୍ମାନ ଦେଉଥିଲେ। ମୁଁ ଗେଟିଂଗେନରେ ପଢୁଥିବାବେଳେ ସେ ବିଶ୍ୱବିଦ୍ୟାଳୟର ରେକ୍ଟର ପଦକୁ ମନୋନୀତ ହୋଇଥିଲେ। ସେହିଭଳି ପଶ୍ଚିମ ଜର୍ମାନୀ ରେକ୍ଟର ସମ୍ମିଳନୀର ସେ ଦୀର୍ଘବର୍ଷ ଧରି ଅଧ୍ୟକ୍ଷ ପଦରେ ରହିଥିଲେ। କେତେକ କାରଣରୁ ପ୍ରଫେସର ହିମ୍ପେଲ ମୋ ପ୍ରତି ଅସମ୍ଭବ ଭାବେ ଦୟାଶୀଳ ଥିଲେ। ତାଙ୍କ ପତ୍ନୀଙ୍କ ସହିତ ମଧ୍ୟ ମୁଁ ଆହୁରି ଘନିଷ୍ଠ ହୋଇଯାଇଥିଲି। ଅନେକ ସମୟରେ ସେ *'Historisches Colloquiun'* ରେ ଅଟକି ଯାଇ ମୋତେ ଭେଟୁଥିଲେ। ହିମ୍ପେଲ ପରିବାର କହିଲେ ପତି, ପତ୍ନୀ ଓ ତାଙ୍କର ଦୁଇ ସନ୍ତାନ। ହିମ୍ପେଲ ଦମ୍ପତିଙ୍କ ସୁନ୍ଦରୀ ଝିଅ ଏତେ ଚମତ୍କାର ଚେମ୍ବର ସଙ୍ଗୀତ ବାଦନ କରୁଥିଲେ ଯେ ପେଶାଦାର କଳାକାରମାନେ ସୁଦ୍ଧା ତାଙ୍କ ଆଗରେ ଫିକା ପଡ଼ିଯିବେ। ହିମ୍ପେଲ

ପରିବାରଙ୍କ ସହିତ ମୋର ବନ୍ଧୁତା ଗେଟିଂଗେନ୍ ଅବସ୍ଥାନ କାଳରେ ମୋ ଜୀବନକୁ ଅଧିକ ଉନ୍ନତ ଓ ଉପଭୋଗ୍ୟ କରିଥିଲା।

ଗେଟିଂଗେନ୍‌ର ଛାତ୍ରସମାଜଙ୍କ ଦୃଷ୍ଟିରେ ସ୍କ୍ରାମ୍ ଜଣେ ନାଜୀ ଭାବରେ ପରିଚିତ ଥିଲେ। ଅନ୍ୟଥା ହିଟଲରଙ୍କ ମୁଖ୍ୟ ଦପ୍ତରରେ ସେ କିପରି କାର୍ଯ୍ୟ କରିପାରିଥାଆନ୍ତେ ? କିନ୍ତୁ ସ୍କ୍ରାମ୍ ଥିଲେ ଅତି ମାତ୍ରାରେ ଚତୁର। ଯୁଦ୍ଧ ଶେଷ ହେବାପରେ କୌଣସିମତେ ସେ ବ୍ରିଟିଶ ସେନାଙ୍କ ବିଶ୍ୱାସଭାଜନ ହୋଇପାରିଥିଲେ ଏବଂ ସେତେବେଳେ ତାଙ୍କର ଭୂମିକା ମଧ୍ୟ ବଦଳି ସମ୍ପୂର୍ଣ୍ଣ ଭିନ୍ନ ହୋଇପଡ଼ିଥିଲା। (ଗୁନ୍ଥର ପାଟଜୀଗ୍‌ଙ୍କ କହିବା ଅନୁସାରେ ନାଜୀ ଶାସନବେଳେ ତାଙ୍କ ନାଁ ଥିଲା ପି.ଏର୍ଣ୍ଣଷ୍ଟ୍ ସ୍କ୍ରାମ୍। କିନ୍ତୁ ଯୁଦ୍ଧ ପରେ ସେ ନିଜକୁ ପର୍ସି ଇ.ସ୍କ୍ରାମ୍ ଭାବେ ପରିଚିତ କରାଇଥିଲେ)। ଅତି ଧୂର୍ତ୍ତ ଭାବରେ ସେ ଦୁଇ ଦୁଇଟି ଗୁରୁତର ବିପଦକୁ ସଫଳତାର ସହ ଏଡ଼ାଇବାକୁ ସକ୍ଷମ ହୋଇପାରିଥିଲେ। ଅନ୍ୟଥା ତାହା କେବଳ ତାଙ୍କ ବିପର୍ଯ୍ୟୟର କାରଣ ହୋଇନଥାଆନ୍ତା, ଅପରନ୍ତୁ ତାଙ୍କୁ ଜେଲ୍‌ରେ ପହଞ୍ଚାଇବା ମଧ୍ୟ ସୁନିଶ୍ଚିତ ଥିଲା। ସେଥିରୁ ପ୍ରଥମଟି ହେଲା- ତାଙ୍କ ଝିଆରୀ ମିସ୍ ଏଲିଜାବେଥ୍ ଭନ୍ ଥାଡେନ୍, ଯିଏକି ବିଶ୍ୱଯୁଦ୍ଧବେଳେ ହିଟଲରଙ୍କ ମୁଖ୍ୟ ଦପ୍ତରରେ ସେକ୍ରେଟାରୀ ଭାବେ କାର୍ଯ୍ୟ କରୁଥିଲେ। ହିଟଲରଙ୍କ ଉପରେ ବୋମା ପକାଇ ତାଙ୍କୁ ହତ୍ୟା କରିବା ଲାଗି ଜୁଲାଇ ୨୦, ୧୯୪୫ରେ ସେ ସମସ୍ତ ପ୍ରକାର ଗୁପ୍ତ ଯୋଜନା ପ୍ରସ୍ତୁତ କରିଥିଲେ। କିନ୍ତୁ ଶେଷ ମୁହୂର୍ତ୍ତରେ ଏଭଳି ଷଡ଼ଯନ୍ତ୍ରଟି ବିଫଳ ହୋଇଥିଲା ଓ ହିଟଲର ବର୍ତ୍ତି ଯାଇଥିଲେ। ଏଭଳି ଗର୍ହିତ କାର୍ଯ୍ୟପାଇଁ ମିସ୍ ଏଲିଜାବେଥ୍‌ଙ୍କୁ ତୁରନ୍ତ ପ୍ରାଣଦଣ୍ଡରେ ଦଣ୍ଡିତ କରାଯାଇଥିଲା। ସ୍କ୍ରାମ୍ ଏହି ଘଟଣାରେ ଆଦୌ ସମ୍ପୃକ୍ତ ନୁହନ୍ତି ବୋଲି ନିଜକୁ ପ୍ରମାଣିତ କରିବାରେ ସକ୍ଷମ ହୋଇଥିଲେ। ଅନ୍ୟ ଘଟଣାଟି ଥିଲା କିଛି ମାତ୍ରାରେ କୌତୂକ ଉଦ୍ଦୀପକ। ତେବେ ସ୍କ୍ରାମ୍‌ଙ୍କ ପାଇଁ ଏହା ଏକ ଗୁରୁତର ପ୍ରତିକୂଳ ପରିସ୍ଥିତି ସୃଷ୍ଟି କରିଥିଲା। ଯୁଦ୍ଧ ସମୟରେ ଗେଟିଂଗେନ୍‌ର ତତ୍କାଳୀନ ରେକ୍ଟରଙ୍କୁ ନାଜି ସରକାର ନିର୍ଦ୍ଦେଶ ଦେଇଥିଲେ ଯେ ବିଶ୍ୱବିଦ୍ୟାଳୟର କେଉଁ କେଉଁ ପ୍ରଫେସର ହିଟଲରଙ୍କୁ ବିରୋଧ କରନ୍ତି, ତା'ର ଏକ ଗୁପ୍ତ ତାଲିକା ସେ ସରକାରଙ୍କୁ ପଠାନ୍ତୁ। ରେକ୍ଟର ମହୋଦୟ ସେତେବେଳେ ୧୨ଜଣ ଅଧ୍ୟାପକଙ୍କ ନାମ ସରକାରଙ୍କ ନିକଟକୁ ପଠାଇଥିଲେ। ସେଥିରେ ସ୍କ୍ରାମ୍‌ଙ୍କ ନାମ ମଧ୍ୟ ଥିଲା। ଏହି ପରିପ୍ରେକ୍ଷୀରେ ହିଟଲରଙ୍କ ଜେନେରାଲ ଜୋଡଲ ଆସି ସ୍କ୍ରାମ୍‌ଙ୍କୁ ଭେଟି ତାଙ୍କୁ ଏହି ତାଲିକାଟି ଦେଖାଇ ପଚରାଉଚୁରା କରିଥିଲେ। କିନ୍ତୁ ସ୍କ୍ରାମ୍ ଥିଲେ ଅତି ମାତ୍ରାରେ ଧୂର୍ତ୍ତ। ନିଜର ଅନୁପମ କଥାଶୈଳୀରେ ସେ ଜେନେରାଲ ଜୋଡଲଙ୍କୁ ସୁଦ୍ଧା ସନ୍ତୁଷ୍ଟ କରିପାରିଥିଲେ

ଓ ନିଜକୁ ନିରପରାଧ ବୋଲି ପ୍ରମାଣିତ କରିଥିଲେ । ତେଣୁ ସେ ତାଲିକାଭୁକ୍ତ ଅନ୍ୟ ପ୍ରଫେସରଙ୍କ ଭଳି ତାଙ୍କୁ ଆଉ ଦଣ୍ଡିତ ହେବାକୁ ପଡ଼ି ନ ଥିଲା । ବିଶ୍ୱଯୁଦ୍ଧ ଶେଷ ହେବାପରେ ଗେଟିଂଗେନ୍‌ର ସେହି ରେକ୍ଟର, ଯିଏକି କିଛି ନିରପରାଧ ଅଧ୍ୟାପକଙ୍କ ନାମ ନାଜି ସରକାରଙ୍କ ନିକଟକୁ ପଠାଇଥିଲେ, ତାହା ପଛରେ ଥିବା କାରଣ ସମ୍ପର୍କରେ ସେ ଅନ୍ୟମାନଙ୍କ ନିକଟରେ ସଫେଇ ଦେଇଥିଲେ । ସେ ଦର୍ଶାଇଥିଲେ ଯେ ପ୍ରକୃତରେ ଯେଉଁ ଦୁଇଜଣ ପ୍ରଫେସର ନାଜି ବିରୋଧୀ ଥିଲେ, ଯଦି ସେ କେବଳ ସେହି ଦୁଇଜଣଙ୍କ ନାମ ପଠାଇଥାଆନ୍ତେ, ତେବେ ହିଟଲରଙ୍କ ଅଧିକାରୀମାନେ ସେମାନଙ୍କୁ ଅବଶ୍ୟ ହତ୍ୟା କରିଥାଆନ୍ତେ । ତେଣୁ ସେ ସେମାନଙ୍କ ନାମ ସହିତ ଆଉ ଦଶଜଣ ନିରୀହ ଅଧ୍ୟାପକଙ୍କ ନାମ ଯୋଡ଼ି ଦେଇଥିଲେ । ସେ ଆଶା କରୁଥିଲେ ଯେ ନିରପରାଧ ପ୍ରଫେସରମାନଙ୍କୁ ପଚରାଉଚୁରା କରି ବିଫଳ ହେବାପରେ ନାଜି ଅଧିକାରୀମାନେ ସମସ୍ତଙ୍କୁ ମୁକ୍ତ କରିଦେବେ । ତେବେ ଗେଟିଂଗେନ୍‌ର ଅଧ୍ୟାପକ ସିନେଟ୍ ଗୋଷ୍ଠୀ ତୁରନ୍ତ ଏହି ରେକ୍ଟର ମହୋଦୟଙ୍କୁ ବାଧ୍ୟତାମୂଳକ ଅବସର ଦେଇଥିଲେ । କାରଣ ସେ ଏଭଳି ଏକ ଜଘନ୍ୟ ମିଥ୍ୟା ରିପୋର୍ଟ ଦେଇ ଅନେକଙ୍କ ଜୀବନକୁ ବିପନ୍ନ କରିଥିଲେ ।

ପ୍ରଫେସର ସ୍କ୍ରାମ୍ ପରେ କଲିକତା ଭ୍ରମଣରେ ଆସିଥିଲେ । କଲିକତାରେ ମୁଁ ତାଙ୍କୁ ପୁଣିଥରେ ଭେଟିଥିଲି । କିନ୍ତୁ ହିମେଲ ପରିବାରଙ୍କୁ ଗଟିଂଗେନ୍ ଛାଡ଼ିବା ପରେ ମୁଁ ଆଉ ଭେଟିବାର ସୁଯୋଗ ପାଇ ନ ଥିଲି । ପ୍ରଫେସର ହିମେଲ୍ ଗେଟିଂଗେନ୍ ବିଶ୍ୱବିଦ୍ୟାଳୟରେ ମାକ୍ସ ପ୍ଲାଙ୍କ୍ ଇନଷ୍ଟିଚ୍ୟୁଟ୍ ଫର୍ ହିଷ୍ଟ୍ରି କେନ୍ଦ୍ର ପ୍ରତିଷ୍ଠା କରି ଏହାର ନିର୍ଦ୍ଦେଶକ ପଦରେ ରହିଥିଲେ । ପରିଣତ ବୟସରେ ତାଙ୍କର ଦେହାନ୍ତ ହୋଇଥିଲା । ଢେର ପରେ ତାଙ୍କ ବିୟୋଗର ଭୟଙ୍କର ଘଟଣାଟି ସମ୍ପର୍କରେ ଜାଣିବା ପରେ ମୋ ଦେହ ଶୀତେଇ ଉଠିଥିଲା । ଥରେ ହିମେଲ୍ ପରିବାର ସେମାନଙ୍କ ନିଜ ବାସସ୍ଥାନ ବ୍ଲାକ୍ ଫରେଷ୍ଟ ଅଞ୍ଚଳକୁ ଛୁଟି କଟାଇବାକୁ ଯାଇଥିଲେ । ସେତେବେଳେ ହଠାତ୍ ଶ୍ରୀମତୀ ହିମେଲ୍ କେଉଁଆଡ଼େ ନିଖୋଜ ହୋଇଯାଇଥିଲେ । ବହୁତ ଖୋଜାଖୋଜି ପରେ ତାଙ୍କର କୌଣସି ପତ୍ତା ନ ମିଳିବାରୁ ସେ ମୃତ୍ୟୁବରଣ କରିଥାଇପାରନ୍ତି ବୋଲି ସଭିଏଁ ଧରି ନେଇଥିଲେ । ଏହି ଘଟଣାର ଏକମାସ ପରେ ବ୍ଲାକ୍ ଫରେଷ୍ଟର ଏକ ନିର୍ଜନ ସ୍ଥାନରେ ଗଭୀର ନିଦରେ ଶୋଇଥିବା ଅବସ୍ଥାରେ ତାଙ୍କୁ ଆବିଷ୍କାର କରାଗଲା । ଅବଶ୍ୟ ସେତେବେଳକୁ ତାଙ୍କର ମୃତ୍ୟୁ ଘଟି ସାରିଥିଲା । କିନ୍ତୁ ଶରୀରରେ କୌଣସି କ୍ଷତଚିହ୍ନ ନ ଥିଲା । ପରିବାର ଓ ଅନ୍ୟମାନେ ଅନୁମାନ କଲେ ଯେ ବାଟବଣା ହୋଇ ସେ ଜଙ୍ଗଲରେ କେଉଁଆଡ଼େ ଚାଲିଯାଇଥିଲେ ଏବଂ ପରିଶେଷରେ

କ୍ଳାନ୍ତଶ୍ରାନ୍ତ ହୋଇ ଶୋଇପଡ଼ିବା ଅବସ୍ଥାରେ ସେ ହୃଦଘାତର ଶିକାର ହୋଇଥିଲେ। ତାଙ୍କୁ ଯେଉଁଠାରୁ ଉଦ୍ଧାର କରାଗଲା, ସେଠାରେ ତାଙ୍କ ମୁଣ୍ଡର ଦୁଇଟି ହେୟାର ପିନ୍ ଖୁବ୍ ଯତ୍ନରେ ପାଖରେ ଥୁଆ ହୋଇଥିବାର ଦେଖିବାକୁ ମିଳିଥିଲା। ହିମ୍ପେଲ୍‌ଙ୍କ ସନ୍ତାନମାନେ ମା'ଙ୍କୁ ନ ପାଇ ଖୁବ୍ ବ୍ୟସ୍ତ ବିବ୍ରତ ହୋଇ ପଡ଼ିଥିଲେ। ଯିଏ ଶ୍ରୀମତୀ ହିମ୍ପେଲ୍‌ଙ୍କ ସନ୍ଧାନ ଦେବ, ତାଙ୍କୁ ୫୦ହଜାର ଡିଏମ୍ ପୁରସ୍କାର ଦେବାପାଇଁ ସେମାନେ ଘୋଷଣା କରିଥିଲେ। ଶ୍ରୀମତୀ ହିମ୍ପେଲ୍‌ଙ୍କର ସନ୍ଧାନ ମିଳିବା ପରେ ସେହି ଅର୍ଥକୁ ସେମାନେ ଜଣେ ମାନସିକ ଅନଗ୍ରସର ଝିଅର ଚିକିତ୍ସାପାଇଁ ଦାନ କରି ଦେଇଥିଲେ। ଏଲିଜାବେଥ୍ ହିମ୍ପେଲ୍ ସଦାବେଳେ ଏହିଭଳି ମାନସିକ ଅନଗ୍ରସର ଶିଶୁମାନଙ୍କ ପ୍ରତି ବେଶ ସହାନୁଭୂତିଶୀଳ ଥିଲେ। ଏଲିଜାବେଥ୍ ହିମ୍ପେଲ୍‌ଙ୍କୁ ସେହି ବ୍ଲାକ୍ ଫରେଷ୍ଟର ସ୍ୱାର୍ଜୱାର୍ଲ୍ଡଠାରେ କବର ଦିଆଯାଇଥିଲା। ଏଲିଜାବେଥ୍ ହିମ୍ପେଲ୍ ଥିଲେ ହାଇଡେଗରଙ୍କର ଜଣେ ଘନିଷ୍ଠ ବନ୍ଧୁ ଏବଂ ହାଇଡେଗରଙ୍କ ଭଳି ସ୍ୱାର୍ଜୱାଲ୍ଡ ପ୍ରତି ତାଙ୍କ ମନରେ ସଦାବେଳେ ଗଭୀର ଶ୍ରଦ୍ଧା ଥିଲା। ନିଜ ପ୍ରିୟ ପତ୍ନୀଙ୍କର ଏଭଳି ଦୁଃଖଦ ଦେହାନ୍ତ ପରେ ହର୍ମାନ ହିମ୍ପେଲ ସମ୍ପୂର୍ଣ୍ଣରୂପେ ଭାଙ୍ଗି ପଡ଼ିଥିଲେ। ସେତେବେଳକୁ ତାଙ୍କୁ ୮୦ବର୍ଷରୁ ଅଧିକ ବର୍ଷ ବୟସ ହୋଇସାରିଥିଲା। ପରେ ପରେ ସେ ତାଙ୍କର ସ୍ମୃତିଶକ୍ତି ଓ ମାନସିକ ସନ୍ତୁଳନ ମଧ୍ୟ ହରାଇ ବସିଥିଲେ। ସଦାବେଳେ ସେ ଆଖିରୁ ଲୁହ ଗଡ଼ାଉଥିଲେ। ଏଭଳି ଅଶ୍ରୁ ନିଜ ପ୍ରିୟ ପତ୍ନୀଙ୍କ ଦୁଃଖଦ ବିୟୋଗ ପାଇଁ ତାଙ୍କ ଆଖିରୁ ଝରୁ ନ ଥିଲା, ବରଂ ସେ ନିଜକୁ ସଦାବେଳେ ଦୋଷୀ ବୋଲି ମଣୁଥିଲେ ଯେ ଯେତେବେଳେ ନାଜୀ ଶାସନକାଳରେ ହଜାର ହଜାର ଇହୁଦୀଙ୍କୁ ପୋଡ଼ି ମାରି ଦିଆଯାଉଥିଲା, ଏହାକୁ ରୋକିବା ଲାଗି ସେ କିଛି କରିପାରି ନ ଥିଲେ। ସେତେବେଳେ ଯିଏ ତାଙ୍କୁ ଭେଟୁଥିଲେ, ସମସ୍ତଙ୍କୁ ସେ ଗୋଟିଏ କଥା ପଚାରୁଥିଲେ- 'ମୁଁ ଏବେ କ'ଣ କରିବା ଉଚିତ?' (ହାଇଡେଗରଙ୍କଠାରୁ ବାସ୍ତବରେ ହିମ୍ପେଲ୍ କେତେ ଭିନ୍ନ ଥିଲେ! ହାଇଡେଗର ତାଙ୍କ ଜୀବନରେ କରିଥିବା 'ରାଜନୈତିକ ଦୋଷ' ପାଇଁ କେବେସୁଦ୍ଧା ଅନୁତପ୍ତ ହୋଇ ନ ଥିଲେ, ବରଂ ସେ ସଦାବେଳେ ଏହାର ସକଳ ପ୍ରକାର ବୌଦ୍ଧିକ ସଫେଇ ଦେଇ ନିଜକୁ ନିରପରାଧ ବୋଲି ପ୍ରମାଣିତ କରିବାର ପ୍ରୟାସ କରିଥିଲେ!)।

ଦର୍ଶନଶାସ୍ତ୍ର ଓ ଗଣିତ ବ୍ୟତୀତ ମୁଁ ମଧ୍ୟ ଗେଟିଂଗେନ୍‌ରେ ସଂସ୍କୃତ ବିଦ୍ୟା ଅଧ୍ୟୟନ କଲି। ବିଶେଷକରି ଅର୍ଣ୍ଣଷ୍ଟ୍ ୱାଲ୍ଡସେମିଟ୍‌ଙ୍କ ଅଧୀନରେ *Indologisches Seminar*ରେ ବୈଦିକ ସଂସ୍କୃତ ଶାସ୍ତ୍ର ପଢ଼ା ଆରମ୍ଭ କଲି। ଜର୍ମାନ ପ୍ରଫେସରମାନେ କେମିତି ସଂସ୍କୃତ ଶାସ୍ତ୍ର ପଢ଼ାଉଛନ୍ତି ଏବଂ ସେ ଦେଶର ଛାତ୍ରଛାତ୍ରୀମାନେ ସଂସ୍କୃତକୁ

କିଭଳି ଭାବରେ ପଢୁଛନ୍ତି ସେହି ଭାବନା ମନରେ ରଖି ମୁଁ ଓ୍ୱାଲ୍ଡସେମିଟ୍‌ଙ୍କ ଶ୍ରେଣୀରେ ଯୋଗ ଦେଇଥିଲି (ମୋ ପାଇଁ ପଣ୍ଡିତ କହିଲେ ଜଣେ ପାରମ୍ପରିକ ଭାରତୀୟ ସଂସ୍କୃତ ଶାସ୍ତ୍ର ପଢ଼ାଉଥିବା ଶିକ୍ଷକଙ୍କୁ ବୁଝାଉଥିଲା। ସେ ପଣ୍ଡିତ ମହାଶୟ ଭାରତୀୟଙ୍କ ଭଳି ଧୋତି ପଞ୍ଜାବୀ ପିନ୍ଧିଥିବେ, ଜାତିରେ ବ୍ରାହ୍ମଣ ହୋଇଥିବେ ଏବଂ ଚେକା ପକାଇ ତଳେ ବସି ପିଲାମାନଙ୍କୁ ସଂସ୍କୃତ ପଢ଼ାଉଥିବେ)। ଭାରତରେ ମୁଁ ପୋଷ୍ଟ୍ ଗ୍ରାଜୁଏଟ୍ ଶ୍ରେଣୀରେ ଅଧ୍ୟୟନ କଲାବେଳେ ମୋତେ ବେଦାନ୍ତ ଶାସ୍ତ୍ର ପଢ଼ାଉଥିଲେ ମହାମହୋପାଧ୍ୟାୟ ଯୋଗେନ୍ଦ୍ରନାଥ ତର୍କ ବେଦାନ୍ତ ତୀର୍ଥ। ମୁଁ ପଣ୍ଡିତ ଅନନ୍ତ କୁମାର ତର୍କତୀର୍ଥଙ୍କଠାରୁ ମଧ୍ୟ ନବ୍ୟ-ନ୍ୟାୟ ପଢ଼ା ଆରମ୍ଭ କରିଥିଲି। ପୂର୍ବବର୍ତ୍ତୀ ଅଧ୍ୟାୟରେ ମୁଁ ଏ ସମ୍ପର୍କରେ ସମ୍ୟକଭାବରେ ବର୍ଣ୍ଣନା କରିସାରିଛି। କିନ୍ତୁ ବେଦଶାସ୍ତ୍ର ଅଧ୍ୟୟନରେ ମୋର ସେପର୍ଯ୍ୟନ୍ତ କୌଣସି ଅଭିଜ୍ଞତା ନ ଥିଲା। କେବଳ ଯାହା ଜଣେ ଶିକ୍ଷାନବୀଶ ଭାବରେ ମୁଁ କିଛି କିଛି ନିଜେ ପଢ଼ାପଢ଼ି କରିଥିଲି। ସେଥି ମଧ୍ୟରେ ଋଗ୍‌ବେଦର କେତେକ ସୁକ୍ତ ଥିଲା ଏବଂ ତାହା ଥିଲା ମୋତିଲାଲ ଦାସ ନାମକ ଜଣେ ବଙ୍ଗୀୟ ଅନୁବାଦକଙ୍କ ଗ୍ରନ୍ଥରୁ। କଲେଜ ଷ୍ଟ୍ରିଟ୍‌ର ଗୋଟିଏ ବହି ଦୋକାନରୁ ମୁଁ ସେ ବହି ଖଣ୍ଡିକ ସଂଗ୍ରହ କରିଥିଲି। ତେଣୁ ଓ୍ୱାର୍ଲ୍ଡସେମିଟ୍‌ଙ୍କ ବୈଦିକସୁକ୍ତ ସେମିନାରରେ ନାମ ଲେଖାଇବାକୁ ମଧ୍ଯ ମୁଁ ସ୍ଥିର କଲି।

ଓ୍ୱାଲ୍ଡସେମିଟ୍ ଦେଖିବାକୁ ଜଣେ ସାଧାରଣ ମଧ୍ୟମ ଉଚ୍ଚତାର ମଣିଷ। କିନ୍ତୁ ଶରୀର ବେଶ୍ ହୃଷ୍ଟପୃଷ୍ଟ। ମୁଣ୍ଡବାଳ କଳା। ମୁହଁର ଗଢ଼ଣ କଠୋର। କିନ୍ତୁ ତାଙ୍କ ସହିତ ସମ୍ପର୍କ ବୃଦ୍ଧି ପାଇବା ପରେ ମୁଁ ପରବର୍ତ୍ତୀ ସମୟରେ ଅନୁଭବ କଲି, ସେ ଜଣେ ପ୍ରକୃତ ବିଦ୍ୱାନ୍ ବ୍ୟକ୍ତି। ଯେଉଁ ଜର୍ମାନ୍ ଛାତ୍ରମାନେ ତାଙ୍କୁ ଆଗରୁ ଶୁଣିଥିଲେ, ଜାଣିଥିଲେ ସେମାନେ ତାଙ୍କୁ ଖୁବ୍ ଭୟ କରୁଥିଲେ। ସେମାନେ ତାଙ୍କୁ 'ମହାଗୁରୁ' ବୋଲି ସମ୍ବୋଧନ କରୁଥିଲେ। ପାଠ ପଢ଼ାଇଲାବେଳେ ସେ ଏତେ ମାତ୍ରାରେ କଠୋର ଥିଲେ ଯେ କୌଣସି ପ୍ରକାର ସାମାନ୍ୟ ବିଚ୍ୟୁତିକୁ ସୁଦ୍ଧା ବରଦାସ୍ତ କରୁ ନ ଥିଲେ। ମୁଁ ଯେଉଁ ସମୟରେ ତାଙ୍କ ପାଖରେ ପଢୁଥିଲି, ତାଙ୍କର ମୁଖ୍ୟ ଗବେଷଣାର କ୍ଷେତ୍ର ଥିଲା 'ତୁଖାରିସ୍ତାନ ବୌଦ୍ଧ ପାଣ୍ଡୁଲିପି ଅଧ୍ୟୟନ'। ସେତେବେଳେ ସେ ଓ ତାଙ୍କ ଗାଜୁଏଟ ଛାତ୍ରମାନେ ସେହିସବୁ ପାଣ୍ଡୁଲିପି ସମ୍ପାଦନାରେ ବ୍ୟସ୍ତ ଥିଲେ। ସେ ବିଶ୍ୱାସ କରୁଥିଲେ ଯେ ପ୍ରତ୍ୟେକ ଭାରତବିତ୍ (ଇଣ୍ଡୋଲୋଜିଷ୍ଟ) ଜୀବନରେ କିଛି ନା କିଛି ବୈଦିକ ଶାସ୍ତ୍ର ଅଧ୍ୟୟନ କରିବା ଆବଶ୍ୟକ। ତେଣୁ ତାଙ୍କ ଲାଗି ଏଭଳି ବୈଦିକ ଶାସ୍ତ୍ର ଅଧ୍ୟୟନ ଥିଲା ପରମ କର୍ତ୍ତବ୍ୟ। ତାଙ୍କ ସେମିନାରରେ ସେତେବେଳେ ପଢୁଥିବା ଅନ୍ୟାନ୍ୟ ଗ୍ରାଜୁଏଟ ଛାତ୍ର ଓ ଆସିଷ୍ଟାଣ୍ଟ୍‌ମାନେ ହେଲେ ଲିନ୍‌ହାର୍ଟ, ସିଙ୍ଗୋଲ୍ଡ,

ଭାଲେନ୍ତିନା, ରୋଜେନ୍, ପୁନାର ଡକ୍ଟର ମେହେନ୍ଦାଲେ, ଦିଲ୍ଲୀର କୁସୁମ ମିତ୍ତଲ ଏବଂ ଅନ୍ୟ ଜଣେ ଚୀନ୍‌ର ଗବେଷକ, ଯାହାଙ୍କ ନାମ ମୁଁ ଭୁଲି ଯାଇଛି । ସେମାନଙ୍କୁ ଏହିସବୁ କାର୍ଯ୍ୟରେ ପ୍ରଫେସର ମହୋଦୟ ନିୟୋଜିତ କରିଥିଲେ । ମୋତେ ମିଶାଇ ସେତେବେଳେ ଆମେ ମୋଟ ୧୨ଜଣ ଥିଲୁ । ସମସ୍ତଙ୍କ ସହିତ ମୋର ଘନିଷ୍ଠତା ବୃଦ୍ଧି ପାଇଥିଲା । ବୈଦିକ ସଂସ୍କୃତ ଶାସ୍ତ୍ର ଉପରେ ଘଣ୍ଟା ଘଣ୍ଟା ଧରି ଆମେ ଆଲୋଚନା କରୁଥିଲୁ ଏବଂ ସେସବୁକୁ ଅନୁବାଦ କରି ତା'ର ଅପୂର୍ବ ନିର୍ଯାସ ବାହାର କରି ରସ ଆସ୍ୱାଦନ କରୁଥିଲୁ । ଲେନ୍‌ହାର୍ଟ ସେତେବେଳେ ଷ୍ଟକ୍‌ହୋମ୍ ବିଶ୍ୱବିଦ୍ୟାଳୟରୁ ପ୍ରଫେସର ପଦରୁ ଅବସର ଗ୍ରହଣ କରି ସାରିଥିଲେ । ସ୍ଲିଙ୍ଗୋଲ୍ଡ ବର୍ଲିନ ବିଶ୍ୱବିଦ୍ୟାଳୟରୁ ଅବସର ନେଇଥିଲେ । ଡକ୍ଟର ମେହେନ୍ଦାଲେଙ୍କ ବିଷୟରେ ମୁଁ ବିଶେଷ କିଛି ଜାଣି ନ ଥିଲି । କେବଳ ଶୁଣିଥିଲି ଯେ ଭାରତରେ ଜଣେ ସଂସ୍କୃତ ବିଦ୍ୱାନ ଭାବରେ ତାଙ୍କର ବେଶ୍ ପ୍ରସିଦ୍ଧି ଥିଲା । ମୋତେ ପରେ କଲିକତାରେ ଥରେ କୁସୁମ ମିତ୍ତଲ ଭେଟିଥିଲେ । କିନ୍ତୁ ତା'ପରେ ସେ ମୋ ଜୀବନରୁ କୁଆଡେ ଅନ୍ତର୍ଦ୍ଧାନ ହୋଇଯାଇଥିଲେ । ଭାଲେନ୍ତିନା ସମ୍ପର୍କରେ ମୁଁ ପରେ ବିସ୍ତୃତଭାବରେ ବର୍ଣ୍ଣନା କରିବି । ସେତେବେଳେ ଆମ ଶ୍ରେଣୀରେ ଜର୍ମାନ ଇଣ୍ଡୋଲୋଜିଷ୍ଟଙ୍କ ସଂସ୍କୃତ ଶାସ୍ତ୍ର ଅଧ୍ୟୟନର ଢାଞ୍ଚା ସମ୍ପର୍କରେ ପ୍ରଥମେ ଜାଣିଲି ଓ ଅଧ୍ୟୟନ କଲି । ପ୍ରଫେସର ଓ୍ୱାର୍ଲ୍ଡସେମିଟ୍ ଆମ ସମସ୍ତଙ୍କୁ ଗୋଟିଏ ଲେଖାଏଁ ବୈଦିକ ଶ୍ଳୋକ ପଢ଼ିବାକୁ ଦେଉଥିଲେ । ଆମ କାମ ହେଲା- ତାହାକୁ ଜର୍ମାନରେ ଅନୁବାଦ କରିବା । ତା'ପରେ ସେହି ଶ୍ଳୋକର ଅନୁବାଦରେ ଥିବା ସମସ୍ୟାଟିକୁ ସମାଧାନ କରିବା । ସେଥିରେ ଥିବା ବ୍ୟାକରଣଗତ ତ୍ରୁଟିକୁ ଚିହ୍ନିବା ଏବଂ ପାଣିନୀ ତଥା ଅନ୍ୟ ବୈଦିକ ବ୍ୟାକରଣର ସହାୟତା ନେଇ ସେହି ବ୍ୟାକରଣଗତ ତ୍ରୁଟିକୁ ସୁଧାରିବା । ସଦାବେଳେ ସେ ଆମକୁ ସତର୍କ କରାଇ ଦେଉଥିଲେ- 'କୌଣସି ପ୍ରକାର ପୂର୍ବ ଅନୁବାଦ କିମ୍ବା ବ୍ୟାଖ୍ୟାର କଦାପି ସହାୟତା ନିଅନାହିଁ । ବିଶେଷକରି ସାୟନଙ୍କ ବ୍ୟାଖ୍ୟାର ଆଦୌ ସହାୟତା ନିଅନାହିଁ । (କାରଣ ତାଙ୍କ ମତରେ ସାୟନଙ୍କର ଆମ ସମୟ ସହ ଅଧିକ ସାମଞ୍ଜସ୍ୟ ରହିଛି, ବୈଦିକ ସମୟ ସହ ନୁହେଁ) । ଅଭିଧାନର ସହାୟତା ନିଅ, ଆବଶ୍ୟକ ସ୍ଥଳେ ନିରୁକ୍ତ ଓ ବ୍ୟାକରଣ ବହିକୁ ଉପଯୋଗ କର ଏବଂ ନିଜ ଅନୁବାଦ ଓ ମନ୍ତବ୍ୟ ଉପସ୍ଥାପନ କର ।' ଯେତେବେଳେ ଆମେ ଆମର ଅନୁବାଦ ଓ ବ୍ୟାଖ୍ୟା ଶ୍ରେଣୀକକ୍ଷରେ ଉପସ୍ଥାପନ କରୁଥିଲୁ ଓ୍ୱାର୍ଲ୍ଡସେମିଟ୍ ସେସବୁର ସମୀକ୍ଷା କରି ତା' ଉପରେ ନିଜର ମନ୍ତବ୍ୟ ଦେଉଥିଲେ । ପ୍ରତି ପାଦରେ ସେ ପ୍ରଶ୍ନମାନ ପଚାରୁଥିଲେ ଏବଂ ଆମର ସବୁ କଠିନ ଶ୍ରମକୁ ଖିନ୍‌ଭିନ୍ କରି ବିଶ୍ଳେଷଣ କରୁଥିଲେ । ଥରେ ସେ

ଶ୍ରେଣୀରେ ପଢ଼ାଇଲାବେଳେ କହିଥିଲେ,'ମୋର ଉଦ୍ଦେଶ୍ୟ ହେଲା, ତୁମମାନଙ୍କୁ ଏହିସବୁ ପାଣ୍ଡୁଲିପିର କାଣିଚାଏ ଲେଖାଏଁ ଦେଇ ତା' ଭିତରୁ ସମ୍ପୂର୍ଣ୍ଣ ନିର୍ଯ୍ୟାସ ଓ ଅର୍ଥ ବାହାର କରିବା, ତା'ର କାଳ ନିର୍ଦ୍ଧାରଣ କରିବା। ସେ ସମ୍ପର୍କରେ ଏକ ସ୍ଥୂଳ ଧାରଣା ଉପସ୍ଥାପନ କରିବା। ଏହାର ଶୈଳୀ ଏବଂ ଅନ୍ତର୍ନିହିତ ଏବଂ ବାହ୍ୟିକ ବିବିଧ ସାମଞ୍ଜସ୍ୟମାନ ଖୋଜି ବାହାର କରିବା। ସର୍ବୋପରି ଏହାର ଏପରି ଏକ ବ୍ୟାଖ୍ୟା ଓ ଅନୁବାଦ ପ୍ରସ୍ତୁତ କରିବା, ଯେଉଁଥିରୁ ଅନେକ ପ୍ରଶ୍ନ ମୁଣ୍ଡ ଟେକୁଥିବ।' ଏହିସବୁ କାର୍ଯ୍ୟ କରିବା ନିମନ୍ତେ ସେ ଜଣେ ଭାଷାଶାସ୍ତ୍ରୀର ଭୂମିକାରେ ହିଁ ଅବତୀର୍ଣ୍ଣ ହେଉଥିଲେ। ବାସ୍ତବପକ୍ଷେ ପ୍ରଫେସର ଓ୍ୱାର୍ଲ୍ଡସେମିଟ୍ ଥିଲେ ଧୂରୀଣ ଭାଷାଶାସ୍ତ୍ରୀ। କୌଣସି ଶାସ୍ତ୍ରର ଧାରଣା, ତତ୍ତ୍ୱ ଅବା ଦର୍ଶନର ମୂଲ୍ୟବୋଧ ଏବଂ ଯଥାର୍ଥତା ଉପରେ ତାଙ୍କର ଅଖଣ୍ଡ ଦଖଲ ଥିଲା। ଏହାହିଁ ତାଙ୍କୁ ଜଣେ ଜର୍ମାନ ପ୍ରାଚ୍ୟବିଦ୍ୟା ବିଶାରଦ ଭାବରେ ସୁପ୍ରତିଷ୍ଠିତ କରିଥିଲା।

ଓ୍ୱାର୍ଲ୍ଡସେମିଟ୍ ମୋ'ଠାରୁ ପାରମ୍ପରିକ ସଲାକାନ୍ୟାୟ ପଦ୍ଧତିରେ ଚୂଡ଼ାନ୍ତ ପରୀକ୍ଷା ନେଇଥିଲେ। ସେ ଗୋଟିଏ ତାଳପତ୍ର ପାଣ୍ଡୁଲିପି ଭିତରେ ଛୁଞ୍ଚିଟିଏ ପୂରାଇ ତା'ର ଗୋଟିଏ ପୃଷ୍ଠା ଓଲଟାଇ ଖୋଲିଥିଲେ। ସେହି ପୃଷ୍ଠାରେ ଥିବା ଶ୍ଳୋକକୁ ଅନୁବାଦ କରି ତାଙ୍କୁ ବୁଝାଇବା ଲାଗି ସେ କହିଥିଲେ। ସେଥିରେ ଥିବା ବ୍ୟାକରଣଗତ ତ୍ରୁଟି ଓ ସମସ୍ୟା ଏବଂ ସେହି ଶ୍ଳୋକରୁ ମୁଣ୍ଡ ଟେକୁଥିବା ପ୍ରଶ୍ନମାନଙ୍କୁ ଚିହ୍ନିବା ଲାଗି ସେ ମୋତେ କହିଥିଲେ।

ମୁଁ ପ୍ରଫେସର ଓ୍ୱାର୍ଲ୍ଡସେମିଟ୍‌ଙ୍କୁ ପରେ କଲିକତାରେ ଭେଟିଥିଲି। ସେତେବେଳେ ସେ ସଂସ୍କୃତ କଲେଜକୁ ଆସିଥିଲେ। ସେଠାରେ ତାଙ୍କୁ 'ବିଦ୍ୟାର୍ଣ୍ଣବ' ଉପାଧିରେ ଭୂଷିତ କରାଯାଇଥିଲା। ସେ ଅବସ୍ଥାନ କରୁଥିବା ପାର୍କ ଷ୍ଟ୍ରିଟ୍ ଆପାର୍ଟମେଣ୍ଟର ବାରଣ୍ଡାରେ ସନ୍ଧ୍ୟାବେଳେ ବସି ଆମେ ବେଶ୍ ଖୁସିର ସହ ଦୀର୍ଘ ସମୟ ଧରି ବିଭିନ୍ନ ପ୍ରସଙ୍ଗରେ ଆଲୋଚନା କରିଥିଲୁ। ମୋତେ ପୁଣି ଥରେ ଭେଟି ସେ ଖୁବ୍ ଭାବବିହ୍ୱଳ ହୋଇପଡ଼ିଥିଲେ। ପ୍ରଫେସର ପଦରୁ ଅବସର ଗ୍ରହଣ କରିବା ପରେ ସେ ବିଶ୍ୱବିଦ୍ୟାଳୟର ଇଣ୍ଡୋଲୋଜି ବିଭାଗକୁ ତାଙ୍କ ଘରଟିକୁ ଦାନ କରି ଦେଇଥିଲେ। ପରେ ମୁଁ ଗେଟିଂଗେନକୁ ବୁଲି ଯାଇଥିବାବେଳେ ସେହି ଘରକୁ ଯାଇ ସେଠାରେ ଏକ ସମ୍ମାନରେ ଯୋଗ ଦେଇଥିଲି। ଛାତ୍ର ଥିବାବେଳେ ସେହି ଘରକୁ ଆସି ମୋ ମହାଗୁରୁ ଓ ତାଙ୍କ ପତ୍ନୀଙ୍କ ଆମନ୍ତ୍ରଣକ୍ରମେ ଅନେକ ଥର ସେମାନଙ୍କ ସହ ନୈଶଭୋଜନ କରିଥିବାର ସୁଖଦ ସ୍ମୃତିକୁ ମନେ ମନେ ରୋମନ୍ଥନ କରିଥିଲି।

ହଁ, ମୁଁ ଯେତେବେଳେ ଏବେ ଗେଟିଂଗେନର ଇଣ୍ଡୋଲୋଜି ବିଭାଗ ଓ ସେଠାରେ ପଢ଼ିବା କଥା ଉଲ୍ଲେଖ କରୁଛି, ଭାଲେନ୍ତିନା ରୋଜେନ୍‌ଙ୍କ କଥା ଉଲ୍ଲେଖ ନ କରି ମୁଁ ରହିପାରୁ ନାହିଁ। ମୋର ଠିକ୍ ଭାବରେ ମନେ ପଡୁନାହିଁ, ପ୍ରଥମେ ମୁଁ ଭାଲେନ୍ତିନାଙ୍କୁ କେଉଁଠି ଭେଟିଥିଲି। ବୋଧହୁଏ ସେମିନାର ଲାଇବ୍ରେରୀରେ କାମ କରୁଥିବାବେଳେ ତାଙ୍କୁ ପ୍ରଥମେ ଦେଖିଥିଲି। ମୁଁ ଇଣ୍ଡୋଲୋଜି ବିଭାଗରେ ପ୍ରଫେସର ଓ୍ୱାଲ୍ଡସେମିଟଙ୍କ ଶ୍ରେଣୀରେ ଯୋଗଦେବାର କିଛିବର୍ଷ ଆଗରୁ ସେ ସେଠାରେ କାମ କରୁଥିଲେ। ସେ ଥିଲେ ଜଣେ ଜର୍ମାନ ଡିପ୍ଲୋମାଟ୍‌ଙ୍କ କନ୍ୟା। ଗେଟିଂଗେନ୍‌କୁ ଆସିବା ପୂର୍ବରୁ ଭାଲେନ୍ତିନା ଲଣ୍ଡନ ସ୍କୁଲ ଅଫ୍ ଓରିଏଣ୍ଟାଲ ଷ୍ଟଡିଜ୍‌ରୁ ତାଙ୍କର ଶିକ୍ଷା ସମାପ୍ତ କରିଥିଲେ। ଏହା ବ୍ୟତୀତ ଗ୍ରୀସ୍ ଯାଇ ସେଠାରେ ପ୍ରତ୍ନତାତ୍ତ୍ୱିକ ଖନନ କାର୍ଯ୍ୟ ମଧ୍ୟ ସମ୍ପାଦନ କରିଥିଲେ। ଦେଖିବାକୁ ଯେତିକି ଡେଙ୍ଗା, ଶରୀର ସେତିକି ପୃଥୁଳ। ତାଙ୍କ ଆଖିରେ କେମିତି ଏକ ସରଳ ନିରୀହ ଚାହାଣି ସ୍ପଷ୍ଟ ବାରିହୋଇ ପଡୁଥିଲା। ଅନ୍ୟକୁ ସାହାଯ୍ୟ କରିବା ଲାଗି ସେ ସଦାସର୍ବଦା ବ୍ୟଗ୍ର ଥିଲେ। ଭାରତ ପ୍ରତି ତାଙ୍କ ମନରେ ସଦାବେଳେ ଗଭୀର ଓ ନିବିଡ଼ ଶ୍ରଦ୍ଧା ଭରି ରହିଥିଲା। ଖୁବ୍‌ଶୀଘ୍ର ଆମେ ଦୁଇଜଣ ଘନିଷ୍ଠ ବନ୍ଧୁ ପାଲଟି ଯାଇଥିଲୁ। ରବିବାରିଆ ଆମେ ଅଧିକାଂଶ ଦିନ ନିକୋଲାସବର୍ଗ ଆଡ଼କୁ ଦୀର୍ଘବାଟ ଚାଲିଚାଲି ଯାଉଥିଲୁ ଓ ବାଟରେ ଅନେକ କଥା କଥାବାର୍ତ୍ତା ହେଉଥିଲୁ। (ଆଶ୍ଚର୍ଯ୍ୟର କଥା, ସେତେବେଳେ ଗେଟିଂଗେନ୍‌ରେ ଅବସ୍ଥାନ କରୁଥିବା ଓ୍ୱାଲଫ୍ରେଡ ଷ୍ଟାଚେଙ୍କ ସହ ତାଙ୍କର ସାକ୍ଷାତ ହୋଇ ନ ଥିଲା)। ଆମେ ସେତେବେଳେ କୁସୁମ ମିତ୍ତଲଙ୍କ ସହ ମିଶି ଏକତ୍ର ଭାରତୀୟ ଖାଦ୍ୟ ପ୍ରସ୍ତୁତ କରୁଥିଲୁ। ତିନିହେଁ ବୈଦିକ ବ୍ୟାକରଣ ଶାସ୍ତ୍ର ଉପରେ କାର୍ଯ୍ୟ କରୁଥିଲୁ। ମୁଁ ଭାରତକୁ ଫେରିବା ପରେ ଭାଲେନ୍ତିନା ଥରେ ଆସି କଲିକତାରେ ପହଞ୍ଚିଥିଲା (ତା'ର ପୁନା ଯିବାର ଥିଲା। ପୁନାରେ ସେ ପ୍ରତ୍ନତତ୍ତ୍ୱ ଉପରେ କିଛି କାର୍ଯ୍ୟ କରିବାର ଥିଲା)। ଆମ କଲିକତାର ସଦର୍ଣ୍ଣ ଏଭିନ୍ୟୁ ଆପାର୍ଟମେଣ୍ଟରେ ସେ କିଛି ଅବସ୍ଥାନ କରିଥିଲା। ଯଥାଶୀଘ୍ର ଭାଲେନ୍ତିନା ଓ ବାଣୀ ଘନିଷ୍ଠ ବାନ୍ଧବୀରେ ପରିଣତ ହୋଇଥିଲେ। ମିଟି ଓ ବାବୁନି ସେତେବେଳେ ଖୁବ୍ ଛୋଟ ଥିଲେ। ଭାଲେନ୍ତିନାର ସ୍ୱଭାବ ଯଦିଚ କଠୋର, ସେ ମିଟି ଓ ବାବୁନିଙ୍କ ପ୍ରତି ବେଶ୍ ଶ୍ରଦ୍ଧାଶୀଳ ହୋଇ ପଡ଼ିଥିଲା। ବିଶେଷକରି ବାବୁନିର ଦୁଷ୍ଟାମୀ ତାକୁ ଖୁବ୍ ଭଲ ଲାଗୁଥିଲା। ନିଜ ଢଙ୍ଗରେ ସେ ତାକୁ ଶୃଙ୍ଖଳା ଶିଖାଉଥିଲା। ଏହି ସମୟରେ କିମ୍ବା ତା'ଠାରୁ ଅଳ୍ପ ପୂର୍ବରୁ ଓ୍ୱିଲ୍‌ଫ୍ରେଡ ଷ୍ଟାଚେ ଗୋଟିଏ ମାକ୍ସ ମୁଲର ଭବନ ଦାୟିତ୍ୱ ସମ୍ଭାଳିବାକୁ ଭାରତ ଆସିଥିଲେ। ଭାରତରେ ଭାଲେନ୍ତିନାଙ୍କ ସହ ତାଙ୍କର ସାକ୍ଷାତ ହୋଇଥିଲା। ଦୁହେଁ ପରସ୍ପରର ପ୍ରେମରେ ପଡ଼ି

ବିବାହ ବନ୍ଧନରେ ଆବଦ୍ଧ ହୋଇଥିଲେ । ଏହାପରେ ବାଙ୍ଗାଲୋର, ବମ୍ବେ ଏବଂ ପରେ ପାକିସ୍ତାନରେ ସେମାନେ ଅନେକ ବର୍ଷ ବିତାଇଥିଲେ । ତେବେ ଭାଲେନ୍ତିନା ସହ ମୋର ଆଉ କେବେ ଭେଟ ହୋଇ ନ ଥିଲା । କିନ୍ତୁ ତା' ସ୍ମୃତି ମୋର ଅଧିକାଂଶ ସମୟରେ ମନେ ପଡ଼େ । ୧୯୮୨ ମସିହାରେ ନିକୋଲାଇ ହାର୍ଟମ୍ୟାନ୍‌ଙ୍କ ଜନ୍ମ ଶତବାର୍ଷିକୀ ଅବସରରେ ଆୟୋଜିତ କାର୍ଯ୍ୟକ୍ରମରେ ଭାଷଣ ଦେବାଲାଗି ଗେଟିଂଗେନ ବିଶ୍ୱବିଦ୍ୟାଳୟରୁ ମୋତେ ଆମନ୍ତ୍ରଣ ମିଳିଥିଲା । ସେଠାକୁ ଯାଇଥିବାବେଳେ ହାର୍ଟମ୍ୟାନ୍ ଅବସ୍ଥାନ କରୁଥିବା ତାଙ୍କ ପୂର୍ବ ବାସଭବନ ସାମ୍ନାରେ ତାଙ୍କ ସ୍ମୃତିରେ ସେଠାରେ ଏକ ଫଳକ ସ୍ଥାପନ କରାଯାଇଥିଲା । ସେହି କାର୍ଯ୍ୟକ୍ରମରେ ଯୋଗଦେବାବେଳେ ଅନ୍ୟମାନଙ୍କ ଗହଣରେ ମୁଁ ଷ୍ଟାଚେଙ୍କୁ ଭେଟି ଖୁସିରେ ଆତ୍ମବିଭୋର ହୋଇ ଉଠିଥିଲି । ଆମେ ଦୁହେଁ ପରସ୍ପରକୁ କୁଣ୍ଢାଇଧରି ଖୁସି ମନାଇଥିଲୁ । ମୁଁ ତୁରନ୍ତ ତାଙ୍କ ମୁହଁକୁ ଚାହିଁ ପଚାରିଥିଲି:'ଭାଲେନ୍ତିନା କାହିଁ ?' ୱିଲଫ୍ରେଡ୍ ହଠାତ୍ ମୁହଁ ତଳକୁ କରି ଭୋ କରି କାନ୍ଦି ଉଠିଥିଲେ ଓ କହିଥିଲେ, 'ଉଦର କର୍କଟ ରୋଗରେ ପୀଡ଼ିତ ରହିବା ପରେ ମାସେ ତଳେ ସେ ସଂସାରରୁ ବିଦାୟ ନେଇଛନ୍ତି ।' ସେତେବେଳକୁ ସେ ଜର୍ମାନ ଡିପ୍ଲୋମାଟିକ୍ ସର୍ଭିସରୁ ଅବସର ନେଇ ଜର୍ମାନୀକୁ ଫେରି ଆସିଥାଆନ୍ତି । ମ୍ୟୁନିକ୍‌ର ସହରତଳି ଅଞ୍ଚଳରେ ଘରଟିଏ ବନାଇ ଅବସର ସମୟ ବିତାଉଛନ୍ତି । ସେ ଓ ଭାଲେନ୍ତିନା ଅବସର ଜୀବନକୁ ବିତାଇବା ଲାଗି ଅନେକ କିଛି ଯୋଜନା ପ୍ରସ୍ତୁତ କରିଥିଲେ । କିନ୍ତୁ ସେସବୁ କାର୍ଯ୍ୟକାରୀ କରିବା ପୂର୍ବରୁ ଭାଲେନ୍ତିନା ହଠାତ ଅସୁସ୍ଥ ହୋଇପଡ଼ି ଏ ସଂସାରରୁ ବିଦାୟ ନେଇଥିଲେ । ଆମେ ଦୁହେଁ ପରସ୍ପରକୁ ଆଉକିଛି ନ କହି ନୀରବରେ ଲୁହ ଗଡ଼ାଇଥିଲୁ । ସେଦିନ ସାରା ଆମେ ଗେଟିଂଗେନର ବିଭିନ୍ନ ସ୍ଥାନ ବୁଲି ଯାଇଥିଲୁ । ସ୍ମୃତିକୁ ରୋମନ୍ଥନ କରିଥିଲୁ ଯେ ଆଜକୁ ୩୦ବର୍ଷ ପୂର୍ବେ ଦୁହେଁ ଏହି ସହରରେ ବର୍ଷ ବର୍ଷ ବିତାଇଥିଲୁ । ଏହାର ତିନି ବର୍ଷ ପରେ ମୁଁ ୱିଲଫ୍ରେଡ୍‌ଙ୍କ ଝିଅଙ୍କଠାରୁ ଛୋଟ ଚିଠିଟିଏ ପାଇଲି । ତାଙ୍କ ଝିଅ ମଧ୍ୟ ମା'ଙ୍କ ପଦାଙ୍କ ଅନୁସରଣ କରି ମ୍ୟୁନିକ୍‌ରେ ଇଣ୍ଡୋଲୋଜି ଅଧ୍ୟୟନ କରିଥିଲେ । ୱିଲଫ୍ରେଡ୍‌ଙ୍କ କନ୍ୟା ସେହି ଚିଠିରେ ଲେଖିଥିଲେ ଯେ ତାଙ୍କ ବାପାଙ୍କର ଦେହାନ୍ତ ହୋଇଯାଇଛି । ୱିଲଫ୍ରେଡ୍‌ଙ୍କ କନ୍ୟାକୁ ଭେଟିବା ଲାଗି ମୋ ମନରେ ପ୍ରବଳ ଇଚ୍ଛା ଅଛି । ସେ ଦେଖିବାକୁ ଭାଲେନ୍ତିନାଙ୍କ ପରି କି ନୁହେଁ, ତାହା ଜାଣିବାକୁ ମୋର ଆଗ୍ରହ ।

ଗେଟିଂଗେନରେ ଏବେ ଅବସ୍ଥାନ କରୁଥିବାବେଳେ ମୋର ସବୁ ପୁରୁଣା ସାଙ୍ଗସାଥୀଙ୍କ କଥା ଖୁବ୍ ମନେ ପଡୁଛି । ପୂର୍ବରୁ ଏଠାରେ ଅବସ୍ଥାନ କରୁଥିବାବେଳେ

ମୋର ସବୁଠାରୁ ପ୍ରିୟ ଥିଲେ ଏବରହାର୍ଡ ବୁବ୍‌ସେର୍। ଦେଖିବାକୁ ତୋଫା ଗୋରା ଓ ସୌମ୍ୟ ଯୁବକ। ସେତେବେଳେ ସେ ବିଶ୍ୱବିଦ୍ୟାଳୟରେ ଫ୍ରେସମ୍ୟାନ୍ ଭାବରେ ଅଧ୍ୟୟନ କରୁଥିଲେ। ବୋଧହୁଏ ମେନ୍‌ସାରେ ତାଙ୍କ ସହ ପ୍ରଥମେ ମୋର ସାକ୍ଷାତ ହୋଇଥିଲା। ସେତେବେଳେ ତାଙ୍କର ଜଣେ ବାନ୍ଧବୀ ଥିଲେ। ଦୁଇଜଣଯାକ ପରସ୍ପରଙ୍କୁ ନିବିଡ଼ ଭାବରେ ଭଲ ପାଉଥିଲେ। ହାଇସ୍କୁଲ ପଢ଼ାବେଳଠାରୁ ଦୁହେଁ ଦୁହିଁଙ୍କ ପ୍ରେମରେ ପଡ଼ିଥିଲେ। କେତେବେଳେ ବି ଦୁହିଁଙ୍କୁ କେହି ଏକୁଟିଆ ଦେଖିବାକୁ ପାଉ ନ ଥିଲେ। ଏବରହାର୍ଡଙ୍କ ମୁଖମଣ୍ଡଳରେ ସଦାବେଳେ ସତେ ଯେପରି ପ୍ରଜ୍ଞାର ଏକ ଆଭା ଜଳଜଳ ହୋଇ ଦୃଶ୍ୟ ହେଉଥିଲା, ଯାହା ତାଙ୍କୁ ଅନ୍ୟମାନଙ୍କଠାରୁ ଭିନ୍ନଭାବରେ ଉପସ୍ଥାପନ କରୁଥିଲା। ସବୁବେଳେ ସେ ତାଙ୍କ ହାତରେ ଗୋଟିଏ ପାଇପ୍ ଧରିଥିବେ। ସେତେବେଳେ ସେ ସଦ୍ୟ ଅକ୍ସଫୋର୍ଡରୁ ପଢ଼ାସାରି ଫେରିଥିଲେ। ସେ ଭାବୁଥିଲେ ଏବଂ ଅନ୍ୟମାନଙ୍କୁ ମଧ୍ୟ କହିଥିଲେ ଯେ ଷ୍ଟ୍ରାସନ କିମ୍ବା ଅଷ୍ଟିନଙ୍କ ସହ କୌଣସି ଜର୍ମାନ୍ ଜ୍ଞାନୀଗୁଣୀ କେବେ ତୁଳନୀୟ ନୁହନ୍ତି। ଗେଟିଂଗେନ୍‌ର ପ୍ରତ୍ୟେକ ପ୍ରଫେସରଙ୍କର ସେ ନକଲି କରି ମଜା ଉଡ଼ାଉଥିଲେ। ସେମାନଙ୍କର ପ୍ରତିଟି ମତକୁ କେମିତି ଏକ ନାସ୍ତିକ ଭଳି ମନ୍ତବ୍ୟ ଦେଇ ପ୍ରତ୍ୟାଖାନ କରୁଥିଲେ। ଗେଟିଂଗେନରେ ସେ ହିଁ ମୋର ମାର୍ଗଦର୍ଶକ ଓ ଉପଦେଷ୍ଟା ପାଲଟିଥିଲେ। ମୁଁ ତାଙ୍କ ଉପରେ ପ୍ରତ୍ୟେକ କାର୍ଯ୍ୟପାଇଁ ନିର୍ଭରଶୀଳ ଥିଲି। ପ୍ରତି ପ୍ରଫେସରଙ୍କ ସମ୍ପର୍କରେ ସେ ଯେଉଁ ନିର୍ଭୀକ ମତ ମନ୍ତବ୍ୟ ଦେଉଥିଲେ, ତାହା ମୋ ଆଗରେ ପ୍ରକାଶ କରୁଥିଲେ। ଗଣିତ ଶାସ୍ତ୍ରରେ ସେ ଥିଲେ ଧୂରନ୍ଧର। କିନ୍ତୁ ସମାଜଶାସ୍ତ୍ର ଆଡ଼କୁ ତାଙ୍କ ମନ ଢଳୁଥିଲା। କାଣ୍ଟ୍‌ଙ୍କୁ ଅନ୍ୟମାନଙ୍କ ଅପେକ୍ଷା ସେ ଉତ୍ତମ ରୂପେ ବୁଝିଥିଲେ। କାରଣ ସେ ଥିଲେ କୋନିଗ୍‌ସ୍‌ବର୍ଗର। ସେହିଠାରେ ସେ ଜନ୍ମ ହୋଇ ପଢ଼ି ବଢ଼ିଥିଲେ। ଯେତେବେଳେ ଦ୍ୱିତୀୟ ବିଶ୍ୱଯୁଦ୍ଧବେଳେ ରୁଷ୍ ସେନା କୋନିଗ୍‌ସ୍‌ବର୍ଗକୁ ଦଖଲ କଲେ, ତାଙ୍କ ପରିବାର ଶେଷ ବୋଟ୍‌ରେ ଚଢ଼ି ନିଜ ଭିଟାମାଟି ସ୍ଥାନ ଛାଡ଼ିଥିଲେ। ସେ କହୁଥିଲେ, କୋନିଗ୍‌ସ୍‌ବର୍ଗଠାରେ ବଲଟିକ୍ ସାଗରକୁ ନ ଦେଖିଲେ କେହି କେବେ ପୁରୁଣା କାଣ୍ଟ୍‌ଙ୍କ ଦର୍ଶନକୁ ଠିକ୍‌ଭାବରେ ବୁଝିପାରିବେ ନାହିଁ। ବୁବ୍‌ସରଙ୍କର ସଦାବେଳେ ଟଙ୍କା ଅଭାବ ପଡୁଥିଲା। ତେଣୁ ମୁଁ କିଣୁଥିବା ମଧ୍ୟାହ୍ନ ଭୋଜନ ଭାଗକରି ଖାଇବା ଲାଗି ତାଙ୍କୁ ମୁଁ ଅଧିକାଂଶ ସମୟରେ ଅନୁରୋଧ କରୁଥିଲି। କିନ୍ତୁ ଅନ୍ୟ କାହାଠାରୁ ଏଭଳି ସାହାଯ୍ୟ ସହଯୋଗ ନେବା ତାଙ୍କ ଆତ୍ମସମ୍ମାନବୋଧ ବହିର୍ଭୂତ କାର୍ଯ୍ୟ ଥିଲା। ଥରେ ଛୁଟି କଟାଇବାବେଳେ ମୁଁ ବୁବ୍‌ସର ଓ ତାଙ୍କ ବାନ୍ଧବୀ ଇନାଙ୍କ ସହ ସେମାନଙ୍କ ହୋମ ଟାଉନ୍ ଲିନ୍‌ଜେନ୍‌କୁ ଯାଇଥିଲି।

ଲିନ୍‌ଜେନ ସହରଟି ହଲାଣ୍ଡ ସୀମାକୁ ଲାଗି। ସେହିଠାରେ ବୁବସରଙ୍କ ମା'ଙ୍କ ସହ ମୋର ପରିଚୟ ହୋଇଥିଲା। ଭଦ୍ରମହିଳା ଅତ୍ୟନ୍ତ ସ୍ନେହଶୀଳା। ମୋର ତାଙ୍କ କଥା ଏପର୍ଯ୍ୟନ୍ତ ସୁଦ୍ଧା ମନେ ଅଛି। ମୁଁ ଭାରତକୁ ଫେରିବା ପରେ ଏବରହାର୍ଡ ଏବଂ ମୋ ମଧ୍ୟରେ ଯୋଗସୂତ୍ର ରହିଥିଲା। ପ୍ରଫେସର ୱେନ୍‌ଙ୍କ ଅଧୀନରେ ସେ ତାଙ୍କର ପି.ଏଚ୍.ଡି. ଶେଷ କରିଥିଲେ ଏବଂ ପ୍ଲେସନର୍‌ଙ୍କ ଆସିଷ୍ଟାଣ୍ଟ ଭାବେ ଯୋଗ ଦେଇଥିଲେ। ମୋର ବିଶ୍ୱାସ, ପ୍ଲେସନର୍‌ଙ୍କ ଅବସର ଗ୍ରହଣ ପରେ ସେ ଅସହାୟ ହୋଇପଡ଼ିଥିଲେ। ଯେତେବେଳେ ୧୯୬୦ ଦଶକ ଶେଷବେଳକୁ ମୁଁ ପୁଣିଥରେ ଗେଟିଂଗେନ୍ ଯାଇଥିଲି, ସେତେବେଳେ ଏବରହାର୍ଡ ବୁବ୍‌ସେରଙ୍କୁ ମୁଁ ଗୋଟିଏ ଅନ୍ଧାରୁଆ ଏବଂ ସନ୍ତସନ୍ତିଆ ଗୋଦାମ ଘରେ ରହୁଥିବା ଆବିଷ୍କାର କରିଥିଲି। ସେ ଗୋଦାମ ଘରଟି ଟାଉନର କେନ୍ଦ୍ରସ୍ଥଳରେ ଅବସ୍ଥିତ। ଯଥାରୀତି ହାତରେ ପାଇପ୍‌ଟି ଧରି ପୂର୍ବଭଳି ସେ ସେମିତି ଧୂଆଁ ଟାଣୁଥାଆନ୍ତି। ଯଦିଚ ତାଙ୍କ ମୁହଁଟି ପ୍ରଫୁଲ୍ଲ ଦିଶୁଥିଲା, ତଥାପି ସମୟ ତାଙ୍କୁ କେମିତି ଏକ ଅବସାଦଗ୍ରସ୍ତ ସିନିକ୍‌ରେ ପରିଣତ କରିବା ପରି ଲାଗୁଥିଲା। ଇନା ତାଙ୍କୁ ଛାଡ଼ି ଅନ୍ୟତ୍ର ପଳାଇ ଯାଇଥିଲା। ପଳାଇବା ମଧ୍ୟ ଉଚିତ ବୋଲି ସେ ମୋତେ କହିଥିଲେ। ଅନୁବାଦ କାର୍ଯ୍ୟ କରି ଏବରହାର୍ଡ କିଛି ଅର୍ଥ ରୋଜଗାର କରୁଥିଲେ, ଯାହାକି ତାଙ୍କ ଚଳିବାପାଇଁ ଯଥେଷ୍ଟ ଥିଲା। ମୋର ଯାହା ମନେହୁଏ, କାର୍ନାପ୍‌ଙ୍କ ରଚନାକୁ ସେ ଇଂରାଜୀରେ ଅନୁବାଦ କରୁଥିଲେ। ସେହିଭଳି ଷ୍ଟ୍ରାସନଙ୍କ ରଚନାକୁ ମଧ୍ୟ ଜର୍ମାନ ଭାଷାକୁ ରୂପାନ୍ତର କରୁଥିଲେ। ମୁଁ ତାଙ୍କୁ ପ୍ରସ୍ତାବ ଦେଇଥିଲି, ଯଦି ସେ ଚାହାନ୍ତି ତେବେ ତାଙ୍କପାଇଁ ଆମେରିକାରେ କିଛି କାମ ପାଇଁ ମୁଁ ଚେଷ୍ଟା କରିପାରେ। ତାହା ତାଙ୍କୁ ସହାୟକ ହେବ। କିନ୍ତୁ କାଣ୍ଟ୍ କୋନିଗ୍‌ସ୍‌ବର୍ଗ ନ ଛାଡ଼ିବା ଭଳି ବୁବ୍‌ସେର ମଧ୍ୟ ଜର୍ମାନୀ ଛାଡ଼ିବାକୁ ପ୍ରସ୍ତୁତ ନ ଥିଲେ। ତାଙ୍କର ଦୃଢ଼ ଆଶା ଥିଲା ଯେ ଗଟିଂଜେନରେ ସେ ନିଜପାଇଁ କିଛିହେଲେ ଉପଯୁକ୍ତ କର୍ମସଂସ୍ଥାନ ଅବଶ୍ୟ ପାଇବେ। ବୁଢ଼ାହେବା ପର୍ଯ୍ୟନ୍ତ ସୁଦ୍ଧା ସେ ଗେଟିଂଗେନରେ ହିଁ ଅବସ୍ଥାନ କରିବେ। ମୋତେ ଯାହା ଲାଗିଲା, ବୁଗ୍‌ସେର ନିଜ ଦୁର୍ଦ୍ଦିନ କଥା ଉତ୍ତମ ରୂପେ ହୃଦୟଙ୍ଗମ କରିଥିଲେ ଏବଂ ଜାଣିଥିଲେ ଯେ ସେ ଏହି ଦୁର୍ଦ୍ଦିନରୁ ଉଦ୍ଧାର ପାଇବେ ନାହିଁ। ମୁଁ ମନେ ମନେ ଭାବୁଥିଲି, ବୁବସେରଙ୍କଠାରୁ ନିଜ ମା'ଙ୍କୁ ଅଧିକ ଭଲ ପାଉଥିବା ଆଉ କୌଣସି ଜଣେ ଲୋକଙ୍କୁ ମୁଁ ଜାଣେ ନାହିଁ। ତା'ପରେ ମୁଁ ଆମେରିକା ଫେରିବା ପରେ ଗୋଟିଏ ବର୍ଷ ପର୍ଯ୍ୟନ୍ତ ବୁବ୍‌ସେରଙ୍କ ସମ୍ପର୍କରେ କିଛି ଖବର ରଖି ନ ଥିଲି। ଏହାପରେ ପରିଶେଷରେ ଏଲିଜାବେଥ୍ ଷ୍ଟ୍ରୋକରଙ୍କଠାରୁ ଖଣ୍ଡିଏ ଚିଠି ପାଇଥିଲି। ସେଥିରେ

ଲେଖାଥିଲା:'ଏବରହାର୍ଡ ଆଉ ନାହାନ୍ତି। ଯେଉଁ ପରିସ୍ଥିତିରେ ତାଙ୍କର ମୃତ୍ୟୁ ଘଟିଥିଲା, ତାହା ଥିଲା ସ୍ମରଣୀୟ। ଏବରହାର୍ଡଙ୍କ ପାଖରେ ଫୋନଟିଏ ନ ଥିଲା। ତେଣୁ ନିଜ ମା'ଙ୍କ ପାଖକୁ ଫୋନ୍‌ରେ କଥା ହେବାକୁ ପାଖ ପୋଷ୍ଟ ଅଫିସକୁ ସେ ସବୁଦିନ ଯାଉଥିଲେ। ତାଙ୍କ ମା' ସେତେବେଳେ ଅଧିକାଂଶ ସମୟ ଅସୁସ୍ଥ ରହୁଥିଲେ। ଦିନେ ନିଜ ମା'ଙ୍କ ପାଖକୁ ଫୋନ୍ କରିବା ଲାଗି ସେ ଫୋନ୍ ବୁଥ୍‌କୁ ଯାଇଥିଲେ। ଫୋନ୍ କଲାପରେ ଆରପଟୁ ତାଙ୍କ ପରିବାରର ଜଣେ ବନ୍ଧୁ କହିଥିଲେ ଯେ ତାଙ୍କ ମା' ଅଳ୍ପ ସମୟ ତଳେ ଚାଲିଗଲେ। ଏବରହାର୍ଡ ଏକଥା ଶୁଣି ସେହି ଫୋନ୍ ବୁଥ୍ ଭିତରେ ହିଁ ଶେଷନିଃଶ୍ୱାସ ତ୍ୟାଗ କରିଥିଲେ। ଯେତେବେଳେ ଅନ୍ୟମାନେ ତାଙ୍କୁ ଫୋନ୍ ବୁଥ୍ ଭିତରେ ପାଇଥିଲେ, ଏବରହାର୍ଡଙ୍କ ହାତରେ ତଥାପି ରିସିଭରଟି ଥିଲା। କିନ୍ତୁ ଶରୀରରେ ପ୍ରାଣ ନ ଥିଲା। ଉଭୟ ମା' ଓ ପୁଅଙ୍କୁ ଏକତ୍ର କବର ଦିଆଯାଇଥିଲା।

କାହିଁକି କେଜାଣି ଏଥର ଗଟିଂଜେନରେ ଥିବାବେଳେ ଦୁଇଜଣ ଗେଟିଂଗେନ୍‌ର ମହିଳାଙ୍କ କଥା ଭାରି ମନେ ପଡୁଥିଲା। ଉଭୟେ ନିଜ ନିଜ କ୍ଷେତ୍ରରେ ଯେତିକି ମାତ୍ରାରେ ପ୍ରଜ୍ଞାଶୀଳା ଥିଲେ, ତତୋଧିକ ପରିମାଣରେ ଥିଲେ ସୃଜନଶୀଳା ଓ ସାହସିନୀ। ଅନ୍ୟ ଭାଷାରେ କହିଲେ ନିଜ ନିଜ କ୍ଷେତ୍ରରେ ସେମାନେ ଥିଲେ ଅନନ୍ୟା। କିନ୍ତୁ ଉଭୟଙ୍କର ଅତି ଦାରୁଣ ପରିସ୍ଥିତିରେ ବିୟୋଗ ଘଟିଥିଲା। ସେ ଦୁଇ ଜଣଙ୍କ ନାମ ଏମି ନୋଦର ଏବଂ ଏଡିଥ୍ ଷ୍ଟେନ୍। ସେ ଦୁଇ ଜଣଙ୍କୁ ମୁଁ କେବେ ଭେଟି ନ ଥିଲି। ଭେଟିପାରି ନ ଥାଆନ୍ତି ମଧ୍ୟ। ଯେତେବେଳେ ଗେଟିଂଗେନରେ ମୁଁ ଛାତ୍ର ଥିଲି, ସେମାନଙ୍କ କଥା ମୁଁ ଅନେକଙ୍କ ତୁଣ୍ଡରୁ ଶୁଣିଥିଲି। କିନ୍ତୁ ଏଥର ଲାଗୁଥିଲା ଯେମିତି ଉଭୟଙ୍କ ସହ ମୁଁ ଅତି ଘନିଷ୍ଠ ଥିଲି। ନୋଦର ଫ୍ରିଏଷ୍ଟ୍ରେରେ ଆଇଚେନ୍ ଓ୍ୱେନ୍‌ରେ ଅବସ୍ଥାନ କରୁଥିଲେ, ଯାହାକି ମୁଁ ଏବେ ଅବସ୍ଥାନ କରୁଥିବା ସ୍ଥାନଠାରୁ ଅନତି ଦୂରରେ ଥିଲା। ସେହିଭଳି ଏଡିଥ୍ ଷ୍ଟେନ୍ ରହୁଥିଲେ ଉଷ୍ଟେରେ, କାର୍ପସୁଲ୍ ନମ୍ବର ୬ରେ।

ଏମି ନୋଦର ହେଉଛନ୍ତି ଜଣେ ସର୍ବକାଳୀନ ସର୍ବଶ୍ରେଷ୍ଠ ଗଣିତଜ୍ଞ। ସେ ଏକାକିନୀ ଆକ୍ସିଓମାଟିକ୍ ଆବ୍‌ଷ୍ଟ୍ରାକ୍ଟ ଆଲଜେବ୍ରାକୁ ସମ୍ପୂର୍ଣ୍ଣ କରିଥିଲେ। ପର୍ଯ୍ୟାପ୍ତ ମାତ୍ରାର ପରିଶ୍ରମ ପରେ ଏବଂ ହିଲବର୍ଟଙ୍କ ସହଯୋଗରେ ସମସ୍ତ ପ୍ରକାର ପ୍ରତିକୂଳ ପରିସ୍ଥିତି ମଧ୍ୟରେ ସେ ଖଣ୍ଡେ ଚାକିରି ପାଇପାରିଥିଲେ। କିନ୍ତୁ ଜଣେ ଇହୁଦୀ ହୋଇଥିବାରୁ ପରେ ତାଙ୍କୁ ଯୁକ୍ତରାଷ୍ଟ୍ର ଆମେରିକା ଦେଶାନ୍ତର ହେବାକୁ ପଡ଼ିଥିଲା। ସେଠାରେ ବ୍ରାଇନ ମାଓ୍ୱର କଲେଜରେ ତାଙ୍କୁ ଖଣ୍ଡିଏ ଅଧ୍ୟାପକ ଚାକିରି ମିଳିଥିଲା

(କଲେଜ କ୍ୟାମ୍ପସରେ ଥିବା ତାଙ୍କ କବରକୁ ଦେଖିବାକୁ ମୁଁ ଯାଇଥିଲି)। ତେବେ ଅତି ଅପ୍ରତ୍ୟାଶିତ ଭାବରେ ତାଙ୍କ ଜୀବନକାଳ ଶେଷ ହୋଇଥିଲା। ଏହା ପଛରେ ଥିବା କାରଣଟି ହେଉଛି, ତାଙ୍କ ଶରୀରରେ କରାଯାଇଥିବା ଅସ୍ତ୍ରୋପଚାରରୁ ସେ ବର୍ତ୍ତି ଯାଇଥିଲେ ସତ, କିନ୍ତୁ ଏହା ତାଙ୍କ ଜୀବନକୁ ସୀମିତ କରି ଦେଇଥିଲା। ତାଙ୍କ ବିୟୋଗରେ ଅନେକ ମହାନ ହସ୍ତୀ ଶୋକବାର୍ତ୍ତାମାନ ଦେଇଥିଲେ। ସେମାନଙ୍କ ମଧ୍ୟରେ ଥିଲେ ଆଲବର୍ଟ ଆଇନଷ୍ଟାଇନ୍। ହର୍ମାନ ୱିଲ୍ ତାଙ୍କ ବିୟୋଗରେ ସେ କଲେଜରେ ଏକ ସ୍ମାରକୀ ବକ୍ତୃତା ଦେଇଥିଲେ। ଗଟିଂଗେନରେ ସେ ଥିଲେ ଜଣେ ଜୀବନ୍ତ କିମ୍ବଦନ୍ତୀ। ସେତେବେଳେ ଗେଟିଂଗେନ୍‌ର ଗଣିତ ପ୍ରତିଷ୍ଠାନରେ ତାଙ୍କଭଳି ଆହୁରି ଅନେକ କିମ୍ବଦନ୍ତୀ ଗଣିତଜ୍ଞ ଥିଲେ। ସେମାନଙ୍କୁ 'ନୋଦର ସନ୍ତାନ' (ନୋଦର ବଏଜ୍) ବୋଲି ସମ୍ବୋଧନ କରାଯାଉଥିଲା। ସେଇମାନଙ୍କ ମଧ୍ୟରୁ ଅନ୍ୟତମ ସଦସ୍ୟ ମାକ୍ସ ଡ୍ୟୁରିଂଙ୍କଠାରୁ ମୁଁ ମଧ୍ୟ ଗଣିତ ଅଧ୍ୟୟନ କରିଥିଲି। ଏଥର ମୁଁ ନୋଦରଙ୍କ ହାବିଲିଟେସନ କଣ୍ଟ୍ରୋଭର୍ସି ଉପରେ ଅଧ୍ୟୟନ କରୁଥିଲି ଏବଂ ଏଭଳି ଜଣେ ପ୍ରଚଣ୍ଡ ପ୍ରତିଭାସମ୍ପନ୍ନ ମହିଳାଙ୍କ ରୋମାଞ୍ଚକର ଜୀବନ ଏବଂ ବିରଳ ପ୍ରଜ୍ଞା ମୋ ମନକୁ ବାରମ୍ବାର ଆଚ୍ଛନ୍ନ କରିଥିଲା।

ଏଡିଥ୍ ଷ୍ଟେନ୍ ଥିଲେ ଜଣେ ଦାର୍ଶନିକ। ଗଣିତଜ୍ଞ ରିଚାର୍ଡ କୁରାଣ୍ଟ୍ ବ୍ରେସଲାଉଠାରୁ ତାଙ୍କ ସମ୍ପର୍କୀୟା ଭଉଣୀକୁ ହସେର୍ଲଙ୍କ ନିକଟକୁ ଅଧ୍ୟୟନ କରିବାକୁ ଆଣିଥିଲେ। ଖୁବ୍‌ଶୀଘ୍ର ଷ୍ଟେନ ଗେଟିଂଗେନର ଫେନୋମେନୋଲୋଜି ଗୋଷ୍ଠୀରେ ଜଣେ ଚର୍ଚ୍ଚିତ ସଦସ୍ୟା ପାଲଟି ଯାଇଥିଲେ। ସେ ସହାନୁଭୂତି (ଏମ୍ପାଥି) ଉପରେ ତାଙ୍କର ଗବେଷଣାତ୍ମକ ସନ୍ଦର୍ଭ ଲେଖିଥିଲେ। ମୋର ଯାହା ମନେହୁଏ, ରେନାଚଙ୍କ ଅଧୀନରେ ସେ ଏହି ସନ୍ଦର୍ଭ ରଚନା କରିଥିଲେ। ଏହାପରେ ଫ୍ରିବର୍ଗ ବିଶ୍ୱବିଦ୍ୟାଳୟରେ ସେ ହସେର୍ଲଙ୍କ ସହକାରୀ ଭାବରେ ଯୋଗ ଦେଇଥିଲେ। ହସେର୍ଲଙ୍କ ***'ଆଇଡିନ୍ ଟୁ'*** ଏବଂ ତଥାକଥିତ ***'ଟାଇମ୍ ଲେକ୍‌ଚର୍ସ'***କୁ ଏକତ୍ର କରି ପ୍ରକାଶ କରିବାରେ ମୁଖ୍ୟ ଭୂମିକା ଗ୍ରହଣ କରିଥିଲେ। କିନ୍ତୁ ତାଙ୍କୁ ଦର୍ଶନ ବିଭାଗରେ ଥଇଥାନ କରିବାର ସମସ୍ତ ପ୍ରୟାସ ବିଫଳ ହୋଇଥିଲା। ଏପରିକି ଏ କ୍ଷେତ୍ରରେ ହସେର୍ଲଙ୍କଠାରୁ ମଧ୍ୟ କ୍ୱଚିତ ସହାୟତା ମିଳିଥିଲା। (ହସେର୍ଲ ମହିଳାମାନଙ୍କୁ ଥଇଥାନ କରିବା ବିରୋଧରେ ଥିଲେ। ଏପରିକି ସେ ଏମି ନୋଦରଙ୍କ ବିରୁଦ୍ଧରେ ଗେଟିଂଗେନରେ ଭୋଟ ଦେଇଥିଲେ)। ଷ୍ଟେନ୍ ସମ୍ଭବତଃ ହାନ୍ସ ଲିପ୍ସଙ୍କ ପ୍ରେମରେ ପଡ଼ି ସାରିଥିଲେ। ଲିପ୍ସ ଥିଲେ ହସେର୍ଲଙ୍କର ସବୁଠାରୁ ବୁଦ୍ଧିମାନ ଛାତ୍ରମାନଙ୍କ ମଧ୍ୟରୁ ଅନ୍ୟତମ। ଯିଏ ଜଣେ ଡାକ୍ତର ହୋଇ ଏବଂ ପ୍ଲାଣ୍ଟ୍ ଫିଜିଓଲୋଜିରେ ପି.ଏଚ୍.ଡି.

କରିସାରିବା ପରେ ଦର୍ଶନଶାସ୍ତ୍ର ପଢ଼ିବାକୁ ଆସିଥିଲେ। ସେଠାରେ ସେ କୁରାଣ୍ଟ୍‌ଙ୍କ ସହିତ *'ଫିଲୋସଫି ଅଫ୍ ମାଥମେଟିକ୍ସ'* ବିଭାଗରେ ଥଇଥାନ ହୋଇଥିଲେ। ପଢ଼ିସାରିବା ପରେ ଲିସ୍ପ ଗୋଟିଏ ଜାହାଜରେ ଡାକ୍ତର ଚାକିରି ପାଇ ବିଶ୍ୱ ଭ୍ରମଣରେ ବାହାରିଥିଲେ। ସେଠାରୁ ଫେରିବା ପରେ ସେ ଦ୍ୱିତୀୟ ବିଶ୍ୱଯୁଦ୍ଧରେ ଯୋଗ ଦେଇଥିଲେ। ଏଡିଥ୍ ଷ୍ଟେନ୍ ସେତେବେଳକୁ ଇହୁଦୀ ଧର୍ମ ଛାଡ଼ି ଗୋଟିଏ କାଥୋଲିକ୍ ଚର୍ଚ୍ଚରେ ନନ୍ ଭାବରେ ଯୋଗ ଦେଇଥିଲେ। କିନ୍ତୁ ହଲାଣ୍ଡରେ କାର୍ଯ୍ୟ କରୁଥିବାବେଳେ ତାଙ୍କୁ ନାଜୀମାନେ ଧରି ନେଇଥିଲେ ଏବଂ ଅସ୍ୱିଜ୍ ଶିବିରରେ ଖୁବ୍ ଶୀଘ୍ର ତାଙ୍କର ମୃତ୍ୟୁ ଘଟିଥିଲା। ଷ୍ଟେନ୍‌ଙ୍କ ମୃତ୍ୟୁର ୧୧ ମାସ ପୂର୍ବରୁ ଲିସ୍ପ ମଧ୍ୟ ରୁଷିଆ ସୀମାନ୍ତରେ ଯୁଦ୍ଧ କଲାବେଳେ ଶତ୍ରୁପକ୍ଷ ଗୁଳିରେ ପ୍ରାଣ ହରାଇଥିଲେ। ମୁଁ ଉଭୟଙ୍କୁ ଚିହ୍ନିଥିଲି। ଲିସ୍ପଙ୍କ ସମ୍ପର୍କରେ ମୁଁ ପ୍ରଚୁର ପଢ଼ାପଢ଼ି କରିଥିଲି। ତାଙ୍କ ଉପରେ କିଛି ଲେଖାଲେଖି ମଧ୍ୟ କରିଥିଲି। ଏକଥା ଜାଣିଥିଲି ଯେ କୋନିଗ୍‌ଙ୍କର ସେ ଜଣେ ଘନିଷ୍ଠ ବନ୍ଧୁ ଥିଲେ। ଏବେ ଏକଥା ସମସ୍ତେ ଉତ୍ତମ ରୂପେ ଜାଣନ୍ତି ଯେ ଏଡିଥ୍ ଷ୍ଟେନ୍‌ଙ୍କୁ ପବିତ୍ର ସନ୍ନ୍ୟାସିନୀ ଭାବରେ ଘୋଷଣା କରିବା ଲାଗି ପୋପ୍ ତାଙ୍କର ପ୍ରକ୍ରିୟା ଆରମ୍ଭ କରିଥିଲେ ଏବଂ ସେହି କ୍ରମରେ ସେ ଜଣେ ସନ୍ଥ ଭାବେ ପରିଗଣିତ ହୋଇଛନ୍ତି। କିନ୍ତୁ ଏଥର ଷ୍ଟେନ୍‌ଙ୍କ ବିୟୋଗର ସେହି ଦୁଃଖଦ ଘଟଣା, ତାଙ୍କ ମହାନତା ଏବଂ ସେ ଅବସ୍ଥାନ କରୁଥିବା ସ୍ଥାନଠାରୁ ଏତେ ନିକଟରେ ମୁଁ ରହୁଥିବାରୁ ସେସବୁ ମୋ ମନକୁ ଗଭୀର ଭାବେ ଆନ୍ଦୋଳିତ କରୁଥିଲା। ମୁଁ ଏବେ ଅନୁଭବ କରୁଥିଲି ଯେ ସେହି ପ୍ରସିଦ୍ଧ ଗୋଷ୍ଠୀଙ୍କ ସହ ସଂଯୋଗ ସ୍ଥାପନ କରିବାର ଏକମାତ୍ର ବ୍ୟକ୍ତି ଥିଲେ କୋନିଗ୍। ଯେମିତି ଏମି ନୋଦର୍‌ଙ୍କ ସହ ସମ୍ପର୍କର ମାଧ୍ୟମ ଥିଲେ ଡିଉରିଂ। ମୁଁ ମନେ ମନେ ଭାବୁଥିଲି, ଯଦି ପ୍ରଥମ ବିଶ୍ୱଯୁଦ୍ଧ ସମୟରେ ମୁଁ ଗେଟିଂଗେନ୍‌କୁ ଆସିଥାଆନ୍ତି (କେମିତି ଅବା ଆସିପାରିଥାନ୍ତି !) ତାହାହେଲେ ମୁଁ କେତେ ଭାଗ୍ୟବାନ ହୋଇନଥାଆନ୍ତି ! ଆଜିକାଲି ଏଠାରେ ଥିବା ଦାର୍ଶନିକଙ୍କ ପାଇଁ ଗେଟିଂଗେନ୍ ଗୋଷ୍ଠୀ ବିଶେଷ କିଛି ମାନ୍ୟତା ବହନ କରନ୍ତି ନାହିଁ। କେବଳ ଯାହା ପାଟଜିଗ୍‌ଙ୍କୁ ସେମାନଙ୍କ ମହତ୍ତ୍ୱ କଥା ଜଣା। କାରଣ ସେ ଥିଲେ କୁର୍ଟ ଷ୍ଟାଭେନହାଜେନ୍‌ଙ୍କର ପ୍ରିୟ ଛାତ୍ର। ଏହି ସହରର ରାଜରାସ୍ତାରେ ଚାଲିଲାବେଳେ ମୋତେ ଲାଗେ ସତେ ଯେମିତି ମୁଁ ବି ସେହି ଗୋଷ୍ଠୀର ଜଣେ ସଦସ୍ୟ ଥିଲି ! କିନ୍ତୁ ପୁଣି ମୋତେ ଲାଗେ ଯେ ମୁଁ ଥିଲି ସେ ସମୟ ବହିର୍ଭୂତ ଜଣେ ଚରିତ୍ର। ବେଳେବେଳେ ମୁଁ ନିଜକୁ ନିଜେ କହିହୁଏ, 'ମୁଁ ଗେଟିଂଗେନକୁ ଯେମିତି ଜାଣିଛି, ସେମାନେ (ବର୍ତ୍ତମାନ ଏ ସହରରେ ବସବାସ କରୁଥିବା ନାଗରିକମାନେ) ସେପରି ଜାଣନ୍ତି ନାହିଁ।' ଏହା ବିଧିର ବିଡ଼ମ୍ବନା ଯେ

ମୋ ଭଳି ଜଣେ ଭାରତୀୟ ବ୍ୟକ୍ତି ଜର୍ମାନୀର ସେହି ଫେନୋମେନୋଲୋଜିଷ୍ଟମାନଙ୍କ ଚିନ୍ତାଧାରାକୁ ଜୀବନ୍ତ ରଖିବା ପାଇଁ ଏଭଳି ପ୍ରୟାସ ଜାରି ରଖିଛି।

୧୯୫୪ ମସିହା ଖରାଦିନେ ମୋ ବାପାଙ୍କର କାଳ ଘଟିଲା। ମୁଁ ଜାଣିଥିଲି ଯେ ସେ ଦୀର୍ଘଦିନରୁ ମଧୁମେହ ଓ ଉଚ୍ଚ ରକ୍ତଚାପରେ ଆକ୍ରାନ୍ତ ଥିଲେ ଓ ତାଙ୍କ ଦୃଷ୍ଟିଶକ୍ତିରେ ମଧ୍ୟ ସମସ୍ୟା ଉପୁଜିଥିଲା। ତଥାପି ସେ ତାଙ୍କ ନିଜ କାମ ନିଜେ କରୁଥିଲେ। ମୋର ଜଣେ ପାରିବାରିକ ବନ୍ଧୁ, ଅନ୍ନଦା ଶଙ୍କର ରାୟଙ୍କ ମାଧ୍ୟମରେ ବାପାଙ୍କ ବିୟୋଗ ଖବର ମୋ ପାଖରେ ପହଞ୍ଚିଥିଲା। ଏହାପରେ ଘରୁ ଲେଖା ଯାଇଥିବା ଚିଠିଟି ମୁଁ ପାଇଥିଲି। ସେତେବେଳେ ଏହି ଦୁଃଖକୁ ସହ୍ୟ କରିବା ନିମନ୍ତେ ମୋର ବନ୍ଧୁମାନେ ମୋତେ ବିଶେଷଭାବେ ସହାୟକ ହୋଇଥିଲେ। ବାପା ମୋ ପ୍ରତି ସଦାବେଳେ ବେଶ୍ ସଦୟ ଓ ସହାନୁଭୂତିଶୀଳ ଥିଲେ। ମୁଁ ଜୀବନରେ ଯାହା କିଛି କରୁଥିଲି, ତା'ଉପରେ ତାଙ୍କର ସମ୍ପୂର୍ଣ୍ଣ ଆସ୍ଥା ଥିଲା। ଯଦିଚ ମୁଁ ଆବେଗିକ ଦୃଷ୍ଟିରୁ ବୋଉ ଆଡ଼କୁ ଅଧିକ ଘନିଷ୍ଠ ହୋଇ ରହିଥିଲି, ତଥାପି ବାପାଙ୍କ ପ୍ରତି ମୋ ମନରେ ସଦାବେଳେ ସମ୍ମାନ, ଶ୍ରଦ୍ଧା ଓ ଭୟ ଅତୁଟ ରହିଥିଲା। କଲିକତାରେ ଯେତେବେଳେ ମୁଁ ମୋର ଆଇନ ଅଧ୍ୟୟନ ଅଧାରୁ ଛାଡ଼ିବାକୁ ସ୍ଥିର କରିଥିଲି ଓ ଜଣେ ଆଇନଜ୍ଞ ହେବାକୁ (ତାଙ୍କ ଭଳି ଜଣେ ଜଜ୍ ହେବାକୁ)ମନ ବଳାଇ ନ ଥିଲି, ସେତେବେଳେ ବାପା ମନେ ମନେ ହତାଶ ହୋଇପଡ଼ିଥିଲେ। ସେତେବେଳେ ସେ ମୋତେ ପଚାରିଥିଲେ ଯେ ସିଭିଲ ସର୍ଭିସ୍‌ରେ ବସିବା ପାଇଁ ମୁଁ ଆଗ୍ରହୀ ହେବି କି ନାହିଁ। କିନ୍ତୁ ସେ ଭଲଭାବରେ ଜାଣିଥିଲେ ଯେ ସେଥିପାଇଁ ସୁଦ୍ଧା ମୋ ମନରେ ଆଗ୍ରହ ନାହିଁ କିମ୍ବା ମୁଁ ରାଜି ହେବି ନାହିଁ। ନିଜର ମନ କଥା ଜଣାଇ ସେତେବେଳେ ସେ ଅନ୍ନଦାଶଙ୍କର ରାୟଙ୍କ ନିକଟକୁ ଖଣ୍ଡେ ଚିଠି ଲେଖି ଜଣାଇଥିଲେ ଯେ ମୋର ଦର୍ଶନଶାସ୍ତ୍ର ପଢ଼ିବାରେ ତାଙ୍କ ମନରେ ଆଦୌ ଦୁଃଖ ନାହିଁ, କିନ୍ତୁ ମୋତେ ଜୀବନସାରା ଅଭାବ ଅନଟନରେ ବିତାଇବାକୁ ପଡ଼ିବ ବୋଲି ଆଶଙ୍କା କରି ସେ ମନେ ମନେ ଚିନ୍ତିତ ହେଉଛନ୍ତି। ଏହାସତ୍ତ୍ୱେ ମୋର ଜର୍ମାନୀରେ ପଢ଼ିବା ପାଇଁ ସେ ଟଙ୍କା ଦେବାକୁ ରାଜି ହୋଇଥିଲେ ଓ ମୋର ଗେଟିଂଗେନ୍ ଯିବା ପୂର୍ବରୁ ବାଣୀକୁ ଅନୁରୋଧ କରି କହିଥିଲେ ଯେ ଜର୍ମାନୀରେ ପି.ଏଚ୍.ଡି. ଶେଷ କରିବା ପରେ ଲଣ୍ଡନ ଯାଇ ମୁଁ ବାର୍ (ଆଇନ) ପରୀକ୍ଷା ଦେବାକୁ ଚାହିଁଲେ ସେ ସବୁପ୍ରକାର ବ୍ୟବସ୍ଥା କରିଦେବେ। ବାପାଙ୍କର ଏଭଳି ପ୍ରସ୍ତାବକୁ ମଧ୍ୟ ମୁଁ ବିନମ୍ରତାର ସହ ପ୍ରତ୍ୟାଖ୍ୟାନ କରିଥିଲି। ବେଳେବେଳେ ଭାବେ ମୋ ଲାଗି ବାପାଙ୍କର ଏହି ଦୀର୍ଘ ଯୋଜନାକୁ ପ୍ରତ୍ୟାଖ୍ୟାନ କରି ତାଙ୍କୁ ମୁଁ ହତାଶ କରିଥିଲି କି ? ମୋର ବିଶ୍ୱାସ ଯେ

ମୁଁ ସେପରି କରି ନ ଥିଲି । ଯେତେବେଳେ ମୁଁ ଓଡ଼ିଶା ଛାଡ଼ି ପ୍ରଥମେ ଜର୍ମାନୀ ଗଲି, ସେ ମୋତେ ଛାଡ଼ିବାକୁ ଆମ ଗାଆଁ ଶେଷମୁଣ୍ଡ ପର୍ଯ୍ୟନ୍ତ ଆସିଥିଲେ । ମୋତେ ବଳେଇଦେବାବେଳେ ତାଙ୍କ ଆଖିରୁ ଲୁହ ଝରିବା ମୁଁ ଲକ୍ଷ୍ୟ କରିଥିଲି । ଏବେ ସେ ସଂସାରରୁ ବିଦାୟ ନେଇ ସାରିଥିଲେ । ତେଣୁ ମୁଁ ମୋ ବୋଉ ପ୍ରତି ଅଧିକ ଚିନ୍ତାଶୀଳ ହୋଇପଡ଼ିଥିଲି । କାରଣ ବାପାଙ୍କ ପ୍ରତି ବୋଉର ସମ୍ପୃକ୍ତି ଓ ନିର୍ଭରଶୀଳତା ପୂର୍ଣ୍ଣମାତ୍ରାରେ ଥିଲା । ଏବେ ବାପା ଚାଲିଯିବା ପରେ ଘରର ଆର୍ଥିକ ସ୍ଥିତି ସମ୍ପୂର୍ଣ୍ଣ ବିପର୍ଯ୍ୟସ୍ତ ହୋଇପଡ଼ିଥିଲା । ତେଣୁ ବୋଉକୁ ମୁଁ ଆଉ ମୋ ଚଳିବା ପାଇଁ ଟଙ୍କା ମାଗିପାରୁ ନ ଥିଲି । ମୋ ପରିସ୍ଥିତି ସେତେବେଳେ କେତେ ଦୟନୀୟ ସେକଥା ମୋ ବଡ଼ଭାଉଜ ଉତ୍ତମରୂପେ ଅନୁଭବ କରିଥିଲେ । କାରଣ ଆମେ ପରସ୍ପର ସହ ବେଶ୍ ଘନିଷ୍ଠ ଥିଲୁ । ତେଣୁ ସେ ତାଙ୍କର କିଛି ଦାମିକା ଅଳଙ୍କାର ବିକ୍ରିକରି ମୋ ପାଖକୁ ସେ ଟଙ୍କା ପଠାଇଥିଲେ । ମୋ ଭଳି ଜଣେ ଦୁଃସ୍ଥ ଦାର୍ଶନିକ ଅବା ସେ ଋଣ କିପରି ଶୁଝି ପାରନ୍ତା ? ଭାଉଜ ସେତେବେଳେ କହିଥିଲେ, 'ତୁମର ସେ ଟଙ୍କା ଶୁଝିବା ଦରକାର ନାହିଁ ।'

ଏହାପରେ ଯଥାଶୀଘ୍ର ମୋର ପି.ଏଚ୍.ଡି. ସନ୍ଦର୍ଭ ଲେଖାଲେଖି ସାରିବା ଲାଗି ମୁଁ ତତ୍ପର ହୋଇପଡ଼ିଥିଲି ଓ ସେହି ଅନୁସାରେ କଠିନ ପରିଶ୍ରମରେ ଲାଗିଯାଇଥିଲି । ଓଏ୍ୱନ୍, କୋନିଗ୍ ଏବଂ ପ୍ଲେସନର- ତିନିଜଣଯାକ ମୋ ସନ୍ଦର୍ଭକୁ ପଢ଼ି ଗ୍ରହଣ କଲେ । ଦିନେ ଶୀତଦିନିଆ ହାଡ଼ଭଙ୍ଗା ଜାଡ଼ରାତିରେ ସାଙ୍ଗମାନଙ୍କ ଗହଣରେ ମୁଁ ଟାଉନ୍ ସେଣ୍ଟରକୁ ଯାଇଥିଲି । ଆମର ନେତୃତ୍ୱ ନେଇଥିଲେ ଇତିହାସ ବିଭାଗର ଫ୍ରାଉ ଫିସର୍ । ସେଠାରେ ପହଞ୍ଚି ଆମେ ଝରଣା ପାଖରେ ଥିବା ପାହାଚସବୁ ଚଢ଼ିଥିଲୁ । ସେଠାରେ ସ୍ଥାପନ କରାଯାଇଥିବା ମରାଳଯୁକ୍ତ କିଶୋରୀ (*ଦି ଗାର୍ଲ ୱିଥ୍ ଦି ଗୁଜ୍*)କୁ ଚୁମା ଦେଇଥିଲୁ । ଏହା ଏକ ବହୁପ୍ରଚଳିତ ପରମ୍ପରା, ଯାହାକି ଶହ ଶହ ବର୍ଷ ଧରି ଚଳି ଆସୁଥିଲା ଯେ ନୂଆକରି ପି.ଏଚ୍.ଡି.ଡିଗ୍ରୀ ହାସଲ କରିଥିବା ଛାତ୍ରମାନେ ସେଠାକୁ ଯାଇ ଏହି କିଶୋରୀ ପ୍ରତିମୂର୍ତ୍ତିକୁ ଚୁମା ଦିଅନ୍ତି । ଏହି ଘଟଣାର ମାତ୍ର ସପ୍ତାହ ଭିତରେ ମୁଁ ବମ୍ବେଗାମୀ ଏକ ଜାହାଜ ଧରି ଭାରତ ପ୍ରତ୍ୟାବର୍ତ୍ତନ କରିଥିଲି ।

ଏଥର ମୁଁ ଗେଟିଂଗେନ୍ ଆସିଛି ହସେର୍ଲଙ୍କ ଉପରେ ଖଣ୍ଡିଏ ବଡ଼ ବହି ଲେଖିବା ପାଇଁ । ଏହାର ଅଧିକତର ଗବେଷଣା କାମ ଆମେରିକାରେ ହିଁ ସମ୍ପୂର୍ଣ୍ଣ କରିଛି । ହସେର୍ଲଙ୍କ ଉପରେ ସାରା ବିଶ୍ୱରେ ଅନେକ ଭାଷାରେ ପ୍ରକାଶ ପାଇଥିବା ବହୁ ପ୍ରବନ୍ଧ ମୋତେ ଉପହାର ସ୍ୱରୂପ ମିଳିଥିଲା । ହସେର୍ଲଙ୍କ ଉପରେ ମୋର

ନିଜସ୍ୱ ଲେଖା ଏବଂ ଅନ୍ୟମାନଙ୍କ ଲେଖାର ବହୁ ଗ୍ରନ୍ଥ ମୋ ପାଖରେ ମହଜୁଦ ରହିଛି, ଯାହାକି ମୋ ଆବଶ୍ୟକତାଠାରୁ ଢେର ବେଶୀ। କେବଳ ଯାହା ଊନବିଂଶ ଶତାବ୍ଦୀର ଶେଷ ଆଡ଼କୁ ଜର୍ମାନ ଦର୍ଶନ ଏବଂ ମନସ୍ତତ୍ତ୍ୱ ସମ୍ପର୍କିତ କିଛି ଲେଖା ଉପରେ ମୋର ଆଖି ପକାଇବାକୁ ବାକି ଅଛି। ଏଥିପାଇଁ ମୁଁ କନରାଡ୍ କ୍ରାମର୍ (ପ୍ରସିଦ୍ଧ ଦାର୍ଶନିକ ଓଲ୍ଫଗଙ୍ଗ କ୍ରାମର୍‌ଙ୍କ ପୁଅ)ଙ୍କ ଅଧ୍ୟାପନା ଶ୍ରେଣୀରେ ଯୋଗ ଦେଇଛି। ସେ ମଧ୍ୟ ମୋର ଉଦ୍ଦେଶ୍ୟ ସାଧନକଲା ଭଳି ପ୍ରସଙ୍ଗ ଉପରେ ତାଙ୍କର ଅଧ୍ୟାପନା କରୁଥିଲେ ଏବଂ ମାରବୁର୍ଗ ନବ୍ୟ-କାଣ୍ଟ୍‌ବାଦୀଙ୍କ ସହ ହସେର୍ଲଙ୍କର ଥିବା ସମ୍ପର୍କ ଉପରେ ତାଙ୍କ ଅଧ୍ୟାପନାକୁ ପୂରାପୂରି ଉତ୍ସର୍ଗ କରିଥିଲେ। ପାଟଜିଗ୍‌ଙ୍କ ସହାନୁଭୂତିଶୀଳ ଆଚରଣରେ ମୁଁ ସମ୍ପୂର୍ଣ୍ଣ ରୂପେ ଅବିଭୂତ ହୋଇପଡ଼ିଛି। ତାଙ୍କଠାରେ ଆଉ ପୂର୍ବର ସେହି ରୁକ୍ଷ ଓ ଚଳଚଞ୍ଚଳ ସ୍ୱଭାବ ନାହିଁ। ତେବେ ଏକ ଉତ୍ତମ ଓ ଯୁକ୍ତିସିଦ୍ଧ ମୀମାଂସା ପାଇଁ ତାଙ୍କ ମନରେ ଥିବା ସେହି ପ୍ରଗାଢ଼ ଭାବ ଏବେସୁଦ୍ଧା କାଏମ ରହିଛି। ଏହି ଦୁଇଜଣଙ୍କ ବ୍ୟତୀତ ଗେଟିଂଗେନ୍‌ର ଅନ୍ୟ ଦାର୍ଶନିକମାନଙ୍କଠାରୁ ମୋର ବିଶେଷକିଛି ପାଇବାର ନାହିଁ। ମୋତେ ସବୁଠାରୁ ଭଲ ଲାଗୁଥିଲା, ପୁଣିଥରେ ଗେଟିଂଗେନ୍‌ରେ ଆସି ଅବସ୍ଥାନ କରିବା। ସେଇ ପୁରୁଣା ରାସ୍ତାରେ ଆଉଥରେ ଚାଲବୁଲ କରିବା, ପୁରୁଣା ଘରଗୁଡ଼ିକୁ ନିରେଖି ଚିହ୍ନିବାକୁ ଚେଷ୍ଟା କରିବା ଓ ଯେଉଁସବୁ ସ୍ଥାନଗୁଡ଼ିକୁ ମୁଁ ପୂର୍ବରୁ ଚିହ୍ନିଥିଲି ସେଗୁଡ଼ିକୁ ଆଉଥରେ ଉଣ୍ଡିବା। ଯଦିଚ ଏଥର ମୁଁ ଆଉ କୌଣସି ପ୍ରକାର ଭାଷଣ ଦେବା ଆମନ୍ତ୍ରଣ ଓ ଅନୁରୋଧ ଗ୍ରହଣ କରିବି ନାହିଁ ବୋଲି ମନେ ମନେ ସଂକଳ୍ପ କରିଥିଲି, ତଥାପି କେତେକ ପରିଚିତଙ୍କ ଅନୁରୋଧକୁ ଟାଳିବା ମୋ'ପକ୍ଷେ ଅସମ୍ଭବ ଥିଲା। ତେଣୁ ମୁଁ ଷ୍ଟୁଟ୍‌ଗାର୍ଟ ବିଶ୍ୱବିଦ୍ୟାଳୟରେ ଆୟୋଜିତ ହେଗେଲ୍-କଂଗ୍ରେସରେ ଯୋଗ ଦେଇଥିଲି। ସେଠାରେ ଅନେକ ଚମତ୍କାର ହେଗେଲ୍ ବିଦ୍ୱାନଙ୍କ ସହ ମୋର ସାକ୍ଷାତ ହୋଇଥିଲା। ତେବେ ସେହି କଂଗ୍ରେସରୁ ମୁଁ କିଛି ବିଶେଷ ଉପକୃତ ହୋଇ ନ ଥିଲି। ସମ୍ଭବତଃ ସବୁଠାରୁ ଚମତ୍କାର ଭାଷଣ ଦେଇଥିଲେ ସହରର ମେୟର ଓବେର୍‌ବର୍ଜରମେଷ୍ଟର ରୋମେଲ୍ (ହିଟଲରଙ୍କର ସେହି ପ୍ରସିଦ୍ଧ ସେନାଧ୍ୟକ୍ଷଙ୍କ ପୁତ୍ର)। ସେ ହେଗେଲଙ୍କ ପୁସ୍ତକର ବିଭିନ୍ନ ଅଧ୍ୟାୟ ଏବଂ ସେଥିରୁ ଉଦ୍ଧୃତିମାନ କହି ଏହି ମହାନ ଦାର୍ଶନିକଙ୍କୁ ବେଶ୍ କୌତୂକିଆ ଢଙ୍ଗରେ ଅନ୍ୟମାନଙ୍କ ଆଗରେ ବଖାଣୁଥିଲେ। ଏହାପରେ ମୁଁ ରାମ ଅଧର ମଲ୍ଲଙ୍କ ଦ୍ୱାରା ହାଇଡେଲବର୍ଗ ବିଶ୍ୱବିଦ୍ୟାଳୟରେ ଆୟୋଜିତ *'ଇଣ୍ଟର- କଲଚରାଲିଟି'* ସମ୍ମିଳନୀକୁ ମଧ୍ୟ ଯାଇଥିଲି। ରାମ ଅଧର ମଲ୍ କଲିକତା ବିଶ୍ୱବିଦ୍ୟାଳୟର ଜଣେ ପ୍ରାକ୍ତନ ଛାତ୍ର। ଏବେ ସେ ବେରମେନ୍ ବିଶ୍ୱବିଦ୍ୟାଳୟରେ ଜଣେ *auberplanmassige*

ପ୍ରଫେସରର ପଦରେ ଅବସ୍ଥାପିତ ଥିଲେ। ସେ ତାଙ୍କ ପତ୍ନୀ ରେନାଟେ ଏବଂ ଚୁଲବୁଲି ଝିଅ ଗୀତା ସହିତ କୋଲୋନ୍‌ଠାରେ ଅବସ୍ଥାନ କରୁଥିଲେ। ତାଙ୍କ ଝିଅ ଗୀତା ସେତେବେଳେ ଡାକ୍ତରୀ ପଢୁଥିଲା। ରାମ *'ସୋସାଇଟି ଫର୍ ଇଣ୍ଟରନ୍ୟାସନାଲ ଫିଲୋସଫି'* ସ୍ଥାପନା କରି ଏହାର ଅଧ୍ୟକ୍ଷ ପଦ ତୁଲାଉଥିଲେ। ସେ ଅନେକ ପୁସ୍ତକର ରଚୟିତା ଏବଂ ବିଭିନ୍ନ ପ୍ରସଙ୍ଗ ଉପରେ ବହୁ ପ୍ରବନ୍ଧ ରଚନା କରିଛନ୍ତି।

ସେତେବେଳେ ଅନ୍ୟ ଯେଉଁ ଦୁଇଟି ବିଶ୍ୱବିଦ୍ୟାଳୟକୁ ମୁଁ ଯାଇଥିଲି, ସେଗୁଡ଼ିକ ହେଲା କୋଲନ୍ ଏବଂ ବୋକମ୍। ବୋକମ୍‌ରେ ମୁଁ ୱାଲଡେନଫେଲ୍ସଙ୍କ ସେମିନାରରେ*'ଅଣ୍ଡରଷ୍ଟାଣ୍ଡିଂ ଦି ଅଦର'* ଉପରେ କହିଥିଲି। ୱାଲଡେନଫେଲ୍ସଙ୍କୁ ମୁଁ ଗଲା ପନ୍ଦରବର୍ଷ ଧରି ଜାଣିଛି। ସେ ଜଣେ ଉତ୍ତମ ହସେର୍ଲ ବିଦ୍ୱାନ। କିନ୍ତୁ ଏବେ ସେ ଫରାସୀ *ଫେନୋମେନୋଲୋଜି*, ବିଶେଷକରି ମାର୍ଲ୍ୟୁ-ପୋଣ୍ଟି, ଲେଭିନାସ୍ ଓ ଡେରିଡାଙ୍କ ଭଳି ଦାର୍ଶନିକଙ୍କ ଚିନ୍ତାଧାରାରେ ଗଭୀର ଭାବରେ ଅଧ୍ୟୟନରତ। ଯେହେତୁ ମୁଁ ମୋ ଭାଷଣରେ ଏହିସବୁ ଫରାସୀ ଦାର୍ଶନିକମାନଙ୍କୁ ବିରୋଧ କରିଥିଲି, ଏହା ଉପରେ ଅତି ଜଟିଳ ଆଲୋଚନା ଓ ବାଦାନୁବାଦ ସୃଷ୍ଟି ହୋଇଥିଲା। ତା' ପରଦିନ ମଧ୍ୟାହ୍ନ ପର୍ଯ୍ୟନ୍ତ ଏହି ପ୍ରସଙ୍ଗ ଉପରେ ଆଲୋଚନା ଜାରି ରହିଥିଲା। ତା'ପରେ ମୁଁ ମୋର ପୂର୍ବତନ ଛାତ୍ର କ୍ରିଷ୍ଟିନା ଶ୍ଚୁସ୍‌ଙ୍କ ସହ କୋଲୋନ୍‌କୁ ଯାଇଥିଲି। କୋଲୋନ୍‌ରେ ଏଲିଜାବେଥ୍ ଷ୍ଟ୍ରୋକର୍ ମୋତେ ତାଙ୍କ ସେମିନାରକୁ ଆମନ୍ତ୍ରଣ କରିଥିଲେ। ଏଲିଜାବେଥ୍‌ଙ୍କ ବୟସ ମୋ ବୟସ ସଙ୍ଗେ ସମାନ। ସେ ମୋର ଜଣେ ପୁରୁଣା ବାନ୍ଧବୀ। ସମ୍ଭବତଃ ହସେର୍ଲଙ୍କ ଉପରେ ସେ ଜର୍ମାନୀର ସର୍ବଶ୍ରେଷ୍ଠ ବିଦ୍ୱାନ୍। ହସେର୍ଲଙ୍କର ଅନେକ ପୁସ୍ତକକୁ ସେ ସମ୍ପାଦନା କରିଛନ୍ତି। ଜର୍ମାନ ଅଧ୍ୟାପକମାନଙ୍କ ମଧ୍ୟରେ ଯେଉଁ ପୁରୁଷକୈନ୍ଦ୍ରିକ ଭାବନା ରହିଛି, ଏଲିଜାବେଥ୍ ସେଥିରେ ଏକାଧିକ ଦୃଷ୍ଟିରୁ ଶରବ୍ୟ ହୋଇଛନ୍ତି। ତେବେ କୌଣସି ପରିସ୍ଥିତିରେ ନିଜର ମନୋବଳ ନ ହରାଇ ସାହସର ସହିତ ସବୁ ପ୍ରତିକୂଳ ପରିସ୍ଥିତିର ସେ ସାମ୍ନାକରି ଆସିଛନ୍ତି। ଆମେ ସେଠାରେ ଗୋଟିଏ ଦିନ ସନ୍ଧ୍ୟାକୁ ଖୁବ୍ ଖୁସିରେ ବିତାଇଥିଲୁ। ତା'ପରଦିନ ସକାଳେ ତାଙ୍କ ସେମିନାରରେ ମୁଁ ଭାଷଣ ଦେଇଥିଲି। କୋଲୋନଠାରୁ ମୁଁ ସପ୍ତାହାନ୍ତ ବିତାଇବା ଲାଗି ରାମ ଓ ରେନେଟେଙ୍କ ପାଖକୁ ଯାଇଥିଲି। ରାମ ଓ ରେନେଟେ ମୋତେ ଡସେଲଡର୍ଫ ନିକଟବର୍ତ୍ତୀ ମୁଲହେମ୍‌କୁ ନେଇ ଯାଇଥିଲେ। ସେଠାରେ ଏକ ଭାରତୀୟ ସଂଗୋଷ୍ଠୀଙ୍କ ଗହଣରେ ମୁଁ ଦୁଇଦିନ ବିତାଇଥିଲି। ସେଠାରେ ଭାରତର ବିଭିନ୍ନ ସ୍ଥାନରୁ ଆସିଥିବା ଲୋକମାନଙ୍କ ସହ ଆମେ *'ଜେନୋଫୋବିଆ'* ଉପରେ ଆଲୋଚନା କରିଥିଲୁ। ଜର୍ମାନୀରେ ଏଭଳି ଚିନ୍ତାଧାରା ଅତି ସାଧାରଣ। ଆମେ ଜର୍ମାନୀର ବିବିଧ ସଂସ୍କୃତିଭରା

ସମାଜ ଉପରେ ଖୋଲାମନରେ ଆଲୋଚନା କରିଥିଲୁ। ଏହି ପ୍ରସଙ୍ଗରେ ଅନ୍ତତଃପକ୍ଷେ ବର୍ତ୍ତମାନ ପରିସ୍ଥିତିରେ ମୋର ନିଜସ୍ୱ ମତଟି ହେଲା ଏହାଯେ ଆମେରିକା ତୁଳନାରେ ଜର୍ମାନ୍ ସଂସ୍କୃତି ପୁରୁଣା। କାରଣ ଏହାର ଏକ ନିଜସ୍ୱ ଇତିହାସ ରହିଛି। ଦେଶାନ୍ତରୀ ଲୋକମାନଙ୍କ ଦ୍ୱାରା ସେ ଇତିହାସ ଓ ସଂସ୍କୃତି କୌଣସିରୂପେ ଆକ୍ରାନ୍ତ ଅବା କ୍ଷତିଗ୍ରସ୍ତ ହେଉ, ତାହା ମୋର ମତ ନୁହେଁ। କାରଣ ଦେଶାନ୍ତରୀମାନେ ଅନ୍ୟ ଦେଶକୁ କେବଳ ଆର୍ଥିକ ଲାଭର ଚିନ୍ତାଧାରା ନେଇ ଆସିଥାଆନ୍ତି। ତେଣୁ ଏଭଳି ବିବିଧ ସାଂସ୍କୃତିକତାର ସୁଫଳ ଉପରେ ନିଜର ଦାବି ବସାଇବା ପୂର୍ବରୁ ସେମାନେ (ଦେଶାନ୍ତରୀମାନେ) ଅନ୍ତତଃପକ୍ଷେ ଜର୍ମାନ୍ ସଂସ୍କୃତିକୁ ଉତ୍ତମରୂପେ ଅଧ୍ୟୟନ ଓ ଆପଣାଇବା ଉଚିତ ବୋଲି ମୁଁ ଭାବେ। ଆମେରିକାରେ ଏଭଳି ବିବିଧ ସଂସ୍କୃତିବାଦ (ଏହା ସହିତ 'ରାଜନୈତିକ ସଂସ୍କାରକରଣ')କି ପ୍ରକାର ଆଲୋଡ଼ନ ସୃଷ୍ଟି କରୁଛି ତାହା ମୋତେ ଉତ୍ତମ ରୂପେ ଜଣା। ଏହାର ଦୁଇ ସପ୍ତାହପରେ ମୁଁ ଇଂଲଣ୍ଡ ଫେରି ଆସିଥିଲି। ସେଠାରେ ଅକ୍ସଫୋର୍ଡରେ ଗବେଷଣା କରୁଥିବା ଜଣେ ଛାତ୍ରଙ୍କ ପି.ଏଚ୍.ଡି. ପରୀକ୍ଷାର ମୌଖିକ ପରୀକ୍ଷା ନେବାର ଥିଲା। ସେଠାରୁ ଫେରିବା ପରେ ଗୁନ୍ଥର ପାଟଜିଗ୍ ଏବଂ ତାଙ୍କ ପତ୍ନୀ ମୋତେ ପୂର୍ବତନ ଜି.ଡି.ଆର୍. (ପୂର୍ବ ଜର୍ମାନୀ)କୁ ନିଜ କାରରେ ବସାଇ ନେଇଯାଇଥିଲେ। ସେଠାରୁ ମୁଁ ୱେମାରକୁ ଯାଇଥିଲି। ୱେମାର୍‌ରେ ଗେଟେ ଓ ସ୍କିଲର ଏକଦା ଅବସ୍ଥାନ କରୁଥିଲେ। ସେଠାରୁ ମୁଁ ଯାଇଥିଲି ଲିପଜିକ୍, ଯେଉଁଠାରେ ମହାନ ସଙ୍ଗୀତଜ୍ଞ ବାଖ୍ ତାଙ୍କର ସଙ୍ଗୀତ ରଚନା ଏବଂ ବାଦନ କରିଥିଲେ। ସେଠାରୁ ମୋର ଗନ୍ତବ୍ୟସ୍ଥଳ ଥିଲା ହାଲେ। ସେଠାରେ ହସେର୍ଲ ପ୍ରଥମେ ତାଙ୍କ ଅଧ୍ୟାପନା ଜୀବନ ଆରମ୍ଭ କରିଥିଲେ ଏବଂ ପରିଶେଷରେ ମୁଁ ଜେନାଠାରେ ପହଞ୍ଚିଥିଲି। ସେଠାରେ ହେଗେଲ ତାଙ୍କର *'ଫେନେମୋନୋଲୋଜି ଅଫ୍ ସ୍ପିରିଟ୍'* ଗ୍ରନ୍ଥ ରଚନା କରିଥିଲେ। ଜେନା ଯୁଦ୍ଧ ଆରମ୍ଭ ହେବା ପୂର୍ବରୁ ହିଁ ସେ ଏହି ପୁସ୍ତକ ରଚନା ଶେଷ କରିଥିଲେ। ଏହାପରେ ମୁଁ ଆମେରିକା ଫେରି ଆସିଥିଲି।

ଏଇ ତିନିମାସର ଜର୍ମାନୀ ଗସ୍ତ ଶେଷରେ, ଏବଂ ମୁଁ ଆମେରିକାକୁ ଫେରିବା ପୂର୍ବରୁ, ଦିନେ ମୁଁ ସେଠାରେ ଗୋଟିଏ ବସ୍ ଷ୍ଟପ୍‌ରେ ବସ୍‌ଟିଏ ଧରିବା ପାଇଁ ଅପେକ୍ଷା କରି ଠିଆ ହୋଇଥିଲ। ମୋର ଗନ୍ତବ୍ୟସ୍ଥଳ ଥିଲା ବିଶ୍ୱବିଦ୍ୟାଳୟର ଦର୍ଶନ ବିଭାଗକୁ ଯିବା। ହଠାତ୍ ସେଠାରେ ଅପେକ୍ଷା କରିଥିବା ଜଣେ ବୃଦ୍ଧାଙ୍କ ଉପରେ ମୋର ନଜର ପଡ଼ିଲା। ତାଙ୍କ ମୁହଁଟି ମୋତେ କେମିତି ଚିହ୍ନ ଚିହ୍ନା ଲାଗିଲା, କିନ୍ତୁ ପର ମୁହୂର୍ତ୍ତରେ ମୁଁ ଅନୁଭବ କଲି, ଯଦିବା ମୁଁ ତାଙ୍କୁ ଅତୀତରେ କେବେ ଚିହ୍ନିଥିବି, ସମୟ ଓ ବୟସ ତାଙ୍କ ମୁହଁ ଉପରେ ସେମାନଙ୍କର ଛାପ ଛାଡ଼ି ସାରିଛନ୍ତି। ତଥାପି

ସ୍ୱତଃପ୍ରବୃତ ଭାବରେ ମୁଁ ତାଙ୍କୁ ସମ୍ଭାଷଣ ଜଣାଇ ପଚାରିଲି, '୧୯୫୦ ଦଶକରେ ଆପଣ ଗେଟିଂଗେନ୍ ବିଶ୍ୱବିଦ୍ୟାଳୟର *Historisches Colloquium*ରେ ଅବସ୍ଥାନ କରୁଥିଲେ କି ? ମୋ ମୁହଁକୁ ଆଶ୍ଚର୍ଯ୍ୟ ହୋଇ ଚାହିଁ ସେ ଉତ୍ତର ଦେଲେ, 'ହଁ'। ମୁଁ କହିଲି, 'ସେତେବେଳେ ମୁଁ ବି ସେଠାରେ ରହୁଥିଲି'। ଏତିକି କହି ମୁଁ ତାଙ୍କୁ ମୋ ନାଁ କହିଲି ଓ ପଚାରିଲି, 'ଆପଣଙ୍କ ନାଁ ଓ୍ୱିବ୍‌କେ ଫେସେଫେଲ୍ଡଟ୍ ନୁହେଁ କି, ମୋ କହିବା କଥା, ନଥିଲା କି ?' ସେ ମୋତେ ଖୁସିରେ କୁଣ୍ଢେଇ ଧରି କହିଲେ, 'ହଁ। ଏବେ ମୁଁ ଫ୍ରାଉ ଭନ୍ ଥାଡେନ୍ ନାମରେ ପରିଚିତ।'ଆଶ୍ଚର୍ଯ୍ୟର କଥା, ସେ ମୋତେ ଚିହ୍ନିପାରି କହିଲେ, 'ଆପଣଙ୍କ ନାଁ ହେର୍ ମହାନ୍ତି।' ସେତେବେଳକୁ ଆମ ବସ୍ ଆସି ସାରିଥିଲା ଏବଂ ଦୁହେଁ ଏକା ବସ୍‌ରେ ଚଢ଼ିଲୁ ଓ ପାଖାପାଖି ବସିଲୁ। ଆମେ ଜାଣିପାରୁ ନ ଥିଲୁ ଆମ କଥାବାର୍ତ୍ତା କେଉଁଠୁ ଅବା କେମିତି ଆରମ୍ଭ କରିବୁ। ଗଲା ଚାଳିଶ ବର୍ଷ ଭିତରେ ଆମେ ପରସ୍ପରଙ୍କ ଜୀବନର ଗତି ସମ୍ପର୍କରେ କିଛି ସୁଦ୍ଧା ଜାଣି ନ ଥିଲୁ। କିନ୍ତୁ ସେସବୁ ପରସ୍ପର ଭିତରେ ଆଦାନ ପ୍ରଦାନ ହେବାକୁ ବ୍ୟଗ୍ର ହୋଇ ଉଠୁଥିଲୁ। ତାଙ୍କ ଘରକୁ ସେ ମୋତେ ତା'ପରଦିନ ଉପରବେଳା ଚା'ପାନ ପାଇଁ ଆମନ୍ତ୍ରଣ କଲେ। ଫ୍ରାଉ ଭନ୍ ଥାଡେନ୍‌ଙ୍କୁ ଜଣେ ଯୁବ ପ୍ରତିଭାସମ୍ପନ୍ନ ଐତିହାସିକ ଭାବରେ ମୁଁ ଚିହ୍ନିଥିଲି। ଗେଟିଂଗେନ୍‌ର ସେ ଥିଲେ ଜଣେ ପୂର୍ବତନ ରେକ୍ଟର। ଏତେ ବର୍ଷ ପରେ ସୁଦ୍ଧା ତାଙ୍କ ଚେହେରା ସେମିତି ଯୁବସୁଲଭ ଓ ସୌମ୍ୟ ଲାଗୁଥିଲା। ଓ୍ୱିବ୍‌କେ, ମୋର ଯାହା ମନେ ପଡ଼ିଲା, ସେତେବେଳେ ହିମ୍ମେଲ୍‌ଙ୍କ ପାଖରେ କାମ କରୁଥିଲେ ଓ ତାଙ୍କରି ଅଧୀନରେ ଡକ୍ଟରେଟ୍ ଲାଭ କରିଥିଲେ। ତା'ପରେ ସେ ରୁଡୋଲ୍ଫଙ୍କୁ ବିବାହ କରିଥିଲେ। ଚାରି ଚାରିଟି ସନ୍ତାନଙ୍କୁ ଜନ୍ମଦେଇ ଲାଳନପାଳନ କରି ବଡ଼ କରିବା ପରେ, ସେ ପୁଣି ପଢ଼ାପଢ଼ି ଆଡ଼କୁ ମନ ବଳାଇଥିଲେ ଓ ପିଲାମାନଙ୍କ ପାଇଁ ଇତିହାସ ବହିସବୁ ଲେଖାଲେଖି କରିଥିଲେ। ରୁଡୋଲ୍ଫ, ଥାଡ଼େନ୍ ଓ ମୁଁ ଏକାଠି ବସି ଆମ ଅତୀତ ଜୀବନକୁ ରୋମନ୍ଥନ କରିଚାଲିଲୁ ଓ ଆମ ପରିବାର ଓ ପିଲାଛୁଆଙ୍କ କଥା କଥାବାର୍ତ୍ତା ହେଲୁ। ବିଶ୍ୱବିଦ୍ୟାଳୟର ଆମ ବିଭାଗର ଅନ୍ୟ ସଦସ୍ୟମାନଙ୍କ କଥା ବି ସେମାନେ ମୋତେ କହିଲେ। ସେମାନଙ୍କ ଭିତରୁ କେତେଜଣ ନାମ କମେଇ ଇତି ମଧ୍ୟରେ ବିଶିଷ୍ଟ ଐତିହାସିକ ଅବା ପ୍ରଫେସର ହୋଇପାରିଛନ୍ତି ସେକଥା ବି ଜଣାଇଲେ। ଜର୍ମାନ ଐତିହାସିକମାନଙ୍କ ବିଷୟରେ ଆମେ ଢେର୍ ସମୟ ଗପସପ ହେଲୁ। ଓ୍ୱିବ୍‌କେଙ୍କ ମତରେ ଏପରିକି ବଡ଼ ବଡ଼ ଜର୍ମାନ ଐତିହାସିକମାନେ ସୁଦ୍ଧା 'ପ୍ରାନ୍ତୀୟ' ଚିନ୍ତାଧାରା ଗଣ୍ଡିରେ ଆବଦ୍ଧ। ରୁଡୋଲ୍ଫ କିନ୍ତୁ ତାଙ୍କ କଥା ସହମତ ହୋଇ ନ ଥିଲେ ଓ କହିଥିଲେ

- ମିନେକେ ଓ ସ୍କ୍ରାମ୍ ନିଶ୍ଚିତ ରୂପେ ଏଭଳି ସଂକୀର୍ଣ୍ଣତା ଠାରୁ ମୁକ୍ତ। ତେବେ ସେମାନେ ଏପର୍ଯ୍ୟନ୍ତ ସାମାଜିକ ଓ ସାଂସ୍କୃତିକ ଇତିହାସ ରଚନା ଦିଗରେ ବିଶେଷ କାର୍ଯ୍ୟ କରିନାହାନ୍ତି ବୋଲି ସେ ମତ ପୋଷଣ କରିଥିଲେ। ସେମାନଙ୍କ ପାଇଁ ରାଜନୈତିକ ଇତିହାସ ସବୁକିଛି ବୋଲି ସେ ମନ୍ତବ୍ୟ ଦେଇଥିଲେ। ମାର୍କ୍ସବାଦ ସେମାନଙ୍କୁ ସ୍ପର୍ଶ ସୁଦ୍ଧା କରି ନ ଥିଲା (ତଥାପି, ଗୋଟିଏ ଦୃଷ୍ଟିରୁ ବିଚାର କଲେ 'ଇତିହାସ' ଏକ ବିଜ୍ଞାନ ଭାବରେ ଜର୍ମାନୀରେ ଆରମ୍ଭ ହୋଇଥିଲା)। ମୋତେ ବେଳେବେଳେ ଆଶ୍ଚର୍ଯ୍ୟ ଲାଗେ, କେଇଜଣ ଲୋକ - ସେ ପ୍ରଫେସର ହୁଅନ୍ତୁ ଅବା ଛାତ୍ର, ମୋତେ କହିଛନ୍ତି ଯେ ୧୯୬୮ ମସିହାର ଛାତ୍ର ବିପ୍ଳବ ସବୁକିଛି ଓଲଟ ପାଲଟ କରିଦେଇଥିଲା। ମାର୍କ୍ସବାଦ ଆସି ଏଠାରେ ରହିଯାଇଥିଲା, ଯଦ୍ୟପି ହାବେରମାସ୍‌ଙ୍କ ଭଳି 'ସଂସ୍କାରବାଦୀ'ମାନେ ସେମାନଙ୍କର ଆବେଦନ ହରାଇ ବସିଥିଲେ। ରକ୍ଷଣପନ୍ଥୀମାନେ ଉଦାରବାଦୀ ପାଲଟିଗଲେ ଏବଂ ଉଦାରବାଦୀମାନେ ବନିଗଲେ ରକ୍ଷଣପନ୍ଥୀ। ଜର୍ମାନ ବିଶ୍ୱବିଦ୍ୟାଳୟର ଢାଞ୍ଚା ଓ କାର୍ଯ୍ୟଧାରା ଆମୂଳଚୂଳ ବଦଳିଗଲା। ବିଶ୍ୱବିଦ୍ୟାଳୟକୁ ନେଇ ହମ୍ବୋଲ୍ଟଙ୍କ ସେଇ ପୁରୁଣା ଦୃଷ୍ଟିଭଙ୍ଗୀକୁ ଲୋକେ ପ୍ରଶ୍ନ କରିବା ଆରମ୍ଭ କଲେ। ଏବେ ତ କିଛି ଲୋକ ତାକୁ ଦୃଢ଼ ଭାବରେ ପ୍ରତ୍ୟାଖ୍ୟାନ କଲେଣି ଓ ଆଉ ଥୋକାଏ ଏହାକୁ ନେଇ କ୍ଷୋଭ ପ୍ରକଟ କରୁଛନ୍ତି।

୧୯୬୮- ୭୦ ମସିହା ଠାରୁ ଭିଏନତାମ ଯୁଦ୍ଧକୁ ନେଇ ଆମେରିକାରେ ଛାତ୍ର ବିକ୍ଷୋଭ ଆରମ୍ଭ ହୋଇଥିଲା। ବେଳେବେଳେ ତାହା ଅତି ହିଂସାତ୍ମକ ରୂପ ମଧ୍ୟ ଧାରଣ କରିଥିଲା। ଆମେରିକୀୟ ଜୀବନ ଓ ସଂସ୍କୃତି ଉପରେ ଭିଏତନାମ ଯୁଦ୍ଧ ଯେଉଁ ଗଭୀର କ୍ଷତ ଛାଡ଼ିଥିଲା, ତାହା ସଦା ଚଞ୍ଚଳ ଆମେରିକୀୟ ବିଶ୍ୱବିଦ୍ୟାଳୟର ସ୍ଥିତିକୁ ସେତେଟା ପ୍ରଭାବିତ କରି ନ ଥିଲା। କିନ୍ତୁ ଜର୍ମାନୀରେ ବିଶ୍ୱବିଦ୍ୟାଳୟ ପରିସର ସବୁ କମ୍ପି ଉଠିଥିଲା। ଏପରିକି କିଛି କିଛି ବିଶ୍ୱବିଦ୍ୟାଳୟ ଏଭଳି ଭାବେ ବଦଳି ଯାଇଥିଲା ଯେ ସେସବୁକୁ ଆଉ ଚିହ୍ନି ହେଉ ନ ଥିଲା। ତଥାପି ୧୯୬୮ ମସିହାର ଛାତ୍ର ବିପ୍ଳବ ପ୍ୟାରିସରୁ ଆରମ୍ଭ ହୋଇଥିଲେ ସୁଦ୍ଧା ତାହା କୌଣସି ନିର୍ଦ୍ଦିଷ୍ଟ ଘଟଣା ପରିପ୍ରେକ୍ଷୀରେ ଉଦ୍ଦିଷ୍ଟ ନ ଥିଲା। ଏପରିକି ଭିଏତନାମ ଯୁଦ୍ଧ କାରଣରୁ ମଧ୍ୟ ନୁହେଁ। ବରଂ ଏହା ଥିଲା ସମଗ୍ର ୟୁରୋପୀୟ ସମାଜ ଓ ମୂଲ୍ୟବୋଧ ବିରୁଦ୍ଧରେ। ଜର୍ମାନ୍ ବିଶ୍ୱବିଦ୍ୟାଳୟଗୁଡ଼ିକୁ ସେତେବେଳେ ଆଧିପତ୍ୟର ପୀଠ ଭାବେ ବିବେଚନା କରାଯାଉଥିଲା। ମୁଷ୍ଟିମେୟ ପ୍ରଫେସର ସେମାନଙ୍କ ସୁହର୍ମ୍ୟ ପ୍ରାସାଦରେ ବସି 'ଉପରୁ' ଶିକ୍ଷାନୁଷ୍ଠାନକୁ ନିୟନ୍ତ୍ରଣ କରୁଥିଲେ। ଯୁବ ପ୍ରଫେସର ଓ ଅଧ୍ୟାପକମାନେ ଯାହାଙ୍କୁ ଡକ୍ଟରାଲ ଛାତ୍ରଙ୍କଠାରୁ ଆରମ୍ଭ କରି ଅନ୍ୟ ସାଧାରଣ ଅଧ୍ୟାପକମାନଙ୍କ ପର୍ଯ୍ୟନ୍ତ ସଭିଏଁ ସେମାନଙ୍କ ଦୟାରେ ହିଁ

ପରିଚାଳିତ ହେଉଥିଲେ। ଶୁଦ୍ଧ ବିଜ୍ଞାନ ଅଧ୍ୟୟନ ଧାରଣା ଏତେ ପ୍ରବଳ ଥିଲା ଯେ ସେଥିରେ କୌଣସି ପ୍ରକାର ସାମାଜିକ ଦାୟିତ୍ୱବୋଧର ସ୍ଥାନ ନ ଥିଲା। ପ୍ରଥମ ଥରପାଇଁ ଏଭଳି ଚିନ୍ତାଧାରା ଆଡକୁ ଅଙ୍ଗୁଳି ଦେଖାଇ ପ୍ରଶ୍ନ କରାଯାଇଥିଲା। କିନ୍ତୁ ଏହାର ପରିଣାମ ହେଲା କ'ଣ ?

ମୋର ମନେ ଅଛି, ୧୯୭୦ ମସିହାରେ ବାଣୀ ଓ ମୁଁ ବର୍ଲିନରେ ଥିଲୁ। ବର୍ଲିନ ରେଡିଓର ଅତିଥିଭାବେ ସେତେବେଳେ କେତୋଟି ଭାଗରେ ପ୍ରସାରିତ ହେବା ପାଇଁ ଥିବା ଏକ ରେଡିଓ କାର୍ଯ୍ୟକ୍ରମରେ ଅଂଶଗ୍ରହଣ କରିବା ପାଇଁ ଆମେ ଯାଇଥିଲୁ। ପ୍ରସଙ୍ଗଟି ଥିଲା- ମାନବ ସମାଜ ସମ୍ପ୍ରତି କ୍ଷୁଧା, ମାତ୍ରାଧିକ ଜନସଂଖ୍ୟା ବୃଦ୍ଧି ଓ ହିଂସା ଭଳି ଯେଉଁସବୁ ସମସ୍ୟାର ସମ୍ମୁଖୀନ ହେଉଛି ସେଥିପ୍ରତି ବିଶ୍ୱର ପ୍ରମୁଖ ଧର୍ମଗୁଡ଼ିକର ପ୍ରତିକ୍ରିୟା କଣ ? ସେତେବେଳେ ଫ୍ରେ' ବିଶ୍ୱବିଦ୍ୟାଳୟର ଅଧକ୍ଷ ଆମକୁ ଏକ ଭୋଜିକୁ ନିମନ୍ତ୍ରଣ କରିଥିଲେ। ସେହି ଭୋଜିସଭାରେ ସେ କହିଥିଲେ ଯେ ତାଙ୍କର ପରବର୍ତ୍ତୀ ଉତ୍ତରାଧିକାରୀ ବିଶ୍ୱବିଦ୍ୟାଳୟର ଜଣେ ଗ୍ରାଜୁଏଟ ଛାତ୍ର ହେବାକୁ ଯାଉଛି। ବିଶ୍ୱବିଦ୍ୟାଳୟର ସମ୍ବିଧାନରେ ଯେଉଁ ପରିବର୍ତ୍ତନ ଘଟିଛି ସେଥିରେ ସିନେଟ୍‌ରେ ଛାତ୍ର, କର୍ମଚାରୀ ଓ ଅଧ୍ୟାପକମାନଙ୍କର ସମାନ ପ୍ରତିନିଧିତ୍ୱ ରହିଛି। ତେଣୁ ବର୍ଲିନରେ ଛାତ୍ର ଏବଂ କର୍ମଚାରୀ ଏକତ୍ର ମିଶି ଜଣେ ଛାତ୍ର ପ୍ରାର୍ଥୀଙ୍କୁ ନିର୍ବାଚନରେ ଠିଆ କରାଇ ଅଧକ୍ଷ ପଦକୁ ନିର୍ବାଚିତ କରାଇଛନ୍ତି। ଏବେ ସେହି ଛାତ୍ରଟିର ଚିନ୍ତା ପଡ଼ିଛି ଯେ ନିଜ ଡକ୍ଟରାଲ ଡିପ୍ଲୋମା ସାର୍ଟିଫିକେଟରେ ସେ କେମିତି ନିଜେ ସ୍ୱାକ୍ଷର କରିବ।

ଏହା ନିଶ୍ଚିତ ଯେ ଏଭଳି କେତେକ ମାତ୍ରାତିରିକ୍ତ ଉଦ୍ଭଟ ଘଟଣାର ସଂଶୋଧନ କରାଯାଇଥିଲା। କେତେକ ପରିବର୍ତ୍ତନକୁ ମଧ୍ୟ ବାତିଲ କରାଯାଇଥିଲା। କିନ୍ତୁ ବିଶ୍ୱବିଦ୍ୟାଳୟଗୁଡ଼ିକ ପୂର୍ବରୁ ଯାହା ଥିଲା, ଆଉ ତାହା ହୋଇ ରହିନାହିଁ। ଏବେ ସେଥିରେ କେତେକ ମାର୍କ୍ସବାଦୀ ଅଛନ୍ତି, ଆଉ କତିପୟ ମାଓବାଦୀ ମଧ୍ୟ ଅଛନ୍ତି। ଯେମିତି ଆମେରିକାରେ ନୂଆ ପିଢ଼ିର ଛାତ୍ରଛାତ୍ରୀମାନେ ସେମାନଙ୍କର ନିଜର କ୍ୟାରିୟର ପ୍ରତି ଅଧିକ ସଚେତନ। ସେମାନଙ୍କ ମନରେ ଆଦର୍ଶବାଦ ପାଇଁ ଥିବା ଯତ୍‌ସାମାନ୍ୟ ଦୁର୍ବଳତା କେବଳ 'ପରିବେଶ ମଧ୍ୟରେ' ସୀମିତ। ଜର୍ମାନୀରେ ପରିବେଶ ଏବଂ 'ବିଶ୍ୱ' ପାଇଁ ସଚେତନତା ଆମେରିକା ତୁଳନାରେ ଅଧିକ ସୁଦୃଢ଼। ମୋ ପାଇଁ ଏହା ଖୁସିର କଥା ଯେ କେବଳ ଜଣେ ବ୍ୟକ୍ତି ଏଭଳି ସଚେତନତା ପାଇଁ ଏକକ ଭାବେ ଦାୟୀ। ସେ ହେଉଛନ୍ତି ହାନ୍ସ ଜୋନାସ। ନ୍ୟୁ ସ୍କୁଲରେ ଅଧ୍ୟାପନା ଦିନଠାରୁ ସେ ମୋର ଜଣେ ସହକର୍ମୀ ଓ ଘନିଷ୍ଠ ବନ୍ଧୁଭାବେ ପରିଚିତ ଥିଲେ। ତେବେ ତାଙ୍କ ସମ୍ପର୍କରେ ମୁଁ ପରେ ଅଧିକ କିଛି ଲେଖିବି।

ମୁଁ ଯେତେବେଳେ ଜଣେ ଛାତ୍ର ଭାବେ ଜର୍ମାନୀକୁ ଆସିଥିଲି, ସେତେବେଳେ ହିଟଲରଙ୍କ ନିର୍ଯାତନା ଶିବିର (କନସେନ୍‌ଟ୍ରେସନ୍ କ୍ୟାମ୍ପ) ବିଷୟରେ ଅଧିକ କିଛି ଜାଣି ନ ଥିଲି । ଏକଥା ସୁନିଶ୍ଚିତ । ଏପରିକି 'ଚୂଡ଼ାନ୍ତ ଫଇସଲା' ଓ 'ଇହୁଦୀ ସମସ୍ୟା' ବିଷୟରେ ସୁଦ୍ଧା ଅଜ୍ଞ ଥିଲି । ମୁଁ ଯେଉଁ ଲୋକମାନଙ୍କ ସହ ଏ ସମ୍ପର୍କରେ କଥାବାର୍ତ୍ତା କରୁଥିଲି, ସେମାନେ ଏ ବିଷୟରେ କ୍ୱଚିତ ଅବଗତ ଥିଲେ ବୋଲି କହୁଥିଲେ । କେବଳ ଛାତ୍ରମାନଙ୍କ ସହ ନୁହେଁ, ଯେଉଁମାନେ କି ଦ୍ୱିତୀୟ ବିଶ୍ୱଯୁଦ୍ଧରେ ଲଢ଼ିଥିଲେ ସେମାନେ ବି ସେହିକଥା କହୁଥିଲେ । (ଏପରିକି କିଛି ଲୋକ ଏକଥା କହିବାର ମଧ୍ୟ ମୁଁ ଶୁଣିଛି ଯେ କେବଳ ଇହୁଦୀମାନଙ୍କ ପ୍ରତି ଗ୍ରହଣ କରିଥିବା ନୀତି ଏବଂ ରୁଷିଆ ଆକ୍ରମଣକୁ ଛାଡ଼ିଦେଲେ ଅନ୍ୟ ସବୁ କଥାରେ ହିଟଲର ଠିକ୍ ଥିଲେ !) ଯେଉଁମାନଙ୍କ ମନରେ ସାମାନ୍ୟ ସଂକୋଚ ଅବା ଅପରାଧବୋଧ ଥିଲା, ସେମାନେ କହୁଥିଲେ, 'ଆମେ ଜାଣୁନା ପ୍ରକୃତରେ ଇହୁଦୀମାନଙ୍କ ପ୍ରତି କି ପ୍ରକାର ଆଚରଣ ପୋଷଣ କରାଯାଉଥିଲା । ଆମେ ଆମ ଟାଉନ୍‌ରେ ଇହୁଦୀମାନଙ୍କୁ ଧରି ନେଇଯିବାର କେବଳ ଦେଖିଛୁ । ସେତେବେଳେ ଆମେ ଭାବୁଥିଲୁ ଯେ ସେମାନଙ୍କ ନିରାପତ୍ତା ଲାଗି ସେମାନଙ୍କୁ ଅନ୍ୟ କୌଣସି ଏକ ନିରାପଦ ସ୍ଥାନକୁ ନିଆଯାଉଛି । କେବଳ ଯୁଦ୍ଧ ଶେଷ ହେବାପରେ ସେମାନଙ୍କ ପ୍ରତି ଏଭଳି ଭୟଙ୍କର ଘଟଣା ଘଟିଥିବା ଆମେ ଜାଣିବାକୁ ପାଇଥିଲୁ ।' ଏକଥା ବିଶ୍ୱାସ କରିବା ସହଜ ନୁହେଁ, କିନ୍ତୁ କେତେକ କ୍ଷେତ୍ରରେ ସେମାନଙ୍କୁ ଅବିଶ୍ୱାସ କରିବା ପାଇଁ ମଧ୍ୟ ମୋ ନିକଟରେ କୌଣସି କାରଣ ନ ଥିଲା । ପାର୍ଟ୍‌ଜିଗ୍ ଥରେ ମୋତେ କହିଥିଲେ,'ତାଙ୍କୁ ଉତ୍ତମରୂପେ ମୁଁ ଜାଣିଥିବା ସତ୍ତ୍ୱେ ତାଙ୍କ କଥାକୁ ମୁଁ ବିଶ୍ୱାସ କରିଥିଲି ଯେ ତାଙ୍କ ବାପା ଯିଏକି ହିଟଲରଙ୍କ ନୌସେନାରେ ଜଣେ ଆଡମିରାଲ ଥିଲେ, ସେ ମଧ୍ୟ ୧୯୪୩ ମସିହା ପର୍ଯ୍ୟନ୍ତ ନିର୍ଯାତନା ଶିବିରରେ ଏଭଳି ଗଣହତ୍ୟା କଥା ଜାଣି ନ ଥିଲେ ।' କିଏ ଜାଣିଥିଲା ଅବା କିଏ ଜାଣି ନ ଥିଲା ସେ ପ୍ରଶ୍ନ ଭିନ୍ନ । କିନ୍ତୁ ଏକଥା ମୁଁ ସ୍ୱୀକାର କରିବି ଯେ ଭାରତରେ ବିଶ୍ୱଯୁଦ୍ଧ ପୂର୍ବରୁ ଏବଂ ବିଶ୍ୱଯୁଦ୍ଧ ସମୟରେ 'ହୋଲୋକଷ୍ଟ୍' ବିଷୟରେ ଲୋକମାନେ ସଂପୂର୍ଣ୍ଣ ଅନଭିଜ୍ଞ ନଥିଲେ, ଅପରପକ୍ଷେ ଅଧିକତର ଭାବେ ହିଟଲରଙ୍କୁ ପ୍ରଶଂସା ମଧ୍ୟ କରୁଥିଲେ । ମୋର ମନେ ଅଛି ମୁଁ ସେତେବେଳେ ହାଇସ୍କୁଲରେ ପଢୁଥିଲି । ମୋର ମନେ ନାହିଁ କେଉଁ ନିର୍ଦ୍ଦିଷ୍ଟ ଖବର କାଗଜରେ- ତଥାପି ଭାରତୀୟ ସମ୍ବାଦପତ୍ରମାନଙ୍କରେ ଆଡଲ୍ଫ ହିଟଲରଙ୍କୁ ପ୍ରଶଂସା କରି ସମ୍ବାଦମାନ ପ୍ରକାଶ ପାଇଥିଲା । ଜାତୀୟ ସମାଜବାଦ କିମ୍ବା ହିଟଲରଙ୍କ ନୀତି- ତାହା ଘରୋଇ ହୋଇଥାଉ କିମ୍ବା ବୈଦେଶିକ ନୀତିକୁ ପ୍ରଶଂସା କରି ସେଭଳି ଖବରମାନ ଅବଶ୍ୟ ଛପି ନ ଥିଲା, ବରଂ

ହିଟଲରଙ୍କୁ ଜଣେ ମହାନ ଆଦର୍ଶବାଦୀ, ଆଧ୍ୟାତ୍ମିକ ଶକ୍ତି ଭାବେ ପ୍ରଶଂସା କରାଯାଇଥିଲା। ଜଣେ ହିନ୍ଦୁ ବ୍ରହ୍ମଚାରୀ ଭଳି ସେ ଥିଲେ ବ୍ରହ୍ମଚର୍ଯ୍ୟଧାରୀ ଓ ନିରାମିଷାସୀ। ସେ ଧୂଆଁ ପିଉ ନ ଥିଲେ କି ମଦ୍ୟପାନ କରୁ ନ ଥିଲେ। ଏହା ବ୍ୟତୀତ ବ୍ରିଟିଶ ଓ ଫରାସୀମାନେ ଭର୍ସାଇଲ୍ସ ଚୁକ୍ତିରେ ଜର୍ମାନୀକୁ ଯେଉଁଭଳି ଅପଦସ୍ତ କରିଥିଲେ ସେ ତାହାକୁ ସଂଶୋଧନ କରିବାକୁ ଚାହୁଁଥିଲେ ଏବଂ ସର୍ବୋପରି ସେ ବ୍ରିଟିଶ୍ ବିରୁଦ୍ଧରେ ଲଢୁଥିଲେ। ଯିଏକି ଥିଲେ ସେତେବେଳେ ଭାରତର ଉପନିବେଶବାଦୀ ଶାସକ। କଟକରେ ମୁଁ ଆମ କଲେଜ ପାଠାଗାରରୁ ହିଟଲରଙ୍କ ଦ୍ୱାରା ଲିଖିତ'ମେଁ କାମ୍ପ୍' ବହିଖଣ୍ଡିଏ ନେଇ ପଢ଼ିଥିଲି ଓ ସେଥିରୁ ଆବିଷ୍କାର କରିଥିଲି ଯେ ହିଟଲରଙ୍କ ବିବେଚନାରେ ଭାରତୀୟମାନେ ଆର୍ଯ୍ୟ ନୁହନ୍ତି। ଅଧିକାଂଶ ଭାରତୀୟଙ୍କ ଦ୍ୱାରା ନାଜିବାଦ ଓ ଫାସୀବାଦର ଅସଲ ଚେହେରା ଠିକ୍‌ଭାବେ ଦୃଶ୍ୟ ହୋଇ ନ ଥାଏ। (ଏପରିକି କିଛି ଉତ୍ତମ ରାଜନେତାଙ୍କ ଦ୍ୱାରା ମଧ୍ୟ)। ସେଥିରୁ ନେହେରୁ ଥିଲେ ଜଣେ ବ୍ୟତିକ୍ରମ। ନେହେରୁ ହିଁ ପ୍ରଥମେ ନାଜିବାଦ ଓ ଫାସିବାଦ କ'ଣ ଓ ସେମାନଙ୍କ ଉଦ୍ଦେଶ୍ୟ କ'ଣ ସେ ସଂପର୍କରେ ଗାନ୍ଧୀଙ୍କ ମନରେ ସ୍ଥୂଳ ଧାରଣା ସୃଷ୍ଟି କରିଥିଲେ। ଏପରିକି ସୁଭାଷଚନ୍ଦ୍ର ବୋଷଙ୍କ ଭଳି ଜଣେ ନିରୁତା ରାଜନେତା ଆଶା କରୁଥିଲେ ଯେ ଭାରତକୁ ବ୍ରିଟିଶ ଶାସନରୁ ମୁକ୍ତ କରିବା ଲାଗି ନାଜି ଜର୍ମାନୀ ତାଙ୍କୁ ସାହାଯ୍ୟ କରିବ। ଏପରିକି କବି ରବୀନ୍ଦ୍ରନାଥ ଟାଗୋରଙ୍କୁ ମୁସୋଲିନୀ କୌଣସିମତେ ଇଟାଲୀ ଗସ୍ତରେ ଯିବା ଲାଗି ଏକ ଆମନ୍ତ୍ରଣ ଗ୍ରହଣ କରିବାକୁ ରାଜି କରାଇ ପାରିଥିଲେ। କିନ୍ତୁ ରୋମାଁ ରୋଁଲା ତାଙ୍କୁ ସବୁକଥା ଅବଗତ କରାଇ ସେଥିରୁ ନିବୃତ୍ତ ରଖି ପାରିଥିଲେ। ରୋମାଁ ରୋଁଲା ରବୀନ୍ଦ୍ରନାଥଙ୍କୁ ବୁଝାଇ ପାରିଥିଲେ ଯେ ମୁସୋଲିନୀ ଚରିତ୍ର କହିଲେ କ'ଣ ବୁଝାଏ ଏବଂ ତାଙ୍କର ଅସଲ ଉଦ୍ଦେଶ୍ୟ କ'ଣ ?

ଏପରିକି ଏବେ ମଧ୍ୟ ଆମେରିକାରେ ବସବାସ କରୁଥିବା କିଛି ଭାରତୀୟଙ୍କୁ ମୁଁ ଭେଟିଛି, ଯେଉଁମାନେ କି ଅତି ଉଚ୍ଚକୋଟୀର ବୈଜ୍ଞାନିକ ଓ ଇଞ୍ଜିନିୟର, ଏବଂ ଯେଉଁମାନେ (ଅବଶ୍ୟ ଅତି ବିରଳ ଭାବରେ) ଆଶଙ୍କା ପ୍ରକଟ କରନ୍ତି ଯେ ପ୍ରକୃତିରେ ହୋଲୋକଷ୍ଟ ବୋଲି କୌଣସି ଘଟଣା ଘଟିଥିଲା କି ? (ଏଭଳି ମତପୋଷଣ କରୁଥିବା ବିଚିତ୍ର ଐତିହାସିକମାନେ ସବୁଠାରେ ଅଛନ୍ତି), କିନ୍ତୁ ସେମାନେ (ଅଧିକାଂଶ ସମୟରେ କହିଥାଆନ୍ତି ଯେ ଅନ୍ୟ ଯେକୌଣସି ଗଣହତ୍ୟା ଭଳି ହୋଲୋକଷ୍ଟ ଆଉ ଏକ ଘଟଣା) ଏବଂ ପୃଥିବୀରେ ଏଭଳି ଘଟଣା ସବୁବେଳେ ଘଟିଚାଲିଛି। ଜର୍ମାନୀରେ କିମ୍ବା ସମ୍ଭବତଃ ଅନ୍ୟତ୍ର ମଧ୍ୟ ଏଭଳି ଲୋକ ଅଛନ୍ତି, ଯେଉଁମାନେ ଭାବନ୍ତି ଯେ ସେ ସମୟରେ ହତ୍ୟା କରାଯାଇଥିବା ଇହୁଦୀଙ୍କ ସଂଖ୍ୟାକୁ ଅତିରଞ୍ଜିତ କରି ବର୍ଣ୍ଣନା କରାଯାଉଛି।

ତାହା କଦାପି ଛଅ ନିୟୁତ ନୁହେଁ। ଅତି ବେଶୀରେ ଦୁଇରୁ ଚାରି ନିୟୁତ ଲୋକଙ୍କୁ ହତ୍ୟା କରାଯାଇଥିଲା ବୋଲି ସେମାନଙ୍କର ମତ। ସତେ ଯେପରି ଅପରାଧର ଗୁରୁତ୍ୱ ଏହିସବୁ ସଂଖ୍ୟା ବୃଦ୍ଧି ଅବା ହ୍ରାସ ଉପରେ ନିର୍ଭରଶୀଳ! ସେମାନେ ହୋଲୋକଷ୍ଟର ଏଭଳି ଅଭିନବ ଚିନ୍ତାଧାରା ଏବଂ ତା'ର ଭୟଙ୍କର ସ୍ୱରୂପକୁ କେବେ ଦେଖିପାରନ୍ତି ନାହିଁ। ଏଭଳି ଘଟଣା ଥିଲା ରାଷ୍ଟ୍ର ପ୍ରାୟୋଜିତ, ଆଦର୍ଶବାଦ ପ୍ରଚୋଦିତ ଏବଂ ଅମଲାତାନ୍ତ୍ରିକ ଭାବରେ ସଂଗଠିତ ଏବଂ ଭୟଙ୍କର ଗଣହତ୍ୟାର ସୁଚିନ୍ତିତ ଯୋଜନା, ଯାହା ମାଧ୍ୟମରେ ଏକ ସମଗ୍ର ସମ୍ପ୍ରଦାୟକୁ କୌଣସି ବ୍ୟକ୍ତିଗତ ଘୃଣା ବା ଆକ୍ରୋଶ ନ ଥାଇ ସମ୍ପୂର୍ଣ୍ଣରୂପେ ନିଶ୍ଚିହ୍ନ କରିଦେବାର ପ୍ରୟାସ।

ମୁଁ ପ୍ରଥମ ଥର ଜର୍ମାନୀ ଗସ୍ତ କରିବାଠାରୁ ହୋଲୋକଷ୍ଟ ସମ୍ପର୍କରେ ଅଦ୍ୟାବଧି ମୁଁ ଅନେକ କଥା ଶିକ୍ଷାଲାଭ କରିଛି। କେବଳ ମୁଁ ନୁହେଁ, ସମଗ୍ର ବିଶ୍ୱ ମଧ୍ୟ ଏହା ଜାଣିବାକୁ ପାଇଛି। ସେତେବେଳେ ଏକଥା ମୋ ମନକୁ ଯେତିକି ଆଚ୍ଛନ୍ନ କରିଥିଲା, ଆଜି ତାହା ଅଧିକ ଆକ୍ରାନ୍ତ କରିଛି।

ଥରେ ମୁଁ ବୋକମ୍ ବିଶ୍ୱବିଦ୍ୟାଳୟର ବହି ଦୋକାନରୁ ଖଣ୍ଡିଏ ଛୋଟ ପେପରବ୍ୟାକ୍ ପୁସ୍ତିକା କିଣିଥିଲି। ବହିଟିର ନାଁ '*Heidegger im Kontext*' ଥିଲା। ହାଇଡେଗାରଙ୍କ ମନରେ ନାଜିବାଦ ପ୍ରତି ଥିବା ଶ୍ରଦ୍ଧାକଥା ସମସ୍ତଙ୍କୁ ଭଲଭାବେ ଜଣା ଏବଂ ତାଙ୍କଦ୍ୱାରା ଲିଖିତ '*Rektoratsrede*' ପୁସ୍ତକ ଅତିମାତ୍ରାରେ ଘୃଣାବ୍ୟଞ୍ଜକ। ଏହି ବହିଟିରେ ହାଇଡେଗାର ନାଜୀବାଦକୁ ଜର୍ମାନୀରେ ତାଙ୍କ ସହକର୍ମୀମାନଙ୍କ ମନୋଭାବ ଏବଂ ସିଦ୍ଧାନ୍ତକୁ ପ୍ରମାଣିତ କରିବାର ଏକ ପ୍ରୟାସ ମାତ୍ର। ନାଜୀ ଶାସନକାଳରେ ଜର୍ମାନୀର ସମସ୍ତ ଦାର୍ଶନିକଙ୍କ ନାଁ ଏଥିରେ ରହିଛି। ନାଜୀ ଦଳର ବିଭିନ୍ନ ସଂଗଠନରେ ସେମାନଙ୍କର ସଦସ୍ୟତା ସମ୍ପର୍କିତ ସମସ୍ତ ତଥ୍ୟ ଉପସ୍ଥାପନ କରାଯାଇଛି। ଫଳସ୍ୱରୂପ ଏହି ବହିଟି ପାଠକମାନଙ୍କ ପାଇଁ ଅତ୍ୟନ୍ତ ନୈରାଶ୍ୟଜନକ ଏବଂ ଘୃଣାବ୍ୟଞ୍ଜକ ଭାବନା ସୃଷ୍ଟି କରେ। ଏପରିକି ବହୁ ବଡ଼ ବଡ଼ ଓ ଉତ୍ତମ ଦାର୍ଶନିକମାନେ, ଯେଉଁମାନଙ୍କୁ ମୁଁ ବେଶ୍ ସମ୍ମାନ ଦିଏ ସେମାନେ ମଧ୍ୟ ଏଭଳି ଘୃଣ୍ୟ ସଂଗଠନଗୁଡ଼ିକରେ ସବୁମତେ ସଦସ୍ୟତା ଗ୍ରହଣ କରିବାର ଇଚ୍ଛା ପ୍ରକାଟ କରିଥିଲେ। ମୁଁ ଜାଣିଛି ଯେ ହାନ୍ସ ଲିପ୍ସଙ୍କ ପରି କେତେକ ଦାର୍ଶନିକ ଏହିଭଳି ସବୁ ସଦସ୍ୟତା ଗ୍ରହଣ କରିଥିଲେ, କାରଣ ଅନ୍ୟଥା ସେମାନଙ୍କୁ ଚାକିରି ଖଣ୍ଡିଏ ସୁଦ୍ଧା ମିଳି ନ ଥାଆନ୍ତା ଓ ସେମାନେ ଭୋକ ଉପାସରେ ଆଉଟୁପାଉଟୁ ହୋଇଥାଆନ୍ତେ। କିନ୍ତୁ ମୁଁ ଯାହା ନିଶ୍ଚିତଭାବରେ ଜାଣେ, ସେମାନଙ୍କ ମଧ୍ୟରୁ ଅନେକ ସ୍ୱଇଚ୍ଛାରେ ନାଜିବାଦକୁ ଗ୍ରହଣ କରିଥିଲେ। ଆହୁରି ଅନେକ ଚାମ୍ବରଲେନ୍‌ଙ୍କ ଜାତିବାଦ ସମ୍ପର୍କିତ ଘୃଣ୍ୟ

ଗବେଷଣା ପ୍ରତିଷ୍ଠାନରେ ସାମିଲ ହୋଇଥିଲେ! ମୁଁ ଜାଣି ଆଶ୍ୱସ୍ତ ହୋଇଥିଲି ଯେ ଯୋଶେଫ କୋନିଗ୍ ଏଥିରୁ ସମ୍ପୂର୍ଣ୍ଣରୂପେ ମୁକ୍ତ ଥିଲେ। ମୁଁ ଜାଣିଥିଲି ଯେ କୋନିଗ୍‌ଙ୍କ ନାମ ଗେଟିଂଗେନ୍‌ରେ ଅଧ୍ୟାପକ ଚାକିରି ପାଇଁ ଯେତେବେଳେ ବିଚାର କରାଯାଇଥିଲା ଏବଂ ତାଙ୍କୁ ବର୍ଲିନରେ ଥିବା ପ୍ରସିଦ୍ଧ ନାଜୀ ଦାର୍ଶନିକ ବମଲର୍‌ଙ୍କୁ ଭେଟିବାକୁ କୁହାଯାଇଥିଲା, ସେମାନଙ୍କ ମଧ୍ୟରେ ଅନେକ ସମୟ ଧରି କଥୋପକଥନ ହୋଇଥିଲା। ପରିଶେଷରେ ବମଲର୍ କୋନିଗ୍‌ଙ୍କୁ କହିଥିଲେ,'ମିଷ୍ଟର କୋନିଗ୍, ଆପଣ ଜଣେ ଆଜନ୍ମ ଦାର୍ଶନିକ ଏବଂ ମୁଁ ଯେତିକି ଜାଣେ ଆପଣ ଦର୍ଶନଶାସ୍ତ୍ର ବିନା ଅନ୍ୟ କିଛି କରିପାରିବେ ନାହିଁ । ଯଦି ମୁଁ ଆପଣଙ୍କ ରାଜନୈତିକ ଚିନ୍ତାଧାରାକୁ ବିଚାରକୁ ନିଏ, ତେବେ ଆପଣ ଏ ଚାକିରି ପାଇବାର ତିଳେ ହେଲେ ଆଶା ନାହିଁ। କିନ୍ତୁ ଆପଣଙ୍କଠାରେ ଥିବା ସ୍ୱତନ୍ତ୍ର ଦାର୍ଶନିକ ପାଣ୍ଡିତ୍ୟକୁ ବିଚାରକୁ ନେଇ ମୁଁ ଆପଣଙ୍କ ନାଁ ସୁପାରିସ କରୁଛି।'ପ୍ରସିଦ୍ଧ ଶାସ୍ତ୍ରବିତ୍ କାର୍ଲ ରେନହାଟ୍ ତାଙ୍କ ସ୍ମୃତିଚାରଣ କରି କହନ୍ତି, 'ଲିପ୍ସ୍‌ଙ୍କୁ ଫ୍ରାଙ୍କ୍‌ଫର୍ଟ ବିଶ୍ୱବିଦ୍ୟାଳୟରେ କିଭଳି ଏକ ପ୍ରଫେସର ଚେୟାର ମିଳିଥିଲା। ଫ୍ରାଙ୍କଫର୍ଟରେ ଦର୍ଶନ ବିଭାଗର ଏହି ଚେୟାର ପାଇଁ ଯେତେବେଳେ ସୁପାରିସ କରିବା ନିମନ୍ତେ ଏକ କମିଶନ ଗଠନ କରାଗଲା, ସେତେବେଳେ ସେ ବିଭାଗରେ ଅନ୍ୟ ଦୁଇଜଣ ପ୍ରଫେସର ଥିଲେ। ଉଭୟ ଥିଲେ ନାଜୀବାଦରେ ବିଶ୍ୱାସୀ। କିନ୍ତୁ ସେମାନଙ୍କର ସେଭଳି କୌଣସି ଉଲ୍ଲେଖନୀୟ ପାଣ୍ଡିତ୍ୟ ନ ଥିଲା। ତେବେ ସେମାନଙ୍କ ନାମ ବିବେଚନା କରିବାକୁ ଉଭୟ ଅନୁରୋଧ କରିଥିଲେ। କମିଶନ ଉଭୟଙ୍କ ପ୍ରାର୍ଥୀତ୍ୱକୁ ନାକଚ କରି ହାଇଡେଗାର(ଯିଏକି ଜଣେ ନାଜୀ ଥିଲେ)ଙ୍କ ନିକଟକୁ ସୁପାରିସ ପାଇଁ ଏକ ପତ୍ର ଲେଖିଥିଲେ। ହାଇଡେଗାର ଲିପ୍ସଙ୍କ ନାମ ସୁପାରିସ କରିଥିଲେ। ଲିପ୍ସ ଥିଲେ ଜଣେ ବିଚକ୍ଷଣ ଦାର୍ଶନିକ ଏବଂ ସେତେବେଳେ ସେ ନୂଆକରି ନାଜୀ ସଂଗଠନରେ ଯୋଗ ଦେଇଥିଲେ।

ମୁଁ ଯେତେବେଳେ ଏସବୁ କଥାକୁ ଦେଖୁଛି ଏବଂ ଜର୍ମାନ ଦାର୍ଶନିକମାନେ ନାଜୀଙ୍କ ସହ କେତେମାତ୍ରାରେ ସାଲିସ କରିଥିଲେ ସେ କଥା ଭାବୁଛି, ସେତେବେଳେ ଦର୍ଶନଶାସ୍ତ୍ର ପ୍ରତି ମୋ ଅନ୍ତରରେ ଥିବା ଶ୍ରଦ୍ଧା ସର୍ବନିମ୍ନ ସ୍ତରକୁ ଖସିଆସୁଛି। ଜଣେ ସାଧାରଣ ଲୋକ ଯଦି ସ୍ପଷ୍ଟଭାବରେ କୌଣସି କଥା ବୁଝି ନ ପାରେ ମୁଁ ତାଙ୍କୁ କ୍ଷମା ଦେଇପାରେ। ସେହି ବ୍ୟକ୍ତି ଯଦି ଶକ୍ତିଶାଳୀ ପ୍ରୋପାଗଣ୍ଡାର ଶିକାର ହୁଏ ତଥାପି ସେ କ୍ଷମଣୀୟ। କିନ୍ତୁ ଦାର୍ଶନିକମାନେ ସ୍ୱାଧୀନଭାବରେ ଚିନ୍ତା କରିବା ପାଇଁ ସଭିଏଁ ପ୍ରତ୍ୟାଶା ରଖନ୍ତି। ସେମାନେ ଜ୍ଞାନକୁ ଭଲ ପାଇବା ଆଶା କରାଯାଏ। ତାହାହେଲେ ହାଇଡେଗାରଙ୍କ ଭଳି ଜଣେ ଜ୍ଞାନପ୍ରେମୀ ଏବଂ ଆତ୍ମଘୋଷିତ ଚିନ୍ତକ କିଭଳି ନିଜ

ପୁସ୍ତକରେ ହିଟଲରଙ୍କୁ ପ୍ରଶଂସା କରିପାରିଲେ ? ଏହି ପରିପ୍ରେକ୍ଷୀରେ ହସେର୍ଲ ଓ ଜାସ୍ପର୍ସଙ୍କୁ ମଡେଲ ଭାବରେ ଗ୍ରହଣ କରାଯାଇପାରେ । ଯଦିଚ ରାଜନୈତିକ ଦୃଷ୍ଟିକୋଣରୁ ହସେର୍ଲ ଅବଶ୍ୟ ଥିଲେ ରୂଢ଼ିବାଦୀ, ତଥାପି ସେ କାହାରି ଜାଲରେ ଧରାଦେବା ଭଳି ବ୍ୟକ୍ତି ନ ଥିଲେ । ସେଥିପାଇଁ ନିଜେ ଚୟନ କରିଥିବା ଜଣେ ଉତ୍ତରାଧିକାରୀଙ୍କ ଦ୍ୱାରା ଇହୁଦୀ ଐତିହ୍ୟ କାରଣରୁ ତାଙ୍କୁ ଅନେକ ଘୃଣା ଓ ଅପମାନର ଶିକାର ହେବାକୁ ପଡ଼ିଥିଲା ।

ତା'ହେଲେ ବିଶ୍ୱଯୁଦ୍ଧ ପରେ ଯେତେବେଳେ ନିଜର ତ୍ରୁଟିକୁ ସେ ଆବିଷ୍କାର କରିଥିଲେ, ସେତେବେଳେ ହାଇଡେଗାର କାହିଁକି ତାହା ସ୍ୱୀକାର କରି ନ ଥିଲେ ? କାହିଁକି ନିଜର ଭୁଲ ମାନି ନ ଥିଲେ ? ବରଂ ନିଜର ସେହି ପାଣ୍ଡିତ୍ୟ ଓ ଛଳନାପୂର୍ଣ୍ଣ ଆଲୋଚନା ଭିତରେ ଅନ୍ୟମାନଙ୍କୁ ନିୟୋଜିତ ରଖି ଭୂଆଁ ବୁଲେଇ ବିଭ୍ରାନ୍ତ କରିବାକୁ ଚେଷ୍ଟା କରିଥିଲେ । ହାନା ଆରେଣ୍ଟ୍ ଥରେ ମୋତେ କହିଥିଲେ ଯେ ହାଇଡେଗାର ନିଜ ଦୋଷ ସ୍ୱୀକାର କରି କ୍ଷମାପ୍ରାର୍ଥୀ ହୋଇଥିବା କଥା ତାଙ୍କୁ କହିଥିଲେ । କିନ୍ତୁ ସର୍ବସାଧାରଣରେ ହାଇଡେଗାର ଏକଥା କେବେ କହି ନ ଥିଲେ କିମ୍ବା ଏକଥା କୌଣସିଠାରେ ଲେଖି ନ ଥିଲେ । ଅବଶ୍ୟ ତାଙ୍କ ଦର୍ଶନ ପ୍ରତି ମୁଁ ସଦାବେଳେ ସହନଶୀଳ ରହିଆସିଛି । ହାନା ଆରେଣ୍ଟ୍ ମୋତେ ଶିଖାଇଥିଲେ କେମିତି ୧୯୩୦ ଦଶକରେ ହାଇଡେଗାରଙ୍କ ଦର୍ଶନଠାରୁ ତାଙ୍କର ରାଜନୈତିକ ଚିନ୍ତାଧାରାକୁ ପୃଥକ୍ କରି ଅଧ୍ୟୟନ କରିବାକୁ ପଡ଼ିବ । ମୁଁ ସେପରି କରିବାକୁ ଚେଷ୍ଟା କରିଥିଲି । ହାଇଡେଗାରଙ୍କ ଦର୍ଶନ ପ୍ରତି ମୁଁ ଯେତିକି ସହାନୁଭୂତିଶୀଳ ହେବା କଥା, ତାହା ମଧ୍ୟ ହୋଇଥିଲି । କିନ୍ତୁ ମୋ ମନରେ ଏବେସୁଦ୍ଧା ଏକ ସନ୍ଦେହ ତଥାପି ଅସମାହିତ ରହିଛି: 'ହାଇଡେଗାରଙ୍କ ଦାର୍ଶନିକ ଚିନ୍ତାଧାରା କ'ଣ ରାଜନୈତିକ ଦୋଷତ୍ରୁଟିଠାରୁ ସମ୍ପୂର୍ଣ୍ଣ ମୁକ୍ତ ? ମୁଁ ଯେତେବେଳେ ଜର୍ମାନୀରେ ଅଛି, ଏଭଳି ଚିନ୍ତା ମୋ ମନକୁ ଆସିବା ସ୍ୱାଭାବିକ । କିନ୍ତୁ ହଠାତ୍ ଏକ ବିଚିତ୍ର ଘଟଣା ଘଟିଲା । ମୁଁ ଜର୍ମାନ ସମ୍ବାଦପତ୍ରରେ ଗୋଟିଏ ଖବର ପଢ଼ିବାକୁ ପାଇଲି । ତାଙ୍କର ୯୮ତମ ଜନ୍ମଦିନରେ, ପ୍ରସିଦ୍ଧ ଜର୍ମାନ ଲେଖକ ଏର୍ଣ୍ଣଷ୍ଟ ଜୁଙ୍ଗର୍, ଯାହାଙ୍କର ଫାଶୀବାଦୀ ଅନ୍ଧକାରାଚ୍ଛନ୍ନ ଅତୀତ ବିଷୟରେ ସମସ୍ତେ ଅବଗତ, ତାଙ୍କୁ ଦୁଇଜଣ ବିଶିଷ୍ଟ ବ୍ୟକ୍ତି ତାଙ୍କ ବାଭାରିଆନ ଗ୍ରାମରେ ସାକ୍ଷାତ କରିଥିଲେ । ସେଥିମଧ୍ୟରୁ ଜଣେ ଥିଲେ ଜର୍ମାନୀର ଚାନସେଲର୍ ହେଲମଟ୍ କୋଲ ଏବଂ ଅନ୍ୟ ଜଣେ ଥିଲେ ଫ୍ରାନ୍ସର ରାଷ୍ଟ୍ରପତି ଫ୍ରାଙ୍କୋଁ ମିତରାଁ । ଜଣେ ଫରାସୀ ରାଷ୍ଟ୍ରପତି ଜୁଙ୍ଗରଙ୍କୁ ଭେଟିବା ଘଟଣାକୁ ଜଣେ ସାଧାରଣ ଲୋକ କେଉଁଭଳି ଭାବରେ ଗ୍ରହଣ କରିବ ? ଏକଥା କ'ଣ ସତ ଯେ ଜୁଙ୍ଗର୍ ତାଙ୍କର ନାଜୀବାଦୀ ଚିନ୍ତାଧାରାକୁ ପରିହାର କରିଛନ୍ତି ? ଯଦି ଜଣେ ତାଙ୍କ ପ୍ରତି ନିରପେକ୍ଷ ହୁଏ, ତେବେ କୁହାଯିବ ଯେ ସେ କେବେ

ନାଜୀପାର୍ଟିର ସଦସ୍ୟ ନ ଥିଲେ । ଏପରିକି ସେ ହିଟଲରଙ୍କ ନୀତିକୁ କଡ଼ା ସମାଲୋଚନା କରୁଥିଲେ । ତଥାପି ଏହି ଦୁଇ ବିଶିଷ୍ଟ ବ୍ୟକ୍ତିଙ୍କ ପରିଦର୍ଶନ ଏକ ରହସ୍ୟ ହୋଇ ରହିଛି । ମୋର ବନ୍ଧୁ ଐତିହାସିକ ଭନ୍ ଥାଡେନ୍ ଏଭଳି ପରିଦର୍ଶନ ସମ୍ପର୍କରେ ଅନୁମାନ କରି ତାକୁ ଉଚିତ ବୋଲି ଯୁକ୍ତି ଦର୍ଶାଇଥିଲେ । କିନ୍ତୁ ତାଙ୍କ ଯୁକ୍ତିରେ ମୁଁ କଦାପି ସନ୍ତୁଷ୍ଟ ହୋଇପାରି ନ ଥିଲି ।

୧୯୯୩ ମସିହା ଅଗଷ୍ଟ ୧୫ ତାରିଖ ଦିନ ଚାରିମାସର ଜର୍ମାନୀ ରହଣୀ ପରେ ମୁଁ ଫିଲାଡେଲଫିଆକୁ ଫେରିଥିଲି । ଗୁନ୍ଥର ପାଟଜୀଗ୍ ମୋ ସହିତ ଏକ ଚକମକିଆ ଇଣ୍ଟରସିଟି ଏକ୍ସପ୍ରେସ୍ ଟ୍ରେନ୍‌ରେ ଯାତ୍ରା କରି ଫ୍ରାଙ୍କଫର୍ଟ ପର୍ଯ୍ୟନ୍ତ ଆସିଥିଲୁ । ସେଠାରେ ମୁଁ ବିମାନ ଧରିବା ପରେ ସେ ମୋତେ ବଳାଇ ଦେଇ ଫେରି ଯାଇଥିଲେ । କୋଲୋନରୁ ଆସି ସେଠାରେ ରାମ ଓ ରେନାଟେ ମୋ ପାଇଁ ଅପେକ୍ଷା କରିଥିଲେ । ତିନିଜଣଯାକ ମୋର ସ୍ୱାସ୍ଥ୍ୟ ସମ୍ପର୍କରେ ବିଶେଷ ଚିନ୍ତିତ ଥିଲେ । ତେଣୁ ମୁଁ ବିମାନରେ ବସିବା ପର୍ଯ୍ୟନ୍ତ ସେମାନେ ମୋ ପାଖେ ପାଖେ ରହିଥିଲେ । ଗେଟିଂଗେନ୍‌ରେ ଶେଷ ସପ୍ତାହ ରହଣିବେଳେ ଛାତିରେ ଯନ୍ତ୍ରଣା ହେବାରୁ ମୋତେ ହସ୍ପିଟାଲରେ ଭର୍ତ୍ତି ହେବାକୁ ପଡ଼ିଥିଲା । ଡାକ୍ତରମାନେ ଅନେକ ପ୍ରକାର ପରୀକ୍ଷାନିରୀକ୍ଷା କରିବା ପରେ ମୋ'ଠାରେ କୌଣସି ସେପରି ସମସ୍ୟା ଥିବା ପାଇ ନ ଥିଲେ । ସେମାନେ ସନ୍ଦେହ କରୁଥିଲେ ଯେ ବୋଧହୁଏ କିଛି କୋରୋନାରି ସମସ୍ୟା ଥାଇପାରେ । ତଥାପି ସେମାନେ ମୋତେ ଜର୍ମାନ ଛାଡ଼ି ଯିବାକୁ ଅନୁମତି ଦେଇଥିଲେ ଏବଂ ପରାମର୍ଶ ଦେଇଥିଲେ ଯେ ଫିଲାଡେଲଫିଆ ପହଞ୍ଚିବା ପରେ ମୁଁ ଆଉ ଥରେ ଭଲକରି ସ୍ୱାସ୍ଥ୍ୟ ପରୀକ୍ଷା କରାଇନେବା ଉଚିତ ହେବ ।

■

ରମାଦେବୀ ଚୌଧୁରୀ

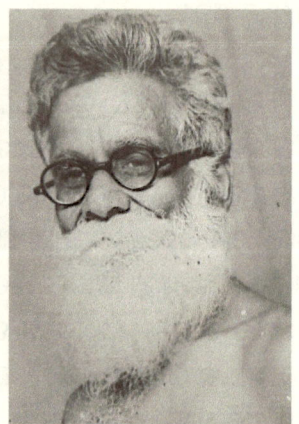
ଗୋପବନ୍ଧୁ ଚୌଧୁରୀ

ନବକୃଷ୍ଣ ଚୌଧୁରୀ

ମାଳତୀ ଚୌଧୁରୀ

ଗାନ୍ଧିବାଦୀ ପରୀକ୍ଷାନିରୀକ୍ଷା

୧୯୫୪ ମସିହା ଶୀତ ଦିନେ ମୁଁ ମୋର ଡକ୍ଟରେଟ ଡିଗ୍ରୀ ହାସଲ କରି ଭାରତକୁ ଫେରିଲି। ଇଟାଲିର *ଲଏଡ୍ ଟ୍ରିଷ୍ଟିନୋ* ନାମକ ଏକ କମ୍ପାନୀର ଯେଉଁ ଜାହାଜରେ ମୁଁ ଭାରତରୁ ୟୁରୋପ ଯାଇଥିଲି, ସେହି କମ୍ପାନୀର ଆଉ ଏକ ଜାହାଜରେ ସ୍ୱଦେଶ ବାହୁଡ଼ିଥିଲି। ଫେରିବା ପୂର୍ବରୁ ମୁଁ ଇଂଲଣ୍ଡ ଓ ଫ୍ରାନ୍ସକୁ ପ୍ରଥମ ଥରଲାଗି ଜଣେ ପର୍ଯ୍ୟଟକ ଭାବରେ ଗସ୍ତ କରିଥିଲି। ସେଠାରେ ବିଭିନ୍ନ ଦର୍ଶନୀୟ ସ୍ଥାନ, ସଂଗ୍ରହାଳୟ, ରାସ୍ତାଘାଟ ଓ ବିପଣୀମାନ ବୁଲି ଦେଖିଥିଲି। ତେବେ ଜଣେ ପର୍ଯ୍ୟଟକ ଭୂମିକା ନିର୍ବାହ ମୋତେ ଆନନ୍ଦ ଦେଇ ନ ଥିଲା। ଏଥିରେ କିଛିଟା କୃତ୍ରିମ ଭାବ ଥିବାପରି ଲାଗିଲା- ଯେମିତି ମନୋଭାବ କିମ୍ବା ଦୃଷ୍ଟିଭଙ୍ଗୀ, ଯେଉଁଥିରେ ସବୁକିଛି ଦୃଶ୍ୟ ହୁଏ, ବିଶେଷକରି ସାଙ୍ଗରେ କ୍ୟାମେରାଟିଏ ଥିଲେ। ମୋର ନିଜସ୍ୱ କ୍ୟାମେରା ନ ଥିଲା। ତେଣୁ ମୁଁ ସବୁକିଛି ଦୃଶ୍ୟ, ରଙ୍ଗ, ଆଲୋକ ଓ ଛାୟା, ମୁହଁ ଓ ଭାବଭଙ୍ଗୀ, ଏପରିକି ସେସବୁ ମୋ ଭିତରେ ଯେଉଁପ୍ରକାର ମନୋଭାବ ସୃଷ୍ଟି କରୁଥିଲା ସେସବୁକୁ ମନେ ରଖିବାକୁ ଚେଷ୍ଟା କରୁଥିଲି। ସେ ଯାହାହେଉ,ଏହି ଜାହାଜ ଯାତ୍ରା ବାରଦିନ ଅବଧିର ଥିଲା। ମୁଁ ମୋର କ୍ୟାବିନ୍‌ରେ ଶୋଇ ଶୋଇ ଇ.ଏମ.ଫୋଷ୍ଟରଙ୍କ *'ପାସେଜ୍ ଟୁ ଇଣ୍ଡିଆ'* ବହି ଖଣ୍ଡିକ ପଢୁଥିଲି କିମ୍ବା ବେଳେବେଳେ ଜାହାଜର ଡେକ୍ ଉପରକୁ ଯାଇ ଠିଆ ହେଉଥିଲି। ଯେତେବେଳେ ସେତକ ସରିଗଲା, ମୁଁ ପୁଣିଥରେ ହାଇଡେଗାରଙ୍କ *'ବିଙ୍ଗ୍ ଆଣ୍ଡ ଟାଇମ୍'* ବହିକୁ ଓଲଟାଇଲି। ଯଦି ସଂସାରରେ କିଛି ଅବାସ୍ତବ ସ୍ଥିତି ଥାଏ, ତା'ହେଲେ ତାହା ହେଉଛି ଗୋଟିଏ ଜାହାଜରେ ଜଳଯାତ୍ରା କରିବା।

କଟକ ରେଳଷ୍ଟେସନରେ ଓହ୍ଲାଇବା ପରେ ମୁଁ ମୋ ବୋଉକୁ ପ୍ରଥମ କରି ବିଧବା ରୂପରେ ଦେଖିଲି। ଆଉ ତା'ସାଙ୍ଗରେ ଥିଲେ ବାଣୀ ଓ ଆମର ଦୁଇ ପିଲା: ଗୋଟିଏ ଝିଅ ଓ ଗୋଟିଏ ପୁଅ। ମନ ଭିତରେ କେମିତି ହର୍ଷ ଓ ବିଷାଦର ଫେଣ୍ଟାଫେଣ୍ଟି

ଭାବନା ସୃଷ୍ଟି ହୋଇଥିଲା। ସଦାବେଳେ ମୋ ଭିତରେ ଏହି ଉଭୟ ଭାବ ହିଁ ବସାବାନ୍ଧି ରହିଥାଏ। ତା'ପରେ କିଛି ଦିନ ବିଶ୍ରାମ ନେବାଲାଗି ମୁଁ ଆମ ଗାଆଁକୁ ଚାଲିଗଲି। ଅନ୍ୟମାନଙ୍କଠାରୁ ବାପାଙ୍କ ଜୀବନର ଶେଷ କେଇ ଦିନର ଘଟଣାସବୁ ଶୁଣିଲି। ସେତେବେଳକୁ ବାପାଙ୍କ ପରଲୋକ ଘଟଣା ସହ ବୋଉ ନିଜକୁ ସାଲିସ କରିନେଇ ସାରିଥିଲା। ତା' ଭିତରେ ସଦାବେଳେ ବିପୁଳ ସାମର୍ଥ୍ୟ ଭରି ରହିଥିଲା। ମୁଁ ପ୍ରଥମ ଥରପାଇଁ ବାବୁନିକୁ ଦେଖିଲି- ମୁଁ ଜର୍ମାନୀରେ ଥିବାବେଳେ ସେ ଜନ୍ମ ହୋଇଥିଲା। ଦି' ଦି'ଟା ପିଲାଙ୍କୁ ପାଳିବା ଏବଂ ବିଶେଷକରି ବାପାଙ୍କ ଦେହାନ୍ତ ପରେ ସେମାନଙ୍କୁ ସମ୍ଭାଳିବାରେ ବାଣୀ ବେଶ୍ ସମସ୍ୟାର ସମ୍ମୁଖୀନ ହୋଇଥିଲା। ଅଧିକାଂଶ ସମୟ ମୋ ଭାଇ ଓ ଭାଉଜ ସେମାନଙ୍କୁ ସମ୍ଭାଳୁଥିଲେ। ସେମାନେ ଦୁହେଁ ମୋ ଦୁଇ ପିଲାଙ୍କ ନିଜ ସନ୍ତାନଭଳି ଯତ୍ନ ନେଉଥିଲେ। ସେତିକିବେଳେ ମୁଁ ମିଟିକୁ ଭଲଭାବରେ ଜାଣିବାକୁ ପାଇଲି ଓ ତା'ସହ ଖେଳିଲି। ମୋତେ ହାତୀ ଭଳି ଆଣ୍ଠେଇବାକୁ କହି ସେ ମୋ ପିଠିରେ ବସେ। ମୁଁ ସେମିତି ଆଣ୍ଠେଇ ଆଣ୍ଠେଇ ତାକୁ ପିଠିରେ ବସାଇ ଚାଲେ। ଯାହା କିଛି ଗୀତ ଶିଖିଥାଏ ମନ ଖୁସିରେ ବୋଲେ ଓ ସେ ତା'ର ସବୁ ଫନ୍ଦିଫିକର ଦେଖାଏ। ପରିବାର ସହ କେଇ ସପ୍ତାହ ଏମିତି ବିତାଇବା ପରେ ମୁଁ ପୁଣି ସେମାନଙ୍କୁ ଛାଡ଼ି ଚାଲିଗଲି।

ସେତିକିବେଳେ ବିନୋବା ଭାବେ ମେଦିନୀପୁର ଓ ବାଲେଶ୍ୱର ସୀମାଦେଇ ଓଡ଼ିଶା ଭିତରକୁ ପଦଯାତ୍ରାରେ ପ୍ରବେଶ କରୁଥାଆନ୍ତି। ସମୟ ୧୯୫୫ ମସିହା ଜାନୁଆରୀ ୨୬ ତାରିଖ। ମୋର ବଡ଼ମାମୁ ଗୋପବନ୍ଧୁ ଚୌଧୁରୀଙ୍କ ମାଧ୍ୟମରେ ଏ ପଦଯାତ୍ରାର ସମସ୍ତ ପ୍ରକାର ବନ୍ଦୋବସ୍ତ କରାଯାଇଥିଲା ଏବଂ ବିନୋବାଙ୍କ ପଦଯାତ୍ରା ଦଳରେ ସେହି ଦିନ ମେଦିନୀପୁର-ବାଲେଶ୍ୱର ସୀମାରେ ମୁଁ ସାମିଲ ହେବାଲାଗି ମଧ୍ୟ ସ୍ଥିର ହୋଇଥିଲା। ବାଣୀ ଓ ପିଲାମାନଙ୍କଠାରୁ ପୁଣି ଥରେ ବିଚ୍ଛିନ୍ନ ହେବା ମୋ ପାଇଁ ଖୁବ୍ କଷ୍ଟକର ଥିଲା। ବିଶେଷକରି ବୋଉଠାରୁ। କିନ୍ତୁ ବାଣୀ ମୋତେ ବୁଝାଇଥିଲା ଯେ ଏଭଳି ସୁଯୋଗକୁ ହାତଛଡ଼ା କରିବା ଉଚିତ ହେବ ନାହିଁ। ତେଣୁ ଗୋଟିଏ ଛୋଟ ବ୍ୟାଗ୍‌ରେ ମୁଁ ମୋର ସାମାନ୍ୟ କିଛି ଅତ୍ୟାବଶ୍ୟକ ସାମଗ୍ରୀ ପୂରାଇ ଘରୁ ବାହାରି ଯାଇଥିଲି।

ଗେଟିଂଗେନ୍‌ରେ ଥିବାବେଳେ ମୁଁ ବିନୋବା ଭାବେଙ୍କ ଭୂଦାନ ପଦଯାତ୍ରା କଥା ଶୁଣିଥିଲି ଏବଂ ତାଙ୍କ ବିଷୟରେ ଅଧିକ ଜାଣିବା ପାଇଁ ଆଗ୍ରହୀ ହୋଇପଡ଼ିଥିଲି। ମାମୁ ମୋତେ ଚିଠିରେ ଲେଖିଥିଲେ: 'ବିନୋବାଜୀ ଲୋକମାନଙ୍କ ମନରେ ଦର୍ଶନ ଶାସ୍ତ୍ରପ୍ରତି ସମ୍ମାନବୋଧ ବଢାଇଛନ୍ତି, କାରଣ ସେ ନିଜେ ଦର୍ଶନକୁ କାର୍ଯ୍ୟରେ ପରିଣତ

କରିଛନ୍ତି।' ମୁଁ ନିଜ ଆକଳନରେ ତାଙ୍କୁ ମହାତ୍ମା ଗାନ୍ଧିଙ୍କ ସବୁଠାରୁ ବିଶ୍ୱସ୍ତ ଅନୁଗାମୀ ଭାବରେ ଜାଣିଥିଲି। ୧୯୪୧ ମସିହାରେ ଗାନ୍ଧି ଯେତେବେଳେ 'ବ୍ୟକ୍ତିଗତ ସତ୍ୟାଗ୍ରହ' ଆନ୍ଦୋଳନ ଆରମ୍ଭ କରିଥିଲେ, ସେତେବେଳେ ସେ ପ୍ରଥମେ ବିନୋବାଙ୍କୁ ହିଁ ଏହି ସତ୍ୟାଗ୍ରହ କରିବା ଲାଗି ବାଛିଥିଲେ। ବିନୋବାଙ୍କ ପରେ ଥିଲେ ନେହରୁ। ବିନୋବା ସାରା ଜୀବନ ଥିଲେ ଜଣେ ଆତ୍ମସ୍ଥ ବ୍ୟକ୍ତି। କିନ୍ତୁ ସେ ଥିଲେ ଜଣେ ଜ୍ଞାନୀ ବ୍ୟକ୍ତି। ତାଙ୍କ ବିଷୟରେ ଶୁଣାଯାଏ ଯେ ଯୁବାବସ୍ଥାରେ ସେ ଗାନ୍ଧିଙ୍କ ନିକଟକୁ ଯାଇଥିଲେ ଓ ତାଙ୍କ ସେବାଗ୍ରାମ ଆଶ୍ରମଠାରେ ଅବସ୍ଥାନ କରିବା ଲାଗି ଅନୁମତି ଲୋଡ଼ିଥିଲେ। ଗାନ୍ଧି ଏଥିରେ ସହମତ ହୋଇଥିଲେ, କିନ୍ତୁ ଯୁବକ ବିନୋବାଙ୍କ ସହ ଆଉ ତାଙ୍କର ଭେଟ ହୋଇ ନ ଥିଲା। ଏହାର କିଛିବର୍ଷ ପରେ ବିନୋବା ପୁଣି ଥରେ ଗାନ୍ଧିଙ୍କ ନିକଟକୁ ଆସିଥିଲେ ଏବଂ କିଛି ବର୍ଷ ପାଇଁ ବାରାଣାସୀରେ ସଂସ୍କୃତ ବିଦ୍ୟା ଅଧ୍ୟୟନ କରିବାଲାଗି ଯିବାକୁ ଅନୁମତି ଲୋଡ଼ିଥିଲେ। ଗାନ୍ଧିଜୀ ଏଥର ମଧ୍ୟ ରାଜି ହୋଇଥିଲେ ଏବଂ ପରେ ବିନୋବାଙ୍କୁ ଭୁଲି ଯାଇଥିଲେ। ଯେତିକି ବର୍ଷପାଇଁ ଗାନ୍ଧୀଙ୍କଠାରୁ ଅନୁମତି ନେଇ ବିନୋବା ବାରାଣାସୀ ଯାଇଥିଲେ ତାହା ପୂର୍ଣ୍ଣ ହେବାପରେ ନିର୍ଦ୍ଧାରିତ ସମୟରେ ପୁଣି ଆସି ଗାନ୍ଧିଙ୍କ ନିକଟରେ ଉଭା ହୋଇଥିଲେ। ଆମର ଆଲୋଚନାବେଳେ ବିନୋବା ମୋତେ କହିଥିଲେ ଯେ ଯଦି ଗାନ୍ଧି ବଞ୍ଚିଥାଆନ୍ତେ ଏବଂ ଜନଜୀବନ ସହ ଜଡ଼ିତ ହୋଇ ରହିଥାଆନ୍ତେ, ତେବେ ସେ (ବିନୋବା) କଦାପି ସେବାଗ୍ରାମ ଛାଡ଼ି ନ ଥାଆନ୍ତେ। ଗାନ୍ଧିଙ୍କ ସଂସାରରୁ ବିଦାୟ ନେବା ଏବଂ ତେଲଙ୍ଗାନାରେ ଏକ କମ୍ୟୁନିଷ୍ଟ ଆନ୍ଦୋଳନ ପୂରାଦମ୍‌ରେ ମୁଣ୍ଡ ଟେକିବା ପରେ ଏଭଳି ଆନ୍ଦୋଳନ ଓ ହିଂସାକୁ ଦମନ କରିବା ପାଇଁ ଯେତେବେଳେ ନେହରୁ ସେଠାକୁ ସେନା ପଠାଇବାକୁ ମନେ ମନେ ପ୍ରସ୍ତୁତ ହେଉଥିଲେ ବିନୋବା ନିଜ ଆଡୁ କିଛି ପଦକ୍ଷେପ ନେବାକୁ ସିଦ୍ଧାନ୍ତ ଗ୍ରହଣ କରିଥିଲେ। ଏଭଳି ପ୍ରୟାସ ଲାଗି ନେହରୁ ମଧ୍ୟ ତାଙ୍କ ସହ ଏକମତ ହୋଇଥିଲେ। ସେଠାରୁ ଆରମ୍ଭ ହୋଇଥିଲା ବିନୋବାଙ୍କ ଭୂ-ଦାନ ଅଥବା ଭୂମିଦାନ ଆନ୍ଦୋଳନ। ଏହି ଆନ୍ଦୋଳନର ଅୟମାରମ୍ଭ କାହାଣୀ ଉଣାଅଧିକେ ସମସ୍ତଙ୍କୁ ଜଣା। ତେଣୁ ସେ ବିଷୟରେ ଅଧିକ କିଛି ବଖାଣିବାର ଆବଶ୍ୟକତା ନାହିଁ।

ବିନୋବାଙ୍କ ସହ ପ୍ରଥମ ସାକ୍ଷାତ ଆଲୋଚନା ହେବାର ପରଦିନ ସକାଳେ ମୁଁ ତାଙ୍କ ସହ ପଦଯାତ୍ରାରେ ସାମିଲ ହୋଇଥିଲି। ତାଙ୍କର ଦୈନନ୍ଦିନ କାର୍ଯ୍ୟସୂଚୀ ନିମ୍ନ ମତେ ଥିଲା: ସେ ବଡ଼ିଭୋର୍‌ରୁ ଶଯ୍ୟାତ୍ୟାଗ କରନ୍ତି। ସେତେବେଳେକୁ ତଥାପି ଅନ୍ଧାର ଛାଡ଼ି ନ ଥାଏ। ଏହା ପରେ ହାତମୁହଁ ଧୋଇ ସେ ପ୍ରାର୍ଥନା କରନ୍ତି। ପ୍ରାର୍ଥନା

ସରିବାମାତ୍ରେ ନିଜର ସାଜ ସରଞ୍ଜାମ ଏକାଠି କରି ପଦଯାତ୍ରାରେ ବାହାରି ପଡ଼ନ୍ତି। ସୂର୍ଯ୍ୟ ଉଦୟ ହେବାର ପ୍ରାୟ ଏକ ଘଣ୍ଟା ପୂର୍ବରୁ ସେ ଓ ତାଙ୍କ ପଦଯାତ୍ରୀ ଦଳ ଯାତ୍ରା କରିଥାଆନ୍ତି। ଗାଆଁ ଦାଣ୍ଡ, ଧାନକ୍ଷେତ ଓ ଗାଆଁ ପଡ଼ିଆ ଦେଇ ପଦଯାତ୍ରୀମାନେ ଆଗକୁ ଅଗ୍ରସର ହୁଅନ୍ତି। ବାଟରେ ଝରଣା ଅବା ନଦୀ କିମ୍ବା ଯାହା କିଛି ପଡ଼େ ସେମାନେ ତାକୁ ଅତିକ୍ରମ କରନ୍ତି। ପ୍ରାୟ ଆଠରୁ ୧୦ ମାଇଲ୍ ବାଟ ପଦଯାତ୍ରା କରିବା ପରେ ସେମାନେ ପରବର୍ତ୍ତୀ ଗାଆଁରେ ପହଞ୍ଚିଥାଆନ୍ତି। ସେଠାରେ ପହଞ୍ଚିବା ପରେ ବିନୋବା ବିଶ୍ରାମ ନିଅନ୍ତି। ବିନୋବା ଓ ଅନ୍ୟ ପଦଯାତ୍ରୀମାନେ ଅତି ମାମୁଲି ଜଳଖିଆ ଖାଇଥାଆନ୍ତି। ଗ୍ରାମବାସୀମାନେ ପଦଯାତ୍ରୀମାନଙ୍କୁ ଯେଉଁ ଜଳଖିଆ ଦେଇଥାଆନ୍ତି, ତାହାହିଁ ସେମାନଙ୍କ ପାଇଁ ଗ୍ରହଣୀୟ ହୋଇଥାଏ। ଏହାପରେ ପଦଯାତ୍ରୀ ଦଳର ସଦସ୍ୟମାନେ- କିମ୍ବା, ଆମେ ଭୂଦାନ 'କର୍ମୀ'ମାନେ ଗାଆଁର ଚାରିଆଡ଼େ ବିଛେଇ ହୋଇ ଯାଉଥିଲୁ। କିଛି ସଦସ୍ୟ ସେ ଗାଆଁ ସମ୍ପର୍କରେ ବିଭିନ୍ନ ପ୍ରକାର ପରିସଂଖ୍ୟାନ ତଥ୍ୟ (ଜନସଂଖ୍ୟା, ଜାତିଗତ ଭିନ୍ନତା, ସେମାନଙ୍କର ଜମିଜମା ପରିମାଣ, ଭୂମିହୀନ କୃଷକ, ଅନ୍ୟ କୁଟୀରଶିଳ୍ପ ଉପରେ ନିର୍ଭରଶୀଳ ପରିବାର ଇତ୍ୟାଦି) ସଂଗ୍ରହ କରନ୍ତି। ଅନ୍ୟମାନେ ଦୁଆର ଦୁଆର ବୁଲି 'ଭୂ-ଦାନ' ସମ୍ପର୍କରେ ଲୋକମାନଙ୍କ ନିକଟରେ ବାର୍ତ୍ତା ପହଞ୍ଚାଇଥାଆନ୍ତି। ସନ୍ଧ୍ୟାବେଳେ ବିନୋବା ସେହି ଇଲାକାର ସବୁ ଲୋକମାନଙ୍କୁ ଜନସଭାରେ ସମ୍ବୋଧିତ କରନ୍ତି। ବେଳେବେଳେ ସେହିସବୁ ସଭାମାନଙ୍କରେ ୧୦ହଜାରରୁ ଅଧିକ ଲୋକ ରୁଣ୍ଡ ହୋଇଥାଆନ୍ତି। ସଭାକାର୍ଯ୍ୟ ପରେ ପ୍ରାର୍ଥନା କରାଯାଏ। ତା'ପରେ ରାତ୍ରିଭୋଜନ ସମାପନ ହୋଇଥାଏ। ସବା ଶେଷରେ ଅନୁଷ୍ଠିତ ହୁଏ ବାସ୍ତବ 'ଦାନ' କାର୍ଯ୍ୟ। ଜମି ଦାନକାରୀମାନେ ବିନୋବାଙ୍କ ହାତରେ ସ୍ୱାକ୍ଷରିତ ଭୂଦାନ କାଗଜ ଅର୍ପଣ କରିଥାଆନ୍ତି। ତା'ପରଦିନ ସକାଳେ ବିନୋବା ଯେତେବେଳେ ସେ ଗାଆଁ ଛାଡ଼ନ୍ତି, ସ୍ଥାନୀୟ କର୍ମୀମାନେ ଜମି 'ବଣ୍ଟନ' କାର୍ଯ୍ୟ ସମାପନ କରିଥାଆନ୍ତି। ଏହିଭଳି ଭାବେ 'ଜମିଦାନକାରୀ ଈଶ୍ୱର' ଗାଆଁ ଗାଆଁ ବୁଲି ଭୂଦାନ କାର୍ଯ୍ୟ ସମ୍ପାଦନ କରି ଚାଲିଥିଲେ। ମୁଁ ଜର୍ମାନ ଦର୍ଶନ ଏବଂ ଅମୂର୍ତ୍ତ (ଆବଷ୍ଟ୍ରାକ୍ଟ) ଗଣିତ ଶାସ୍ତ୍ର ସମ୍ପର୍କରେ ଯେଉଁଭଳି ଭାବରେ ତାଲିମପ୍ରାପ୍ତ ହୋଇଥିଲି, ତାହାର ଏଭଳି ଭୂ-ଦାନ ସହ କି ସମ୍ପର୍କ ଅଛି ବୋଲି ମନେ ମନେ ଚିନ୍ତା କରୁଥିଲି।

ବିନୋବା ଥରେ ମୋତେ ପଚାରିଥିଲେ, 'ଗୋତ୍ରାଙ୍ଗନ'(ଗେଟିଂଗେନ୍‌କୁ ସେ ଯେଉଁଭଳି ଭାବରେ ସଂସ୍କୃତରେ ଉଚ୍ଚାରଣ କରୁଥିଲେ)ରେ ତୁମେ ଯେଉଁ ଦର୍ଶନଶାସ୍ତ୍ର ଅଧ୍ୟୟନ କରିଛ ତା'ବିଷୟରେ ମୋତେ କିଛି ଅବଗତ କରାଇ ପାରିବ କି?' ସେ ପୁଣି କହିଥିଲେ,'ବାସ୍ତବପକ୍ଷେ ଏହା ହେଉଛି ଭଣ୍ଡରକରଙ୍କ ଉଚ୍ଚାରଣ, ଯାହା ତୁମ

ମାତୃଭାଷା, ଅର୍ଥାତ୍ ଓଡ଼ିଆରେ ଉଚ୍ଚାରିତ ହୋଇଥାଏ।' ମୁଁ ତାଙ୍କୁ ଉତ୍ତର ଦେଇଥିଲି, 'ମୁଁ ଆପଣଙ୍କୁ ସଂସ୍କୃତରେ ବୁଝାଇବାକୁ ନିଶ୍ଚିତଭାବେ ଚେଷ୍ଟା କରିବି।' ବୋଧହୁଏ ସେ ମୋ କଥାକୁ ପସନ୍ଦ କରିଥିଲେ। ତା'ପରେ ମୁଁ ତାଙ୍କୁ ପଚାରିଥିଲି ଯେ ଶ୍ରୀ ଅରବିନ୍ଦଙ୍କ ସମ୍ପର୍କରେ ତାଙ୍କର ଧାରଣା କ'ଣ ? ମୋ ପ୍ରଶ୍ନ ଶୁଣି ତାଙ୍କ ଆଖି ଯୋଡ଼ିକ ଛଳଛଳ ହୋଇଉଠିଥିଲା। ମୁଁ ଜାଣିଥିଲି ଯେ ବରୋଦା ସମ୍ପର୍କ କାରଣରୁ ଶ୍ରୀ ଅରବିନ୍ଦଙ୍କର ମହାରାଷ୍ଟ୍ରର ଜ୍ଞାନୀଗୁଣୀ ଲୋକଙ୍କ ଉପରେ ବିଶେଷ ପ୍ରଭାବ ଥିଲା। ବିନୋବା ମୋତେ ଉତ୍ତର ଦେଇଥିଲେ,'ଶ୍ରୀ ଅରବିନ୍ଦଙ୍କ ସମ୍ପର୍କରେ ତୁମକୁ ମୁଁ କ'ଣ କହିବି ? ଗାନ୍ଧିଙ୍କୁ ଛାଡ଼ିଦେଲେ ସେ ହେଉଛନ୍ତି ମୋ ମନକୁ ପ୍ରଭାବିତ କରିଥିବା ସବୁଠାରୁ ଶକ୍ତିଶାଳୀ ବ୍ୟକ୍ତିତ୍ୱ।' ତା'ପରେ ମୁଁ କହିଥିଲି,'ମୁଁ ନିର୍ଦ୍ଦିଷ୍ଟଭାବରେ ଗୋଟିଏ କଥା ଆପଣଙ୍କୁ କହିବାକୁ ଚାହେଁ। ତାହା ହେଉଛି ଶ୍ରୀ ଅରବିନ୍ଦ ଯେଉଁଭଳି ଭାବରେ ବେଦର ବ୍ୟାଖ୍ୟା କରିଛନ୍ତି, ସେଥିରେ ମୋର ପ୍ରବଳ ଆଗ୍ରହ। ଆପଣଙ୍କର ଏ ବିଷୟରେ ମତ କ'ଣ ?'ଓଡ଼ିଶାର ଉତ୍ତର ବାଲେଶ୍ୱର ଅଞ୍ଚଳର ଧାନ ଗହୀର ଭିତରେ ଆମେ ଯେତେବେଳେ ପଦଯାତ୍ରାରେ ଆଗକୁ ଅଗ୍ରସର ହେଉଥିଲୁ, ସେହି ସମୟରେ ଆମ ଦୁହିଁଙ୍କ ଭିତରେ ଏଭଳି କଥୋପକଥନ ଚାଲିଥିଲା। ଯାହା ସମସ୍ତଙ୍କୁ ଉତ୍ତମ ରୂପେ ଜଣା, ସାୟନଙ୍କ ଦ୍ୱାରା ବେଦର 'କର୍ମକାଣ୍ଡି' ଓ ବ୍ୟାବହାରିକ ବ୍ୟାଖ୍ୟାକୁ ଶ୍ରୀ ଅରବିନ୍ଦ ନାପସନ୍ଦ କରୁଥିଲେ। ଏହା ପରିବର୍ତ୍ତେ ସେ ବେଦର ଉଚ୍ଚାଙ୍ଗ ଅଧ୍ୟୟନ ଉପରେ ଗୁରୁତ୍ୱାରୋପ କରୁଥିଲେ, ଯାହାକି ଜଣେ ଅଧ୍ୟେତାକୁ ବୈଦିକ ଶବ୍ଦାବଳୀ (ଯଥା- ଅଗ୍ନି, ଶ୍ରୀ ଅରବିନ୍ଦଙ୍କ ବିଚାରରେ ଯାହାର ଅର୍ଥ ଉଭୟ 'ଅଗ୍ନି' ଏବଂ 'ଶୁଦ୍ଧ ଇଚ୍ଛାଶକ୍ତି'।)ଅଧି ମନସ୍ତାତ୍ତ୍ୱିକ(ଅଥବା ଆଧାତ୍ମିକ)ବୋଧ ଶକ୍ତି ପ୍ରଦାନ କରିଥାଏ। ମୁଁ ସେଇ ଏକା ପ୍ରଶ୍ନ ରାଧାକୃଷ୍ଣନ୍‌ଙ୍କୁ ମଧ୍ୟ ପଚାରିଥିଲି, ଯିଏ ସାୟନଙ୍କ ବିଚାରକୁ ତାଙ୍କ ଭାରତୀୟ ଦର୍ଶନରେ ପୂର୍ଣ୍ଣ ସମର୍ଥନ କରିଥିଲେ। ବିନୋବାଙ୍କ ଉତ୍ତର ଥିଲା ସମ୍ପୂର୍ଣ୍ଣ ଭିନ୍ନ ଏବଂ ଚମତ୍କାର: 'ବୈଦିକ ଶାସ୍ତ୍ରଗୁଡ଼ିକର ତିନି ପ୍ରକାର ବ୍ୟାଖ୍ୟା କରାଯାଇପାରେ: ଧି-ଭୌତିକ ଅର୍ଥାତ୍, ଯାହା ଜଣେ ଅଧ୍ୟେତା ମୂଳ ଶାସ୍ତ୍ର ଅବା ସାମାଜିକ ଶକ୍ତିର ଉପକରଣ (ସାମାଜିକ, ଆର୍ଥିକ, ଏପରିକି ରାଜନୈତିକ) ହୋଇଥାଏ। ଏହାପରେ ଧି-ଦୈବିକ ଅର୍ଥ ମଧ୍ୟ ମିଳିଥାଏ, ଯାହା ଜଣେ ଅଧ୍ୟେତା ଶାସ୍ତ୍ରୀୟ ପ୍ରାର୍ଥନା ଅଥବା ଈଶ୍ୱରଙ୍କ ଉଦ୍ଦେଶ୍ୟରେ ଉଚ୍ଚାରିତ ଶ୍ଳୋକ(ସାୟନ)ରୁ ପ୍ରାପ୍ତ ହୋଇଥାଏ। ପରିଶେଷରେ ଆଧ୍ୟତ୍ମିକ ଅର୍ଥ ମଧ୍ୟ ମିଳିଥାଏ, ଯାହା ଜଣେ ବ୍ୟକ୍ତିର ଗଭୀର ଆଧାତ୍ମିକ ଜୀବନରେ ଥାଏ (ଶ୍ରୀ ଅରବିନ୍ଦ)।' ବିନୋବାଜୀଙ୍କ ଏଭଳି ପ୍ରଜ୍ଞାରେ ମୁଁ ଗୋଟାପଣେ ପ୍ରଭାବିତ ହୋଇପଡ଼ିଥିଲି। ପରେ ମୁଁ ଅନୁଭବ କରିଥିଲି (ଗାଦାମେର୍‌ଙ୍କ ପର୍ଯ୍ୟନ୍ତ) ଯେ ଗୋଟିଏ

ଶାସ୍ତ୍ରର ନୂତନ ବିଶ୍ଳେଷଣରର ସମ୍ଭାବନାକୁ ରୁଦ୍ଧ କରିଦେବାର କୌଣସି କାରଣ ନାହିଁ।

ଏମିତି ଦୁଇଦିନର ପଦଯାତ୍ରା ପରେ ମୁଁ ବିନୋବାଜୀଙ୍କୁ ପଚାରିଥିଲି ଯେ ସେ ମୋତେ କିଛି ଉପନିଷଦ ପଢ଼ାଇ ପାରିବେ କି ? ସେ ମୋ କଥାରେ ରାଜି ହୋଇଥିଲେ; କିନ୍ତୁ କହିଥିଲେ, ପଦଯାତ୍ରାରେ ଚାଲୁଚାଲୁ ହିଁ ସେ ମୋତେ ପଢ଼ାଇବାକୁ ସମୟ ଦେଇପାରିବେ। ତେଣୁ ସୂର୍ଯ୍ୟୋଦୟ ପରେ ପଦଯାତ୍ରାରେ ଯାଉଥିବାବେଳେ ସେ ବେଳେବେଳେ କୌଣସି କ୍ଷେତ ଭିତରେ କିମ୍ବା ଗଛତଳେ ଅଟକିଯାଇ ଆମ ପଦଯାତ୍ରୀ ଦଳଙ୍କୁ ଶିକ୍ଷାଦାନ କରୁଥିଲେ। ସେହି ସମୟରେ ସେ ଈଶା, କେନ ଏବଂ କଠୋପନିଷଦ ବିଷୟରେ ଆମକୁ ବୁଝାଉଥିଲେ। ଏହି ସମୟରେ ସେ ଉପନିଷଦୀୟ ବିଭିନ୍ନ ଚିନ୍ତନର ନୂତନ ବ୍ୟୁତ୍ପତ୍ତି ଏବଂ ତର୍ଜମା ସମ୍ପର୍କରେ ପ୍ରୟାସ କରୁଥିଲେ (ଏକ ପ୍ରକାର ହାଇଡେଗାରୀୟ ଧାରାରେ)। ତାଙ୍କର ଏଭଳି ତର୍ଜମା ପଛରେ ଏକ ଐତିହାସିକ ପୃଷ୍ଠଭୂମି ମଧ୍ୟ ଥିଲା ଏବଂ ବର୍ତ୍ତମାନର ଭାରତ ପରିପ୍ରେକ୍ଷୀରେ ସୁଦ୍ଧା ସେ ଏହାକୁ ଦର୍ଶାଇବାକୁ ଚେଷ୍ଟା କରୁଥିଲେ।

ସାନ୍ଧ୍ୟ ଜନସଭା ସମୟରେ ସଦାବେଳେ ସେ ହିନ୍ଦୀରେ ହିଁ ଭାଷଣ ଦେଉଥିଲେ। ସେତେବେଳେ ସେ ପ୍ରାଚୀନ ଭାରତୀୟ ଚିନ୍ତନଠାରୁ ଆରମ୍ଭ କରି ମଧ୍ୟଯୁଗୀୟ ଶୂନ୍ୟବାଦ, ଗାନ୍ଧି, ଟାଗୋର, ଆଧୁନିକ ବିଜ୍ଞାନ ଓ ପ୍ରଯୁକ୍ତି ଏବଂ ସମସାମୟିକ ରାଜନୈତିକ ସମସ୍ୟାବଳୀ ସମ୍ପର୍କରେ ବ୍ୟାପକ ଭାବରେ ଆଲୋଚନା କରୁଥିଲେ। ଯଦିଚ ସେ 'ଭୂଦାନ' ଅଭିଯାନ ପାଇଁ ତାଙ୍କର ଏହି ପଦଯାତ୍ରା ଆରମ୍ଭ କରିଥିଲେ, ଭୂମିଦାନ ସମ୍ପର୍କରେ ସେ ଲୋକମାନଙ୍କୁ କ୍ୱଚିତ କହୁଥିଲେ। ଥରେ ମୁଁ ତାଙ୍କୁ ତାଙ୍କର ଏଭଳି କୌଶଳ ସମ୍ପର୍କରେ ପଚାରିଥିଲି। ବିନୋବାଜୀ ମୋତେ କହିଥିଲେ, 'ମୋର ମୂଳ ଉଦ୍ଦେଶ୍ୟ ହେଲା ଆଧ୍ୟାତ୍ମିକ, ଏବଂ ଏହା କେତେବେଳେ ବି ସାମାଜିକ-ଅର୍ଥନୈତିକ ନୁହେଁ।' ଅନ୍ୟ ଏକ ଅବସରରେ ସେ କହିଥିଲେ, 'ପ୍ରାଚୀନ ଭାରତରେ ଦାର୍ଶନିକମାନେ (ଯେଉଁମାନଙ୍କୁ ଆମେ ମୁନିଋଷି ବୋଲି କହୁ) ସେମାନେ ସାରା ଦେଶକୁ ପାଦରେ ଚାଲି ଚାଲି ପ୍ରଦକ୍ଷିଣ କରୁଥିଲେ। ସେହି ଅବସରରେ ସେମାନେ କେବଳ ଜ୍ଞାନୀଗୁଣୀ ଲୋକଙ୍କୁ ଶିକ୍ଷାଦାନ କରୁ ନ ଥିଲେ, ବରଂ ସାଧାରଣ ଲୋକଙ୍କୁ ମଧ୍ୟ ପ୍ରଶିକ୍ଷିତ କରୁଥିଲେ। ତେଣୁ ମୁଁ ମୋର ପଦଯାତ୍ରାକୁ ଆଧୁନିକ ଦୃଷ୍ଟିଭଙ୍ଗୀରେ ଏହିଭଳି ଏକ ମାର୍ଗ ଭାବରେ ଦେଖେ। ମୁଁ ସାଧାରଣ ଲୋକଙ୍କୁ ଏହି ଚିନ୍ତାଧାରା - ଦର୍ଶନରେ ଦୀକ୍ଷିତ କରିବାକୁ ଚାହେଁ।' ମୁଁ ତାଙ୍କ ସହ ପଦଯାତ୍ରାରେ ସାମିଲ ହୋଇଥିବାବେଳେ ବିନୋବା ତାଙ୍କ ଭାଷଣ ପ୍ରସଙ୍ଗରେ ଯେଉଁସବୁ କଥା ଆଲୋଚନା କରୁଥିଲେ ସେଥିରେ ବିଜ୍ଞାନଠାରୁ ଆତ୍ମଜ୍ଞାନ ପର୍ଯ୍ୟନ୍ତ ସବୁକଥା ଭରି ରହିଥିବା ଲକ୍ଷ୍ୟ

କରିଥିଲି । ସେ ଏହି ଦୁଇଟିଯାକ ଚିନ୍ତାଧାରାକୁ ଏକତ୍ରିତ କରିବା ଉପରେ ଗୁରୁତ୍ୱାରୋପ କରୁଥିଲେ । ଏହା ଉପରେ ମଧ୍ୟ ସେ ଗୁରୁତ୍ୱ ଦେଉଥିଲେ ଯେ ଉଭୟ ବିଜ୍ଞାନ ଓ ଆତ୍ମଜ୍ଞାନ ଉପରେ ଆଧାରିତ ସମାଜ ହିଁ ଅହିଂସାକୁ ଉତ୍ତମରୂପେ ଆପଣାଇ ପାରିବ । ଏହା କେବଳ ଗାନ୍ଧିଙ୍କ ଚିନ୍ତାଧାରା ନୁହେଁ, ଗାନ୍ଧିଙ୍କ ବିଜ୍ଞାନ ବିରୋଧୀ ଏବଂ ଅଣ-ଐତିହାସିକ ଭାବଧାରାକୁ ବିନୋବା ପସନ୍ଦ କରୁ ନ ଥିଲେ; ବରଂ ବିଜ୍ଞାନ ଓ ଇତିହାସ ମଧ୍ୟରେ ସମନ୍ୱୟ ରକ୍ଷା ନେଇ ଗାନ୍ଧିଙ୍କ ମୌଳିକ ଭାବଧାରାକୁ ସେ ସଦାବେଳେ ନିଜ ଭାଷଣରେ ଗୁରୁତ୍ୱର ସହ ଉଲ୍ଲେଖ କରୁଥିଲେ ।

ଏହାର କିଛିଦିନ ପରେ ଯେତେବେଳେ ମୁଁ କଲିକତାରେ ଅଧ୍ୟାପନା ଆରମ୍ଭ କଲି, ସେତେବେଳେ ବିନୋବାଙ୍କ ଭାଷଣର ଗୋଟିଏ କ୍ଷୁଦ୍ର ପୁସ୍ତିକା *'ସାଇନ୍ସ ଆଣ୍ଡ୍ ସେଲ୍ଫ ସାଇନ୍ସ'* (*'ବିଜ୍ଞାନ ଓ ଆତ୍ମଜ୍ଞାନ'*)ର ଅନୁବାଦ କରିଥିଲି ଏବଂ ଓଡ଼ିଆରେ ଗୋଟିଏ କ୍ଷୁଦ୍ର ପ୍ରଚାର ପୁସ୍ତିକା ମଧ୍ୟ ଲେଖିଥିଲି । ଏହି ପୁସ୍ତିକାରେ ବିନୋବାଙ୍କ ଚିନ୍ତାଧାରା, ବିଶେଷକରି ତାଙ୍କ ସହ ମୋର ହୋଇଥିବା କଥୋପକଥନକୁ ନେଇ ଆଲୋଚନା କରିଥିଲି ।

ବିନୋବାଜୀ ଓଡ଼ିଶା ଛାଡ଼ିବା ପରେ ତାଙ୍କ ସହ ମୋର ସମ୍ପର୍କ ତୁଟି ଯାଇଥିଲା । ଥରେ ସେ କଲିକତା ବାଟ ଦେଇ (ମୋର ଯାହା ମନେ ପଡୁଛି ସେତେବେଳର ପୂର୍ବ ପାକିସ୍ତାନରୁ ସେ ଫେରୁଥିଲେ) ଯିବାବେଳେ ମୁଁ (ଏବଂ ମୋର ସ୍ୱର୍ଗତଃ ସହକର୍ମୀ ଶଶୀଭୂଷଣ ଦାସଗୁପ୍ତା) ତାଙ୍କୁ ସାକ୍ଷାତ କରିଥିଲୁ । କିନ୍ତୁ ସେତେବେଳେ ତାଙ୍କ ସହ ଆଲୋଚନା କରିବା ଲାଗି ବିଶେଷ ଅବସର ଯୁଟି ନ ଥିଲା । ମୁଁ ଆମେରିକା ଚାଲିଯିବା ପରେ ମୋ ବୋଉ ଥରେ ତାଙ୍କ ପନଓ୍ୱାରସ୍ଥିତ ଆଶ୍ରମକୁ ଯାଇ ବିନୋବାଙ୍କୁ ସାକ୍ଷାତ କରିଥିଲା । ମୁଁ ଜାଣିବାକୁ ପାଇଥିଲି ଯେ ସେ ମୋତେ ମନେ ରଖିଥିଲେ ଏବଂ ମୋ ବିଷୟରେ ବୋଉକୁ ପଚାରିଥିଲେ ।

ଜାତୀୟ ଜରୁରିକାଳୀନ ପରିସ୍ଥିତି ଆଳରେ ଯେତେବେଳେ ଇନ୍ଦିରା ଗାନ୍ଧି ଦେଶବ୍ୟାପୀ ତାଙ୍କର ନାରକୀୟ ଶକ୍ତି ପ୍ରୟୋଗ କରିଥିଲେ, ମୋ ପାଇଁ ପରିତାପର ବିଷୟ ଯେ ବିନୋବା ଭାବେଙ୍କ ଭଳି ଜଣେ ମହାନ୍ ବ୍ୟକ୍ତି ଇନ୍ଦିରାଙ୍କ ପକ୍ଷ ସମର୍ଥନ କରିଥିଲେ । ବିନୋବାଜୀ ଇନ୍ଦିରାଙ୍କୁ ସମର୍ଥନ କରି ଯୁକ୍ତି ଦର୍ଶାଇଥିଲେ ଯେ ଦେଶ ଆତ୍ମଶୃଙ୍ଖଳାର ଏକ ଅବଧି ମଧ୍ୟଦେଇ ଯିବାର ଆବଶ୍ୟକତା ରହିଛି । ମୋର ଆଶଙ୍କା ହୁଏ ଯେ ତାଙ୍କର ଏଭଳି ଧାରଣା ଉଚିତ ନ ଥିଲା । ବେଳେବେଳେ ବିଜ୍ଞ ବ୍ୟକ୍ତିମାନଙ୍କ ଚିନ୍ତାଧାରା ମଧ୍ୟ ବାଉଳା ଧରିଥାଏ !

ନବକୃଷ୍ଣ ଚୌଧୁରୀ, ମାଳତୀ ଚୌଧୁରୀ, ଏବଂ ରମା ଦେବୀ- ଏମାନେ

ସଭିଏଁ ସ୍ୱାଧୀନ ଭାରତରେ ପୁଣି ଥରେ ଜେଲ୍ ଯାଇଥିଲେ। ମହାତ୍ମାଙ୍କ ସ୍ୱପ୍ନର ଭାରତକୁ ତାଙ୍କରି ଶେଷନାମ ବହନ କରିଥିବା ଏବଂ ତାଙ୍କର ସବୁଠାରୁ ଘନିଷ୍ଠ ରାଜନୈତିକ ଶିଷ୍ୟ ଜବାହାରଲାଲ ନେହେରୁଙ୍କ କନ୍ୟା ଭଳି ଜଣେ ବ୍ୟକ୍ତିତ୍ୱଙ୍କ ଦ୍ୱାରା ହାସ୍ୟାସ୍ପଦ ଘଟଣାରେ ପରିଣତ କରାଯାଇଥିଲା। ମହାତ୍ମା ଗାନ୍ଧିଙ୍କ ଦ୍ୱାରା ଆରମ୍ଭ କରାଯାଇଥିବା ସର୍ବୋଦୟ ଆନ୍ଦୋଳନ ମୋ ନିଜ ଜୀବଦ୍ଦଶାରେ ଧୀରେ ଧୀରେ ପ୍ରାୟତଃ ନିଃଶେଷ ହୋଇସାରିଛି ଏବଂ ଏବେ ଏହାର ପ୍ରାୟତଃ ଆଉ କୌଣସି ସତ୍ତା ନାହିଁ।

■

କଲିକତା ଲେଉଟାଣି

୧୯୫୫ ମସିହା ଶେଷ ବେଳକୁ ପ୍ରାୟ ତିନି ବର୍ଷରୁ ଅଧିକ ସମୟ ଅନୁପସ୍ଥିତ ରହିବାପରେ ମୁଁ ପୁଣି ଥରେ କଲିକତାକୁ ଫେରିଲି। ସେତେବେଳକୁ ସୁଦ୍ଧା ମୋ ହାତରେ ଚାକିରି ଖଣ୍ଡିଏ ନ ଥାଏ। ବାଣୀ ଓ ପିଲାମାନେ ଓଡ଼ିଶାରେ ରହିଥାଆନ୍ତି। ସେତେବେଳେ ମୋ ମନରେ ପ୍ରଥମ ଚିନ୍ତା ଥିଲା ଖଣ୍ଡିଏ ଚାକିରି ଯୋଗାଡ଼ କରିବା ଓ ରହିବା ପାଇଁ ଖଣ୍ଡେ ଘର। ତା'ପରେ ମୁଁ ପିଲାମାନଙ୍କୁ ପାଖକୁ ନେଇଆସି ପାରିବି। ଦୁଇଟି ସ୍ଥାନୀୟ କଲେଜରେ କିଛି ଦିନ ଲେଖାଏଁ ଚାକିରି କରିବା ପରେ କଲିକତା ବିଶ୍ୱବିଦ୍ୟାଳୟର ଗ୍ରାଜୁଏଟ୍ କଲେଜରେ ଅଧ୍ୟାପକ ଚାକିରି ଖଣ୍ଡିଏ ପାଇବା ଲାଗି ମୋତେ ବେଶି ସମୟ ଅପେକ୍ଷା କରିବାକୁ ପଡ଼ି ନ ଥିଲା। ଏହା ହିଁ ମୋ ପାଇଁ ସେତେବେଳେ ସବୁଠାରୁ ଅଧିକ ବୋଲି ମୁଁ ମନେ ମନେ ଆଶା କରିଥିଲି। ଆଜି ଯେତେବେଳେ ସେ ଚାକିରି ଖଣ୍ଡିକ ପାଇବା କଥା ମନେ ପକାଇ ପଛକୁ ଫେରିଚାହେଁ, ସେତେବେଳେ କେମିତି ବିଚିତ୍ର ସଂଯୋଗ ଭାବରେ ସବୁ କିଛି କାର୍ଯ୍ୟ କରିଥିଲା ବୋଲି ମନେ ମନେ ବିସ୍ମିତ ହୁଏ। ଏହାକୁ ମୋଟାମୋଟି ଭାବରେ ଭାଗ୍ୟ ବୋଲି କୁହାଯାଇପାରେ- ଯାହା ମୋ କ୍ଷେତ୍ରରେ ଘଟିଥିଲା। ମୋର ସ୍ପଷ୍ଟ ମନେ ପଡୁନାହିଁ ସେଦିନ କାହିଁକି ମୁଁ ବିଶ୍ୱବିଦ୍ୟାଳୟ ପାଖରେ ଥିବା କଲେଜ ଷ୍ଟ୍ରୀଟ୍‌କୁ ବୁଲିବାକୁ ଯାଇଥିଲା। ବୋଧହୁଏ ୧୯୫୫ ମସିହା ଡିସେମ୍ବର ମାସର ଏହା କୌଣସି ଏକ ଦିନ ଥିଲା (ବମ୍ବେରେ ପହଞ୍ଚିବାର ଗୋଟିଏ ବର୍ଷ ପରେ)। କଲେଜ ଷ୍ଟ୍ରୀଟ୍‌ରେ ଅକସ୍ମାତ୍ ମୋର ସାକ୍ଷାତ ହୋଇଥିଲା ବିଶ୍ୱବିଦ୍ୟାଳୟର ଜଣେ ପୁରୁଣା ଶିକ୍ଷକ ଡକ୍ଟର ସରୋଜ କୁମାର ଦାସଙ୍କ ସହ। ଆମେ ତାଙ୍କୁ ଶ୍ରଦ୍ଧା ଓ ସମ୍ମାନ ସହକାରେ ସରୋଜ ବାବୁ ବୋଲି ସମ୍ବୋଧନ କରୁଥିଲୁ। ସରୋଜ ବାବୁ ଲଣ୍ଡନରୁ ତାଙ୍କର ପି.ଏଚ୍.ଡି. ଡିଗ୍ରୀ ହାସଲ କରିଥିଲେ। ତାଙ୍କର ଇଂରାଜୀ କହିବା ଶୈଳୀ ବ୍ରିଟିଶ୍ ଲୋକଙ୍କ ଭଳି ଥିଲା।

ସବୁବେଳେ ସେ କଡ଼ା ଆଇରନକରା ଧୋତି ଓ ପଞ୍ଜାବୀ ପିନ୍ଧୁଥିଲେ ଓ କାନ୍ଧରେ ଖଣ୍ଡିଏ ସାଲ୍ ପକାଇବା ତାଙ୍କର ନିଜସ୍ୱ ଶୈଳୀ ଥିଲା। ତାଙ୍କର ବାକ୍‌ପଟୁତା ମଧ୍ୟ ଖୁବ୍ ଆକର୍ଷଣୀୟ ଥିଲା। ଯଦିଚ କାଳିଦାସ ଭଟ୍ଟାଚାର୍ଯ୍ୟଙ୍କ ଭଳି ତାଙ୍କର ପାଣ୍ଡିତ୍ୟ ନ ଥିଲା, ତଥାପି ସେ ତାଙ୍କର ଅଧ୍ୟାପନା ଶୈଳୀ ଓ ଜ୍ଞାନରେ ଛାତ୍ରଛାତ୍ରୀମାନଙ୍କୁ ମୁଗ୍ଧ କରି ରଖୁଥିଲେ। ମୁଁ ଜାଣିଥିଲି ଯେ ତାଙ୍କର ପ୍ରିୟ ଛାତ୍ରମାନଙ୍କ ମଧ୍ୟରୁ ମୁଁ ଅନ୍ୟତମ ଥିଲି। ଏହାର ଅନ୍ୟତମ କାରଣ ହେଲା- ସେ ମୋର ସାନମାମୁ ନବକୃଷ୍ଣ ଚୌଧୁରୀ ଏବଂ ତାଙ୍କ ପତ୍ନୀ ମାଳତୀଙ୍କର ବନ୍ଧୁ ଥିଲେ। ଉଭୟଙ୍କୁ ସେ ଶାନ୍ତିନିକେତନରେ ଭଲ ଭାବରେ ଚିହ୍ନିଥିଲେ। ସରୋଜ ବାବୁ ତାଙ୍କ ଚିରାଚରିତ ସ୍ନେହଭରା ଢଙ୍ଗରେ ମୋତେ ସ୍ୱାଗତ କରି ପଚାରିଲେ- ମୁଁ ଆଜିକାଲି କ'ଣ କରୁଛି। ଯେତେବେଳେ ସେ ଜାଣିଲେ ଯେ ମୁଁ ଖଣ୍ଡିଏ ଚାକିରି ସନ୍ଧାନରେ ଅଛି, ତୁରନ୍ତ ସେହି ସ୍ଥାନରୁ ସେ ମୋତେ ହରିଦାସ ଭଟ୍ଟାଚାର୍ଯ୍ୟଙ୍କ ନିକଟକୁ ନେଇଗଲେ। ହରିଦାସ ଭଟ୍ଟାଚାର୍ଯ୍ୟଙ୍କ ପାଖରେ ପହଞ୍ଚି ସେ ସ୍ନେହଭରା ଢଙ୍ଗରେ ମୋର ଗୁଣଗାନ କରି ମୋତେ ପରିଚିତ କରାଇଲେ। ହରିଦାସ ବାବୁ ଥିଲେ ଢାକା ବିଶ୍ୱବିଦ୍ୟାଳୟର ଜନୈକ ଅବସରପ୍ରାପ୍ତ ଦର୍ଶନ ପ୍ରଫେସର। ଯେତେବେଳେ ଢାକା ବିଶ୍ୱବିଦ୍ୟାଳୟ ସୁନାମର ଶିଖର ଛୁଇଁଥିଲା, ସେତେବେଳେ ହରିଦାସ ବାବୁ ସେଠାରେ ଅଧ୍ୟାପନା କରୁଥିଲେ। ତୁଳନାତ୍ମକ ଧର୍ମଶାସ୍ତ୍ର ଏବଂ ଧର୍ମ ମନସ୍ତତ୍ତ୍ୱ ଭଳି ବିଷୟରେ ତାଙ୍କର ଅଗାଧ ପାଣ୍ଡିତ୍ୟ ଥିଲା। ସେହିସବୁ ବିଷୟ ଅଧ୍ୟାପନା କରି ଏବଂ ନିଜର ବାଗ୍ମିତା ବଳରେ ସେ ସମସ୍ତଙ୍କର ପ୍ରିୟଭାଜନ ହୋଇପାରିଥିଲେ। (ସେତେବେଳେ ସାଧାରଣତଃ ଏପରି ବିଶ୍ୱାସ କରାଯାଉଥିଲା ଯେ ଅତୀତର ଦାର୍ଶନିକମାନେ ପ୍ରଖର ବାଗ୍ମୀ ଥିଲେ। - ଏଭଳି ଚିନ୍ତାଧାରା ରାଧାକ୍ରିଷ୍ଣନ୍‌ଙ୍କ ସମୟରେ ଶିଖର ଛୁଇଁଥିଲା!) ହରିଦାସ ବାବୁ ମୋତେ ପୂର୍ବରୁ ଚିହ୍ନିଥିଲେ। ତାଙ୍କର ବଡ଼ପୁଅ ଅଶୋକ ଏବଂ ଅଶୋକର ପତ୍ନୀ ଉଷା ମୋର ଘନିଷ୍ଠ ସୁହୃଦ୍ ଥିଲେ। ଏକଥା ଶୁଣିବା ପରେ ସେ ତତକ୍ଷଣାତ୍ ମୋତେ ଧରି ବିଶ୍ୱବିଦ୍ୟାଳୟର ଦରଭଙ୍ଗା ବିଲଡିଂକୁ ନେଇଗଲେ। ଆମେ ସେ ସୌଧର ବଡ଼ ବଡ଼ ଶିଢ଼ି ପାହାଚ ଚଢ଼ି ଚାଲିଥାଉ। ସେଠାରେ ଯାଇ ଆମେ ପହଞ୍ଚିଥିଲୁ କୁଳପତିଙ୍କ ଅଫିସ୍‌ରେ। କୁଳପତି ମହାଶୟ ଥିଲେ ବିଖ୍ୟାତ ରସାୟନବିତ ସାର୍ ଜେ.ସି ଘୋଷ୍। ଜେ.ସି.ଘୋଷ ଢାକାରେ ଥିବା ସମୟରେ ହରିଦାସ ବାବୁଙ୍କର ଜଣେ ସହକର୍ମୀ ଓ ବନ୍ଧୁ ଥିଲେ। ହରିଦାସ ବାବୁ ଏବେ କୁଳପତିଙ୍କ ନିକଟରେ ମୋତେ ପରିଚିତ କରାଇ କହିଲେ ଯେ ମୁଁ ହେଉଛି କଲିକତା ବିଶ୍ୱବିଦ୍ୟାଳୟର ସବୁଠାରୁ ମେଧାବୀ ଛାତ୍ର ଏବଂ ଜର୍ମାନୀର ଗେଟିଂଗେନ୍ ବିଶ୍ୱବିଦ୍ୟାଳୟରୁ ଡକ୍ଟରେଟ୍ ଡିଗ୍ରୀ ହାସଲ କରି ସଦ୍ୟ ଫେରିଛି। ତା'ପରେ ସେ

କହିଲେ (ଅନୁରୋଧ କରି ନୁହେଁ),'ଜ୍ଞାନ, ତୁମେ ଜିତେନ୍ ପାଇଁ ଖଣ୍ଡିଏ ଚାକିରି ଯୋଗାଡ଼ କର।' କୁଳପତି ସାର୍ ଘୋଷ ଉତ୍ତରରେ କହିଲେ,'ମୁଁ ତ ତାଙ୍କୁ ଏଠାରେ ଅଧ୍ୟାପକ ଭାବରେ ଚାକିରି ଦେଇପାରିଲେ ସବୁଠାରୁ ବେଶୀ ଖୁସି ହେବି। କିନ୍ତୁ ମୁଁ ଜାଣେନା ଦର୍ଶନ ବିଭାଗର ବର୍ତ୍ତମାନର ସ୍ଥିତି କ'ଣ।' ତା'ପରେ ସେ ପ୍ରଫେସର ସୁଶୀଲ କୁମାର ମୈତ୍ରଙ୍କୁ ତୁରନ୍ତ ଡକାଇ ପଠାଇଲେ। ପ୍ରଫେସର ମୈତ୍ର ଥିଲେ ଦର୍ଶନ ବିଭାଗର ମୁଖ୍ୟ। ସୁଶୀଲ ବାବୁ ସାମାନ୍ୟ ବିଳମ୍ବରେ କୁଳପତିଙ୍କ ଚେମ୍ବରରେ ଆସି ପହଞ୍ଚିଲେ। ତାଙ୍କୁ ଦେଖି କୁଳପତି ପଚାରିଲେ ଯେ ତାଙ୍କ ବିଭାଗରେ ମୋ ପାଇଁ ଅଧ୍ୟାପକ ଚାକିରିଟିଏ ଖାଲି ଅଛି କି ନାହିଁ। ପ୍ରଫେସର ମୈତ୍ର ମୋତେ ଦେଖୁ ଦେଖୁ କହିଲେ,'ମୁଁ ଜିତେନ୍‌କୁ ଭଲଭାବରେ ଜାଣେ। ଯଦି ସେ ଏଠାରେ ଅଧ୍ୟାପକ ଭାବରେ ନିଯୁକ୍ତି ପାଏ, ତାହା ହେଲେ ମୋର ଅନେକ ସମସ୍ୟାର ସମାଧାନ ହୋଇପାରିବ। ସେ ବିଭିନ୍ନ ବିଷୟ ପଢ଼ାଇ ପାରିବ। କିନ୍ତୁ ପ୍ରଥମେ ତା'ପାଇଁ ଅଧ୍ୟାପକ ପଦଟିଏ ସୃଷ୍ଟି କରିବା ପ୍ରସ୍ତାବକୁ କୁଳପତି ମଞ୍ଜୁର ପ୍ରଦାନ କରିବା ଦରକାର।' କୁଳପତି ଜେ.ସି. ଘୋଷ ତୁରନ୍ତ ମୋ ପାଇଁ ଏଭଳି ପଦବୀଟିକୁ ମଞ୍ଜୁର କରିଦେଲେ ଏବଂ ମୁଁ ପରେ ପରେ ଦର୍ଶନ ବିଭାଗରେ ଯୋଗଦେଲି। ତା'ପରେ ସଦର୍ଣ୍ଣ ଏଭିନ୍ୟୁରେ ଥିବା ଗୋଟିଏ ଆପାର୍ଟମେଣ୍ଟରେ ମୁଁ ଘରଭଡ଼ା ନେଲି ଓ ମାସକ ଭିତରେ ବାଣୀ ଓ ପିଲାମାନଙ୍କୁ ପାଖକୁ ନେଇଆସିଲି। ଜୀବନରେ ପ୍ରଥମ ଥରପାଇଁ ଆମେ ପରିବାରଟିଏ ଭଳି ଏକତ୍ର ଅବସ୍ଥାନ କଲୁ। ସେତେବେଳ ମୋର ବେତନ ଅତି ସାମାନ୍ୟ ଥିଲା। ତଥାପି ତାହା ଘରଭଡ଼ା ଓ ଅନ୍ୟାନ୍ୟ ଘରଖର୍ଚ୍ଚ ତୁଲାଇବାକୁ ପର୍ଯ୍ୟାପ୍ତ ଥିଲା। ଏହାପରେ ପିଲାମାନଙ୍କ ଖର୍ଚ୍ଚ ତୁଲାଇବା ଲାଗି ଅନେକ ଦିନ ପର୍ଯ୍ୟନ୍ତ ବୋଉ ମୋ ପାଖକୁ ନିୟମିତ ପଇସା ପଠାଉଥିଲା।

କଲିକତା ବିଶ୍ୱବିଦ୍ୟାଳୟରେ ଯୋଗଦେବା ପରେ ପରେ ପଣ୍ଡିତ ଅନନ୍ତ କୁମାର ତର୍କତୀର୍ଥଙ୍କ ନିକଟରେ ମୁଁ ମୋର ସଂସ୍କୃତ ଅଧ୍ୟୟନ ଆରମ୍ଭ କଲି। ସେତେବେଳେ ବିଶ୍ୱବିଦ୍ୟାଳୟର ଅଧ୍ୟାପନା ପାଇଁ ନୋଟ୍ ପ୍ରସ୍ତୁତ କରିବାରେ ମୋର ଅଧିକାଂଶ ସମୟ ବିତୁଥିଲା। ପ୍ରଫେସର ମୈତ୍ର ଅତ୍ୟନ୍ତ ସହୃଦୟ ଭଦ୍ରବ୍ୟକ୍ତି ଥିଲେ ଓ ସେ ଠିକ୍ କଥା କହିଥିଲେ। ମୁଁ ଭାରତୀୟ ଦର୍ଶନ ଏବଂ କାଣ୍ଟ୍ ପରବର୍ତ୍ତୀ ଜର୍ମାନ ଦର୍ଶନ ଉପରେ ଅଧ୍ୟାପନା କଲି। ତା'ଛଡ଼ା ରାମାନୁଜଙ୍କ ବ୍ରହ୍ମସୂତ୍ର ଭାଷ୍ୟ ଉପରେ ମଧ୍ୟ ମୁଁ ସ୍ପେଶାଲ କ୍ଲାସ୍ ନେଲି। ଏହା ବ୍ୟତୀତ ତର୍କଶାସ୍ତ୍ର ଉପରେ ସ୍ପେଶାଲ କ୍ଲାସ୍ କଲି। ଏହିସବୁ ବିଷୟ ପଢ଼ାଇବା ଲାଗି ମୁଁ ମୋର କ୍ଲାସ ନୋଟ୍ ପ୍ରସ୍ତୁତ କରିବା ପାଇଁ ଚେଷ୍ଟା ଜାରି ରଖିଲି ଏବଂ ପ୍ରତିବର୍ଷ ସେହିସବୁ ନୋଟ୍‌ରେ ପୁନର୍ବିନ୍ୟାସ ଘଟାଇ ତାକୁ ଆହୁରି

ଉନ୍ନତ କରି ଚାଲିଥିଲି। ଥରେ ମୁଁ ସେଲିଂଙ୍କ ଉପରେ ଅଧ୍ୟାପନା କରୁଥାଏ। ସେତେବେଳେ ୱିଲ୍‌ଫ୍ରେଡ୍ ଷ୍ଟାଚେ କଲିକତା ପରିଦର୍ଶନରେ ଆମ ପାଖକୁ ଆସିଥାଆନ୍ତି। ମୁଁ ତାଙ୍କୁ ମୋ କ୍ଲାସକୁ ଆସିବା ଲାଗି ଆମନ୍ତ୍ରଣ ଜଣାଇଲି ଓ ଅନୁରୋଧ କଲି ଯେ ସେ ମୋର ସେଲିଂ ଅଧ୍ୟାପନାକୁ ଭଲଭାବରେ ଶୁଣନ୍ତୁ ଏବଂ ମତାମତ ଦିଅନ୍ତୁ ଯେ ତାହା ଗୁଣାତ୍ମକ ମାନ ଦୃଷ୍ଟିରୁ ଠିକ୍ କି ନାହିଁ। ସେ ମୋ କ୍ଲାସକୁ ଆସି ମୋର ଅଧ୍ୟାପନାକୁ ଭଲଭାବରେ ଶୁଣିବା ପରେ ମତ ଦେଇଥିଲେ ଯେ ଅନ୍ତତଃପକ୍ଷେ ମୋର ଅଧ୍ୟାପନା ସେ ଶୁଣିଥିବା ସେଲିଂଙ୍କ ଉପରେ ଯେକୌଣସି ଜର୍ମାନ ପ୍ରଫେସରଙ୍କ ଅଧ୍ୟାପନା ସହ ତୁଳନୀୟ। ମୋ ପାଇଁ ଏଭଳି ମନ୍ତବ୍ୟ ବେଶ୍ ଉତ୍ସାହଜନକ ଥିଲା। କାରଣ, ମୁଁ ଜାଣିଥିଲି ଯେ ଷ୍ଟାଚେ ଥିଲେ ନିକୋଲାଇ ହାର୍ଟମାନ୍‌ଙ୍କ ଛାତ୍ର। (ଯାହାଙ୍କ ଲିଖିତ *ଜର୍ମାନ ଆଇଡିଆଲିଜିମ୍* ବହିକୁ ମୁଁ କ୍ରୋନରଙ୍କ ***'ଭନ୍ କାଣ୍ଟ ବିସ୍ ହେଗେଲ'***ଙ୍କ ବହିସହ ମିଶାଇ ନୋଟ୍ ପ୍ରସ୍ତୁତ କରିବା ଏବଂ ଅଧ୍ୟାପନା ପାଇଁ ବ୍ୟବହାର କରୁଥିଲି)। ଭାରତୀୟ ଦର୍ଶନ ଅଧ୍ୟାପନା ପାଇଁ ମୁଁ ଯେଉଁ ଲେକ୍‌ଚର ନୋଟ୍ ପ୍ରସ୍ତୁତ କରୁଥିଲି ତାହା ମୂଳ ସଂସ୍କୃତ ଗ୍ରନ୍ଥ ଉପରେ ଆଧାରିତ ଥିଲା (ସେଥିରୁ କେତେକ ଗ୍ରନ୍ଥ ଏଭଳି ନୋଟ୍ ପ୍ରସ୍ତୁତ କରିବା ଓ ଅଧ୍ୟାପନା ସକାଶେ ମୁଁ ଆଉ ଥରେ ଲେଖାଏଁ ପଢୁଥିଲି)। ଏଥି ପାଇଁ ମୁଁ ସବୁବେଳେ ସଂସ୍କୃତ ଗ୍ରନ୍ଥର ଇଂରାଜୀ ବ୍ୟାଖ୍ୟା ପୁସ୍ତକ ବ୍ୟବହାରକୁ ଏଡ଼ାଇ ଚାଲୁଥିଲି। ଏହାର ଅନେକ ବର୍ଷପରେ ମୁଁ ଜ୍ଞାନତତ୍ତ୍ୱ (*ଥିଓରୀ ଅଫ୍ ନଲେଜ*) ଉପରେ ଅଧ୍ୟାପନା କଲି। ଏହାର ବହୁଳାଂଶ *'ଥିଓରୀ ଅଫ୍ ମିନିଂ'* ଏବଂ *'ଥିଓରୀ ଅଫ୍ ପର୍ସେପସନ୍'* ଉପରେ ଆଧାରିତ। ମୋର ହସେର୍ଲଙ୍କ ***'ଥିଓରି ଅଫ୍ ମିନିଂ'*** ପୁସ୍ତକ ରଚନା କରିବାର ଧାରଣା ଏହିସବୁ ଲେକ୍‌ଚର ନୋଟ୍ ପ୍ରସ୍ତୁତ କରିବାରୁ ହିଁ ସୃଷ୍ଟି ହୋଇଥିଲା, ଯେମିତି ***'ଫେନୋମେନୋଲଜି ଆଣ୍ଡ୍ ଅଣ୍ଟୋଲୋଜି'*** ପୁସ୍ତକର ଅନେକ ଅଧ୍ୟାୟ ପ୍ରସ୍ତୁତ କରିବା କ୍ଷେତ୍ରରେ ଘଟିଥିଲା। (ଢେର ପରେ, ୧୯୭୦ ଦଶକ ପ୍ରାରମ୍ଭରେ ହାନା ଗ୍ରେ' ଯିଏ କି ସେତେବେଳେ ନର୍ଥ ୱେଷ୍ଟର୍ଣ୍ଣ ବିଶ୍ୱବିଦ୍ୟାଳୟର କଳା ଓ ବିଜ୍ଞାନ ବିଭାଗର ଡିନ୍ ଥିଲେ, ସେ ମୋତେ ନର୍ଥ ୱେଷ୍ଟର୍ଣ୍ଣରେ ଏକ ପଦବୀ ଯାଚିଥିଲେ। କାରଣ ସେ ମୋ ଉପରେ ବିଶେଷ ଖୁସି ଥିଲେ ଯେ ଉପରୋକ୍ତ ଦୁଇଟିଯାକ ପୁସ୍ତକ ମୁଁ ମୋର ଛାତ୍ରମାନଙ୍କ ପାଇଁ ପ୍ରସ୍ତୁତ କରିଥିବା ଲେକ୍‌ଚର ନୋଟ୍ ଆଧାରରେ ରଚନା କରିଥିବା ଉଭୟ ପୁସ୍ତକର ଉପକ୍ରମରେ ସ୍ୱୀକାର କରିଥିଲି)। ଯେତେବେଳେ ଉଦୀୟମାନ ଯୁବ ମାର୍କ୍ସବାଦୀ ଚିନ୍ତକ ଡକ୍ଟର ଅତୀନ ବୋଷଙ୍କର ଆକସ୍ମିକ ବିୟୋଗ ଘଟିଲା ତାହା ପରେ ମୁଁ ରାଜନୈତିକ ଦର୍ଶନ ଉପରେ ସେ ନେଉଥିବା କ୍ଲାସଗୁଡ଼ିକ ମଧ୍ୟ ନେଲି। ସେତେବେଳେ ମୁଁ ପିଲାମାନଙ୍କୁ ହେଗେଲ୍‌ଠାରୁ

ମାର୍କ୍ସଙ୍କ ପର୍ଯ୍ୟନ୍ତ କାଳଖଣ୍ଡ ବିଷୟରେ ପଢ଼ାଇଲି। ତା'ଛଡ଼ା ହେଗେଲଙ୍କ **'*ଫିଲୋସଫି ଅଫ୍ ରାଇଟ୍*'** ଉପରେ ମଧ୍ୟ ଗୋଟିଏ ବିଶେଷ ସମ୍ମାନର ଆୟୋଜନ କଲି। ମୁଁ ଭାବୁଛି, ସେତେବେଳେ ମୁଁ ହେଗେଲଙ୍କୁ ଉତ୍ତମରୂପେ ପଢ଼ି ନ ଥିଲି ଅବା ବୁଝି ନ ଥିଲି। ସେତେବେଳ ପର୍ଯ୍ୟନ୍ତ ମୁଁ ତାଙ୍କ ଫେନୋମେନୋଲଜି ପୁସ୍ତକ ସୁଦ୍ଧା ପଢି ନ ଥିଲି। ହେଗେଲଙ୍କୁ ବିଶ୍ଳେଷଣ କରିବା ଅବା ବୁଝିବା ଦିଗରେ ନବ୍ୟ-ହେଗେଲୀୟମାନଙ୍କ ଦ୍ୱାରା ମୁଁ ମାତ୍ରାତିରିକ୍ତ ଭାବରେ ପ୍ରଭାବିତ ହୋଇଥିବା ମୋର ମନେ ହୁଏ। ୧୯୭୦ ଦଶକର ଶେଷଭାଗ ପର୍ଯ୍ୟନ୍ତ ଏବଂ ନ୍ୟୁୟର୍କର ନିଉ ସ୍କୁଲ ଫର୍ ସୋସିଆଲ ରିସର୍ଚ୍ଚରେ ପହଞ୍ଚିବା ପରେ ହିଁ ହେଗେଲୀୟ ଚିନ୍ତନଧାରା ସହିତ ମୁଁ ଉତ୍ତମ ରୂପେ ପରିଚିତ ହୋଇଥିଲି ଓ ତା' ଭିତରେ ପ୍ରବେଶ କରିଥିଲି, ବିଶେଷକରି ତାଙ୍କ ଫେନୋମେନୋଲଜି ସମ୍ପର୍କରେ। ତା'ପରେ ଏହା ମୋ ପାଇଁ ଅଧ୍ୟାପନା ନିମନ୍ତେ ସବୁଠାରୁ ପ୍ରିୟ ପୁସ୍ତକରେ ପରିଣତ ହୋଇଗଲା। ୧୯୬୦ ଦଶକ ପ୍ରାରମ୍ଭରେ ମୁଁ ***ବିବର୍ତ୍ତନପ୍ରମାଣେୟସଂଗ୍ରହ*** (ଏହା ଏକ ଅଦ୍ୱୈତ ଦର୍ଶନ ଗ୍ରନ୍ଥ)ଉପରେ ମଧ୍ୟ ସ୍ପେଶାଲ କ୍ଲାସ ନେଲି। ସେହିଭଳି ଶଙ୍କରଙ୍କ ***ବ୍ରହ୍ମସୂତ୍ର ଭାଷ୍ୟ*** ଉପରେ ମଧ୍ୟ କ୍ଲାସ୍ ନେଲି। ଆଜି ଏଠାରେ ଏସବୁ କଥା ଉଲ୍ଲେଖ କରିବା ଏବଂ ପଛକୁ ଫେରି ଚାହିଁବାବେଳେ ମୋତେ ଜଳଜଳ ହୋଇ ଦୃଶ୍ୟ ହୁଏ ଯେ ନିକୋଲାଇ ହାର୍ଟମାନଙ୍କ '*ଏଥିକ୍ସ*' ଉପରେ ଗୋଟିଏ କ୍ଲାସ ନେଲାବେଳେ ମୁଁ ଫେନୋମେନୋଲଜି ପ୍ରସଙ୍ଗରେ ଅଧ୍ୟାପନା କରିବାର ନିକଟତର ହୋଇଥିଲି। କଲିକତା ବିଶ୍ୱବିଦ୍ୟାଳୟରେ ଅଧ୍ୟାପନାବେଳେ ମୁଁ କେବେ ହସେର୍ଲଙ୍କ ଉପରେ ପଢ଼ାଇ ନ ଥିଲି; ଯଦିବା ***ଥିଓରୀ ଅଫ୍ ନଲେଜ୍*** ପାଇଁ ମୋର ଲେକ୍‌ଚର ନୋଟ୍ ପ୍ରସ୍ତୁତ କରିବା ସମୟରେ ମୁଁ ହସେର୍ଲଙ୍କ **'*ଲଜିକାଲ ଇନଭେଷ୍ଟିଗେସନ୍ସ*'** ପୁସ୍ତକ ବ୍ୟବହାର କରୁଥିଲି। କିନ୍ତୁ କୌଣସି ଜାଗାରେ ମୁଁ ଏହା ଉଲ୍ଲେଖ କରୁ ନ ଥିଲି। ମୋର ହସେର୍ଲ ସମ୍ପର୍କୀତ ଅଧ୍ୟୟନ ସମ୍ପୂର୍ଣ୍ଣ ରୂପେ ଘରୋଇ ଭାବରେ ଘରେ ବସି ଅଧ୍ୟୟନରୁ ହିଁ ପ୍ରାପ୍ତ ହୋଇଥିଲା। ଏହା ସହିତ ସଂସ୍କୃତ କଲେଜରେ '*ନବ୍ୟ ନ୍ୟାୟ*' ଶାସ୍ତ୍ର ଅଧ୍ୟୟନ ମଧ୍ୟ ଜାରି ରହିଥିଲା। ତେବେ ମୁଁ ସେତେବେଳେ ନିଶ୍ଚିତ ନ ଥିଲି ଯେ ମୋର ଏଭଳି କାମ ପରିଶେଷରେ ମୋତେ କେଉଁଠାରେ ପହଞ୍ଚାଇବ ଅବା ଏବେ ମୁଁ କେଉଁ ମାର୍ଗରେ ଗତି କରୁଛି। ତଥାପି ମନେ ମନେ ମୁଁ ଖୁସି ଓ ଉଲ୍ଲସିତ ଥିଲି। କିନ୍ତୁ ମୋ ମନରୁ ଆଶଙ୍କା ଓ ଉଦ୍‌ବେଗ ଦୂର ହୋଇ ନ ଥିଲା। ମୋ ନିଜ ଚିନ୍ତାଧାରାର ଦିଗ ମୁଁ ନିର୍ଣ୍ଣୟ କରିପାରୁ ନ ଥିଲି। ଏକଥା ମୁଁ ଭଲଭାବରେ ଜାଣିଥିଲି ଯେ ମୋ ଜୀବନ ନିରର୍ଥକ ହୋଇଯିବ, ଯଦି ମୁଁ ମୋର ନିଜସ୍ୱ ଚିନ୍ତନର ମାର୍ଗ ନିର୍ଦ୍ଧାରଣ କରି ନ ପାରିବି। ସେଭଳି ଚିନ୍ତାର ମାର୍ଗ କେବଳ ମୋର ଏବଂ ସ୍ୱତନ୍ତ୍ର ହୋଇଥିବା ଆବଶ୍ୟକ।

ବିଶ୍ୱବିଦ୍ୟାଳୟର ଦର୍ଶନ ବିଭାଗରେ ମୁଁ ଯେତେବେଳେ ଅଧ୍ୟାପନା କରୁଥିଲି, ସେତେବେଳେ ଆଉ ତାହା ଏତେ ଆକର୍ଷଣୀୟ ନ ଥିଲା। କାଳିଦାସ ଭଟ୍ଟାଚାର୍ଯ୍ୟ ମହୋଦୟ କଲିକତା ଛାଡ଼ି ଶାନ୍ତିନିକେତନ ଯାଇ ସାରିଥିଲେ। ରାସବିହାରୀ ଦାସ ମଧ୍ୟ ବିଶ୍ୱବିଦ୍ୟାଳୟ ଛାଡ଼ି ନୂଆକରି ଗଢ଼ି ଉଠିଥିବା ସାଗର ବିଶ୍ୱବିଦ୍ୟାଳୟରେ ଯୋଗ ଦେଇଥିଲେ। ତେବେ ଅବସର ଗ୍ରହଣ କରିବାର ଅଳ୍ପଦିନ ପୂର୍ବରୁ ସେ ପୁଣି ଥରେ କଲିକତା ଫେରିଆସିଥିଲେ। ମୁଁ ଯେତେବେଳେ ବିଶ୍ୱବିଦ୍ୟାଳୟରେ ଅଧ୍ୟାପନା ଆରମ୍ଭ କଲି ସେତେବେଳେ ବିଭାଗୀୟ ମୁଖ୍ୟ ଥିଲେ ସୁଶୀଲ ମୈତ୍ର। ତାଙ୍କ ସମ୍ପର୍କରେ ମୁଁ କିଛି କଥା ଉଲ୍ଲେଖ କରିବାକୁ ଅବଶ୍ୟ ଚାହିଁବି। ସେତେବେଳେ ଆମ ବିଭାଗର ଅନ୍ୟତମ ବରିଷ୍ଠ ପ୍ରଫେସର ଥିଲେ ଡକ୍ଟର ସତୀଶଚନ୍ଦ୍ର ଚାଟାର୍ଜୀ, ଯିଏକି ବହୁଳଭାବରେ ବ୍ୟବହୃତ ପୁସ୍ତକ ***'ଇଣ୍ଟ୍ରୋଡକ୍ସନ ଟୁ ଇଣ୍ଡିଆନ ଫିଲୋସଫି'*** ପୁସ୍ତକର ରଚୟିତା (ପାଟନାର ଡି.ଏନ.ଦତ୍ତଙ୍କ ସହ ମିଶି)ଥିଲେ। ଏହା ବ୍ୟତୀତ ସେ ଆଉ ଏକ ଜଟିଳ ପୁସ୍ତକ ***'ନ୍ୟାୟ ଥିଓରୀ ଅଫ୍ ନଲେଜ୍'***ର ମଧ୍ୟ ଥିଲେ ଲେଖକ। ସୁଶୀଲ ବାବୁଙ୍କ ଅବସର ଗ୍ରହଣପରେ ସତୀଶ ଚାଟାର୍ଜୀ ବିଭାଗୀୟ ମୁଖ୍ୟ ପଦ ଅଳଙ୍କୃତ କରିଥିଲେ, ଯଦିଚ ତାଙ୍କୁ ପୂର୍ଣ୍ଣକାଳୀନ ପ୍ରଫେସର ରୂପେ ପଦୋନ୍ନତି ମିଳି ନ ଥିଲା। ଅଧ୍ୟାପକମାନଙ୍କ ମଧ୍ୟରେ ଅନ୍ୟ ଯେଉଁ ଉଲ୍ଲେଖନୀୟ ସଦସ୍ୟ ଥିଲେ ସେମାନଙ୍କ ମଧ୍ୟରୁ ଅନ୍ୟତମ ଥିଲେ ଡକ୍ଟର ଅଧରଚନ୍ଦ୍ର ଦାସ। ସେ ଜଣେ ବିଚକ୍ଷଣ ଧୀସମ୍ପନ୍ନ ବ୍ୟକ୍ତିଭାବରେ ସୁପରିଚିତ ଥିଲେ। ତାଙ୍କର ଇଂରାଜୀ ଉଚ୍ଚାରଣ ଥିଲା ଆସାମର ସିଲହେଟ୍ ଜିଲ୍ଲାର ଲୋକମାନଙ୍କ କଥିତ ଭାଷାଶୈଳୀରେ। ତଥାପି ସେ ନିଜ ସହକର୍ମୀମାନଙ୍କ ଇଂରାଜୀ ଉଚ୍ଚାରଣରୁ ରୀତିମତ ଖୁଣ ବାଛୁଥିଲେ ଏବଂ ନିଜ ଇଂରାଜୀ ଅଧ୍ୟାପନା ଓ ଉଚ୍ଚାରଣ ଲାଗି ମନେ ମନେ ଗର୍ବ ଅନୁଭବ କରୁଥିଲେ। ତେବେ ଏକଥା ସ୍ୱୀକାର୍ଯ୍ୟ ଯେ ସେ ଯାହା କିଛି କହୁଥିଲେ ତାହା ଅତ୍ୟନ୍ତ ପ୍ରାସଙ୍ଗିକ ଥିଲା। ନେଗେସନ ଉପରେ ସେ ଖଣ୍ଡିଏ ପୁସ୍ତକ ବି ରଚନା କରିଥିଲେ। ତା'ଛଡ଼ା ଶ୍ରୀ ଅରବିନ୍ଦଙ୍କ ଦର୍ଶନର ସେ ଥିଲେ ଜଣେ ଯୋଗ୍ୟ ସମାଲୋଚକ। ମୋଟାମୋଟି ଭାବରେ ଦର୍ଶନ ବିଭାଗର ଅଧ୍ୟାପକମାନଙ୍କ ମଧ୍ୟରେ ସେ ଜଣେ ଉତ୍ତମ ସଦସ୍ୟଭାବେ ବିବେଚିତ ହେଉଥିଲେ। ଯୁବ ଅଧ୍ୟାପକମାନଙ୍କ ମଧ୍ୟରେ ଥିଲେ କାଳୀକୃଷ୍ଣ ବାନାର୍ଜୀ (ସେତେବେଳ ପର୍ଯ୍ୟନ୍ତ ସେ ପାର୍ଟଟାଇମ୍ ଅଥବା ଆଡ୍‌ଜଙ୍କ୍ଟ୍ ଅଧ୍ୟାପକ ଭାବରେ କାର୍ଯ୍ୟ କରୁଥିଲେ)। ସେ ଥିଲେ ମୋ ଠାରୁ କେଇ ବର୍ଷ ସିନିୟର। ତଥାପି ମୋ ସହ ତାଙ୍କର ଉତ୍ତମ ବନ୍ଧୁତା ଗଢ଼ି ଉଠିଥିଲା। ସେ କେବଳ ବୁଦ୍ଧିମାନ ନ ଥିଲେ, ଅପରପକ୍ଷେ ନିଜସ୍ୱ ନିଷ୍ଠାପର ପ୍ରଚେଷ୍ଟା ବଳରେ ସେ ନ୍ୟାୟଶାସ୍ତ୍ରକୁ ଉତ୍ତମରୂପେ

ଅଧ୍ୟୟନ କରିଥିଲେ। ସେତେବେଳକୁ ସେ ୱିଟ୍‌ଜେନ୍‌ଷ୍ଟେନ୍ ଏବଂ କିର୍କେଗାର୍ଡଙ୍କ ଆଡ଼କୁ ଢଳିବା ଆରମ୍ଭ କରିସାରିଥିଲେ। ଏହି ଅଧ୍ୟାପକ ଗୋଷ୍ଠୀଙ୍କ ମଧ୍ୟରେ ରହି ମୁଁ ମୋର ଅଧ୍ୟାପନା ଆରମ୍ଭ କରିବା ସହ ସେମାନଙ୍କର ଜଣେ ସହକର୍ମୀଭାବରେ ପରିଗଣିତ ହୋଇଥିଲି। କେବଳ କାଳୀକୃଷ୍ଣ ବାନାର୍ଜୀଙ୍କୁ ଛାଡ଼ି ଅନ୍ୟ ସମସ୍ତେ ଥିଲେ ମୋର ପୂର୍ବତନ ଶିକ୍ଷକ। ଏହା ସୂଚୀତ କରେ ଯେ କଲିକତା ବିଶ୍ୱବିଦ୍ୟାଳୟ କେତେ ସ୍ୱୟମ୍ଭୂ ଥିଲା। ସାମଗ୍ରିକ ଭାବରେ ବିଶ୍ୱବିଦ୍ୟାଳୟରେ କ୍ୱଚିତ ଶିକ୍ଷକ/ଅଧ୍ୟାପକ ଥିଲେ, ଯେଉଁମାନେ କଲିକତା ବିଶ୍ୱବିଦ୍ୟାଳୟରୁ ସ୍ନାତକ ଡିଗ୍ରୀ ହାସଲ କରି ନ ଥିଲେ। ଏହି ପରିପ୍ରେକ୍ଷୀରେ ମୁଁ ସାଧାରଣ ଭାବେ ଆମେରିକୀୟ ପରମ୍ପରାକୁ ଅଧିକ ପସନ୍ଦ କରେ। ଆମେରିକୀୟ ପରମ୍ପରାଟି ହେଲା ଏହା ଯେ ଗ୍ରାଜୁଏଟ ଶିକ୍ଷାନୁଷ୍ଠାନମାନଙ୍କରେ ନିଜସ୍ୱ ଛାତ୍ରଙ୍କୁ ଅଧ୍ୟାପକ ଭାବରେ ଚୟନ କରାଯିବା ଉଚିତ ନୁହେଁ। ଯଦି ସେମାନେ ଅନ୍ୟତ୍ର ବର୍ଷ ବର୍ଷର ଅଧ୍ୟାପନା କିମ୍ବା ଗବେଷଣା କରିନାହାନ୍ତି ତେବେ ଏହା ଆଦୌ ଗ୍ରହଣୀୟ ନୁହେଁ। ମୁଁ ଏଠାରେ ଉଲ୍ଲେଖ କରିବାକୁ ଚାହିଁବି ଯେ ସାର୍ ଆଶୁତୋଷ ମୁଖାର୍ଜୀ ୧୯୦୫ ମସିହାରେ କଲିକତାରେ ଗ୍ରାଜୁଏଟ୍ କଲେଜର ଶୁଭାରମ୍ଭ କରିବାବେଳେ ସାରା ଭାରତରୁ ବଛା ବଛା ଅଧ୍ୟାପକମାନଙ୍କୁ ଚୟନ କରିଥିଲେ। ସେମାନଙ୍କ ମଧ୍ୟରୁ କେତେକ ପ୍ରଫେସର ସ୍ୱକୀୟ ଜ୍ଞାନଗୁଣରେ ଅତି ବିଖ୍ୟାତ ଥିଲେ। ଆଜିକାଲି ଭାରତୀୟ ବିଶ୍ୱବିଦ୍ୟାଳୟମାନେ, ଦିଲ୍ଲୀକୁ ଛାଡ଼ି, ବହୁଳାଂଶରେ ପ୍ରାନ୍ତୀୟ ହୋଇପଡୁଛନ୍ତି। ଏହାର ପ୍ରମୁଖ କାରଣଟି ହେଲା- ସେମାନେ ଇଂରାଜୀରୁ ପ୍ରାନ୍ତୀୟ ଭାଷାକୁ ରୂପାନ୍ତରୀତ ହେବା ସପକ୍ଷରେ ଆଗ୍ରହ ପ୍ରକଟ କରୁଛନ୍ତି। ଏପରିକି କଲିକତା ବିଶ୍ୱବିଦ୍ୟାଳୟରେ ଜଣେ ଅଧ୍ୟାପକ ରୂପେ ମୋର ନିଯୁକ୍ତି ସମ୍ପୂର୍ଣ୍ଣରୂପେ ପ୍ରତିଯୋଗିତାବିହୀନ ନ ଥିଲା। ଯେତେବେଳେ ଏହି ପଦବୀ ପାଇଁ ବିଜ୍ଞପ୍ତି ପ୍ରକାଶ ପାଇଲା, ଓଡ଼ିଶାରେ ଅଧ୍ୟାପନା କରୁଥିବା ଜନୈକ ବଙ୍ଗାଳୀ ପ୍ରଫେସର ମଧ୍ୟ ସେହି ପଦପାଇଁ ଆବେଦନ କରିଥିଲେ। ସେ ତାଙ୍କ ଆବେଦନପତ୍ରରେ ଉଲ୍ଲେଖ କରିଥିଲେ ଯେ ଓଡ଼ିଶାରେ ତାଙ୍କୁ ଉତ୍ତମରୂପେ ସମ୍ମାନ ପ୍ରଦର୍ଶନ କରାଯାଉ ନ ଥିବା ଦୃଷ୍ଟିରୁ ସେ ଏହି ପଦବୀ ପାଇଁ ଆବେଦନ କରିଛନ୍ତି ଏବଂ ବଙ୍ଗଳାକୁ ଫେରି ଆସିବାକୁ ଚାହୁଁଛନ୍ତି। ଜଣେ ଓଡ଼ିଆ ଭାବରେ ମୁଁ ବଙ୍ଗଳାରେ ଅଧ୍ୟାପନା ନ କରି ଓଡ଼ିଶାକୁ ଫେରିଯିବା ଉଚିତ। ତେବେ ଦର୍ଶନ ବିଭାଗର ଚୟନକର୍ତ୍ତାଙ୍କ ମନରେ ବଙ୍ଗୀୟ ପ୍ରଫେସରଙ୍କ ଏଭଳି ଯୁକ୍ତି କୌଣସି ପ୍ରଭାବ ପକାଇ ନ ଥିଲା ଏବଂ ସେମାନେ ତାଙ୍କ ବିରୋଧ ସତ୍ତ୍ୱେ ମୋତେ ହିଁ ଚୟନ କରିଥିଲେ। ପରେ ଜାଣିବାକୁ ମିଳିଥିଲା ଯେ କଟକରେ ଅଧ୍ୟାପନା କରୁଥିବା ସେହି ବଙ୍ଗୀୟ ପ୍ରଫେସରଙ୍କର ଗୋଟିଏ ବିଚିତ୍ର ସମସ୍ୟା ଥିଲା।

ତାହାହେଲା ତାଙ୍କର ଦୁଇ ଦୁଇଜଣ ପତ୍ନୀ ଥିଲେ ଏବଂ ସେମାନେ ଗୋଟିଏ ଘରେ ରହି ଝଗଡ଼ା କରୁଥିଲେ।

ଏଥି ପୂର୍ବରୁ ମୁଁ କାଳିଦାସ ଭଟ୍ଟାଚାର୍ଯ୍ୟ ଏବଂ ରାସ ବିହାରୀ ଦାସଙ୍କ ସମ୍ପର୍କରେ ଉଲ୍ଲେଖ କରିସାରିଛି। ଏବେ ମୁଁ ସୁଶୀଲ ମୈତ୍ର ଏବଂ ସତୀଶ ଚାଟାର୍ଜୀଙ୍କ ବିଷୟରେ କିଛି କହିବାକୁ ଚାହେଁ। ଏହି ଦୁଇଜଣ ବ୍ୟକ୍ତି ମୋତେ ଖୁବ୍ ଶ୍ରଦ୍ଧା କରୁଥିଲେ ଏବଂ ଉଭୟଙ୍କ ପ୍ରତି ମୋ ମନରେ ଅସମ୍ଭବ ଭକ୍ତି ଓ ସମ୍ମାନ ଥିଲା। ଅବଶ୍ୟ ଏକଥା ସତ ଯେ ଦର୍ଶନ ଶାସ୍ତ୍ର ଅଧ୍ୟୟନ ଓ ଅଧ୍ୟାପନା ଦୃଷ୍ଟିରୁ ସେମାନେ ମୋ ପାଇଁ କୌଣସି ମୂଲ୍ୟ ରଖୁ ନ ଥିଲେ। ସେହିଭଳି ମୋର ଦାର୍ଶନିକ ଦୃଷ୍ଟିଭଙ୍ଗୀର ବିକାଶ ପାଇଁ ମଧ୍ୟ ଉଭୟଙ୍କର କୌଣସି ଭୂମିକା ନ ଥିଲା। ସୁଶୀଲ ବାବୁ ଥିଲେ ଜଣେ ଅସମ୍ଭବ ଭାବରେ ଡେଙ୍ଗା ବଙ୍ଗୀୟ ଭଦ୍ରବ୍ୟକ୍ତି। ଗୌରବର୍ଣ୍ଣ ଏବଂ ପ୍ରଶସ୍ତ କପାଳ ସହ ତାଙ୍କର ବଡ଼ ବଡ଼ ଆଖି ଯୋଡ଼ିକ ବେଶ୍ ଆକର୍ଷଣୀୟ ଲାଗେ। ସଦାବେଳେ ସେ ଚଞ୍ଚଳମନା। କେତେବେଳେ ମୁଁ ତାଙ୍କୁ ନିଜ ଚେୟାରରେ ବସିବାର ଦେଖିବାକୁ ପାଉ ନ ଥିଲି। ଯେତେବେଳେ କେହି ଜଣେ ତାଙ୍କ ସହ କଥାବାର୍ତ୍ତା କରେ, ସେ ତାଙ୍କ କୋଠରିରେ ଏଣେତେଣେ ଚାଲବୁଲ କରୁଥିବେ ଅବା କଥାବାର୍ତ୍ତା କରୁଥିବା ବ୍ୟକ୍ତିଙ୍କ ଚାରିପଟେ ଘୂରି ବୁଲୁଥିବେ। ତାଙ୍କର ଏଭଳି ସ୍ୱଭାବ ଦେଖି ମୋର ରିଲ୍‌କେଙ୍କର ଗୋଟିଏ ଉକ୍ତି ମନେ ପଡ଼ିଯାଏ। ତାହାହେଲା, *'Panther whose 'paded gait... is like a dance of strength around a centre.'* । ତାଙ୍କ କପାଳରେ ଗୋଟିଏ ନାଲି ତିଳ ଚିହ୍ନ ଥିଲା ଯାହାକି ତାଙ୍କ ଆଧ୍ୟାତ୍ମିକ(ପାଣ୍ଡିତ୍ୟ ଓ ତାନ୍ତ୍ରିକ) ସ୍ୱଭାବକୁ ସୂଚାଉଥିଲା। ସେ ଜଣେ ପାରଙ୍ଗମ ବ୍ୟକ୍ତି ଏବଂ ଭାରତୀୟ ଦର୍ଶନର ଜଣେ ଉତ୍ତମ ଅଧ୍ୟେତା। ଏପରିକି ପାଶ୍ଚାତ୍ୟ ଚିନ୍ତନର ଅନେକ କ୍ଷେତ୍ରରେ ତାଙ୍କର ପାଣ୍ଡିତ୍ୟ ଥିଲା। ସେ ଅନର୍ଗଳ ଇଂରାଜୀ କହୁଥିଲେ ଓ ଲେଖୁଥିଲେ ଏବଂ ରାଧାକ୍ରିଷ୍ଣନ୍ (ଯେତେବେଳେ ସୁଶୀଲ ବାବୁ ଜଣେ ଯୁବ ଅଧ୍ୟାପକ ଥିଲେ ସେତେବେଳେ ରାଧାକ୍ରିଷ୍ଣନ ଦର୍ଶନ ବିଭାଗର ମୁଖ୍ୟ ଥିଲେ)ଙ୍କୁ ସମାଲୋଚନା କରି ଅପୂର୍ବ ଆନନ୍ଦ ପାଉଥିଲେ। ଥରେ ରାଧାକ୍ରିଷ୍ଣନ ତାଙ୍କୁ ପଚାରିଥିଲେ ଯେ ତାଙ୍କ ସମ୍ପର୍କରେ ସୁଶୀଲ ବାବୁଙ୍କ ମତ କ'ଣ ? ଉତ୍ତରରେ ସୁଶୀଲ ବାବୁ କହିଥିଲେ, 'ପ୍ରଫେସର (ରାଧାକୃଷ୍ଣନ୍) ମହୋଦୟ, ଆପଣ ଜଣେ ପ୍ରଥମ ଶ୍ରେଣୀୟ ବକ୍ତା, ଦ୍ୱିତୀୟ ଶ୍ରେଣୀୟ ରାଜନୀତିଜ୍ଞ, ଏବଂ ତୃତୀୟ ଶ୍ରେଣୀୟ ଦାର୍ଶନିକ।' ଯେହେତୁ ମୁଁ ସୁଶୀଲ ବାବୁଙ୍କୁ ଭଲଭାବରେ ଚିହ୍ନିଥିଲି ଏବଂ କେତେ ସହଜ ଭାବରେ ସେ ଅପ୍ରିୟ ସତ କଥା ଉଚ୍ଚାରଣ କରିପାରନ୍ତି ସେ କଥା ମଧ୍ୟ ଉତ୍ତମରୂପେ ଜାଣିଥିଲି, ତେଣୁ ସହଜରେ ବିଶ୍ୱାସ କରି ନେଇଥିଲି ଯେ ରାଧାକ୍ରିଷ୍ଣନଙ୍କୁ ସେ ନିଶ୍ଚୟ

ଏପରି କଥା ଶୁଣାଇଥିବେ। ତେବେ ରାଧାକ୍ରିଷ୍ଣନ ଥିଲେ ଜଣେ ଉଦାରମନା ଓ ହୃଦୟବାନ୍ ମଣିଷ। ସେ ସଦାବେଳେ ସୁଶୀଲ ବାବୁଙ୍କୁ ସାହାଯ୍ୟ ସହଯୋଗ କରିବାକୁ ଚେଷ୍ଟା କରୁଥିଲେ ଏବଂ ସୁଶୀଲ ବାବୁଙ୍କ ଏଭଳି ଔଦ୍ଧତ୍ୟପୂର୍ଣ୍ଣ କଟୁ ମନ୍ତବ୍ୟର ଉଚିତ ଏବଂ ଅନୁଚିତ ଆଚରଣରେ ସେ ଆଦୌ କ୍ଷୁଣ୍ଣ ହୋଇ ନ ଥିଲେ। ଉଦାହରଣ ସ୍ୱରୂପ, ସୁଶୀଲ ବାବୁଙ୍କ ଅସୌଜନ୍ୟପୂର୍ଣ୍ଣ ବ୍ୟବହାର ଲାଗି ଯେତେବେଳେ ବିଶ୍ୱବିଦ୍ୟାଳୟ ସିନେଟ୍ ତାଙ୍କ ନିଯୁକ୍ତିକୁ ଖାରଜ କରିବା ଲାଗି ପ୍ରସ୍ତାବ ଗ୍ରହଣ କରିବା ବିଷୟରେ ବିଚାର କରୁଥିଲେ ରାଧାକ୍ରିଷ୍ଣନ ହିଁ ତାଙ୍କୁ ସାହାଯ୍ୟ କରିବା ଲାଗି ଆଗେଇ ଆସିଥିଲେ। ସେ ସୁଶୀଲ ବାବୁଙ୍କ ଜ୍ଞାନ ଓ ପାଣ୍ଡିତ୍ୟକୁ ଭୂୟସୀ ପ୍ରଶଂସା କରିଥିଲେ ଏବଂ ସିନେଟ୍ ଆଗରେ ଦୃଢ଼ ଯୁକ୍ତି ଦର୍ଶାଇଥିଲେ ଯେ ସୁଶୀଲ ବାବୁଙ୍କ ସ୍ଥାନ ଅପୂରଣୀୟ। ସୁଶୀଲ ବାବୁ ଥିଲେ ସାର୍ ବ୍ରଜେନ୍ଦ୍ରନାଥ ସିଲ୍ଙ୍କର ସବୁଠାରୁ ପ୍ରିୟ ଛାତ୍ର। ତେଣୁ ଡକ୍ଟର ସିଲ୍ଙ୍କ ମୃତ୍ୟୁ ପୂର୍ବରୁ ସେ ତାଙ୍କର ସମସ୍ତ ଅପ୍ରକାଶିତ ପାଣ୍ଡୁଲିପି ଆହରଣ କରିଥିଲେ। ଯେତେବେଳେ ସୁଶୀଲ ବାବୁ କିଙ୍ଗ୍ ଜର୍ଜ ପ୍ରଫେସର ପଦ (ପରେ ଏହାର ନାମ ପରିବର୍ତ୍ତନ କରାଯାଇ 'ଆଚାର୍ଯ୍ୟ ବ୍ରଜେନ୍ଦ୍ରନାଥ ସିଲ ପ୍ରଫେସର' ଭାବରେ ନାମିତ ହୋଇଥିଲା)ରେ ଅବସ୍ଥାପିତ ହେଲେ ସେତେବେଳେ ଶ୍ୟାମାପ୍ରସାଦ ମୁଖାର୍ଜୀ (ସାର୍ ଆଶୁତୋଷ ମୁଖାର୍ଜୀଙ୍କ ସୁପୁତ୍ର) ତାଙ୍କୁ ଡକାଇ କହିଥିଲେ, 'ଡକ୍ଟର ମୈତ୍ର, ମୁଁ ଆପଣଙ୍କ ନିଯୁକ୍ତିକୁ ସମର୍ଥନ ଜଣାଇଛି। କାରଣ ମୁଁ ଜାଣିଛି ଯେ ଡକ୍ଟର ସିଲ୍ଙ୍କ ସମସ୍ତ ଅପ୍ରକାଶିତ ପାଣ୍ଡୁଲିପି ଏବେ ଆପଣଙ୍କ ପାଖରେ ଅଛି। ମୋର ବିଶ୍ୱାସ ଯେ ଆପଣ ପ୍ରଫେସର ପଦରେ ଅବସ୍ଥାପିତ ହେବା ପରେ ସେସବୁ ପାଣ୍ଡୁଲିପିକୁ ସମ୍ପାଦନା ଓ ପ୍ରକାଶ କରିବା ଦିଗରେ ଯତ୍ନବାନ୍ ହେବେ।' ଏହାପରେ କିଛିକ୍ଷଣ ଅଟକି ଯାଇ ଡକ୍ଟର ମୁଖାର୍ଜୀ ଆହୁରି ଦୃଢ଼ତାର ସହ କହିଥିଲେ,'କିନ୍ତୁ ମୁଁ ଜାଣେ ଯେ ଆପଣ ସେକଥା କଦାପି କରିବେ ନାହିଁ।' ଶ୍ୟାମାପ୍ରସାଦ ମୁଖାର୍ଜୀ ଠିକ୍ ଅନୁମାନ କରିଥିଲେ। ସୁଶୀଲ ବାବୁଙ୍କ ଶ୍ରୀରାମପୁର ବାସଭବନରେ ସେସବୁ ଦୁର୍ଲ୍ଲଭ ପାଣ୍ଡୁଲିପିଗୁଡ଼ିକୁ ଶେଷରେ କୀଟମାନେ ହିଁ ଭକ୍ଷଣ କରିଥିଲେ।

ଡକ୍ଟର ସତୀଶ ଚାଟାର୍ଜୀଙ୍କ ବ୍ୟକ୍ତିତ୍ୱ କିନ୍ତୁ ଥିଲା ଡକ୍ଟର ମୈତ୍ରଙ୍କଠାରୁ ସମ୍ପୂର୍ଣ୍ଣ ବିପରୀତ। ସେ ଜଣେ ନୀରବ ଏବଂ ନିରହଂକାର ତଥା ଧୀରସ୍ଥିର ସ୍ୱଭାବର ବ୍ୟକ୍ତି ଥିଲେ। ତାଙ୍କ ଭିତରେ ହତାଶାଭାବ ଅବଶ୍ୟ ଥିଲା (କାରଣ ସେ ଜଣେ ପୂର୍ଣ୍ଣକାଳୀନ ପ୍ରଫେସର ପଦ ପ୍ରାପ୍ତ ହୋଇ ନ ଥିଲେ)। କିନ୍ତୁ ସମସ୍ତଙ୍କୁ ଦେଖିଲେ ସହାସ୍ୟ ବଦନରେ ସମ୍ଭାଷଣ ଜଣାଉଥିଲେ। ତାଙ୍କ ମୁହଁରେ ସେ ହସ ଚେନାକ ସବୁବେଳେ ମହଜୁଦ ଥିଲା। ଡକ୍ଟର ଚାଟାର୍ଜୀଙ୍କୁ ମୁଁ କେବେ ଉତ୍ତେଜିତ ହେବାର ଦେଖି ନ ଥିଲି। ସେ

ରାଗନ୍ତୁ ଅବା ଖୁସି ହୁଅନ୍ତୁ, ତାହା ତାଙ୍କ ବାହ୍ୟିକ ହାବଭାବରେ ଆଦୌ ପ୍ରତିଫଳିତ ହେଉ ନ ଥିଲା। ସଦାବେଳେ ସେ ଏକାପ୍ରକାର ଢଙ୍ଗରେ ଧୀରେ ଧୀରେ କଥାବାର୍ତ୍ତା କରୁଥିଲେ (ତାଙ୍କ ତୁଣ୍ଡରୁ ପରବର୍ତ୍ତୀ ଶବ୍ଦଟିଏ ଶୁଣିବା ଲାଗି ତୁମକୁ ଅପେକ୍ଷା କରିବାକୁ ପଡ଼ିବ ଏବଂ ତା'ପରେ ପରବର୍ତ୍ତୀ ବାକ୍ୟଟି ପାଇଁ ମଧ୍ୟ ଧୈର୍ଯ୍ୟ ଧରିବାକୁ ହେବ)। ଯେତେବେଳେ ତାଙ୍କ ପତ୍ନୀଙ୍କ ବିୟୋଗ ଘଟିଲା ସେହି ସମୟରେ ସେ ତାଙ୍କ ଶଯ୍ୟା ନିକଟରେ ଉପସ୍ଥିତ ଥିଲେ। ସେତେବେଳେ ସେ କିଛି ଧର୍ମଶାସ୍ତ୍ର ପଢ଼ି ତାଙ୍କୁ ଶୁଣାଇଥିଲେ ଏବଂ ଜୀବନସଙ୍ଗିନୀ ଶେଷ ନିଃଶ୍ୱାସ ତ୍ୟାଗ କଲାବେଳେ ଅସମ୍ଭବ ଧୈର୍ଯ୍ୟର ସହ ସେ ଦୁଃଖକୁ ସହ୍ୟ କରିଥିଲେ। ପତ୍ନୀଙ୍କ ବିୟୋଗରେ ତାଙ୍କ ଆଖିରୁ ଠୋପାଏ ହେଲେ ଲୁହ ଗଡ଼ି ନ ଥିଲା। ଅବସର ଗ୍ରହଣ କରିବା ପରେ ପ୍ରାତଃ ଭ୍ରମଣରେ ଯିବା ଆସିବାବେଳେ ବେଳେବେଳେ ସେ ଆମ ଘରେ ଅଟକି ଯାଉଥିଲେ ଏବଂ ଘରକୁ କିଭଳି ସୀମିତ ଅର୍ଥ ବ୍ୟୟରେ ଚଳାଇବାକୁ ପଡ଼ିବ ସେ କଥା ବାଣୀକୁ ଉପଦେଶ ଦେଉଥିଲେ। ଯେତେବେଳେ ସେ ଦର୍ଶନ ବିଭାଗର ମୁଖ୍ୟ ପଦରେ ଅବସ୍ଥାପିତ ଥିଲେ ଏବଂ ତାଙ୍କର ପ୍ରାକ୍ତନ ଛାତ୍ରମାନେ ଯଦି ତାଙ୍କୁ କୌଣସି ସୁପାରିସପତ୍ର ପାଇଁ ଅନୁରୋଧ କରୁଥିଲେ, ପ୍ରଫେସର ଚାଟାର୍ଜୀ ମୋତେ ସଦାବେଳେ ଖଣ୍ଡିଏ ସୁପାରିସ ପତ୍ର ଲେଖି ଦେବାପାଇଁ କହୁଥିଲେ (ଜଣେ ଭାରତୀୟ ଗୁରୁ ଭାବରେ ସେ ଅନୁଭବ କରିଥିଲେ ଯେ ତାଙ୍କର ଜଣେ ପ୍ରାକ୍ତନ ଛାତ୍ରକୁ ଏଭଳି ଅନୁରୋଧ କରିବାର ଅଧିକାର ତାଙ୍କର ରହିଛି)। ମୁଁ ଲେଖିଥିବା ସେହି ସୁପାରିସପତ୍ରରେ ନିଜର ସନ୍ତକ ଦେଇ ମାଗିଥିବା ଛାତ୍ର ନିକଟକୁ ତାହା ଡାକରେ ପଠାଇ ଦେଉଥିଲେ। ତେବେ ଏଭଳି ସୁପାରିସପତ୍ର ଲେଖିବାବେଳେ ଛାତ୍ରଟି ସମ୍ପର୍କରେ ସେ କେବଳ ସକାରାତ୍ମକ ମତାମତ ଦେବାପାଇଁ ମୋତେ ନିର୍ଦ୍ଦେଶ ଦେଉଥିଲେ। ପ୍ରତ୍ୟେକ ସୁପାରିସପତ୍ରରେ ଛାତ୍ରଟିର ବିଦ୍ୟା,ବୁଦ୍ଧି ଓ ଗୁଣକୁ ପ୍ରଶଂସା କରି ଲେଖାଯିବା ଆବଶ୍ୟକ ବୋଲି ତାଙ୍କର ଦୃଢ଼ ମତ ଥିଲା।

ସେତେବେଳେ କଳା ଓ ବାଣିଜ୍ୟ କଲେଜର ସମସ୍ତ ଅଧ୍ୟାପକ ଗୋଟିଏ ବିରାଟ ସିନିୟର କମନରୁମ୍‌ରେ ଏକତ୍ର ବସୁଥିଲେ। କେବଳ ପୂର୍ଣ୍ଣକାଳୀନ ପ୍ରଫେସର ଏବଂ ସେମାନଙ୍କର ନିଜସ୍ୱ ଅଫିସ ପାଇଁ ଅନ୍ୟ କୋଠରିମାନ ଥିଲା। (ଏପରି ଏକ ସମୟ ଥିଲା, ଯେତେବେଳେ ବରିଷ୍ଠ ପ୍ରଫେସରମାନେ ସୁଦ୍ଧା ସେହି ଏକା କମନରୁମ୍‌ରେ ସମସ୍ତଙ୍କ ସହ ବସୁଥିଲେ।) ସେହିସବୁ କମନରୁମ୍‌ରେ ମହୋଗାନୀ କାଠରେ ନିର୍ମିତ ଲମ୍ବା ଓ ଉଚ୍ଚା ଡେସ୍କମାନ ପଡ଼ିଥିଲା। ତା'ଉପରେ ସବୁଜ ଭେଲଭେଟ୍ କପଡ଼ାର କଭରମାନ ପଡୁଥିଲା। ଆମେମାନେ ସମସ୍ତେ ସେହି ଡେସ୍କ ଚାରିକଡ଼େ ବସୁଥିଲୁ। ସେହି ହଲ୍ ଭିତରେ ଭାଗକରା ଗୋଟିଏ ଛୋଟ କୋଠରି ସଦୃଶ ସ୍ଥାନ

ଥିଲା, ଯେଉଁଠାରେ ଶିକ୍ଷକମାନେ ନିଜର ଅନ୍ୟ ସହକର୍ମୀ କିମ୍ବା ଛାତ୍ରମାନଙ୍କ ସହ ବ୍ୟକ୍ତିଗତ ଭାବରେ କଥାବାର୍ତ୍ତା ଅବା ଭାବ ବିନିମୟ କରୁଥିଲେ। ହଲ୍‌ର ଗୋଟିଏ କୋଣକୁ ପଡ଼ିଥିବା ଟେବୁଲ ଉପରେ ଆଟେଣ୍ଡାଣ୍ଟ୍‌ମାନେ ଅଧ୍ୟାପକମାନଙ୍କ ପାଇଁ ଚା' ଓ ଟୋଷ୍ଟ୍ ତିଆରି କରି ଦେଉଥିଲେ। କମନ୍‌ରୁମ୍ ଭିତରକୁ ଛାତ୍ରମାନେ ଅବାଧରେ ପ୍ରବେଶ କରିବା କିମ୍ବା ବାହାରିଯିବା ସାଧାରଣ ଘଟଣା ଥିଲା। ତେବେ ଅଧ୍ୟାପକମାନଙ୍କ ସହ ପୂର୍ବ ନିର୍ଦ୍ଧାରିତ କାର୍ଯ୍ୟସୂଚୀ ଅନୁସାରେ ପାଠ କିମ୍ବା ପରୀକ୍ଷା ବିଷୟରେ ବୁଝାବୁଝି କରିବାକୁ ସେମାନେ ଆସୁଥିଲେ। ଦଳ ଦଳ ଶିକ୍ଷକଙ୍କ ସହିତ ସେମାନେ ନିଜ ନିଜ ପରୀକ୍ଷା କଥା ଆଲୋଚନା କରୁଥିଲେ। ସମସ୍ତଙ୍କ ସାମ୍ନାରେ ଓ ଖୋଲାଖୋଲି ଭାବରେ ବିଶ୍ୱବିଦ୍ୟାଳୟ ରାଜନୀତି ଏବଂ ଶିକ୍ଷକମାନଙ୍କ ରାଜନୈତିକ ମନ୍ତବ୍ୟ ମଧ୍ୟ ଆଲୋଚନା ହେଉଥିଲା। ଶିକ୍ଷକମାନଙ୍କ ଏହି କମନ୍‌ରୁମ୍ କାନ୍ଥରେ ଅତୀତର ବହୁ ଜ୍ଞାନୀଗୁଣୀ ଶିକ୍ଷକମାନଙ୍କ ଫଟୋଚିତ୍ର ଧାଡ଼ି ଧାଡ଼ି ହୋଇ ଟଙ୍ଗା ହୋଇଥିଲା। ସୁରେନ୍ ଦାସଗୁପ୍ତ ଏବଂ କୃଷ୍ଣଚନ୍ଦ୍ର ଭଟ୍ଟାଚାର୍ଯ୍ୟଙ୍କ ଭଳି ଦାର୍ଶନିକ, ହେମ ରାୟଚୌଧୁରୀଙ୍କ ଭଳି ଗଣିତଜ୍ଞ, ଗଣେଶ ପ୍ରସାଦ ଓ ପିଲାଇ, ବ୍ରଜେନ୍ ସିଲ୍‌ଙ୍କ ଭଳି ବହୁ ବିଦ୍ୟାରେ ବିଶାରଦ ବ୍ୟକ୍ତିତ୍ୱଙ୍କ ଫଟୋସବୁ ଦେଖିଲେ ମନ ଖୁସି ଓ ପ୍ରେରଣାରେ ଭରି ଉଠୁଥିଲା।

'ସିନିୟର କମନରୁମ୍' ବ୍ୟବସ୍ଥାର ଗୋଟିଏ ସୁବିଧା ହେଲା ଏହା ଯେ କଲେଜର ଅନ୍ୟ ସବୁ ବିଭାଗର ସଦସ୍ୟମାନଙ୍କୁ ତୁମେ ସହଜରେ ଜାଣିପାରିବ। ଅନ୍ୟଥା ନିହାର ରାୟ, ସୁନୀତି ଚାଟାର୍ଜୀ, ସୁକୁମାର ସେନ, ଜିତେନ ବାନାର୍ଜୀ ଏବଂ ଅନୁକୂଳ ବାନାର୍ଜୀ, ସତ୍ୟେନ ସେନ, ପ୍ରମଥ ବିଶି, ଭବତୋଷ ଦତ୍ତ ଏବଂ ଆହୁରି ଅନେକ ବରିଷ୍ଠ ଓ ପ୍ରସିଦ୍ଧ ଜ୍ଞାନୀଗୁଣୀ ଅଧ୍ୟାପକ ଯେଉଁମାନେ କି ଅନ୍ୟସବୁ ବିଭାଗରେ ଅଧ୍ୟାପନା କରୁଥିଲେ, ସେମାନଙ୍କୁ ଅବା ଚିହ୍ନି ହୁଅନ୍ତା କିପରି ? ସେମାନଙ୍କ ମଧ୍ୟରୁ ଅନେକଙ୍କ ସହିତ ମୋର ଧୀରେ ଧୀରେ ବନ୍ଧୁତା ଗଢ଼ି ଉଠିଥିଲା। ମୁଁ ବିଶ୍ୱବିଦ୍ୟାଳୟରେ ଯୋଗ ଦେବାର ଅଳ୍ପଦିନ ପରେ ସୁନୀତି ଚାଟାର୍ଜୀ ଅବସର ଗ୍ରହଣ କରିଥିଲେ। କିନ୍ତୁ ସେତେବେଳକୁ ମୁଁ ତାଙ୍କୁ ଉତ୍ତମରୂପେ ଚିହ୍ନି ସାରିଥିଲି। ନିହାର ରାୟ ଏବଂ ସତ୍ୟେନ ସେନ୍ ଖୁବ୍ ଶୀଘ୍ର ମୋର ଘନିଷ୍ଠ ବନ୍ଧୁ ପାଲଟି ଯାଇଥିଲେ। ସତ୍ୟେନ ସେନ ପରେ ବହୁ ବର୍ଷ ଧରି ବିଶ୍ୱବିଦ୍ୟାଳୟର କୁଳପତି ପଦରେ ରହିଥିଲେ। ସେ ଚାହୁଁଥିଲେ ଯେ ତାଙ୍କ ପରେ ମୁଁ ବିଶ୍ୱବିଦ୍ୟାଳୟର କୁଳପତି ହୁଏ। ଏପରିକି ମୋତେ ରାଜି କରାଇବା ଲାଗି ସେ ରୀତିମତ ପ୍ରୟାସ ଜାରି ରଖିଥିଲେ (ସେତେବେଳେ ମୁଁ ଯୁକ୍ତରାଷ୍ଟ୍ର ଆମେରିକାରୁ ଭିଜିଟିଂ ପ୍ରଫେସର ଭାବରେ କଲିକତା ବିଶ୍ୱବିଦ୍ୟାଳୟକୁ ଆସିଥିଲି)। ତେଣୁ ମୁଁ ବିନମ୍ରତାର ସହ ତାଙ୍କର ଏଭଳି ଅନୁରୋଧ

ଓ ପରାମର୍ଶକୁ ପ୍ରତ୍ୟାଖ୍ୟାନ କରିଥିଲି । ମୋର ଜ୍ଞାନ, ଗୁଣ ଏବଂ ଶୈକ୍ଷିକ ରୁଚିବୋଧ ସମ୍ପର୍କରେ ଜାଣିଥିବା କତିପୟ ଲୋକଙ୍କ ମଧ୍ୟରୁ ନିହାର ରାୟ ଥିଲେ ଅନ୍ୟତମ । ସେ ୟୁରୋପରୁ ତାଙ୍କର ଉଚ୍ଚଶିକ୍ଷା ଲାଭ କରିଥିଲେ । ଯେତେବେଳେ ହସେର୍ଲଙ୍କ ସମ୍ପର୍କରେ ମୋର ପାଣ୍ଡୁଲିପିଟି ନିଝୋଫ୍ ପ୍ରକାଶନ ସଂସ୍ଥାଦ୍ୱାରା ଛାପିବା ପାଇଁ ଗୃହୀତ ହୋଇଥିଲା, ସେ ପ୍ରକାଶନ ସଂସ୍ଥା ସମ୍ପର୍କରେ ମୁଁ ତାଙ୍କ ପରାମର୍ଶ ଲୋଡ଼ିଥିଲି । ସେ ମୋତେ ଆଶ୍ୱସ୍ତ କରି କହିଥିଲେ ଯେ ନିଝୋଫ୍ ବିଶ୍ୱର ଏକ ବୃହତ୍ ଏବଂ ମର୍ଯ୍ୟାଦାଜନକ ପ୍ରକାଶନ ସଂସ୍ଥା । ତେଣୁ ନିଶ୍ଚିନ୍ତ ମନରେ ସେ ସଂସ୍ଥା ସହ ରାଜିନାମା ସ୍ୱାକ୍ଷର ପାଇଁ ସେ ମୋତେ ପ୍ରୋତ୍ସାହିତ କରିଥିଲେ । ପ୍ରମଥ ବିଶି ଯିଏ କି ମୋତେ ସର୍ବାଧିକ ସ୍ନେହ କରୁଥିଲେ, ସେ ତାଙ୍କର ଚିରାଚରିତ ଓ ସ୍ୱଭାବସୁଲଭ ହସ କୌତୁକିଆ ଢଙ୍ଗରେ ତାଙ୍କର ସ୍ନେହ, ଶ୍ରଦ୍ଧା ଓ ଶୁଭେଚ୍ଛାରେ ମୋତେ ବାନ୍ଧି ରଖିଥିଲେ । ଭବତୋଷ ଦତ୍ତଙ୍କ ମୁହଁରୁ ସଦାବେଳେ ସ୍ୱାଭାବିକ ଭାବରେ କିପରି ଏକ ଜ୍ଞାନର ଆଲୋକ ବିଚ୍ଛୁରିତ ହେବାପରି ମନେ ହେଉଥିଲା । ସେ ମଧ୍ୟ ଅତି ମାତ୍ରାରେ ସ୍ନେହୀ ଓ ମାର୍ଜିତ । ଆମ ଦର୍ଶନ ଅଧ୍ୟାପକମାନଙ୍କ ବ୍ୟତୀତ ଅନ୍ୟସବୁ ବିଭାଗରେ ଆହୁରି ବିଚକ୍ଷଣ ବୁଦ୍ଧିମାନ ଅଧ୍ୟାପକମାନେ ଥିଲେ ।

ଆଉ ଜଣେ ବ୍ୟକ୍ତି, ଯାହାଙ୍କ ସହିତ ମୋର ଘନିଷ୍ଠ ବନ୍ଧୁତା ଗଢ଼ି ଉଠିଥିଲା ଏବଂ ଯାହାଙ୍କ ସଖ୍ୟକୁ ମୁଁ ଉତ୍ତମରୂପେ ଉପଭୋଗ କରୁଥିଲି ସେ ଥିଲେ ଯୁବ ଐତିହାସିକ ପ୍ରଦ୍ୟୋତ ମୁଖାର୍ଜୀ । ୱାର୍ସା, ପ୍ୟାରିସ ଏବଂ ଲଣ୍ଡନରେ ଅନେକ ବର୍ଷ ବିତାଇବା ପରେ ପ୍ରଦ୍ୟୋତ ଇତିହାସର ଜଣେ ଅଧ୍ୟାପକ ଭାବରେ କଲିକତାକୁ ଲେଉଟିଥିଲେ । କିନ୍ତୁ ମୋ ମତରେ ଇତିହାସ ଛଡ଼ା ତାଙ୍କୁ ଆହୁରି ଅନେକ କିଛି ଜଣାଥିଲା । ସେ ଇତିହାସ ସହିତ ଦର୍ଶନ ଓ ସମାଜ ଶାସ୍ତ୍ର ମଧ୍ୟ ପ୍ରଚୁର ପଢ଼ାପଢ଼ି କରିଥିଲେ । ତେଣୁ ଆମ ଭିତରେ ବୌଦ୍ଧିକ ଭାବ ବିନିମୟ ପାଇଁ ପର୍ଯ୍ୟାପ୍ତ ସମଭାବ ରହିଥିବା ଆମେ ଅନୁଭବ କରୁଥିଲୁ ଏବଂ ଆଗ୍ରହର ସହ ସେସବୁ ବିଷୟରେ ଆଲୋଚନା କରୁଥିଲୁ । କିନ୍ତୁ ଖୁବ୍ ଶୀଘ୍ର ଏଭଳି ଜଣେ ବ୍ୟକ୍ତି ସଂସାରରୁ ବିଦାୟ ନେବା ମୋ ପାଇଁ ଦାରୁଣ ଦୁଃଖ ପହଞ୍ଚାଇଥିଲା । ଯେତେବେଳେ ତାଙ୍କର ପୋଲିସ୍ (ପୋଲାଣ୍ଡର) ପତ୍ନୀ ତାଙ୍କୁ ଛାଡ଼ି ଚାଲି ଯାଇଥିଲେ, ସେ ମାନସିକ ସ୍ତରରେ ସମ୍ପୂର୍ଣ୍ଣ ରୂପେ ଭାଙ୍ଗି ପଡ଼ିଥିଲେ । ପତ୍ନୀଙ୍କ ସହ ପୁଣି ଥରେ ବୁଝାମଣା ପାଇଁ ସେ ଲଣ୍ଡନ ଯାଇଥିଲେ ଏବଂ ସେଠାରୁ ମେକ୍ସିକୋ ଯାତ୍ରା କରିଥିଲେ । ସେଇଠି କେଉଁଠି ବିମାନରେ ଚଢ଼ିବାବେଳେ ହୃଦ୍‌ଘାତରେ ତାଙ୍କର ପରଲୋକ ଘଟିଥିଲା । ସେ ଜଣେ ଚମତ୍କାର ବ୍ୟକ୍ତିତ୍ୱ । ବରୁଣ ଦେ' ପରେ ମୋତେ ସୂଚାଇଥିଲେ ଯେ କଲିକତାର ସୋସିଆଲ ସାଇନ୍ସ ରିସର୍ଚ୍ଚ ସେଣ୍ଟରରେ ତାଙ୍କର ଅନେକ ଅପ୍ରକାଶିତ

ଗବେଷଣାତ୍ମକ ପ୍ରବନ୍ଧ ଗଚ୍ଛିତ ରହିଛି। ମୋ ସମ୍ପର୍କରେ ମଧ୍ୟ ସେ ବରୁଣଙ୍କୁ ଅନେକ କଥା କହିଥିବା ମୁଁ ଜାଣିବାକୁ ପାଇଥିଲି।

ମୋର ପ୍ରଥମ ଇଂରାଜୀ ପୁସ୍ତକ(ସେତେବେଳକୁ ବିନୋବା ଭାବେଙ୍କ ଉପରେ ଓଡ଼ିଆରେ ଲିଖିତ ଏକ ଛୋଟ ପୁସ୍ତିକା ପ୍ରକାଶ ପାଇ ସାରିଥିଲା)- ଯାହାକି ମୋର ଗେଟିଂଗେନ୍‌ରେ ଗବେଷଣାତ୍ମକ ନିବନ୍ଧ ଥିଲା ଏବଂ ସେଥିରେ ହରମାନ ୱେନ୍ ଏକ ମୁଖବନ୍ଧ ଲେଖିଥିଲେ- ତାହା କଲେଜ ଷ୍ଟ୍ରୀଟ୍‌ର ପ୍ରୋଗ୍ରେସିଭ୍ ପବ୍ଲିଶର୍ସଙ୍କ ଦ୍ୱାରା ପ୍ରକାଶ ପାଇଥିଲା। (ଦିଲ୍ଲୀର ଜର୍ମାନ୍ ଦୂତାବାସ ଏହାର ଛାପାଖର୍ଚ୍ଚ ବହନ କରିଥିଲା) ଜର୍ମାନ ରାଷ୍ଟ୍ରଦୂତ ମେୟେର ସେତେବେଳେ ଦୂତାବାସର କଲଚରାଲ ଆଟାଚି ଡକ୍ଟର ଫାଉଟରଙ୍କଠାରୁ ମୋ ସମ୍ପର୍କରେ ଜାଣିବାକୁ ପାଇଥିଲେ ଓ ଏଭଳି ଆର୍ଥିକ ସହାୟତା ପ୍ରଦାନ କରିଥିଲେ। ଡକ୍ଟର ଫାଉଟର ଥିଲେ ଗେଟିଂଗେନ୍ ଅନୁଷ୍ଠାନର ଜଣେ ପରମ ହିତୈଷୀ)। ଆଜି ଯେତେବେଳେ ମୁଁ ପୁଣି ଥରେ ପଛକୁ ଫେରିଚାହେଁ, ମୋତେ ଲାଗେ ସେ ବହିଟି ସମ୍ପୂର୍ଣ୍ଣରୂପେ ବିଫଳ ହୋଇଥିଲା। କାରଣ ସେ ବହି କାହାରି ଉପରେ ଆଦୌ ପ୍ରଭାବ ପକାଇ ନ ଥିଲା। କେବଳ ଯାହା କତିପୟ ହାର୍ଟମାନ ଛାତ୍ର ଏହାକୁ ପଢ଼ାପଢ଼ି କରିଥିଲେ। ଅଧିକାଂଶ ହ୍ୱାଇଟ୍‌ହେଡ୍ ବିଶେଷଜ୍ଞ ଏହାକୁ ଅଣଦେଖା କରିଥିଲେ। କାରଣ ମୁଁ ସେହି ପୁସ୍ତକରେ ହ୍ୱାଇଟ୍‌ହେଡଙ୍କ '*ପ୍ରୋସେସ-ଫିଲୋସଫି*' ପରିବର୍ତ୍ତେ ତାଙ୍କ ପ୍ଲାଟୋନିଜମ ଉପରେ ଗୁରୁତ୍ୱାରୋପ କରିଥିଲି, ଯାହାକି ସେତେବେଳେ ଏବଂ ଅଦ୍ୟାବଧି ଏକ ପ୍ରଚଳିତ ଅବବୋଧ ହୋଇ ରହିଛି। ସେ ବହି ଛାପିବାର ୩୫ବର୍ଷ ପରେ ପ୍ଲାଟୋନିଜିମ ପ୍ରତି ଏବେସୁଦ୍ଧା ମୋର ବିଶେଷ ଶ୍ରଦ୍ଧା ରହିଛି। ସେହିଭଳି ଯାହାକୁ ପରବର୍ତ୍ତୀ ସମୟରେ '*ପ୍ରୋସେସ୍ ଡଗ୍‌ମା*' ବୋଲି ମୁଁ କହିଲି, ତାହା ମଧ୍ୟ ଅପ୍ରତିହତ ରହିଥିବା ପରି ମନେ ହୁଏ।

କଲେଜ ଷ୍ଟ୍ରୀଟ୍‌ର ପ୍ରୋଗ୍ରେସିଭ ପବ୍ଲିଶର୍ସ ପ୍ରସଙ୍ଗରେ ଉଲ୍ଲେଖ କଲାବେଳେ ମୋର ସୁଶୀଲ ବସୁଙ୍କ ସ୍ନେହ ଓ ଶ୍ରଦ୍ଧା କଥା ଅବଶ୍ୟ ମନେ ପଡ଼ିଯାଉଛି। ସେ ଥିଲେ ଏହି କମ୍ପାନୀର ମାଲିକ। କଲିକତାର ଅନେକ ଜ୍ଞାନୀ ଗୁଣୀ ଦାର୍ଶନିକଙ୍କ ସହ ତାଙ୍କର ଘନିଷ୍ଠ ବନ୍ଧୁତା ଥିଲା। ସମୟକ୍ରମେ ସେ ମୋର ମଧ୍ୟ ସୁହୃଦ୍ ପାଲଟି ଯାଇଥିଲେ। ପ୍ରତି ସପ୍ତାହରେ ଥରେ ଦୁଇଥର ମୁଁ ତାଙ୍କ ଅଫିସକୁ ଯାଉଥିଲି। କଲେଜ ଷ୍ଟ୍ରୀଟ୍‌ର କଲିକତା ମେଡ଼ିକାଲ କଲେଜର ଠିକ୍ ସାମ୍ନାକୁ ତାଙ୍କ ଅଫିସ୍‌ଟି ଥିଲା। ତାଙ୍କ ଅଫିସରେ ପହଞ୍ଚିବାକୁ ହେଲେ ଗୋଟିଏ ଛୋଟ ଲୁଗା ଦୋକାନ ଏବଂ ତା'ପରେ ଗୋଟିଏ ଅଗଣା ଅତିକ୍ରମ କରି ଯିବାକୁ ପଡ଼େ। ସେହି ଅଗଣାରେ ପ୍ରାୟତଃ କିଛି ଲୋକ କୋଇଲା ଚୁଲାରେ ସେମାନଙ୍କ ରୋଷେଇବାସ କାମରେ ବ୍ୟସ୍ତ ଥାଆନ୍ତି। ସେହିଠାରୁ ଗୋଟିଏ ଖସଡ଼ା

ଶିଢ଼ିରେ ଉପର ମହଲାକୁ ଚଢ଼ିବାକୁ ପଡ଼େ ଏବଂ ଶିଢ଼ି ଶୀର୍ଷରେ ଯେଉଁ କୋଠରିରେ ତୁମେ ପହଞ୍ଚିବ, ସେଠାରେ ସୁଶୀଲ ବାବୁଙ୍କୁ ତାଙ୍କ ଶେଯ ଉପରେ ବସି ରହିଥିବା ଆବିଷ୍କାର କରିବ। ତାଙ୍କ ପବ୍ଲିଶିଂ କାର୍ଯ୍ୟାଳୟ, ନିବାସ ଏବଂ ଶୟନକକ୍ଷ ସେହି ଗୋଟିଏ କୋଠରି। ସଦାବେଳେ ସେହି କୋଠରିରେ ବସି ବିଶ୍ୱବିଦ୍ୟାଳୟ କିମ୍ବା କୌଣସି କଲେଜ ପ୍ରଫେସରମାନଙ୍କ ସହ ସେ ଆଲୋଚନା କରୁଥିବା ଦେଖିବାକୁ ମିଳେ। ସଦାବେଳେ ଚା'ପରଷା ଯାଉଥିବ। ଭାରତୀୟ ଦର୍ଶନ ସଦାସର୍ବଦା ତାଙ୍କ ନିକଟରେ ଋଣୀ ରହିବାକୁ ବାଧ୍ୟ। କହିବା ବାହୁଲ୍ୟ, ଗୋପୀନାଥ ଭଟ୍ଟାଚାର୍ଯ୍ୟଙ୍କୁ ତାଙ୍କ ପିତାଙ୍କ ବିଭିନ୍ନ ଲେଖା ଯାହାକି ଭିନ୍ନ ଭିନ୍ନ ପତ୍ରପତ୍ରିକାରେ ବିଭିନ୍ନ ସମୟରେ ପ୍ରକାଶ ପାଇଥିଲା ସେସବୁକୁ ଛାପିବା ଲାଗି ସୁଶୀଲ ବାବୁ ହିଁ ପ୍ରବର୍ତ୍ତାଇ ଥିଲେ। ଏପରିକି ସେହି ପୁସ୍ତକର ଏକ ଉପକ୍ରମ ଲେଖିବା ଲାଗି ସେ ତାଙ୍କୁ ରୀତିମତ ଧମକ ଦେଇଥିଲେ। ଏହାର ପରିଣାମ ସ୍ୱରୂପ ଦୁଇଟି ଖଣ୍ଡରେ କୃଷ୍ଣଚନ୍ଦ୍ର ଭଟ୍ଟାଚାର୍ଯ୍ୟଙ୍କ ***'ଷ୍ଟଡିଜ୍ ଇନ୍ ଫିଲୋସଫି'*** ପୁସ୍ତକ ଆତ୍ମପ୍ରକାଶ କରିଥିଲା। ସେହିଭଳି ଡେଭିଡ୍ ହ୍ୟୁମ୍‌ଙ୍କ ***'ଇନକ୍ୱାରୀ କନସର୍ଣ୍ଣିଂ ହ୍ୟୁମାନ୍ ଅଣ୍ଡରଷ୍ଟାଣ୍ଡିଂ'*** ପୁସ୍ତକ ଲାଗି ଏକ ଉପକ୍ରମ ନିବନ୍ଧ ଲେଖିବା ସକାଶେ ସେ ମୋତେ ରାଜି କରାଇଥିଲେ। ସେହି ସଂସ୍କରଣ ଆଜିସୁଦ୍ଧା ବହୁଳଭାବରେ ଛାତ୍ରଛାତ୍ରୀ ଓ ଶିକ୍ଷକମାନଙ୍କ ମହଲରେ ବ୍ୟବହୃତ ହୋଇ ଆସୁଛି। ମୋତେ ବେଳେବେଳେ ଆଶ୍ଚର୍ଯ୍ୟ ଲାଗେ, କଲେଜର ଅଣ୍ଡର ଗ୍ରାଜୁଏଟ୍ ଛାତ୍ରଛାତ୍ରୀମାନେ ସୁଦ୍ଧା ଏହାକୁ ବ୍ୟବହାର କରୁଛନ୍ତି। ମୋର ***'ଗଙ୍ଗେସସ୍ ଥିଓରୀ ଅଫ୍ ଟ୍ରୁଥ୍'*** ପୁସ୍ତକଟି ଯେଭଳି ଯଥା ଶୀଘ୍ର ଛାପାଯିବ ସେ ଏହାର ସକଳ ପ୍ରକାର ବନ୍ଦୋବସ୍ତ କରିଥିଲେ; ଯଦିବା ସେ ଏହାର ପ୍ରକାଶକ ନ ଥିଲେ। ଏହି ବହିଟିକୁ ପ୍ରକାଶ କରିଥିଲା ବିଶ୍ୱଭାରତୀ। ମୋର ବହିପତ୍ର ଛାପାଛାପି କାର୍ଯ୍ୟରେ ମୁଁ ସଦାବେଳେ ସୁଶୀଲ ବସୁଙ୍କ ଉପରେ ନିର୍ଭରଶୀଳ ଥିଲି। ମୋତେ ସେଭଳି ପ୍ରକାର ନିଃସ୍ୱାର୍ଥପର ଏବଂ ନିଃଶୁଳ୍କ ସେବା ଦେବାରେ ତାଙ୍କର ଆଦୌ କାର୍ପଣ୍ୟ ନ ଥିଲା। ସୁଶୀଲ ବସୁ ଅବିବାହିତ ଥିଲେ। ମୁଁ ଯେତେବେଳେ ଆମେରିକାରେ ଥିଲି, ତାଙ୍କର ପରଲୋକ ଖବର ମୋତେ ମିଳିଥିଲା। ତାଙ୍କ ପୁତୁରା ସୁଶୀଲ ବାବୁଙ୍କ ପବ୍ଲିଶିଂ କମ୍ପାନୀକୁ ଉତ୍ତରାଧିକାରୀ ସୂତ୍ରେ ହାତକୁ ନେଇଥିଲେ। ଜଣେ ବ୍ୟକ୍ତିଙ୍କ ଦ୍ୱାରା ପରିଚାଳିତ ଏହି ପବ୍ଲିଶିଂ କମ୍ପାନୀର ସେହି ଛୋଟ କୋଠରିଟିକୁ ଆମେ ସଭିଏଁ ସଦାବେଳେ ଯାଉଥିଲୁ। ବିଡ଼ମ୍ବନାର କଥା, ସଂସାରରେ ଏପରି କିଛି ଲୋକ ଅଛନ୍ତି, ଯେଉଁମାନେ ତୁମର ସାମର୍ଥ୍ୟ ଅନୁସାରେ ତାହାକୁ ପ୍ରତିପାଦନ କରିବାରେ ସହାୟକ ହେବାପରେ ଏବଂ ସେମାନଙ୍କ ଦାୟିତ୍ୱ ସମ୍ପାଦନ ପରେ ନୀରବ ହୋଇଯାଆନ୍ତି। ସତେ ଯେପରି ସେମାନେ କହିବାକୁ ଚାହାନ୍ତି,

ତୁମେ ଆଗକୁ ଆଗେଇ ଚାଲ । ସେମାନଙ୍କ ସ୍ମୃତି କିନ୍ତୁ ମନରୁ ଲିଭେ ନାହିଁ । ସଦାବେଳେ କଳ୍ପନାରେ ହେଉ ଅବା ବାସ୍ତବରେ, ସେମାନେ ତୁମ କାର୍ଯ୍ୟକୁ ଲକ୍ଷ୍ୟ କରୁଥାଆନ୍ତି ।

କଲିକତାରେ ୧୫ବର୍ଷର (୧୯୫୫-୭୦) ଏଭଳି ଜୀବନ ଭିତରେ ଅନେକ କିଛି ଘଟଣା ଓ ପର୍ଯ୍ୟାୟ ସ୍ମୃତିରେ ଲିପିବଦ୍ଧ ହୋଇ ରହିଛି । ପ୍ରଥମେ ୧୯୫୫ ଠାରୁ ୧୯୬୦ ମସିହା ପର୍ଯ୍ୟନ୍ତ ନିରବଚ୍ଛିନ୍ନ ଭାବରେ କଲିକତା ବିଶ୍ୱବିଦ୍ୟାଳୟରେ ଅଧ୍ୟାପନା କରିଥିଲି । ଯେତେବେଳେ କାଳିଦାସ ଭଟ୍ଟାଚାର୍ଯ୍ୟ ଶାନ୍ତିନିକେତନ ଚାଲିଗଲେ ସେତେବେଳେ ମୁଁ ୧୯୬୦ ଠାରୁ ୬୨ ମସିହା ପର୍ଯ୍ୟନ୍ତ ସଂସ୍କୃତ କଲେଜର ପୋଷ୍ଟ୍ ଗ୍ରାଜୁଏଟ୍ ଏବଂ ରିସର୍ଚ୍ଚ ଡିଭିଜନର ଭାରତୀୟ ଦର୍ଶନ ବିଭାଗର ଆସୋସିଏସଟ୍ ପ୍ରଫେସର ଭାବରେ କାର୍ଯ୍ୟ ସମ୍ପାଦନ କରିଥିଲି । ୧୯୬୨ ମସିହାରେ ମୁଁ ପୁଣି ଥରେ ବିଶ୍ୱବିଦ୍ୟାଳୟକୁ ଫେରିଲି । କିନ୍ତୁ ଆଉ ଥରେ ମୋତେ ସେଠାରୁ ଦୀର୍ଘ ଛୁଟି ନେଇ ଅନୁପସ୍ଥିତ ରହିବାକୁ ପଡ଼ିଥିଲା । ସେତେବେଳେ ନୂଆକରି ସ୍ଥାପିତ ବର୍ଦ୍ଧମାନ ବିଶ୍ୱବିଦ୍ୟାଳୟର ଦର୍ଶନ ବିଭାଗର ବିବେକାନନ୍ଦ ପ୍ରଫେସର ଏବଂ ମୁଖ୍ୟ ଭାବରେ ମୁଁ ଯୋଗ ଦେଇଥିଲି । ଆମେ ସେତେବେଳେ କଲିକତାରେ ହିଁ ଅବସ୍ଥାନ କରୁଥିଲୁ । ୧୯୬୮ ମସିହାରେ ମୁଁ କଲିକତା ବିଶ୍ୱବିଦ୍ୟାଳୟର ଦର୍ଶନ ବିଭାଗକୁ ଆଚାର୍ଯ୍ୟ ବ୍ରଜେନ୍ଦ୍ରନାଥ ସିଲ୍ ପ୍ରଫେସର ଏବଂ ମୁଖ୍ୟ ଭାବରେ ଫେରିଥିଲି । ତା'ପରେ ୧୯୭୦ ମସିହାରେ ଦୁଇବର୍ଷିଆ ଛୁଟି ଆବେଦନ କରି ମୁଁ ଯୁକ୍ତରାଷ୍ଟ୍ର ଆମେରିକା ଯାଇଥିଲି । ୧୯୭୨ ମସିହାରେ ମୁଁ ସେ ଚେୟାର ପଦରୁ ଇସ୍ତଫା ଦେଇଥିଲି । ୧୯୪୫ ମସିହାରୁ ଯେଉଁ ନଗରୀ ଓ ଅନୁଷ୍ଠାନମାନଙ୍କ ସହ ଦୀର୍ଘ ଓ ଘନିଷ୍ଠ ସମ୍ପର୍କରେ ରହିଆସିଥିଲି ଶେଷରେ ସେଥିରେ ପୂର୍ଣ୍ଣଚ୍ଛେଦ ପଡ଼ିଥିଲା । ସେହିସବୁ ବର୍ଷଗୁଡ଼ିକର ଆଉ କେତେଗୁଡ଼ିଏ ସ୍ମରଣୀୟ ଏବଂ ଚମତ୍କାର ଘଟଣା ସମ୍ପର୍କରେ ମୁଁ ସ୍ମୃତିଚାରଣ କରିବି ।

କ୍ରିସ୍ ଓ ଜାକ୍ସ

ଗେଟିଂଗେନ୍‌ରେ ଦିନେ ସନ୍ଧ୍ୟାବେଳେ ମୁଁ ଓ୍ୱଶ୍ରାଉମ୍‌ରେ ଥାଏ । ହଠାତ୍ ଜଣେ ଯୁବକଙ୍କ ବଙ୍ଗଳାରେ ସମ୍ଭାଷଣ ମୋ କାନରେ ପଡ଼ିଲା, '*ଯତୀନ୍ ଦା, କେମନ୍ ଆଛୋ ?*' ('ଯତୀନ ଦା, କେମିତି ଅଛ ?') ସେତିକିବେଳେ ୨୦ବର୍ଷରୁ ସାମାନ୍ୟ ଅଧିକ ଜଣେ ଶ୍ୱେତାଙ୍ଗ ୟୁରୋପୀୟ ଯୁବକ ମୁହଁରେ ଚଉଡ଼ା ହସ ହସି ଦ୍ୱାର ଦେଇ ଭିତରକୁ ପ୍ରବେଶ କଲେ । ତାଙ୍କ ମୁହଁରେ ଲମ୍ବା ଓ କଳା ଦାଢ଼ି ଏବଂ ତୀଖ ନାକକୁ ଚାହିଁ ମୁଁ ଆଶ୍ଚର୍ଯ୍ୟ ହୋଇ ତାଙ୍କ ପ୍ରଶ୍ନୀଳ ମୁଦ୍ରାରେ ଚାହିଁରହିଥିଲି । ସେ ନିଜକୁ ଜାକ୍ସ ସାସୁନ୍ ବୋଲି ପରିଚୟ ଦେଲା । ସେ ଅମର୍ତ୍ତ୍ୟ ସେନ ଏବଂ କେମ୍ବ୍ରିଜରେ ଥିବା ଅନ୍ୟ

ବଙ୍ଗାଳୀ ବନ୍ଧୁମାନଙ୍କଠାରୁ କାଣ୍ଡିଏ କାଣ୍ଡିଏ ବଙ୍ଗଳା ଶିଖିଥିଲେ। କେମ୍ବ୍ରିଜରୁ ସ୍ନାତକ ଡିଗ୍ରୀ ହାସଲ କରିବା ପରେ ଉଦ୍ଭିଦ ବିଜ୍ଞାନରେ ଗବେଷଣା କରିବା ଲାଗି ସେ ଗେଟିଂଗେନ୍ ଆସିଥିଲେ। ତାଙ୍କ ଜେଜେବାପା ଶିଗ୍ ଫ୍ରାଏଡ ସାସୁନ୍ ଜଣେ ବ୍ରିଟିଶ୍ କବି। ଜାକ୍ସ ଜଣେ ଖୁସିମିଜାଜିଆ ପିଲା। କିନ୍ତୁ ଯେତେବେଳେ ଗେଟିଂଗେନ୍‌ରେ ତାଙ୍କୁ ଜର୍ମାନ ଲୋକମାନେ ଅଧିକ ଆତିଥେୟତା ପ୍ରଦାନ କଲେ, ତାଙ୍କ ଦୁଃଖ ଅଧିକ ବଢ଼ି ଯାଇଥିଲା। ଦ୍ୱିତୀୟ ବିଶ୍ୱଯୁଦ୍ଧ ମାତ୍ର କେଇବର୍ଷ ତଳେ ଶେଷ ହୋଇଥିଲା ଏବଂ ଜାକ୍ସ ଥିଲେ ଜଣେ ଇହୁଦୀ। ସେତେବେଳେ କାଁ ଭାଁ ଜଣେ ଅଧେ ଇହୁଦୀ ମଝିରେ ମଝିରେ ଜର୍ମାନୀ ଆସୁଥିଲେ। ଦିନେ ସନ୍ଧ୍ୟାବେଳେ ସେ ଚାଲି ଚାଲି ଯାଉଥିବାବେଳେ ତା'ର ଲମ୍ବା ଦାଢ଼ି, କଳା କୋଟ୍ ଏବଂ ମଧ୍ୟପ୍ରାଚ୍ୟ ଲୋକମାନେ ପିନ୍ଧୁଥିବା ଟୋପିଟିଏ ତା'ମୁଣ୍ଡ ଉପରେ ଦେଖି ହଠାତ୍ ପଞ୍ଚାଏ ଲୋକ ଅଟକିଯାଇ ତାକୁ ବଲବଲ କରି ଚାହିଁଲେ। ସେମାନଙ୍କ ଭିତରୁ କେଇଜଣ ଆଶ୍ଚର୍ଯ୍ୟ ପ୍ରକଟ କଲାଭଳି କହିଲେ,'*ନାଜାରେଥର ଯୀଶୁ!*' ଜାକ୍ସ ଏବଂ ମୁଁ ଖୁବ୍ ଶୀଘ୍ର ବନ୍ଧୁ ବନିଗଲୁ (ସେଠାରେ ଥିବା ଅନ୍ୟ ଜଣେ ଇଂରାଜୀ କହିପାରୁଥିବା ଛାତ୍ର ଯାହାକୁ ମୁଁ ପୂର୍ବରୁ ଜାଣିଥିଲି ସେ ଥିଲେ ଅକ୍ସଫୋର୍ଡର ଜର୍ଜ ହୋମ୍ସ। ଏବେ ସେ ଅଲ୍ ସୋଲ୍ସ କଲେଜରେ ଇତିହାସ ବିଭାଗର ଏକ ଚେୟାରରେ ଆସୀନ)। ଜାକ୍ସ ଭାରତୀୟ ଖାଦ୍ୟ ବନେଇବା ଭଲଭାବରେ ଶିଖିଥିଲା। ତେଣୁ ଆମେ ସେହି ଟାଉନରେ ଥିବା ଚାରି ଜଣ ଭାରତୀୟ ଛାତ୍ର ତା' ଘରକୁ ନିୟମିତ ଯାଇ ଭାରତୀୟ ଅନ୍ନ ବ୍ୟଞ୍ଜନ ଭୋଜନ କରୁଥିଲୁ। ମୁଁ ଗେଟିଂଗେନ୍ ଛାଡ଼ିବାର ପ୍ରାୟ ବର୍ଷେ ପରେ ଦିନେ କଲିକତା ବିଶ୍ୱବିଦ୍ୟାଳୟର ଆଶୁତୋଷ ବିଲ୍ଡିଂସ୍‌ର ସିନିୟର କମନ୍‌ରୁମ୍‌ରେ ବସିଥାଏ। ପୁଣି ଥରେ ସେହି ସ୍ୱର ମୋ କାନରେ ପଡ଼ିଲା,'*ଯତୀନ ଦା, କେମନ୍ ଆଛୋ ?*' ପଛକୁ ବୁଲି ଚାହିଁଲାବେଳକୁ ଜାକ୍ସ ମୋ ଆଗରେ ସଶରୀରେ ଦଣ୍ଡାୟମାନ ଥିଲା। ଏବେ ସେ ଚିରାଫଟା ହଳେ ପୋଷାକ ପିନ୍ଧିଥିଲା। ଅଳ୍ପ କେଇଦିନ ପୂର୍ବରୁ ସେ କଲିକତାରେ ପହଞ୍ଚିଥିଲା। ଜର୍ମାନୀରୁ ଭାରତ ପର୍ଯ୍ୟନ୍ତ ସେ ସ୍ଥଳପଥରେ ଯାତ୍ରା କରିଥିଲା। ତା'ଠାରୁ ଜାଣିବାକୁ ପାଇଲି ଯେ ଗେଟିଂଗେନ୍‌ରେ ସେ ଅଧାରୁ ତା'ର ବିଜ୍ଞାନ ଗବେଷଣା ଛାଡ଼ି ଦେଇଥିଲା ଓ ଏବେ ଭାରତୀୟ ସଙ୍ଗୀତ ଶିକ୍ଷାରେ ମନୋନିବେଶ କରିଥିଲା। ମୁଁ ତାକୁ ସାଙ୍ଗରେ ଧରି ମୋର ସଦର୍ଣ୍ଣ ଏଭିନ୍ୟୁ ଆପାର୍ଟମେଣ୍ଟକୁ ଗଲି। ଆମ ପରିବାର ସହିତ ସେ ପ୍ରାୟ ମାସେଖଣ୍ଡେ ରହିଲା। ତା' ପରେ ତା'ର ରହିବା ପାଇଁ ମୁଁ ୮୦,ପାର୍କ ଷ୍ଟ୍ରୀଟ୍‌ରେ ଖଣ୍ଡିଏ ଘର ବୁଝିଦେଲି। ତାହା ଥିଲା ସେହି ହାର୍ଡିଞ୍ଜ୍ ହଷ୍ଟେଲ ଯେଉଁଠାକୁ ପ୍ରାୟ ଛଅ ବର୍ଷ ପୂର୍ବେ ମୁଁ ଯାଇ ରହିଥିଲି। ଜାକ୍ସ ସେଠାରେ କିଛିଦିନ ରହିଲା ଓ ବୀରେନ୍ଦ୍ର କିଶୋର

ରାୟଚୌଧୁରୀଙ୍କଠାରୁ ସୀତାର ବାଦନ ଶିକ୍ଷା କଲା(ତାଙ୍କ ସହିତ ପରେ ଭାରତୀୟ ସଙ୍ଗୀତ ଶାସ୍ତ୍ର ଉପରେ ସେ ଏକ ଉପାଦେୟ ପୁସ୍ତକ ମଧ୍ୟ ଲେଖିଥିଲା)। ତା'ପରେ ସେ ଶାନ୍ତିନିକେତନର ସଙ୍ଗୀତ ଭବନରେ ଯୋଗ ଦେଲା ଓ କେରଳରେ ଥିବା ଇହୁଦୀ ସମ୍ପ୍ରଦାୟଙ୍କ ପାଖକୁ ମଝିରେ ମଝିରେ ଯିବା ଆରମ୍ଭ କରିଥିଲା। ଶେଷରେ ସେ ଇଂଲଣ୍ଡ ଫେରି ଯାଇଥିଲା। ୧୯୬୨ ମସିହାରେ ମୁଁ ଅକ୍ସଫୋର୍ଡ୍ରେ ଥିବାବେଳେ ତା'ପାଖକୁ ଥରେ ଫୋନ୍ କଲି ଓ ଆମେ ଦୁହେଁ ଲିଙ୍କନ୍ ଇନ୍‌ଠାରେ ପରସ୍ପରଙ୍କୁ ଭେଟିଲୁ। ସେତେବେଳେ ସେ ବ୍ରିଟିଶ ସଂଗ୍ରହାଳୟର ଉଦ୍ଭିଦ ବିଜ୍ଞାନ ବିଭାଗ ଦାୟିତ୍ୱରେ ଥିଲା। ସେପର୍ଯ୍ୟନ୍ତ ସେ ଅବିବାହିତ ଥିଲା ଏବଂ ବଙ୍ଗୀୟ ବନ୍ଧୁମାନଙ୍କ ସହ ସମ୍ପର୍କ ରକ୍ଷା କରିଥିଲା (ଅମର୍ତ୍ତ୍ୟ ସେନ, ଯିଏ କି ୧୯୮୨ ମସିହାରେ ଲଣ୍ଡନର ଅକ୍ସଫୋର୍ଡରେ ଅବସ୍ଥାନ କରୁଥିଲେ, ତାଙ୍କ ସମେତ ଅନ୍ୟ ବଙ୍ଗୀୟ ଭଦ୍ରବ୍ୟକ୍ତିଙ୍କ ସହ ଜ୍ୟାକ୍ସର ଉତ୍ତମ ବନ୍ଧୁତା ଥିଲା)। ଆମେ ଦୁହେଁ ଗୋଟିଏ ରେସ୍ତୋରାଁରେ ବସି ଢେର୍ ସମୟ ପର୍ଯ୍ୟନ୍ତ ଗପସପ ହେଲୁ ଓ ସମୟ ଆମ ସହ କିପରି ଖେଳ ଖେଳିଛି ଓ ଆମେ କେତେ ସୁଖ-ଦୁଃଖ ଅଙ୍ଗେ ନିଭେଇଛୁ ସେ ସବୁ କଥାବାର୍ତ୍ତା ହୋଇଥିଲୁ।

ଦିନେ ସନ୍ଧ୍ୟାବେଳେ ଜ୍ୟାକ୍ସ ତା'ର କେମ୍ବ୍ରିଜ୍‌ର ଜଣେ ବନ୍ଧୁକୁ ଧରି ଆମ ସଦର୍ଣ୍ଣ ଏଭିନ୍ୟୁ ଆପାର୍ଟମେଣ୍ଟରେ ହାଜର ହୋଇଥିଲା। ସେହି ବନ୍ଧୁଟିର ନାଁ କ୍ରିଷ୍ଟେନ୍ ଡେ'ଲିଣ୍ଡେ କ୍ରିସ୍ ବୋଲି ସେ ଆମକୁ ଚିହ୍ନେଇ ଦେଇଥିଲା। କ୍ରିସ୍ କିଛି ଭାରତୀୟ ବନ୍ଧୁ ଅର୍ଜନ କରିବାକୁ ଆଗ୍ରହୀ ବୋଲି କହିଥିଲା। ଗତ କେଇ ମାସ ଧରି ସେ କଲିକତା ନଗରୀରେ ଅବସ୍ଥାନ କରି ଆସୁଥିଲା ଏବଂ ବ୍ରିଟିଶ୍ ବ୍ୟବସାୟିକ ସଂସ୍ଥା ବାର୍ଡ ଆଣ୍ଡ୍ କମ୍ପାନୀର ଜଣେ 'ପ୍ରତିଶ୍ରୁତିବଦ୍ଧ ଅଫିସର' (ସ୍ଥାନୀୟ ବ୍ୟଞ୍ଜନା ଅନୁସାରେ) ଭାବେ କାର୍ଯ୍ୟ କରୁଥିଲା। କ୍ରିସ୍ ଥିଲା ଜଣେ ବ୍ରିଟିଶ ସେନା କର୍ଣ୍ଣେଲର ପୁଅ। ହାରୋ ସ୍କୁଲରେ ପଢ଼ି ତା'ପରେ ସେ କେମ୍ବ୍ରିଜର କିଙ୍ଗ୍‌ସ କଲେଜରୁ ଉଚ୍ଚଶିକ୍ଷା ଶେଷ କରିବା ପରେ କଲିକତା ଆସିଥିଲା। କଲିକତାରେ ପହଞ୍ଚି ସେ ଆବିଷ୍କାର କରିଥିଲା ଯେ ବ୍ରିଟିଶ୍ ବ୍ୟାବସାୟିକ କମ୍ପାନୀମାନଙ୍କର ନୀତି ନିୟମ (ଅଥବା ପରମ୍ପରା?) ଅତ୍ୟନ୍ତ ଜଟିଳ। ସେହି ଦୃଷ୍ଟିରୁ ସେମାନେ ଏହି ନଗରୀର ମାତ୍ର କିଛି ନିର୍ଦ୍ଦିଷ୍ଟ ଅଞ୍ଚଳରେ ବସବାସ କରିବାକୁ ସକ୍ଷମ ହୋଇପାରୁଛନ୍ତି। ଏହା ବ୍ୟତୀତ ସ୍ଥାନୀୟ ଲୋକମାନଙ୍କ ସହ ମଧ୍ୟ ସୀମିତ ମାତ୍ରାରେ ଭାବ ବିନିମୟ ଅଥବା ବ୍ୟବସାୟିକ ସମ୍ପର୍କ ସ୍ଥାପନ କରିପାରୁଛନ୍ତି। କ୍ରିସ୍ ଏସବୁ ନୀତି ନିୟମକୁ ଉଲ୍ଲଙ୍ଘନ କରିବା ଲାଗି ବ୍ୟାକୁଳ ଥିଲା ଏବଂ ବଙ୍ଗୀୟ ଲୋକମାନଙ୍କ ସମ୍ପର୍କରେ ଅଧିକରୁ ଅଧିକ ଜାଣିବା ଲାଗି ଆଗ୍ରହୀ ହୋଇପଡ଼ିଥିଲା। ଆମ ଆପାର୍ଟମେଣ୍ଟକୁ ଥରେ ଦୁଇଥର ଆସିବା ପରେ ବାଣୀ ଓ ମୋତେ ପଚାରିଥିଲା

ଯେ ଆମ ଘରକୁ ଆସି ସେ ପରିବାରର ଜଣେ ସଦସ୍ୟ ଭାବେ ରହିପାରିବ କି? ଏକାଧିକ କାରଣରୁ ତା'ର ଏଭଳି ଅବସ୍ଥାନ ଅସମ୍ଭବ ବୋଲି ମୋର ମନେ ହୋଇଥିଲା। ପ୍ରଥମତଃ, ଆମ ଆପାର୍ଟମେଣ୍ଟଟି ଥିଲା ଖୁବ୍ ଛୋଟ। ତା'ଛଡ଼ା ସେତେବେଳେ ଆମେ ଅଧିକାଂଶ ବଙ୍ଗାଳୀ(ଏବଂ ଓଡ଼ିଆ)ମାନଙ୍କ ଭଳି ଚଳୁଥିଲୁ- ରୋଷେଇଘର ଆଗରେ ତଳେ ଚଟାଣରେ ବସି ଖିଆପିଆ କରୁଥିଲୁ। ବାଣୀ ଗୋଟିଏ ଛୋଟ ଉଠା କୋଇଲା ଚୁଲିରେ ତଳେ ବସି ରୋଷେଇ କରୁଥିଲା। ଆମେ ଗାଧୁଆ ଘରେ ମଗ୍‌ରେ ପାଣି ଉଠାଇ ମୁଣ୍ଡରେ ଢାଳି ଗାଧୋଉଥିଲୁ। ଏମିତି ଅନେକ ପ୍ରକାର ସ୍ଥାନୀୟ ଚଳଣି ଆମ ଘରେ ପ୍ରଚଳିତ ଥିଲା। କିନ୍ତୁ ଏସବୁ ପ୍ରତିବନ୍ଧକ (ଆମ ଆପାର୍ଟମେଣ୍ଟ୍‌ର ଆୟତନକୁ ଛାଡ଼ି) ସତ୍ତ୍ୱେ କ୍ରିସ୍ ଆମ ଘରେ ଆସି ରହିବା ପାଇଁ ଚାହୁଁଥିଲା। ତା'ର ଆଉ କେତେ ଜଣ ପାଶ୍ଚାତ୍ୟ ଚଳଣି ସହ ଅଭ୍ୟସ୍ତ ଭାରତୀୟ ବନ୍ଧୁଙ୍କ ସହ ମଧ୍ୟ ଜଣାଶୁଣା ଥିଲା। କିନ୍ତୁ ସେ ସେମାନଙ୍କ ଘରେ ରହିବାକୁ ଚାହୁଁ ନ ଥିଲା। ଆମେ ତାକୁ କ'ଣ କହିବୁ ବୁଝିପାରୁ ନ ଥିଲୁ। ମୂଳ ସମସ୍ୟାଟି ଥିଲା ଆପାର୍ଟମେଣ୍ଟର ସୀମିତ ସ୍ଥାନ। ତେଣୁ ଆମେ ରାଜା ବସନ୍ତ ରାୟ ରୋଡ୍‌ର ଅନ୍ଧାରୁଆ ଗଳିରେ ଗୋଟିଏ ଛୋଟ ଦି'ତାଲା ଘର ଭଡ଼ାରେ ନେଲୁ। କ୍ରିସ୍ ତଳ ମହଲାରେ ରହିଲା ଓ ଆମେ ଉପର ମହଲାରେ ଅବସ୍ଥାନ କଲୁ। ଆମର ରୋଷେଇଘର ଓ ଖାଇବା ସ୍ଥାନ ତଳ ମହଲାରେ ରହିଲା। ଯଥା ଶୀଘ୍ର କ୍ରିସ୍ ତା' କୋଠରିର କାନ୍ଥକୁ ଲଗାଇ ବହି ଥାକମାନ ବନେଇ ନେଲା ଓ ସେଥିରେ ତା' ବହିସବୁକୁ ସୁନ୍ଦରଭାବରେ ସଜେଇ ରଖିଲା। ତା'ପରେ କାଠରେ ଗୋଟିଏ ଉଚ୍ଚା ବେଞ୍ଚ୍ ତିଆରି କରିଦେଲା, ଯାହା ଉପରେ ଗ୍ୟାସ୍ ଚୁଲା ରଖାଯାଇପାରିବ। ତା'ହେଲେ ବାଣୀ ଠିଆହୋଇ ସହଜରେ ରୋଷେଇ କରିପାରିବ। ଆମେ ସମସ୍ତେ ସ୍ଥିର କଲୁ ଯେ ଡାଇନିଂ ରୁମର ଚଟାଣରେ ବସି ଖିଆପିଆ କରିବୁ। କ୍ରିସ୍ ସମସ୍ତଙ୍କୁ ବାଧ୍ୟ କଲା ଯେ ରୋଷେଇ ଘର ଓ ଡାଇନିଂ ରୁମ୍‌କୁ ଜୋତା ପିନ୍ଧି କେହି ପଶିବେନାହିଁ। ଏମିତି ଭାବରେ ଆମର ଯୁଗ୍ମ ପାରିବାରିକ ବ୍ୟବସ୍ଥା ଗଢ଼ାଗଲା। କ୍ରିସ୍ ଆମ ପରିବାର ସହିତ ପ୍ରାୟ ଛଅବର୍ଷ କାଳ ରହିଲା ଓ ତା'ଭିତରେ ସେ ପରିବାରର ଜଣେ ସଦସ୍ୟ ପାଲଟିଗଲା। କେବଳ ଆମ ପରିବାର ସହ ନୁହେଁ, ଓଡ଼ିଶାର ବୃହତ୍ତର ପରିବାରର ମଧ୍ୟ ସେ ଅଂଶବିଶେଷ ପାଲଟି ଯାଇଥିଲା। ଇତି ମଧ୍ୟରେ ସେ ବଙ୍ଗଳା ଭାଷା ଲେଖିପଢ଼ି ଶିଖିଥିଲା ଏବଂ କଲିକତାର ବଙ୍ଗୀୟ ବୁଦ୍ଧିଜୀବୀ ସମାଜ ସହ ଘନିଷ୍ଠ ବନ୍ଧୁତା ସ୍ଥାପନ କରି ସାରିଥିଲା। ବେଳେବେଳେ ସେ ତା'ର ଅନେକ ଯୁବ ବନ୍ଧୁ ଓ ବାନ୍ଧବୀମାନଙ୍କୁ ଧରି ଘରକୁ ଆସେ। ସେତେବେଳକୁ ସେ କଲିକତା ନଗରୀରେ ଏତେ ମାତ୍ରାରେ ମିଳିମିଶି ଯାଇଥିଲା ଯେ ଥରେ ନିଉ ଏମ୍ପାୟାର ଥିଏଟରରେ ଆୟୋଜିତ *'ଆଣ୍ଟୋନୀ*

ଫିରିଙ୍ଗୀ' ନାଟକରେ ଅଭିନୟ କରିଥିଲା। ସେ ନାଟକରେ କ୍ରିସ ହିଁ ଆଣ୍ଟୋନୀ ଫିରିଙ୍ଗୀ ଭୂମିକା ନିର୍ବାହ କରିଥିଲା। କଥାବସ୍ତୁ ହେଲା- ଆଣ୍ଟୋନୀ ଜଣେ ଭାରତୀୟ ପର୍ତ୍ତୁଗୀଜ ଓ ଅଷ୍ଟାଦଶ ଶତାବ୍ଦୀରେ ସେ କଲିକତାରେ ବସବାସ କରୁଥିଲା। ସମୟକ୍ରମେ ସେ ଦେବୀ କାଳୀଙ୍କର ଜଣେ ଉପାସକ ପାଲଟିଥିଲା ଏବଂ ଅନେକ ସୁନ୍ଦର ଭକ୍ତିସଙ୍ଗୀତ ରଚନା କରିବା ସହ ସେସବୁ ଗାନ କରୁଥିଲା। ଏହି ନାଟକଟି ଅଭିନୀତ ହେବାର ମାସ ମାସ ପୂର୍ବରୁ କ୍ରିସ୍ ସେହିସବୁ ବଙ୍ଗଳା ଗୀତ ବୋଲା ଅଭ୍ୟାସ ଜାରି ରଖିଥିଲା। ପରିଶେଷରେ କ୍ରିସ୍ ବାର୍ଡ କମ୍ପାନୀ ଛାଡ଼ି ବ୍ରିଟିଶ୍ କାଉନସିଲରେ ଯୋଗ ଦେଇଥିଲା ଏବଂ କାଉନସିଲର ସିଏରା ଲିଓନ୍ କାର୍ଯ୍ୟାଳୟରେ ଅଳ୍ପ କିଛି ମାସ କାମ କରିବା ପରେ ପୁଣି କଲିକତା ଫେରି ଆସିଥିଲା। ଏଥର ସେ କାଉନସିଲ୍‌ର ଥିଏଟର ରୋଡ୍‌ରେ ଥିବା ଫ୍ଲାଟ୍‌ରେ ରହିଥିଲା। ଥିଏଟର ରୋଡ୍‌ସ୍ଥିତ ତା'ର ସେହି ଫ୍ଲାଟ୍‌ଟି ସମୟକ୍ରମେ ବଙ୍ଗୀୟ ଜ୍ଞାନୀଗୁଣୀମାନଙ୍କର ଏକ ଆଡ୍ଡାସ୍ଥଳୀରେ ପରିଣତ ହୋଇଥିଲା। ସବୁପ୍ରକାର ଜ୍ଞାନୀଗୁଣୀ ଲୋକମାନେ ତା' ବସାଘରକୁ ଯାଇ ସେଠାରେ ଘଣ୍ଟା ଘଣ୍ଟା ଧରି ବିଭିନ୍ନ ପ୍ରସଙ୍ଗରେ ଆଲୋଚନା କରୁଥିଲେ। ତା'ରି ଫ୍ଲାଟ୍‌ରେ ମୋର ଆମେରିକୀୟ କବି ଆଲାନ ଗ୍ୱିନ୍ସବର୍ଗଙ୍କ ସହ ସାକ୍ଷାତ ହୋଇଥିଲା। କ୍ରିସ୍ ତାଙ୍କୁ ନିମ୍‌ତୋଲା ଶ୍ମଶାନ ଘାଟଠାରୁ ପାଇ ଘରକୁ ଆଣି ଆସିଥିଲା। ସେଠାରେ ତାଙ୍କୁ ଗାଧୋଇ ପାଧୋଇ ଖାଇବାର ବ୍ୟବସ୍ଥା କରିଥିଲା। ୬୦ଦଶକର ଶେଷ ଆଡ଼କୁ କ୍ରିସ୍ ବ୍ରିଟିଶ୍ କାଉନସିଲ ଚାକିରି ଛାଡ଼ିଥିଲା ଏବଂ ଜୋ' ନାମ୍ନୀ ଜଣେ ଯୁବତୀ (ଜଣେ ବ୍ରିଟିଶ ମହିଳା, ଯିଏ ସ୍ୱେଚ୍ଛାସେବା ଯୋଜନାରେ ଦାର୍ଜିଲିଂକୁ ଆସିଥିଲେ ଏବଂ ଅଳ୍ପ ଦିନ କଲିକତାରେ ଆମ ଘରେ ବିତାଇଥିଲେ)ଙ୍କୁ ବିବାହ କରି ଇଂଲଣ୍ଡ ଫେରି ଯାଇଥିଲା। ଇଂଲଣ୍ଡରେ କ୍ରିସ୍ ଏଡିନବରାରୁ ଭାଷାତତ୍ତ୍ୱରେ ସ୍ନାତକୋତ୍ତର ଡିଗ୍ରୀ ହାସଲ କରିବା ପରେ ହଂକଂ ବିଶ୍ୱବିଦ୍ୟାଳୟରେ କିଛି ଦିନ ପାଇଁ ଭାଷାତତ୍ତ୍ୱ ଅଧ୍ୟାପନା କରିଥିଲା। ପରିଶେଷରେ ସେ ପ୍ୟାରିସରେ ସ୍ଥାୟୀ ଭାବରେ ଅବସ୍ଥାନ କରିଥିଲା। ସେଠାରେ ସେ ଇନଷ୍ଟିଚ୍ୟୁଟ୍ ବ୍ରିଟାନିକ୍ ନାମକ ଏକ ଅନୁଷ୍ଠାନ ଚଳାଉଥିଲା। ୧୯୮୧ ମସିହାରେ ବାଣୀ ଓ ମୁଁ କ୍ରିସ ଓ ଜୋ'ଙ୍କୁ ପ୍ୟାରିସଠାରେ ତାଙ୍କ ଫ୍ଲାଟ୍‌ରେ ଭେଟିଥିଲୁ। ଆମେ ଦୁହେଁ ସେତେବେଳେ ପରସ୍ପରକୁ ପ୍ରଶ୍ନ କରିଥିଲୁ, 'ଏତେଦିନ ଧରି ଆମେ କେମିତି ପରସ୍ପରକୁ ନ ଭେଟି ରହିପାରିଲେ?' କ୍ରିସ୍ ଆମକୁ ଅଲ୍ ସୋଲ୍ସ କଲେଜଠାରେ ଭେଟିଥିଲା ଏବଂ ସେ ସେଠାରେ ହୋଇଥିଲା ମୋର 'ଗେଷ୍ଟ୍ ଫର୍ ଡିନର'। ତାହା ଏଭଳି ଏକ ପରମ୍ପରା ଯାହାକୁ ସେ ଅତି ଘୃଣା କରେ। କାରଣ, ଏହାକୁ ଏକ ଛଳନାତ୍ମକ ଅଭିନୟ ବୋଲି ସେ ବିବେଚନା କରୁଥିଲା।

ମହାରାଜାଙ୍କ ମହଲରେ ନୂଆ ବିଶ୍ୱବିଦ୍ୟାଳୟ

ଦିନେ ରବିବାରିଆ ଅପରାହ୍ନରେ ମୁଁ ଶେଯରେ ଗଡ଼ପଡ଼ ହୋଇ ଦିନଟିକୁ ଉପଭୋଗ କରୁଥିଲି। ମୋ ପାଇଁ ଏଇଟା ଏକ ବିଶେଷ ଆନନ୍ଦଦାୟୀ ଘଟଣା। କାରଣ, କଲିକତାର ଗ୍ରୀଷ୍ମ ବେଶ୍ ପୀଡ଼ାଦାୟକ। ସେତିକିବେଳେ ହଠାତ୍ ମୋର ଡୋର୍ ବେଲ୍ ବାଜିଲା। ମୁଁ କବାଟ ଖୋଲି ଚାହିଁଲା ବେଳକୁ ଜଣେ ବଙ୍ଗୀୟ ଭଦ୍ରବ୍ୟକ୍ତି ମୋ ସାମ୍ନାରେ ଠିଆ ହୋଇଛନ୍ତି। ପରିଧାନ ଫିନ୍ ଫିନ୍ ତୋଫା ଧୋତି ଓ ପଞ୍ଜାବୀ। ମୁଁ ତାଙ୍କ ଆଡ଼େ ଚାହିଁବା ବେଳକୁ ସେ ଦୁଇହାତ ଯୋଡ଼ି ମୋତେ ନମସ୍କାର କରିବା ମୁଦ୍ରାରେ ଠିଆ ହୋଇଥିଲେ। ଯଥାଶୀଘ୍ର ମୁଁ ଅନୁମାନ କରିନେଲି ଯେ ସେ ହେଉଛନ୍ତି ଅବସରପ୍ରାପ୍ତ ଆଇ.ସି.ଏସ୍. ଅଫିସର ବି.କେ. ଗୁହା ଏବଂ ନୂଆକରି ପ୍ରତିଷ୍ଠା ହୋଇଥିବା ବର୍ଦ୍ଧମାନ ବିଶ୍ୱବିଦ୍ୟାଳୟର କୁଳପତି। ସେ ମୋ ମୁହଁକୁ ଚାହିଁ ସିଧାସଳଖ ପଚାରିଲେ ଯେ ତାଙ୍କ ବିଶ୍ୱବିଦ୍ୟାଳୟରେ ନୂତନ ଭାବରେ ଆରମ୍ଭ କରାଯାଇଥିବା ଦର୍ଶନ ବିଭାଗର ସ୍ୱାମୀ ବିବେକାନନ୍ଦ ପ୍ରଫେସର ଏବଂ ବିଭାଗୀୟ ମୁଖ୍ୟ ରୂପେ ଯୋଗ ଦେବାକୁ ମୁଁ ଇଚ୍ଛୁକ କି? ସେତେବେଳେ ମୁଁ କଲିକତା ବିଶ୍ୱବିଦ୍ୟାଳୟରେ ଜଣେ ଅଧ୍ୟାପକ (ଲେକ୍‌ଚରର) ଭାବେ କାର୍ଯ୍ୟ କରୁଥିଲି। ସେ ପର୍ଯ୍ୟନ୍ତ ମୁଁ ରିଡର୍ ସୁଦ୍ଧା ହୋଇ ନ ଥିଲି। ମୁଁ ତାଙ୍କୁ ବୁଝାଇବାକୁ ଚେଷ୍ଟା କଲି ଯେ ମୋ ପରିବାରକୁ ଧରି ବର୍ତ୍ତମାନ ସ୍ଥିତିରେ ବର୍ଦ୍ଧମାନ ସ୍ଥାନାନ୍ତରିତ ହେବା ଅସମ୍ଭବ। ଏହାର ମୂଳ କାରଣ ହେଲା କଲିକତାରେ ମୋର ପିଲାମାନେ ସ୍କୁଲରେ ପଢୁଛନ୍ତି (ସେତେବେଳେ ବାବୁନି ସେଣ୍ଟ୍ ଜାଭିୟର୍ସରେ ଏବଂ ମିଟି ଲରେଟୋ ହାଉସ୍‌ରେ ପଢୁଥିଲା)। ସେମାନଙ୍କଠାରୁ ପୃଥକ ହୋଇ ମୁଁ ଦୂରରେ ରହିବାକୁ ଚାହୁଁ ନ ଥିଲି। ତା'ଛଡ଼ା କଲିକତା ନଗରୀର ସାଂସ୍କୃତିକ ପରିବେଶଠାରୁ ମଧ୍ୟ ମୁଁ ବିଚ୍ଛିନ୍ନ ହେବାକୁ ମାନସିକ ସ୍ତରରେ ଇଚ୍ଛୁକ ନ ଥିଲି। ସେତେବେଳକୁ କଲିକତାର ସାଂସ୍କୃତିକ ପରିବେଶ ଓ ବୁଦ୍ଧିଜୀବି ମହଲରେ ମୁଁ କିଛି ମାତ୍ରାରେ ପରିଚିତ ହୋଇ ସାରିଥିଲି। କିନ୍ତୁ ଭଦ୍ରବ୍ୟକ୍ତି ଥିଲେ ନଛୋଡ଼ବନ୍ଦା। ଯେକୌଣସି ମତେ ତାଙ୍କ ବିଶ୍ୱବିଦ୍ୟାଳୟରେ ମୁଁ ଯୋଗଦିଏ ବୋଲି ସେ ଚାହୁଁଥିଲେ। ତେଣୁ ମୁଁ ଯଦି ପ୍ରତିଦିନ କଲିକତାରୁ ବର୍ଦ୍ଧମାନ ଯା'ଆସ କରେ ତେବେ ସେଥିରେ ତାଙ୍କର କୌଣସି ଅସୁବିଧା ହେବନାହିଁ ବୋଲି ସେ ଜଣାଇଲେ। ଆମେ- ବାଣୀ ଓ ମୁଁ- କିଛିଦିନ ଏ ବିଷୟରେ ଚିନ୍ତା କଲୁ। ଏଥିରେ ମୋର ଯଥେଷ୍ଟ ଆର୍ଥିକ ଲାଭ ଅବଶ୍ୟ ହେବ। ପୁଣି ଆମେ ଭାବିଲୁ, ବର୍ଦ୍ଧମାନକୁ ଯଦି ଚାଲିଯିବୁ ତେବେ ଆମର ଆର୍ଥିକ ବୋଝ ମଧ୍ୟ କିଛି ପରିମାଣରେ ଲାଘବ ହେବ। କାରଣ, ମୋର ସୀମିତ ଅଧ୍ୟାପକ ଚାକିରି ଦରମାରେ ଆମେ କୌଣସିମତେ ଚଳି ଯାଉଥିଲୁ। ତେଣୁ କେଇଦିନ

ଚିନ୍ତା କରିବା ପରେ ମୁଁ ବି.କେ.ଗୁହାଙ୍କ ପ୍ରସ୍ତାବକୁ ଗ୍ରହଣ କରିଥିଲି । ମୋର ସୌଭାଗ୍ୟକୁ ଏଥିପାଇଁ କଲିକତା ବିଶ୍ୱବିଦ୍ୟାଳୟ ମୋତେ ଦୀର୍ଘ ଛୁଟି ପ୍ରଦାନ କରିଥିଲା । ଏହା ପରେ ମୁଁ ଶିବଜୀବନ ଭଟ୍ଟାଚାର୍ଯ୍ୟଙ୍କୁ କୌଣସି ମତେ ବୁଝାଇବାରେ ସକ୍ଷମ ହୋଇଥିଲି ଯେ ସେ ବର୍ଦ୍ଧମାନ ବିଶ୍ୱବିଦ୍ୟାଳୟରେ ଜଣେ ରିଡର୍ ଭାବରେ ଯୋଗ ଦିଅନ୍ତୁ । ଶିବଜୀବନ ଭଟ୍ଟାଚାର୍ଯ୍ୟ ମୋର ଜଣେ ପୁରୁଣା ବନ୍ଧୁ ଓ ଭାରତର ଜଣେ ବିଶିଷ୍ଟ ତର୍କଶାସ୍ତ୍ରୀ । ସେ ମୋ କଥାରେ ରାଜି ହେଲେ । ତେବେ ସର୍ତ୍ତ ରଖିଲେ ଯେ ବର୍ଦ୍ଧମାନ ବିଶ୍ୱବିଦ୍ୟାଳୟର ପାଠାଗାର '*ଜର୍ଣ୍ଣାଲ ଅଫ୍ ସିମ୍ବୋଲିକ୍ ଲଜିକ୍*' ପତ୍ରିକାର ପୂର୍ଣ୍ଣାଙ୍ଗ ସେଟ୍ ଆଣି ତାଙ୍କ ପାଠାଗାରରେ ରଖିବେ । ମୁଁ ଜାଣିଥିଲି ଯେ ଏହି ପତ୍ରିକାର ପୂର୍ଣ୍ଣାଙ୍ଗ ସେଟ୍ କିଣି ପାଠାଗାରରେ ରଖିବା ଲାଗି ମୁଁ ବିଶ୍ୱବିଦ୍ୟାଳୟ ପ୍ରଶାସନକୁ ପ୍ରବର୍ତ୍ତାଇବାରେ ବିଶେଷ ଅସୁବିଧା ହେବନାହିଁ । ତେଣୁ ଏପରି ଭାବରେ ଆମ ଦୁଇ ଜଣ ଓ ଅନ୍ୟ ଦୁଇ ଜଣ ଅଧ୍ୟାପକ- ମୃଣାଳ ଭଦ୍ର (ପରେ ସେ ମୋ' ଏବଂ ଓକ୍‌ଲାହୋମା ବିଶ୍ୱବିଦ୍ୟାଳୟର କେନେଥ୍ ମେରିଲ୍‌ଙ୍କ ଅଧୀନରେ ପି.ଏଚ୍.ଡି. କରିଥିଲେ) ଏବଂ ସନତ ରାୟଚୌଧୁରୀ (ଜଣେ ପୂର୍ବତନ ରାଜନୈତିକ ବିପ୍ଳବୀ ଓ ପରେ ବେଦାନ୍ତବିତ୍, ଯାହାକି ଭାରତରେ ହେବା ବିରଳ ନୁହେଁ ଏବଂ ଜଣେ ଅତ୍ୟନ୍ତ ଆଦର୍ଶସ୍ଥାନୀୟ ଭଦ୍ରବ୍ୟକ୍ତି)ଙ୍କୁ ନେଇ ବର୍ଦ୍ଧମାନ ବିଶ୍ୱବିଦ୍ୟାଳୟର ଦର୍ଶନ ବିଭାଗ ଆରମ୍ଭ ହୋଇଥିଲା ।

ବର୍ଦ୍ଧମାନ ମହାରାଜାଙ୍କ ଏହି ପୁରୁଣା ରାଜ ଉଆସର ବିଶାଳ ଗ୍ରନ୍ଥାଗାର କକ୍ଷରେ ଆମେ ସମସ୍ତେ ଏକାଠି ବସିବା ଆରମ୍ଭ କଲୁ । ରାଜପ୍ରାସାଦଟି ଏକ ଭବ୍ୟ ନାଲି ରଙ୍ଗର ବାରକ୍ ଶୈଳୀର ଅଟ୍ଟାଳିକା । ଇଂଲଣ୍ଡର ଅନେକ ଅଟ୍ଟାଳିକା ଶୈଳୀରେ ଏହା ନିର୍ମିତ ହୋଇଥିଲା । ଲାଇବ୍ରେରୀ କହିଲେ ଗୋଟିଏ ଲମ୍ବା ହଲ୍, ଯାହାର କାନ୍ଥକଡ଼କୁ ଲାଗି ବହିଥାକମାନ ଖଞ୍ଜା ଯାଇଥିଲା । (ମୋର ଯେତେବେଳେ କିଛି କାମ କରିବାର ନ ଥାଏ ସେତେବେଳେ ମୁଁ ସେହିସବୁ ବହି ଆଲମାରୀର ଧୂଳିଲଗା କାଚ କବାଟ ଦେଇ ଭିତରକୁ ଉଣ୍ଟେ, ଯାହାକି ମୋତେ କ୍ୱଚିତ ଦୃଶ୍ୟ ହୋଇଥାଏ । ମନେ ମନେ ଭାବେ ମହାରାଜାଙ୍କ ଗ୍ରନ୍ଥାଗାରରେ କି କି ବହିସବୁ ରହିଛି ? ସେସବୁ ବହିଥାକରେ ବାଘ ଶିକାର, ଜଙ୍ଗଲ ଯୁଦ୍ଧ, ବିଭିନ୍ନ ଦେଶର ଇତିହାସ, ରାଜା ଓ ରାଣୀମାନଙ୍କ ବଂଶାବଳୀ- ଯାହା ସମଗ୍ର ବିଶ୍ୱର, ସେହିଭଳି ସବୁ ବହିମାନ ଥିଲା ।) ତା'ପରେ ମୁଁ ବେଳେବେଳେ ଭାବୁଥିଲି ଯେ ମହାରାଜା ତାଙ୍କର ଏହି ପ୍ରାସାଦଟିକୁ କାହିଁକି ବିଶ୍ୱବିଦ୍ୟାଳୟ ସ୍ଥାପନ ଲାଗି ଦେଇଦେଲେ (ଏହି ପ୍ରାସାଦକୁ ଲାଗିଥିବା ଗୋଲାପବାଗ୍ ଉଦ୍ୟାନକୁ ମଧ୍ୟ) ? ସମ୍ଭବତଃ,ଏତେ ବଡ଼ ରାଜଉଆସର ରକ୍ଷଣାବେକ୍ଷଣ କରିବା ରାଜାଙ୍କ ପକ୍ଷେ ଅତୀବ ବ୍ୟୟସାପେକ୍ଷ ହୋଇଥିବ ଏବଂ ସ୍ୱାଧୀନତା ପରେ ଜମିଦାରୀ ବ୍ୟବସ୍ଥାର

ଉଚ୍ଛେଦ ଘଟିବା ପରେ ମହାରାଜା ଏବେ କଲିକତାରେ ବ୍ୟବସାୟରେ ଅଧିକରୁ ଅଧିକ ଅର୍ଥ ଓ ସମୟ ବିନିଯୋଗ କରିବାରେ ବ୍ୟସ୍ତ ରହୁଥିଲେ। ତେଣୁ ଏଭଳି ଏକ ଜରାଜୀର୍ଣ୍ଣ ମହଲକୁ ଏପରି 'ଆଦର୍ଶ' କାର୍ଯ୍ୟ ପାଇଁ ଦାନ କରିଦେବା ସମୀଚୀନ ବୋଲି ସେ ମଣିଥିବେ ! ଯଥା ଶୀଘ୍ର ବିଶ୍ୱବିଦ୍ୟାଳୟର ନୂତନ ଅଟ୍ଟାଳିକାମାନ ଗୋଲାପବାଗରେ ନିର୍ମିତ ହୋଇଥିଲା। ଏହାର ଚତୁଃପାର୍ଶ୍ୱରେ ଏକ ପ୍ରଶସ୍ତ ଗଡ଼ଖାଇ ଥିଲା। ସେ ବଗିଚାରେ ଶହ ଶହ ସୁଉଚ୍ଚ ମହୋଗାନି ଗଛ ଥିଲା ଏବଂ ତା'ତଳେ ଧାଡ଼ି ଧାଡ଼ି ହୋଇ ବିଭିନ୍ନ ରଙ୍ଗର ଗୋଲାପ ବୁଦାମାନ ଥିଲା।) ପରେ ଆମ ବିଭାଗର ଟିଚିଂ ଡିପାର୍ଟମେଣ୍ଟକୁ ମଧ୍ୟ ରାଜପ୍ରାସାଦରୁ ଅନ୍ୟତ୍ର ସ୍ଥାନାନ୍ତରିତ କରାଯାଇଥିଲା।

ବର୍ଦ୍ଧମାନ ବିଶ୍ୱବିଦ୍ୟାଳୟରେ ମୁଁ ପ୍ରାୟ ଛଅବର୍ଷ ଅଧ୍ୟାପନା କରିଥିଲି। ସେତେବେଳେ ସବୁଦିନ ମୁଁ କଲିକତାରୁ ଟ୍ରେନ୍‌ରେ ବର୍ଦ୍ଧମାନ ଯା'ଆସ କରୁଥିଲି। ସହରତଳି ଟ୍ରେନ୍‌ରେ ଅବା କେତେବେଳେ ନୂଆକରି ଚଳାଚଳ କରୁଥିବା ଇଲେକ୍ଟ୍ରିକ୍ ଟ୍ରେନ୍‌ରେ ଯାତ୍ରା କରିବା ଏକ ଚମତ୍କାର ଅନୁଭୂତି। ଖୁବ୍ ଶୀଘ୍ର ଅନେକ ଲୋକଙ୍କ ସହ ବନ୍ଧୁତା ଗଢ଼ି ଉଠିଥିଲା। ଚିହ୍ନା ମୁହଁମାନେ ସଦାବେଳେ ଦେଖା ହେଉଥିଲେ। ଟ୍ରେନ୍ ଓ ଷ୍ଟେସନ୍‌ର ବୁଲା ବିକାଳୀ- ଔଷଧ, କଲମ, ଘଣ୍ଟା ଓ ଅନ୍ୟାନ୍ୟ ଜଳଖିଆ ବିକୁଥିବା ଲୋକମାନେ ମୋତେ ଭଲ ଭାବରେ ଚିହ୍ନିଗଲେ। ବର୍ଦ୍ଧମାନ ରେଳ ଷ୍ଟେସନରେ ରିକ୍ସାବାଲାମାନେ ବି ମୋତେ ୟୁନିଭର୍ସିଟି ପ୍ରଫେସର ଭାବେ ଚିହ୍ନି ଯାଇଥିଲେ। ତାଙ୍କୁ କିଛି ନ କହିଲେ ସୁଦ୍ଧା ସେମାନେ ସିଧା ରିକ୍ସାରେ ବସାଇ ମୋତେ ବିଶ୍ୱବିଦ୍ୟାଳୟରେ ପହଞ୍ଚାଇ ଦେଉଥିଲେ। ପ୍ରତି ସପ୍ତାହରେ ତିନିଦିନ ଏବଂ ଦୈନିକ ଛଅ ଘଣ୍ଟା ଲେଖାଏଁ ସମୟ ମୋର ଏଭଳି ଟ୍ରେନ୍‌ରେ ଯା'ଆସ କରିବାରେ ବିତୁଥିଲା। ଖୁବ୍‌ଶୀଘ୍ର ଏହି ସମୟକୁ କେମିତି ପଢ଼ିବା, ପିଲାମାନଙ୍କ ଖାତାରେ ମାର୍କିଂ କରିବା, ପ୍ରୁଫ୍ ରିଡିଂ ଏବଂ ଅନ୍ୟାନ୍ୟ ଲେଖାଲେଖିରେ ବିନିଯୋଗ କରିହେବ ସେ ଉପାୟ ମୁଁ ଶିଖିଗଲି। ଥରେ ମୋର ଜଣେ ଅଧ୍ୟାପକ ସହଯୋଗୀ ମୋତେ ***'ଗଦାଧରୀ'*** (ସମ୍ଭବତଃ, *ନବ୍ୟ-ନ୍ୟାୟ*ର ସବୁଠାରୁ ଅବ୍ୟକ୍ତ ପ୍ରସଙ୍ଗରେ ଲିଖିତ ଏକ ଜଟିଳ ଗ୍ରନ୍ଥ) ପଢୁଥିବା ଦେଖିଥିଲେ ଏବଂ ଏକଥା ବର୍ଦ୍ଧମାନ ଓ କଲିକତାର ଶିକ୍ଷକ ମହଲରେ ଖୁବ୍‌ଶୀଘ୍ର ରଟି ଯାଇଥିଲା। ସପ୍ତାହକୁ ତିନିଦିନ ଏମିତି କଲିକତା ଓ ବର୍ଦ୍ଧମାନ ମଧ୍ୟରେ ଯା'ଆସ କରି ମୁଁ ଯେତେବେଳେ ଘରକୁ ଫେରେ, ସେତେବେଳେ ସମ୍ପୂର୍ଣ୍ଣ କ୍ଲାନ୍ତ ହୋଇପଡ଼େ। ରାତିରେ ଆଉ କିଛି ପଢ଼ାପଢ଼ି କରିବା ଲାଗି ମୋର ଧୈର୍ଯ୍ୟ ନ ଥାଏ। ଅନ୍ୟ ଦିନମାନଙ୍କରେ ମୋର ବିଭିନ୍ନ ପ୍ରକାର ଘରୋଇ କାମଦାମ ସବୁ ସମ୍ପାଦନ କରେ। ପିଲାମାନଙ୍କ ପାଠପଢ଼ା ଦେଖିବା, ବନ୍ଧୁବାନ୍ଧବ ଆସିଲେ ସେମାନଙ୍କୁ ଶଙ୍ଖୁଳିବା

ଆଦି କାର୍ଯ୍ୟ ମୁଖ୍ୟତଃ କରିବାକୁ ପଡୁଥିଲା। ସାଧାରଣତଃ ବନ୍ଧୁବାନ୍ଧବ ଓ ସାଙ୍ଗସାଥୀମାନେ ସନ୍ଧ୍ୟାବେଳେ ଘରକୁ ବୁଲି ଆସନ୍ତି। ତେଣୁ ସେମାନଙ୍କ ସହ ଗପସପ ହୋଇ ବିଦାୟ ଦେବାପରେ ଏବଂ ରାତିରେ ସମସ୍ତେ ଶୋଇ ସାରିବା ପରେ ମୁଁ ମୋର ଅସମାପ୍ତ ଲେଖାପଢ଼ା କାମ କରି ବସେ। ଏହା ଫଳରେ ଧୀରେ ଧୀରେ ମୋର ଆଉ ଗୋଟିଏ ଅଭ୍ୟାସ ବଢ଼ିଲା, ଯାହାକି ଏବେସୁଦ୍ଧା ମୁଁ ଜାରି ରଖିଛି- ତାହା ହେଲା ବିଳମ୍ବିତ ରାତି ପର୍ଯ୍ୟନ୍ତ ବସି କାର୍ଯ୍ୟ କରିବା। ବେଳେବେଳେ କାମ କଲାବେଳେ ରାତି ଅଧ ଗଡ଼ିଯାଏ। ସେହି ସମୟରେ ମୁଁ ମୋର ଗଙ୍ଗେଶଙ୍କ ***'ତତ୍ତ୍ୱଚିନ୍ତାମଣି'*** ବହି ଲେଖୁଥିଲି। ସେହି ବହିକୁ ୧୯୬୬ ମସିହାରେ ବିଶ୍ୱଭାରତୀର ସେଣ୍ଟର୍ ଅଫ୍ ଆଡ୍‌ଭାନ୍ସଡ୍ ଷ୍ଟଡି ଇନ୍ ଫିଲୋସଫି ପ୍ରକାଶ କରିଥିଲା।

ଶାନ୍ତିନିକେତନ

ଶାନ୍ତିନିକେତନ ସହିତ ମୋର ଆତ୍ମିକ ସଂଯୋଗ ଯାହାକି ମୁଁ ମୋର ମାଇଁ ମାଳତୀ ଚୌଧୁରୀଙ୍କ ମାଧ୍ୟମରେ ପିଲାଟି ଦିନୁ ପୋଷଣ କରିଥିଲି ଏବଂ ତାହା ବିଧିବଦ୍ଧଭାବରେ ସାକାର ହୋଇଥିଲା, ଯେତେବେଳେ ବିଶ୍ୱଭାରତୀର ଦର୍ଶନ ବିଭାଗ ମୁଖ୍ୟ ଏବଂ ପରବର୍ତ୍ତୀ ସମୟରେ ସେହି ଅନୁଷ୍ଠାନର କୁଳପତି କାଳିଦାସ ଭଟ୍ଟାଚାର୍ଯ୍ୟ ଆଡଜଙ୍କ୍ଟ୍ ପ୍ରଫେସର ଭାବରେ ତାଙ୍କ ବିଭାଗରେ ଯୋଗଦେବା ଲାଗି ବାଧ୍ୟ କରିଥିଲେ। ଏହାର ଅର୍ଥ ଏଇଆ ଯେ ବର୍ଦ୍ଧମାନ ବିଶ୍ୱବିଦ୍ୟାଳୟରେ ଅଧ୍ୟାପନା ପରେ ସପ୍ତାହକୁ ଥରେ ସନ୍ଧ୍ୟା ଟ୍ରେନ୍ ଧରି ମୁଁ ଶାନ୍ତିନିକେତନ ଆସିବି ଏବଂ ସେଠାକାର ଅତିଥିଭବନ *'ରତନ କୋଠି'*ରେ ରାତ୍ରିଯାପନ କରିବି। ତା'ପରଦିନ ସକାଳେ ସେଠାରେ ଦୁଇଟି କ୍ଲାସ୍ ନେଇ ଅପରାହ୍ଣରେ ଟ୍ରେନ୍ ଧରି କଲିକତା ଫେରିଯିବି (ପୁଣି ତା'ପରଦିନ ସକାଳୁ ଟ୍ରେନ୍ ଯୋଗେ ବର୍ଦ୍ଧମାନ ଯିବି)। ଏଭଳି ଘନ ଘନ ଟ୍ରେନ୍ ଯାତ୍ରା ଅବଶ୍ୟ ଖୁବ୍ କ୍ଲାନ୍ତିକର ଥିଲା। କିନ୍ତୁ ଶାନ୍ତିନିକେତନର ଶାନ୍ତ ସରଳ ପରିବେଶ ଓ ସୌନ୍ଦର୍ଯ୍ୟ ସେ କ୍ଲାନ୍ତିକୁ ଭରଣା କରି ଦେଉଥିଲା। *'ରତନ କୋଠି'*ରେ ମୁଁ ସନ୍ଧ୍ୟାରେ ବିଶ୍ରାମ ନେଉଥିଲି ଓ ସେଠାକୁ ଅନେକ ବନ୍ଧୁ ଓ ବିଶିଷ୍ଟ ବ୍ୟକ୍ତି- ଅଧ୍ୟାପକଙ୍କଠାରୁ ଛାତ୍ରମାନଙ୍କ ପର୍ଯ୍ୟନ୍ତ ସମସ୍ତେ ଭେଟିବାକୁ ଆସୁଥିଲେ। ବେଳେବେଳେ ଆମେ ବିଶ୍ୱବିଦ୍ୟାଳୟ ପରିସରରେ ଆୟୋଜିତ ନୃତ୍ୟ ସଙ୍ଗୀତ କାର୍ଯ୍ୟକ୍ରମ ଦେଖିବାକୁ ଯାଉ। ଆଉ ବେଳେବେଳେ ଶାଳବିଥିରେ ବୁଲଚାଲ କରୁ। ଫେରିବା ବେଳକୁ ମୁଁ କାଳିଦାସ ଭଟ୍ଟାଚାର୍ଯ୍ୟଙ୍କ ଘରେ ଘଣ୍ଟାଏ ଲେଖାଏଁ ଅଟକିଯାଏ ଓ ଆମର ଦର୍ଶନଶାସ୍ତ୍ରର ବିଭିନ୍ନ ପ୍ରସଙ୍ଗରେ ଚମତ୍କାର ଆଲୋଚନା ହୁଏ। ଜୀବନରେ ପ୍ରଥମ ଥରପାଇଁ ମୁଁ ଶ୍ରେଣୀକକ୍ଷ

ବାହାରେ, ଅର୍ଥାତ୍ ଆମ୍ରକୁଞ୍ଜର ଶୀତଳ ଛାୟାରେ ପିଲାମାନଙ୍କୁ ପଢ଼ାଇବା ଆରମ୍ଭ କଲି। ପ୍ରତ୍ୟୁଷରେ ମୁଁ ସେଠାରେ ଆୟୋଜିତ ସଙ୍ଗୀତ କାର୍ଯ୍ୟକ୍ରମରେ ମଧ୍ୟ ଯୋଗ ଦେଉଥିଲି। ତାହା ଥିଲା ସେତେବେଳେ ଆଶ୍ରମର ଏକ ଦୈନନ୍ଦିନ ପରମ୍ପରା। ଏହିପରି ଭାବରେ ମୁଁ ଧୀରେ ଧୀରେ ଆଶ୍ରମକୁ ଆବିଷ୍କାର କରିବାରେ ଲାଗିଲି ଏବଂ କବିଗୁରୁ ରବୀନ୍ଦ୍ରନାଥଙ୍କର ଏହିସବୁ ଭବନ, ଶିକ୍ଷାନୁଷ୍ଠାନ, ଉଦ୍ୟାନ, ବୃକ୍ଷରାଜି ଏବଂ ପାଦଚଲା ରାସ୍ତା ସହିତ ଥିବା ସୂକ୍ଷ୍ମ ସମ୍ପର୍କ ବିଷୟରେ ଜାଣିବାକୁ ପାଇଲି। ପ୍ରତିଟି କଥା ମୋ ମନରେ ଯେତିକି ଆଗ୍ରହ ସୃଷ୍ଟି କଲା, ସେତିକି ରୋମାଞ୍ଚ ଓ ଉନ୍ମାଦନା ଜନ୍ମାଇଲା। ସେତେବେଳେ ବିଶ୍ୱଭାରତୀର କୁଳପତି ଥିଲେ ସୁଧୀର ରଞ୍ଜନ ଦାସ, ଯିଏକି ଭାରତର ଜନୈକ ପୂର୍ବତନ ପ୍ରଧାନ ବିଚାରପତି ଥିଲେ। ଶାନ୍ତିନିକେତନରେ ପ୍ରଥମ ଦିନ ସକାଳେ ହିଁ ସୁଧୀ ଦା'(ସମସ୍ତେ ତାଙ୍କୁ ସେହି ନାମରେ ହିଁ ସମ୍ବୋଧନ କରୁଥିଲେ) ଆସି ମୋ କୋଠରିର କବାଟରେ ମୃଦୁ ଆଘାତ କଲେ ଏବଂ ମୋତେ ପ୍ରାତଃ ଭ୍ରମଣରେ ଯିବା ଲାଗି ଆମନ୍ତ୍ରଣ ଜଣାଇଲେ। ବାଟରେ ଚାଲୁ ଚାଲୁ ସେ ମୋତେ କହିଲେ, 'ଜିତେନ୍, ମୁଁ ଆଜି ଶାନ୍ତିନିକେତନ ବିଷୟରେ ତୁମକୁ ସବୁଠାରୁ ଚମତ୍କାର କଥାଟି କହିବି। ସେ କଥା କୌଣସି ବ୍ୟକ୍ତିବିଶେଷଙ୍କ ସମ୍ପର୍କରେ ନୁହେଁ। ତାହା ହେଉଛି ବୃକ୍ଷମାନଙ୍କ ବିଷୟରେ।' ସୁଧୀ ଦା' ଠିକ୍ କଥା କହୁଥିଲେ। ଆଶ୍ରମରେ ବିପୁଳ ସଂଖ୍ୟକ, ଅତି ସୁନ୍ଦର ଓ ବୃହଦାକାର ଦାରୁମାନ ଥିଲା। ପ୍ରତିଟି ପାଦପ ସହ ଅତୀତର କିଛି ନା କିଛି ଅଭୁଲା ସ୍ମୃତି ଜଡ଼ିତ ଥିଲା। ସେମିତି ଆମର ପ୍ରାତଃଭ୍ରମଣବେଳେ ସୁଧୀ ଦା' ଥରେ ମୋତେ କଥା ଦେଇଥିଲେ ଯେ ମୋର ପରବର୍ତ୍ତୀ ପାଣ୍ଡୁଲିପିକୁ ବିଶ୍ୱଭାରତୀ ପ୍ରକାଶ କରିବ। ତେଣୁ ମୁଁ ମୋର ଗଙ୍ଗେଶଙ୍କ ***'ଥିଓରୀ ଅଫ୍ ଟ୍ରୁଥ୍'*** ପାଣ୍ଡୁଲିପିଟି ବିଶ୍ୱଭାରତୀକୁ ଛପାଇବା ପାଇଁ ଦେଇଥିଲି।

ସେତେବେଳେ ଶାନ୍ତିନିକେତନରେ ଅନେକ ଯୁବ ଦାର୍ଶନିକ ଅଧ୍ୟାପକ ଥାଆନ୍ତି। ମୁଁ ସେମାନଙ୍କୁ ଯୁବ ଦାର୍ଶନିକ କହିବାର ତାତ୍ପର୍ଯ୍ୟଟି ହେଲା, ସେତେବେଳେ ସେମାନେ ମୋ'ଠାରୁ ବୟସରେ ସାନ ଥିଲେ। କାଳିଦାସ ଭଟ୍ଟାଚାର୍ଯ୍ୟ ନିଜସ୍ୱ ପ୍ରଚେଷ୍ଟାରେ ଭାରତର ବିଭିନ୍ନ ସ୍ଥାନରୁ ସେମାନଙ୍କୁ ଶାନ୍ତିନିକେତନ ଆଣିଥିଲେ। ସେମାନଙ୍କ ମଧ୍ୟରେ ଥିଲେ: ଦିଲ୍ଲୀର ରାଜେନ୍ଦ୍ର ପାଣ୍ଡେ, ସୁରେଶ ଚନ୍ଦ୍ରା ଏବଂ ଧର୍ମେନ୍ଦ୍ର କୁମାର; ଏ.ପି. ରାଓ, ଯୁବ ଦାର୍ଶନିକ ଦେଶପାଣ୍ଡେ; କାଶ୍ମୀରର ଜି.ଏଲ.ପଣ୍ଡିତ; ବିହାରର ଝା; ଏବଂ ମୋର କଲିକତାର ଦୁଇ ଜଣ ପୂର୍ବତନ ଛାତ୍ର: ରୀନା ମୁଖାର୍ଜୀ ଓ ପ୍ରଦ୍ୟୁତ ମୁଖାର୍ଜୀ (ଭାରତୀୟ ଦର୍ଶନ ଅଧ୍ୟାପନା କ୍ଷେତ୍ରରେ ଏବେ ସେମାନେ ସୁପ୍ରତିଷ୍ଠିତ)। ମୁଁ ଏହିସବୁ ଯୁବ ଅଧ୍ୟାପକଙ୍କ ଗହଣରେ ଅଧ୍ୟାପନାକୁ ବେଶ୍ ଉପଭୋଗ କରୁଥିଲି। ଅଧିକାଂଶ ବେଳେ

ଆମେ ପରସ୍ପର ମଧ୍ୟରେ ବିଭିନ୍ନ ପ୍ରସଙ୍ଗକୁ ନେଇ ଢେର ସମୟ ଆଲୋଚନା କରୁଥିଲୁ। ବେଳେବେଳେ ଆମେ କ'ଣ ସବୁ ଲେଖାଲେଖ କରୁଛୁ ସେ ସମ୍ପର୍କରେ ମଧ୍ୟ ଆଲୋଚନା ହେଉଥିଲା। ସେତିକିବେଳେ ମୁଁ ସେମାନଙ୍କୁ ହସେର୍ଲଙ୍କ *'ଲଜିକାଲ୍ ଇନଭେଷ୍ଟିଗେସନ୍ସ'* ଉପରେ କେତୋଟି ଲେକ୍‌ଚର ଦେଇଥିଲି। ଯାହାକି ଥିଲା, ମୋ ମତରେ ଭାରତରେ ହସେର୍ଲଙ୍କ ଉପରେ ମୋର ପ୍ରଥମ ଓ ଶେଷ ଲେକ୍‌ଚର୍। ଶାନ୍ତିନିକେତନ ଅବସ୍ଥାନ କାଳରେ ମୁଁ ସଙ୍ଗୀତଜ୍ଞ ଶାନ୍ତିଦେବ ଘୋଷ, ସୁଚିତ୍ରା ମିତ୍ର ଓ କନିକା ବାନାର୍ଜୀଙ୍କ ଘନିଷ୍ଠ ସମ୍ପର୍କରେ ଆସିପାରିଥିଲି। ସେମାନଙ୍କ ସହ ପରିଚୟ ହେବା ମୋ ପାଇଁ ସହଜସାଧ୍ୟ ଥିଲା। କାରଣ ସେମାନେ ମୋ ମାଇଁ ମାଳତୀ ଚୌଧୁରୀଙ୍କୁ ପୂର୍ବରୁ ଭଲ ଭାବରେ ଚିହ୍ନିଥିଲେ ଓ ତାଙ୍କର ମୁଗ୍ଧ ପ୍ରଶଂସକ ଥିଲେ।

୧୯୬୭ ମସିହାରେ ମୁଁ ବର୍ଦ୍ଧମାନ ବିଶ୍ୱବିଦ୍ୟାଳୟ ଛାଡ଼ିବା ପର୍ଯ୍ୟନ୍ତ ଶାନ୍ତିନିକେତନ ସହିତ ମୋର ଏହିଭଳି ଘନିଷ୍ଠ ସଂଯୋଗ ଲାଗି ରହିଥିଲା। ସେହିବର୍ଷ ମୁଁ କଲିକତାକୁ ପ୍ରଫେସର ପଦରେ ଫେରିଥିଲି। କିନ୍ତୁ କାଳିଦାସ ଭଟ୍ଟାଚାର୍ଯ୍ୟ ସେଠାରେ ଅବସ୍ଥାନ କରୁଥିବା ପର୍ଯ୍ୟନ୍ତ ଶାନ୍ତିନିକେତନର ଆଶ୍ରମକୁ ମୋର ଆତଯାତ ଜାରି ରହିଥିଲା। *ରତନ କୋଠି*କୁ ଯେତେବେଳେ ବି ଯାଉଥିଲି, ମୋ ମନରେ ଅତୀତର ଏକ ସ୍ମୃତି ସ୍ୱତଃ ଉଜ୍ଜୀବିତ ହେଉଥିଲା। ମୁଁ *ରତନ କୋଠି*ରୁ ବାହାରି ତା'ଚାରିପଟେ ଥିବା ବିଶାଳ ବୃକ୍ଷମାନଙ୍କୁ ଚାହିଁ ଭାବବିହ୍ୱଳ ହୋଇ ପଡୁଥିଲି। ଏହାର ଅନେକ ବର୍ଷ ପରେ, ବୋଧହୁଏ ୧୯୮୦ ମସିହାରେ ମୁଁ ପୁଣି ଥରେ ଆଶ୍ରମରେ ତିନିମାସ ପାଇଁ ରହିଥିଲି। ସେତେବେଳେ ସେଠାରେ *ପଞ୍ଚବଟୀ* ନାମରେ ଗୋଟିଏ ନୂଆ ଅତିଥି ଭବନ ନିର୍ମିତ ହୋଇଥିଲା। ସେତେବେଳେ ମୁଁ ଜଣେ ଭିଜିଟିଂ ଫେଲୋ ଭାବରେ ସେଠାକୁ ଯାଇଥିଲି। ସେ ସମୟରେ ମୋର ପ୍ରେସିଡେନ୍ସି କଲେଜର ସହପାଠୀ ସୁରଜିତ ସିହ୍ନା ଶାନ୍ତିନିକେତନର କୁଳପତି ଥିଲେ। ସେହି ତିନିମାସର ଅବସ୍ଥାନ ଥିଲା ଭାରତରେ ମୋର ସବୁଠାରୁ କାର୍ଯ୍ୟବ୍ୟସ୍ତ ସମୟ। ଏହାପରେ ମୁଁ ଆମେରିକାକୁ ସ୍ଥାନାନ୍ତରିତ ହୋଇଥିଲି। ଶାନ୍ତିନିକେତନରେ ଥିବାବେଳେ ମୁଁ ବିଭିନ୍ନ ପ୍ରସଙ୍ଗ ଉପରେ ଭିନ୍ନ ଭିନ୍ନ ସ୍ଥାନରେ ବକ୍ତୃତାମାନ ଦେଇଥିଲି। ଚୀନା ଭବନରେ *ଫେନୋମେନୋଲଜି* ଏବଂ ସମାଜ ବିଜ୍ଞାନ ଉପରେ, ଓଡ଼ିଆ ବିଭାଗରେ ସାହିତ୍ୟ କୃତିର ଷ୍ଟ୍ରକଚରାଲ *ଆନାଲିସିସ୍* ସମ୍ପର୍କରେ, ପଦାର୍ଥ ବିଜ୍ଞାନ ପ୍ରତିଷ୍ଠାନରେ ମାର୍କ୍ସବାଦୀ *କ୍ୱାଣ୍ଟମ୍ ମେକାନିକ୍ସର କୋପେନହେଗେନ୍ ବିଶ୍ଳେଷଣ*, ଶ୍ରୀନିକେତନ ଅଥବା ଶ୍ରୀ ଅରବିନ୍ଦ କେନ୍ଦ୍ରଠାରେ *ଫେନୋମେନୋଲଜି* ଉପରେ ଏବଂ ଦର୍ଶନ ପ୍ରତିଷ୍ଠାନରେ ମଧ୍ୟ ଅନେକ ଭାଷଣ ଦେଇଥିଲି। ସେତିକିବେଳେ ପୁଣି ଥରେ କଲିକତାକୁ ଆସି ଆଉ ଏକ ବକ୍ତୃତା ଦେବାକୁ

ପଢ଼ିଥିଲା ।*'ଫେନୋମେନୋଲଜି, ମାର୍କ୍ସିଜିମ୍ ଏଣ୍ଡ୍ ଷ୍ଟ୍ରକଚରାଲିଜିମ୍'* ଉପରେ ଏହି ବକ୍ତୃତାର ଆୟୋଜନ କରାଯାଇଥିଲା ସମାଜ ବିଜ୍ଞାନ ଗବେଷଣା ପ୍ରତିଷ୍ଠାନରେ, ଯାହାକି ସବୁଠାରୁ ଅଧିକ ଶ୍ରୋତାଙ୍କ ଦୃଷ୍ଟି ଆକର୍ଷଣ କରିଥିଲା । ବର୍ଦ୍ଧମାନ ବିଶ୍ୱବିଦ୍ୟାଳୟରେ ଅଧ୍ୟାପନା କରିବା ଦିନଠାରୁ ମୋର ଜଣେ ପୁରାତନ ବନ୍ଧୁ ବର୍ମନ ଦେବ ସେତେବେଳେ ଏହି ପ୍ରତିଷ୍ଠାନର ନିର୍ଦ୍ଦେଶକ ଥିଲେ । ଶାନ୍ତିନିକେତନ ଅବସ୍ଥାନ କାଳରେ ମୁଁ ଜୀବନକୁ ପୂର୍ଣ୍ଣମାତ୍ରାରେ ଉପଭୋଗ କରିଥିଲି । ସେଠାରେ ଥିବାବେଳେ ସଙ୍ଗୀତ ଶୁଣିବା, ପ୍ରାକୃତିକ ପରିବେଶର ଶୋଭାରାଜିକୁ ଉପଭୋଗ କରିବା ଏବଂ ଏକ ରୋମାଣ୍ଟିକ୍ ଆନନ୍ଦ ଅନୁଭବ କରିଥିଲି ବୋଲି ମୋର ମନେହୁଏ । ଯେତେବେଳେ ମୋତେ ଶାନ୍ତିନିକେତନରୁ ବିଦାୟ ନେବାର ସମୟ ଆସିଲା, କାହିଁକି କେଜାଣି ମୋତେ ଲାଗିଲା ଯେପରି ମୁଁ ସେ ପରିବେଶ ସହ ଏକାକାର ହୋଇଯାଇଛି ଏବଂ ନିଜକୁ ନିଜେ ପ୍ରଶ୍ନ କରିଥିଲି - ଏଭଳି ଶାନ୍ତିପୂର୍ଣ୍ଣ ଓ ମନୋମୁଗ୍ଧକର ପରିବେଶ ଛାଡ଼ି ମୁଁ କାହିଁକି ଆମେରିକା ଯିବି ? ସେତେବେଳକୁ ଗୁରୁଦେବ, କବି ରବୀନ୍ଦ୍ରନାଥଙ୍କ ପରଲୋକ ଘଟିବାର ୪୦ ବର୍ଷ ବିତି ସାରିଥିଲା । କିନ୍ତୁ ମୋତେ ଆଶ୍ଚର୍ଯ୍ୟ ଲାଗୁଥିଲା ଯେ ତାଙ୍କର ଆତ୍ମା ସତେ ଯେପରି ସେଠାରେ ସଦାବେଳେ ଉପସ୍ଥିତ ରହିଛି ! ଅତି ସୂକ୍ଷ୍ମ ଭାବରେ ତାଙ୍କର କୋମଳ ଉପସ୍ଥିତିକୁ ମୁଁ ସର୍ବତ୍ର ଅନୁଭବ କରିପାରୁଥିଲି । ଗୁରୁଦେବ ରବୀନ୍ଦ୍ରନାଥ ଏଠାରେ କେବଳ ତାଙ୍କର ସମସ୍ତ ପ୍ରସିଦ୍ଧ କୃତି ରଚନା କରି ନ ଥିଲେ, ଅପରପକ୍ଷେ ଏହି ସ୍ଥାନଟିକୁ ଏକ ନୂତନ ଦିଗ ପ୍ରଦାନ କରିଥିଲେ । ତାଙ୍କର ପରିକଳ୍ପନାରେ ତାହା ଏକ ଶାନ୍ତି ଓ ସ୍ଥିରତାର ଅବିଶ୍ୱସନୀୟ କେନ୍ଦ୍ରରେ ରୂପାନ୍ତରିତ ହୋଇପାରିଥିଲା । ଶାନ୍ତିନିକେତନରେ ଥିବାବେଳେ ମୁଁ ଯେଉଁମାନଙ୍କ ସଖ୍ୟକୁ ମନଭରି ଉପଭୋଗ କରିଥିଲି, ସେମାନଙ୍କ ମଧ୍ୟରେ ଥିଲେ କବି ଶଙ୍ଖ ଘୋଷ (ମୋ ଭଳି ସେତେବେଳେ ସେ ବି ସେଠାରେ ଜଣେ ଭିଜିଟିଂ ଫେଲୋ ଥିଲେ), ସାଂସ୍କୃତିକ ନୃତତ୍ତ୍ୱବିତ୍ ବୈଦ୍ୟନାଥ ସରସ୍ୱତୀ (ଭାରତୀୟ ପରମ୍ପରାରେ ତାଙ୍କର ପ୍ରବେଶ, ଦୃଷ୍ଟିଭଙ୍ଗୀ ଓ ପ୍ରଜ୍ଞା ଥିଲା ଅନନ୍ୟ), ଐତିହାସିକ ଆସିନ ଦାସଗୁପ୍ତା ଓ ତାଙ୍କ ପତ୍ନୀ ଉମା, ଏବଂ ନିଶ୍ଚିତ ରୂପେ ସ୍ମରଣ କରିବାକୁ ଚାହିଁବି ମାନସୀ ଦାସଗୁପ୍ତାଙ୍କ ନାମ ଯିଏକି ସେତେବେଳେ ରବୀନ୍ଦ୍ର ସଦନର ନିର୍ଦ୍ଦେଶିକା ଥିଲେ ।

ମାନସୀ ଏବଂ ତାଙ୍କର ସ୍ୱାମୀ, ଐତିହାସିକ ଅରୁଣ ଦାସଗୁପ୍ତାଙ୍କ ସମ୍ପର୍କରେ କେଇଟି ଶବ୍ଦ ନ କହିଲେ ମୋର ବର୍ଣ୍ଣନା ଅସମ୍ପୂର୍ଣ୍ଣ ରହିବ । କଲିକତାରେ ମୁଁ ପୋଷ୍ଟ୍ ଗ୍ରାଜୁଏଟ ଶ୍ରେଣୀରେ ଅଧ୍ୟୟନ କରୁଥିବା ସମୟରୁ ଏ ଦୁହେଁ ଥିଲେ ମୋର ସୁହୃଦ୍ ଏବଂ ସେହି ବନ୍ଧୁତା ସେପର୍ଯ୍ୟନ୍ତ ଜାରି ରହିଥିଲା । ଶାନ୍ତିନିକେତନକୁ ଆସିବା ପରେ

ସେମାନଙ୍କ ସଖ୍ୟକୁ ମୁଁ ଆହୁରି ନିକଟରୁ ଆବିଷ୍କାର କରିଥିଲି । ଯେତେବେଳେ ୧୯୫୦ ଦଶକ ପ୍ରାରମ୍ଭରେ ମୁଁ ଅଧ୍ୟାପନା ଆରମ୍ଭ କରିଥିଲି- ମୋର ଯାହା ମନେପଡୁଛି ମୁଁ ପ୍ରଥମେ ସେଣ୍ଟ୍ ପଲ୍ କଲେଜ ଓ ସୁରେନ୍ଦ୍ରନାଥ କଲେଜରେ ଅଧ୍ୟାପନା ଆରମ୍ଭ କରିଥିଲି ଏବଂ ଉଭୟ କଲେଜରେ ଅସ୍ଥାୟୀ ଅଧ୍ୟାପକ ରୂପେ କାର୍ଯ୍ୟ କରୁଥିଲି । ସେହି ସମୟରେ ମାନସୀ ଓ ଅରୁଣ କାଳୀଘାଟ ପାର୍କ ନିକଟରେ ଥିବା ଏକ ଆପାର୍ଟମେଣ୍ଟରେ ରହୁଥିଲେ । ସେତେବେଳେ କଲେଜର ତରୁଣ ଛାତ୍ରମାନଙ୍କର ବିଭିନ୍ନ ପ୍ରସଙ୍ଗରେ ଆଲୋଚନା କରିବା ଓ ଆଡ୍ଡା ଜମେଇବାର ଏକମାତ୍ର ସ୍ଥାନ ଥିଲା ସେହି ଆପାର୍ଟମେଣ୍ଟ୍ । ମୁଁ ମଧ୍ୟ ସେହି ଆଡ୍ଡାରେ ଅଧିକାଂଶ ସମୟରେ ସାମିଲ ହେଉଥିଲି । କୌଣସି ନୂଆ ଚିନ୍ତାଧାରା ହେଉ କିମ୍ବା ସଦ୍ୟ ପ୍ରକାଶିତ ପୁସ୍ତକ ଉପରେ ହେଉ, ଆମର ଘମାଘୋଟ ଆଲୋଚନା ହେଉଥିଲା । ସେହିଠାରେ ମୋର ଯାହା ମନେପଡୁଛି ମୁଁ ପ୍ରଥମେ ଆସିନ ଦାସଗୁପ୍ତା ଓ ପ୍ରତୀମା ବୋଜ୍‌ଙ୍କୁ ଭେଟିଥିଲି । ଦୁହେଁ ସେତେବେଳେ ଇଂଲଣ୍ଡରୁ ଦର୍ଶନ ଶାସ୍ତ୍ରରେ ଡକ୍ଟରେଟ୍ ଉପାଧି ଲାଭ କରି ସଦ୍ୟ କଲିକତା ଫେରିଥିଲେ । ସେହି ଦିନଠାରୁ ମାନସୀ ଓ ଅରୁଣ ଯୁଆଡ଼େ ଯାଉଥିଲେ ଓ ଯେଉଁଠାରେ ରହୁଥିଲେ ଏଭଳି ବୌଦ୍ଧିକ ଆଡ୍ଡା ସୃଷ୍ଟି କରିବାରେ ସେମାନଙ୍କର ପ୍ରବଳ ଏକ ସଉକ ଥିଲା । କିଛି ବର୍ଷ ପାଇଁ ସେମାନେ ଆମେରିକାର କର୍ଣ୍ଣେଲ ବିଶ୍ୱବିଦ୍ୟାଳୟକୁ ମଧ୍ୟ ଯାଇଥିଲେ । କିନ୍ତୁ ଖୁବ୍ ଶୀଘ୍ର ପୁଣି କଲିକତା ଫେରି ଆସିଥିଲେ । ଅରୁଣ ଦାସଗୁପ୍ତା ମୋତେ କଲିକତା ଇତିହାସ ସୋସାଇଟିର ବିଭିନ୍ନ ବୈଠକକୁ ସାଙ୍ଗରେ ନେଇ ଯାଉଥିଲେ ଏବଂ ସୋସାଇଟି ପକ୍ଷରୁ ପ୍ରକାଶ ପାଉଥିବା ***'ଐତିହାସିକ'*** ପତ୍ରିକାର ମୁଁ ଜଣେ ନିୟମିତ ଗ୍ରାହକ ହୋଇଯାଇଥିଲି (ସେହି ପତ୍ରିକାରୁ ମୁଁ ଅନେକ କଥା, ବିଶେଷ କରି କଲିକତାର ଐତିହାସିକମାନଙ୍କ ସମ୍ପର୍କରେ ଅବଗତ ହୋଇଥିଲି) । ସେହିସବୁ ବୈଠକରେ ମୁଁ ପ୍ରଥମେ ରଣଜିତ ଗୁହା ଯିଏକି ଜଣେ ସୁନାମଧନ୍ୟ ଐତିହାସିକ ଏବଂ *'ସବ୍‌ଅଲ୍ଟର୍ଣ୍ଣ ହିଷ୍ଟ୍ରି'* ସ୍କୁଲର ସ୍ଥାପୟିତା, ତାଙ୍କୁ ଭେଟଥିଲି । ମାନସୀ ପରେ ଦର୍ଶନ ଶାସ୍ତ୍ରରୁ ମନସ୍ତତ୍ତ୍ୱ ଅଧ୍ୟୟନ ଆଡ଼କୁ ମନ ବଳାଇଥିଲା (ମନସ୍ତତ୍ତ୍ୱରେ ସେ କର୍ଣ୍ଣେଲ ବିଶ୍ୱବିଦ୍ୟାଳୟରୁ ଡକ୍ଟରେଟ୍ ଉପାଧି ଲାଭ କରିଥିଲା) । ଏହା ପରେ ସେ ଶିକ୍ଷା ପ୍ରଶାସନ ଓ ବିଶ୍ୱବିଦ୍ୟାଳୟରେ ଅଧ୍ୟାପନା କାର୍ଯ୍ୟ ସମାନ୍ତରାଳ ଭାବରେ କରିବା ପରେ ପୁଣି ଥରେ ଦର୍ଶନ ଶାସ୍ତ୍ରରେ ଗବେଷଣା କରିବା ଲାଗି ଲେଉଟିଥିଲା । ତା'ମନରେ ସଦାବେଳେ ନୂଆ ନୂଆ ଚିନ୍ତାଧାରାମାନ ଭରପୂର ଥାଏ ଏବଂ ସୃଜନକଳାଠାରୁ ଆରମ୍ଭ କରି ସଙ୍ଗୀତ ଶାସ୍ତ୍ର ପର୍ଯ୍ୟନ୍ତ ସବୁଥିରେ ସେ ନିପୂଣା । ମାନସୀ ଓ ଅରୁଣଙ୍କ ପୁଅ ପ୍ରବାଳ (ଅବା ମୁକୁର) ଥିଲା ବାବୁନିର ଜଣେ ସହପାଠୀ । ସେ ପରେ ନ୍ୟୁୟର୍କ ବିଶ୍ୱବିଦ୍ୟାଳୟରେ

ଭାଷାତତ୍ତ୍ୱ ଉପରେ ଅଧ୍ୟୟନ କଲାବେଳେ ମୋର ଜଣେ ଘନିଷ୍ଠ ବନ୍ଧୁରେ ପରିଣତ ହୋଇଥିଲା। ମଝିରେ ମଝିରେ ମୁଁ ଥିବା ନିଉ ସ୍କୁଲକୁ ମୋ ସହିତ ଦର୍ଶନଶାସ୍ତ୍ର ବିଷୟକ ପ୍ରସଙ୍ଗ ଉପରେ ଆଲୋଚନା କରିବାକୁ ସେ ଆସୁଥିଲା।

୧୯୬୮ ମସିହାରେ ମୁଁ କଲିକତା ବିଶ୍ୱବିଦ୍ୟାଳୟରେ ଆଚାର୍ଯ୍ୟ ବ୍ରଜେନ୍ଦ୍ରନାଥ ସିଲ୍ ଦର୍ଶନ ପ୍ରଫେସର ଭାବେ ଯୋଗଦେଲି। ଏଥିପାଇଁ ଆମେରିକାର ଓକଲାହୋମା ବିଶ୍ୱବିଦ୍ୟାଳୟର ଫୁଲବ୍ରାଇଟ୍ ଭିଜିଟିଂ ପ୍ରଫେସରସିପରୁ ଗୋଟିଏ ସେମିଷ୍ଟର ପାଇଁ ମୁଁ କଲିକତା ଆସିଲି। ମୋର ପୂର୍ବତନ ଶିକ୍ଷାନୁଷ୍ଠାନରେ ଏଭଳି ଏକ ମର୍ଯ୍ୟାଦାବନ୍ତ ଚେୟାରରେ ଅବସ୍ଥାପିତ ହେବା ମୋ ପାଇଁ ଥିଲା ଏକ ମହାନ୍ ଅନୁଭବ ଏବଂ ଗୌରବର କଥା। ସେତେବେଳେ ସୁଦ୍ଧା ମୋର କେତେ ଜଣ ପୁରୁଣା ବନ୍ଧୁ ସିନିୟର କମନ୍‌ରୁମ୍‌ରେ ତଥାପି ଉପସ୍ଥିତ ଥିଲେ। ଅର୍ଥାତ୍, ସେମାନେ ସେହିଠାରେ ଅଧ୍ୟାପନା କରୁଥିଲେ। କିନ୍ତୁ ଲକ୍ଷ୍ୟକରି ଦେଖିଲି, ମାତ୍ର ଛଅ ବର୍ଷ ସମୟ ଭିତରେ କେତେ ପରିବର୍ତ୍ତନ ଘଟିଯାଇଥିଲା! ସୁନୀତି ବାବୁ ସେତେବେଳକୁ ଅବସର ଗ୍ରହଣ କରି ସାରିଥିଲେ। ସୁକୁମାର ସେନ୍ ମଧ୍ୟ ଅବସର ନେଇଥିଲେ। ନିହାର ରାୟ ସେତେବେଳକୁ ଇଣ୍ଡିଆନ୍ ଇନଷ୍ଟିଚ୍ୟୁଟ୍ ଅଫ୍ ଆଡଭାନ୍ସଡ୍ ଷ୍ଟଡିଜ୍‌ର ନିର୍ଦ୍ଦେଶକ ପଦ ଗ୍ରହଣ କରି ବିଶ୍ୱବିଦ୍ୟାଳୟ ଛାଡ଼ି ସାରିଥିଲେ।(ଏଭଳି ପ୍ରତିଟି ଅବସର ଗ୍ରହଣ ଘଟଣା ପରେ ସେସବୁ ପଦର ଉତ୍ତରାଧିକାରୀ ହେବାଲାଗି ସବୁବେଳେ ଡିପାର୍ଟମେଣ୍ଟରେ ଅନେକ ଗୋଷ୍ଠୀକନ୍ଦଳ ଓ ଷଡ଼ଯନ୍ତ୍ର ସୃଷ୍ଟି ହୋଇଥିବା ପରି ମନେ ହେଉଥିଲା!) କଲେଜ୍ ଷ୍ଟ୍ରୀଟ୍ କ୍ୟାମ୍ପସ୍‌ର ସବୁଠାରୁ ଉଲ୍ଲେଖନୀୟ ପରିବର୍ତ୍ତନଟି ଥିଲା ରାଜକୀୟ ସିନେଟ୍ ହଲ୍‌ର ପତନ। ବିଶ୍ୱବିଦ୍ୟାଳୟ ସହିତ ଆମମାନଙ୍କର ଆବେଗିକ ସମ୍ପର୍କ ସ୍ଥାପନ କରିବାର ଏହା ଥିଲା ସବୁଠାରୁ ବଡ଼ ସ୍ଥାପତ୍ୟ କୀର୍ତ୍ତି ଯାହାକି ଆମେ ପଢ଼ିଲାବେଳେ ଆମକୁ କୁହାଯାଇଥିଲା। ତା'ସ୍ଥାନରେ ତଥାକଥିତ ଶତାବ୍ଦୀ ଭବନ(*ସେଣ୍ଟିନାରୀ ବିଲଡିଂ*)ମୁଣ୍ଡ ଟେକିଥିଲା, ଯାହାକୁ ଏକ ବିକୃତ ଅଟ୍ଟାଳିକା ବୋଲି କୁହାଯାଇପାରେ। ଦର୍ଶନ ବିଭାଗରେ ମୁଁ ଗୋପୀନାଥ ଭଟ୍ଟାଚାର୍ଯ୍ୟଙ୍କ ସ୍ଥାନରେ ଅବସ୍ଥାପିତ ହୋଇଥିଲି। ସେ ଥିଲେ ବିଶ୍ୱବିଖ୍ୟାତ ଦାର୍ଶନିକ ଦିବଙ୍ଗତ କୃଷ୍ଣଚନ୍ଦ୍ର ଭଟ୍ଟାଚାର୍ଯ୍ୟଙ୍କ ବଡ଼ପୁଅ। ବିଭାଗରେ ଯୋଗ ଦେବା ପରେ ମୁଁ ଜାଣିବାକୁ ପାଇଲି ଯେ ସେତେବେଳକୁ ଦର୍ଶନ ବିଭାଗର ସ୍ୱାଭାବିକ କାର୍ଯ୍ୟରେ ବ୍ୟାପକ ପରିବର୍ତ୍ତନ ଘଟି ସାରିଛି। ମୋର ପ୍ରାୟ ସବୁ ପୂର୍ବତନ ଅଧ୍ୟାପକ ସେତେବେଳକୁ ଅବସର ଗ୍ରହଣ କରି ସାରିଥିଲେ (ତେଣୁ ସେହି ସମୟରେ ମୁଁ ଥିଲି ବିଭାଗର ଏକମାତ୍ର ପ୍ରଫେସର ଏବଂ ଅନେକ ଜଣେ ପ୍ରଫେସର ଏହି ଚେୟାରକୁ ପଦୋନ୍ନତି ନ ପାଇବାରୁ ମନେ ମନେ

ହତାଶ ହୋଇଥିଲେ)। ନୂତନ ଭାବରେ ଯୋଗ ଦେଇଥିବା ଅଧ୍ୟାପକମାନଙ୍କ ମଧ୍ୟରୁ ଅଧିକାଂଶ ଥିଲେ ମୋର ପୂର୍ବତନ ଛାତ୍ର। ତେଣୁ ମୁଁ ମନେ ମନେ ଚିନ୍ତା କଲି ଯେ ମୁଖ୍ୟ ହିସାବରେ ବିଭାଗକୁ ଚଳାଇବାରେ ମୋତେ ବିଶେଷ ଅସୁବିଧା ହେବ ନାହିଁ। ଅନ୍ତତଃପକ୍ଷେ ମୁଁ ଯେତେବେଳେ ବିଭାଗରେ ଯୋଗ ଦେଲି ସେତେବେଳେ ମୋ ମନରେ ଏହି ଧାରଣା ଥିଲା। କିନ୍ତୁ ଖୁବ୍‌ଶୀଘ୍ର ମୁଁ ଜାଣିବାକୁ ପାଇଲି ଯେ ମୁଁ ଯାହା ଭାବିଥିଲି ସେପରି ଧାରଣା ଭ୍ରାନ୍ତ ଏବଂ ବାସ୍ତବତା ତା'ର ସମ୍ପୂର୍ଣ୍ଣ ବିପରୀତ। ଅନ୍ୟ ଅଧ୍ୟାପକମାନେ ମୋ ସହ ଝଗଡ଼ା କରୁ ନ ଥିଲେ ଏବଂ ମୋତେ ସମ୍ଭ୍ରମର ସହ ବ୍ୟବହାର କରୁଥିଲେ ସତ, କିନ୍ତୁ ସେମାନେ ପରସ୍ପର ମଧ୍ୟରେ ସଦାବେଳେ କଳହରତ ରହୁଥିଲେ। ସେମାନେ ଦୁଇ ପରସ୍ପର ବିରୋଧୀ ଗୋଷ୍ଠୀରେ ବିଭାଜିତ ହୋଇଯାଇଥିଲେ। ଗୋଟିଏ ଗୋଷ୍ଠୀ ଥିଲେ ଭାରତୀୟ ଦର୍ଶନ ପାଇଁ ସମର୍ପିତ ଦଳ। ସେମାନେ ସଂସ୍କୃତ ଗ୍ରନ୍ଥମାନ ଅଧ୍ୟାପନା କରୁଥିଲେ। କିନ୍ତୁ ସେମାନଙ୍କର ସ୍ୱାର୍ଥ ଓ ପାଶ୍ଚାତ୍ୟ ଦର୍ଶନ ପ୍ରତି ସମର୍ଥନ ଏଫ୍.ଏଚ୍.ବ୍ରାଡ୍‌ଲେଙ୍କଠାରୁ ଆଗକୁ ବଢ଼ୁ ନ ଥିଲା। ଅନ୍ୟ ଗୋଷ୍ଠୀଟି ଥିଲେ ଅବଶିଷ୍ଟ ଅଧ୍ୟାପକଗଣ ଯେଉଁମାନେ ପାଶ୍ଚାତ୍ୟ ଦର୍ଶନକୁ ଆଦୌ ପସନ୍ଦ କରୁ ନ ଥିଲେ। ତଥାପି ସେମାନେ ଦର୍ଶନ ବିଭାଗଟି ସଂସ୍କୃତ ପଣ୍ଡିତମାନଙ୍କ ପେଣ୍ଠସ୍ଥଳୀରେ ପରିଣତ ହେବା ଭାବନାକୁ ବିରୋଧ କରୁଥିଲେ। ଉଭୟଙ୍କ ପ୍ରତି ମୋର ସମର୍ଥନ ଓ ସହାନୁଭୂତି ଥିଲା ସମାନ। ମୁଁ ଭାରତୀୟ ଦର୍ଶନର ଭବିଷ୍ୟତକୁ ଏକ ବ୍ୟାପକ ଦୃଷ୍ଟିଭଙ୍ଗୀର ସହ ଦେଖୁଥିଲି; ଅନ୍ତତଃପକ୍ଷେ ସେମାନଙ୍କ ତୁଳନାରେ। ତେଣୁ ଉଭୟ ଗୋଷ୍ଠୀଙ୍କ ପ୍ରତି ମୋର ସମାନ ପରିମାଣର ସହଯୋଗ ଥିଲା। ଯଦିଚ ଭାରତୀୟ ପରିପ୍ରେକ୍ଷୀରେ ଦର୍ଶନଶାସ୍ତ୍ର ଅଧ୍ୟୟନ ଉଭୟ ପରସ୍ପର ବିରୋଧୀ ଗୋଷ୍ଠୀଙ୍କ ସଂକୀର୍ଣ୍ଣ ଦୃଷ୍ଟିଭଙ୍ଗୀଠାରୁ ଯଥେଷ୍ଟ ବ୍ୟାପ୍ତ ଥିଲା। ଆମେ ପ୍ରଚଳିତ ପାଠ୍ୟକ୍ରମରେ ପରିବର୍ତ୍ତନ ଆଣିବା ଲାଗି ଅକ୍ଳାନ୍ତ ପରିଶ୍ରମ କଲୁ (ସେତେବେଳେ ଯେଉଁ ପାଠ୍ୟକ୍ରମ ଥିଲା, ତାହା ସର୍ବପଲ୍ଲୀ ରାଧାକ୍ରିଷ୍ଣନଙ୍କ ଦ୍ୱାରା ହିଁ ପ୍ରସ୍ତୁତ କରାଯାଇଥିଲା), ଏବଂ ସେଥିରେ ଥିବା କେତେକ ସମସ୍ୟାକୁ ଏଡ଼ାଇବା ଦିଗରେ ଆମେ ସଫଳ ହୋଇଥିଲୁ। ସମସାମୟିକ ପାଶ୍ଚାତ୍ୟ ଦର୍ଶନକୁ ଅଧିକ ମାତ୍ରାରେ ପ୍ରବର୍ତ୍ତନ କରିବା ପ୍ରସ୍ତାବକୁ ତଥାକଥିତ *'ରକ୍ଷଣଶୀଳ ଗୋଷ୍ଠୀ'* ପ୍ରବଳ ବିରୋଧ କଲେ ଏବଂ *'ଆଧୁନିକବାଦୀ'*ମାନେ ସଂସ୍କୃତ ଗ୍ରନ୍ଥକୁ ପାଠ୍ୟକ୍ରମରେ ସାମିଲ କରିବା ପ୍ରସ୍ତାବ ବିରୋଧରେ ସ୍ୱର ଉତ୍ତୋଳନ କଲେ। ସ୍ପଷ୍ଟ ଭାଷାରେ କହିଲେ, ବିଭିନ୍ନ ପାଠ୍ୟକ୍ରମ ପ୍ରବର୍ତ୍ତନକୁ ଅଧ୍ୟାପକମାନେ ବିରୋଧ ଆରମ୍ଭ କଲେ। କାରଣ ସେସବୁ ନୂତନ ପାଠ୍ୟକ୍ରମ ସେମାନଙ୍କୁ ଜଣା ନ ଥିଲା। ଥରେ ଜନୈକ ବରିଷ୍ଠ ଅଧ୍ୟାପକ ପ୍ରଫେସରମାନଙ୍କ ବୈଠକରେ ତାଙ୍କର କ୍ଷୋଭ ଏହିଭଳି

ଭାବେ ପ୍ରକଟ କରିଥିଲେ:'ଆପଣ କ'ଣ ଭାବୁଛନ୍ତି ଯେ ଏ ବୟସରେ ଆମକୁ ପୁଣି ଥରେ ନୂଆ ନୂଆ ବିଷୟରେ ପାଠ ପଢ଼ିବାକୁ ପଡ଼ିବ'?

ସେହି ସମୟରେ ଆମ ପଡ଼ୋଶୀ ଶିକ୍ଷାନୁଷ୍ଠାନ - ପ୍ରେସିଡେନ୍ସି କଲେଜରେ ନକ୍ସଲ ଆନ୍ଦୋଳନ ମୁଣ୍ଡ ଟେକିଲା ଏବଂ କଲେଜ ଷ୍ଟ୍ରୀଟ୍ ଏହାଦ୍ୱାରା ଗୋଟାପଣେ ଆକ୍ରାନ୍ତ ହେଲା। ମୋ ଝିଅ ମିଟି ସେତେବେଳେ ପ୍ରେସିଡେନ୍ସି କଲେଜରେ ପଢୁଥିଲା। ତେଣୁ ମୋ ତୁଳନାରେ ନକ୍ସଲବାଦୀମାନଙ୍କ ଗତିବିଧି ଓ ରଣନୀତି ସମ୍ପର୍କରେ ତାକୁ ଅଧିକ ଜଣାଥିଲା। ବିଶ୍ୱବିଦ୍ୟାଳୟର କୁଳପତି ସତ୍ୟେନ ସେନ୍ ଥିଲେ ମୋର ଜଣେ ପୁରୁଣା ବନ୍ଧୁ। ବେଳେବେଳେ ତାଙ୍କ ଅଫିସ ଚେମ୍ବରରେ ବସି ଆମେ ଚା' ପିଆପିଇ ଓ କଥାବାର୍ତ୍ତା କରୁ (ପ୍ରାୟତଃ, ଅଧିକାଂଶ ସମୟରେ)। ଏମିତି ଦିନେ ଉପରବେଳା ପ୍ରାୟ ଡଜନେ ସରିକି ନକ୍ସଲବାଦୀ ଛାତ୍ର ହଠାତ୍ କୁଳପତିଙ୍କ ଅଫିସ ଭିତରକୁ ଧସେଇ ପଶି ଆସିଲେ। ସତରେ କିମ୍ବ ମିଛିମିଛିକା କିଛି ଅଭିଯୋଗ ଧରି ସେମାନେ ଆସିଥିଲେ। ସେମାନଙ୍କ ଅଭିଯୋଗ ଓ ଦାବି ପୂରଣ ନ ହେବା ପର୍ଯ୍ୟନ୍ତ ସେମାନେ ଆମକୁ ଅଫିସ ବାହାରକୁ ଯିବାକୁ ଦେବେ ନାହିଁ ବୋଲି ଜିଦ୍ ଧରିବସିଲେ। ତେଣୁ ସେତେବେଳର ବଙ୍ଗଳାର ରାଜନୈତିକ ପରିଭାଷାରେ ଯାହାକୁ 'ଘେରାଉ' ବୋଲି କୁହାଯାଏ, ଆମେ ତା'ର ଶିକାର ହେଲୁ ଏବଂ ଆମ ଚାରିପଟେ ସେସବୁ ପିଲାମାନେ ଘେରି ବସିରହିଲେ। ସେମାନଙ୍କର ଦାବିପୂରଣ ନ ହେବା ପର୍ଯ୍ୟନ୍ତ ଆମକୁ ମୁକ୍ତି ମିଳିବ ନାହିଁ ବୋଲି ରୋକଠୋକ୍ ଜଣାଇଦେଲେ। ସତ୍ୟେନ ସେନ ଏହା ସତ୍ତ୍ୱେ ପୁଲିସକୁ ଡକାଇ ପଠାଇଲେ ନାହିଁ। ତାଙ୍କର ଏଭଳି ନିଷ୍ପତ୍ତି ପଛରେ ଯୁକ୍ତିଟି ଥିଲା- ବିଶ୍ୱବିଦ୍ୟାଳୟର ସ୍ୱାୟତ୍ତତାକୁ ବଜାୟ ରଖିବା। ସେତେବେଳେ ସେ ଚାହିଁଥିଲେ ସୁଦ୍ଧା ତାହା କରିପାରି ନ ଥାଆନ୍ତେ। କାରଣ, ତାଙ୍କ ଟେଲିଫୋନ୍ ଲାଇନଟି ସେତେବେଳକୁ କଟା ସରିଥିଲା। ପ୍ରାୟ ୫୦ଜଣ ସରିକି ଛାତ୍ର ବଡ଼ପାଟିରେ ସ୍ଲୋଗାନବାଜି କରି ଚାଲିଥିଲେ। ସେମାନଙ୍କ ମଧ୍ୟରୁ ଅଧିକାଂଶ ଥିଲେ ପ୍ରେସିଡେନ୍ସି କଲେଜର ଛାତ୍ର। ସେମାନେ ମାଓଙ୍କ ରେଡ୍‌ବୁକ୍‌ରୁ ବଛା ବଛା ସ୍ଲୋଗାନ ଓ ଆହ୍ୱାନମାନ ପଢ଼ି ଶୁଣାଉଥିଲେ। ବେଳେବେଳେ ବିଶ୍ୱବିଦ୍ୟାଳୟର ଅଧ୍ୟାପକ ଓ କୁଳପତିଙ୍କୁ ଅପମାନସୂଚକ ଗାଳିଗୁଲଜ ମଧ୍ୟ କରୁଥିଲେ। ସେସବୁ ଆମ କାନରେ ବାଜୁଥିଲା। ସେମାନଙ୍କ ଅପାର କରୁଣାରୁ ଆମକୁ କେବଳ ବାଥ୍‌ରୁମକୁ ଯିବାକୁ ଅନୁମତି ମିଳିଥିଲା। କିନ୍ତୁ କୁଳପତିଙ୍କ ଅଫିସରୁ ବାହାରକୁ ଯିବାକୁ ନୁହେଁ। ଏହି ଘଟଣା ରାତି ପାହାନ୍ତା ପର୍ଯ୍ୟନ୍ତ ଜାରି ରହିଥିଲା। ଏହାପରେ ଆମକୁ ଏଭଳି ଭାବରେ ଅଟକ ରଖିଥିବା ଛାତ୍ରମାନେ ନିଜେ କ୍ଳାନ୍ତ ହୋଇପଡ଼ିଲେ ଓ ପରିଶେଷରେ ଆମକୁ ମୁକ୍ତି ଦେଇଥିଲେ। ସେବର୍ଷ ଏହିଭଳି ଅନେକ ଘଟଣା ଘଟିଥିଲା।

ମୁଁ କେବଳ ନିଜସ୍ୱ ଅନୁଭୂତିରୁ ସେଥିରୁ ଗୋଟିଏ ଘଟଣା ହିଁ ଏଠାରେ ବଖାଣିଲି। ଏହା ପରେ ମୁଁ କୁଳପତି ସତ୍ୟେନ ସେନଙ୍କୁ ଅନୁରୋଧ କଲି ଯେ ସେ ଦର୍ଶନ ବିଭାଗର ଅଧକ୍ଷ ପଦରୁ ମୋତେ ଭାରମୁକ୍ତ କରନ୍ତୁ। କାରଣ ବିଭାଗର ଅଧକ୍ଷ ହିସାବରେ ମୋ ବିରୋଧରେ ହିଁ ଏଭଳି ଗୋଷ୍ଠୀର ସବୁପ୍ରକାର ରାଜନୈତିକ ଆକ୍ରୋଶ ଅଭିପ୍ରେତ ହେଉଛି। ଅର୍ଥନୀତି ବିଭାଗର ମୁଖ୍ୟ ଅମ୍ଲାନ ଦତ୍ତ ଏବଂ ମୁଁ ଏକାପ୍ରକାର ଅନୁଭୂତି ଅଙ୍ଗେ ନିଭାଇଥିଲୁ (ଜଣେ କମ୍ୟୁନିଷ୍ଟ ବିରୋଧୀଭାବରେ ଜଣାଶୁଣା ଅମ୍ଲାନଙ୍କୁ ମୋ'ଠାରୁ ଅଧିକ ଅପମାନ ଓ ଗାଳିଗୁଲଜ ସହ୍ୟ କରିବାକୁ ପଡ଼ିଥିଲା।) କୁଳପତି କିନ୍ତୁ ମୋର ଏଭଳି ଅନୁରୋଧକୁ ପ୍ରତ୍ୟାଖ୍ୟାନ କରି ଦେଇଥିଲେ। କାରଣ, ତାଙ୍କର ଯୁକ୍ତି ହେଲା ଯେ ସଂସ୍କୃତ ବିଭାଗରେ ମୁଁ ହେଉଛି ଏକମାତ୍ର ପ୍ରଫେସର ଏବଂ ଜଣେ ପୂର୍ଣ୍ଣକାଳୀନ ପ୍ରଫେସର (ଏବେ କିନ୍ତୁ ସେଭଳି ବ୍ୟବସ୍ଥାରେ ପରିବର୍ତ୍ତନ ଘଟିସାରିଛି) ହିଁ ବିଭାଗର ମୁଖ୍ୟ ଭାବେ ରହିପାରିବେ। ମୁଁ ନିରାଶ ହୋଇପଡ଼ିଲି। ସେତେବେଳକୁ ମୋର ବୟସ ମାତ୍ର ୪୨। ଆଗକୁ ବାକିଥିବା ଆହୁରି ୨୫ ବର୍ଷର ଏଭଳି ବିଭାଗୀୟ ମୁଖ୍ୟ ଦାୟିତ୍ୱ ମୁଣ୍ଡାଇବା କଥା ମୁଁ ଚିନ୍ତା କରିପାରୁ ନ ଥିଲି। ଏଭଳି ଦୁଶ୍ଚିନ୍ତା ଭିତରେ ସମୟ ବିତାଉଥିବାବେଳେ ମୋତେ କେନେଥ୍ ମେରିଲ୍‌ଙ୍କଠାରୁ ଖଣ୍ଡିଏ ପତ୍ର ମିଳିଥିଲା। ସେଥିରେ ସେ ମୋତେ ଆମେରିକାର ଓକଲାହୋମା ବିଶ୍ୱବିଦ୍ୟାଳୟରେ ପ୍ରଫେସର ଭାବରେ ଯୋଗ ଦେବାକୁ ଅନୁରୋଧ କରିଥିଲେ। ଆଗ ପଛ କିଛି ଚିନ୍ତା ନ କରି ମୁଁ ଏଭଳି ପ୍ରସ୍ତାବକୁ ସହସା ଗ୍ରହଣ କରିନେଇଥିଲି।

ମୁଁ ଆମେରିକା ଯିବାପାଇଁ କାହିଁକି ନିଷ୍ପତ୍ତି ନେଲି? ମୋର ଭାରତ ଛାଡ଼ିବାର ସେପରି କୌଣସି ବଳିଷ୍ଠ ଯୁକ୍ତି ଅବା କାରଣ ନ ଥିଲା। ସେତେବେଳକୁ ମୋର ଏକ ସଫଳ ଅଧାପନା କ୍ୟାରିୟର ହାତମୁଠାରେ ଥିଲା। କଲିକତା ବିଶ୍ୱବିଦ୍ୟାଳୟରେ ମୁଁ ମାତ୍ର ୩୯ ବର୍ଷ ବୟସରେ ପ୍ରଫେସର ପଦରେ ଅବସ୍ଥାପିତ ହୋଇ ସାରିଥିଲି। ଇତିପୂର୍ବରୁ କେବଳ ସର୍ବପଲ୍ଲୀ ରାଧାକ୍ରିଷ୍ଣନଙ୍କୁ ଛାଡ଼ି ଏତେ କମ୍ ବୟସରେ ସେହି ଚେୟାରରେ ଆଉ କେହି ବସି ନ ଥିଲେ। ମୋର ଦର୍ଶନଶାସ୍ତ୍ର ଗବେଷଣାରୁ ମଧ୍ୟ ସୁଫଳ ମିଳିବା ଆରମ୍ଭ କରିଥିଲା। ଉଭୟ *ଫେନୋମେନୋଲଜି* ଏବଂ *ନବ୍ୟ ନ୍ୟାୟ*ରେ ମୁଁ ସଫଳତା ପାଇ ଚାଲିଥିଲି। ଏହା ଅବଶ୍ୟ ସତ ଯେ କିଛି କିଛି ସମସ୍ୟା ଅବଶ୍ୟ ଉପୁଜିଥିଲା। କ୍ୟାମ୍ପସ୍ ଭିତରେ ମୁଣ୍ଡ ଟେକିଥିବା ରାଜନୈତିକ ପ୍ରତିବାଦ ସେଥି ମଧ୍ୟରୁ ଗୋଟିଏ କାରଣ। ଆଉ ଗୋଟିଏ କାରଣ ଥିଲା - ଯେଉଁମାନେ କଲିକତାରେ କୌଣସି ଆପାର୍ଟମେଣ୍ଟ ଭଡ଼ାରେ ନିଅନ୍ତି, ସେମାନଙ୍କୁ ଏକଥା ଉତ୍ତମରୂପେ ଜଣା- ଫର୍ଣ୍ଣ ରୋଡ୍ ଫ୍ଲାଟ୍‌ର ମାଲିକ ଯିଏକି ଏକଦା ମୋର ଜଣେ ଘନିଷ୍ଠ ପାରିବାରିକ ବନ୍ଧୁ ଥିଲେ, ସେ

ହିଁ ମୋର ସବୁ ଦୁଃଖର କାରଣ ପାଲଟିଗଲେ। ସେ ମୋତେ ରାସ୍ତା ଆରକଡେ ଥିବା ଆଉ ଏକ ଫ୍ଲାଟ୍‌କୁ ଯିବା ପାଇଁ ବାଧ୍ୟ କଲେ। ଯେଉଁ କାରଣରୁ ତାଙ୍କର ମୋ ପ୍ରତି ଏଭଳି ଆକ୍ରୋଶ ଜାରି ରହିଲା, ତାହା ଉଲ୍ଲେଖ କରିବା ନିଷ୍ପ୍ରୟୋଜନ। କଲିକତାରେ ରହିବା ସମୟରେ ଏଭଳି ସ୍ଥିତିରେ ପୂର୍ଣ୍ଣଚ୍ଛେଦ ପଡ଼ିବାର ମୁଁ କୌଣସି ସୂଚନା ପାଇପାରିଲି ନାହିଁ। ଏବେ ମୁଁ ଯିବି କୁଆଡେ ? ଆହ୍ଲାବାଦ ବିଶ୍ୱବିଦ୍ୟାଳୟ ମୋତେ ଦର୍ଶନ ବିଭାଗରେ ମୁଖ୍ୟ ପଦ ଯାଚିଥିଲେ। ଦିଲ୍ଲୀ ବିଶ୍ୱବିଦ୍ୟାଳୟ ମଧ୍ୟ ଏଭଳି ଏକ ପ୍ରସ୍ତାବ ଉପରେ ବିଚାରକରି ଦେଖୁଥିଲେ। ଯଦି ଭାରତରେ ରହିବି ତେବେ କଲିକତା ହିଁ ମୋ ପାଇଁ ସବୁଠାରୁ ଭଲ ସ୍ଥାନ ବୋଲି ମୁଁ ମନେ ମନେ ଚିନ୍ତା କରୁଥିଲି। ମୁଁ ମୋ ପ୍ରଫେସର ପଦରୁ ଇସ୍ତଫା ନ ଦିଏ ବୋଲି କୁଳପତି ସତ୍ୟେନ ସେନ ମୋତେ ବାରମ୍ବାର ପରାମର୍ଶ ଦେଲେ ଓ ବୁଝାଇ କହିଲେ ଯେ ଦୀର୍ଘ ଛୁଟି ନେଇ ଓକଲାହୋମା ବିଶ୍ୱବିଦ୍ୟାଳୟ ଯିବା ମୋ ପାଇଁ ଉଚିତ ହେବ।

ଭାରତ ଛାଡ଼ିବା ପ୍ରସ୍ତୁତି ମଧ୍ୟ ମୋ ପାଇଁ ଆହୁରି ଏକ କ୍ଳାନ୍ତିକର ଘଟଣା ଥିଲା। ସେତେବେଳେ ମୋ ବୋଉ ଆସି ମୋ ପାଖରେ ରହୁଥିଲା। ଚୁଣ୍ଡିଆ (ଆମ ପରିବାରର ସମସ୍ତେ ତା'ରି ତତ୍ତ୍ୱାବଧାନରେ ହିଁ ବଢ଼ିଥିଲୁ) ଆମକୁ ଏ କାମରେ ସାହାଯ୍ୟ କରିବାକୁ ଆସି ପହଞ୍ଚିଲା। ଏବେ ମୋର ବହିସବୁ ପ୍ୟାକିଂ କରାଯିବା ଆରମ୍ଭ ହେଲା। ସେସବୁ ବହି, ନିବନ୍ଧ ଓ ଅନ୍ୟାନ୍ୟ ଜିନିଷପତ୍ରକୁ ଗୋଟିଏ ଟ୍ରକ୍‌ରେ ଲଦି ଚୁଣ୍ଡିଆ ଆମ ଗାଆଁ ଘରକୁ ନେଇ ଫେରିଲା। ଯେଉଁସବୁ ବହିପତ୍ର ଆମେରିକାକୁ ଜାହାଜରେ ଯିବ, ସେସବୁ କାଗଜ ଖୋଳରେ ପ୍ୟାକିଂ କରି ସିପିଂ ଏଜେଣ୍ଟ୍‌ଙ୍କ ଜିମା ଦିଆଗଲା। ଚାରିଜଣ ସାଙ୍ଗଙ୍କଠାରୁ ମୁଁ ଟଙ୍କା ଉଧାର ନେଇ ଆମେରିକା ପାଇଁ ଟିକେଟ କିଣିଲି। ଆମର ପୋଷା କୁକୁର(ପୁଡୁଲ)ଟିଏ 'ଆଲିସ୍' ଥିଲା। ତାକୁ ମଧ୍ୟ ଗୋଟିଏ ଖୋଳରେ ପୂରାଇ ଆମ ସହ ଆମେରିକା ନେବାର ବନ୍ଦୋବସ୍ତ କରାଗଲା। ଏହିସବୁ ବ୍ୟସ୍ତତା ଭିତରେ ବିଶ୍ୱବିଦ୍ୟାଳୟରେ ମୋ ଉପରେ ନ୍ୟସ୍ତ ଥିବା କମିଟିର ଶେଷ କାର୍ଯ୍ୟ ମୁଁ ସମ୍ପୂର୍ଣ୍ଣ କଲି। ତାହା ଥିଲା ଏମ୍.ଏ. ପରୀକ୍ଷାରେ ଅସାଧୁ ପନ୍ଥା ଅବଲମ୍ବନ ସମ୍ପର୍କରେ ତଦନ୍ତ କରିବା ଲାଗି ଗଠିତ କମିଟିର କାମ।

ମୋର ବିଶ୍ୱବିଦ୍ୟାଳୟ ଛାଡ଼ିବା ଖବର ପାଇବା ପରେ ମୋତେ ବିଦାୟ ଦେବାକୁ ଅସଂଖ୍ୟ ସହକର୍ମୀ ଓ ଛାତ୍ରଛାତ୍ରୀ ଘରକୁ ଆସିବା ଆରମ୍ଭ କଲେ। ସେମାନେ ଜାଣିଥିଲେ ଯେ ମୁଁ ଆଉ କେବେ କଲିକତା ବିଶ୍ୱବିଦ୍ୟାଳୟକୁ ଫେରିବି ନାହିଁ! ସେମାନଙ୍କ ମଧ୍ୟରେ ଅମ୍ଳାନ ଦତ୍ତଙ୍କ ସହ ସାକ୍ଷାତ ଥିଲା ସବୁଠାରୁ ଭାବୋଦ୍ଦୀପକ। କଲେଜରେ ପଢ଼ିଲାବେଳେ ଅମ୍ଳାନ ମୋ'ଠାରୁ କେଇବର୍ଷ ସିନିୟର ଥିଲେ। ଜଣେ ପ୍ରଗଳ୍‌ଭ

ବକ୍ତାଭାବରେ ତାଙ୍କର ବେଶ୍ ସୁଖ୍ୟାତି ଥିଲା। ତା'ଛଡ଼ା ତାଙ୍କର ଚିନ୍ତା ଓ ଚେତନା ଯେତିକି ସ୍ପଷ୍ଟ, ସେତିକି ବିଶ୍ଳେଷଣାତ୍ମକ। ଜଣେ ଗଭୀର ମାନବବାଦୀ ଏବଂ ନିର୍ଭୀକ କମ୍ୟୁନିଷ୍ଟ ବିରୋଧୀ ଭାବରେ ଅମ୍ଲାନ ଦିବଙ୍ଗତ ଏମ.ଏନ.ରୟଙ୍କ *'ରାଡିକାଲ ହ୍ୟୁମାନିଜିମ୍'* ଗୋଷ୍ଠୀ ସହ ଘନିଷ୍ଠ ଭାବରେ ଜଡ଼ିତ ଥିଲେ। କିନ୍ତୁ ପରବର୍ତ୍ତୀ ଜୀବନରେ ସେ ଗାନ୍ଧୀବାଦୀ ଆଦର୍ଶ ଆଡ଼କୁ ଆକର୍ଷିତ ହୋଇଥିଲେ। ମୁଁ ଭାରତ ଛାଡ଼ିବା ପାଖାପାଖି ସମୟରେ ସେ କଲିକତା ବିଶ୍ୱବିଦ୍ୟାଳୟକୁ ପ୍ରୋ ଭାଇସ-ଚାନ୍‌ସେଲର ଭାବରେ ଆସିଥିଲେ। ଇତି ପୂର୍ବରୁ ସେ ବିଶ୍ୱଭାରତୀର କୁଳପତି ଥିଲେ ଏବଂ ପରେ ନର୍ଥ ବେଙ୍ଗଲ୍ ୟୁନିଭରସିଟିର କୁଳପତି ହୋଇଥିଲେ। ସେ ଯାହାହେଉ, ଅମ୍ଲାନ ଆମ ଘରକୁ ମୋତେ ଭେଟିବାକୁ ଆସିବା ମୋତେ ଆଶ୍ଚର୍ଯ୍ୟ କରିଥିଲା। ଯଦିଚ ବିଶ୍ୱବିଦ୍ୟାଳୟରେ ଏବଂ ଅନ୍ୟ ସର୍ବସାଧାରଣ କାର୍ଯ୍ୟକ୍ରମରେ ଆମେ ପରସ୍ପରକୁ ଭଲଭାବରେ ଜାଣିଥିଲୁ, ତଥାପି ବ୍ୟକ୍ତିଗତ ସ୍ତରରେ ଆମେ ପରସ୍ପର ସହ ଏତେଟା ଘନିଷ୍ଠ ନ ଥିଲୁ। ମୁଁ କଲିକତା ବିଶ୍ୱବିଦ୍ୟାଳୟରୁ ଇସ୍ତଫା ଦେଇ ନ ଯିବାଲାଗି ସେ ମୋତେ ବୁଝାଇବାକୁ ଆସିଥିଲେ। ସମ୍ଭବତଃ ଏହା ଥିଲା ଶେଷ ପ୍ରୟାସ। ସେ କହିଥିଲେ, 'ଓକଲାହୋମା ବିଶ୍ୱବିଦ୍ୟାଳୟଠାରୁ କଲିକତା ବିଶ୍ୱବିଦ୍ୟାଳୟ ଆପଣଙ୍କୁ ଅଧିକ ଚାହେଁ'। ତାଙ୍କ କଥାରେ ମୁଁ ହତବାକ୍ ହୋଇଯାଇଥିଲି। ମୋ ତୁଣ୍ଡରେ କିଛି ଉତ୍ତର ନ ଥିଲା। ବାସ୍ତବିକ ଏଭଳି ପ୍ରଶ୍ନର କୌଣସି ଉତ୍ତର ମୁଁ ଦେଇପାରି ନ ଥିଲି। ସେପର୍ଯ୍ୟନ୍ତ ସୁଦ୍ଧା ମୁଁ କେବେ ଚିନ୍ତା କରି ନ ଥିଲି ଯେ ସତକୁ ସତ ମୁଁ ଦେଶାନ୍ତରିତ ହେଉଛି। ମୋ ଆଖି ଲୁହରେ ଛଳଛଳ ହୋଇଯାଇଥିଲା। ମୁଁ ନିଜକୁ ନିଜେ ପଚାରିଥିଲି- ତା'ହେଲେ ମୁଁ କାହିଁକି କଲିକତା ବିଶ୍ୱବିଦ୍ୟାଳୟ ଛାଡୁଛି ? ପୁଣି ନିଜକୁ ନିଜେ ବୁଝାଇ ନେଇଥିଲି। ମୁଁ ସତରେ କଲିକତା ଛାଡୁନାହିଁ (ତାଙ୍କୁ ମଧ୍ୟ)। ପରବର୍ତ୍ତୀ ସମୟରେ ମନେ ମନେ ମୁଁ ଭାବେ, ମୁଁ ଭଲ ଭାବରେ ଜାଣିଥିଲି ଯେ ମୁଁ ସବୁ ଦିନପାଇଁ ଭାରତ ଛାଡୁଛି।

ବୋଉ ମୋତେ ବଳେଇ ଦେବାକୁ ବିମାନ ବନ୍ଦରକୁ ଯାଇଥିଲା। ତାକୁ ଜଣା ନ ଥିଲା ଯେ ଭାରତରେ ରହିବାକୁ ମୁଁ ପୁଣି ଥରେ ଫେରି ଆସିବିନି କିମ୍ବା ବୋଧହୁଏ ତାକୁ ସେ କଥା ଜଣାଥିଲା ! କାରଣ ସେ ମୋତେ ଭଲଭାବରେ ଚିହ୍ନିଥିଲା। ସେକଥା ମୋର ତାକୁ ବୁଝାଇ କହିବାର କୌଣସି ଆବଶ୍ୟକତା ନ ଥିଲା।

■

ପତ୍ନୀ ସର୍ବାଣୀ ମହାନ୍ତିଙ୍କ ସହିତ ଜେଏନ୍ ମହାନ୍ତି

ଗଙ୍ଗାଠାରୁ ଲୋହିତ ନଦୀ ପର୍ଯ୍ୟନ୍ତ ଜାନୁଆରୀ ୧୯୭୦ରେ ଓକଲାହୋମା ନଗରୀରେ

ଆମେ ୧୯୭୦ ମସିହା ଜାନୁଆରୀ ମାସରେ ଭାରତ ଛାଡ଼ି ଆମେରିକା ଯିବାର କିଛିଦିନ ପୂର୍ବରୁ କଲିକତାର ସେହି ଆପାର୍ଟମେଣ୍ଟରେ ଖାଲି ବଡ଼ ବଡ଼ ପ୍ୟାକେଟ୍ ଓ କ୍ରେଟ୍ ବନ୍ଧା ଚାଲିଥିଲା। ସେସବୁ ପ୍ୟାକେଟ୍‌ରେ ବହିସବୁ ଭର୍ତ୍ତି ହୋଇଥିଲା। ସେଗୁଡ଼ିକୁ ଜାହାଜରେ ଆଗୁଆ ଆମେରିକା ପଠାଯିବାର ଥିଲା। ଆଉକିଛି ବହି ଓ ଆସବାବପତ୍ର ସେତେବେଳକୁ ମୁଁ ବୋଉ ପାଖକୁ ଆମ ଗାଆଁକୁ ଟ୍ରକ୍‌ରେ ଲଦି ପଠାଇ ସାରିଥିଲି। ଏବେ ଆମ ଘରକୁ ସାଙ୍ଗସାଥୀ ଓ ଛାତ୍ରଛାତ୍ରୀମାନଙ୍କ ଅସରନ୍ତି ଧାର ଛୁଟିବାକୁ ଲାଗିଲା।

ତା'ରି ଭିତରେ ପୁଣି ଗୋଟିଏ ସମସ୍ୟା ଦେଖାଦେଲା। ଭାରତୀୟ ରିଜର୍ଭ ବ୍ୟାଙ୍କ୍ ମୋତେ ଦେଶ ଛାଡ଼ିବାକୁ ଅନୁମତି ଦେଲେନାହିଁ। ମୁଁ କିଂକର୍ତ୍ତବ୍ୟବିମୂଢ଼ ହୋଇପଡ଼ିଲି। ରିଜର୍ଭ ବ୍ୟାଙ୍କ୍ ମୋର ତଥାକଥିତ ପି-ଫର୍ମକୁ ମଞ୍ଜୁରି ଦେଲେ ନାହିଁ। ବ୍ୟାଙ୍କ୍‌ର ଯୁକ୍ତି ହେଲା ମୁଁ ଯଦି କଲିକତା ବିଶ୍ୱବିଦ୍ୟାଳୟରୁ ମୋ ପଦବୀରୁ ଇସ୍ତଫା ଦେବିନାହିଁ, ତେବେ ସେମାନେ ମୋତେ ଆମେରିକା ଯିବାପାଇଁ ଦେଶାନ୍ତର ଭିସା (ଇମିଗ୍ରେସନ ଭିସା ଅଥବା ତଥାକଥିତ *'ଗ୍ରୀନ୍ କାର୍ଡ'*)କୁ ମଞ୍ଜୁର କରିବେ ନାହିଁ। ମୁଁ ଯୁକ୍ତି ଦର୍ଶାଇଥିଲି ଯେ ବିଶ୍ୱବିଦ୍ୟାଳୟର କୁଳପତି ଜିଦ୍ ଧରୁଛନ୍ତି ଯେ ମୁଁ ଛୁଟି ନେଇ ଆମେରିକା ଯାଏ। ସେ ମୋତେ ଇସ୍ତଫା ଦେବାକୁ ମନା କରୁଛନ୍ତି। କିନ୍ତୁ ମୋର କୌଣସି ଯୁକ୍ତି ଅବା କାରଣ ରିଜର୍ଭ ବ୍ୟାଙ୍କ୍‌ର କଲିକତା ଶାଖାରେ ଥିବା ଅଧିକାରୀଙ୍କ ଅମଲାତାନ୍ତ୍ରିକ ମନରେ ପ୍ରଭାବ ପକାଇ ନ ଥିଲା। ତେଣୁ ବାଧହୋଇ ମୁଁ ରିଜର୍ଭ

ବ୍ୟାଙ୍କ୍ର ଗଭର୍ଣ୍ଣରଙ୍କ ନିକଟକୁ ବମ୍ବେକୁ ଚିଠିଖଣ୍ଡେ ଲେଖିଲି (ସେ ଭଦ୍ରବ୍ୟକ୍ତି ପରେ ୱାଶିଂଟନ ଡି.ସି.ରେ ଭାରତର ରାଷ୍ଟ୍ରଦୂତ ଭାବରେ ଅବସ୍ଥାପିତ ହୋଇଥିଲେ ଏବଂ ମୁଁ ତାଙ୍କୁ ଆମେରିକାରେ ଗୋଟିଏ ଭୋଜିସଭାରେ ଭେଟିଥିଲି। ତାଙ୍କର ମୋ ଚିଠି କଥା ସମ୍ପୂର୍ଣ୍ଣଭାବରେ ମନେ ଥିଲା)। ରିଜର୍ଭ ବ୍ୟାଙ୍କ୍ର ଗଭର୍ଣ୍ଣର ମୋ ଚିଠି ପାଇବା ପରେ ତୁରନ୍ତ କଲିକତା ବିଶ୍ୱବିଦ୍ୟାଳୟରେ ମୋ ପାଖକୁ ଫୋନ୍ କଲେ ଓ ପରାମର୍ଶ ଦେଲେ ଯେ ବ୍ୟାଙ୍କ୍ର କଲିକତା ଶାଖାକୁ ଯାଇ ମଞ୍ଜୁର ହୋଇଥିବା ପି-ଫର୍ମଟି ସଂଗ୍ରହ କରିନିଏ। ଏହାକୁ ଆଇନର ଅମଲାତାନ୍ତ୍ରିକ ଚିନ୍ତାଧାରାରେ ସରଳ ପରିବର୍ତ୍ତନ ଅଥବା ସେମାନଙ୍କୁ ସୁହାଉଥିବା କାର୍ଯ୍ୟ ବୋଲି ଗ୍ରହଣ କରାଯାଇପାରେ କିମ୍ବା ଏହା ମଧ୍ୟ କୁହାଯାଇପାରେ ଯେ ସିଧାସଳଖ ମୁଁ ସର୍ବୋଚ୍ଚ କର୍ତ୍ତାଙ୍କ ନିକଟକୁ ପତ୍ର ଲେଖିବାର ଏହା ଥିଲା ସୁଫଳ। ଏହି ଛୋଟ ଘଟଣାଟିର ପ୍ରଭାବ କିନ୍ତୁ ଆମେରିକାକୁ ଦେଶାନ୍ତର ହେଉଥିବା ଅନ୍ୟମାନଙ୍କ ପାଇଁ ପ୍ରଯୁଜ୍ୟ କି ନୁହେଁ ତାହା ମୁଁ ଜାଣେନା। ମୁଁ କିନ୍ତୁ ଅତି ନିଷ୍ଠା ଓ ସାଧୁତାର ସହ ମନେ ମନେ ଏକଥା ଭାବିଥିଲି ଯେ ଆମେରିକାରେ କିଛି ବର୍ଷର ଅଧ୍ୟାପନା ଓ ଗବେଷଣା ପରେ ପୁଣି ଥରେ ମୋର ପ୍ରିୟ କଲିକତା ବିଶ୍ୱବିଦ୍ୟାଳୟକୁ ଲେଉଟି ଆସିବି। କିନ୍ତୁ ବାସ୍ତବରେ ତାହା ଘଟି ନ ଥିଲା। ବେଳେବେଳେ ମଣିଷକୁ ନିଜ ଆୟତ୍ତ ବାହାରେ ଥିବା ଶକ୍ତି ନିକଟରେ ଦୟନୀୟ ଭାବେ ହାର ମାନିବାକୁ ପଡ଼େ। ଯେତେ ଚେଷ୍ଟା କଲେ ସୁଦ୍ଧା ନିଜର ଅଭୀପ୍ସା ପୂରଣ ହୋଇ ନ ଥାଏ। ଏଥିରେ କୌଣସି ଜଣେ ବ୍ୟକ୍ତିକୁ ନିର୍ଦ୍ଦିଷ୍ଟ ଭାବରେ ଦାୟୀ କରାଯାଇପାରିବ ନାହିଁ।

ଏହାର ଢେର ବର୍ଷ ପରେ ମୁଁ ଯେତେବେଳେ ନ୍ୟୁୟର୍କର ନିଉ ସ୍କୁଲ ଫର୍ ସୋସିଆଲ ରିସର୍ଚ୍ଚଠାରେ ଦର୍ଶନ ବିଭାଗର ମୁଖ୍ୟ ପଦରେ ଅବସ୍ଥାପିତ ହେଲି, ସେତେବେଳେ ମୋର ଜଣେ ଘନିଷ୍ଠ ବନ୍ଧୁ ଜୁର୍ଗେନ ହାବେରମାସ୍ଙ୍କ ନିକଟକୁ ଖଣ୍ଡିଏ ପତ୍ର ଲେଖି ଅନୁରୋଧ କରିଥିଲି- ସେ ନିଉ ସ୍କୁଲକୁ ଆସି ହାନା ଆରେଣ୍ଟ୍ଙ୍କ ଉତ୍ତରାଧିକାରୀ ଭାବରେ ପ୍ରଫେସର ପଦରେ ଯୋଗ ଦେବାକୁ ଆଗ୍ରହୀ ହେବେ କି? ସେ ମୋ ପାଖକୁ ତାଙ୍କ ଉତ୍ତରରେ ଲେଖିଥିଲେ ଯେ ଯଦି ନିଜ ବିଶ୍ୱବିଦ୍ୟାଳୟ ଛାଡ଼ି ସେ ଦୁନିଆର ଅନ୍ୟ କେଉଁଠିକୁ ଯିବାକୁ ଚାହିଁବେ, ତେବେ ତାହା ହେଉଛି ନିଉ ସ୍କୁଲ, କିନ୍ତୁ ପରିସ୍ଥିତି ଦୃଷ୍ଟିରୁ ଯଦି ତାହା ଆବଶ୍ୟକ ଥାଏ। ସେ ଆହୁରି ଲେଖିଥିଲେ,'କୌଣସି କାରଣ ନ ଥାଇ ଜଣେ ଦେଶାନ୍ତର ହେବାକୁ କଦାପି ଚାହିଁବ ନାହିଁ। ଆପଣଙ୍କ ପ୍ରସ୍ତାବରେ ମଧ୍ୟ ସେପରି କୌଣସି ଜରୁରି ଆବଶ୍ୟକତା କିମ୍ବା କାରଣ ନାହିଁ। ତେଣୁ ମୁଁ ଆମେରିକାକୁ ଦେଶାନ୍ତର ହେବାକୁ ଉଚିତ ମଣିବି ନାହିଁ।' ଜୁର୍ଗେନ ହାବେରମାସ୍ଙ୍କ ଏହି ଚିଠିଟି ମୋ ମନକୁ ଛୁଇଁଥିଲା। ମୁଁ ନିଜକୁ ନିଜେ

ପଚାରିଥିଲି: ମୁଁ ଆମେରିକା ଦେଶାନ୍ତର ହେବାର ସେପରି କୌଣସି ନିର୍ଦ୍ଦିଷ୍ଟ କାରଣ ଥିଲା କି? ନା, ମୁଁ 'କୌଣସି କାରଣ' ନ ଥାଇ ଏମିତି ଦେଶାନ୍ତର ହୋଇଗଲି! ଏବେ ମୁଁ ତା'ର ଯେତେ କାରଣ ଖୋଜିଲେ ସୁଦ୍ଧା ସେସବୁ ପରବର୍ତ୍ତୀ ଚିନ୍ତନ କିମ୍ବା ନିଜ କାର୍ଯ୍ୟକୁ ଯଥାର୍ଥ ବୋଲି ପ୍ରମାଣିତ କରିବା ସପକ୍ଷରେ ଯୁକ୍ତି ହିଁ ହେବ। ତାହା ଥିଲା ଆଉ ଏକ ଐତିହାସିକ ଦୁର୍ଘଟଣା, ଯାହାକି ମୋ ଜୀବନର ମୂଳଦୁଆକୁ ଗଢ଼ିବାରେ ପରୋକ୍ଷରେ ସହାୟକ ହୋଇଥିଲା। ହାନା ଆରେଣ୍ଡ୍ ମୋତେ ପରାମର୍ଶ ଦେଇଥିଲେ ଯେ ନିଜେ ନିଜର ମୂଲ୍ୟାୟନ କରନାହିଁ, ବରଂ ଏ ସଂସାରରୁ ବିଦାୟ ନେବାପରେ ଅନ୍ୟମାନେ ତୁମର ମୂଲ୍ୟାୟନ କରନ୍ତୁ। ହାନା ତାଙ୍କର ଅତି ପ୍ରିୟ ପ୍ରସଙ୍ଗ *'ଦି ହ୍ୟୁମାନ କଣ୍ଡିସନ୍'*ର ଭାବନାରୁ ହିଁ ମୋତେ ଏଭଳି ପରାମର୍ଶ ଦେଇଥିଲେ। ଏହା ପରେ ମୋ ଜୀବନର ଏକ ନୂଆ ପର୍ଯ୍ୟାୟ ଆରମ୍ଭ ହୋଇଥିଲା ଏବଂ ତାହା ଥିଲା ମୂଳପିଣ୍ଡଠାରୁ ବିଚ୍ଛିନ୍ନ ହେବାର ଜୀବନ। କିନ୍ତୁ ମୂଳପିଣ୍ଡ 'ଧାରଣା'ଏକ ପ୍ରଶ୍ନବାଚୀ ନୁହେଁ କି?

ଓକଲାହୋମା

ଇତିପୂର୍ବରୁ ତିନି ବର୍ଷ ତଳେ ମୁଁ ଥରେ ଅଳ୍ପଦିନ ପାଇଁ ଓକଲାହୋମା ଯାଇଥିଲି। ସେହି କାରଣରୁ ସେଠାକାର ଲୋହିତ ମୃତ୍ତିକା, ଲୋହିତ ପ୍ରସ୍ତର, ଶୁଷ୍କ ତୃଣ ଓ ବଡ଼ ବଡ଼ ପାହାଡ଼ ଏବଂ ବିସ୍ତୀର୍ଣ୍ଣ ସମତଳ କୃଷିକ୍ଷେତ୍ର ସହ ପୂର୍ବରୁ ପରିଚିତ ହୋଇ ସାରିଥିଲି। ଦିଗନ୍ତବିସ୍ତାରୀ ଚାରଣଭୂମିରେ ଗାଈଗୋରୁମାନେ ଚରିଲାବେଳେ ଛୋଟ ଛୋଟ ବିନ୍ଦୁଭଳି ଦୃଶ୍ୟ ହୁଅନ୍ତି। କେନ୍ଦ୍ରୀୟ ଓକଲାହୋମାର ଚାରିଆଡ଼େ ତୈଳକୂପ। ଧୂଳିପାତ୍ର(ଡଷ୍ଟ୍ ବାଓଲ) ସମୟରେ ଯେତେବେଳେ ସମଗ୍ର ରାଜ୍ୟକୁ ଧୂଳିର ବହଳ ପଟଳ ଆଚ୍ଛାଦିତ କରିଥିଲା, ସେତେବେଳେ ଅନେକ ଲୋକ ଓକଲାହୋମା ଛାଡ଼ି କାଲିଫର୍ଣ୍ଣିଆ ଯାଇ ନିଜର ନୂଆ ଆବାସସ୍ଥଳୀର ସନ୍ଧାନ କରିଥିଲେ। କିନ୍ତୁ ସେ ସମୟ ଦୀର୍ଘଦିନରୁ ଗତ ହୋଇ ସାରିଥିଲା। *ନିଉ ଡିଲ୍* ପର୍ଯ୍ୟାୟରେ ରାଷ୍ଟ୍ରପତି ରୁଜଭେଲ୍ଟ ପୂର୍ତ୍ତ ବିଭାଗର ବିପୁଳ ଅର୍ଥ ବ୍ୟୟ କରି ରାଜ୍ୟସାରା ବଡ଼ ବଡ଼ ହ୍ରଦ ଓ ଜଳାଶୟମାନ ଖୋଳାଇଥିଲେ। ପରିଣାମ ସ୍ୱରୂପ ଏବେ ଓକଲାହୋମା ରାଜ୍ୟର ହ୍ରଦଗୁଡ଼ିକର ତଟଭୂମିର ଦୈର୍ଘ୍ୟ ମିନିସୋଟାଠାରୁ ସୁଦ୍ଧା ଅଧିକ। ଯେତେବେଳେ ସେଠାରେ ପ୍ରଥମକରି ତୈଳଖଣିର ସନ୍ଧାନ ମିଳିଥିଲା, ରାଜ୍ୟର ଆର୍ଥିକ ସମ୍ପଦ ରାତାରାତି ବୃଦ୍ଧି ପାଇଥିଲା। ସେହି ଅର୍ଥ କିଛିମାତ୍ରାରେ ବିଶ୍ୱବିଦ୍ୟାଳୟର ଉନ୍ନତିପାଇଁ ମଧ୍ୟ ଆସିଥିଲା। କିନ୍ତୁ ଟେକ୍ସାସ ବିଶ୍ୱବିଦ୍ୟାଳୟକୁ ଯେତିକି ଅର୍ଥ ଯାଇଥିଲା, ତା' ତୁଳନାରେ କମ୍ ଥିଲା। ଓକଲାହୋମା ବିଶ୍ୱବିଦ୍ୟାଳୟ ତଥାପି ନିଜର ଫୁଟବଲ ଟିମ୍ ପାଇଁ ସର୍ବତ୍ର ପରିଚିତ ଥିଲା, ଶୈକ୍ଷିକ

ଗୁଣବତ୍ତାକୁ ନେଇ ନୁହେଁ। ଜଜ୍ ଲିନ୍ କ୍ରସ ଏହି ବିଶ୍ୱବିଦ୍ୟାଳୟରେ ଦୀର୍ଘଦିନ ଧରି ଅଧକ୍ଷ ପଦରେ ରହିଥିଲେ। ତାଙ୍କରି ଅଧକ୍ଷତା ଅବଧିରେ ହିଁ ମୁଁ ବିଶ୍ୱବିଦ୍ୟାଳୟରେ ଯୋଗ ଦେଇଥିଲି। କୁହାଯାଏ, ଲିନ୍ ଥରେ ଅନ୍ୟମାନଙ୍କୁ କହିଥିଲେ,'ଏବେ ଆମେ ଏଭଳି ଏକ ବିଶ୍ୱବିଦ୍ୟାଳୟ ଗଢ଼ିବା ଯାହା ନିଜର ଫୁଟବଲ ଟିମ୍ ପାଇଁ ଗର୍ବ ଓ ଗୌରବ ଅନୁଭବ କରିବ!' ସେହି ସମୟରେ ମୁଁ କଲିକତା ବିଶ୍ୱବିଦ୍ୟାଳୟ ଭଳି ଏକ ପ୍ରସିଦ୍ଧ ଶିକ୍ଷାନୁଷ୍ଠାନ ଛାଡ଼ି ଏହି ବିଶ୍ୱବିଦ୍ୟାଳୟକୁ ଆସିଥିଲି।

ଆମ ପରିବାରର ଚାରିଜଣଙ୍କୁ ସାନ୍‌ଫ୍ରାନସିସ୍‌କୋଠାରୁ ଆଣି ଆସୁଥିବା ବିମାନଟି ଓକଲାହୋମାସିଟି ବିମାନବନ୍ଦରରେ ସନ୍ଧ୍ୟାପରେ ପହଞ୍ଚିଥିଲା। ଆମକୁ ସ୍ୱାଗତ କରିବା ଲାଗି ଯେଉଁ ବନ୍ଧୁ ଆସିଥିଲେ, ତାଙ୍କ ନାଁ ବବ୍ ସାହାନ, ଯିଏ କି ମୋର ପରେ ଜଣେ ସହକର୍ମୀ ହୋଇଥିଲେ ଏବଂ ତାଙ୍କ ପତ୍ନୀ ଲି'। ସେମାନେ ଆମକୁ କାର୍‌ରେ ବସାଇ ସିଧା ସେହି ବସାଘରକୁ ନେଇଯାଇଥିଲେ, ଯାହା ଆମେ ସେଠାରେ ପହଞ୍ଚିବା ପୂର୍ବରୁ ସେମାନେ ଆମପାଇଁ ଭଡ଼ାରେ ଯୋଗାଡ଼ କରିଥିଲେ। ତା'ପରଦିନ ସକାଳୁ ବାଣୀ, ମିଟି ଓ ବାବୁନି ଧୂଆଁଳିଆ ଝର୍କା କାଚଦେଇ ପ୍ରଥମ ଥରପାଇଁ ଆମେରିକାର ସହରତଳି ଜୀବନ ଓ ପରିବେଶକୁ ଉଣ୍ଡି ଦେଖିଲେ। ସାମ୍ନା ରାସ୍ତାରେ ଜୀବନର କୌଣସି ସତ୍ତା ନ ଥିଲା। ଜଣେ ହେଲେ ଲୋକ ରାସ୍ତାରେ ଯା'ଆସ କରୁ ନ ଥିଲେ। ମଝିରେ ମଝିରେ କେବଳ ଯାହା କାର୍‌ସବୁ ଦ୍ରୁତ ବେଗରେ ଯାତାୟତ କରୁଥିଲା। କଲିକତା ପରି ଏକ କୋଳାହଳମୟ ସହରରୁ ଆସି ଏଭଳି ଜନମାନବଶୂନ୍ୟ ଦୁନିଆରେ ପହଞ୍ଚିଥିବାରୁ ସେମାନଙ୍କୁ ପ୍ରଥମେ ଭାରି ଅଡୁଆ ଲାଗିଥିଲା। କଲିକତାରେ ବଡ଼ି ଭୋର୍‌ରୁ ସୁଦ୍ଧା ଲୋକମାନଙ୍କ ଗହଳି ସହ ଆମେ ସେପର୍ଯ୍ୟନ୍ତ ଅଭ୍ୟସ୍ତ ଥିଲୁ।

କିନ୍ତୁ ଖୁବ୍ ଶୀଘ୍ର ସେମାନେ ସମସ୍ତେ ନିଜ ନିଜ କାମରେ ବ୍ୟସ୍ତ ହୋଇପଡ଼ିଲେ। ବାବୁନି ନର୍ମାନ୍ ହାଇରେ ନାମ ଲେଖାଇଲା। ମିଟି ବିଶ୍ୱବିଦ୍ୟାଳୟରେ ପଢ଼ିବା ଲାଗି ଯୋଗଦେଲା। ମୁଁ ମୋର ଅଧ୍ୟାପନା କାର୍ଯ୍ୟ ଆରମ୍ଭ କଲି। ବାଣୀ ମଧ୍ୟ ଲି' ସାହାନ ଓ ଅନ୍ୟ ସାଙ୍ଗ-ସହକର୍ମୀ ଓ ପ୍ରତିବେଶୀ ବନ୍ଧୁମାନଙ୍କ ପତ୍ନୀମାନଙ୍କ ସହ ମିଶି ବଜାର ସଉଦା କିଣିବାର କଳାକୌଶଳ ଓ ଆନନ୍ଦ, ଘରକରଣା ଓ ଆମେରିକୀୟ ରୋଷେଇ ସହ ଅଭ୍ୟସ୍ତ ହେବା ଆରମ୍ଭ କଲା। ଧୀରେ ଧୀରେ ଜୀବନ ଏକ ନିର୍ଦ୍ଦିଷ୍ଟ ଧାରାରେ ପଡ଼ିବାକୁ ଲାଗିଲା। କଲିକତା ଜୀବନ ଧୀରେ ଧୀରେ ମନରୁ ଅସ୍ପଷ୍ଟ ଅତୀତ ହୋଇଚାଲିଲା, ଯେମିତି ଜାହାଜଟିଏ ପୋତାଶ୍ରୟ ଛାଡ଼ି ଗଭୀର ସମୁଦ୍ରରେ ପ୍ରବେଶ କରିବାବେଳେ ତଟଭୂମି ଅସ୍ପଷ୍ଟ ହୋଇଉଠେ।

ତୁମେ ଗ୍ରହଣ କର ଅବା ନ କର ସବୁ କଥାର ଏକ ପୂର୍ବ ନିର୍ଦ୍ଧାରିତ ଧାରା

ଏବଂ ଶୈଳୀ ରହିଛି। ସେଥିରେ ତୁମ ଜୀବନ ପଡ଼ିବ ହିଁ ପଡ଼ିବ। ନର୍ମାନ ଭଳି ଏକ କ୍ଷୁଦ୍ର ଆମେରିକୀୟ ଟାଉନରେ ଏହା ଅଧିକ ପ୍ରଯୁଜ୍ୟ। ବୋଧହୁଏ ଯେକୌଣସି ସ୍ଥାନରେ ହେଉ, ଜୀବନ ପାଇଁ ଏହା ବାସ୍ତବତା ଭାବେ ଗ୍ରହଣୀୟ। ଏହି ଧାରା ଖୁବ୍‌ଶୀଘ୍ର ତୁମକୁ ତା' କବଳରେ ପଣବନ୍ଦୀ କରିନିଏ। ଆମେ ଆମର ଇଚ୍ଛା ଥାଉ ଅବା ନ ଥାଉ ଆମେରିକୀୟ ଜୀବନକୁ ଗ୍ରହଣ କରିବାକୁ ବାଧ୍ୟ। କାରଣ ବାସ୍ତବତା ହେଉଛି ଆମେ ଏଠାରେ ଜଣେ ଜଣେ ଦେଶାନ୍ତରୀ। ଆମର ପରିଚୟ ମଧ୍ୟ ସେଇଆ। ଆମ ପୂର୍ବରୁ ସେଠାରେ ଏକ ଦେଶାନ୍ତରୀ ଗୋଷ୍ଠୀ ମଧ୍ୟ ରହିଥିଲେ, ଯେଉଁମାନେ ଆମର ଜାତିଭାଇ। ସେମାନେ ମଧ୍ୟ ଆମ ଜୀବନକୁ କବଳିତ କରୁଥିଲେ। ନର୍ମାନରେ ଥିବା ଭାରତୀୟ ସମ୍ପ୍ରଦାୟ କହିଲେ ସେତେବେଳେ ମାତ୍ର କିଛି ଛାତ୍ର, କେଇଜଣ ଅଧ୍ୟାପକ ଓ ସେମାନଙ୍କ ପରିବାରକୁ ବୁଝାଉଥିଲା। ଏମାନଙ୍କ ବ୍ୟତୀତ ଆଉ କିଛି ଲୋକ ଓ ସେମାନଙ୍କ ପରିବାର ମଧ୍ୟ ଥିଲେ। ଏହା ହେଉଛି ୧୯୭୦ ମସିହା କଥା। ମାତ୍ର କିଛି ବର୍ଷ ପରେ ୧୯୮୦ ମସିହା ବେଳକୁ ବୃହତ୍ତର ଓକଲାହୋମା ସିଟିକୁ ଅନେକ ଭାରତୀୟ ଡାକ୍ତରଙ୍କ ଆଗମନ ଘଟିଥିଲା। ତା'ପରେ ଆସିଥିଲେ ଗୁଜରାଟୀ ବ୍ୟବସାୟୀ, ମୋଟେଲ ମାଲିକ ଏବଂ ଭୁସାମାଲ ଦୋକାନୀ। ତେବେ ମୁଁ ମୋର ବର୍ଣ୍ଣନା କେବଳ ଯାହାକୁ 'ଭାରତୀୟ ସଂସ୍କୃତି' ବୋଲି କୁହାଯାଏ ଓ ଚିହ୍ନାଯାଏ ତାହାରି ମଧ୍ୟରେ ସୀମିତ ରଖୁଛି। ନର୍ମାନ ଭଳି ଛୋଟ ଏକ ଟାଉନରେ ବସବାସ କରୁଥିବା ଭାରତୀୟମାନଙ୍କ ପାଇଁ ଏହା ବିଶେଷ ମାନ୍ୟତା ବହନ କରୁଥିଲା। ପ୍ରଥମତଃ, ଅଧିକାଂଶ ଭାରତୀୟ ପରିବାର ଜଣେ ଜଣେ ଧାଈ ଆବଶ୍ୟକ କରୁଥିଲେ। ବାଣୀ ବୟସରେ ଅନ୍ୟ ସହକର୍ମୀମାନଙ୍କ ପତ୍ନୀ ଓ ମା'ଙ୍କଠାରୁ ବଡ଼ ଥିଲା। ତେବେ ତା'ର ଅଧିକ ଅର୍ଥ ରୋଜଗାର କରିବା ପାଇଁ ଇଚ୍ଛା ନ ଥିଲା। କିଛି ପ୍ରତିବେଶୀ ମହିଳା ମଝିରେ ମଝିରେ ସେମାନଙ୍କ କୋଳ ଶିଶୁକୁ ତା' ନିକଟରେ ଛାଡ଼ି ଯିବାଲାଗି ଅତି ସମ୍ଭ୍ରମର ସହ ଅନୁରୋଧ କରୁଥିଲେ। ଏହାର ଅନ୍ୟ ଏକ କାରଣ ଥିଲା ଯେ ଅଧିକାଂଶ ମହିଳା ଚାକିରି କରୁଥିବାବେଳେ ବାଣୀ କିଛି କାମ ନ କରି ଘରେ ରହୁଥିଲା। ସେମାନଙ୍କୁ ବାଣୀ ମନା କରିପାରୁ ନ ଥିଲା। ଖୁବ୍ ଶୀଘ୍ର ଆମେ ଆବିଷ୍କାର କଲୁ ଯେ ନର୍ମାନରେ ଭାରତୀୟ ସମ୍ପ୍ରଦାୟଙ୍କର ଏକ ବିରାଟ ଓ ବିଚିତ୍ର ପାର୍ଟି ସଂସ୍କୃତି ନେଟ୍‌ୱାର୍କ ରହିଛି। ସେହିସବୁ ପାର୍ଟିମାନଙ୍କରେ ଭାରତୀୟ ଖାଦ୍ୟ ପରଷା ଯାଏ, ଭାରତୀୟ ନୃତ୍ୟ ସଙ୍ଗୀତ ପରିବେଷଣ କରାଯାଏ, ଯାହାକୁ କି ସେମାନେ 'ଭାରତୀୟ ସଂସ୍କୃତି' ସହିତ ଜୀବନ ବଞ୍ଚୁଛନ୍ତି ବୋଲି ଦାବି କରନ୍ତି। ଥରେ ତୁମେ ସେ ଗୋଷ୍ଠୀରେ ସାମିଲ ହୋଇଗଲେ ସେଥିରୁ ଆଉ ନିସ୍ତାର ନାହିଁ; ଅର୍ଥାତ୍ ତୁମକୁ ପାର୍ଟି ଦେବାକୁ ପଡ଼ିବ, ଅନ୍ୟମାନଙ୍କ ପାର୍ଟିରେ ଯୋଗ ଦେବାକୁ

ହେବ, ଦିନକୁ ଦିନ ତୁମକୁ ଅଧିକରୁ ଅଧିକ ନିମନ୍ତ୍ରଣ ମିଳିବ, ତୁମେ ଅଧିକରୁ ଅଧିକ ଲୋକଙ୍କୁ ନିମନ୍ତ୍ରଣ କରିବ ଏବଂ ଏ ଧାରାର କୌଣସି ଶେଷ ନାହିଁ। ଅନ୍ୟ ଅର୍ଥରେ କହିଲେ, ଅଧିକରୁ ଅଧିକ ଭାରତୀୟଙ୍କ ସହ ପରିଚୟ ଘଟିବ (ଏଠାରେ 'ଭାରତୀୟର ପରିଚୟ ହେଲା- ଯାହାକି ମୋ ପାଇଁ ଖୁସିର କଥା, ପାକିସ୍ତାନ, ବାଂଲାଦେଶ ଓ ଭାରତୀୟ ନାଗରିକଙ୍କୁ ମିଶାଇ)। ଭାରତରେ ସେତେବେଳେ ଆମମାନଙ୍କ ପରି କ୍ୱଚିତ ଲୋକଙ୍କ ଘରେ ଫୋନ୍ ଥିଲା। ଆମର ତ ଫୋନ୍ ନ ଥିଲା। କିନ୍ତୁ ଏଠାରେ ସମସ୍ତଙ୍କ ଘରେ ଫୋନ୍ ସୁବିଧା ରହିଛି। ଫୋନ୍ ରହିଛି ଅର୍ଥ ଗପସପ। ଗପସପ ଧୀରେ ଧୀରେ ପରଚର୍ଚ୍ଚା ଆଡ଼କୁ ପଥ ପରିଷ୍କାର କରିଥାଏ ଏବଂ ତାହା ଶେଷରେ ନେଇ ବିବାଦ ଏବଂ ଅଯଥା ମାନସିକ ପୀଡ଼ା ସ୍ତରରେ ପହଞ୍ଚାଇଥାଏ। ଫଳରେ ବନ୍ଧୁତା ତୁଟିବାର ଆଶଙ୍କା ଥାଏ (ଏଭଳି ବନ୍ଧୁତା ଭଙ୍ଗୁର ଏବଂ ତାହା ଆନ୍ତରିକ ସ୍ନେହ, ଭାବଗତ ସାମ୍ୟ ଦୃଷ୍ଟିରୁ ନୁହେଁ, କେବଳ ଏକ ସମାନ ଐତିହାସିକ ଭାଗ୍ୟକୁ ଆଦରିଥିବା ଅର୍ଥାତ୍ ଦେଶାନ୍ତରୀ ଭାବରେ ହିଁ ସୃଷ୍ଟି ହୋଇଥିଲା)। କିନ୍ତୁ ସେଥିରେ କିଛି ଯାଏ ଆସେ ନାହିଁ। ପୁଣି ନୂଆ ନୂଆ ସାଙ୍ଗ ଜୁଟିଯାଆନ୍ତି। ଯଦି କେହି ଜଣେ ନବାଗତ ଆସି ପହଞ୍ଚିଥାଆନ୍ତି ତାଙ୍କ ଉପରକୁ ସମସ୍ତେ ଏକାବେଳେ ଝାମ୍ପି ପଡ଼ନ୍ତି।

ଭାରତୀୟ ସଂସ୍କୃତି କହିଲେ ଯାହାକୁ ବୁଝାଏ ସେଥିରେ ଆମେ ସମସ୍ତେ ଜୀବନ ବଞ୍ଚିବା ଓ ପରସ୍ପର ସହ ବାଣ୍ଟିବାକୁ ଚାହୁଁ। ଏହାର କାରଣ ହେଲା ଆମର ନିଜ ଜନ୍ମଭୂମି ପ୍ରତି ଥିବା ଦୁର୍ବଳତା ଓ ମାନସିକ କ୍ଲାନ୍ତିକୁ ଏଡ଼ାଇବା ଏବଂ ସେହି ସଂସ୍କୃତି ପ୍ରତି ଆମର ଶ୍ରଦ୍ଧା ଓ ବୋଧଶକ୍ତିକୁ ଅନ୍ୟମାନଙ୍କ ନିକଟରେ ପ୍ରକଟ କରିବା। ଯଦି ଯୁବଗୋଷ୍ଠୀଙ୍କ ଦୃଷ୍ଟିରୁ ମୁଁ ଏହା ଉପରେ ନଜର ପକାଏ ତେବେ ମୋତେ ଲାଗେ ଯେ ସେହିସବୁ ପିଲାମାନେ ଯେଉଁମାନେ ହାଇସ୍କୁଲ ଓ କଲେଜରେ ପଢୁଛନ୍ତି ଓ ବୟସରେ ବଢୁଛନ୍ତି, ସେମାନଙ୍କ ମାତାପିତାଙ୍କ ପାଇଁ 'ଭାରତୀୟ ସଂସ୍କୃତି' କହିଲେ ଭାରତୀୟ ଖାଦ୍ୟ, ଭାରତୀୟ ସଙ୍ଗୀତ(ଅଧିକତର ଚଳଚ୍ଚିତ୍ର ସଙ୍ଗୀତ),ଭଜନ(ଧର୍ମୀୟ ସଙ୍ଗୀତ)ଏବଂ କିଛି ଧର୍ମ ଆଧାରିତ ଉତ୍ସବାନୁଷ୍ଠାନକୁ ହିଁ ବୁଝାଏ। ଯଦି ଜଣେ ଯୁବକ ହାମବର୍ଗର ଖାଇଲା, ପାଶ୍ଚାତ୍ୟ ସଙ୍ଗୀତ ଶୁଣିଲା ଓ ଭଜନ ଏବଂ ପୂଜାପାଠରେ ମନ ନ ଦେଲା ତେବେ ତାକୁ ସମସ୍ତେ ଆମେରିକୀୟ ସଂସ୍କୃତିରେ ପ୍ରଭାବିତ ହୋଇଗଲା ବୋଲି ଆକ୍ଷେପ କରିଥାଆନ୍ତି। ଅନେକ ଭାରତୀୟ ମାତାପିତାଙ୍କ ପାଇଁ ଭାରତୀୟ ସଂସ୍କୃତିକୁ ଧରି ରଖିବାର ଅର୍ଥ ହେଲା ଘରେ ଧର୍ମୀୟ ଉତ୍ସବାନୁଷ୍ଠାନ ପାଳିବା ଓ ପିଲାମାନଙ୍କୁ ସେହି ସଂସ୍କୃତିର ଧାରାରେ ପକାଇବା। ଏଭଳି କରିବାର ଅର୍ଥ ହେଲା ପିଲାମାନେ ବଡ଼ ହେଲେ ଆମେରିକୀୟ ଝିଅ (ଅବା ପୁଅ)ଙ୍କୁ ବାହା ହେବେନାହିଁ।

ଭାରତୀୟ ସଂସ୍କୃତିକୁ 'ବୁଝିବା' ସେମାନଙ୍କ ପାଇଁ କୌଣସି ମାନେ ରଖେ ନାହିଁ। ସତ କହିଲେ, ଏକଥା କେହି ବୁଝନ୍ତି ନାହିଁ। ଏହା ହିଁ ସୂଚାଇଥାଏ ଯେ ସେମାନଙ୍କ ପିଲାମାନେ କାହିଁକି ପ୍ରଥମେ ପ୍ରଥମେ ବାପା-ମାଆଙ୍କ ସହ ଭୋଜିଭାତ ଓ ଉତ୍ସବାନୁଷ୍ଠାନକୁ ଆସିଥାଆନ୍ତି ଓ ପରେ ପରେ ଆଉ ଆସନ୍ତି ନାହିଁ।

ଏହାପରେ ବାବୁନି କର୍ଣ୍ଣେଲ ବିଶ୍ୱବିଦ୍ୟାଳୟରେ ନାମ ଲେଖାଇଲା। ଉଚ୍ଚଶିକ୍ଷା ପାଇଁ ମିଟି ଅକ୍ସଫୋର୍ଡ ବିଶ୍ୱବିଦ୍ୟାଳୟକୁ ଗଲା। ଉଭୟେ ବାହାରକୁ ଚାଲିଯିବା ପରେ ଆମେ ଦୁହେଁ ଏକୁଟିଆ ହୋଇଗଲୁ। ବାଣୀ ଇତିହାସରେ ପୋଷ୍ଟ ଗ୍ରାଜୁଏସନ କରିବା ପାଇଁ ୟୁନିଭରସିଟିରେ ଯୋଗଦେଲା। ଓକଲାହୋମା ବିଶ୍ୱବିଦ୍ୟାଳୟର ଦର୍ଶନ ବିଭାଗଟି ମୋଟାମୋଟି ଭାବେ ଭଲ। ତେବେ ସେଠାରେ ପ୍ରକୃତ ଗବେଷଣା କାର୍ଯ୍ୟ ଧରିବା ଲାଗି ମୋତେ ପ୍ରାୟ ଦୁଇବର୍ଷ ସମୟ ଲାଗିଥିଲା। ମୁଁ ଅନେକ କିଛି ପଢ଼ାପଢ଼ି କଲି ଓ ଗ୍ରାଜୁଏଟ୍ ପାଠ୍ୟକ୍ରମ ପ୍ରସ୍ତୁତି ପାଇଁ ଯଥେଷ୍ଟ ସମୟ ଦେଲି। ଜଣେ ହସେର୍ଲ ବିଶେଷଜ୍ଞ ଭାବରେ ସେତେବେଳକୁ ମୋର ମଧ୍ୟ ଚାରିଆଡ଼େ ସୁନାମ ହୋଇସାରିଥାଏ। କଲିକତାରେ ଥିବାବେଳଠାରୁ ମୁଁ ହସେର୍ଲ ସ୍କଲାର୍ ଭାବରେ ନିଜକୁ ସୁପ୍ରତିଷ୍ଠିତ କରିସାରିଥିଲି। ଏଥିପାଇଁ କିଛି ସମ୍ମାନ ଓ ଆଲୋଚନାଚକ୍ରକୁ ମଧ୍ୟ ଆମନ୍ତ୍ରଣ ପାଉଥିଲି ଓ ସେଥିପାଇଁ ବେଳେବେଳେ ନିବନ୍ଧମାନ ଲେଖୁଥିଲି। କିନ୍ତୁ ସେମିତି କିଛି ଗୁରୁତ୍ୱପୂର୍ଣ୍ଣ କାମ କରି ନ ଥିଲି। ଓକଲାହୋମା ଆସିବାର ଗୋଟିଏ ବର୍ଷ ପରେ ବିଶ୍ୱବିଦ୍ୟାଳୟ କର୍ତ୍ତୃପକ୍ଷ ମୋତେ ତାଙ୍କର ଏକ ସମ୍ମାନଜନକ ଚେୟାର ପଦକୁ ପଦୋନ୍ନତି ଦେଲେ। ତାହା ଥିଲା ଜର୍ଜ ଲିନ୍ କ୍ରସ ରିସର୍ଚ୍ଚ ପ୍ରଫେସର ପଦ। ମୁଁ ଜାଣିଥିଲି ଯେ ଅନ୍ୟ କିଛି ବିଭାଗର ମୋର ସହକର୍ମୀମାନେ (ଦର୍ଶନ ବିଭାଗର ନୁହନ୍ତି ବୋଲି ମୁଁ ସୁନିଶ୍ଚିତ ଥିଲି) ମୋର ଏଭଳି ପଦୋନ୍ନତିରେ ଖୁସି ନ ଥିଲେ। ସେମାନଙ୍କ ମଧ୍ୟରୁ ଜଣେ ରାଜନୀତି ବିଜ୍ଞାନ ପ୍ରଫେସର ମୋତେ ରୋକଠୋକ୍ କହିଥିଲେ, 'ମୁଁ ଏତେ ବର୍ଷହେଲା ଏଠାରେ ଅଧ୍ୟାପନା କରିଆସୁଛି, କିନ୍ତୁ ତୁମେ ଏଇମାତ୍ର ବିଶ୍ୱବିଦ୍ୟାଳୟରେ ପାଦ ଥାପୁ ଥାପୁ ଏମିତି ଏକ ଗୁରୁତ୍ୱପୂର୍ଣ୍ଣ ଚେୟାର ଅକ୍ତିଆର କରିନେଲ!' ମୁଁ ତାଙ୍କୁ ସମ୍ଭ୍ରମର ସହ କହିଥିଲି,'ମୁଁ ଏଥିପାଇଁ ଦୁଃଖିତ, କିନ୍ତୁ ମୁଁ ଅବା କ'ଣ କରିପାରିବି ?'

ଆମ ଡିପାର୍ଟମେଣ୍ଟରେ ଅଧ୍ୟାପକମାନଙ୍କ ମଧ୍ୟରେ ପାରସ୍ପରିକ ସମ୍ପର୍କ ଖୁବ୍ ବନ୍ଧୁତ୍ୱପୂର୍ଣ୍ଣ ଓ ଅମାୟିକ ଥିଲା। ଆମେ ନର୍ମାନରେ ଥିବା ପର୍ଯ୍ୟନ୍ତ କେନେଥ୍ ମେରିଲ୍ ଏବଂ ତାଙ୍କ ପତ୍ନୀ ବନୀତା ଆମର ସବୁଠାରୁ ଭଲ ବନ୍ଧୁ ହୋଇ ରହିଥିଲେ। ବୋଧହୁଏ ଆମେରିକା ରହଣିକାଳରେ ସେମାନେ ଥିଲେ ଆମର ପରମ ସୁହୃଦ୍। କାର୍ଲ ବେରେଣ୍ଟା, ଯାହାଙ୍କ ମୂଳ ନାମ କାର୍ଲ ବେରେଣ୍ଟା ୱେନବର୍ଗ, ସେ ମାଚ୍ ଏବଂ ଆଇନଷ୍ଟାଇନଙ୍କ

ଉପରେ ଖଣ୍ଡିଏ ପ୍ରସିଦ୍ଧ ପୁସ୍ତକ ରଚନା କରିଥିଲେ, ସମୟକ୍ରମେ ସେ ଦମ୍ପତ୍ତି ଆମର ଘନିଷ୍ଠ ବନ୍ଧୁ ପାଲଟିଥିଲେ। ବାବୁନିଙ୍କୁ ପଦାର୍ଥ ବିଜ୍ଞାନ ପଢ଼ାଇବାରେ ଏବଂ ୱେଷ୍ଟିଂହାଉସ୍ ପୁରସ୍କାର ପାଇଁ ଗବେଷଣାରେ ସଫଳତାର ସହ ଗାଇଡ୍ କରିବାରେ ମଧ୍ୟ ସେ ଅଶେଷ ସହାୟକ ହୋଇଥିଲେ। କିନ୍ତୁ ଅବସର ଗ୍ରହଣ କରିବା ପରେ ସମୟକ୍ରମେ ସେ ମାନସିକ ଅବସାଦରେ ଏତେ ମାତ୍ରାରେ ଆକ୍ରାନ୍ତ ହୋଇପଡ଼ିଥିଲେ ଯେ ପରିଶେଷରେ ଆତ୍ମହତ୍ୟା କରିଥିଲେ। କାର୍ଲ ବେରେଣ୍ଡୋ ପାଞ୍ଚ ପାଞ୍ଚ ଥର ବିବାହ କରିଥିଲେ ଏବଂ ଯେତେବେଳେ ସେ ଆତ୍ମହତ୍ୟା କଲେ ତା'ର ଅଳ୍ପଦିନ ପୂର୍ବରୁ ପଞ୍ଚମ ପତ୍ନୀ ତାଙ୍କୁ ଛାଡ଼ି ଚାଲି ଯାଇଥିଲେ। ଅନ୍ୟ ଜଣେ ବନ୍ଧୁ ଯିଏ ମୋ ସହିତ ବ୍ୟକ୍ତିଗତ ଭାବରେ ଏବଂ ବୌଦ୍ଧିକ ଦୃଷ୍ଟିରୁ ଅତି ଘନିଷ୍ଠ ଥିଲେ, ତାଙ୍କ ନାମ ବିଲ୍ ହୋରୋସ୍। ସେ ମୂଳତଃ ଜଣେ ହଙ୍ଗେରୀୟ ଏବଂ ପରେ ସେ ମାର୍ଭିନ୍ ଫାର୍ବର(ପୂର୍ବରୁ କଲମ୍ବିଆ ବିଶ୍ୱବିଦ୍ୟାଳୟରେ ଟିଲିଚ୍‌ଙ୍କର ମଧ୍ୟ ଛାତ୍ର ଥିଲେ)ଙ୍କର ଛାତ୍ର ଥିଲେ। ତେବେ ମୁଁ ମନେ ମନେ ଦୁଃଖ ଅନୁଭବ କରେ ଯେ ତାଙ୍କ ସହ ମୋର ବନ୍ଧୁତା ତୁଟି ଯାଇଥିଲା। କାରଣ ତାଙ୍କର ଗୋଟିଏ ପାଣ୍ଡୁଲିପିକୁ ଛପାଇବାରେ ମୁଁ ସକ୍ଷମ ହୋଇ ନ ଥିବାରୁ ବିଲ୍ ହୋରୋସ୍ ଅତିମାତ୍ରାରେ ହତୋତ୍ସାହିତ ହୋଇପଡ଼ିଥିଲେ ଓ ମୋ ସହ ବନ୍ଧୁତା ଛିନ୍ନ କରିଥିଲେ। ଏହାର କିଛି ବର୍ଷ ପରେ ମୁଁ ନର୍ମାନ ବୁଲି ଯାଇଥିବାବେଳେ ସେ ମୋତେ ସାକ୍ଷାତ କରିବାକୁ ସୁଦ୍ଧା ରାଜି ହୋଇ ନ ଥିଲେ। ବବ୍ ସାହାନ୍ ଜଣେ ଯୁବ ଓ ଉତ୍ସାହୀ ନର୍ଥ ୱେଷ୍ଟର୍ଣ୍ଣ ଗ୍ରାଜୁଏଟ୍। ସେ ଅନେକ ବର୍ଷ ଧରି ବିଭାଗୀୟ ମୁଖ୍ୟ ପଦରେ ରହି ଆସିଥିଲେ। ସେ ଅଧ୍ୟାପନା ଛାଡ଼ି ଆଇ.ବି.ଏମ୍. କମ୍ପାନୀରେ କାର୍ଯ୍ୟ କରିବାକୁ ଯିବା ପର୍ଯ୍ୟନ୍ତ ମୋତେ ଦୃଢ଼ଭାବରେ ସବୁ କାର୍ଯ୍ୟରେ ସହଯୋଗ ଓ ସମର୍ଥନ ଯୋଗାଇଥିଲେ। ଫିବର୍ସ, କ୍ଲେଟନ୍ ଓ ମାର୍ଗୋନେଟ୍‌ଙ୍କ ଭଳି ବନ୍ଧୁମାନେ ଥିଲେ ଅତ୍ୟନ୍ତ ସହଯୋଗୀ ଏବଂ ବିଶ୍ୱବିଦ୍ୟାଳୟ କ୍ୟାମ୍ପସର ଆହୁରି ଅନେକ ବନ୍ଧୁମାନଙ୍କ ସହ ମଧ୍ୟ ମୋର ଘନିଷ୍ଠତା ଥିଲା। ତେବେ ମୋଟାମୋଟି ଭାବରେ ବୌଦ୍ଧିକ ଦୃଷ୍ଟିରୁ ଓକଲାହୋମା ବିଶ୍ୱବିଦ୍ୟାଳୟ ପରିସର ମୋତେ ପ୍ରୋତ୍ସାହିତ କରିପାରି ନ ଥିଲା। ମୋ କର୍ମମୟ ଜୀବନର ସେହି ଅବସ୍ଥାରେ ମୁଁ ଯେଉଁ ଚାଲେଞ୍ଜର ମୁକାବିଲା କରିବାକୁ ଚାହୁଁଥିଲି, ଓକଲାହୋମା ମୋତେ ତାହା ଯୋଗାଇ ପାରି ନ ଥିଲା। ଅବଶ୍ୟ ସ୍ଥାନଟି ଥିଲା ଅତ୍ୟନ୍ତ ଶାନ୍ତ ଓ ସରଳ, ଯାହା ଫଳରେ ମୋତେ କୌଣସି ବାହ୍ୟିକ ସମସ୍ୟାର ସମ୍ମୁଖୀନ ହେବାକୁ ପଡ଼ି ନ ଥିଲା ଏବଂ ମୋର ଯାହା ଇଚ୍ଛା ତାହା କରିବାକୁ ମୁଁ ସକ୍ଷମ ବୋଲି ଅନୁଭବ କରୁଥିଲି। ସେହି ସମୟରେ ମୋତେ ଆରନ୍ ଗୁରୱିଚ୍‌ଙ୍କଠାରୁ ନ୍ୟୁୟର୍କରୁ ଫୋନ୍‌କଲ୍‌ଟିଏ ମିଳିଥିଲା। ସେହି ଫୋନ୍‌କଲ୍‌ରେ ସେ ପ୍ରସ୍ତାବ ଦେଇଥିଲେ ଯେ ନିଉ ସ୍କୁଲରେ ଗୋଟିଏ ବର୍ଷପାଇଁ

ଭିଜିଟିଂ ପ୍ରଫେସର ଭାବରେ ଅଧ୍ୟାପନା କରିବା ସକାଶେ ମୋତେ ନିଯୁକ୍ତି ମିଳିଛି। ମୁଁ ମନେ ମନେ ଖୁସିରେ କୁରୁଳି ଉଠିଥିଲି। ତୁରନ୍ତ ଏହି ନିଯୁକ୍ତି ପ୍ରସ୍ତାବକୁ ମୁଁ ଗ୍ରହଣ କରି ନେଇଥିଲି। ୧୯୭୩ ମସିହା ବସନ୍ତ ଋତୁରେ ମୋ ଜୀବନରେ ଆଉ ଏକ ଗୁରୁତ୍ୱପୂର୍ଣ୍ଣ ଘଟଣା ଓ ପରିବର୍ତ୍ତନ ଘଟିଥିଲା।

କିନ୍ତୁ ନିଉ ସ୍କୁଲ ଓ ନ୍ୟୁୟର୍କ ବିଷୟରେ ଅଧିକ କିଛି ବର୍ଣ୍ଣନା କରିବା ଆଗରୁ, ଓକଲାହୋମା ରାଜ୍ୟ ବିଷୟରେ ଆଉ କେଇ ପଦ ମୁଁ ଅବଶ୍ୟ କହିବାକୁ ଉଚିତ ମଣିବି। ସେଠାରେ, ତୈଳକୂପ, ପ୍ରେରୀ ଓ ମାଇଲ ମାଇଲ ପର୍ଯ୍ୟନ୍ତ ଲମ୍ବିଯାଇଥିବା ଛୋଟ ଛୋଟ ପାହାଡ଼ମାଳା ମଝିରେ ମୁଁ ଜୀବନର ଦୀର୍ଘ ବାରବର୍ଷ ବିତେଇଥିଲି। ଆଜି ମୁଁ ଏକଥା ଲେଖିଲା ବେଳକୁ - ମୋର ଏପର୍ଯ୍ୟନ୍ତ ସୁଦ୍ଧା ସେଠାରେ ଘରଟିଏ ଅଛି - ଏକ ସୁନ୍ଦର ଉପନିବେଶୀୟ ଶୈଳୀରେ ପ୍ରସ୍ତର ନିର୍ମିତ ଘର, ଯାହା ଓକଲାହୋମାର ବିସ୍ତୀର୍ଣ୍ଣ ପାହାଡ଼ମାନଙ୍କରୁ କାଟି ଆଣି ନିର୍ମାଣ କରାଯାଇଛି। ମିଟି ସେଠାରେ ରହୁଛି। ତେଣୁ ଗୋଟିଏ ଦୃଷ୍ଟିରୁ ବିଚାର କଲେ ତାକୁ ଆମ ପରିବାରର ଘର ବୋଲି କୁହାଯାଇପାରିବ। କିନ୍ତୁ ମୁଁ ସେଠାରୁ ଫିଲାଡେଲଫିଆକୁ ବାରବର୍ଷ ପାଇଁ ଚାଲିଯାଇଥିଲି। ନର୍ମାନ୍ ଟାଉନଟି ଓକଲାହୋମା ରାଜ୍ୟର ମଝାମଝି। ନର୍ମାନର ଉତ୍ତର ଓ ପଶ୍ଚିମ ଦିଗକୁ ଶୁଷ୍କ କ୍ଷେତସବୁ ଆଖି ପାଇବା ପର୍ଯ୍ୟନ୍ତ ଲମ୍ବିଛି। ସେସବୁ କ୍ଷେତରେ ଶୀତଦିନେ ଗହମ ଚାଷ ହୁଏ ଓ ଖରାଦିନେ ତାହା ଗାଈଗୋରୁମାନଙ୍କ ଚାରଣଭୂମି ପାଲଟେ। ନର୍ମାନର ଚାରିକଡ଼କୁ ଘେରି ସବୁଜିମାଭରା ନାତିଉଚ୍ଚର ପାହାଡ଼ମାନ ରହିଛି। ପୂର୍ବ ଦିଗକୁ ଆର୍କାନସାସ୍ ରାଜ୍ୟ ସୀମା ନିକଟରେ ବଡ଼ ବଡ଼ ପର୍ବତମାଳା ଯାହା 'ଓଜାର୍କ'ମାନଙ୍କ ନିବାସସ୍ଥଳୀ। ରାଜ୍ୟସାରା ସବୁଆଡ଼େ ତୈଳକୂପମାନଙ୍କରୁ କଳାରଙ୍ଗର ତରଳ ସୁନା ସଦାବେଳେ ଉତ୍ତୋଳନ ଚାଲିଥାଏ। ଯେକେହି ସହଜରେ ଅନୁମାନ କରିପାରିବେ ଯେ ଏ ରାଜ୍ୟସାରା ଲୋହିତ ଭାରତୀୟମାନେ ନିର୍ଭୟରେ ବିଚରଣ କରନ୍ତି - ଏବେ ଅବଶ୍ୟ ସେମାନଙ୍କୁ ଗୋଟିଏ ନିର୍ଦ୍ଦିଷ୍ଟ ଅଞ୍ଚଳରେ ଥଇଥାନ କରାଯାଇ ସାରିଛି। କିନ୍ତୁ ଅନ୍ୟ ରାଜ୍ୟଗୁଡ଼ିକଠାରୁ ଏଠାରେ ସେମାନଙ୍କ ସ୍ଥିତି ଭିନ୍ନ। ଓକଲାହୋମାରେ ସେମାନଙ୍କ ପାଇଁ କୌଣସି ସଂରକ୍ଷଣ ବ୍ୟବସ୍ଥା ନାହିଁ। ଓକଲାହୋମାର ପ୍ରାୟ ପ୍ରତ୍ୟେକ ଶ୍ୱେତାଙ୍ଗ ମୂଳବାସିନ୍ଦା କୌଣସି ନା କୌଣସି ଦୃଷ୍ଟିରୁ ଭାରତୀୟ ବଂଶୋଦ୍ଭବ ଏବଂ ସେମାନେ କେଉଁ ଶାଖା ଅବା ପ୍ରଜାତିର, ସେକଥା ଅତି ଗର୍ବର ସହ କହିଥାଆନ୍ତି। କୃଷ୍ଣକାୟ ଲୋକମାନେ ଏଠାରେ ତଥାପି ଗରିବ ଅବସ୍ଥାରେ ଅଛନ୍ତି ଓ ଓକଲାହୋମା ଭଳି ଏକ ନଗରୀରେ ସେମାନେ 'ଘେଟୋ' ପରି ବସବାସ କରନ୍ତି। ମୁଁ ଯେତେବେଳେ ପ୍ରଥମ କରି ନର୍ମାନକୁ ଆସିଥିଲି, ସେତେବେଳେ ଟାଉନରେ

କେହି କୃଷ୍ଣକାୟ ଲୋକ ପ୍ରାୟ ନ ଥିଲେ। ଯଦିଚ ଆଇନ ବହିରେ ସୂର୍ଯ୍ୟାସ୍ତ ନୀତି ଭଳି କିଛି ବ୍ୟବସ୍ଥା ନାହିଁ, ତଥାପି ଏଠାକୁ କାମ କରିବାକୁ ଆସୁଥିବା କୃଷ୍ଣକାୟ ଲୋକମାନେ ସନ୍ଧ୍ୟା ନଇଁବା ପୂର୍ବରୁ ପୁଣି ଓକଲାହୋମା ନଗରୀକୁ ଫେରି ଯାଇଥାଆନ୍ତି। କିଛି ବର୍ଷ ପୂର୍ବେ, ଜଣେ କୃଷ୍ଣାଙ୍ଗ ୟୁନିଭର୍ସିଟି ପ୍ରଫେସର ନର୍ମାନରେ ଅବସ୍ଥାନ କରିବାକୁ ଆସିଥିଲେ ଓ ଘର ଖଣ୍ଡିଏ କିଣି ସେଠାରେ ସ୍ଥାୟୀ ଭାବରେ ବସବାସ କଲେ। ମୋର ଯେତେଦୂର ବିଶ୍ୱାସ, ତାଙ୍କୁ ପ୍ରଥମେ ଶ୍ୱେତାଙ୍ଗ ଲୋକମାନଙ୍କ କ୍ରୋଧ ଓ ଆକ୍ରୋଶର ସମ୍ମୁଖୀନ ହେବାକୁ ପଡ଼ିଥିଲା। ଏବେ କିନ୍ତୁ ଅବସ୍ଥାରେ ଢେର୍ ପରିବର୍ତ୍ତନ ଘଟିସାରିଛି ଓ ବର୍ତ୍ତମାନ ନର୍ମାନରେ ଜାତିଗତ ବିଦ୍ୱେଷ ଭଳି କିଛି ଘଟଣା ଘଟୁଛି ବୋଲି ଶୁଣିଲେ ମୁଁ ନିଶ୍ଚୟ ଆଶ୍ଚର୍ଯ୍ୟ ହେବି। ମୁଁ ସଦାବେଳେ ବିସ୍ମିତ ହୁଏ ଯେ ମୂଳ ଶ୍ୱେତାଙ୍ଗ ଲୋକମାନେ ଆମ ଭାରତୀୟ ଅବା 'ବ୍ରାଉନ୍'ମାନଙ୍କୁ ସଦାବେଳେ କୃଷ୍ଣକାୟ ବୋଲି ବିବେଚନା କରିଥାଆନ୍ତି। ସେମିତି ଆମେରିକାସାର ଦେଶାନ୍ତରୀ ଭାରତୀୟମାନେ କଳା ଲୋକମାନଙ୍କୁ ଦେଖିଲେ ନାକ ଟେକନ୍ତି ଓ ନିଜକୁ ସେମାନଙ୍କଠାରୁ ଜାତିଗତ ଓ ସାଂସ୍କୃତିକ ଦୃଷ୍ଟିରୁ ଉନ୍ନତ ବୋଲି ଭାବନ୍ତି। (ମୁଁ ନିଶ୍ଚିତ ନୁହେଁ, ଶ୍ୱେତାଙ୍ଗମାନଙ୍କ ଠାରୁ ସେମାନେ ନିଜକୁ ଉନ୍ନତ ବୋଲି ଭାବିଥାଆନ୍ତି କି ନାହିଁ! ଯଦିବା ସେମାନେ ସେପରି ଭାବୁଥିବେ, ଏହାକୁ କଦାପି ସ୍ପଷ୍ଟ ଭାବରେ ପରିପ୍ରକାଶ କରନ୍ତିନାହିଁ। କିନ୍ତୁ କୃଷ୍ଣାଙ୍ଗମାନେ ଏଭଳି ଭାବ ପ୍ରକଟ କରିବାରେ କୌଣସି ସୁଯୋଗ ହାତଛଡ଼ା କରି ନ ଥାଆନ୍ତି)। ଏପରିକି ଭାରତରେ ସେମାନଙ୍କ ନିଜ ସମ୍ପ୍ରଦାୟର କଳା ଲୋକମାନଙ୍କ ପ୍ରତି ଏହା ହୁଏତ ଭାରତୀୟମାନଙ୍କ ମନରେ ଥିବା ନକାରାତ୍ମକ ଭାବନା ହୋଇଥାଇପାରେ। ଉଦାହରଣ ସ୍ୱରୂପ, ବଙ୍ଗଳାରେ ହେଉ କି ଅନ୍ୟ ଯେକୌଣସି ଭାରତୀୟ ଭାଷାରେ,'ଗୌରବର୍ଣ୍ଣ' ଓ 'ସୌମ୍ୟକାନ୍ତି' ଭଳି ଶବ୍ଦ ସମାର୍ଥବୋଧକ ଓ ଅଧିକତର ପରସ୍ପର ସହ ଏକତ୍ର ବ୍ୟବହାର କରାଯାଇଥାଏ। ଏଭଳି ବର୍ଣ୍ଣ ବୈଷମ୍ୟବାଦୀ ଚିନ୍ତାଧାରାର ଉତ୍ପତ୍ତି କେଉଁଠୁ ବୋଲି ମୁଁ ସଦାବେଳେ ଆଶ୍ଚର୍ଯ୍ୟ ହୋଇ ଭାବିଥାଏ। ଭାରତରେ ବ୍ରିଟିଶ୍ ଉପନିବେଶବାଦ ଆରମ୍ଭ ହେବା ପୂର୍ବରୁ ଏହାର ଉତ୍ପତ୍ତି ବୋଲି ମୁଁ ଅନ୍ୟମାନଙ୍କଠାରୁ ଶୁଣିଛି। ସମ୍ଭବତଃ, ବହିରାଗତ ଓ ଆକ୍ରମଣକାରୀ ଆର୍ଯ୍ୟମାନଙ୍କୁ 'ଗୌରବର୍ଣ୍ଣ' ଏବଂ ମୂଳବାସିନ୍ଦା ଦ୍ରାବିଡ଼ମାନଙ୍କୁ 'କୃଷ୍ଣବର୍ଣ୍ଣ'ର ବୋଲି ବର୍ଣ୍ଣନା କରାଯାଇଥିବା ସମୟ ପର୍ଯ୍ୟନ୍ତ ଏହାର ଚେର ଲମ୍ବିଛି!

ଏବେ ଓକଲାହୋମା ପ୍ରସଙ୍ଗକୁ ଫେରିବା। ସେଠାକାର ମୃତ୍ତିକା ଲାଲ। ପାଦ ତଳର ଯେକୌଣସି ସ୍ଥାନର ସବୁଜ କି ଧୂସର ମାଟିକୁ ସାମାନ୍ୟ ଉଖାରିଦେଲେ ତା'ତଳେ ତୁମେ ଲାଲ ରଙ୍ଗର ମାଟି ଦେଖିପାରିବ। ନର୍ମାନ ସହର ବାହାର ଦେଇ ଅଙ୍କାବଙ୍କା

ହୋଇ ବହିଯାଇଥିବା ନଦୀଟି ଯେମିତି ବାଲୁକାଶଯ୍ୟାର ଧଳା ଫିତାଟିଏ ପରି ଲାଗେ ଓ ତା'ରି ମଝିରେ ଓକଲାହୋମା ସିଟିକୁ ସରୁ ଜଳଧାରଟିଏ ସଂଯୋଗ କରିଥାଏ। ସେ ନଦୀର ନାଁ କାନାଡିଆନ୍ ରିଭର। ସ୍ଥାନୀୟ ଲୋକମାନଙ୍କର ବିଶ୍ୱାସ ଯେ ଓକଲାହୋମା ନଗରୀରେ ଯେଉଁ ଭୟଙ୍କର ଟର୍ଣ୍ଣାଡୋ ସଙ୍ଘଟିତ ହୋଇଥିଲା, ତା' କବଳରୁ ଏଇ ନଦୀଟି ଆଶ୍ଚର୍ଯ୍ୟଜନକ ଭାବରେ ନର୍ମାନ ଟାଉନକୁ ରକ୍ଷା କରିଥିଲା। ନର୍ମାନର ଦକ୍ଷିଣ ପାର୍ଶ୍ୱକୁ ସୁଦୀର୍ଘ ପାହାଡ଼ମାଳା। ସେଠାକୁ ଯାଇ ତୁମେ ହାତରେ ମାଟିକୁ ରାମ୍ପିଲେ ତୁମ ହାତରେ 'ରୋଜ୍ ରକ୍', 'ଷ୍ଟୋନ୍‌ରେଡ୍ ରକ୍'ମାନ ପଡ଼ିବ। ସେସବୁ ପଥର ଖଣ୍ଡର ପ୍ରାକୃତିକ ଗଢ଼ଣ ଗୋଲାପ ପାଖୁଡ଼ା ପରି। କିଛି ବର୍ଷ ପୂର୍ବରୁ ଅର୍ଥାତ୍, 'ଡଷ୍ଟ୍ ବାଉଲ୍' ସମୟରେ ପଶ୍ଚିମା ପବନ ବହି ସାରା ରାଜ୍ୟକୁ ଧୂଳିର ବହଳ ଆସ୍ତରଣରେ ଢାଙ୍କି ପକାଇଥିଲା। ଏଭଳି ଅବସ୍ଥାକୁ ଦେଖି ଓକଲାହୋମାର କୃଷକମାନେ କାଲିଫର୍ଣ୍ଣିଆ ପଳେଇଯାଇ ସେଠାରେ ନୂଆକରି ଜୀବନ ଆରମ୍ଭ କରିଥିଲେ। ଏହି ସ୍ଥାନାନ୍ତରଣ ଘଟଣାକୁ ଜନ୍ ଷ୍ଟାଇନ୍‌ବେକ୍ ତାଙ୍କ *'ଦି ଗ୍ରେପ୍ସ ଅଫ୍ ରାଥ୍'* ଉପନ୍ୟାସରେ ନିଖୁଣ ଭାବରେ ବଖାଣିଛନ୍ତି। କାଲିଫର୍ଣ୍ଣିଆରେ ସେହିସବୁ ସ୍ଥାନାନ୍ତରୀ ଲୋକମାନଙ୍କୁ 'ଓକି'ବୋଲି କୁହାଯାଏ। ଏପରିକି ଓକଲାହୋମାରେ ଆଜି ସୁଦ୍ଧା ସେମାନଙ୍କୁ ସେଇ ନାମରେ ହିଁ ସମ୍ବୋଧନ କରାଯାଇଥାଏ। ସେମାନଙ୍କ ମଧ୍ୟରୁ ଆଉ ଥୋକାଏ ଲୋକଙ୍କୁ 'ସୁନର୍' ବୋଲି କେହି କେହି କହିଥାଆନ୍ତି। ଯେତେବେଳେ ପୁଣି ଥରେ ଓକଲାହୋମାରେ ଜମିଜମା ବନ୍ଦୋବସ୍ତ କରାଗଲା, ସେତେବେଳେ ସେମାନେ କୌଣସି ମତେ ସେଠାକୁ ବେଆଇନ ଭାବରେ ଫେରି ଆସିଥିଲେ ଏବଂ ବିଧିବଦ୍ଧ ଭାବରେ ବନ୍ଦୋବସ୍ତ କାର୍ଯ୍ୟ ଆରମ୍ଭ ହେବା ପୂର୍ବରୁ ପର୍ଯ୍ୟାପ୍ତ ଜମିଜମା କିଣି ପକାଇଥିଲେ। ଏବେସୁଦ୍ଧା ସେମାନେ ସେହି ଦୂରଦୃଷ୍ଟିସମ୍ପନ୍ନ କାର୍ଯ୍ୟପାଇଁ ନିଜକୁ ଗୌରବାନ୍ୱିତ ମଣନ୍ତି ଓ ପରବର୍ତ୍ତୀ ସମୟରେ ଉପାର୍ଜନ କରିଥିବା ବିପୁଳ ଅର୍ଥକୁ ନେଇ ମନେ ମନେ ଗର୍ବ ଅନୁଭବ କରିଥାଆନ୍ତି।

■

ପରିବାର ସହ ପ୍ରଫେସର ଜେଏନ୍ ମହାନ୍ତି ଦମ୍ପତି । (ବାମରୁ ଡାହାଣ) ଗେଲ ମହାନ୍ତି (ବୋହୂ), ଉଦୟନ ମହାନ୍ତି (ପୁଅ), ସର୍ବାଣୀ ମହାନ୍ତି, ଜେଏନ୍ ମହାନ୍ତି, ଯଶୋଧାରା ମହାନ୍ତି (କନ୍ୟା) ଏବଂ ପଦ୍ମିନୀ ମହାନ୍ତି (ନାତୁଣୀ)

ନ୍ୟୁୟର୍କ ନଗରୀ ଓ ନିଉ ସ୍କୁଲ୍

ନିଉ ସ୍କୁଲରେ ମୁଁ ଦୁଇ ଦଫା ଅଧ୍ୟାପନା କରିଥିଲି - ପ୍ରଥମେ ଦୁଇ ବର୍ଷ ଭିଜିଟିଂ ପ୍ରଫେସର ଭାବରେ, ଯେତେବେଳେ ମୁଁ ଓକଲାହୋମା ବିଶ୍ୱବିଦ୍ୟାଳୟରୁ ଦୀର୍ଘ ଛୁଟି ନେଇ ସେଠାକୁ ଯାଇଥିଲି ଏବଂ ତା'ପରେ ଓକଲାହୋମାକୁ ବର୍ଷେ ଫେରିବା ପରେ ଆଉ ଥରେ ତିନି ବର୍ଷ ପାଇଁ ପ୍ରଫେସର ଓ ବିଭାଗୀୟ ଅଧ୍ୟକ୍ଷ ଭାବରେ। ନିଉ ସ୍କୁଲ ଏବଂ ନ୍ୟୁୟର୍କ ନଗରୀରେ ହିଁ ମୋ ପାଇଁ ଦାର୍ଶନିକ ଗବେଷଣାର ପ୍ରମୁଖ ଧାରାର ମାର୍ଗ ଉନ୍ମୋଚିତ ହୋଇଥିଲା ଏବଂ ମୁଁ କିଛି ଆନ୍ତର୍ଜାତିକ ପ୍ରଶଂସା ଓ ପ୍ରସିଦ୍ଧି ପାଇଥିଲି। ମୋ ପାଇଁ ସବୁଠାରୁ ଗୁରୁତ୍ୱପୂର୍ଣ୍ଣ କଥାଟି ଥିଲା ସେଠାରେ ମୁଁ ଏକ ଚମତ୍କାର ପିଢ଼ିର(ଜର୍ମାନ)ବିଦ୍ୱାନଙ୍କ ସଖ୍ୟ ଲାଭ କରିଥିଲି। ସେମାନଙ୍କ ମଧ୍ୟରେ ଯେଉଁମାନଙ୍କ ନାମ ମୁଁ ଅବଶ୍ୟ ସ୍ମରଣ କରିବାକୁ ଚାହିଁବି, ସେମାନେ ହେଲେ - ଆରନ୍ ଗୁରୱିଚ୍, ହାନ୍ସ ଜୋନାସ୍ ଓ ହାନା ଆରେଣ୍ଟ୍। ଅନ୍ୟମାନଙ୍କଠାରୁ ଏମାନଙ୍କ ନାମ ମୋ ସ୍ମୃତିରେ ପ୍ରଥମେ ଆସେ। ଏଭଳି ବନ୍ଧୁତା ଲାଭ ସହିତ ମୁଁ ଆହୁରି କହିବି ଯେ ନ୍ୟୁୟର୍କର ବୌଦ୍ଧିକ ଜୀବନ ସହିତ ମଧ୍ୟ ମୁଁ ପରିଚିତ ହେବାର ସୁଯୋଗ ଲାଭ କରିଥିଲି। ସର୍ବୋପରି ମୋ ଚାରିକଡ଼େ ସଦାବେଳେ ପଞ୍ଚାଏ ପ୍ରଖର ବୁଦ୍ଧିମାନ ଓ ବୌଦ୍ଧିକ ଦୃଷ୍ଟିରୁ ସଦା ଚଳଚଞ୍ଚଳ ଓ ପ୍ରଜ୍ଞାଦୀପ୍ତ ଗ୍ରାଜୁଏଟ୍ ଛାତ୍ର ଘେରି ରହୁଥିଲେ।

ନର୍ମାନ, ଓକଲାହୋମାରୁ ମୋର ନ୍ୟୁୟର୍କ ସ୍ଥାନାନ୍ତରଣ ସେମିତି ସ୍ୱାଭାବିକ ଥିଲା ଯେମିତି ମୁଁ କଲିକତାରୁ ନର୍ମାନକୁ ଆସିଥିଲି। ଅନେକ ଦୃଷ୍ଟିରୁ ଭାବି ଦେଖିଲେ ନ୍ୟୁୟର୍କ ଥିଲା କଲିକତା ପରି - କେବଳ ଯାହା ସେଠାରେ ତା'ଠାରୁ ବଡ଼ ଓ ନଭଶ୍ଚୁମ୍ବୀ ସୁଉଚ୍ଚ ଅଟ୍ଟାଳିକାମାନ ଥିଲା ଯେଉଁଠି ଅବସ୍ଥାନ କରିବା ଅତିମାତ୍ରାରେ ବିପଜ୍ଜନକ। ତା'ର ଦାରିଦ୍ର୍ୟ ସହିତ ତୁଳନା କଲେ କଲିକତା ବରଂ ତା'ଠାରୁ ଅଧିକ ନିରାପଦ ସ୍ଥାନ। କଲିକତାରେ ମୁଁ ଯେଉଁଆଡ଼େ ଚାହୁଁଥିଲି ମନ ଇଚ୍ଛା ଯା'ଆସ କରିପାରୁଥିଲି,

କିନ୍ତୁ ନ୍ୟୁୟର୍କରେ ତାହା ଆଦୌ ସମ୍ଭବପର ନ ଥିଲା। ସେଠାରେ କିଏ ତୁମ ଉପରେ ଗାଡ଼ି ମଡ଼େଇ ଦେବାର ଭୟ ଥିଲା କିମ୍ବା ଆଉ କିଏ ତୁମକୁ ଲୁଟିବାର ଆଶଙ୍କା ଥିଲା। ତେବେ ଉଭୟ ନଗରୀରେ ସମାନ ପ୍ରକାର ବୌଦ୍ଧିକତା ଲକ୍ଷ୍ୟ କରାଯାଇପାରେ- ଏହ ନିଃସନ୍ଦେହ। ନ୍ୟୁୟର୍କ ବୌଦ୍ଧିକତା ଦୃଷ୍ଟିରୁ ଅଧିକ ପ୍ରଗାଢ଼, ଅଧିକ ବିବିଧତାପୂର୍ଣ୍ଣ,ଏବଂ ସବୁ ଦୃଷ୍ଟିରୁ ବିଚାର କଲେ ଅକଳ୍ପନୀୟ। ନ୍ୟୁୟର୍କ ପରି ସଙ୍ଗୀତ ପ୍ରତି କଲିକତାର ମଧ୍ୟ ଅନୁରୂପ ଅନୁରାଗ ରହିଛି। କେବଳ କଲିକତାରେ ଯାହା ନ୍ୟୁୟର୍କ ଫିଲ୍‌ହାର୍ମୋନିକ୍ ଭଳି ଏକ ସଙ୍ଗୀତ ବ୍ୟାଣ୍ଡ୍ ନାହିଁ। କଲିକତାରେ ନ୍ୟୁୟର୍କ ପରି କବି ଓ ଲେଖକ ଅଛନ୍ତି। ହେଲେ ନ୍ୟୁୟର୍କ ଭଳି ହାର୍ଲେମ, ଯାହାକି ନିଜର ଅପରାଧ, ସଙ୍ଗୀତ ଓ ନୃତ୍ୟ ପାଇଁ ସୁଖ୍ୟାତି ଓ ଅପକୀର୍ତ୍ତିର ଅଧିକାରୀ ତାହା କଲିକତାରେ ଖୋଜିଲେ ମିଳିବନାହିଁ। ସେମିତି କଲିକତାର କଲେଜ ସ୍କୋୟାରରେ ଯେଉଁ ଧାଡ଼ି ଧାଡ଼ି ଅସଂଖ୍ୟ ବହିଦୋକାନ ଅଛି ଓ ତା'ଚାରିକଡ଼େ ଅନେକ କଲେଜ ରହିଛି ତାହା ନ୍ୟୁୟର୍କରେ ନାହିଁ। ତେବେ ନ୍ୟୁୟର୍କର ଗ୍ରୀନିଜ୍ ଭିଲେଜ୍ ବିଶ୍ୱର କେଉଁଠି ବି ଅଣ୍ଡାଳିଲେ ମିଳିବନି। ସେହି ଭିଲେଜ୍‌ରେ ହିଁ ମୁଁ ପ୍ରଥମେ ନିଉ ସ୍କୁଲରେ କାମ କରିବା ଆରମ୍ଭ କରିଥିଲି। ନ୍ୟୁୟର୍କର ନିଉ ସ୍କୁଲ ଭଳି ଏକ ଚମତ୍କାର ଅନୁଷ୍ଠାନ କୁତ୍ରାପି ନାହିଁ। ନିଉ ସ୍କୁଲ ହେଲା ନ୍ୟୁୟର୍କର ଏକ ନିଜସ୍ୱ ଢାଞ୍ଚାର ଶିକ୍ଷାନୁଷ୍ଠାନ ଯାହା ବିଶ୍ୱର ସବୁଠାରୁ ପ୍ରଜ୍ଞାଦୀପ୍ତ ପ୍ରତିଭାଙ୍କୁ ଆକର୍ଷିତ କରିଛି ଯାହା କେବଳ ନ୍ୟୁୟର୍କ ପକ୍ଷେ ହିଁ ସମ୍ଭବ।

ଏହି ଅଭିନବ ଶିକ୍ଷାନୁଷ୍ଠାନ ସମ୍ପର୍କରେ ପଦେ। ନ୍ୟୁୟର୍କବାସୀ ଯେଉଁ ଅନୁଷ୍ଠାନଟିକୁ ଅତି ଶ୍ରଦ୍ଧାରେ ଏବଂ ଲୋକପ୍ରିୟ ଭାଷାରେ 'ନିଉ ସ୍କୁଲ୍' ବୋଲି କହିଥାଆନ୍ତି, ତାହା ବାସ୍ତବରେ ସିକ୍ସ୍‌ଥ୍ ଏଭିନ୍ୟୁର ଦ୍ୱାଦଶ ଷ୍ଟ୍ରୀଟ୍‌ରେ ସାଁବାଳକ ବିଦ୍ୟାର୍ଥୀମାନଙ୍କ ଲାଗି ମୁଣ୍ଡ ଟେକି ଠିଆ ହୋଇଥିବା ଏହି ସ୍କୁଲର ଏକ ଡିଭିଜନ ଯେଉଁଠାରେ ଅଣ-କ୍ରେଡିଟ୍‌ଯୁକ୍ତ ଅସଂଖ୍ୟ ପାଠ୍ୟକ୍ରମ ପଢ଼ାଯିବାର ବ୍ୟବସ୍ଥା ରହିଛି। ସେହିସବୁ ପାଠ୍ୟକ୍ରମ ଯୌନବିଜ୍ଞାନ ଠାରୁ ଆରମ୍ଭ କରି ଯୋଗବିଜ୍ଞାନ ପର୍ଯ୍ୟନ୍ତ, ଚାଇନିଜ୍ କବିତା ଠାରୁ ନେଇ ଆଫ୍ରିକୀୟ ନୃତ୍ୟସଙ୍ଗୀତ ପର୍ଯ୍ୟନ୍ତ ବ୍ୟାପ୍ତ ଏବଂ ପ୍ରତ୍ୟେକ ବିଷୟର ବିଶିଷ୍ଟ ବିଦ୍ୱାନ୍ ଓ ବିଶେଷଜ୍ଞମାନେ ସେସବୁ ପଢ଼ାଇଥାଆନ୍ତି। ସେହିସବୁ ବିଶେଷଜ୍ଞମାନେ ମହିଳା ଅବା ପୁରୁଷ ହୁଅନ୍ତୁ, ଜୀବନରେ ସ୍ୱ ସ୍ୱ କ୍ଷେତ୍ରରେ ନିଜକୁ ସୁପ୍ରତିଷ୍ଠିତ କରିସାରିବା ପରେ କେବଳ ଅଧ୍ୟାପନା ପାଇଁ ମନରେ ଥିବା ଶ୍ରଦ୍ଧାକୁ ସାକାର କରିବା ନିମନ୍ତେ ଏଠାକୁ ଆସିଥାଆନ୍ତି। ସେଠାରେ ୱାଲ୍ଟର କ୍ରୋଙ୍କାଇଟ୍ ସାମ୍ବାଦିକତା ପଢ଼ାଉଥିବେ, କିମ୍ବା ପଲ୍ ନିଉମ୍ୟାନ୍ ଚଳଚିତ୍ର ଅଭିନୟ ବିଷୟରେ ପିଲାମାନଙ୍କୁ ଶିକ୍ଷାଦାନ କରୁଥିବାର ଦେଖିବାକୁ ମିଳିବ। ଏହିଭଳି ଭାବରେ ନିଉ ସ୍କୁଲ ଏକ ମଞ୍ଚରେ

ପରିଣତ ହୋଇଥିଲା, ଯାହା ଏହାର ଅନ୍ୟତମ ପ୍ରତିଷ୍ଠାତା ଜନ୍ ଡିଓ୍ୱିଙ୍କ କହିବା ଅନୁସାରେ- ତୁମେ ପାରମ୍ପରିକ ଶିକ୍ଷାୟତନର ପରିସୀମା ଭିତରେ ଆସୁ ନ ଥିବା ଯେଉଁସବୁ ଶାସ୍ତ୍ର ଅଧ୍ୟୟନର ସୁଯୋଗ ଅନ୍ୟ କେଉଁଠି ପାଇବନାହିଁ,ଏଠାରେ ସେହିଭଳି ବିଷୟ ଅଧ୍ୟାପନା(ଏବଂ ଅଧ୍ୟୟନ)ର ସୁଯୋଗ ପାଇପାରିବ। ନିଉ ସ୍କୁଲର ଏହି ଡିଭିଜନ ସହିତ ମୋର କିଛି ଦେଣ ନେଣ ନ ଥିଲା। ମୁଁ ଏହାର ଯେଉଁ ଡିଭିଜନରେ ପଢ଼ାଉଥିଲି ତାହା ଥିଲା *'ଗ୍ରାଜୁଏଟ୍ ଫାକଲଟ୍ ଅଫ୍ ସୋସିଆଲ୍ ଆଣ୍ଡ ପଲିଟିକାଲ ସାଇନ୍ସ'*। ଏହି ଡିଭିଜନଟି ଚତୁର୍ଦ୍ଦଶ ଓ ପଞ୍ଚଦଶ ଷ୍ଟ୍ରୀଟ୍‌ର ଫିଫ୍‌ଥ୍ ଏଭିନ୍ୟୁର ପୂର୍ବ ଦିଗକୁ ଅବସ୍ଥିତ। 'ଗ୍ରାଜୁଏଟ ଫାକଲ୍ଟି'ର ଏକ ରୋମାଣ୍ଟିକ ଇତିହାସ ରହିଛି। ଯେଉଁମାନେ ସେ ସମ୍ପର୍କରେ ଅବଗତ ନୁହନ୍ତି, ସେମାନେ ଏହା ଅବଶ୍ୟ ଜାଣିବା ଦରକାର।

ସେ ସମୟରେ ଏଲଭିନ୍ ଜନସନ୍ ନିଉ ସ୍କୁଲର ଅଧ୍ୟକ୍ଷ ଦାୟିତ୍ୱରେ ଥାଆନ୍ତି। ସେତେବେଳେ ସେ ଚିନ୍ତାକଲେ ଯେ ନିଉ ସ୍କୁଲରେ ଏକ ସମାଜ ବିଜ୍ଞାନ ବିଭାଗ ଖୋଲିବା ଦରକାର। କାରଣ ୟୁରୋପରୁ ନାଜୀମାନଙ୍କ ଉତ୍ପୀଡ଼ନ ଭୟରେ ଯେଉଁସବୁ ବିଶିଷ୍ଟ ବିଦ୍ୱାନ୍‌ମାନେ ଆମେରିକା ପଳାଇ ଆସୁଛନ୍ତି, ସେମାନଙ୍କୁ ଉପଯୁକ୍ତ ଭାବେ ଥଇଥାନ କରାଯାଇପାରିବ। ଏଭଳି ଏକ ଶିକ୍ଷାନୁଷ୍ଠାନ ଗଢ଼ିବା ଲାଗି ସେ ରକ୍‌ଫେଲର୍ସଙ୍କୁ ଆର୍ଥିକ ସାହାଯ୍ୟ ପାଇଁ ଅନୁରୋଧ କରିବାକୁ ମନସ୍ଥ କଲେ। ଦିନେ ରକ୍‌ଫେଲର୍ସଙ୍କ ପ୍ଲାଜାକୁ ଯିବା ଲାଗି ସେ ଦ୍ୱାଦଶ ଷ୍ଟ୍ରୀଟ୍‌କୁ ଅତିକ୍ରମ କରି ଚାଲିବା ଆରମ୍ଭ କଲେ। ସେତେବେଳେ ସେ ମନେ ମନେ ଭାବିଥିଲେ ଯେ ରକ୍‌ଫେଲର୍ସଙ୍କୁ ଭେଟି ୧୦ହଜାର ଡଲାର ସହାୟତା ଦେବାକୁ ଅନୁରୋଧ କରିବେ। ନିଉ ସ୍କୁଲ ଓ ରକ୍‌ଫେଲର୍ସଙ୍କ ପ୍ଲାଜା ମଧ୍ୟରେ ୪୬ଟି ବ୍ଲକ୍। ସେହିସବୁ ବ୍ଲକ ଦେଇ ଯିବାବେଳେ ଜନସନ୍‌ଙ୍କ ମନକୁ ଗୋଟିଏ ବିଚିତ୍ର ଧାରଣା ଢୁକିଲା ସେ ଗୋଟିଏ ଗୋଟିଏ ବ୍ଲକ ପାଇଁ ୧୦ହଜାର ଲେଖାଏଁ ଡଲାର ମନେ ମନେ ବଢ଼ାଇ ଚାଲିଲେ। ରକ୍‌ଫେଲର୍ସଙ୍କ ପାଖରେ ପହଞ୍ଚିବାବେଳକୁ ସେ ଭାବିଲେ ଯେ ତାଙ୍କୁ ୪ଲକ୍ଷ ୬୦ହଜାର ଡଲାର ପାଇଁ ଅନୁରୋଧ କରିବେ। ଆଶ୍ଚର୍ଯ୍ୟର କଥା, ରକ୍‌ଫେଲର୍ସ ତାଙ୍କର ଏହି ଅନୁରୋଧକୁ ଖୁସି ମନରେ ପୂରଣ କରିଥିଲେ। ଅନ୍ୟ ବଦାନ୍ୟ ବ୍ୟକ୍ତିଙ୍କ ସହାୟତାରେ ନିଉ ସ୍କୁଲ ତା'ର ଗ୍ରାଜୁଏଟ୍ ଫାକଲ୍ଟି ସ୍ଥାପନ କରିଥିଲା, ଯେଉଁଠାରେ ଅଧିକତର ଜର୍ମାନ ଦେଶାନ୍ତରୀ ବିଦ୍ୱାନ ଅଧ୍ୟାପକମାନେ ଯୋଗ ଦେଇଥିଲେ। ସେହିସବୁ ବିଦ୍ୱାନଙ୍କ ମଧ୍ୟରେ ଥିଲେ ରାଜନୀତି-ଅର୍ଥନୀତିଜ୍ଞ ଷ୍ଟୁଡିଞ୍ଜର ଓ ଆଡଲ୍ଫ ଲୋ', ଜେସାଲ୍ଟ ମନୋବିଜ୍ଞାନୀ ମାର୍କ୍ସ ଓ୍ୱେର୍ଦେମିଅର, ସମାଜବିଜ୍ଞାନୀ ଆଲଫ୍ରେଡ୍ ଶ୍ଳୁଜ୍, ଦାର୍ଶନିକ ହାନ୍ସ ଜୋନାସ୍, ଆରନ୍ ଗୁରଓ୍ୱିଚ୍ ଏବଂ ଫ୍ରିଜ୍ କଫ୍‌ମାନ୍ ଏବଂ ପରେ ସେମାନଙ୍କ ସହଯୋଗ ଦେଇଥିଲେ

ହାନା ଆରେଣ୍ଟ୍। ଫଳରେ ନ୍ୟୁୟର୍କର ଦ୍ୱାଦଶ ଷ୍ଟ୍ରୀଟ୍‌ରେ ଗୋଟିଏ ଛୋଟକାଟର ହାଇଡେଲବର୍ଗ ମୁଣ୍ଡ ଟେକିଥିଲା। ଥରେ ନିଉ ସ୍କୁଲ୍‌ର ଡିନ୍‌ଙ୍କ ଘରେ ଆୟୋଜିତ ଏକ ଭୋଜିସଭାରେ ଫ୍ରାଓ ଷ୍ଟୁଡିଞ୍ଜରଙ୍କ ମନ୍ତବ୍ୟ ମୁଁ ଶୁଣିଥିଲି। ସେ କହିଥିଲେ, 'ଯେତେବେଳେ ମୋ ସ୍ୱାମୀ ଏହି ଶିକ୍ଷାନୁଷ୍ଠାନର ଡିନ୍ ପଦଭାର ଗ୍ରହଣ କଲେ, ସେ ପ୍ରଥମେ ଆମେରିକୀୟ କକେସିୟମାନଙ୍କୁ ଅଧ୍ୟାପକ ଭାବରେ ନିଯୁକ୍ତି ଦେଇଥିଲେ।' ମୋ ଭଳି ଜଣେ ଭାରତୀୟଙ୍କୁ ଏଠାରେ ଅଧ୍ୟାପକ ରୂପେ ଅବସ୍ଥାପିତ କରିବା ପାଇଁ ବାସ୍ତବିକ ଦୃଢ଼ ମାନସିକତା ଓ ଇଚ୍ଛାଶକ୍ତିର ଆବଶ୍ୟକତା ଥିଲା। କାରଣ ସେ ଚାହୁଁଥିଲେ ଯେ ବ୍ୟବସ୍ଥାରେ ଉନ୍ନତି ଓ ପରିବର୍ତ୍ତନ ଘଟାଇବାକୁ ହେଲେ ମାନସିକତାକୁ ମଧ୍ୟ ତଦନୁପାତିକ ଭାବରେ ବଦଳାଇବାକୁ ପଡ଼ିବ। ଏହାର କିଛି ବର୍ଷ ପରେ ଗୁରୱିଚ୍ ଅବସର ନେଇଥିଲେ। ସେ ଚାହୁଁଥିଲେ ଯେ ତାଙ୍କ ଉତ୍ତରାଧିକାରୀଭାବେ ମୁଁ ଏହି ସ୍କୁଲର ଡିନ୍ ପଦଭାର ସମ୍ଭାଳେ। କିନ୍ତୁ ଜଣେ ଭିଜିଟର ପ୍ରଫେସର ଭାବରେ କାର୍ଯ୍ୟ କରିବା ପାଇଁ ମୁଁ ମନସ୍ଥ କରିଥିଲି।

ସ୍ୱାଭାବିକ ଶରୀରଯୁକ୍ତ ସାମାନ୍ୟ ଗେଡ଼ା ହେଲେ ମଧ୍ୟ ଆରନ୍ ଗୁରୱିଚ୍ ଦେଖିବାକୁ ଖୁବ୍ ସୌମ୍ୟ। ସେ ଥିଲେ ଜଣେ ଲିଥୁଆନିଆନ୍ ଜର୍ମାନ ଇହୁଦୀ। କଥାବାର୍ତ୍ତାରେ ଯେତିକି ଭଦ୍ର, ସେତିକି ସମ୍ଭ୍ରାନ୍ତ। ଏକାଗ୍ରଚିତ୍ତ ଭାବରେ କାର୍ଯ୍ୟ କରିବାରେ ସେ ଏତେ ମାତ୍ରାରେ ମଜ୍ଜି ରହୁଥିଲେ ଯେ କେହି ଚାହିଁଲେ ସୁଦ୍ଧା ତାଙ୍କର ଧ୍ୟାନଭଙ୍ଗ କରିପାରୁ ନ ଥିଲେ। ଏପରିକି ଅନ୍ୟ କୌଣସି ପ୍ରକାର ପ୍ରତିଦ୍ୱନ୍ଦ୍ୱୀ ଅଥବା ବିପରୀତ ଦାର୍ଶନିକ ଚିନ୍ତାଧାରା ତାଙ୍କ ମନକୁ ପ୍ରଭାବିତ କରୁ ନ ଥିଲା। ଗୁରୱିଚ୍‌ଙ୍କ ମୂଳ ତାଲିମ୍ ଥିଲା ଗେଟିଂଗେନ୍‌ରୁ। ସେ ଗଣିତ ଶାସ୍ତ୍ର ଏବଂ ଜେଷ୍ଟାଲ୍ଟ ମନସ୍ତତ୍ତ୍ୱ ଅଧ୍ୟୟନ କରିଥିଲେ। ତା'ପରେ ଫ୍ରିବର୍ଗ ବିଶ୍ୱବିଦ୍ୟାଳୟ ଯାଇ ହସେର୍ଲଙ୍କ ଅଧ୍ୟାପନାରେ ଯୋଗ ଦେବାପରେ ଗୁରୁଙ୍କଠାରୁ ପ୍ରଶଂସା ଓ ଉତ୍ସାହବାଣୀ ଲାଭ କରିଥିଲେ। ତାଙ୍କ ପତ୍ନୀ ଆଲିସ୍ (ଓରଫ ରାଜା) ଯୁବାବସ୍ଥାରେ ଜଣେ ଅତି ଉତ୍ସାହୀ ଛାତ୍ରୀ ଥିଲେ। ତାଙ୍କ ଘର ଜର୍ମାନର ଫୁଲ୍‌ଦା ସହରରେ (ମୁଁ ଗେଟିଂଗେନ୍‌ରେ ପଢ଼ିଲାବେଳେ ସେହି ସହରକୁ ଅଧିକାଂଶ ସମୟ ବୁଲି ଯାଉଥିଲି)। ଆଲିସ୍ ଥିଲେ ଜଣେ ଅସାମାନ୍ୟା ଚିତ୍ରକର ଏବଂ ସକ୍ରିୟ ଜିଓନିଷ୍ଟ। ସଦାବେଳେ ସେ ଆରନ୍‌ଙ୍କ ପାଖେ ପାଖେ ରହୁଥିଲେ। ଆରନ୍‌ଙ୍କ ଧ୍ୟାନ ଯେପରି ସଦାସର୍ବଦା ତାଙ୍କ ନିଜ କାର୍ଯ୍ୟରେ ନିମଗ୍ନ ରହିବ, ସେଥିପ୍ରତି ସେ ବିଶେଷ ଯତ୍ନଶୀଳା ଥିଲେ। ଯେତେବେଳେ ଆରନ୍ ପ୍ୟାରିସରେ ଜଣେ ଶରଣାର୍ଥୀଭାବରେ ଅବସ୍ଥାନ କରୁଥିଲେ, ସେ ଜଣେ ନିର୍ଦ୍ଦିଷ୍ଟ ବ୍ୟକ୍ତିଙ୍କ ସହ ବସି ଖାଇବାକୁ ଭଲ ପାଉଥିଲେ। କାରଣ ସେହି ବ୍ୟକ୍ତିଙ୍କ ସାନ୍ନିଧ୍ୟ ତାଙ୍କୁ ଖୁବ୍ ଭଲ ଲାଗୁଥିଲା।

ଅନେକ ବର୍ଷ ପରେ ଆରନ୍ ଜାଣିବାକୁ ପାଇଲେ ଯେ ସେ ଯେଉଁ ଅଚିହ୍ନା ବ୍ୟକ୍ତିଜଣକ ସହ ଏତେ ଦିନ ଧରି ବସି ଭୋଜନ କରୁଥିଲେ, ସେ ଥିଲେ ରୁଷିଆର ଶୂନ୍ୟବାଦୀ ଦାର୍ଶନିକ ଗୁର୍ଜିଫ୍। ଗୁରୁଓ୍ୱିଚ୍ ଥରେ ମୋତେ କହିଥିଲେ ଯେ ଗୁର୍ଜିଫଙ୍କ ସହ ସେ କେବେ ବି କୌଣସି ପ୍ରକାର ଦାର୍ଶନିକ ଆଲୋଚନା କରି ନ ଥିଲେ। ଆମେରିକାକୁ ଆସିବା ପରେ ଯେତେବେଳେ ସେ ହାର୍ଭାଡ୍‌ରେ ଗଣିତ ଓ ପଦାର୍ଥ ବିଜ୍ଞାନ ଅଧ୍ୟାପନା କରି କିଛି ଅର୍ଥ ଉପାର୍ଜନ କଲେ, ସେତେବେଳେ ସେ ତର୍କଶାସ୍ତ୍ରୀ କ୍ୱାଇନ୍‌ଙ୍କୁ ଚିହ୍ନିଲେ। କ୍ୱାଇନଙ୍କ ସହ ତାଙ୍କର ବନ୍ଧୁତା ବେଶ୍ ନିବିଡ଼ ସ୍ତରରେ ପହଞ୍ଚିଥିଲା। କିନ୍ତୁ କୌଣସି ସମୟରେ ଦୁହେଁ ନିଜ ନିଜର ଦାର୍ଶନିକ ଚିନ୍ତାଧାରା ଅବା ତତ୍ତ୍ୱକୁ ନେଇ ଆଲୋଚନା କରୁ ନ ଥିଲେ(କ୍ୱାଇନଙ୍କ ଦାର୍ଶନିକ ଚିନ୍ତାଧାରା ଗୁରୁଓ୍ୱିଚଙ୍କ ଚିନ୍ତାଧାରାଠାରୁ ବିଶେଷ ଭିନ୍ନ ନ ଥିଲା)। ମୋର ସଦାବେଳେ ବିଶ୍ୱାସ ଯେ ଗୁରୁଓ୍ୱିଚ୍ ଯାହା ଭାବୁଥିଲେ ଓ ଲେଖୁଥିଲେ ସତେ ଯେପରି ସେ ସେହି ଅଧ୍ୟାପନା ଦୁନିଆରେ ଅଛନ୍ତି, ଯେଉଁଥିରୁ ତାଙ୍କୁ ଜୋର୍ ଜବରଦସ୍ତ ବିତାଡ଼ିତ କରାଯାଇଥିଲା। ଦ୍ୱିତୀୟ ବିଶ୍ୱଯୁଦ୍ଧ ଶେଷ ହେବା ପରେ ପରେ ଏବଂ ନାଜୀବାଦର ବିଲୋପ ଘଟିବା ପରେ ପ୍ରତିବର୍ଷ ଖରାଦିନେ ସେ ଜର୍ମାନୀକୁ ବୁଲି ଯାଉଥିଲେ! ସେ ତଥାପି ନିଜକୁ ଜଣେ ଜର୍ମାନ୍ ଏବଂ ଜିଓନିଷ୍ଟ୍ ଇହୁଦୀ ବୋଲି ମନେ କରୁଥିଲେ। ନିଉ ସ୍କୁଲରେ ମୁଁ ଯେଉଁଦିନ ମୋର ପ୍ରଥମ ଅଧ୍ୟାପନା ଆରମ୍ଭ କଲି, ଆଲିସ୍ ଗୁରୁଓ୍ୱିଚ୍ ଶ୍ରେଣୀକକ୍ଷର ପ୍ରଥମ ଧାଡ଼ିରେ ମୂଳରୁ ଶେଷ ପର୍ଯ୍ୟନ୍ତ ବସି ରହିଥିଲେ। ମୋ ପଢ଼ା ଶେଷ ହେବାପରେ ସେ ମୋ ପାଖକୁ ଆସି ଅଭିନନ୍ଦନ ଜଣାଇ କହିଥିଲେ,'ଆପଣଙ୍କ ପଢ଼ା ଠିକ୍ ଆରନଙ୍କ ଭଳି। ତାହା ଆରନଙ୍କ ଭଳି ପ୍ରାଞ୍ଜଳ ଏବଂ ବିଶ୍ଲେଷଣାତ୍ମକ ଶୈଳୀରେ ଭରପୂର।'ଏହାର ଦୁଇ ବର୍ଷ ପରେ ପ୍ଲେସନରଙ୍କର ଅତିଥିଭାବରେ ଜୁରିକ୍‌ରେ ଛୁଟି କଟାଉଥିବାବେଳେ ହଠାତ୍ ଗୁରୁଓ୍ୱିଚ୍‌ଙ୍କର ପରଲୋକ ଘଟିଥିଲା ଏବଂ ତାଙ୍କ ପଦରେ ମୁଁ ଅବସ୍ଥାପିତ ହୋଇଥିଲି। ତାଙ୍କର ଉତ୍ତରାଧିକାରୀ ଭାବରେ ସେ ପ୍ରାୟ ମୋତେ ମନୋନୀତ କରିଥିଲେ।

ଆରନ୍‌ଙ୍କ ବିୟୋଗ ପରେ ଆଲିସ୍‌ଙ୍କ ସହ ମୋର ବନ୍ଧୁତା ଯଥାରୀତି ଜାରି ରହିଲା। ପ୍ରତି ବର୍ଷ ବଡ଼ଦିନ ଅବସରରେ ସେ ମୋତେ ହାତଅଙ୍କା ଚିତ୍ରକରା ଅତି ସୁନ୍ଦର ଅଭିନନ୍ଦନ କାର୍ଡ ପଠାଉଥିଲେ। ଆଜିସୁଦ୍ଧା ତାଙ୍କର ସେହି ମନଲୋଭା ଖ୍ରୀଷ୍ଟମାସ କାର୍ଡଗୁଡ଼ିକ ମୋ ବହିଥାକରେ ସଯତ୍ନରେ ସାଇତା ହୋଇ ରହିଛି। ଥରେ ବାଣୀ ଓ ମୁଁ ଆଲିସ୍‌ଙ୍କ ଘରକୁ ବୁଲି ଯାଇଥିଲୁ। ଆଲିସ୍ ମୋତେ ସେତେବେଳେ କହିଥିଲେ, ମୁଁ ଚାହିଁଲେ ଆରନ୍‌ଙ୍କ ବ୍ୟକ୍ତିଗତ ଲାଇବ୍ରେରୀରୁ ଯେ କୌଣସି ବହି ନେଇପାରିବି। ମୁଁ କିନ୍ତୁ ଏଭଳି ପ୍ରସ୍ତାବରେ ତାଙ୍କୁ କହିଥିଲି ଯେ ଗେଟିଂଗେନ୍‌ରେ ଆରନ୍ ଯେଉଁ 'ହୁଡ୍'(ଆରନ୍

ଗେଟିଂଗେନ୍‌ରୁ ହିଁ ତାଙ୍କର ପି.ଏଚ.ଡି. ଡିଗ୍ରୀ ହାସଲ କରିଥିଲେ)ଟି ପିନ୍ଧିଥିଲେ, ସେଇ ଗୋଟିକ ମୁଁ ନେବାକୁ ଚାହିଁବି। ଆଲିସ୍ ଖୁସି ମନରେ ଆରନ୍‌ଙ୍କ ହୁଡ୍‌ଟି ମୋ ହାତରେ ସମର୍ପି ଦେଇଥିଲେ। ଆଜିସୁଦ୍ଧା ଯେକୌଣସି ଶୈକ୍ଷିକ ଉତ୍ସବାନୁଷ୍ଠାନରେ ମୁଁ ସେହି ହୁଡ୍‌ଟିକୁ ବ୍ୟବହାର କରିଆସୁଛି। ଆରନ୍‌ଙ୍କ ସବୁ ଗବେଷଣାତ୍ମକ ନିବନ୍ଧ ୟେଲ୍ ବିଶ୍ୱବିଦ୍ୟାଳୟର ବିନେକେ ଲାଇବ୍ରେରୀକୁ ପଠାଇ ଦିଆଯାଇଥିଲା।

ଗୁରୁଉିଚ୍ ମୌଳିକ ଭାବରେ ମୋର ଦାର୍ଶନିକ ଗବେଷଣାକୁ ଆକ୍ରାନ୍ତ କରି ନ ଥିଲେ କିମ୍ବା ପ୍ରଭାବିତ ମଧ୍ୟ କରିପାରି ନ ଥିଲେ। ଯାହା ତାଙ୍କର ଅତି ପ୍ରିୟ ବିଷୟ ଥିଲା, ମୁଁ ସେତେବେଳକୁ ସେହି ବିଷୟରେ ଗବେଷଣା କାର୍ଯ୍ୟ ଆରମ୍ଭ କରି ସାରିଥିଲି। ତେଣୁ ମୋ ଗବେଷଣା କାର୍ଯ୍ୟ ତାଙ୍କୁ ଏକ ପ୍ରକାର ସୁହାଇଥିଲା। କିନ୍ତୁ ନିଉ ସ୍କୁଲର ଅନ୍ୟ ଦୁଇଜଣ ସହଯୋଗୀ, ଯେଉଁମାନେ ମୋତେ ନୂତନ ଚିନ୍ତାଧାରା ସହିତ ପରିଚିତ କରାଇଥିଲେ ଏବଂ ଧୀରେ ଧୀରେ ଓ ପ୍ରାଞ୍ଜଳ ଭାବରେ 'ଫେନୋମୋନୋଲୋଜି'ର କ୍ଷେତ୍ର ମଧ୍ୟକୁ ପ୍ରବେଶ କରାଇଥିଲେ ସେମାନେ ଥିଲେ ହାନ୍ସ ଜୋନାସ୍ ଏବଂ ହାନା ଆରେଣ୍ଟ୍। ଜୋନାସ୍ ଏବଂ ଆରେଣ୍ଟ୍ ଗୁରୁଉିଚଙ୍କଠାରୁ ଥିଲେ ସମ୍ପୂର୍ଣ୍ଣ ରୂପେ ଭିନ୍ନ ଧରଣର ଚିନ୍ତାଶୀଳ ବ୍ୟକ୍ତି। ଗୁରୁଉିଚ୍ ଥିଲେ ଜଣେ ହସେର୍ଲପନ୍ଥୀ ଦାର୍ଶନିକ। ସେ ସବୁ କଥାକୁ ଗାଣିତିକ ଅଧ୍ୟୟନ ଏବଂ ସ୍ପଷ୍ଟବାଦିତାର ସହ ଚିନ୍ତା କରୁଥିଲେ। ଅପରପକ୍ଷେ ଜୋନାସ୍ ଓ ଆରେଣ୍ଟ୍ ଥିଲେ ହାଇଡେଗାରଙ୍କ ନିକଟତର। କିନ୍ତୁ କୌଣସି ଦୃଷ୍ଟିରୁ ସେମାନେ ହାଇଡେଗାରୀୟ ଦର୍ଶନରେ ବିଶ୍ୱାସୀ ନ ଥିଲେ। ସେମାନେ ବିଭିନ୍ନ ଦାର୍ଶନିକ ପ୍ରସଙ୍ଗକୁ ଅତି ବ୍ୟାପକ ଭାବେ ଚିନ୍ତା କରୁଥିଲେ ଏବଂ ମାନବୀୟ ସ୍ଥିତିର ଐତିହାସିକ ତତ୍ତ୍ୱ ଦୃଷ୍ଟିରୁ ସେସବୁକୁ ବିଚାର କରୁଥିଲେ। କିନ୍ତୁ ଗୁରୁଉିଚ୍ ଥିଲେ ଇତିହାସ ବିରୋଧୀ। ସୌଭାଗ୍ୟର କଥା, ଏହି ତିନିଜଣଯାକ ଥିଲେ ଜିଓନିଷ୍ଟ୍। କିନ୍ତୁ ମୁଁ ଯେତେବେଳେ ସେଠାରେ ପହଞ୍ଚିଥିଲି, ସେତେବେଳକୁ ଆରେଣ୍ଟ୍ ଇସ୍ରାଏଲର ଆଇଚ୍‌ମାନ ବିଚାର ସମୟରେ ତାଙ୍କର ବ୍ୟତିକ୍ରମ ରହିତ ରିପୋର୍ଟିଂ ପାଇଁ ଇହୁଦୀ ଗୋଷ୍ଠୀଙ୍କଠାରୁ ଦୂରେଇ ଯାଇ ସାରିଥିଲେ। ଇହୁଦୀମାନେ ତାଙ୍କୁ ଆଦୌ ପସନ୍ଦ କରୁ ନ ଥିଲେ। ଏପରିକି ତାଙ୍କର ଅନ୍ୟ ଦୁଇଜଣ ସହଯୋଗୀ ମଧ୍ୟ ଧୀରେ ଧୀରେ ତାଙ୍କୁ ଅବିଶ୍ୱାସ କଲେ ଏବଂ ଶେଷରେ ସ୍ଥିତି ଏଭଳି ଅବସ୍ଥାରେ ପହଞ୍ଚିଥିଲା ଯେ ସେମାନେ ତାଙ୍କ ସହ ସମ୍ପୂର୍ଣ୍ଣରୂପେ କଥାବାର୍ତ୍ତା ବନ୍ଦ୍ କରି ଦେଇଥିଲେ। ତଥାପି ଜୋନାସ୍ ଓ ଆରେଣ୍ଟ୍ ସେମାନଙ୍କର ମାରବୁର୍ଗ ଦିନର ଯୁବାବସ୍ଥାରୁ ଥିଲେ ପରସ୍ପରର ଘନିଷ୍ଠ ବନ୍ଧୁ।

ଜୋନାସ୍ ତାଙ୍କ ଯୌବନାବସ୍ଥାରେ ରହସ୍ୟବାଦ(ମିଷ୍ଟିସିଜିମ)ର ଇତିହାସ ଉପରେ କାର୍ଯ୍ୟ କରି ବେଶ୍ ପ୍ରସିଦ୍ଧି ହାସଲ କରିଥିଲେ ଯାହାକି ସେହି କ୍ଷେତ୍ରରେ ତାଙ୍କୁ

ବିଶ୍ୱର ଜଣେ ବିଶିଷ୍ଟ ବିଦ୍ୱାନ ଭାବରେ ସୁପରିଚିତ କରାଇଥିଲା। ଏହା ଉପରେ ସେ ତାଙ୍କର ପ୍ରସିଦ୍ଧ ଗ୍ରନ୍ଥ ***'ଫେନୋମେନନ୍ ଅଫ୍ ଲାଇଫ୍'*** ରଚନା କରିଥିଲେ, ଯାହା ଥିଲା ହ୍ୱାଇଟ୍‌ହେଡ୍ ମାର୍ଗର। ସେଥିରେ ସେ ମୁଖ୍ୟତଃ ହସେର୍ଲୀୟ *'ପ୍ରାଇମେସି ଅଫ୍ ସବ୍‌ଜେକ୍ଟିଭିଟି'*କୁ ବିରୋଧ କରିଥିଲେ। ୧୯୭୦ ଦଶକ ପ୍ରାରମ୍ଭରେ ସେ ପ୍ରଯୁକ୍ତି ଓ ଚିକିତ୍ସା ବିଜ୍ଞାନ ଦର୍ଶନ ଆଡ଼କୁ ମନ ବଳାଇଥିଲେ। ସେ ଥିଲେ ପ୍ରଥମ ଦାର୍ଶନିକ ଯାହାଙ୍କୁ ଯୁକ୍ତରାଷ୍ଟ୍ର କଂଗ୍ରେସ ଜେନେଟିକ ଟେକ୍ନୋଲଜିର ମୂଲ୍ୟବୋଧ ଉପରେ ସାକ୍ଷ୍ୟ ଦେବାକୁ ପ୍ରଥମେ ଆହ୍ୱାନ କରିଥିଲେ। ମୁଁ ଯେତେବେଳେ ପ୍ରଥମେ ତାଙ୍କୁ ଚିହ୍ନିବା ଆରମ୍ଭ କଲି, ସେ ଏହା ଉପରେ ତାଙ୍କର ପୁସ୍ତକ ରଚନା କାର୍ଯ୍ୟରେ ନିମଗ୍ନ ଥିଲେ। ପରେ ଜର୍ମାନ୍ ଦାର୍ଶନିକଙ୍କ ଉପରେ ତାଙ୍କର ବ୍ୟାପକ ପ୍ରଭାବ କଥା ମୁଁ ଅବଗତ ହୋଇଥିଲି। ଆଧୁନିକ ପ୍ରଯୁକ୍ତି ଏବଂ ନୀତିଶାସ୍ତ୍ର ଉପରେ ତାଙ୍କର ଥିଲା ଅଗାଧ ପାଣ୍ଡିତ୍ୟ। ୧୯୮୦ ଦଶକ ଶେଷ ଆଡ଼କୁ ଜର୍ମାନର ଯୁବଗୋଷ୍ଠୀଙ୍କ ନିକଟରେ ସେ ଜଣେ 'ଗୁରୁ' ଭାବରେ ସୁପରିଚିତ ହୋଇପାରିଥିଲେ। ଜର୍ମାନୀରେ ତାଙ୍କ ନାମରେ ଗୋଟିଏ ଇଣ୍ଟରସିଟି ଟ୍ରେନ୍‌ର ନାମକରଣ କରାଯାଇଥିଲା (ଏବଂ ଆରେଣ୍ଟ୍‌ଙ୍କ ନାମରେ ଆଉ ଗୋଟିଏ ଟ୍ରେନ୍‌କୁ ମଧ୍ୟ ନାମିତ କରାଯାଇଥିଲା)। ଶେଷଥର ପାଇଁ ତାଙ୍କ ସହ ମୋର ସାକ୍ଷାତ ହୋଇଥିଲା ଯେତେବେଳେ ସେ ମୋତେ ସାକ୍ଷାତ କରିବାକୁ ନର୍ମାନଙ୍କୁ ଆମ ଘରକୁ ବୁଲି ଆସିଥିଲେ। ସେତେବେଳେ ସେ ମୋତେ କହିଥିଲେ ଯେ ଜର୍ମାନ ଭାଷାରେ ପ୍ରଯୁକ୍ତି ଓ ନୀତିଶାସ୍ତ୍ର ଉପରେ ସେ ଲେଖିଥିବା କୌଣସି ପୁସ୍ତକ ସେତେଟା ଆଦୃତି ଲାଭ କରିପାରିନାହିଁ। ସେତେବେଳେ ମୁଁ ତାଙ୍କୁ ପଚାରିଥିଲି ଯେ ସେ ତାଙ୍କ ଅବସର ଜୀବନ କିଭଳି ଭାବେ ଉପଭୋଗ କରୁଛନ୍ତି। ଉତ୍ତରରେ ସେ କହିଥିଲେ,'ମହାନ୍ତି, ମୁଁ ଯେତେବେଳେ ନିଉ ସ୍କୁଲରେ ପଢ଼ାଉଥିଲି, ସେତେବେଳେ ସପ୍ତାହକୁ ତିନିଦିନ ଛୁଟି ପାଉଥିଲି। ଏବେ ଅବସର ପରେ ମୋତେ ଗୋଟିଏ ଦିନ ବି ଫୁର୍ସତ ମିଳୁନି।' ସମଗ୍ର ୟୁରୋପ ତାଙ୍କ ପ୍ରତିଭାକୁ ଉତ୍ତମ ରୂପେ ଚିହ୍ନିଥିଲା, ଭଲ ପାଉଥିଲା ଏବଂ ସମ୍ମାନ ଜଣାଉଥିଲା। ସେ ସାରା ଜୀବନ ଅକ୍ଲାନ୍ତ ଶ୍ରମ ସ୍ୱୀକାର କରିଥିଲେ। ଥରେ ମାଡ୍ରାସରୁ ସେ ପଠାଇଥିବା ଖଣ୍ଡିଏ ପୋଷ୍ଟକାର୍ଡ ମୋତେ ମିଳିଥିଲା। ସେଥିରେ ସେ ଲେଖିଥିଲେ,'ଭାରତ ଆସିବା ପୂର୍ବରୁ ମୁଁ ତୁମ ସହ କଥାବାର୍ତ୍ତା କରିଥିଲେ ଭଲ ହୋଇଥାଆନ୍ତା। ଏଠାରେ ଆସି ଏସବୁ ମନ୍ଦିର ଦେଖି ମୁଁ ବିହ୍ୱଳିତ ହୋଇପଡ଼ିଛି।' ରୋମ୍‌କୁ ଫେରିବା ବେଳେ ବିମାନରେ ହିଁ ସେ ଶେଷନିଃଶ୍ୱାସ ତ୍ୟାଗ କରିଥିଲେ। ଇଟାଲି ସରକାର ତାଙ୍କୁ ଦେଶର ଏକ ବିରଳ ସମ୍ମାନରେ ସମ୍ମାନିତ କରିଥିଲେ।

ହାନା ଆରେଣ୍ଟ୍‌ଙ୍କ ସମ୍ପର୍କରେ କିଛି ଲେଖିବା ମୋ ପକ୍ଷେ ଅତୀବ କଷ୍ଟକର।

ତାଙ୍କର ସମ୍ପୂର୍ଣ୍ଣ ବ୍ୟକ୍ତିତ୍ୱ ମୋତେ କେମିତି ବୌଦ୍ଧିକତାରେ ଭରପୂର ଥିବା ପରି ମନେ ହେଉଥିଲା। ସେ ନିଜ ଚିନ୍ତାଧାରା ପ୍ରତି ଏତେ ପୂର୍ଣ୍ଣ ମାତ୍ରାରେ ସମର୍ପିତ ଥିଲେ ଯେ ମୋ ସହିତ ବ୍ୟକ୍ତିଗତ ସ୍ତରରେ ସେ ଘନିଷ୍ଠ ଥିଲେ ବୋଲି ମୁଁ କଦାପି ଦାବି କରିପାରିବି ନାହିଁ। ତଥାପି ତାଙ୍କର ବ୍ୟକ୍ତିଗତ ସ୍ନେହ ଓ ଶ୍ରଦ୍ଧାରେ ତାଙ୍କ ଆଡ଼କୁ ସେ ମୋତେ ଆକର୍ଷିତ କରିଥିଲେ। ତାଙ୍କୁ ମୁଁ ଯେଉଁ କିଛି ବର୍ଷ ପାଇଁ ଜାଣିବାକୁ ପାଇଥିଲି, ଆମ ଦୁହିଁଙ୍କ ଭିତରେ ଏଭଳି ସମ୍ପର୍କ ଗଢ଼ି ଉଠିଥିଲା ଯେ ମୋତେ ଆଜିସୁଦ୍ଧା ଲାଗେ ଯେ ମୋର ଦାର୍ଶନିକ ଜୀବନ ପ୍ରାରମ୍ଭରୁ ଯେପରି ମୁଁ ତାଙ୍କ ସହିତ ନିବିଡ଼ ଭାବରେ ଜଡ଼ିତ ଥିଲି। ମାରବୁର୍ଗ ଓ ଫ୍ରିବର୍ଗରେ ପଢ଼ିଲା ସମୟରେ ଓ ସେଠାରେ କାମ କଲାବେଳେ ତାଙ୍କ ଯୌବନାବସ୍ଥାର ଫଟୋଗୁଡ଼ିକରେ ସେ ଅତି ସୁନ୍ଦର ଦେଖାଯାଉଥିଲେ। ତାଙ୍କର ସେହି ନାରୀସୁଲଭ ମୁଖମଣ୍ଡଳରୁ ଆରେଣ୍ଟ୍‌ଙ୍କ ଗଭୀର ଚିନ୍ତାଶୀଳ ବ୍ୟକ୍ତିତ୍ୱ ସତେକି ଫୁଟି ଉଠୁଥିଲା। ୧୯୭୦ ଦଶକ ପ୍ରାରମ୍ଭରେ ମୁଁ ଯେତେବେଳେ ତାଙ୍କୁ ପ୍ରଥମେ ଭେଟିଥିଲି, ନାଜୀ ଜର୍ମାନୀରେ ସେ ଭୋଗିଥିବା ଯନ୍ତ୍ରଣା ଓ ନିର୍ଯାତନାର ଅନୁଭୂତି ତାଙ୍କ ହୃଦୟରେ ଗଭୀରଭାବେ ଭରି ରହିଥିଲା। ପରେ ଫ୍ରାନ୍ସରେ ମଧ୍ୟ ତାଙ୍କୁ ସେହିଭଳି ପ୍ରତିକୂଳ ପରିସ୍ଥିତିର ସାମ୍ନା କରିବାକୁ ପଡ଼ିଥିଲା। ଏପରିକି ତାଙ୍କ ବ୍ୟକ୍ତିଗତ ଜୀବନରେ ସୁଦ୍ଧା ଅନେକ ଦୁଃଖ ଓ ହତାଶାର ଚିହ୍ନ ଆରେଣ୍ଟ୍‌ଙ୍କ ମୁଖମଣ୍ଡଳରୁ ସ୍ପଷ୍ଟ ବାରିହୋଇ ପଡୁଥିଲା। କିନ୍ତୁ ତାଙ୍କର ସାମଗ୍ରିକ ବୌଦ୍ଧିକ ଔଜ୍ଜ୍ୱଲ୍ୟ ଆଗରେ ସେସବୁ ଦୁଃଖ ଯେପରି ଫିକା ପଡ଼ିଯାଉଥିଲା। ତେଣୁ ତାଙ୍କ ହୃଦୟରେ ଥିବା ସେହି ଅଭୁଲା ଦୁଃଖ ଓ ଯନ୍ତ୍ରଣାକୁ ସେ ଅନ୍ୟମାନଙ୍କଠାରୁ ଲୁଚାଇ ରଖିବାକୁ ସକ୍ଷମ ହେଉଥିଲେ। ଯୌବନାବସ୍ଥାରେ ତାଙ୍କର ଆଇଡେଗାରଙ୍କ ସହ ପ୍ରେମ ସମ୍ପର୍କ ଗଢ଼ି ଉଠିଥିଲା। କିନ୍ତୁ ସେଥିରେ ସେ ପରିଶେଷରେ ହତାଶ ହୋଇଥିଲେ। ସେତେବେଳକୁ ତାଙ୍କ ଆଜୀବନ ସହଯୋଗୀ ତଥା ମାର୍ଗଦର୍ଶକ କାର୍ଲ ଜାସ୍ପର୍ସ ତାଙ୍କଠାରୁ ଦୂରେଇ ଯାଇଥିଲେ। ହସେର୍ଲଙ୍କର ପ୍ରିୟ ଛାତ୍ର ଆଲଫ୍ରେଡ୍ ଷ୍ଟର୍ଣ୍ଣଙ୍କ ସହ ତାଙ୍କର ପ୍ରଥମ ବିବାହ ମଧ୍ୟ ତୁଟି ଯାଇଥିଲା। ତେବେ ନ୍ୟୁୟର୍କର ହାନ୍ସ ବ୍ଲୁଚରଙ୍କ ସହ ଦ୍ୱିତୀୟ ବିବାହ ଥିଲା ବେଶ୍ ସୁଦୃଢ଼। ଉଭୟେ ପରସ୍ପର ପ୍ରତି ଯେତିକି ଶ୍ରଦ୍ଧାଶୀଳ ଥିଲେ, ଦୁହେଁ ଦୁହିଁଙ୍କୁ ସେତିକି ସମ୍ମାନ ପ୍ରଦର୍ଶନ କରୁଥିଲେ। ଆମେରିକା ଆସିବା ପରେ ଧୀରେ ଧୀରେ ଆରେଣ୍ଟ୍‌ଙ୍କ ପାଇଁ ସଫଳତାର ମାର୍ଗ ପ୍ରଶସ୍ତ ହେବା ଆରମ୍ଭ କରିଥିଲା। ଯେତେବେଳେ ସେଭଳି ସଫଳତା ଆସିଥିଲା, ତାହା ତାଙ୍କୁ ପୂର୍ଣ୍ଣମାତ୍ରାରେ ହିଁ ପ୍ରାପ୍ତ ହୋଇଥିଲା।(ହାନା ଆରେଣ୍ଟ୍‌ଙ୍କ ବିୟୋଗରେ ନ୍ୟୁୟର୍କ ଟାଇମ୍ସରେ ତାଙ୍କ ସମ୍ପର୍କରେ ପ୍ରକାଶ ପାଇଥିବା ଶ୍ରଦ୍ଧାଞ୍ଜଳିରେ ତାଙ୍କୁ ବିଶ୍ୱର ଦଶଜଣ ସର୍ବଶ୍ରେଷ୍ଠ ପ୍ରଭାବଶାଳୀ ବ୍ୟକ୍ତିତ୍ୱଙ୍କ ମଧ୍ୟରୁ ଅନ୍ୟତମ ବୋଲି ଉଲ୍ଲେଖ କରାଯାଇଥିଲା।

ବାସ୍ତବପକ୍ଷେ ସେ ଥିଲେ ଜଣେ ଅସାମାନ୍ୟା ବିଦୂଷୀ ମହିଳା ଦାର୍ଶନିକ)। ପରିଣତ ବୟସରେ ହାଇଡେଗାର ଯେତେବେଳେ ତାଙ୍କ ସହ ଦ୍ୱିତୀୟବାର ସମ୍ପର୍କ ଯୋଡ଼ିବାକୁ ଚାହିଁଥିଲେ, ହାନା ଆରେଣ୍ଟ୍ ସେ ପ୍ରସ୍ତାବକୁ ରୋକଠୋକ୍ ପ୍ରତ୍ୟାଖ୍ୟାନ କରିଥିଲେ। ତେବେ ଉଭୟଙ୍କ ମଧ୍ୟରେ ପୂର୍ବର ନିବିଡ଼ ବନ୍ଧୁତା ଅତୁଟ ରହିଥିଲା। ହାନା ଆରେଣ୍ଟଙ୍କ ଘନିଷ୍ଠ ବନ୍ଧୁଙ୍କ ମଧ୍ୟରେ ଅନ୍ୟତମ ଥିଲେ କାର୍ଲ ଜାସ୍ପର୍ସ, ହାନ୍ସ ବ୍ଲୁଚର ଏବଂ ନ୍ୟୁୟର୍କର ସୁପ୍ରସିଦ୍ଧ ଲେଖିକା ମେରୀ ମାକ୍‌କାର୍ଥି।

ହାନା ଆରେଣ୍ଟ୍ ଅନ୍ୟମାନଙ୍କ ସମ୍ପର୍କରେ ମତାମତ ଦେବାରେ ଥିଲେ ଅତି ଦୃଢ଼ମନା। ଥରେ କଥାବାର୍ତ୍ତା ବେଳେ ସେ ମୋତେ କହିଥିଲେ ଯେ ନିଉ ସ୍କୁଲର ଡିନ୍ ତାଙ୍କୁ ମିଛ କହିଥିବା ସେ ଜାଣିବାକୁ ପାଇଛନ୍ତି। ଏହି କଥା ଜାଣିବା ପରେ ସେ ଡିନଙ୍କ ସହ ଆଉ କେବେ କଥାବାର୍ତ୍ତା କରି ନ ଥିଲେ। ମୁଁ ଭାବେ, ହାନା ସବୁ ଷ୍ଟ୍ରସିଆନଙ୍କୁ ଅସାଧୁ ଲୋକ ବୋଲି ବିବେଚନା କରୁଥିଲେ। କାରଣ ଲିଓ ଷ୍ଟ୍ରସ୍ ତାଙ୍କ ସହ ସେପରି ସାଧୁତା ଆଚରଣ କରି ନ ଥିଲେ (ଉଭୟେ ଚିକାଗୋରେ ସହକର୍ମୀ ଭାବରେ କାର୍ଯ୍ୟ କରିଥିଲେ)। ଯାହା ମୁଁ ପୂର୍ବରୁ ସୂଚାଇଛି ଯେ ହାନା ଆରେଣ୍ଟ୍ ଥିଲେ ଜଣେ ଜିଓନିଷ୍ଟ୍। ନ୍ୟୁୟର୍କରେ ଥିବାବେଳେ ସେ ୟୁରୋପର ଇହୁଦୀମାନଙ୍କୁ ଇସ୍ରାଏଲକୁ ଦେଶାନ୍ତର ହେବାରେ ସାହାଯ୍ୟ ସହଯୋଗ କରିଥିଲେ। କିନ୍ତୁ ଯେତେବେଳେ ସେ ଇସ୍ରାଏଲର ନୀତିକୁ ସେ ଖୋଲାଖୋଲି ଭାବେ ଅସ୍ୱୀକାର କଲେ ଏବଂ ସେକଥା ସର୍ବ ସମକ୍ଷରେ କହିବାକୁ ସୁଦ୍ଧା ପଛଘୁଞ୍ଚା ଦେଲେନାହିଁ, ସେଥିପାଇଁ ତାଙ୍କୁ ବ୍ୟକ୍ତିଗତ ସ୍ତରରେ ଅନେକ ଅପ୍ରୀତିକର ପରିସ୍ଥିତିର ସମ୍ମୁଖୀନ ହେବାକୁ ପଡ଼ିଥିଲା। ତେବେ ବୌଦ୍ଧିକ ସ୍ତରରେ ସେ ତିଳେ ହେଲେ ସାଲିସ କରିବାକୁ ପ୍ରସ୍ତୁତ ନ ଥିଲେ। ହାଇଡେଗାରଙ୍କ ନାଜୀବାଦୀ ସମର୍ଥନ ଏବଂ ବ୍ୟକ୍ତିଗତ ପ୍ରତାରଣା ସତ୍ତ୍ୱେ ନିଜର ଶିକ୍ଷକଙ୍କ ପ୍ରତି ସେ କେବେହେଲେ ବ୍ୟକ୍ତିଗତ ତିକ୍ତତାକୁ ବୌଦ୍ଧିକ ଚିନ୍ତନ ଉପରେ ପ୍ରଭାବ ବିସ୍ତାର କରିବାକୁ ଦେଇ ନ ଥିଲେ। ସଦାବେଳେ ସେ ନିଜର ପ୍ରିୟ ଗୁରୁଙ୍କୁ ଜଣେ ମହାନ୍ ଚିନ୍ତକ ବୋଲି ସମ୍ମାନ ଦେଉଥିଲେ। ମୁଁ ଭାବେ-ଏବଂ ତାଙ୍କ ଦେହାନ୍ତ ପରେ ଜିଫୋର୍ଡ ବକ୍ତୃତାମାଳାରେ ପ୍ରକାଶ ପାଇଥିବା ତଥ୍ୟ ମଧ୍ୟ ଏହାକୁ ପୁଷ୍ଟ କରିଥିଲା- ଯେ ତାଙ୍କ ମତରେ 'ଚିନ୍ତକ' ଭାବରେ ଗୋଟିଏ ବର୍ଗ ଥିଲେ ଯେଉଁମାନେ ନିଜ କର୍ମମୟ ଜୀବନ ଊର୍ଦ୍ଧ୍ୱରେ ଆଉ ଏକ ଜୀବନ ବଞ୍ଚୁଥିଲେ, ଯାହାଙ୍କୁ ଇଂରାଜୀରେ *'ଭିଟା ଆକ୍ଟିଭା'* ବୋଲି କୁହାଯାଏ। ଏଭଳି ବର୍ଗରେ କ୍ୱଚିତ ଲୋକ ସାମିଲ ହେବାର ଯୋଗ୍ୟତା ବହନ କରନ୍ତି। ଏହି ବିରଳ ବର୍ଗରେ ସେ ସକ୍ରେଟିସ୍, କାଣ୍ଟ, ହସେର୍ଲ, ୱିଟ୍‌ଗେନ୍‌ଷ୍ଟାଇନ ଏବଂ ହାଇଡେଗାରଙ୍କୁ ରଖିଥିଲେ। ଏହି ଗୋଷ୍ଠୀରେ ସେ ନିଜେ

ମଧ୍ୟ ଜଣେ ସଦସ୍ୟ ଥିଲେ ବୋଲି କୁହାଯାଇପାରେ। ସଦାବେଳେ ଚିନ୍ତନ, ଶୁଦ୍ଧ ଚିନ୍ତନ ହିଁ ତାଙ୍କ ମନକୁ ଆଚ୍ଛନ୍ନ କରି ରଖିଥିଲା।

ଥରେ ମୁଁ ତାଙ୍କୁ ସିଧାସଳଖ ପଚାରିଥିଲି,'ଆପଣ ମୋତେ ନିଉ ସ୍କୁଲ୍ ପାଇଁ କାହିଁକି ଚୟନ କଲେ ? ଆପଣଙ୍କ ନିକଟରେ ତ ଅନେକ ଜର୍ମାନ ଓ ଫରାସୀ ବିଦ୍ୱାନ ଏବଂ ଆହୁରି ଅନେକ ଯୋଗ୍ୟ ବ୍ୟକ୍ତି ଥିଲେ ଯେଉଁମାନେ କି ଫେନୋମେନୋଲୋଜି କ୍ଷେତ୍ରରେ ସୁପ୍ରତିଷ୍ଠିତ ବିଦ୍ୱାନ୍ ଭାବରେ ସୁପରିଚିତ। ସେ ମୋ ମୁହଁକୁ ଚାହିଁ ଉତ୍ତର ଦେଇଥିଲେ,'ହଁ,ଆପଣ ସେମାନଙ୍କ ମଧ୍ୟରେ ସର୍ବଶ୍ରେଷ୍ଠ ନୁହନ୍ତି। କିନ୍ତୁ ଆପଣ କ୍ଲାସିକ୍ (ସଂସ୍କୃତ ଭାଷାକୁ ସେ କ୍ଲାସିକାଲ ଲାଙ୍ଗୁଏଜ ଭାବରେ ବିବେଚନା କରୁଥିଲେ) ଜାଣନ୍ତି। ଆଜିକାଲିର ଅଧିକାଂଶ ଦାର୍ଶନିକଙ୍କୁ ତାହା ଜଣାନାହିଁ।' ପରେ ମୁଁ ଜାଣିବାକୁ ପାଇଥିଲି ଯେ ମୋତେ ନ୍ୟୁୟର୍କକୁ ଆଣିବା ଲାଗି ସେ କେତେଦୂର ପର୍ଯ୍ୟନ୍ତ ଯାଇଥିଲେ ଓ ସେଥିପାଇଁ କି କଷ୍ଟ ସ୍ୱୀକାର କରିଥିଲେ। ମୁଁ ଏହାର ଗୋଟିଏ ମାତ୍ର ଉଦାହରଣ ଦେବାକୁ ଚାହିଁବି। ହାନା ଆରେଣ୍ଟ୍ ଯେତେବେଳେ ଜାଣିବାକୁ ପାଇଲେ ଯେ ମୋ ପତ୍ନୀ,ବାଣୀ ନ୍ୟୁୟର୍କକୁ ଆସିବାକୁ ଆଗ୍ରହୀ ନୁହନ୍ତି, ସେ ତା' ନିକଟକୁ ସିଧାସଳଖ ଫୋନ୍ କରି ବୁଝାଇବାକୁ ଚେଷ୍ଟା କରିଥିଲେ। ସବୁବେଳେ ତାଙ୍କଠାରୁ ନିର୍ଭର ପ୍ରତିଶ୍ରୁତି ମାଗି ନେଉଥିଲେ ଯେ ଉଭୟଙ୍କ ଭିତରେ ହେଉଥିବା ଆଲୋଚନା ସମ୍ପର୍କରେ ମୁଁ ଯେପରି ସାମାନ୍ୟତମ ସୁରାକ ନ ପାଏ। ବାଣୀ ଯେତେବେଳେ ନିଜ ମତ ବଦଳାଇ ନ୍ୟୁୟର୍କ ଯିବାକୁ ରାଜି ହୋଇଥିଲା, ସେକଥା ଦେଖି ମୁଁ ବିସ୍ମିତ ହୋଇଥିଲି। ଆଶ୍ଚର୍ଯ୍ୟର କଥା ଯଥାଶୀଘ୍ର ନିଉ ସ୍କୁଲରେ ଯୋଗଦେବା ପ୍ରସ୍ତାବକୁ ମୁଁ ଗ୍ରହଣ କରେ ବୋଲି ବାଣୀ ତା'ପରେ ମୋତେ ବାଧ୍ୟ କରିଥିଲା।

ହାନା ଆରେଣ୍ଟ୍‌ଙ୍କର ଯେତେବେଳେ ବିୟୋଗ ଘଟିଲା, ସେତେବେଳେ ନିଉ ସ୍କୁଲ୍‌ର ଦର୍ଶନ ବିଭାଗର ଅଧ୍ୟକ୍ଷ ପଦରେ ମୁଁ ଅବସ୍ଥାପିତ ଥିଲି। ସେଦିନ ହାନା ନିଜ ବୈଠକଖାନାରେ ଗଦା ଗଦା ବହିଥାକ ମଝିରେ ବସି ଜଣେ ଫରାସୀ ସାମ୍ବାଦିକଙ୍କ ସହ କଥାବାର୍ତ୍ତା କରୁଥିଲେ। ସେହି ସମୟରେ ହଠାତ୍ ତାଙ୍କର ହୃଦ୍‌ଘାତ ହେଲା ଓ ସେ ଚଟାଣରେ ଟଳି ପଡ଼ିଥିଲେ। ନ୍ୟୁୟର୍କ ସହରର ଉତ୍ତରପଟେ ପ୍ରବାହିତ ହଡ୍‌ସନ ନଦୀକୂଳରେ ଥିବା ବାର୍ଡ କଲେଜ ପରିସରରେ ତାଙ୍କ ସ୍ୱାମୀଙ୍କ କବର ନିକଟରେ ମୁଁ ହିଁ ହାନାଙ୍କୁ ନେଇ କବର ଦେଇଥିଲି।

ଏବେ ହାନାଙ୍କ ବିୟୋଗ ପରେ ନ୍ୟୁୟର୍କରେ ମୋର ଆଉ ଅଧିକ ସମୟ ରହିବାର ସେପରି କୌଣସି ଜରୁରି କାରଣ ନ ଥିଲା। ତେଣୁ ସେଠାରୁ ମୁଁ ଅନ୍ୟତ୍ର ସ୍ଥାନାନ୍ତରିତ ହେବା କଥା ମନେ ମନେ ଚିନ୍ତା କରିବାକୁ ଲାଗିଲି।

କିନ୍ତୁ ନିଉ ସ୍କୁଲରେ ମୁଁ ଯାହା କିଛି ଅଧ୍ୟୟନ କରିଥିଲି ଓ ଶିଖିଥିଲି ସେହିସବୁ ଚିନ୍ତାଧାରା ଆଜି ପର୍ଯ୍ୟନ୍ତ ମୋ ମନରେ ସତେଜ ହୋଇ ରହିଛି। ପ୍ରଫେସର ଗୁରୁଭ୍ିଚ୍ ମୋର ହସେର୍ଲ ସମ୍ପର୍କୀତ ସମସ୍ତ ଗବେଷଣା କାର୍ଯ୍ୟ ଓ ଅବବୋଧକୁ କେବଳ ସ୍ୱୀକୃତି ଦେଇ ନ ଥିଲେ, ବରଂ ଏହାକୁ ପ୍ରମାଣସିଦ୍ଧ କରିଥିଲେ। ପ୍ରଫେସର ଜୋନାସ୍ଙ୍କଠାରୁ ମୁଁ ଶିଖିଥିଲି ଯେ ଦର୍ଶନଶାସ୍ତ୍ରର ଅସ୍ତିତ୍ୱବାଦୀ ଗୁରୁତ୍ୱକୁ କେବଳ ବ୍ୟାବହାରିକ ଦୃଷ୍ଟିକୋଣରୁ ସଂକୀର୍ଣ୍ଣଭାବରେ ଅଧ୍ୟୟନ କଲେ ଚଳିବନାହିଁ। ସେହିଭଳି ହାନା ଆରେଣ୍ଟ୍ ମୋତେ ଉଭୟ ଚିନ୍ତନର ଐତିହାସିକତା ଓ ଏହାର ଇତିହାସହୀନତା ସମ୍ପର୍କରେ ଅବବୋଧ କରାଇଥିଲେ। ସେମାନଙ୍କ ସମସ୍ତଙ୍କଠାରୁ ମୋର ନିଜର ସ୍ଥିତି ଓ ଚିନ୍ତନର ମହତ୍ତ୍ୱ ସମ୍ପର୍କରେ ମୁଁ ଏକ ନୂତନ ଚେତନା ଲାଭ କରିଥିଲି। ଏହି ତିନିହେଁ ଥିଲେ ସହରୀ ଦାର୍ଶନିକ, ଯେଉଁମାନେ ନ୍ୟୁୟର୍କର ବୌଦ୍ଧିକ ଗୋଷ୍ଠୀ ଏବଂ କଳାକାର ସମାଜ ସହ ଜଡ଼ିତ ରହିବାକୁ ସଦାବେଳେ ଉତ୍କଣ୍ଠିତ ଥିଲେ। ମୁଁ ନ୍ୟୁୟର୍କକୁ ଭଲ ପାଉଥିଲି ସତ, କିନ୍ତୁ କଦାଚିତ ଏହାର ମୁଠାରେ କେବେ ଧରା ଦେଇ ନ ଥିଲି। ମୋ ଭିତରେ ଥିବା ସେହି ଗାଉଁଲୀ ଭାବଟି ତଥାପି ବଞ୍ଚି ରହିଥିଲା ଏବଂ ପୁଣି ଥରେ ନର୍ମାନକୁ ଫେରିଯିବା ଲାଗି ମୋ ମନରେ ତିଳେହେଲେ ଅନୁଶୋଚନା ନ ଥିଲା। କାରଣ ସେତେବେଳକୁ ମୁଁ ଆଗାମୀ ଦିନରେ କ'ଣ ସବୁ ଲେଖାଲେଖି କରିବି ସେ କଥା ସ୍ଥିର କରି ସାରିଥିଲି।

ନିଉ ସ୍କୁଲରେ କାର୍ଯ୍ୟ କରିବା ଅବସରରେ ଶେଷ ବେଳକୁ କେବଳ ଗୋଟିଏ ଯାହା ଅପ୍ରୀତିକର ଅନୁଭୂତିର ମୁଁ ସମ୍ମୁଖୀନ ହୋଇଥିଲି। ଯେତେବେଳେ ମୋ ନିଜ ପଦରୁ ଇସ୍ତଫା ଦେଲି, ଆଲବର୍ଟ ହଫ୍‌ଷ୍ଟାର୍ଟର ଯାହାଙ୍କୁ କି ମୁଁ କାଲିଫର୍ଣ୍ଣିଆରୁ ନିଉ ସ୍କୁଲକୁ ଆସିବା ଲାଗି ପ୍ରବର୍ତ୍ତାଇଥିଲି, ସେ ହଠାତ୍ ମୋ ପ୍ରତି ବୈରଭାବ ପ୍ରଦର୍ଶନ କରି ବସିଥିଲେ। ଏହା ମୋତେ ଆଶ୍ଚର୍ଯ୍ୟ କରିଥିଲା। ହଫ୍‌ଷ୍ଟାର୍ଟର ଥିଲେ ନ୍ୟୁୟର୍କର ଅଧିବାସୀ। ସେ କଲମ୍ବିଆ ବିଶ୍ୱବିଦ୍ୟାଳୟରେ ଜଣେ ସଫଳ ଅଧ୍ୟାପକ ଭାବରେ ଅନେକ ବର୍ଷ ଧରି ଅଧ୍ୟାପନା କରିଥିଲେ ଏବଂ ତା' ପରେ କାଲିଫର୍ଣ୍ଣିଆ ବିଶ୍ୱବିଦ୍ୟାଳୟର ସାନ୍ତାକ୍ରୁଜ୍ କ୍ୟାମ୍ପସକୁ ଆସିଥିଲେ। ପୂର୍ବରୁ ସେ ବିଶ୍ଳେଷଣାତ୍ମକ ଦର୍ଶନ ଓ ଆଧ୍ୟାତ୍ମ୍ୟ ଶାସ୍ତ୍ର ଉପରେ ଢେର କାମ କରିଥିଲେ। କିନ୍ତୁ ହାଇଡେଗାରଙ୍କ କୃତିକୁ ଅତି ଚମତ୍କାର ଭାବରେ ଅନୁବାଦ କଲାପରେ ତାଙ୍କୁ ଅଭୂତପୂର୍ବ ସଫଳତା ଓ ପ୍ରସିଦ୍ଧି ମିଳିଥିଲା, ଯାହାକି ତାଙ୍କ ପୂର୍ବ ଗବେଷଣା କାର୍ଯ୍ୟକୁ ଏକପ୍ରକାର ଘୋଡ଼ାଇ ପକାଇଥିଲା। ଆମେ ତାଙ୍କୁ ଏବଂ ଅକ୍ସଫୋର୍ଡର ଆନ୍ଥୋନୀ କ୍ୱିଣ୍ଟନ୍ (ଏବେ ସେ ଜଣେ ଲର୍ଡ)ଙ୍କୁ ନିଉ ସ୍କୁଲରେ ଯୋଗ ଦେବାକୁ ଆମନ୍ତ୍ରଣ କରିଥିଲୁ। ସେମାନେ ଦୁହେଁ ଜୋନାସ୍ ଏବଂ ଆରେଣ୍ଟଙ୍କ ସ୍ଥାନରେ ଅବସ୍ଥାପିତ ହେବା କଥା। ଜଣେ ଅତ୍ୟନ୍ତ ମାର୍ଜିତ ଏବଂ ନ୍ୟୁୟର୍କ

ଷ୍ଟାଇଲୀୟ ସୌଖିନ ବ୍ୟକ୍ତିତ୍ୱ ଭାବରେ ହଫ୍‌ଷ୍ଟାର୍ଟରଙ୍କୁ ମୁଁ ଉତ୍ତମ ରୂପେ ଚିହ୍ନିଥିଲି। ସେତିକିବେଳେ ସେ ଆୟୋଜନ କରିଥିବା ଏକ ଭୋଜିକୁ ମୋତେ ଓ ବାଣୀକୁ ଆମନ୍ତ୍ରଣ କରିଥିଲେ। ଯେତେବେଳେ ସେ ଜାଣିବାକୁ ପାଇଲେ ଯେ ମୁଁ ନିଉ ସ୍କୁଲରୁ ଇସ୍ତଫା ଦେଇ ସାରିଛି, ତାଙ୍କର ସନ୍ଦେହ ହେଲା ଯେ ମୁଁ ତାଙ୍କ ସହିତ ପ୍ରତାରଣା କରିଛି। ତେଣୁ ସେ ମୋତେ ଖୋଲାଖୋଲି ଭାବେ କହିଲେ ଯେ ତାଙ୍କ ଭୋଜିରେ ଯୋଗଦେଲେ ମୁଁ କେବେ ତାହା ଉପଭୋଗ କରିପାରିବି ନାହିଁ। ମୁଁ କିନ୍ତୁ ତାଙ୍କୁ ନିର୍ଭର ପ୍ରତିଶ୍ରୁତି ଦେଇଥିଲି ଯେ ମୁଁ ଯଥାରୀତି ତାଙ୍କ ଭୋଜିରେ ଯୋଗଦେବି ଓ ତାହା ଉପଭୋଗ କରିବି। ତଦନୁସାରେ ମୁଁ (ସେ ଭୋଜିକୁ ବାଣୀ ଯାଇ ନ ଥିଲା) ଭୋଜିରେ ଯୋଗ ଦେଇଥିଲି ଓ ଏହାକୁ ସମ୍ପୂର୍ଣ୍ଣରୂପେ ଉପଭୋଗ କରିଥିଲି। ସେହି ଭୋଜିରେ ହଫ୍‌ଷ୍ଟାର୍ଟରଙ୍କ ପତ୍ନୀ କିନ୍ତୁ ମୋ ସହ କଥାବାର୍ତ୍ତା କରି ନ ଥିଲେ। ତେବେ ମୁଁ ଭୋଜିରେ ଖୁବ୍ ଖୁସିଥିବା ଭଳି ବାହ୍ୟିକ ଭାବରେ ଅଭିନୟ କରିଥିଲି। କିନ୍ତୁ ହଫ୍‌ଷ୍ଟାର୍ଟରଙ୍କ ସଂକୀର୍ଣ୍ଣତା ମୋତେ ବିସ୍ମିତ କରିଥିଲା। ସେ ନିଉ ସ୍କୁଲ୍‌ର ଡିନ୍‌ଙ୍କୁ ସତର୍କ କରାଇ ଦେଇଥିଲେ ଯେ ଦର୍ଶନ ବିଭାଗର ହସେର୍ଲ ଅଭିଲେଖାଗାରରୁ ହସେର୍ଲଙ୍କର କିଛି ବିରଳ ନଥିପତ୍ର ଗୋପନରେ ମୋ ନିଜ ଲାଇବ୍ରେରୀକୁ ମୁଁ ନେଇଯାଇପାରେ। ଡିନ୍ ମହୋଦୟ କିନ୍ତୁ ତାଙ୍କର ଏଭଳି ସନ୍ଦେହର ଉଦ୍ଭଟତାକୁ ଆଦୌ ବିଶ୍ୱାସ କରି ନ ଥିଲେ ଏବଂ ମୋତେ ଆଶ୍ୱାସନା ଦେଇଥିଲେ ଯେ ଏଥିପାଇଁ ମୁଁ ଯେପରି ଆଦୌ ବ୍ୟସ୍ତ ବିବ୍ରତ ନ ହୁଏ। ଏହାର ଅନେକ ଦିନ ପରେ ଥରେ ମୁଁ ଜଣେ ଛାତ୍ରର ପି.ଏଚ୍.ଡି. ଡିଫେନ୍ସ ପାଇଁ ନିଉ ସ୍କୁଲକୁ ଯାଇଥିଲି। ସେତେବେଳେ ହଫ୍‌ଷ୍ଟାର୍ଟର ଦେଖାହେଲାବେଳେ ମୁଁ କରମର୍ଦ୍ଦନ କରିବାକୁ ତାଙ୍କ ଆଡକୁ ହାତ ବଢ଼ାଇଥିଲି। ଭାବିଥିଲି ଯେ ସେ ସ୍ୱାଭାବିକ ଭାବରେ ମୋ ସହ ହାତ ମିଳାଇବେ। କିନ୍ତୁ ସେ ତାହା ନ କରି ମୋତେ ସୂଚାଇ ଦେଇଥିଲେ ଯେ ମୋ ସହ ସ୍ୱାଭାବିକ ସମ୍ପର୍କ ରକ୍ଷା କରିବାର ସମୟ ଏବେ ସୁଦ୍ଧା ଆସିନାହିଁ। ଏହାର ଅନେକ ବର୍ଷ ପରେ ଥରେ ବର୍କଲେରେ ପୁଣି ତାଙ୍କ ସହ ଦେଖା ହୋଇଥିଲା। ମୋର ହସେର୍ଲ ଓ ଫ୍ରେଜେଙ୍କ ବହିର ସଫଳତା ପାଇଁ ସେ ମୋତେ ଅଭିନନ୍ଦନ ଜଣାଇଥିଲେ ଓ ତାଙ୍କ ହାବଭାବ ଯେପରି ସୂଚାଇ ଦେଇଥିଲା ଯେ ଆମେ ଦୁହେଁ ପୁଣି ପରସ୍ପରର ବନ୍ଧୁ ହୋଇପାରିବା। ମୁଁ ସଦାବେଳେ ଆଶ୍ଚର୍ଯ୍ୟ ହୁଏ ଯେ ଏଭଳି ଶିକ୍ଷିତ ଓ ସଭ୍ୟ ଲୋକମାନେ କେମିତି ନିଜ କଳ୍ପନା ପ୍ରସୂତ ଭାବନରେ ପ୍ରଭାବିତ ହୋଇ ମନରେ ଏତେ ରାଗ ଆଣିଥାଆନ୍ତି ଓ ନିମ୍ନସ୍ତରକୁ ଓହ୍ଲାଇ ଯାଇଥାଆନ୍ତି। ହଫ୍‌ଷ୍ଟାର୍ଟର କାହିଁକି ଭାବିନେଇଥିଲେ ଯେ ମୁଁ ତାଙ୍କୁ ନ୍ୟୁୟର୍କକୁ ଆଣିବା ଲାଗି ଷଡ଼ଯନ୍ତ୍ର କରୁଛି ? ସେକଥା ମୋତେ ଆଦୌ ଜଣା ନ

ଥିଲା। ସେ ତାଙ୍କର ଶାନ୍ତାକ୍ରୁଜ୍‌ର ଗଜଦନ୍ତ ମହଲରେ ସୁରକ୍ଷିତ ରହିଛନ୍ତି ଏବଂ ମୁଁ ନିଉ ସ୍କୁଲ ଛାଡ଼ି ତାଙ୍କୁ ପ୍ରତାରିତ କରିଛି !

ବେଳେବେଳେ ଦାର୍ଶନିକମାନେ ଏଭଳି କିଛି ବିଚିତ୍ର କାଣ୍ଡ କରିବସନ୍ତି, ଯାହାକି ସେମାନଙ୍କ ଆଦର୍ଶ,

ପେସା ଓ ଚିନ୍ତନର ପରିପନ୍ଥୀ ବୋଲି ପ୍ରମାଣିତ ହୋଇଥାଏ। ନିଉ ସ୍କୁଲର ଅଧ୍ୟକ୍ଷ ଭାବରେ ମୁଁ ସେଠାକୁ ଜାକ୍ସ ଡେରିଡାଙ୍କୁ ଆଣିବା ଲାଗି ନିଉ ସ୍କୁଲର ଗଭର୍ଣ୍ଣିଂ ବୋର୍ଡକୁ ରାଜି କରାଇବା ଲାଗି ଯଥେଷ୍ଟ ଶ୍ରମ ଓ ଯନ୍ତ୍ରଣା ସ୍ୱୀକାର କରିଥିଲି। ସେତେବେଳେ ଡେରିଡା ଜଣେ ବିଦ୍ୱାନ ବ୍ୟକ୍ତି ଭାବରେ ଆମେରିକାର ଘରେ ଘରେ ପରିଚିତ ହୋଇ ନ ଥିଲେ। ମୋର ଉଦ୍ଦେଶ୍ୟ ଥିଲା, ତାଙ୍କୁ ନିଉ ସ୍କୁଲର ଜଣେ ଅଧ୍ୟାପକ ଭାବରେ ସେଠାକୁ ଆଣିବା। ଯେତେବେଳେ ଏହି ପରିପ୍ରେକ୍ଷୀରେ ମୁଁ ତାଙ୍କ ବେତନ ସମ୍ପର୍କରେ ଡିନ୍‌ଙ୍କ ସହିତ କଥାବାର୍ତ୍ତା ଚଳାଇଥିଲି, ସେହି ସମୟରେ ଡେରିଡାଙ୍କ ନିକଟରୁ ମୁଁ ଖଣ୍ଡିଏ ପତ୍ର ପାଇଥିଲି। ସେଥିରେ ସେ ଲେଖିଥିଲେ ଯେ ସେ ନିଉ ସ୍କୁଲକୁ ନ ଯିବାଲାଗି ସ୍ଥିର କରିଛନ୍ତି। କାରଣ ପୂର୍ବରୁ ତାଙ୍କୁ ପଠାଯାଇଥିବା ନିଯୁକ୍ତିପତ୍ରରେ ନିର୍ଦ୍ଦିଷ୍ଟ ଭାବେ ବେତନ କଥା ଉଲ୍ଲେଖ ନାହିଁ। ମୋ ପାଇଁ ତାହା ଯେତିକି ଦାରୁଣ ଧକ୍କା ଥିଲା, ତା'ଠାରୁ ଅଧିକ ଥିଲା ବିରକ୍ତିକର। ମନେ ମନେ ମୁଁ ହତାଶ ହୋଇପଡ଼ିଥିଲି। କାରଣ ମୁଁ ଡେରିଡାଙ୍କୁ ଇତିପୂର୍ବରୁ ସୂଚାଇ ସାରିଥିଲି ଯେ ତାଙ୍କ ବେତନ ସମ୍ପର୍କରେ ଡିନ୍‌ଙ୍କ ସହିତ ମୁଁ କଥାବାର୍ତ୍ତା କରୁଛି ଓ ଏଥିନେଇ ଡିନ୍ ତାଙ୍କୁ ଯଥାଶୀଘ୍ର ପତ୍ର ଲେଖିବେ।

ମୁଁ ନିଉ ସ୍କୁଲ ଛାଡ଼ି ନର୍ମାନ, ଓକଲାହୋମାକୁ ଫେରିବା ପରେ କ୍ୱିଣ୍ଟନ୍ ମଧ୍ୟ ଅକ୍ସଫୋର୍ଡ ଫେରିଯାଇ ମାଷ୍ଟର୍ ଅଫ୍ ଟ୍ରିନିଟି ହୋଇଥିଲେ। ପରେ ବ୍ରିଟିଶ ଲାଇବ୍ରେରୀର ଅଧ୍ୟକ୍ଷ ପଦରେ ରହିବା ପରେ ଶେଷରେ ହାଉସ୍ ଅଫ୍ ଲର୍ଡ୍ସର ସଦସ୍ୟ ହୋଇଥିଲେ। ମୁଁ ଯେତେବେଳେ ଅକ୍ସଫୋର୍ଡର ଅଲ୍ ସୋଲସ୍ କଲେଜକୁ ଯାଇଥିଲି, ଆମେ ସମସ୍ତେ-କ୍ୱିଣ୍ଟନ୍ ଦମ୍ପତି, ବାଣୀ ଓ ମୁଁ ଅନେକ ଥର ଏକତ୍ରିତ ହୋଇ ଖୁସିରେ ସମୟ ବିତାଇଥିଲୁ। ପୂର୍ବରୁ ମୁଁ ଯେତେବେଳେ କ୍ୱିଣ୍ଟନ୍‌ଙ୍କୁ ନିଉ ସ୍କୁଲକୁ ଆଣିବାକୁ ଚେଷ୍ଟା କରୁଥିଲି, ସେତେବେଳେ ତାଙ୍କ ନିକଟକୁ ଖଣ୍ଡେ ପତ୍ର ଲେଖିବାକୁ ମୁଁ ଇଶାୟା ବର୍ଲିନକୁ କହିଥିଲି। ବର୍ଲିନ ତାଙ୍କ ନିକଟକୁ ତଦନୁସାରେ ଚିଠି ଲେଖିଥିଲେ। ସେଥିରେ ସେ ଲେଖିଥିଲେ ଯେ ଡେଭିଡ୍ ହ୍ୟୁମଙ୍କ ପରେ ସମ୍ଭବତଃ କ୍ୱିଣ୍ଟନ୍ ହେଉଛନ୍ତି ବ୍ରିଟେନର ସବୁଠାରୁ ଅଧିକ ପଠିତ ଓ ଆଦୃତ ଦାର୍ଶନିକ। କ୍ୱିଣ୍ଟନ୍‌ଙ୍କୁ ପ୍ରଶଂସା କରିବାରେ ବର୍ଲିନ୍ ସାମାନ୍ୟ ଅତିରଞ୍ଜିତ ଭାଷା ଉପଯୋଗ କରିଥିଲେ ଏକଥା ସତ। ଇଶାୟା ବର୍ଲିନ ମଧ୍ୟ ନିଜେ ଥିଲେ ଜଣେ

ପ୍ରଖ୍ୟାତ ଦାର୍ଶନିକ। କିନ୍ତୁ କ୍ରିଷ୍ଟନ୍‌ଙ୍କ ବ୍ୟାପକ ଅଧ୍ୟୟନ ଅବଶ୍ୟ ତାଙ୍କୁ ସମସ୍ତଙ୍କ ନିକଟରେ ନିଃସନ୍ଦେହରେ ପରିଚିତ କରାଇଥିଲା। ତେବେ କ୍ରିଷ୍ଟନ୍‌ଙ୍କୁ ନିଉ ସ୍କୁଲକୁ ଆଣିବା ନିମନ୍ତେ ଜୋନାସ୍ ମୋ ନିଷ୍ପତ୍ତିରେ ସେତେଟା ଖୁସି ନ ଥିଲେ। ସେ ମୋତେ ଏକଥା ମଧ୍ୟ ସୂଚାଇଥିଲେ। କିନ୍ତୁ ଏହାର କେଇଦିନ ପରେ ଜୋନାସ୍ ନିଜ ଘରେ ଆୟୋଜିତ ଏକ ଭୋଜିରେ କ୍ରିଷ୍ଟନ୍‌ଙ୍କୁ ଭେଟିଥିଲେ। ଦୁହେଁ ଘଣ୍ଟା ଘଣ୍ଟା ଧରି ବିଭିନ୍ନ ପ୍ରସଙ୍ଗରେ ଆଲୋଚନା କରିଥିଲେ। ତା' ପରଦିନ ଜୋନାସ୍ ଆସି ମୋତେ କହିଥିଲେ,'ମହାନ୍ତି, ଆପଣ ଠିକ୍ ନିଷ୍ପତ୍ତି ଗ୍ରହଣ କରିଛନ୍ତି।' କ୍ରିଷ୍ଟନ୍ ଯେକୌଣସି ପ୍ରସଙ୍ଗରେ ଅତି ଉଚ୍ଚକୋଟୀର ଆଲୋଚନା କରିପାରନ୍ତି। ଅନେକ ଭାଷାରେ ତାଙ୍କର ପାଣ୍ଡିତ୍ୟ ଥିଲା ଏବଂ ଜଣେ ଅଧ୍ୟାପକ ଭାବରେ ମଧ୍ୟ ସେ ବେଶ୍ ସଫଳ ଥିଲେ। ସର୍ବୋପରି ସେ ଜଣେ ବନ୍ଧୁବତ୍ସଳ ବ୍ୟକ୍ତି ଓ ଉଦାରମନା ସହଯୋଗୀ ଭାବରେ ଜଣାଶୁଣା ଥିଲେ। ନ୍ୟୁୟର୍କର ଜୀବନଶୈଳୀ ତାଙ୍କୁ ସୁହାଇଥିଲା। ତାଙ୍କ ପତ୍ନୀ ମର୍ସିଆ ପରିବାର ନ୍ୟୁୟର୍କର ପ୍ରସିଦ୍ଧ ଡିପାର୍ଟମେଣ୍ଟ ଷ୍ଟୋର୍‌ର ମାଲିକ ଥିଲେ ଏବଂ ସେମାନଙ୍କର ସାଉଥ୍‌ଆମ୍ପଟନ୍‌ସ୍ଥିତ ଲଙ୍ଗ୍ ଆଇଲାଣ୍ଡ୍‌ରେ ଗୋଟିଏ ଘର ଥିଲା। କ୍ରିଷ୍ଟନ୍ ନିଉ କଲେଜକୁ ବେଶ୍ ଉପଭୋଗ କରିଥିଲେ। ସୁନ୍ଦର ଜୀବନଶୈଳୀ ସହ ଉତ୍ତମ ପରିପାଟୀ ଏବଂ ନୂଆ ନୂଆ ଚିନ୍ତାଧାରାରେ ସେ ସଦାବେଳେ ଉତ୍‌ଫୁଲ୍ଲିତ ରହୁଥିଲେ। ତାଙ୍କର କୌତୂକିଆ କଥା ଏବଂ ପ୍ରତ୍ୟୁତ୍ପନ୍ନମତି ସ୍ୱଭାବ ମୋତେ ଆକୃଷ୍ଟ କରୁଥିଲା। ସେ ତାଙ୍କ ସେହି ସ୍ୱଭାବସୁଲଭ ହସହସିଆ କଥା ଭିତରେ ଏଭଳି ନିର୍ଦ୍ଦିଷ୍ଟ କଥାମାନ କହୁଥିଲେ, ଯାହା ମୋ ମନରେ ଖୋଦେଇ ହୋଇ ରହି ଯାଉଥିଲା। ତାଙ୍କ ଛଡ଼ା ଏଭଳି କଥା ମୋତେ ଆଉ କେହି କହିନାହାନ୍ତି: 'କେବଳ ଜଣେ ଲୋକଙ୍କୁ ମୁଁ ଜାଣିଛି, ଯାହାଙ୍କର *ନବ୍ୟ-ନ୍ୟାୟ*, ହର୍ସେଲ୍ ଏବଂ ଫ୍ରେଜେଙ୍କ ଉପରେ ସମ ପରିମାଣରେ ପାଣ୍ଡିତ୍ୟ ଅଛି।'

୧୯୭୮ ମସିହା ଗ୍ରୀଷ୍ମଦିନେ ନିଉ ସ୍କୁଲର ଏହି ଗୌରବୋଜ୍ଜ୍ୱଳ ଦିନଗୁଡ଼ିକରେ ମୋ ପାଇଁ ପୂର୍ଣ୍ଣଚ୍ଛେଦ ପଡ଼ିଥିଲା। ଆମେ ନର୍ମାନ ଫେରି ଆସିଥିଲୁ ଓ ସେଠାରେ ଗୋଟିଏ ସୁନ୍ଦର ଉପନିବେଶୀୟ ଦିନର ଘର କିଣିଥିଲୁ। ସେ ଘରଟିର ବାହାରପଟ ପଥର ଛାଉଣି ଏବଂ ଭିତରେ କାଠର ପାନେଲ୍‌ମାନ ଖଞ୍ଜା ଯାଇଥିଲା। ଉପରେ ଶିଶୁକାଠର ସୁନ୍ଦର ସିଲିଂ। ଜୀବନ ଧୀରେ ଧୀରେ ଶାନ୍ତ ଓ ନିରବତା ଆଡ଼କୁ ମୁହାଇଁବା ଆରମ୍ଭ କଲା। ନ୍ୟୁୟର୍କରେ ଥିବାବେଳେ ମୋ ମନ ଭିତରେ ଯେଉଁସବୁ ଚିନ୍ତାଧାରା ଆନ୍ଦୋଳିତ ହେଉଥିଲା, ଏବେ ଧ୍ୟାନସ୍ଥ ହୋଇ ବସିପଡ଼ି ମୁଁ ସେସବୁ ଉପରେ ଲେଖାଲେଖି ଆରମ୍ଭ କଲି।

■

ଅକ୍ସଫୋର୍ଡ ଓ ଫ୍ରିବର୍ଗ

୧୯୮୨ ମସିହାରେ ମୁଁ ଅକ୍ସଫୋର୍ଡ ବିଶ୍ୱବିଦ୍ୟାଳୟର ଅଲ୍ ସୋଲ୍‌ସ୍ କଲେଜର ଭିଜିଟିଂ ଫେଲୋ ଭାବରେ ମନୋନୀତ ହେଲି। କଲିକତାର ସଂସ୍କୃତ କଲେଜରେ ପଢ଼ିବା ଦିନଠାରୁ ମୋର ଜଣେ ପୁରୁଣା ବନ୍ଧୁ ବିମଳକୃଷ୍ଣ ମତିଲାଲ ଯିଏକି ହାର୍ଭାର୍ଡ ବିଶ୍ୱବିଦ୍ୟାଳୟକୁ ସ୍ନାତକ ଡିଗ୍ରୀ ଅଧ୍ୟୟନ ପାଇଁ ଯିବା ପୂର୍ବରୁ ମୋ ସହିତ ତର୍କଶାସ୍ତ୍ର ପଢୁଥିଲେ, ସେ ଚେଷ୍ଟାକଲେ ଯେ କିଛିଦିନ ପାଇଁ ଅନ୍ତତଃ ମୁଁ ଆସି ଅଲ୍ ସୋଲ୍‌ସ୍ କଲେଜରେ କାର୍ଯ୍ୟ କରେ। ଅଲ୍ ସୋଲ୍‌ସ୍ ଏକ ରାଜକୀୟ ଏବଂ ସୁନ୍ଦର କଲେଜ, ଯାହା ହାଇ ଷ୍ଟ୍ରିଟ୍‌ରେ ଅବସ୍ଥିତ। ସମ୍ଭବତଃ ବିଶ୍ୱର ଏହା ଏକମାତ୍ର କଲେଜ, ଯେଉଁଠାରେ କୌଣସି ଛାତ୍ର ଅଧ୍ୟୟନ କରନ୍ତି ନାହିଁ। ଏ କଲେଜରେ କେବଳ ଫେଲୋମାନେ ହିଁ ନିଜର ଗବେଷଣା ଓ ଅଧ୍ୟୟନ କରିଥାଆନ୍ତି। ସେମାନେ ସେହି କଲେଜର ହୁଅନ୍ତୁ କିମ୍ବା ବାହାରର। ଇତିପୂର୍ବରୁ ସର୍ବପଲ୍ଲୀ ରାଧାକ୍ରିଷ୍ଣନ ଅନେକ ବର୍ଷ ଧରି ଅଲ୍ ସୋଲ୍‌ସ୍ କଲେଜର ଫେଲୋ ଥିଲେ। ବ୍ରିଟେନ୍‌ର ଅନେକ ପ୍ରଖ୍ୟାତ ଶିକ୍ଷାବିତ, ପ୍ରଫେସର ଏବଂ ରାଜନୀତିଜ୍ଞ ମଧ୍ୟ ଏହି କଲେଜର ଫେଲୋ ଥିଲେ। ଫେଲୋମାନେ ହିଁ କଲେଜ ପ୍ରଶାସନକୁ ପରିଚାଳନା କରିଥାଆନ୍ତି। ଏହାର ବିଶାଳ ଭୂସମ୍ପତ୍ତି ଏବଂ ଲଣ୍ଡନରେ ଥିବା ରିଅଲ ଇଷ୍ଟେଟ୍‌କୁ ମଧ୍ୟ ଚଳାଇଥାଆନ୍ତି। ପ୍ରଫେସର ଫେଲୋମାନେ ବିଭିନ୍ନ ବିଶ୍ୱବିଦ୍ୟାଳୟରୁ ଏବଂ ଅଧ୍ୟାପନା କରି ସେମାନଙ୍କ ବେତନ ପାଇଥାଆନ୍ତି। ଅନ୍ୟ ଫେଲୋମାନଙ୍କୁ ବିଭିନ୍ନ କଲେଜ ଫେଲୋସିପ୍ ଓ ବେତନ ଦେଇଥାଆନ୍ତି। ଅକ୍ସଫୋର୍ଡର ଅନ୍ୟ ଅଣ୍ଡର ଗ୍ରାଜୁଏଟ୍ କଲେଜରେ ଏହିସବୁ ଫେଲୋମାନେ ଅଧ୍ୟାପନା କରିବା ସହ ନିଜର ଗବେଷଣା କାର୍ଯ୍ୟ ସମ୍ପାଦନ କରିଥାଆନ୍ତି (ଅକ୍ସଫୋଡ୍‌ରେ 'ଶିକ୍ଷାଦାନ'କହିଲେ 'ଅଣ୍ଡର ଗ୍ରାଜୁଏଟ୍ ଛାତ୍ରଛାତ୍ରୀମାନଙ୍କ ଟ୍ୟୁଟୋରିଆଲ କ୍ଲାସ ନେବାକୁ ବୁଝାଏ')। ଏଥିପାଇଁ ସେମାନଙ୍କୁ କିଛି ଅତିରିକ୍ତ ପାରିଶ୍ରମିକ ମିଳେ। ସେହିସବୁ କଲେଜ

ଫେଲୋମାନଙ୍କୁ ରହିବା ଲାଗି କୋଠରି କିମ୍ବା ଆପାର୍ଟମେଣ୍ଟ୍ ଏବଂ ମାଗଣାରେ ଖାଦ୍ୟ ଯୋଗାଇଥାଆନ୍ତି। ଯେତେବେଳେ ଅଲ୍ ସୋଲ୍ସ୍ କଲେଜ ପ୍ରଥମେ ପ୍ରତିଷ୍ଠା ହୋଇଥିଲା ସେତେବେଳେ ଏହାର ସମସ୍ତ ଫେଲୋ ଥିଲେ ଚର୍ଚ୍ଚର କର୍ମକର୍ତ୍ତା। ତେଣୁ ଏଥିରେ ଆଶ୍ଚର୍ଯ୍ୟ ହେବାର କିଛି ନାହିଁ ଯେ ସେତେବେଳେ ଯେଉଁ ଫେଲୋମାନଙ୍କୁ ଗ୍ରହଣ କରାଯାଇଥିଲା ଏବଂ ଯେଉଁମାନେ ସେଠାରେ ଅବସ୍ଥାନ କରୁଥିଲେ ସେମାନେ ସମସ୍ତେ ଥିଲେ ପୁରୁଷ। ମୁଁ ଯେତେବେଳେ ସେଠାରେ ଥିଲି ସେତେବେଳେ ପ୍ରଥମ କରି ଜଣେ ମହିଳା ଫେଲୋ ଅଲ୍ ସୋଲ୍ସ୍ କଲେଜରେ ଦାଖଲ ହୋଇଥିଲେ। ଯେଉଁମାନେ ନିଜ ପରିବାରଙ୍କୁ ଧରି (ମୁଁ ଏବଂ ବାଣୀଙ୍କ ଭଳି) ରହୁଥିଲେ, କଲେଜ ସେମାନଙ୍କୁ ଟେମ୍ସ ନଦୀ କୂଳରେ ଅବସ୍ଥିତ *ଇଫ୍‌ଲେ* ନାମକ ଗୋଟିଏ ଗାଆଁରେ ଥିବା ଆପାର୍ଟମେଣ୍ଟ୍‌ରେ ରଖୁଥିଲା। କଲେଜରେ ମୋତେ ମାଗଣାରେ ମଧ୍ୟାହ୍ନ ଓ ରାତ୍ରିଭୋଜନ ମିଳିଯାଉଥିଲା। କିନ୍ତୁ ବାଣୀ ପାଇଁ ତାହା ମିଳୁ ନ ଥିଲା। ପ୍ରତି ଟର୍ମରେ ଥରେ ଲେଖାଏଁ ମହିଳାଙ୍କ ଭୋଜି (ଲେଡିଜ୍ ଡେ')ର ଆୟୋଜନ କରାଯାଏ। ସେହି ଭୋଜିକୁ ଫେଲୋମାନେ ସେମାନଙ୍କର ବାନ୍ଧବୀମାନଙ୍କୁ ନୈଶ ଭୋଜନ ପାଇଁ ଆମନ୍ତ୍ରଣ ଓ ଆପ୍ୟାୟିତ କରିଥାଆନ୍ତି। କିନ୍ତୁ ସେଥିରେ ମଧ୍ୟ ଏକ ବିଚିତ୍ର ନିୟମ ଥିଲା। ଜଣେ ଫେଲୋ ନିଜ ପତ୍ନୀଙ୍କୁ ଅତିଥିଭାବେ ଏହି ଭୋଜିକୁ ନିମନ୍ତ୍ରଣ କରିପାରିବେ ନାହିଁ। ତେଣୁ ଜଣେ ଫେଲୋ ଅନ୍ୟ ଜଣେ ଫେଲୋଙ୍କ ପତ୍ନୀଙ୍କୁ ଆମନ୍ତ୍ରଣ କରିପାରିବ ଏବଂ ସେହି ଫେଲୋ ତୁମ ପତ୍ନୀଙ୍କୁ ଭୋଜିକୁ ବାନ୍ଧବୀ ଭାବରେ ନିମନ୍ତ୍ରଣ କରିପାରିବ। ଏଭଳି ବ୍ୟବସ୍ଥାକୁ ଶହ ଶହ ବର୍ଷ ତଳର ବିଚିତ୍ର ବିଲାତୀ ପରମ୍ପରାର ଅବଶେଷାଂଶ ବୋଲି କୁହାଯାଇପାରେ। ବ୍ରିଟେନର ଅନେକ ବିଶ୍ୱବିଦ୍ୟାଳୟ ଓ କଲେଜ ସେସବୁକୁ ଏବେସୁଦ୍ଧା ଯଥା ସମ୍ଭବ ପାଳନ କରି ଆସୁଛନ୍ତି।

କିନ୍ତୁ ଏହାର ଠିକ୍ ବିପରୀତ ହେଉଛି ଆମେରିକାର ଶୈକ୍ଷିକ ଜୀବନ। ସେଠାରେ ଏଭଳି କ୍ୱଚିତ ପରମ୍ପରା ଦେଖିବାକୁ ମିଳେ। ଆମେରିକାରେ ଶିକ୍ଷାଦାନ ପାଇଁ ଅଧ୍ୟାପକଙ୍କ ନିମନ୍ତେ କୌଣସି ଡ୍ରେସ୍ କୋଡ୍ ନାହିଁ। କେବଳ ଅଧ୍ୟାପକମାନେ ନୁହନ୍ତି, ଛାତ୍ରମାନଙ୍କ ପାଇଁ ସୁଦ୍ଧା ସମାନ ପରମ୍ପରା। କିନ୍ତୁ ଅଲ୍ ସୋଲ୍ସ୍ କଲେଜରେ ମୋତେ (ଅତି କୁଣ୍ଠାର ସହିତ) ଏଭଳି ନୀତି ନିୟମକୁ ମାନି ଚଳିବାକୁ ପଡ଼ିଥିଲା। ଉଦାହରଣ ସ୍ୱରୂପ ନୈଶ ଭୋଜନ ପାଇଁ ଗୋଟିଏ ବୋ' ଟାଏ ଏବଂ ଗାଉନ୍ ପିନ୍ଧିବା ଏକାନ୍ତ ଜରୁରି (କିନ୍ତୁ ମଧ୍ୟାହ୍ନ ଭୋଜନ ପାଇଁ ନୁହେଁ। ମଧ୍ୟାହ୍ନ ଭୋଜନବେଳେ ଖୁସିରେ ଇନଫର୍ମାଲ ପୋଷାକ ପିନ୍ଧାଯାଇ ପାରୁଥିଲା)। ସେହିଭଳି ରାତ୍ରିଭୋଜନବେଳେ ପରସ୍ପର ମଧ୍ୟରେ କି ପ୍ରକାର ଆଲୋଚନା କରାଯିବା ଆବଶ୍ୟକ ତାହା ମଧ୍ୟ ନିର୍ଦ୍ଧାରିତ

ଥିଲା- ତୁମେ କେବେ ବ୍ରିଟେନ୍‌ର ପାଣିପାଗ କି ରାଜନୀତି ଅଥବା ଶିକ୍ଷାଦାନ ବ୍ୟବସ୍ଥା ଆଦି ପ୍ରସଙ୍ଗରେ ଆଲୋଚନା କରିପାରିବ ନାହିଁ। ତାହାହେଲେ ଆଉ କ'ଣ ବାକି ରହିଲା ଯେ ତା' ଉପରେ ଆଲୋଚନା କରାଯିବ? ରାତ୍ରି ଭୋଜନ ପରେ ତୁମକୁ ଆଉ ଗୋଟିଏ କୋଠରିକୁ ୱାଇନ୍ ଓ ଚିଜ୍ ପାଇଁ ଯିବାକୁ ହେବ। ସେହିଭଳି ମଧ୍ୟାହ୍ନ ଭୋଜନ ପରେ ଲାଉଞ୍ଜରେ ବସି କଫି ପିଇବା ଏବଂ ଖବରକାଗଜ ପଢ଼ିବାର ମଧ୍ୟ ନିର୍ଦ୍ଧାରିତ ପରମ୍ପରା ଥିଲା। ବ୍ରିଟେନରେ ଅପରାହ୍ନ ତିନିଟାବେଳେ ବସି ଚା' ପିଇବାର ଏକ ଧରାବନ୍ଧା ପରମ୍ପରା ରହିଛି। ଚା' ସହିତ ସୁଆଦିଆ କେକ୍ ଓ ବିସ୍କୁଟ୍‌ମାନ ସୁନ୍ଦର ସୁନ୍ଦର ପ୍ଲେଟରେ ପରସା ଯାଉଥିଲା। କିନ୍ତୁ ବାଣୀ ଭାଗ୍ୟରେ ସେସବୁ ଯୁଟୁ ନ ଥିଲା। ତାକୁ ଏଭଳି ମଧ୍ୟାହ୍ନ କି ନୈଶଭୋଜିକୁ ଆମନ୍ତ୍ରଣ କରାଯିବାର ସୁବିଧା ନ ଥିଲା। ଯଦି କେବେ ଆପାର୍ଟମେଣ୍ଟରେ ରୋଷେଇ କରି ସେ ଖାଇପାରେ ନାହିଁ, ସେତେବେଳେ ସେ ଅକ୍ସଫୋର୍ଡର ସ୍ଥାନୀୟ ମାର୍କେଟରୁ କିଛି ଖାଦ୍ୟ କିଣି ଆଣି ମୋ ଅଫିସରେ ବସି ଖାଉଥିଲା। ଆମେରିକୀୟ ଫେଲୋମାନଙ୍କ ପାଇଁ କଲେଜର ଏଭଳି ରୂଢ଼ିବାଦୀ ପରମ୍ପରା ସେମାନଙ୍କ ଘରୋଇ ଶାନ୍ତିଭଙ୍ଗ କରୁଥିଲା।

ମୁଁ କଲେଜର ଲାଉଞ୍ଜରେ ବସି ଆରାମରେ ପଢ଼ାପଢ଼ି କରୁଥିଲି। ସେଠାରେ ବ୍ରିଟେନ୍‌ର ଅନେକ ସମ୍ବାଦପତ୍ର ଓ ପତ୍ରପତ୍ରିକା ରହୁଥିଲା। ରାତ୍ରିଭୋଜନ ପରେ ମୁଁ କଲେଜ ରିଡିଂ ରୁମ୍‌ରୁ ବହିସବୁ ଉଧାର ନେଉଥିଲି ଓ ପଢୁଥିଲି। ମୁଖ୍ୟତଃ ଫିକ୍ସନ ହିଁ ସେତେବେଳେ ପଢ଼ାପଢ଼ି କରୁଥିଲି। ତେବେ ବୋଦେଲିଆନ ଲାଇବ୍ରେରୀର ଶେଷ ମହଲାରେ ବସି ମୁଁ ମୋର ଗବେଷଣା ସମ୍ପର୍କୀତ ଅଧିକାଂଶ କାର୍ଯ୍ୟ ସମ୍ପାଦନ କରୁଥିଲି। ସେ ଲାଇବ୍ରେରୀରେ ଭାରତ ସମ୍ବନ୍ଧୀୟ (ସଂସ୍କୃତ ଶାସ୍ତ୍ର ସମ୍ବନ୍ଧୀୟ) ସବୁପ୍ରକାର ପୁସ୍ତକ ଉପଲବ୍ଧ ଥିଲା। ଧୀରେ ଧୀରେ ସେହି ଅଧ୍ୟୟନ ଓ ଗବେଷଣାର ଫଳଶ୍ରୁତି ସ୍ୱରୂପ ଦଶବର୍ଷ ପରେ ଆତ୍ମପ୍ରକାଶ କରିଥିଲା ମୋ ଲିଖିତ ***'ରିଜିନ୍ ଆଣ୍ଡ ଟ୍ରାଡିସନ୍ ଇନ୍ ଇଣ୍ଡିଆନ୍ ଥଟ୍'*** ପୁସ୍ତକ।

ଅକ୍ସଫୋର୍ଡ ବିଶ୍ୱବିଦ୍ୟାଳୟର ଦର୍ଶନ ଶାସ୍ତ୍ର ସହିତ ମୋର ବିଶେଷ ଦେଣନେଣ ନ ଥିଲା। ଅଲ୍ ସୋଲ୍‌ସ୍ କଲେଜରେ ଏକମାତ୍ର ଦର୍ଶନଶାସ୍ତ୍ର ଫେଲୋ ଥିଲେ ଡେରେକ୍ ପାର୍‌ଫିଟ (ସେତେବେଳେ ସେ ଜଣେ ଜୁନିଅର ଫେଲୋ ଥିଲେ ଏବଂ ମୋ ସହିତ କଥାବାର୍ତ୍ତା କରିବାକୁ ସଙ୍କୋଚବୋଧ କରୁଥିଲେ। ତେବେ ସେତେବେଳେ ସେ ଗୋଟିଏ ଚମତ୍କାର ପୁସ୍ତକ ରଚନାରେ ବ୍ୟସ୍ତ ରହୁଥିଲେ, ଯାହାକି ପରବର୍ତ୍ତୀ କିଛି ବର୍ଷ ମଧ୍ୟରେ ତାଙ୍କୁ ସିନିଅର ଓ ସ୍ଥାୟୀ ଫେଲୋସିପ୍ ପଦ ଲାଭ କରିବାରେ ସହାୟକ ହୋଇଥିଲା)। ମାଇକେଲ ଡୁମେଟ୍ ଯିଏକି ଅଲ୍ ସୋଲ୍‌ସ୍ କଲେଜରେ ଦୀର୍ଘବର୍ଷ

ଧରି ଫେଲୋଭାବରେ କାର୍ଯ୍ୟ କରି ଆସିଥିଲେ, ସେତେବେଳକୁ ପ୍ରଫେସର ପଦ ପାଇ ନିଉ କଲେଜକୁ ସ୍ଥାନାନ୍ତରିତ ହୋଇ ସାରିଥାଆନ୍ତି। ଯେହେତୁ ମୁଁ ଫ୍ରେଜେ ଓ ହର୍ସେଲଙ୍କ ଉପରେ ଗବେଷଣା କରୁଥିଲି, ସେ ଦୃଷ୍ଟିରୁ ତାଙ୍କ ଉପରେ ମୁଁ ନିର୍ଭରଶୀଳ ଥିଲି। ଆମ ଦୁହିଁଙ୍କ ଭିତରେ ଘନିଷ୍ଠ ବନ୍ଧୁତା ଗଢ଼ି ଉଠିଥିଲା, ଯାହାକି ମୋ ପାଇଁ ଥିଲା ବେଶ୍ ଉପଭୋଗ୍ୟ। ସଦାବେଳେ ମୁଁ ତାଙ୍କ ଅଧ୍ୟାପନାରେ ଯୋଗ ଦେଉଥିଲି ଏବଂ ସେ ମଧ୍ୟ ମୋ'ଠାରୁ ହର୍ସେଲଙ୍କ ସମ୍ପର୍କରେ ଆବଶ୍ୟକ ତଥ୍ୟ ସଂଗ୍ରହ କରୁଥିଲେ। ବସ୍ତୁତଃ ଡୁମେଟ୍ ହର୍ସେଲଙ୍କ କାର୍ଯ୍ୟ ଉପରେ ଧୀରେ ଧୀରେ ଗଭୀର ଅଧ୍ୟୟନ ଆରମ୍ଭ କରିଦେଇଥିଲେ। ପରବର୍ତ୍ତୀ କିଛି ବର୍ଷ ମଧ୍ୟରେ ସେ ଯେଉଁ କେତୋଟି ଚମତ୍କାର ଗବେଷଣା ପ୍ରବନ୍ଧ ପ୍ରକାଶ କରିଥିଲେ ଏହା ଥିଲା ସେହି ଅଧ୍ୟୟନର ଫଳଶ୍ରୁତି।

ମୁଁ ସଦାବେଳେ ପିଟର ଷ୍ଟ୍ରାସନ୍ଙ୍କର ଜଣେ ମୁଗ୍ଧ ପ୍ରଶଂସକ ଥିଲି ଏବଂ ତାଙ୍କ ପୁସ୍ତକ **'ଇଣ୍ଡିଭିଜୁଆଲ୍ସ'**କୁ କଲିକତା ଓ ଓକଲାହୋମାରେ ଛାତ୍ରଛାତ୍ରୀମାନଙ୍କୁ ପଢ଼ାଉଥିଲି। ବିମଳକୃଷ୍ଣ ମତିଲାଲ ମୋତେ କହିଥିଲେ ଯେ ଷ୍ଟ୍ରାସନଙ୍କ ମନରେ ଭାରତ ପ୍ରତି ଗଭୀର ଶ୍ରଦ୍ଧାଭାବ ରହିଛି। ତେଣୁ ଥରେ ମଡଲିନ୍ କଲେଜ ଯାଇ ମୁଁ ତାଙ୍କୁ ସାକ୍ଷାତ କଲି। ସେ ମୋତେ ସାଙ୍ଗରେ ଧରି ମଧ୍ୟାହ୍ନ ଭୋଜନ ପାଇଁ ଯାଇଥିଲେ। ପାରସ୍ପରିକ ସ୍ୱାର୍ଥଜଡ଼ିତ କେତେଗୁଡ଼ିଏ ପ୍ରସଙ୍ଗ ଉପରେ ଆମେ ବିସ୍ତୃତଭାବେ ଆଲୋଚନା କରିଥିଲୁ। ଏହା ପରେ ତାଙ୍କର କାଣ୍ଟ୍ ସମ୍ପର୍କୀତ ସେମିନାର କ୍ଲାସ୍‌ରେ ମୁଁ ଯୋଗ ଦେଲି ଏବଂ ତାଙ୍କ ଅଧ୍ୟାପନାକୁ ନିୟମିତ ଭାବେ ଶୁଣି ଚାଲିଲି। ଜଣେ ଅଧ୍ୟାପକ ଭାବରେ ସେ ଥିଲେ ନିରସ ଓ କ୍ଳାନ୍ତିକର। କିନ୍ତୁ ତାଙ୍କ ବ୍ୟକ୍ତିତ୍ୱର ସବୁଠାରୁ ଚମତ୍କାର ଦିଗଟି ହେଲା, ତାଙ୍କର କର୍ମଚଞ୍ଚଳତା। ତାଙ୍କ ଚିନ୍ତାଧାରା ସମ୍ପର୍କରେ ମୁଁ ଉତ୍ତମ ରୂପେ ଅବହିତ ଥିଲି। ତେଣୁ ତାଙ୍କ ସେମିନାର କିମ୍ବା ଅଧ୍ୟାପନାରୁ ମୁଁ ବିଶେଷ କିଛି ଉପକୃତ ହୋଇ ନ ଥିଲି। ଅନ୍ୟ ପକ୍ଷରେ ଡୁମେଟ୍ ବେଳେବେଳେ ଅତି ସ୍ୱଚ୍ଛନ୍ଦ ମନରେ ମୋ ସହିତ ଆଲୋଚନା କରୁଥିଲେ ଏବଂ ଅନ୍ୟ ସମୟରେ ନିଜର ଭାବନାକୁ ସ୍ପଷ୍ଟଭାବରେ ବ୍ୟକ୍ତ କରୁଥିଲେ। ତାହା ମୋତେ ଯେତିକି ଉତ୍ସାହଜନକ ଲାଗୁଥିଲା, ସେତିକି ଜଟିଳ ମନେ ହେଉଥିଲା।

ସେହି ସମୟରେ ମୁଁ ଗେଟିଂଗେନ୍‌ର ଛାତ୍ର ଥିବାବେଳେ ମୋର ଜଣେ ପୁରୁଣା ବନ୍ଧୁ ଜର୍ଜ ହୋମ୍ସଙ୍କୁ ମଧ୍ୟ ଭେଟିଥିଲି। ସେତେବେଳକୁ ସେ ଜଣେ ଜଣାଶୁଣା ଐତିହାସିକ ଭାବରେ ସୁପରିଚିତ ହୋଇସାରିଥାଆନ୍ତି ଓ ସେଣ୍ଟ୍ କାଥେରାଇନ୍ସରେ ଫେଲୋ ଥାଆନ୍ତି। ଅକ୍ସଫୋର୍ଡରୁ ଉଚ୍ଚତର ଡିଗ୍ରୀ ହାସଲ କରିବା ପରେ ସେ ଇତିହାସ ଅଧ୍ୟୟନ କରିବାକୁ ଗେଟିଂଗେନ୍ ଯାଇଥିଲେ ଏବଂ ମୋ ଭଳି *ହିଷ୍ଟୋରିସେସ୍ କୋଲୋକିୟମ*ରେ

ଅବସ୍ଥାନ କରୁଥିଲେ। ଆମେ ଦୁହେଁ ଜର୍ମାନ ଭାଷାରେ କଥାବାର୍ତ୍ତା କରିବାକୁ ଖୁବ୍ ଚେଷ୍ଟା କରୁଥିଲୁ। ତେବେ କହିପାରୁ ନ ଥିଲୁ। ସେଭଳି ବିଫଳ ପ୍ରୟାସ କରିବା ପରିବର୍ତ୍ତେ ପରସ୍ପର ମଧ୍ୟରେ ଇଂରାଜୀରେ କଥାବାର୍ତ୍ତା କରିବା ଆମପାଇଁ ଥିଲା ସହଜସାଧ୍ୟ। ସେତେବେଳେ *କୋଲୋକିୟମ*ରେ ଗ୍ରାଜୁଏଟ ଛାତ୍ରଭାବରେ ଥିବା କିଛି ଛାତ୍ର ପରବର୍ତ୍ତୀ ସମୟରେ ସୁନାମଧନ୍ୟ ଐତିହାସିକ ହୋଇପାରିଥିଲେ। ସେମାନଙ୍କ ମଧ୍ୟରେ ଥିଲେ- ଷ୍ଟୁଲିଂ, କାମ୍ପ, ଲିପେଲ୍ଟ, ସ୍କ୍ରାମ୍ (ଜୁନିଅର୍) ଏବଂ ଆହୁରି ଅନେକ।

ମୋଟାମୋଟି ଭାବରେ ଅକ୍ସଫୋର୍ଡର ଅଲ୍ ସୋଲ୍ସ୍ କଲେଜ ରହଣିକୁ ମୁଁ ମନେ ମନେ ଉପଭୋଗ କରିଥିଲି। ଅଧିକାଂଶ ସମୟରେ ଅକ୍ସଫୋର୍ଡର ପ୍ରଖ୍ୟାତ କଲେଜଗୁଡ଼ିକ ପାର୍ଶ୍ୱଦେଇ ଲମ୍ବିଥିବା ନିର୍ଜନ ରାସ୍ତାରେ ମୁଁ ବୁଲାବୁଲି କରୁଥିଲି। ଆଉ ବେଳେବେଳେ ଟେମ୍ସ ନଦୀ କୂଳରେ ବିଚରଣ କରୁଥିଲି। ବଜାରର ବହି ଦୋକାନ, ବିଶେଷକରି ବ୍ଲାକ୍‌ୱେଲ୍ସକୁ ଯାଇ ବହିପତ୍ର ଅଣ୍ଡାଳୁଥିଲି ଅବା କିଣୁଥିଲି। ନଚେତ୍ ବୋଦେଲିଆନ ଲାଇବ୍ରେରୀର ନିର୍ଜନ ହଲ୍‌ରେ ବସି ଘଣ୍ଟା ଘଣ୍ଟା ପଢ଼ାପଢ଼ି କରୁଥିଲି। ସେତେବେଳେ ମତିଲାଲଙ୍କ ଛଡ଼ା ମୋର ଆଉ କେତେଜଣ ପୁରୁଣା ସାଙ୍ଗ ମଧ୍ୟ ସେଠାରେ ଥିଲେ। ସେମାନଙ୍କୁ ମୁଁ ପ୍ରତିଦିନ ଭେଟୁଥିଲି। ସେହି ସମୟରେ ତପନ ରାୟଚୌଧୁରୀ ଓ ଅମର୍ତ୍ତ୍ୟ ସେନଙ୍କ ସହିତ ମୋର ବନ୍ଧୁତାକୁ ମୁଁ ପୁଣି ଥରେ ନୂଆକରି ଜୀବନ୍ୟାସ ଦେଇଥିଲି। ବେଳେବେଳେ ଭାରତର ଯୁବ ଛାତ୍ରଛାତ୍ରୀମାନେ ସେଠାକୁ ବୁଲି ଆସୁଥିଲେ। ସେହିଭଳି କିଛି ଆମେରିକୀୟ ଓ ଜର୍ମାନ୍ ଦାର୍ଶନିକ ମଧ୍ୟ ଅଲ୍ ସୋଲ୍ସ୍ କଲେଜକୁ ଆସୁଥିଲେ।

ମୁଁ ଅକ୍ସଫୋର୍ଡରେ ତିନି ବର୍ଷ କଟାଇଥିଲି। ବାଣୀ କିନ୍ତୁ ସେଠାରେ ମାତ୍ର ଗୋଟିଏ ବର୍ଷ ରହିଥିଲା। ଥରେ ଆମକୁ ଭେଟିବା ଲାଗି ପ୍ୟାରିସରୁ କ୍ରିସ୍ ଡେ' ଲିଣ୍ଡେ ଆସିଥିଲେ। ଆମେ ତାଙ୍କୁ ଅଲ୍ ସୋଲ୍ସ୍‌କୁ ନୈଶଭୋଜନ ପାଇଁ ଅତିଥିଭାବରେ ନିମନ୍ତ୍ରଣ କରିଥିଲୁ। ତାଙ୍କୁ ଆମର ଏଭଳି ଆତିଥ୍ୟ ମୁଗ୍ଧ କରିଥିଲା। ସେତେବେଳେ ଆମେ ଅନେକ ସମୟରେ ଇଂଲଣ୍ଡର ବିଭିନ୍ନ ସ୍ଥାନକୁ ବୁଲି ଯାଉଥିଲୁ। ବିଶେଷକରି ଇଂଲଣ୍ଡର ଗ୍ରାମାଞ୍ଚଳ ଥିଲା ବେଶ୍ ମନୋରମ। କଟ୍‌ସ୍‌ଓଲ୍ଡ ଅଞ୍ଚଳକୁ ଦେଖି ମୋ ମନ ଖୁସିରେ ଭରି ଉଠିଥିଲା। ସେହି ସ୍ଥାନରେ ଥିବା ପାହାଡ଼ରୁ ପଥର କଟାଯାଇ ଅଲ୍ ସୋଲ୍ସ୍ କଲେଜ ନିର୍ମିତ ହୋଇଥିଲା ବୋଲି ମୁଁ ଜାଣିବାକୁ ପାଇଥିଲି।

–୨–

ଏହାର ପ୍ରାୟ ଦଶବର୍ଷ ପରେ, ୧୯୯୪ ମସିହାରେ ମୋତେ ହମ୍ବୋଲ୍ଟ ରିସର୍ଚ୍ଚ ପ୍ରାଇଜ୍ ମିଳିଥିଲା। ସେହି ପୁରସ୍କାର ମିଳିବା ପରେ ଜର୍ମାନୀର ଫ୍ରିବର୍ଗଠାରେ

ଖରାଦିନ ବିତାଇବା ଲାଗି ମୁଁ ମନେ ମନେ ସିଦ୍ଧାନ୍ତ ନେଲି। ଅକ୍ସଫୋର୍ଡଠାରୁ ଫ୍ରିବର୍ଗ ସମ୍ପୂର୍ଣ୍ଣ ଭିନ୍ନ। ଫ୍ରିବର୍ଗ ବିଶ୍ୱବିଦ୍ୟାଳୟଠାରୁ ଅକ୍ସଫୋର୍ଡ ବିଶ୍ୱବିଦ୍ୟାଳୟ ପ୍ରାୟ ଶହେ ବର୍ଷ ପୁରୁଣା। ମୋର ବିଶ୍ୱାସ ଯେ ଶିକ୍ଷା କ୍ଷେତ୍ରକୁ ଅକ୍ସଫୋର୍ଡ ବିଶ୍ୱବିଦ୍ୟାଳୟର ଅବଦାନ ଅତୁଳନୀୟ- ୟୁରୋପରେ ଏହାର ଏକମାତ୍ର ପ୍ରତିଦ୍ୱନ୍ଦ୍ୱୀ ଭାବେ ପ୍ୟାରିସକୁ ଗ୍ରହଣ କରାଯାଇପାରେ। ଅକ୍ସଫୋର୍ଡ ବିଶ୍ୱବିଦ୍ୟାଳୟଟି ଅଧିକ ସହରୀ- ଏପରିକି ଇଂଲଣ୍ଡରେ ଥିବା ଏହାର ଅନ୍ୟ ପ୍ରତିଦ୍ୱନ୍ଦ୍ୱୀ ବିଶ୍ୱବିଦ୍ୟାଳୟ କେମ୍ବ୍ରିଜଠାରୁ ମଧ୍ୟ ଏହା ବଡ଼। ଅକ୍ସଫୋର୍ଡର ରାଜକୀୟ ବାରକ୍ ଶୈଳୀର ସୁଉଚ୍ଚ ଅଟ୍ଟାଳିକାମାନଙ୍କରେ ତିରିଶରୁ ଅଧିକ କଲେଜ ରହିଛି। ଟେମ୍ସ ନଦୀକୂଳରେ ସେହିସବୁ ବିଶାଳକାୟ ଅଟ୍ଟାଳିକାଗୁଡ଼ିକୁ ଦେଖିଲେ ଆକାଶକୁ ଛୁଇଁବା ପରି ମନେହୁଏ। ଅନ୍ୟ ପକ୍ଷରେ ଜର୍ମାନୀର ଫ୍ରିବର୍ଗ ଗୋଟିଏ ଛୋଟ ଓ ସୁନ୍ଦର ସହର, ଯାହାକି ବ୍ଲାକ୍ ଫରେଷ୍ଟ ଭିତରେ କେଉଁଠି ହଜିଯିବା ପରି ମନେ ହୁଏ। ଏହାର ମଧ୍ୟ ଏକ ସୁଦୀର୍ଘ ଇତିହାସ ରହିଛି। ସହରରେ ଥିବା ଏକ ସୁଉଚ୍ଚ ସ୍ତମ୍ଭ ମଧ୍ୟଯୁଗର ଡାଆଣୀପୋଡ଼ା ସ୍ମୃତିକୁ ଉଜ୍ଜୀବିତ କରେ। ଅକ୍ସଫୋର୍ଡରେ କାର୍ଫାକ୍ସରେ ମଧ୍ୟ ଅନୁରୂପ କାର୍ଯ୍ୟ ସମ୍ପାଦନ କରାଯାଉଥିଲା। କ୍ୟାଥୋଲିକ୍ ଧର୍ମବାଦକୁ ଫ୍ରିବର୍ଗର ଯେତିକି ଅବଦାନ ରହିଛି, ଆଙ୍ଗ୍ଲିକାନ୍ ଓ ପ୍ରୋଟେଷ୍ଟାଣ୍ଟ ମତବାଦ ପ୍ରତି ଅକ୍ସଫୋର୍ଡର ଅବଦାନ ସମ ପରିମାଣରେ ତୁଳନୀୟ। ଅକ୍ସଫୋର୍ଡ ପରି ଫ୍ରିବର୍ଗର ମଧ୍ୟ ଇତିହାସ ଗବେଷଣାର ଏକ ସୁଦୀର୍ଘ ପରମ୍ପରା ରହିଛି। ଅକ୍ସଫୋର୍ଡର ଦର୍ଶନଶାସ୍ତ୍ର ଅଧ୍ୟୟନ ପରମ୍ପରା ମଧ୍ୟଯୁଗଠାରୁ ଅଧିକ ପ୍ରାଚୀନ, ଯାହାକି ଜନ୍ ଲକ୍‌ଙ୍କ ପର୍ଯ୍ୟନ୍ତ ବିସ୍ତୃତ। କିନ୍ତୁ ଫ୍ରିବର୍ଗର ଦର୍ଶନଶାସ୍ତ୍ର ଅଧ୍ୟୟନ ପରମ୍ପରା ଆଧୁନିକ ହେଲେ ସୁଦ୍ଧା ବେଶ୍ ଗୌରବମୟ। ଏହାର ସବୁଠାରୁ ଗୌରବମୟ ସମୟ ଆରମ୍ଭ ହୋଇଥିଲା ନବ୍ୟ କାଣ୍ଟବାଦୀମାନଙ୍କ ଠାରୁ (ହେନରିକ୍ ରିକେଟ୍ ଏହି ଗୋଷ୍ଠୀର ସର୍ବାଗ୍ରେ ରହିଥିବା ବିବେଚନା କରାଯାଏ)। ହସେର୍ଲ ୧୯୧୬ ମସିହାରେ ଗେଟିଂଗେନ୍‌ରୁ ଏଠାକୁ ଆସିଥିଲେ। ୧୯୨୯ ମସିହାରେ ତାଙ୍କ ସ୍ଥାନରେ ଅବସ୍ଥାପିତ ହୋଇଥିଲେ ହାଇଡେଗାର୍। ସେହି ମଧ୍ୟବର୍ତ୍ତୀ ୨୩ ବର୍ଷର ଅବଧି (ହସେର୍ଲ ୧୯୩୯ ମସିହାରେ ମୃତ୍ୟୁବରଣ କରିଥିଲେ) ଥିଲା ନିର୍ଦ୍ଦିଷ୍ଟ ଭାବରେ ମୋର ଗବେଷଣାର ବିଷୟବସ୍ତୁ। ଗେଟିଂଗେନ୍‌କୁ ଛାଡ଼ିଦେଲେ ଏଭଳି ଗବେଷଣା ପାଇଁ ମୋତେ ଆଉ ଅଧିକ ସାଧନ ଓ ସୁଯୋଗ କେଉଁଠାରେ ଅବା ମିଳିଥାଆନ୍ତା!

ହସେର୍ଲ ଅଭିଲେଖାଗାରରେ ଥିବା ଅଧିକାରୀମାନେ, ବିଶେଷକରି ହାନ୍ସ ଲେନର ସେପ୍ (ଜଣେ ଯୁବ ଓ ଖୁବ୍ ସ୍ନେହଶୀଳ ଗବେଷକ) ଓ ସିଗ୍‌ଫ୍ରେଡ୍ ରୋମ୍ବାଚ୍ (ସେତେବେଳେ ନିର୍ଦ୍ଦେଶକଙ୍କ ସହକାରୀ ଥିଲେ ଏବଂ ବର୍ତ୍ତମାନ କୋଲୋନ

ବିଶ୍ୱବିଦ୍ୟାଳୟରେ କାର୍ଯ୍ୟରତ) ମୋ ପାଇଁ ବଖୁରିକିଆ ଷ୍ଟୁଡିଓ ଆପାର୍ଟମେଣ୍ଟଟିଏ ଯୋଗାଡ଼ କରି ଦେଇଥିଲେ। ସେ ରୁମ୍‌ଟି ଥିଲା ଗୋଟିଏ ପାନଶାଳା 'ଜୁର୍ ଟ୍ରୋଟେ'ର ଉପର ମହଲାରେ (ଛାତ ଉପରୁ ଗୋଟିଏ ରଙ୍ଗିନ ଗଞ୍ଜା ଚିତ୍ର ଝୁଲାଯାଇଥିଲା)। *ଫିସେରାଉ* ନାମକ ଗୋଟିଏ ସୁନ୍ଦର ରାସ୍ତାରେ ସହରର ମଧ୍ୟ ଭାଗରେ ଏହି ପାନଶାଳାଟି ଥିଲା। ସଡ଼କଟିର ନାଁ ଯାହା ସୂଚୀତ କରେ, ପୂର୍ବରୁ ଏହି ସଡ଼କର ଉଭୟ ପାର୍ଶ୍ୱରେ ମତ୍ସ୍ୟଜୀବୀମାନେ ବସବାସ କରୁଥିଲେ। ପାହାଡ଼ ଉପରୁ ଝରି ଆସୁଥିବା ଗୋଟିଏ ଛୋଟ କେନାଲ ରାସ୍ତାକଡ଼ରେ ବହି ଯାଇଥିଲା। ମୋ ଆପାର୍ଟମେଣ୍ଟରୁ ମୁଁ ସେହି ଝରଣା ଜଳ ପ୍ରବାହର କୋମଳ ଶବ୍ଦକୁ ମଧ୍ୟ ଶୁଣି ପାରୁଥିଲି ଓ ତାହା ଦେଖିପାରୁଥିଲି। ଖରାଦିନେ ସନ୍ଧ୍ୟାବେଳେ ପର୍ଯ୍ୟଟକମାନେ ଓ ପ୍ରେମୀଯୁଗଳ ହାତ ଧରାଧରି ହୋଇ ସେହି ରାସ୍ତାରେ ବୁଲାବୁଲି କରନ୍ତି ଏବଂ ବେଳେବେଳେ ମଦ୍ୟପାନ ପାଇଁ ମୋ ଆପାର୍ଟମେଣ୍ଟର ତଳମହଲାରେ ଥିବା ସେହି ପାନଶାଳାକୁ ଆସି ଗହଳି ଜମାନ୍ତି। ମୋ ଆପାର୍ଟମେଣ୍ଟଠାରୁ ସିଟି ସେଣ୍ଟରଟି ଥିଲା ମାତ୍ର ଦୁଇ ମିନିଟର ପାଦଚଲା ରାସ୍ତା। ସେଠାରେ ମଧ୍ୟ ଗୋଟିଏ ବିରାଟ ସ୍ତମ୍ଭ ଥିଲା, ଯାହା ମଧ୍ୟଯୁଗରେ ଡାହାଣୀ ବୋଲି ସନ୍ଦେହ କରୁଥିବା ଲୋକମାନଙ୍କୁ ହତ୍ୟା କରାଯିବାର ସ୍ମାରକୀ ବହନ କରୁଥିଲା। ତା'ପାଖକୁ ଲାଗି ଠିକ୍ ବିପରୀତଧର୍ମୀ ମ୍ୟାକଡୋନାଲ୍ଡ୍ସର ଏକ ବିରାଟ ତୋରଣ। ସହରର ପ୍ରାୟ ପ୍ରତ୍ୟେକ ରାସ୍ତାକଡ଼ରେ ଛୋଟ ଛୋଟ କେନାଲମାନ ଥିଲା ଏବଂ ସେଥିରେ ବର୍ଷକ ବାରମାସ ଜଳ ପ୍ରବାହିତ ହେଉଥିଲା। ମୋତେ ଲାଗେ ସେସବୁ ମାନବକୃତ। ଠିକ୍ ଭେନିସ୍ ସହରର ଅନୁକରଣରେ। ସେସବୁ ସରୁ କେନାଲର ପାଣି ବେଶ୍ ସ୍ୱଚ୍ଛ। ପାହାଡ଼ର ପ୍ରାକୃତିକ ଝରଣାରୁ ସେସବୁ ଜଳ ବହିଆସି କେନାଲ୍ ବାଟେ ନିଷ୍କାସିତ ହୋଇ ପରିଶେଷରେ ଯାଇ ଡ୍ରେସାମ୍ ନଦୀରେ ପଡୁଥିଲା। ଡ୍ରେସାମ ନଦୀଟି ମଝିରେ ପ୍ରବାହିତ ହୋଇ ଫ୍ରିବର୍ଗ ସହରକୁ ଦୁଇ ଭାଗରେ ବିଭକ୍ତ କରୁଥିଲା।

ହସେର୍ଲଙ୍କ ଘରଟି ଥିଲା ଲରେଟୋ ଷ୍ଟ୍ରାସେଠାରେ। ସେଠାକୁ ବୁଲିଯିବା ଥିଲା ମୋର ପ୍ରଥମ କାର୍ଯ୍ୟ। ତାହା ଥିଲା ମୋ ପାଇଁ ଏକ ତୀର୍ଥଯାତ୍ରା ସଦୃଶ। ସେତେବେଳେ ସେଇ ଘରଟିରେ ବିଶ୍ୱବିଦ୍ୟାଳୟର କଳା ଇତିହାସ ବିଭାଗର ଜଣେ ପ୍ରଫେସର ରହୁଥିଲେ। ସେ ଥିଲେ ସେ ଘରର ସେତେବେଳର ମାଲିକ। ଭଦ୍ରବ୍ୟକ୍ତି ଯେତିକି ମାର୍ଜିତ, ସେତିକି ବନ୍ଧୁବତ୍ସଳ। ବିଶ୍ୱର ବିଭିନ୍ନ ରାଷ୍ଟ୍ରରୁ ସମୟାନ୍ତରେ ହସେର୍ଲଙ୍କ ସେହି ନିବାସସ୍ଥଳୀକୁ ବୁଲି ଦେଖିବାକୁ ଆସୁଥିବା ପର୍ଯ୍ୟଟକମାନଙ୍କୁ ସ୍ୱାଗତ କରିବା ଓ ଘରଦ୍ୱାର ବୁଲାଇ ଦେଖାଇବା କାର୍ଯ୍ୟରେ ସେ ଅଭ୍ୟସ୍ତ ଥିଲେ। ହସେର୍ଲଙ୍କୁ ସେ 'ମାଷ୍ଟର' ବୋଲି ସମ୍ବୋଧନ କରୁଥିଲେ। ମୋତେ ଅତି ଗର୍ବ ଓ ଗୌରବର ସହ ଘର ଭିତରକୁ

ପାଛୋଟି ନେଇ ଖୁସି ମନରେ ମାଷ୍ଟରଙ୍କ ଅଧ୍ୟୟନ କକ୍ଷ, ବିଶ୍ରାମ କକ୍ଷ ଏବଂ ଅନ୍ୟ ସ୍ଥାନମାନ ବୁଲାଇ ଦେଖାଇଥିଲେ। କେଉଁଠାରେ ବସି ମାଷ୍ଟର ତାଙ୍କ ପାଇପ୍‌ରୁ ଧୂଆଁ ଫୁଙ୍କୁଥିଲେ (ହସେର୍ଲ ତାଙ୍କ ଶେଷ ଜୀବନରେ *ଏମ୍ଫିସେମା* ରୋଗାକ୍ରାନ୍ତ ହୋଇଥିଲେ), କେଉଁଠାରେ ସେ ନିଜର ଅତିଥିମାନଙ୍କୁ ସ୍ୱାଗତ କରୁଥିଲେ ଏବଂ କେଉଁଠାରେ ତାଙ୍କର ପରିଚାରିକା ଓ ଶୁଶ୍ରୂଷାକାରିଣୀ ଫାଉ ମାଲ୍‌ଭିନ୍ ତାଙ୍କର ସେବା ଶୁଶ୍ରୂଷା କରୁଥିଲେ, ସେକଥା ମଧ୍ୟ ସେ ଆନନ୍ଦର ସହ ଦେଖାଇ ଦେଇଥିଲେ। ହସେର୍ଲ ବ୍ୟବହାର କରୁଥିବା ପୁରୁଣା ଆସବାବପତ୍ର ଅବଶ୍ୟ ସେଠାରେ ନ ଥିଲା, କିନ୍ତୁ ତାଙ୍କ ବହି ଥାକଟି ସଯତ୍ନରେ ରଖାଯାଇଥିଲା। ତା'ପରେ ପ୍ରଫେସର ମହାଶୟ ମୋତେ ଦେଖାଇ ଦେଇଥିଲେ ସେହି ମାର୍ଗଟିକୁ, ଯେଉଁଠାରେ ମାଷ୍ଟର ପ୍ରତିଦିନ ସନ୍ଧ୍ୟାବେଳେ ବୁଲଚାଲ କରୁଥିଲେ। ରାସ୍ତା ପାର ହୋଇ ଲରେଟୋ ହିଲ୍ ଉପରକୁ ଲମ୍ବି ଯାଇଥିବା ଅଙ୍କାବଙ୍କା ରାସ୍ତାଟିକୁ ଅଙ୍ଗୁଳି ଦେଖାଇ ସେ ଚିହ୍ନାଇ ଦେଇଥିଲେ। ମୁଁ ମନେ ମନେ କଳ୍ପନା କରୁଥିଲି ଯେ ହାତରେ ବଙ୍କୁଲିବାଡ଼ିଟି ଧରି ମାଷ୍ଟର ତାଙ୍କ ଯୁବ ସହକାରୀ ମାର୍ଟିନ ହାଇଡେଗାରଙ୍କ ସହ କିଭଳି ଆଲୋଚନା କରୁଥିବେ ଏବଂ ମଝିରେ ମଝିରେ ବଙ୍କୁଲିବାଡ଼ିଟିକୁ ଭରା ଦେଇ ଠିଆ ହୋଇ କୌଣସି ଏକ ପ୍ରସଙ୍ଗ ଉପରେ ବିତର୍କ କରୁଥିବେ। ସେହି କଥା ଚିନ୍ତା କଲାବେଳେ ମୋ କଳ୍ପନା ରାଜ୍ୟକୁ ଆହୁରି ଅନେକ ପରିଦର୍ଶକଙ୍କ କଥା ଧସେଇ ପଶିଆସିଲା। ସେମାନଙ୍କ ମଧ୍ୟରେ ଥିଲେ ଇଉଜେନ୍ ଫିଙ୍କ୍, ହାନ୍ସ ଲିପ୍ସ, ଏଡିଥ୍ ଷ୍ଟେନ୍, ରୋମାନ ଇନ୍‌ଗାର୍ଡେନ୍ (ଯିଏ ଭେନିସ୍‌ରୁ ହସେର୍ଲଙ୍କୁ ଭେଟିବାକୁ ଆସିଥିଲେ) ଓ ହାର୍ଭାର୍ଡର ଡୋରିଓନ କେର୍ଣ୍ଣସ ଏବଂ ଆହୁରି ଅନେକ।

ଅବସର ଗ୍ରହଣ କରିବା ପରେ ପରେ ହସେର୍ଲଙ୍କୁ ତୁରନ୍ତ ନିଜର ଲରେଟୋ ଷ୍ଟ୍ରାସେ ଆପାର୍ଟମେଣ୍ଟ ଛାଡ଼ିବାକୁ ପଡ଼ିଥିଲା। କିନ୍ତୁ ଏକ ବିନ୍ୟସ୍ତ ଓ ବଡ଼ ଘର କିଣିବାକୁ ତାଙ୍କ ପାଖରେ ଆର୍ଥିକ ସମ୍ବଳ ନ ଥିଲା (ତାଙ୍କର ସଞ୍ଚୟ ଥିଲା ସ୍ୱଳ୍ପ, ଏବଂ ସେ ନିଜର ଗେଟିଂଗେନ୍ ଘରେ ଯାହା କିଛି ଅର୍ଥ ସଞ୍ଚୟ କରି ରଖିଥିଲେ ପ୍ରଥମ ବିଶ୍ୱଯୁଦ୍ଧ ପରେ ଯେତେବେଳେ ମୁଦ୍ରାର ଅବମୂଲ୍ୟାୟନ ଘଟିଥିଲା, ସେଥିରେ ସେ ନିଜର ସବୁ ଅର୍ଥ ହରାଇଥିଲେ)। ଏହାପରେ ତାଙ୍କୁ *ଷ୍ଟୋନ୍ ଇକେ ୬*ରେ ଥିବା ଗୋଟିଏ ଛୋଟ ଘରକୁ ସ୍ଥାନାନ୍ତରିତ ହେବାକୁ ପଡ଼ିଥିଲା। ସେହି ଆପାର୍ଟମେଣ୍ଟରେ ହିଁ ହସେର୍ଲ ଶେଷ ନିଃଶ୍ୱାସ ତ୍ୟାଗ କରିଥିଲେ।

ପୂର୍ବରୁ ଶୁଣିଥିବା କାହାଣୀ ଏବଂ ସ୍ମୃତିକୁ ସାଉଁଟି ମାଷ୍ଟରଙ୍କ ମୃତ୍ୟୁର ଏକ କାଳ୍ପନିକ ଚିତ୍ର ମୁଁ ମନେ ମନେ ଆଙ୍କିଥିଲି (ବିଶେଷକରି ନବେ ବର୍ଷର ଜଣେ କ୍ୟାଥୋଲିକ ନନ୍, ଯିଏ କି ସେତେବେଳେ ତଥାପି ଜୀବିତା ଥିଲେ, ସେ ମାଷ୍ଟରଙ୍କ

ମୃତ୍ୟୁଶଯ୍ୟା ନିକଟରେ ସଦାବେଳେ ଉପସ୍ଥିତ ରହୁଥିଲେ ଏବଂ ଦିନ ଦିନ ଧରି ତାଙ୍କର ସେବା ଶୁଶ୍ରୁଷା କରୁଥିଲେ। ସେହି ନନ୍ ଜଣକ କାଥୋଲିକ୍ ଚର୍ଚ୍ଚକୁ ଅନୁରୋଧ କରିଥିଲେ ଯେ ହସେର୍ଲଙ୍କ ବିୟୋଗ ପରେ ତାଙ୍କୁ ଚର୍ଚ୍ଚ ପରିସରରେ ଓ ପ୍ରାଚୀର କଡ଼ରେ କବର ଦେବାକୁ ଅନୁମତି ଦିଆଯାଉ। କାରଣ, ଅଣ-ଆର୍ଯ୍ୟମାନଙ୍କୁ ନାଜିମାନେ ଘୃଣା କରିବା ସହିତ ସେମାନଙ୍କୁ ଏଭଳି ଭାବରେ ଦଣ୍ଡିତ କରିବାକୁ ଚାହୁଁଥିଲେ)। ଏଭଳି କଥା ମନକୁ ଆସିଲାବେଳକୁ ମୋ ମନ ଦୁଃଖରେ ଭରି ଉଠୁଥିଲା। ତଥାପି ଏହା ଥିଲା ବେଶ୍ ପ୍ରେରଣାଦାୟକ। ହାଇଡେଗାରଙ୍କ ଦ୍ୱାରା ହସେର୍ଲଙ୍କୁ ଅପମାନିତ କରାଯିବା କଥା ମଧ୍ୟ ମୋ ମନକୁ ଧସେଇ ପଶି ଆସୁଥିଲା। ବିଡ଼ମ୍ବନାର କଥା ଯେ ହସେର୍ଲ ନିଜର ଶୈକ୍ଷିକ ଉତ୍ତରାଧିକାରୀ ଭାବରେ ହାଇଡେଗାରଙ୍କୁ ହିଁ ଚୟନ କରିଥିଲେ। କିନ୍ତୁ ହାଇଡେଗାର ନାଜିମାନଙ୍କ ସହ ହାତ ମିଳାଇଥିଲେ। ଫ୍ରିବର୍ଗ ବିଶ୍ୱବିଦ୍ୟାଳୟର ରେକ୍ଟର ଭାବରେ ହାଇଡେଗାର ସେହି ଆଦେଶନାମାରେ ସନ୍ତକ ଦେଇଥିଲେ, ଯେଉଁଥିରେ ବିଶ୍ୱବିଦ୍ୟାଳୟର ସମସ୍ତ ସୁବିଧା ସୁଯୋଗରୁ ହସେର୍ଲଙ୍କୁ ବଞ୍ଚିତ କରାଯାଇଥିଲା। ମୃତ୍ୟୁ ପର୍ଯ୍ୟନ୍ତ ନିଜର ଏଭଳି ନାଜି ସମର୍ଥନ ଅତୀତ ପାଇଁ ହାଇଡେଗାର କେବେବେଳେ ସୁଦ୍ଧା ଦୁଃଖ ପ୍ରକଟ କରି ନ ଥିଲେ କିମ୍ବା ଅନୁତପ୍ତ ହୋଇ ନ ଥିଲେ, ବରଂ ବାଗାଡ଼ମ୍ବର ଭାବରେ ନିଜର ନୀରିହପଣକୁ ଦୃଢ଼ତାର ସହ ସମର୍ଥନ କରୁଥିଲେ।

ମୁଁ ମଧ୍ୟ ସହର ନିକଟବର୍ତ୍ତୀ ଛୋଟିଆ ବ୍ଲାକ୍ ଫରେଷ୍ଟ ଗ୍ରାମକୁ ବୁଲି ଯାଇଥିଲି। ଫ୍ରିବର୍ଗ ବିଶ୍ୱବିଦ୍ୟାଳୟଠାରୁ ତାହା ଅନତି ଦୂରରେ। ଛୁଟି ଦିନରେ ଲେଖାପଢ଼ା ପାଇଁ ହସେର୍ଲ ସେହି ଗାଆଁକୁ ଯାଉଥିଲେ। ହସେର୍ଲଙ୍କ ଏହି ଭ୍ରମଣ ପାଇଁ ହିଁ ବ୍ଲାକ୍ ଫରେଷ୍ଟର ଗୌରବ ବୃଦ୍ଧି ପାଇଥିଲା। ରୋମ୍ବାଚ୍ ନାମକ ଜର୍ଜେକ ଯୁବ ଦର୍ଶନବିତ୍ ମୋତେ ତାଙ୍କର ଛୋଟ ଫୋକ୍ସୱାଗେନ୍ କାର୍‌ରେ ବସାଇ ସେହିସବୁ ସ୍ଥାନ ବୁଲାଇ ଦେଖାଇଥିଲେ। ରୋମ୍ବାଚ୍ ଥିଲେ ସେହି ଅଞ୍ଚଳର ଅଧିବାସୀ। ତେଣୁ ସେ ଅଞ୍ଚଳ ସହିତ ତାଙ୍କର ଆବେଗିକ ସମ୍ପର୍କ ଥିଲା ନିବିଡ଼। ଏହି ବୁଲାବୁଲିବେଳେ ସେ ମୋତେ ସେଠାରେ ଥିବା ଗୋଟିଏ ଛୋଟ ଗ୍ରାମୀଣ ସଂଗ୍ରହାଳୟକୁ ବୁଲାଇ ନେଇଥିଲେ। ଶହ ଶହ ବର୍ଷ ଧରି ସେଠାକାର କୃଷକମାନଙ୍କ ଜୀବନଶୈଳର ବିଭିନ୍ନ ଦୃଶ୍ୟ ସେହି ସଂଗ୍ରହାଳୟରେ ପ୍ରଦର୍ଶିତ ହୋଇଥିଲା। ସେଠାରେ ଗୋଟିଏ ଛୋଟ କାଠର ଝୁଲଣା ରଖାଯାଇଥିଲା। ରୋମ୍ବାଚ୍‌ଙ୍କ କହିବା ଅନୁସାରେ(ମ୍ୟୁଜିୟମର ଗାଇଡ୍‌ଙ୍କ କହିବା ଅନୁସାରେ)ତାଙ୍କ ମାଆ ଶିଶୁଟିଏ ଥିବାବେଳେ ସେହି ଦୋଳିରେ ଶୋଉଥିଲେ।

ଅଭିଲେଖାଗାରରେ ଥିବା ହସେର୍ଲଙ୍କ ନଥିପତ୍ର ଉପରେ ମୋର ଗବେଷଣା

କାର୍ଯ୍ୟ ଜାରି ରହିଥିଲା । ଦୀର୍ଘ ଘଣ୍ଟା ଧରି ମୁଁ ମୋଟାମୋଟା ପାଣ୍ଡୁଲିପିର ପୃଷ୍ଠା ଲେଉଟାଇ ସେସବୁ ପଢ଼ି ଚାଲିଥିଲି । ହସେର୍ଲ ଏହିଭଳି ଅନେକ ଲେଖା ଛାଡ଼ି ଯାଇଥିଲେ । ଏହି ଅଭିଲେଖାଗାରଟିର ଜନ୍ମକାହାଣୀ ମଧ୍ୟ ବେଶ୍ ଆଗ୍ରହକର ଓ ଉଲ୍ଲେଖଯୋଗ୍ୟ । ଯେତେବେଳେ ନାଜିମାନେ ହସେର୍ଲଙ୍କୁ ମାତ୍ରାତିରିକ୍ତ ଭାବରେ ଅପମାନିତ ଓ ନିର୍ଯାତିତ କରି ଚାଲିଥିଲେ, ତାଙ୍କର ଜଣେ ପ୍ରାକ୍ତନ ଛାତ୍ର, ଫାଦର୍ ଭାନ୍ ବ୍ରେଡା ସେତେବେଳକୁ ବେଲଜିୟମରେ କାର୍ମେଲାଇଟ୍ ଧର୍ମଯାଜକ ହୋଇ ସାରିଥିଲେ । ଫାଦର ବ୍ରେଡା ଫ୍ରିବର୍ଗ ଆସି ହସେର୍ଲଙ୍କୁ ସାକ୍ଷାତ କରିଥିଲେ । ସେ ନିଜର ପ୍ରିୟ ଗୁରୁଙ୍କୁ ଅନୁରୋଧ କରିଥିଲେ ଯେ ତାଙ୍କ ପୁସ୍ତକାଗାରରେ ଥିବା ସବୁ ଗ୍ରନ୍ଥ ଏବଂ ଗବେଷଣା ନଥିପତ୍ରକୁ ବେଲଜିୟମକୁ ନେଇଯିବା ଲାଗି ହସେର୍ଲ ଅନୁମତି ଦିଅନ୍ତୁ । କାରଣ ତାଙ୍କର ଆଶଙ୍କା ଥିଲା ଯେ ନାଜିମାନେ ସେସବୁ ଅମୂଲ୍ୟ ନଥିପତ୍ର ନଷ୍ଟ କରିଦେଇପାରନ୍ତି । କ୍ଷୋଭ ମନରେ ହସେର୍ଲ ନିଜର ପ୍ରିୟ ଛାତ୍ରଙ୍କ ଅନୁରୋଧ ରକ୍ଷାକରି ସମ୍ମତି ଭରିଥିଲେ । ଏହା ପରେ ଫାଦର୍ ଭାନ୍ ବ୍ରେଡା ବର୍ଲିନରେ ଥିବା ବେଲଜିୟମ ଦୂତାବାସର ଡିପ୍ଲୋମାଟିକ୍ ବ୍ୟାଗ୍‌ରେ ସେହିସବୁ ନଥିପତ୍ରକୁ ଗୋପନରେ ଭରି ସମୟକ୍ରମେ ବେଲଜିୟମକୁ ନେଇଯାଇଥିଲେ । ଦ୍ୱିତୀୟ ବିଶ୍ୱଯୁଦ୍ଧ ଶେଷ ହେବାପରେ ରକ୍‌ଫେଲର୍ ଫାଉଣ୍ଡେସନ ଏବଂ ୟୁନେସ୍କୋ ପାଣ୍ଠି ସହାୟତାରେ ହସେର୍ଲଙ୍କ ଅଭିଲେଖାଗାର ପ୍ରତିଷ୍ଠା କରାଯାଇଥିଲା । ଯେଉଁ ଗବେଷକମାନେ ହସେର୍ଲଙ୍କ ସହ ଏକଦା କାର୍ଯ୍ୟ କରିଥିଲେ ଏବଂ ଯେଉଁମାନେ *ଗାବେଲ୍ସବର୍ଜର* *ଷ୍ଟେନୋଗ୍ରାଫି* ସହ ସୁପରିଚିତ(ହସେର୍ଲ ଏହି ଷ୍ଟେନୋଗ୍ରାଫିରେ ହିଁ ତାଙ୍କର ସମସ୍ତ ଗବେଷଣା ସନ୍ଦର୍ଭ ଲେଖିଥିଲେ), ସେମାନଙ୍କୁ *ନାଚଲାସ୍* ପାଣ୍ଡୁଲିପିକୁ ଟାଇପ୍ ସ୍କ୍ରିପ୍ଟରେ ଲେଖିବା ସକାଶେ ନିଯୁକ୍ତ କରାଯାଇଥିଲା । ଧୀରେ ଧୀରେ ସେହିସବୁ ପାଣ୍ଡୁଲିପି *'ହସେର୍ଲିଆନା'* ସିରିଜ ଭାବରେ ଆତ୍ମପ୍ରକାଶ କରିଥିଲା । ମୋ ଜୀବନର ସର୍ବଶ୍ରେଷ୍ଠ ଆତ୍ମସନ୍ତୋଷ ଯେ ଏହି କାର୍ଯ୍ୟ ସହିତ ମୁଁ ଘନିଷ୍ଠ ଭାବରେ ସଂଶ୍ଳିଷ୍ଟ ରହିଥିଲି ।

ହସେର୍ଲଙ୍କ ପୁରୁଣା ପାଣ୍ଡୁଲିପିକୁ ପଢ଼ିବାକୁ ସଦାବେଳେ ମୋ ମନରେ ଏକ ବିଶେଷ ଶ୍ରଦ୍ଧା ଥିଲା । ମୋତେ ସେସବୁ ପାଣ୍ଡୁଲିପି ପଢ଼ିଲାବେଳେ ଲାଗେ, ତାହା ଲେଖିଲାବେଳେ ଦାର୍ଶନିକ ହସେର୍ଲ କ'ଣ ଚିନ୍ତା କରୁଥିଲେ । ସଦାବେଳେ ହସେର୍ଲ ନୂଆ ନୂଆ ପ୍ରଶ୍ନମାନ ପଚାରୁଥିଲେ । ନିଜର ପୁରୁଣା ଯୁକ୍ତିକୁ ମଧ୍ୟ ସେ ସମାଲୋଚନା କରୁଥିଲେ । ସବୁବେଳେ ଦର୍ଶନଶାସ୍ତ୍ରର ନୂଆ ମାର୍ଗ ସନ୍ଧାନ କରିବା ଥିଲା ତାଙ୍କର ଏକ ସ୍ୱାଭାବିକ ସ୍ୱଭାବ । ହସେର୍ଲ ତାଙ୍କ ଜୀବନର ଏଇ ଅନ୍ତିମ ଓ ସଂକଟରେ ଥିବା କିଛି ବର୍ଷରେ ଯେଉଁସବୁ ପାଣ୍ଡୁଲିପି ପ୍ରସ୍ତୁତ କରିଥିଲେ, ସେସବୁ ପଢ଼ିଲାବେଳେ ମୋ

ମନରେ ରୋମାଞ୍ଚ ସୃଷ୍ଟି ହେଉଥିଲା । ସେହିସବୁ ବର୍ଷରେ ହସେର୍ଲଙ୍କର କେବଳ ସ୍ୱାସ୍ଥ୍ୟଭଗ୍ନ ଘଟିସାରି ନ ଥିଲା, ସେ ପ୍ରବଳ ଦୁଃଶ୍ଚିନ୍ତା ଓ ଅପମାନର ସହ ଜୀବନ ବିତାଉଥିଲେ । ଏକଥା ଭାବିଲେ କେତେ ମାତ୍ରାରେ ଆଶ୍ଚର୍ଯ୍ୟ ହେବାକୁ ପଡ଼େ ଯେ ଜର୍ମାନ ଦର୍ଶନକୁ ଏକ ନୂଆ ଜୀବନ ଓ ମାର୍ଗ ପ୍ରଦାନ କରିବା ନିମନ୍ତେ ସାରା ଜୀବନକୁ ଉତ୍ସର୍ଗ କରିଥିବା ଏହି ମହାନ ଚିନ୍ତକ, ଯିଏ କି ପ୍ରଥମ ବିଶ୍ୱଯୁଦ୍ଧରେ ଜର୍ମାନ ଭୂଇଁର ସୁରକ୍ଷା ପାଇଁ ନିଜର ଜଣେ ପୁତ୍ରକୁ ହରାଇଥିଲେ, ତାଙ୍କୁ ଜଣେ ମହାମୂର୍ଖ (ଏସ.ଏସ୍.ର ବିବେଚନାରେ) ବୋଲି ଆଖ୍ୟାୟିତ କରାଯିବା ସହ ଜଣେ ଖାଣ୍ଟି ଜର୍ମାନ୍ ହେବାକୁ ଅଯୋଗ୍ୟ ବୋଲି ଘୋଷଣା କରାଯାଇଥିଲା ! ଏପରିକି ତାଙ୍କର ଏହି ଦୁର୍ଦ୍ଦିନରେ ହସେର୍ଲଙ୍କ ନିକଟକୁ କେତେକ ପ୍ରିୟ ଛାତ୍ର ମଧ୍ୟ ଆସିବା ବନ୍ଦ୍ କରି ଦେଇଥିଲେ । ତାଙ୍କର ଏକ ଜନ୍ମଦିନରେ ଅଳ୍ପ କିଛି ଲୋକ ହସେର୍ଲଙ୍କ ନିକଟକୁ ଅଭିନନ୍ଦନପତ୍ର ପଠାଇଥିଲେ । ଏହି କଥା ସେ ହାନ୍ସ ଲିପ୍ସଙ୍କ ପାଖକୁ ଖଣ୍ଡିଏ ଚିଠିରେ ଲେଖି ଜନ୍ମଦିନର ଶୁଭେଚ୍ଛାପତ୍ର ପଠାଇଥିବାରୁ ତାଙ୍କୁ ଧନ୍ୟବାଦ ଜଣାଇଥିଲେ । ତେବେ ସକଳ ନିର୍ଯାତନା ଓ ଅପମାନ ସତ୍ତ୍ୱେ ଏହି ମହାନ୍ ଦାର୍ଶନିକ ନିଜର ବିଜ୍ଞାନସମ୍ମତ ପ୍ରଜ୍ଞା ଏବଂ ଜ୍ଞାନ ଲିପ୍ସାରୁ ତିଳେମାତ୍ର ବିଚ୍ୟୁତ ହୋଇ ନ ଥିଲେ । ଅସ୍ତିତ୍ୱବାଦ ଚିନ୍ତାଧାରାରେ ମୁଣ୍ଡ ଟେକୁଥିବା ସକଳ ପ୍ରକାର ଯୁକ୍ତି ବିବର୍ଜିତ ମତକୁ ସେ ଦୃଢ଼ତାର ସହ ପ୍ରତ୍ୟାଖ୍ୟାନ କରୁଥିଲେ । ମୋ ପାଇଁ ସଦାବେଳେ ହସେର୍ଲ ଜଣେ ପ୍ରେରଣାର ଉତ୍ସ ହୋଇ ରହିଥିବେ ।

ଧୀରେ ଧୀରେ ଏହି ପ୍ରଚଣ୍ଡ ପ୍ରତିଭାଙ୍କ ଦର୍ଶନ ଉପରେ *'Gesamtdarstellung'* ଶୀର୍ଷକ ପ୍ରକଳ୍ପ କାର୍ଯ୍ୟ ଆରମ୍ଭ କରିବା ଲାଗି ମୋ ପାଇଁ ପଥ ସ୍ପଷ୍ଟ ହେବାରେ ଲାଗିଲା । ଏହା କେବଳ ଦାର୍ଶନିକ ଗବେଷଣା ଦୃଷ୍ଟିରୁ ଆଗ୍ରହପୂର୍ଣ୍ଣ ନ ଥିଲା, ଅପରପକ୍ଷେ ବ୍ୟକ୍ତିଗତ ଭାବରେ ମଧ୍ୟ ମୋ ପାଇଁ ଥିଲା ପ୍ରେରଣାଦାୟକ କାର୍ଯ୍ୟ । ଲେଷ୍ଟର ଏବ୍ରି ଏବଂ ଗୁନ୍ଥର ପାଟ୍‌ଜିଗ୍ ଏଥିପାଇଁ ମୋତେ ପ୍ରୋତ୍ସାହନ ଯୋଗାଇବା ସମୟରେ କହିଥିଲେ,'ଆପଣ ଯଦି ଏହି କାର୍ଯ୍ୟ ନ କରନ୍ତି, ତେବେ ବିଶ୍ୱରେ ଆଉ କେହି ଏହା କରିବେ ନାହିଁ' ।

■

ଭ୍ରାତୃପ୍ରେମର ନଗରୀ

ନ୍ୟୁୟର୍କରୁ ଫେରିବା ପରେ ଓକଲାହୋମା, ନର୍ମାନରେ ମୁଁ ସାତ ବର୍ଷ ଅବସ୍ଥାନ କଲି। ଆଉ ଥରେ ଓକଲାହୋମାକୁ ଛାଡ଼ି ଅନ୍ୟତ୍ର ଯିବା କଥା ପ୍ରାୟ ମୋ ମନକୁ ଆସି ନ ଥିଲା। ଘରଟି ବେଶ୍ ଆନନ୍ଦଦାୟକ ଥିଲା। ପଦ୍ମିନୀ ଆମ ସହିତ ଧୀରେ ବଡ଼ ହୋଇ ଚାଲିଥିଲା। ମିଟିର ସେତେବେଳକୁ ଲ'ସ୍କୁଲ ପଢ଼ା ଶେଷ ହୋଇଥିଲା ଓ ସେ ଏକ ଆଇନ ଫାର୍ମରେ ଯୋଗ ଦେଇ ସାରିଥିଲା। ନର୍ମାନର ଜଳବାୟୁ ମଧ୍ୟ ଆମକୁ ବେଶ୍ ସୁହାଉଥିଲା। ସେଠାରେ ଥିବା ଭାରତୀୟ ଲୋକମାନଙ୍କ ସହ ସେତେବେଳକୁ ଆମେ ବେଶ୍ ଖୁସିରେ ସାମାଜିକ ସମ୍ପର୍କ ସ୍ଥାପନ କରିସାରିଥିଲୁ। ମୋର ଲେଖାଲେଖି ବି ଠିକ୍ ଚାଲିଥିଲା। ମୋତେ ସେତେବେଳେ ଗବେଷଣା ପାଇଁ ଯେତିକି ଅର୍ଥ ମିଳୁଥିଲା, ସେଥିରେ ବିଭିନ୍ନ ସମ୍ମାନରେ ଯୋଗଦେବା ଓ ଦରକାରବେଳେ କୌଣସି ଲାଇବ୍ରେରୀକୁ ଯାଇ ପଢ଼ାଶୁଣା କରିବା ଲାଗି ତାହା ଯଥେଷ୍ଟ ଥିଲା। ମୋ କାମ ପାଇଁ ଯାହା କିଛି ଆବଶ୍ୟକ ପଡୁଥିଲା, ସେସବୁ ବିଶ୍ୱବିଦ୍ୟାଳୟର ଦର୍ଶନ ବିଭାଗ ମୋତେ ଯୋଗାଇ ଦେଉଥିଲା। ତା'ଛଡ଼ା ଓକଲାହୋମା ବିଶ୍ୱବିଦ୍ୟାଳୟର ଛାତ୍ର ଓ ଅଧ୍ୟାପକମାନେ ମୋତେ ଯଥେଷ୍ଟ ସମ୍ମାନ ପ୍ରଦର୍ଶନ କରୁଥିଲେ।

ଏମିତି ଦିନେ ଉପରବେଳା ଖୁବ୍ ଅପ୍ରତ୍ୟାଶିତ ଭାବରେ ମୁଁ ଜୋ ମାର୍ଗୋଲିସ୍‌ଙ୍କଠାରୁ ଫୋନ୍ କଲ୍‌ଟିଏ ପାଇଲି। ସେ ସିଧାସଳଖ ମୋତେ ପ୍ରସ୍ତାବ ଦେଲେ ଯେ ମୁଁ ଫିଲାଡେଲଫିଆ ଯାଇ ଟେମ୍ପଲ୍ ବିଶ୍ୱବିଦ୍ୟାଳୟରେ ପ୍ରଫେସର ପଦରେ ଯୋଗଦେବା ପ୍ରସ୍ତାବକୁ ଗ୍ରହଣ କରିବି କି? ପ୍ରଥମେ ଏଭଳି ପ୍ରସ୍ତାବକୁ ମୁଁ ମନେ ମନେ ପ୍ରତ୍ୟାଖ୍ୟାନ କରିଦେଇଥିଲି। କିନ୍ତୁ ଯେତେବେଳେ ତା' ଉପରେ ବାରମ୍ବାର ଭାବିଲି, ମନକୁ ଆସିଲା ଏଭଳି ଏକ ପ୍ରସ୍ତାବ ମୋ ପାଇଁ ମନ୍ଦ ହେବନାହିଁ। ତେଣୁ ମୁଁ ମନ ଭିତରେ ଏକ ଦ୍ୱନ୍ଦ୍ୱରେ ପଡ଼ି ଗୋଳେଇଘାଣ୍ଟି ହେବା ଆରମ୍ଭ କଲି। ତା' ପୂର୍ବରୁ

ମୋ ପାଖକୁ ଆଉ କେତୋଟି ବିଶ୍ୱବିଦ୍ୟାଳୟରୁ ମଧ୍ୟ ପ୍ରସ୍ତାବ ଆସିଥିଲା। ସେସବୁକୁ ମୁଁ ନାକଚ କରି ଦେଇଥିଲି। ଇଲନଏର ଇଭାନ୍‌ଷ୍ଟୋନ୍‌ସ୍ଥିତ ନର୍ଥୱେଷ୍ଟର୍ଣ୍ଣ ବିଶ୍ୱବିଦ୍ୟାଳୟର ଆମନ୍ତ୍ରଣକୁ ମୁଁ ପ୍ରତ୍ୟାଖ୍ୟାନ କରିଥିଲି। ସେମିତି ହନଲୁଲୁର ୟୁନିଭର୍ସିଟି ଅଫ୍ ହାୱାଇରେ ଯୋଗଦେବା ପ୍ରସ୍ତାବକୁ ମଧ୍ୟ ଗ୍ରହଣ କରି ନ ଥିଲି। ଅନୁରୂପ ଭାବରେ ରୁଥ୍ ମାର୍କସ୍, ଯିଏକି ସେତେବେଳେ ୟେଲ୍ ୟୁନିଭରସିଟିର ଦର୍ଶନ ବିଭାଗର ମୁଖ୍ୟ ଥିଲେ, ସେ ମୋତେ ତାଙ୍କ ବିଶ୍ୱବିଦ୍ୟାଳୟରେ ଯୋଗ ଦେବାକୁ ବାରମ୍ବାର ଅନୁରୋଧ କରିଥିଲେ ସୁଦ୍ଧା ତାଙ୍କ କଥାକୁ ଏଡ଼ାଇ ଯାଇଥିଲି। ଏପରିକି ସେ ବିଶ୍ୱବିଦ୍ୟାଳୟର ପ୍ରଫେସର ପଦ ପାଇଁ ଆବେଦନ କରିବା ପ୍ରସ୍ତାବକୁ ମଧ୍ୟ ମୁଁ ପ୍ରତ୍ୟାଖ୍ୟାନ କରିଥିଲି। ସେମିତି ଦିନେ ନିଉ ସ୍କୁଲକୁ ମଧ୍ୟ ଛାଡ଼ି ଓକଲାହୋମା ଫେରି ଆସିଥିଲି। ତା'ହେଲେ ଏବେ ପୁଣି ଥରେ ଫିଲାଡେଲଫିଆକୁ ସ୍ଥାନାନ୍ତରିତ ହେବା କଥା କାହିଁକି ବିଚାରିବି ବୋଲି ନିଜକୁ ନିଜେ ପ୍ରଶ୍ନ କରୁଥିଲି। ବେଳେବେଳେ ଏମିତି ହୁଏ ଯେ ନିଜ ମନର ଗଭୀର ସତ୍ୟକୁ ସୁଦ୍ଧା ମଣିଷ ସହସା ବୁଝିପାରେ ନାହିଁ। ଯେପର୍ଯ୍ୟନ୍ତ ମନର 'ଗଭୀରତମ ନିଦ୍ରା' ନ ଭାଙ୍ଗିଛି, ସେପର୍ଯ୍ୟନ୍ତ ଏମିତି ଘଟି ଚାଲିଥାଏ। ମୋ କ୍ଷେତ୍ରରେ ବି ଠିକ୍ ସେଇଆ ଘଟିଥିବା ପରି ଅନୁଭବ କଲି। ହଠାତ୍ ଦିନେ ମୋତେ ଆଶ୍ଚର୍ଯ୍ୟ ଲାଗିଲା ଯେ ଓକଲାହୋମାରେ ମୁଁ ଢେର ଦିନ ହେବ ରହି ସାରିଲିଣି। ମୋ ମନର ସୂକ୍ଷ୍ମତର ସ୍ତର ଅଧିକ ବୌଦ୍ଧିକ ପରିସର କାମନା କରୁଛି। ମୋ ନିଜ ଚିନ୍ତାଧାରାକୁ ମଧ୍ୟ ପ୍ରତିବାଦ କରିବା ଆରମ୍ଭ କରିଛି। ନିଉ ସ୍କୁଲରେ ଅଧ୍ୟାପନା କରୁଥିବାବେଳେ ଯେଉଁସବୁ ନୂଆ ନୂଆ ଚିନ୍ତାଧାରା ମୋ ମନ ଭିତରେ ଜନ୍ମ ନେଇଥିଲା, ସେସବୁକୁ ଲିପିବଦ୍ଧ କରି ସାରିଥିଲି। ଏବେ ମୋ ମନ ଆଉକିଛି ସାଧନା, ସିଦ୍ଧି ଓ ସ୍ୱୀକୃତି ପାଇଁ ଯେପରି ବ୍ୟାକୁଳ ହୋଇ ଉଠୁଥିଲା। କିନ୍ତୁ ତା'ପରେ କୁଆଡ଼େ ଯିବି ସେ କଥା ଚିନ୍ତା କରି ନ ଥିଲି। ତେଣୁ ଜୋ ମାର୍ଗୋଲିସ୍‌ଙ୍କ ଆମନ୍ତ୍ରଣକୁ ମୁଁ ଗ୍ରହଣ କରିବା ଲାଗି ସିଦ୍ଧାନ୍ତ ନେଲି। ସ୍ଥିର ହେଲା ଯେ ବାଣୀ କିଛି ଦିନ ପାଇଁ ନର୍ମାନ୍‌ରେ ରହିବ ଓ ପଦ୍ମିନୀର ଯତ୍ନ ନେବ। ତା'ପରେ ମୁଁ ଫିଲାଡେଲଫିଆ ସହରର ଶେଷ ଆଡ଼କୁ ଥିବା ଚେଷ୍ଟନଟ୍ ହିଲ୍‌ର ଗୋଟିଏ ଫ୍ଲାଟ୍‌ରେ ଘରଟିଏ ଭଡ଼ା ନେଲି ଏବଂ ୧୯୮୫ ମସିହା ଶରତ ଋତୁରେ ଟେମ୍ପଲ୍ ବିଶ୍ୱବିଦ୍ୟାଳୟରେ ପ୍ରଫେସର ଭାବରେ ଯୋଗଦେଲି।

ଟେମ୍ପଲ୍ ବିଶ୍ୱବିଦ୍ୟାଳୟଟି ଉତ୍ତର ଫିଲାଡେଲଫିଆର ବ୍ରଡ୍ ଷ୍ଟ୍ରିଟ୍‌ରେ ଅବସ୍ଥିତ। ସିଟି ହଲ୍‌ର ଉତ୍ତର ଦିଗକୁ ଦୁଇ ମାଇଲ ଦୂରରେ ଏହା ମୁଣ୍ଡ ଟେକି ଠିଆ ହୋଇଛି। ଏହାର ଚତୁଃପାର୍ଶ୍ୱରେ ଥିବା ଜନବସତିରେ ଅପରାଧ ମାତ୍ରା ଖୁବ୍ ବେଶୀ ଏବଂ ସେଥିପାଇଁ ତାହାର ଏକ ଅପଖ୍ୟାତି ରହିଛି। ସେମିତି ଦେଖିବାକୁ ଗଲେ ପ୍ରଖ୍ୟାତ

ପେନସିଲିଭେନିଆ ବିଶ୍ୱବିଦ୍ୟାଳୟ ଚାରିକଡ଼େ ମଧ୍ୟ ଅପରାଧ ମାତ୍ରା ତା'ଠାରୁ ଅଧିକ। ତେଣୁ ଏହିଭଳି କଥା ଭାବି ଟେମ୍ପଲ୍ ବିଶ୍ୱବିଦ୍ୟାଳୟ ପ୍ରତି ମୋ ମନରେ ସକରାତ୍ମକ ମନୋଭାବ ପୋଷଣ କଲି। କିନ୍ତୁ ଯେଉଁ ଟାକ୍ସି ଡ୍ରାଇଭରଟି ମୋତେ ପ୍ରଥମେ ଆଣି ଟେମ୍ପଲ୍ ବିଶ୍ୱବିଦ୍ୟାଳୟ ପରିସରରେ ପହଞ୍ଚାଇଥିଲା, ବାଟରେ ସେ ମୋତେ ଚେତାଇ ଦେଇ କହିଥିଲା, 'ସାର୍, ସାବଧାନ ଥିବେ। ଅନ୍ୟମାନେ ଟେମ୍ପଲ୍ ବିଶ୍ୱବିଦ୍ୟାଳୟ ଆଖପାଖ ଅଞ୍ଚଳ ବିଷୟରେ ଆପଣଙ୍କୁ ଅନେକ ପ୍ରକାର ଖରାପ କଥା କହିବେ। କିନ୍ତୁ ପେନସିଲିଭେନିଆ ବିଶ୍ୱବିଦ୍ୟାଳୟ ପାର୍ଶ୍ୱବର୍ତ୍ତୀ ଅଞ୍ଚଳ ସମ୍ପର୍କରେ ସେମାନେ କେବେ ତୁଣ୍ଡ ଖୋଲନ୍ତି ନାହିଁ।' ସେମିତି ଦେଖିବାକୁ ଗଲେ ଆମେରିକାର ସବୁ ବଡ଼ ବଡ଼ ବିଶ୍ୱବିଦ୍ୟାଳୟ ଏଭଳି ସହରୀକରଣର ପ୍ରତିକୂଳ ପ୍ରଭାବରେ ଗଭୀରଭାବରେ ଆକ୍ରାନ୍ତ। ସେଥିରୁ କଲମ୍ବିଆ, ଚିକାଗୋ ଓ ୟୁନିଭର୍ସିଟି କଲେଜ ଅଫ୍ ଲସ୍ ଏଞ୍ଜେଲସ ସୁଦ୍ଧା ମୁକ୍ତ ନୁହେଁ। ୟେଲ୍‌ର ନିଉ ହାଭେନ କଥା କୁହ କିମ୍ବା ହାର୍ଭାର୍ଡର କେମ୍ବ୍ରିଜ କଥା କୁହ, ସେଗୁଡ଼ିକ ମଧ୍ୟ ଟାଉନ ହିସାବରେ ଅନୁରୂପ ମାତ୍ରାରେ ଦୟନୀୟ। ଅପରାଧ ଓ ମାଦକଦ୍ରବ୍ୟ ସେବନ ଏବେ ଚାରିଆଡ଼େ ବ୍ୟାପିଛି। ସେ ଦୃଷ୍ଟିରୁ ଟେମ୍ପଲ୍ ବିଶ୍ୱବିଦ୍ୟାଳୟ ମଧ୍ୟ ମୁକ୍ତ ନ ଥିଲା। କିନ୍ତୁ ମୁଁ ଭାବୁଛି, ଟେମ୍ପଲ୍ ବିଶ୍ୱବିଦ୍ୟାଳୟର ପାର୍ଶ୍ୱବର୍ତ୍ତୀ ଘେଟୋ(ବସ୍ତି)ସହିତ ଖୁବ୍ ଉତ୍ତମ ସମ୍ପର୍କ ଥିଲା। କାରଣ, ସେହିସବୁ ବସ୍ତିରୁ ଅଧିକ ସଂଖ୍ୟକ ଯୁବକ ଯୁବତୀ ଆସି ଟେମ୍ପଲ୍ ବିଶ୍ୱବିଦ୍ୟାଳୟରେ ଅଧ୍ୟୟନ କରୁଥିଲେ। ସେମାନେ ଉପର ବର୍ଣ୍ଣିତ ଅଧିକ ମର୍ଯ୍ୟାଦାବନ୍ତ ଓ ବ୍ୟୟବହୁଳ ବିଶ୍ୱବିଦ୍ୟାଳୟକୁ ଉଚ୍ଚଶିକ୍ଷା ପାଇଁ ଯାଇପାରୁ ନ ଥିଲେ। ମୂଳରୁ ଟେମ୍ପଲ୍ ବିଶ୍ୱବିଦ୍ୟାଳୟ ଏକ ବାପ୍‌ଟିଷ୍ଟ୍ ଅନୁଷ୍ଠାନ (ଯାହାକି ତା'ର ନାମରୁ ଅନୁମାନ କରାଯାଇପାରେ) ଥିଲା। ଏବେ ଏହା ପେନସିଲିଭେନିଆ ରାଜ୍ୟର ବିଶ୍ୱବିଦ୍ୟାଳୟ ମହାସଂଘ ବ୍ୟବସ୍ଥାରେ ସାମିଲ ହୋଇଛି। ତେଣୁ ବର୍ତ୍ତମାନ ଏହାର ନାମ ଆଉ ତା'ର କାର୍ଯ୍ୟକୁ ସୂଚୀତ କରେନାହିଁ। ଟେମ୍ପଲ୍ ବିଶ୍ୱବିଦ୍ୟାଳୟରେ ଅଧ୍ୟୟନ କରୁଥିବା ଅଧିକାଂଶ ଅଣ୍ଡର୍ ଗ୍ରାଜୁଏଟ୍ ଛାତ୍ର ବିସ୍ତୃତ ସହରାଞ୍ଚଳରୁ ହିଁ ଆସୁଥିଲେ। କିନ୍ତୁ ଏହାର ଗ୍ରାଜୁଏଟ୍ ସ୍କୁଲର ଶିକ୍ଷାଦାନ ଥିଲା ବେଶ୍ ଗୁଣାତ୍ମକ ଏବଂ ସେଥିପାଇଁ ମେଧାବୀ ଛାତ୍ରମାନଙ୍କୁ ଦେଖି ପରଖି ଚୟନ କରାଯାଉଥିଲା। ବିଶ୍ୱବିଦ୍ୟାଳୟର ଦର୍ଶନ ବିଭାଗଟିର ଖୁବ୍ ସୁନାମ ଥିଲା। ମୁଁ ମୁନ୍‌ରୋ ବିଅର୍ଡସ୍‌ଲିଙ୍କ ସ୍ଥାନରେ ପ୍ରଫେସର ଭାବେ ନିଯୁକ୍ତ ହୋଇଥିଲି। ପ୍ରଫେସର ବିଅର୍ଡସ୍‌ଲି ଥିଲେ ଜଣେ ପ୍ରସିଦ୍ଧ ଦାର୍ଶନିକ ଏବଂ ସମଗ୍ର ଆମେରିକାରେ ସୌନ୍ଦର୍ଯ୍ୟ ଶାସ୍ତ୍ରରେ ସେ ଥିଲେ ସର୍ବଶ୍ରେଷ୍ଠ ବିଦ୍ୱାନ୍।

ଫିଲାଡେଲଫିଆ ନଗରୀ ('ଭ୍ରାତୃପ୍ରେମ')ଏକ ଐତିହାସିକ ସହର ଭାବେ

ସର୍ବତ୍ର ଜଣାଶୁଣା । ଏହି ନଗରୀରେ ଆମେରିକାର ସମ୍ବିଧାନ ଗୃହୀତ ହୋଇଥିଲା ଏବଂ ସ୍ୱାଧୀନତା ଘୋଷଣା କରାଯାଇଥିଲା । ଜର୍ଜ ୱାଶିଂଟନ ପୋଟୋମାକ୍‌ଠାରେ ନୂତନ ରାଜଧାନୀ ନିର୍ମାଣ କରିବା ପୂର୍ବରୁ ଏହା ଥିଲା ଯୁକ୍ତରାଷ୍ଟ୍ର ଆମେରିକାର ରାଜଧାନୀ । ଏହି ସହରର ଚତୁଃପାର୍ଶ୍ୱ ଥିଲା ଆମେରିକା ସ୍ୱାଧୀନତା ସଂଗ୍ରାମର ରଣଭୂମି । ତାହା ଜର୍ମାନ ଟାଉନଠାରୁ ଭେଲି ଫର୍ଜ, ଟ୍ରେଣ୍ଟନ ଓ ପ୍ରିନ୍ସଟନ୍ ପର୍ଯ୍ୟନ୍ତ ବ୍ୟାପ୍ତ । ସେହିସବୁ ସ୍ଥାନରେ ସ୍ୱାଧୀନତା ଆନ୍ଦୋଳନବେଳେ ଅନେକ ସଂଗ୍ରାମ ସଙ୍ଘଟିତ ହୋଇଥିଲା । ଡେଲାୱେର ନଦୀକୂଳରେ ଏହି ନଗରୀଟି ଅବସ୍ଥିତ, ଯାହା ନିଉଜର୍ସିଠାରୁ ଏହାକୁ ପୃଥକ୍ କରିଥାଏ । ସେହିଭଳି ସୁଲକିଲ୍ ନଦୀ ଏହି ସହରକୁ ଆଉ ଦୁଇ ଭାଗରେ ବିଭକ୍ତ କରିଛି । ସୁଲକିଲ୍ ନଦୀଟି ସହର ଭିତର ଦେଇ ପ୍ରବାହିତ ହୋଇ ଡେଲାୱେର ନଦୀରେ ମିଶିଛି । ଏ ନଗରୀର କେନ୍ଦ୍ରସ୍ଥଳଟି ମୂଳତଃ ଏକ ଉପନିବେଶବାଦୀ ଅଞ୍ଚଳ ଥିଲା । ନାଲି ରଙ୍ଗର ପୋଡ଼ା ଇଟାରେ ନିର୍ମିତ ଉପନିବେଶକାଳୀନ ବଡ଼ ବଡ଼ ଅଟ୍ଟାଳିକାମାନ (ଏବେ ସେସବୁର ପୁନରୁଦ୍ଧାର କରାଯାଇଛି) ସହରତଳି ଅଞ୍ଚଳରୁ ଧନୀ ଲୋକମାନଙ୍କୁ ଏ ସହରକୁ ଆକର୍ଷିତ କରିଥାଏ । ଏହା ହେଉଛି ମୂଳ ଫିଲାଡେଲଫିଆର ଉପଯୁକ୍ତ ନିଦର୍ଶନ । ଏଠାରେ ପୂର୍ବରୁ ଅନେକ ନାମୀଦାମୀ ବ୍ୟକ୍ତିତ୍ୱ ବସବାସ କରୁଥିଲେ । ସେମାନଙ୍କ ମଧ୍ୟରୁ ସବୁଠାରୁ ପ୍ରସିଦ୍ଧ ଥିଲେ ବେଞ୍ଜାମିନ ଫ୍ରାଙ୍କଲିନ୍, ଯିଏ ଏଇଠାରେ ଅବସ୍ଥାନ କରି ସକଳ କାର୍ଯ୍ୟ ସମ୍ପାଦନ କରୁଥିଲେ । ପୁରୁଣା ସହରର ଉତ୍ତରପଟ ଅଂଶକୁ ମୁଞ୍ଜାଉସେନ୍ ପ୍ୟାରିସ ନଗରୀଭଳି ଢାଞ୍ଚାରେ ନିର୍ମାଣ କରିଥିଲେ । ମୁଞ୍ଜାଉସେନ ଥିଲେ ଆଧୁନିକ ପ୍ୟାରିସ ନଗରୀର ସ୍ଥପତି । ଫ୍ରାଙ୍କଲିନ ଯେତେବେଳେ ପ୍ୟାରିସଠାରେ ଆମେରିକାର ରାଷ୍ଟ୍ରଦୂତ ଭାବରେ ଅବସ୍ଥାପିତ ଥିଲେ ସେ ମୁଞ୍ଜାଉସେନଙ୍କୁ ଫିଲାଡେଲଫିଆ ସହରର ନବନିର୍ମାଣ ନିମନ୍ତେ ଆମନ୍ତ୍ରଣ କରିଥିଲେ । ଏବେ ସୁଦ୍ଧା ସୁପ୍ରଶସ୍ତ ଫ୍ରାଙ୍କ୍‌ଲିନ ପାର୍କ ୱେ'କୁ ଦେଖିଲେ ତାହା ସହଜରେ ଅନୁମାନ କରିହୁଏ । ସେହି ମାର୍ଗଟି ପ୍ରଖ୍ୟାତ କଳା ସଂଗ୍ରହାଳୟ ଆଡ଼କୁ ଲମ୍ବିଯାଇଛି, ଯାହାକି ପ୍ୟାରିସର ଲୁଭର ଓ ଚାମ୍ପସ ଏଲିସିର ଅନୁକରଣରେ ନିର୍ମିତ । ଫିଲାଡେଲଫିଆ ନଗରୀଟି ଆମେରିକାର ଅନ୍ୟ ଯେକୌଣସି ନଗରୀଠାରୁ ଶୈଳୀରେ ଅଧିକ ୟୁରୋପୀୟ ପରି ଲାଗେ । ଏ ସହରର ବିଭିନ୍ନ ସ୍ଥାନରେ ଅସଂଖ୍ୟ ବଡ଼ ବଡ଼ ପ୍ରତିମୂର୍ତ୍ତି, ସୁଲକିଲ ନଦୀ ଉପରେ ଅନେକ ସେତୁ, ସ୍ଥାପତ୍ୟକଳା, ମୂର୍ତ୍ତିକଳା ଓ ପାର୍କ ରହିଛି । ସେଥି ମଧ୍ୟରୁ ଫେୟାରମାଉଣ୍ଟ ପାର୍କଟି ସବୁଠାରୁ ବଡ଼ ଯାହାକି ମାଇଲ ମାଇଲ ଧରି ସହରର ମଧ୍ୟଭାଗ ପର୍ଯ୍ୟନ୍ତ ବିସ୍ତୃତ । ମୁଁ ଫିଲାଡେଲଫିଆ ଆସିବା ପରେ ଏସବୁ ଆକର୍ଷଣୀୟ ଓ ମନଲୋଭା ସ୍ଥାପତ୍ୟ କଳା ଓ ବିସ୍ତୃତିକୁ ଦେଖି ମନେ ମନେ ଖୁସି ହୋଇ ଉଠିଥିଲି ।

କିନ୍ତୁ ସହରକୁ ଚାରିପଟୁ ଘେରି ରହିଥିଲା ଦାରିଦ୍ର୍ୟ, ଘେଟୋ, ଅପରାଧ ଓ ଉଦ୍‌ବାସ୍ତୁ ଜୀବନ। ବେଳେବେଳେ ଆଶ୍ଚର୍ଯ୍ୟ ଲାଗେ ଯେ 'ଭ୍ରାତୃପ୍ରେମ'ର ଏହି ସହର କେବଳ ଅପରାଧ ନଗରୀ ନୁହେଁ, ଏହା ସହିତ ଏଠାରେ ଦାରିଦ୍ର୍ୟ ଓ ମାନବୀୟ ଅଭାବବୋଧ ମଧ୍ୟ ଭରି ରହିଛି।

ପ୍ରଥମେ ଆମେ ସହରର ଉତ୍ତର-ପଶ୍ଚିମ ଭାଗରେ ଥିବା ଗୋଟିଏ ଟାଉନ ହାଉସ ଭଡ଼ାରେ ନେଇଥିଲୁ। ସେହି ସ୍ଥାନଟିର ନାମ ଚେଷ୍ଟ୍‌ନଟ୍ ହିଲ୍। ସମ୍ଭବତଃ ତାହା ସହରର ସବୁଠୁ ଧନୀକ ଗୋଷ୍ଠୀଙ୍କ ଆବାସିକ ସ୍ଥଳୀ ଥିଲା। ସେଠାରେ ଅଷ୍ଟାଦଶ ଶତାବ୍ଦୀରେ ନିର୍ମିତ ଅନେକ ବଡ଼ ବଡ଼ ଅଟ୍ଟାଳିକା ଥିଲା। ଏହା ପରେ ଖୁବ୍ ଶୀଘ୍ର ଆମେ ସହରର ସାମାନ୍ୟ ଦୂରକୁ, ଅମ୍ବଲରକୁ ସ୍ଥାନାନ୍ତରିତ ହୋଇଥିଲୁ। ସେ ସ୍ଥାନଟିର ଜନସଂଖ୍ୟା ତୁଳନାତ୍ମକ ଭାବରେ କମ୍। ସେତେବେଳକୁ ପଦ୍ମିନୀ ଆମ ପାଖକୁ ଆସି ସାରିଥାଏ। ସେଠାରେ ତା'ର ହାଇସ୍କୁଲରେ ନାମଲେଖା ହେଲା। ଚେଷ୍ଟ୍‌ନଟ୍ ହିଲ୍‌ର ସ୍ପ୍ରିଂଡେଲ୍ ସ୍କୁଲରେ ସେ ନାମ ଲେଖାଇଲା। ଏହା ପରେ ତିନି ବର୍ଷ ଧରି ମୁଁ ପ୍ରତିଦିନ ତାକୁ କାର୍‌ରେ ବସାଇ ସ୍କୁଲକୁ ନେବା-ଆଣିବା କରିଥିଲି। ତା'ର ପ୍ରତିଟି ପଢ଼ାଶୁଣା କାମର ପ୍ରଗତି ଉପରେ ମୋତେ ଦୃଷ୍ଟି ଦେବାକୁ ପଡ଼ିଥିଲା। ସେତିକିବେଳେ ଜୀବନରେ ପ୍ରଥମ ଥରପାଇଁ ପିତା ହେବା ଓ ଜଣେ ହାଇସ୍କୁଲ ପଢୁଆ ସନ୍ତାନର ସମସ୍ତ ପଢ଼ାଶୁଣା ଦାୟିତ୍ୱ ମୁଣ୍ଡାଇବା କାର୍ଯ୍ୟ ମୁଁ ତୁଲାଇଥିଲି। ଏହି ଅବସରରେ ମୁଁ ପଦ୍ମିନୀ ବୟସର କିଶୋର କିଶୋରୀମାନଙ୍କ ସହ ପରିଚିତ ହେବାର ସୁଯୋଗ ମଧ୍ୟ ପାଇଥିଲି। ଢେର ବର୍ଷ ଧରି ସେଭଳି ଆୟୁବର୍ଗର ପିଲାମାନଙ୍କ ସହ ମୁଁ କେବେ ନିକଟତର ହୋଇ ନ ଥିଲି। ତାହା ମଧ୍ୟ ମୋ ମନକୁ ଆଉ ଏକ ପ୍ରକାର ଆନନ୍ଦ ଦେଇଥିଲା। ପଦ୍ମିନୀ ବିନା ଆମ ଜୀବନ ଏଭଳି ଆନନ୍ଦ ଓ ଉପଭୋଗ୍ୟ ହୋଇ ନ ଥାଆନ୍ତା ବୋଲି ମୁଁ ମନେ ମନେ ଭାବେ। ଖୁସି ସହିତ ବେଳେବେଳେ କିଛି କିଛି ସମସ୍ୟାର ମଧ୍ୟ ସମ୍ମୁଖୀନ ହେବାକୁ ପଡୁଥିଲା। ପଦ୍ମିନୀର ସଖ୍ୟ ଆମପାଇଁ କେବଳ ଆନନ୍ଦର ଉତ୍ସ ନ ଥିଲା, ଏଥି ସହିତ କେତେକ ଚାଲେଞ୍ଜ୍‌କୁ ମଧ୍ୟ ସାମ୍ନା କରିବାକୁ ପଡ଼ିଥିଲା। କିନ୍ତୁ ସେତେବେଳେ ପ୍ରତିଟି ମୁହୂର୍ତ୍ତ ଆମପାଇଁ ଥିଲା ଅତି ମୂଲ୍ୟବାନ।

ଫିଲାଡେଲଫିଆର ଜୀବନ ମୋତେ ବିଭିନ୍ନ ପ୍ରକାରର ବୌଦ୍ଧିକ ଖୋରାକ ଯୋଗାଇଥିଲା। ଏଇ ନଗରୀରେ ଟେମ୍ପଲ୍ ବିଶ୍ୱବିଦ୍ୟାଳୟ ବ୍ୟତୀତ ଆହୁରି ଅନେକ ସୁପ୍ରସିଦ୍ଧ ଓ ଉଚ୍ଚ ଶିକ୍ଷାନୁଷ୍ଠାନ ଥିଲା। ସେସବୁ ମଧ୍ୟରେ ପେନସିଲିଭେନିଆ ବିଶ୍ୱବିଦ୍ୟାଳୟ ଏବଂ ସ୍ୱାର୍ଥମୋର, ବ୍ରାଇନ୍ ମାଓ୍ୱର ଓ ହାଭେରଫୋର୍ଡ ଭଳି ତିନୋଟି କ୍ୱାକର୍ କଲେଜ ମଧ୍ୟ ଥିଲା। ସେସବୁର ପାଠାଗାର, ଅଧ୍ୟାପକ ଓ ଛାତ୍ରଛାତ୍ରୀମାନେ

ମୋତେ ଏପର୍ଯ୍ୟନ୍ତ ଅଜଣା ଥିବା ଅନେକ ସମ୍ଭାବନା ଯୋଗାଇଥିଲେ। ଟେମ୍ପଲ୍‌ଠାରୁ କାର୍‌ରେ ମାତ୍ର ଘଣ୍ଟାଏ ଭିତରେ ପ୍ରିନ୍‌ଷ୍ଟନ ବିଶ୍ୱବିଦ୍ୟାଳୟରେ ପହଞ୍ଚି ହେଉଥିଲା। ତେଣୁ ସେହିସବୁ ଶୈକ୍ଷିକ ଅନୁଷ୍ଠାନଗୁଡ଼ିକୁ ସମ୍ମାନ, କର୍ମଶାଳା ଓ ଅନ୍ୟ ବୈଠକରେ ଯୋଗଦେଇ ଫେରିବା ମୋ ପାଇଁ ସହଜସାଧ୍ୟ ଥିଲା। ସେଠାରେ ଥିବାବେଳେ କିଛିବର୍ଷ ପାଇଁ ହସେର୍ଲଙ୍କ ଉପରେ ଗୋଡେଲଙ୍କ ପେପର ଉପରେ କାର୍ଯ୍ୟ କରିବା ଲାଗି ମୁଁ ପ୍ରିନ୍ସଟନ୍ ବିଶ୍ୱବିଦ୍ୟାଳୟ ଲାଇବ୍ରେରୀକୁ ବ୍ୟବହାର କରିଥିଲି। କିନ୍ତୁ ସବୁଠାରୁ ଲାଭପ୍ରଦ ଥିଲା ପେନ୍ ବିଶ୍ୱବିଦ୍ୟାଳୟ ଲାଇବ୍ରେରୀ। ସେଠାରେ ଥିବା ସଂସ୍କୃତ ଗ୍ରନ୍ଥସବୁ ଥିଲା ମୋ ପାଇଁ ଅମୂଲ୍ୟ ସମ୍ପଦ। କଲିକତା ସଂସ୍କୃତ କଲେଜ ଏବଂ ବୋଦେଲିଆନ ଲାଇବ୍ରେରୀଠାରୁ ଦୂରରେ ରହିବାର ଅଭାବବୋଧ ଏହି ଲାଇବ୍ରେରୀ ଭରଣା କରିଥିଲା। ଏହାର ଫଳଶ୍ରୁତି ସ୍ୱରୂପ ୧୯୯୦ ମସିହା ଶେଷବେଳକୁ ମୋ ଲିଖିତ ***'ରିଜିନ୍ ଆଣ୍ଡ୍ ଟ୍ରାଡିସନ୍'*** ପୁସ୍ତକ ଆତ୍ମପ୍ରକାଶ କରିଥିଲା। ଏହା ବ୍ୟତୀତ ଭାରତୀୟ ଦର୍ଶନ ପ୍ରକଳ୍ପ ଉପରେ ମୁଁ ମୋର ଦ୍ୱିତୀୟ ପୁସ୍ତକଟି ଲେଖିବା କାର୍ଯ୍ୟରେ ମଧ୍ୟ ଢେର ପ୍ରଗତି ହାସଲ କରିଥିଲି।

ଟେମ୍ପଲ୍ ବିଶ୍ୱବିଦ୍ୟାଳୟରେ ଜୋ ମାର୍ଗୋଲିସ ମୋ ପାଇଁ ଜଣେ ଅତି ଅମୂଲ୍ୟ ସହକର୍ମୀ ଭାବେ ସାବ୍ୟସ୍ତ ହେଲେ। ସେ ଆମେରିକାର ଜଣେ ପ୍ରସିଦ୍ଧ ଦାର୍ଶନିକ ଭାବରେ ସୁଖ୍ୟାତି ଅର୍ଜନ କରିଥିଲେ। ସେ ସମ୍ପୂର୍ଣ୍ଣରୂପେ ଦାର୍ଶନିକ ଚିନ୍ତନ ଏବଂ ଲିଖନ କାର୍ଯ୍ୟରେ ନିଜକୁ ସମର୍ପିତ କରିଥିଲେ ଓ ସଦାବେଳେ ସେହି କାର୍ଯ୍ୟପାଇଁ କର୍ମଚଞ୍ଚଳ ରହୁଥିଲେ। ବନ୍ଧୁବତ୍ସଳ ଏବଂ ଅତିମାତ୍ରାରେ ସୌଖିନ ପ୍ରଫେସର ମାର୍ଗୋଲିସ ମୋତେ ଦାର୍ଶନିକ ଆଲୋଚନାରେ ସଦାସର୍ବଦା କର୍ମବ୍ୟସ୍ତ ରଖୁଥିଲେ। ମୋର ମୌଳିକ ଦାର୍ଶନିକ ପ୍ରତିବଦ୍ଧତାକୁ ଏଭଳି ଭାବେ ଚାଲେଞ୍ଜ୍ କରି ସେଥିରେ ଅନ୍ତର୍ଦୃଷ୍ଟି ଏବଂ ବିଶ୍ଳେଷଣର ଦିଗ ନିକ୍ଷେପ କରୁଥିଲେ ଯେ ତାହା ମୋ ପାଇଁ ଅଧିକରୁ ଅଧିକ କର୍ମତତ୍ପର ହେବା ନିମନ୍ତେ ପ୍ରେରଣା ଯୋଗାଉଥିଲା। ପୁନଶ୍ଚ ତାଙ୍କ ଉଦ୍ରୋଚିତ ପ୍ରଶଂସା ମଧ୍ୟ ମୋ ପାଇଁ ଥିଲା ଏକ ଅନୁଭବ୍ୟ ପ୍ରେରଣା। ଟେମ୍ପଲ୍ ବିଶ୍ୱବିଦ୍ୟାଳୟରେ ଅଧ୍ୟାପନା କରିବା ସମୟରେ ମୋର ଯେଉଁସବୁ ଗବେଷଣାତ୍ମକ ନିବନ୍ଧମାନ ପ୍ରକାଶ ପାଇଥିଲା, ସେଥିରେ ତାଙ୍କ ସହ ଆଲୋଚନା ଏବଂ ତାଙ୍କର ପ୍ରେରଣାର ଛାପ ସ୍ପଷ୍ଟରୂପେ ଦୃଶ୍ୟମାନ।

ନିଉ ସ୍କୁଲରେ ଅଧ୍ୟାପନା କରିବା ଭଳି ଟେମ୍ପଲ୍ ବିଶ୍ୱବିଦ୍ୟାଳୟରେ ମଧ୍ୟ ମୁଁ ବେଶ୍ ନିଷ୍ଠାର ସହ ପାଠ ପଢ଼ାଉଥିଲି। ମୋର ସୌଭାଗ୍ୟ ଯେ ସେଠାରେ ମଧ୍ୟ ମୋତେ ଅନେକ ଅତି ବିଦ୍ୱାନ ଗ୍ରାଜୁଏଟ ଛାତ୍ର ମିଳିଥିଲେ। ନ୍ୟୁୟର୍କର ମ୍ୟାକ କେନ୍ନା ଓ କିଟ୍‌ଲାଣ୍ଡଙ୍କ ପରି ଟେମ୍ପଲ୍ ବିଶ୍ୱବିଦ୍ୟାଳୟରେ ମାଇକେଲ ବାର୍ଣ୍ଣହାର୍ଟ ଓ କ୍ରିଷ୍ଟିନା

ଷ୍ଟୁସ୍ (ଜର୍ମାନୀର) ସେମାନଙ୍କର ସୃଜନଶୀଳ ଏବଂ ନିଷ୍ଠାପର କାର୍ଯ୍ୟରେ ମୋତେ ଯଥେଷ୍ଟ ମାତ୍ରାରେ ସହାୟକ ହୋଇଥିଲେ। ବାର୍ଣ୍ଣହାର୍ଟ ସୃଜନାତ୍ମକ ଭାବରେ ବୌଦ୍ଧ ଚିନ୍ତାଧାରାକୁ ଅଧ୍ୟୟନ କରିବା ଲାଗି ହସେର୍ଲ ଏବଂ ହେଗେଲଙ୍କୁ ଉତ୍ତମ ରୂପେ ଅଧ୍ୟୟନ କରୁଥିଲେ। ସେହିଭଳି ଷ୍ଟୁସ୍ ଆଧୁନିକୋତ୍ତର ନାରୀବାଦୀ ଦର୍ଶନ ଉପରେ ଅଧ୍ୟୟନ କରିବା ସକାଶେ ହସେର୍ଲଙ୍କ ଦର୍ଶନ ପ୍ରତି ଗଭୀର ଭାବେ ଆଗ୍ରହ ପ୍ରକଟ କରିଥିଲେ। ମୁଁ ଭାବେ, ସେମାନେ ମୋର ଛାତ୍ର ଥିଲେ ସୁଦ୍ଧା ଦୁହିଁଙ୍କ ନିକଟରୁ ମୁଁ ଅନେକ କିଛି ଶିଖିଛି। ନିଉ ସ୍କୁଲ୍ ଭଳି ଯେଉଁଠାରେ କି ହେଗେଲ ଓ ହିଷ୍ଟୋରିସିଜିମ୍ ପ୍ରତି ମୋର ଆଗ୍ରହ ବୃଦ୍ଧି ପାଇଥିଲା, ଟେମ୍ପଲ୍ ବିଶ୍ୱବିଦ୍ୟାଳୟରେ ମୁଁ ଫେନୋମେନୋଲୋଜିର ଆଧୁନିକୋତ୍ତର ଅଧ୍ୟୟନ ପ୍ରତି ଆକୃଷ୍ଟ ହେବା ଆରମ୍ଭ କରିଥିଲି। ସେ ଦିଗରେ ମୁଁ ମୋର ଅଧ୍ୟୟନ ଓ ଗବେଷଣା ମଧ୍ୟ ଚଳାଇଥିଲି। କିନ୍ତୁ ସେତେବେଳେ ହଠାତ୍ ଗୋଟିଏ କଥା ମୋ ମନକୁ ଛୁଇଁବା ଆରମ୍ଭ କଲା। ତାହା ହେଲା ଅଧିକ ବିଳମ୍ବ ନ କରି ଭାରତୀୟ ଦର୍ଶନ ଉପରେ ପୂର୍ବରୁ ମୁଁ ଆରମ୍ଭ କରିଥିବା କାର୍ଯ୍ୟ ଯଥା ଶୀଘ୍ର ଶେଷ କରିବା ଉଚିତ୍। କେତେଦିନ ଆଉ ତାକୁ ଏଡ଼ାଇ ଚାଲିଥିବି ? ବୟସ ଆସି ୬୫ ଛୁଇଁ ସାରିଥିଲା। ସମ୍ଭାବ୍ୟ ମୃତ୍ୟୁ ଚେତନା ମଧ୍ୟ ଧୀରେ ଧୀରେ ମନକୁ ଗ୍ରାସ କରିବା ଆରମ୍ଭ କରିଥିଲା।

ଫିଲାଡେଲଫିଆରେ ଥିବାବେଳେ ଆମର ସାମାଜିକ ଜୀବନ ମଧ୍ୟ ସେଠାରେ ବସବାସ କରୁଥିବା ଦେଶାନ୍ତରୀ ଭାରତୀୟ ଲୋକମାନଙ୍କ ମଧ୍ୟରେ ବେଶ୍ ଖୁସିରେ ଚାଲିଥିଲା। କିନ୍ତୁ ଓକଲାହୋମା ଅବସ୍ଥାନ ସମୟଠାରୁ ଏହାଥିଲା ଭିନ୍ନ। ଏଠାରେ ପ୍ରାୟ ବଙ୍ଗୀୟମାନେ ହିଁ ବସବାସ କରୁଥିଲେ। ଫିଲାଡେଲଫିଆ ଓ ତା' ଆଖପାଖର ବଙ୍ଗୀୟ ସମାଜ ଡେଲାୱେର ଭେଲି ଭାବେ ସୁପରିଚିତ ଥିଲା। ଏତେ ବେଶୀ ନ ହେଲେ ସୁଦ୍ଧା ସେମାନଙ୍କ ସଂଖ୍ୟା ଥିଲା ମଧ୍ୟମ ଧରଣର ଓ ପରସ୍ପର ମଧ୍ୟରେ ସେମାନେ ଭାବଗତ ଦୃଷ୍ଟିରୁ ବେଶ୍ ଘନିଷ୍ଠ ଥିଲେ। ଅବଶ୍ୟ ବନ୍ଧୁତା ସହିତ ବିବାଦ ଓ ବେଳେବେଳେ କଳିତକରାଳ ମଧ୍ୟ ଘଟୁଥିଲା। କଲିକତାରେ ପାଠ ପଢ଼ିବା ଏବଂ ସେଠାରେ କିଛି ବର୍ଷର ଅଧ୍ୟାପନା ଓ ବୌଦ୍ଧିକ ଜୀବନ ସହିତ ଜଡ଼ିତ ହେବା ଦିନଠାରୁ (ଏହା ସହିତ ବାଣୀର ପିତ୍ରାଳୟର ଐତିହ୍ୟ ସହିତ ମଧ୍ୟ) ମୁଁ ବଙ୍ଗୀୟ ସଂସ୍କୃତି ସମ୍ପର୍କରେ ଅବହିତ ଥିଲି। ବଙ୍ଗୀୟ ସମାଜ ଆଡ଼କୁ ସ୍ୱଭାବତଃ ମୁଁ ଯେତିକି ଆକୃଷ୍ଟ ଥିଲି, ସେମାନେ ମଧ୍ୟ ମୋ ପ୍ରତି ସେତିକି ନିକଟତର ହୋଇଥିଲେ। ସମୟକ୍ରମେ ସେଠାରେ ଥିବା ବଙ୍ଗୀୟ ସାଂସ୍କୃତିକ ସଂଗଠନ 'ପ୍ରଗତି'ର ମୁଁ ସଭାପତି ଭାବରେ ନିର୍ବାଚିତ ହୋଇଥିଲି। ସଭାପତି ଭାବରେ ପ୍ରତିବର୍ଷ ବିଭିନ୍ନ ପ୍ରକାର ପୂଜା (ମୁଖ୍ୟତଃ ଦୁର୍ଗାପୂଜା) ଓ ଅନ୍ୟାନ୍ୟ

ଉତ୍ସବ ଅନୁଷ୍ଠାନର ଆୟୋଜନ କରିବା ଥିଲା ମୋର ଦାୟିତ୍ୱ। ତା'ଛଡ଼ା ବେଳେବେଳେ ପିକ୍‌ନିକ୍ ଓ ଅନ୍ୟାନ୍ୟ ସାଂସ୍କୃତିକ କାର୍ଯ୍ୟକ୍ରମର ମଧ୍ୟ ଆୟୋଜନ କରାଯାଉଥିଲା। ସେଥିରେ ଯୋଗଦେବା ପାଇଁ କଲିକତାରୁ କଳାକାରମାନେ ଆସୁଥିଲେ। ଦୁର୍ଗାପୂଜା ଓ ଅନ୍ୟ ସାଂସ୍କୃତିକ ଉତ୍ସବାନୁଷ୍ଠାନ ସମୟରେ ସଂଗଠନର ସଭାପତି ଭାବରେ ମୋତେ ଅନେକ ପ୍ରକାର ବିବାଦ ଓ ଝଗଡ଼ାରେ ସୁଦ୍ଧା ମଧ୍ୟସ୍ଥତା କରିବାକୁ ପଡୁଥିଲା। ମୁଁ ମୋର ଗାନ୍ଧିବାଦୀ ଢଙ୍ଗରେ ସେସବୁର ସମାଧାନ କରିବାର ପ୍ରୟାସ କରୁଥିଲି। ଏପରିକି ବେଳେବେଳେ ଉତ୍ସବ ସରିବା ପରେ ଏବଂ ସମସ୍ତେ ବିଦାୟ ନେବାପରେ ମୁଁ ଭଡ଼ାରେ ନିଆଯାଇଥିବା ହଲ୍‌ର ପାଇଖାନାକୁ ସଫା କରୁଥିଲି ଓ ହଲ୍‌ଟିକୁ ପୁଣି ଶୃଙ୍ଖଳିତ ଭାବେ ସଜାଡ଼ିବା କାର୍ଯ୍ୟ କରୁଥିଲି। ବେଳେବେଳେ ଭାବିଲେ ଆଶ୍ଚର୍ଯ୍ୟ ଲାଗେ ଯେ ଆମେ ବିଦେଶକୁ ଆସିଲାବେଳେ କେମିତି ଆମ ସାଙ୍ଗରେ ନିଜର ବଦଭ୍ୟାସ ଓ ବଦଗୁଣକୁ ସାଙ୍ଗରେ ଧରି ଆସିଥାଉ। ଆମେରିକୀୟମାନଙ୍କ ସହ କଥାବାର୍ତ୍ତା ଓ କାମ କଲାବେଳେ ସେସବୁ ବଦଭ୍ୟାସକୁ ଅତି ଯତ୍ନରେ ଲୁଚାଇ ରଖିଥାଉ। କିନ୍ତୁ ନିଜ ଲୋକଙ୍କ ଗହଣରେ ଏକତ୍ରିତ ହେବାମାତ୍ରେ ସେସବୁ ପୁଣି ଆପେ ଆପେ ଆତ୍ମପ୍ରକାଶ କରିଥାଏ! ବୋଧହୁଏ, ଏହା ହେଲା ମାନବର ସହଜାତ ଗୁଣ। ସମ୍ଭବତଃ, ସେଇଥିପାଇଁ ଆମେରିକାରେ ଏଭଳି ଦେଶାନ୍ତରୀ ବିଭିନ୍ନ ଗୋଷ୍ଠୀଙ୍କର 'ସାଂସ୍କୃତିକ ସମାଜ' ଛତୁ ଫୁଟିବା ପରି ବୃଦ୍ଧି ପାଇଚାଲିଛି।

ପ୍ରତ୍ୟେକ ଭାରତୀୟ ଗୋଷ୍ଠୀ ସେମାନଙ୍କର ଭାଷାଗତ ଭିନ୍ନତା ଦୃଷ୍ଟିରୁ ମୁଖ୍ୟତଃ ନିଜ ନିଜ ସଂସ୍କୃତିକୁ ନେଇ ଗର୍ବ ଓ ଗୌରବ ଅନୁଭବ କରନ୍ତି। ସେମାନେ ନିଜର ସାଂସ୍କୃତିକ ଐତିହ୍ୟକୁ ନୃତ୍ୟ ଓ ସଙ୍ଗୀତ ଉତ୍ସବ ଆକାରରେ ମନାଇଥାଆନ୍ତି। ଏପରିକି ବାଦ୍ୟ, ସଙ୍ଗୀତ ଓ ନାଟକ, ଖାଦ୍ୟ ଓ ପରିପାଟୀରେ ମଧ୍ୟ ତାହା ପ୍ରତିଫଳିତ ହୋଇଥାଏ। ନିଜ ଦେଶରେ ଥିବାବେଳେ ଯେଉଁସବୁ ଐତିହ୍ୟକୁ ସେମାନେ ଆହରଣ କରିଥାଆନ୍ତି ତାହାକୁ ଏକ ନଷ୍ଟାଲଜିଆ ଭାବରେ ପ୍ରଦର୍ଶନ କରିଥାଆନ୍ତି। ସେହିସବୁ ଗୋଷ୍ଠୀର ଉଦ୍ଦେଶ୍ୟ ହେଲା ପୁଣି ଥରେ ବିଦେଶରେ ରହି ନିଜ ସଂସ୍କୃତିକୁ ମନେ ପକାଇବା ଓ ଅନୁଭବ କରିବା। ତା'ଛଡ଼ା ଯୁବପିଢ଼ିଙ୍କୁ ମଧ୍ୟ ନିଜ ସଂସ୍କୃତି ବିଷୟରେ ପରିଚିତ କରାଇବାର ଏହା ଏକ ଉତ୍ତମ ଅବସର। ଏଭଳି ଉତ୍ସବାନୁଷ୍ଠାନରେ ବୟସ୍କ ଲୋକମାନେ, ଯେଉଁମାନେ କି ସେହିସବୁ ସଂସ୍କୃତିରେ ବଢ଼ି ଆସିଛନ୍ତି, ସେମାନେ ଭାବନ୍ତି ଯେ ସେମାନଙ୍କୁ ଏସବୁ କଥା ଉତ୍ତମରୂପେ ଜଣା। ଯୁବପିଢ଼ି- ଯେଉଁମାନେ କି ଆମେରିକାରେ ଜନ୍ମ ହୋଇ ଏକ ଭିନ୍ନ ସଂସ୍କୃତି ଓ ପରିବେଶରେ ବଢ଼ିଛନ୍ତି, ସେମାନଙ୍କୁ ଏଭଳି ନୃତ୍ୟ, ଗୀତ ଓ ହୋହଲ୍ଲା କେମିତି ବିଚିତ୍ର ଲାଗେ। ସେମାନେ ନିଜର ଐତିହ୍ୟ,

ପରମ୍ପରା, ଲୋକକଥା ଆଦି ସମ୍ପର୍କରେ ସମ୍ପୂର୍ଣ୍ଣ ଅନଭିଜ୍ଞ। ତେଣୁ ଏଭଳି ଉତ୍ସବରେ ସେମାନେ କେବଳ ଖାଇପିଇ ମସଗୁଲ ହୁଅନ୍ତି ଓ ଖେଳକୁଦ କରି ସମୟ ବିତାଇଥାଆନ୍ତି। ସେମାନଙ୍କର ଭାରତୀୟ ସଂସ୍କୃତି, ପରମ୍ପରା ସହିତ କିଛି ନେଣ ଦେଣ ନ ଥାଏ। ବୟସ୍କବର୍ଗଙ୍କର ମଧ୍ୟ ଏ ସମ୍ପର୍କରେ ଏକ ବିଚିତ୍ର ଅଜ୍ଞଭାବ ରହିଛି। ସେମାନେ ଭାବନ୍ତି ଯେ ନିଜ ସଂସ୍କୃତି ବିଷୟରେ ସେମାନେ ସମ୍ପୂର୍ଣ୍ଣରୂପେ ଅବହିତ। କିନ୍ତୁ ସେମାନଙ୍କର ଏହି ଧାରଣାଟି ସମ୍ପୂର୍ଣ୍ଣ ଭ୍ରାନ୍ତ। ଏପରି ଘଟଣା ଦେଖିଲେ ମୋତେ ଲାଗେ ଯେମିତି ଅନ୍ଧଟିଏ ଆଉ ଗୋଟିଏ ଅନ୍ଧକୁ ବାଟ କଢ଼ାଇ ନେବାରେ ସହାୟତାର ହାତ ବଢ଼ାଉଛି। ଏହା ପଛରେ ଥିବା ସବୁଠାରୁ ବଡ଼ ଉଦ୍ଦେଶ୍ୟଟି ହେଲା ଯେ ନିଜ ପିଲାମାନଙ୍କୁ 'ଆମେରିକୀୟ'ପାଲଟିଯିବାରୁ ନିବର୍ତ୍ତାଇବା। ସେମାନେ କେମିତି ଅନ୍ୟ ଝିଅଙ୍କୁ ଧରି ଡେଟିଂରେ ନ ଯିବେ କିମ୍ବା ସେମାନଙ୍କୁ ବାହା ନ ହେବେ, ତାହା ହିଁ ମାତାପିତାଙ୍କ ଉଦ୍ଦେଶ୍ୟ। ତା'ଛଡ଼ା ସେମାନେ କେମିତି ମନ ଭିତରେ ଭାରତୀୟ (ବଙ୍ଗାଳୀ, ଓଡ଼ିଆ ଅବା ଯେଉଁସବୁ ରାଜ୍ୟରୁ ସେମାନେ ଆସିଥିବେ) ହୋଇ ରହିବେ, ତାହାର ଏକ ଅପପ୍ରୟାସ। ପାଶ୍ଚାତ୍ୟ ବେଶଭୁଷା ଓ ଚାଲିଚଳଣ ପଛପଟେ ଥିବା ମୂଳ କାରଣଟି ହେଉଛି, ମନ ଭିତରେ ଏଡ଼ାଇ ନ ହେବା ଭଳି ଏକ ପାପବୋଧକୁ ବହନ କରୁଥିବା ଦେଶାନ୍ତରୀ ମାତାପିତାଙ୍କ ଦୟନୀୟ ଅବସ୍ଥା। ସେମାନେ ଦେଖାଇବାକୁ ଚାହାନ୍ତି ଯେ ନିଜ ପିଲାମାନଙ୍କୁ ଧରି ସେମାନେ ଏଠାକୁ ଆସିଛନ୍ତି। ଏବେ ସେମାନଙ୍କ ପିଲାମାନେ ସତେ ଯେମିତି 'ଗଧିଆଙ୍କ ଆଗକୁ ଫିଙ୍ଗା ହୋଇଛନ୍ତି' ଏବଂ ଆମେରିକାରେ ଉପଭୋଗ୍ୟ ଜୀବନ ବଞ୍ଚୁଛନ୍ତି। ଏସବୁ ପ୍ରକାର ଆଦର୍ଶଗତ ଅବକ୍ଷୟ ସେମାନଙ୍କ ପାଇଁ ସହଣୀୟ ହୋଇଥାଏ ଯେତେବେଳେ ସେମାନଙ୍କ ପିଲାମାନେ ଇଭି ଲିଗ୍ କଲେଜକୁ ଯାଇ ପାଠପଢ଼ି ଡାକ୍ତରଟିଏ ହୋଇଯାଇଥାଆନ୍ତି।

ଫିଲାଡେଲଫିଆ ଅବସ୍ଥାନ କାଳରେ ଯେଉଁ କେତୋଟି ସ୍ମରଣୀୟ ଘଟଣା ମୋ ଜୀବନରେ ଘଟିଥିଲା, ସେଥିରେ ପ୍ରମୁଖ ଥିଲା- ୧୯୮୬ ମସିହାରେ ଭାରତୀୟ ଦର୍ଶନ କଂଗ୍ରେସର ସଭାପତି ଭାବରେ ନିମନ୍ତ୍ରଣ ମିଳିବା; ବଙ୍ଗୀୟ ସାଂସ୍କୃତିକ ସଂଗଠନର ସଭାପତି ରୂପେ ବିଭିନ୍ନ ପ୍ରକାର ଉତ୍ସବାନୁଷ୍ଠାନର ଆୟୋଜନ; କଲିକତା ନଗରୀର ତିନିଶହ ବାର୍ଷିକୀ ପୂର୍ତ୍ତି ସମାରୋହର ଆୟୋଜନ; ୧୯୯୨ ମସିହାରେ ହମ୍ବୋଲ୍ଟ ରିସର୍ଚ୍ଚ ପ୍ରାଇଜ୍ ଲାଭ ଏବଂ ୧୯୯୪ ମସିହାରେ ହାଇସ୍କୁଲରୁ ପଦ୍ମିନୀର ଗ୍ରାଜୁଏସନ୍ ସମାପ୍ତି ଓ ତା'ର ବ୍ରିନ୍ ମାୱ୍ର କଲେଜରେ ନାମଲେଖା।

ପରେ ମୁଁ ଜାଣିବାକୁ ପାଇଥିଲି ଯେ ବିଦେଶରେ ଅଧ୍ୟାପନା କରୁଥିବା ଏବଂ ବସବାସ କରୁଥିବା ଜଣେ ଅଧ୍ୟାପକ ଭାବରେ ଭାରତୀୟ ଦର୍ଶନ କଂଗ୍ରେସର ସଭାପତି

ପଦକୁ ନିର୍ବାଚିତ ହେବାରେ ମୁଁ ଥିଲି ପ୍ରଥମ ବ୍ୟକ୍ତି। ଏହା ମୋ ପାଇଁ ଯେତିକି ସନ୍ତୁଷ୍ଟିର କାରଣ ଥିଲା, ତତୋଧିକ ଗୌରବ ପ୍ରଦାନ କରିଥିଲା। ଏହା ମଧ୍ୟ ସୂଚାଉଥିଲା ଯେ ଭାରତର ଦାର୍ଶନିକ ସମାଜ ତଥାପି ମୋ କଥା ମନେ ରଖିଛନ୍ତି ଏବଂ ମୋର ଗବେଷଣାର ମୂଲ୍ୟ ବୁଝିଛନ୍ତି। ଏହି କଂଗ୍ରେସରେ ଯୋଗ ଦେବାପାଇଁ ମୁଁ କଲିକତା ଯାଇଥିଲି। ପ୍ରତି ବର୍ଷ ଦର୍ଶନ କଂଗ୍ରେସର ବୈଠକ ଅନୁଷ୍ଠିତ ହୋଇଥାଏ। ସେବର୍ଷ ଦର୍ଶନ କଂଗ୍ରେସରେ ମୁଁ ଅଧ୍ୟକ୍ଷତା କରିଥିଲି। ସଭାପତି ଭାବରେ ମୁଁ **'ଶବ୍ଦ ପ୍ରମାଣ'** ଶୀର୍ଷକ ଉପରେ ମୋର ଅଧ୍ୟୟନ ଏବଂ ପୁନଃ-ବିଶ୍ଳେଷଣକୁ ଉପସ୍ଥାପନ କରିଥିଲି। ସେତିକିବେଳେ ମୁଁ ଅନୁଭବ କରିଥିଲି ଯେ ପୂର୍ବରୁ ଏହି ପ୍ରସଙ୍ଗ ଉପରେ ମୋର ଯେଉଁ ଧାରଣା ଥିଲା, ତାହା ଇତି ମଧ୍ୟରେ ବଦଳି ସାରିଛି। ସାରା ଭାରତରୁ ଆସିଥିବା ଅନେକ ଦାର୍ଶନିକଙ୍କ ସହିତ ମୋର ଭେଟ ହୋଇଥିଲା। ବିଶେଷକରି ଯେଉଁ ଯୁବ ଦାର୍ଶନିକମାନଙ୍କୁ ମୁଁ ପୂର୍ବରୁ କେବେ ଦେଖି ନ ଥିଲି କି ଚିହ୍ନି ନ ଥିଲି ସେମାନଙ୍କ ସହିତ ସାକ୍ଷାତ ହୋଇଥିଲା। ସେମାନଙ୍କ କାର୍ଯ୍ୟର ଗୁଣାତ୍ମକ ମାନ କଥାକୁ ବାଦ୍ ଦେଲେ ସେମାନଙ୍କ ସଖ୍ୟ ଓ ସାନ୍ନିଧ୍ୟରେ ମୁଁ ଖୁବ୍ ଖୁସି ହୋଇଥିଲି। ସେମାନଙ୍କ ସ୍ନେହ ଓ ଶ୍ରଦ୍ଧା ମୋତେ ବିହ୍ୱଳିତ କରିଥିଲା। ସ୍ୱଳ୍ପ ସମୟପାଇଁ ହେଲେ ସୁଦ୍ଧା ମୁଁ ଅନୁଭବ କରିଥିଲି ଯେ ଦେଶ ବାହାରେ ଏତେ ବର୍ଷ ଧରି ରହିବା ଫଳରେ ମୁଁ କ'ଣ ହରାଇଛି ?

ଫିଲାଡେଲଫିଆକୁ ଫେରିବା ପରେ ମୁଁ କ୍ରିଷ୍ଣା ଲାହିରୀଙ୍କ ନେତୃତ୍ୱରେ କଲିକତା ନଗରୀର ତ୍ରିଶତବାର୍ଷିକୀ ସମାରୋହ ପାଇଁ କରାଯାଉଥିବା ଆୟୋଜନ କାର୍ଯ୍ୟରେ ବ୍ୟସ୍ତ ରହିଲି। ଏହା ଥିଲା ମୋ ପାଇଁ ଏକ ଶ୍ରଦ୍ଧା ଓ କୃତଜ୍ଞତାର କର୍ତ୍ତବ୍ୟ। ଯେଉଁ ସହର ନିକଟରେ ମୁଁ ଅନେକ ଦୃଷ୍ଟିରୁ ଋଣୀ ଥିଲି। ହାଭେର୍‌ଫୋର୍ଡ କଲେଜରେ ମୁଁ ମୋର ପ୍ରାରମ୍ଭିକ ଭାଷଣରେ ଏହି କଥା ଉଲ୍ଲେଖ କରିଥିଲି। ସେଠାରେ ଉପସ୍ଥିତ ଥିବା କିଛି ଶ୍ରୋତାଙ୍କ ଆଖିରେ ମୋ ଭାଷଣ ଶୁଣି ଲୁହ ଜକେଇ ଆସିଥିଲା। କାରଣ ମୁଁ ଏହି ଭାଷଣରେ ବ୍ୟକ୍ତିଗତ ଅନୁଭବକୁ ବ୍ୟକ୍ତ ନ କରି ରହିପାରି ନ ଥିଲି। 'ଜଣେ ୧୬ବର୍ଷର ଯୁବକ ଭାବରେ ପ୍ରତିବେଶୀ ରାଜ୍ୟ ଓଡ଼ିଶାରୁ ପ୍ରଥମ ଥରପାଇଁ କଲିକତା ମହାନଗରୀକୁ ମୁଁ ଅନେକ ଆଶା, ଆକାଂକ୍ଷା ଓ ଉତ୍କଣ୍ଠାର ସହ ଆସିଥିଲି। ସେହି ନଗରୀରେ ମୁଁ ଅନେକ କଥା ଶିଖିଥିଲି ଓ ବନ୍ଧୁ ଅର୍ଜନ କରିଥିଲି। ତେଣୁ ସେହି ନଗରୀ ପ୍ରେମରେ ମୁଁ ପଡ଼ି ଯାଇଥିଲି' ବୋଲି ମୁଁ ମୋ ଭାଷଣରେ ଉଲ୍ଲେଖ କରିଥିଲି। ଆମେ ହାଭେର୍ଡଫୋର୍ଡଠାରେ ଗୋଟିଏ ପ୍ରଦର୍ଶନୀର ଆୟୋଜନ କରିଥିଲୁ, ଯେଉଁଠାରେ କଲିକତାର ସାଂସ୍କୃତିକ ଇତିହାସ ଉପରେ ନାନା କଥା ପ୍ରଦର୍ଶନ କରାଯାଇଥିଲା। ଏହି ପ୍ରଦର୍ଶନୀରେ ପ୍ରଦର୍ଶିତ ବିଭିନ୍ନ ନଥିପତ୍ର ସବୁ ଫିଲାଡେଲଫିଆର ସାମୁଦ୍ରିକ

ସଂଗ୍ରହାଳୟରୁ ଅଣାଯାଇଥିଲା (କଲିକତା ଓ ଫିଲାଡେଲଫିଆ ମଧ୍ୟରେ ପ୍ରାୟ ଦୁଇଶହ ବର୍ଷ ଧରି ଜାରି ରହିଥିବା ବାଣିଜ୍ୟ କାରବାର ସମ୍ପର୍କୀତ ବିଭିନ୍ନ ନଥିପତ୍ର ଓ ସାମଗ୍ରୀ)। ମୋ ପାଇଁ ଏଥିରେ ସବୁଠାରୁ ରୋମାଞ୍ଚକର କଥାଟି ଥିଲା ଏହା ଯେ ରାମ ଦୁଲାଲ ଦେ’ ନାମକ କଲିକତାର ଜଣେ ବ୍ୟବସାୟୀଙ୍କୁ ସେତେବେଳେ ଫିଲାଡେଲଫିଆର ବ୍ୟବସାୟୀମାନେ ମାତ୍ରାଧିକ ପରିମାଣରେ ଶ୍ରଦ୍ଧା ଓ ସମ୍ମାନ ପ୍ରଦର୍ଶନ କରୁଥିଲେ। ଫିଲାଡେଲଫିଆର ମେୟର ଗୁଡ୍ଡେ ସେହି ମାସଟିକୁ ‘କଲିକତା ମାସ’ ଭାବରେ ଘୋଷଣା କରିଥିଲେ। ଏହା ମୋ ପାଇଁ ଥିଲା ଏକ ଗର୍ବର ଅବସର।

୧୯୯୨ ମସିହାରେ ମୋତେ ହମ୍ବୋଲ୍ଟ ଗବେଷଣା ପୁରସ୍କାର ମିଳିଥିଲା। ଏହି ପୁରସ୍କାର ଲାଭ ମୋ ପାଇଁ ବିଶେଷ ମାନ୍ୟତା ରଖୁଥିଲା। ମୁଁ ଅନୁଭବ କରିଥିଲି ଯେ ଜର୍ମାନ ବିଦ୍ୱାନ୍‌ମାନେ ସମୟକ୍ରମେ ଜର୍ମାନ ଦର୍ଶନ ଉପରେ ମୋର ଆଜୀବନ ଗବେଷଣାର ମୂଲ୍ୟକୁ ପରିଶେଷରେ ସ୍ୱୀକୃତି ପ୍ରଦାନ କରିଛନ୍ତି। ବିଶେଷ କରି ହସେର୍ଲଙ୍କ ଫେନୋମେନୋଲୋଜି ଉପରେ ମୋର ଗବେଷଣାକୁ ସେମାନେ ଚିହ୍ନି ପାରିଛନ୍ତି। ସେହି ପୁରସ୍କାର ରାଶିର କେତେକାଂଶ ମୁଁ ଓଡ଼ିଶାରେ କିଛି ସାମାଜିକ କାର୍ଯ୍ୟପାଇଁ ଦେଇଥିଲି ଏବଂ ଅବଶିଷ୍ଟ ଅର୍ଥରେ ଜର୍ମାନୀ ଯାଇ ଗବେଷଣା ଓ ଲେଖାଲେଖି କଲି। ଏହି ଅର୍ଥରେ ମୁଁ ପ୍ରତି ବର୍ଷ ଖରାଦିନେ ଗେଟିଂଗେନ୍, ଫ୍ରିବର୍ଗ ଓ ଟୁବିନ୍‌ଜେନ୍‌କୁ ଯାଉଥିଲି। ସେତେବେଳେ ପ୍ରାକୃତିକ ଶୋଭାରେ ଭରପୂର ଟାଉନମାନଙ୍କରେ ରହି ଜୀବନକୁ ଉପଭୋଗ କରିବା ଅଧ୍ୟୟନ କରିବା ଏବଂ ସେଠାରେ ବସବାସ କରୁଥିବା ବିଭିନ୍ନ ବିଦ୍ୱାନ୍ ବ୍ୟକ୍ତିଙ୍କୁ (କେବଳ ମୋର ଗଟିଂଜେନର ପୁରୁଣା ଓ ପ୍ରିୟ ବନ୍ଧୁ ଗୁନ୍ଥର୍ ପାଟ୍‌ଜିଗ୍‌ଙ୍କ ବ୍ୟତୀତ) ଭେଟିବା ମୋ ପାଇଁ ଥିଲା ଏକ ବିଚିତ୍ର ଅନୁଭବ।

ପଦ୍ମିନୀ ସେତେବେଳକୁ ସ୍ପ୍ରିଙ୍ଗ ସାଇଟ୍‌ରୁ ତା’ର ପଢ଼ା ଶେଷ କରି ସାରିଥିଲା। ଏବେ ସେ ବ୍ରାଇନ ମାୱ୍ରରେ ନାମ ଲେଖାଇଥିଲା। ବ୍ରାଇନ ମାୱ୍ରଟି ଅକ୍ସଫୋର୍ଡ ଶୈଳୀ ଅନୁକରଣରେ ନିର୍ମିତ ସବୁଜିମାଭରା ଏକ ଅଟ୍ଟାଳିକା। କ୍ୟାମ୍ପସଟି ବେଶ୍ ମନୋରମ। ଏତେଦିନ ପର୍ଯ୍ୟନ୍ତ ମୁଁ ଅତି ଯତ୍ନର ସହ ତାକୁ ସଦାବେଳେ ପଢ଼ାରେ ସହଯୋଗ କରି ଆସୁଥିଲି। ଅନ୍ୟ ଭାଷାରେ କହିଲେ, ସୁରକ୍ଷା ଯୋଗାଇ ଆସୁଥିଲି। ଏବେ ସେ ନିଜେ ନିଜେ ଆଗକୁ ପଢ଼ିବାକୁ ଯିବ ଓ ନିଜ ରଚି ଅନୁସାରେ ସବୁକିଛି କରିପାରିବ। ଏକଥା ଭାବିଲାବେଳେ ମୋତେ ଯେତିକି ଖୁସି ଲାଗୁଥିଲା, ସେତିକି ଯନ୍ତ୍ରଣା ମଧ୍ୟ ଦେଉଥିଲା। ତଥାପି ପ୍ରତି ସପ୍ତାହରେ ତାକୁ ଭେଟିବା ଲାଗି ୨୦ ମାଇଲ ଦୂରରେ ଥିବା ବ୍ରାଇନ୍ ମାୱ୍ରକୁ ମୁଁ କାର୍‌ରେ ଡ୍ରାଇଭ୍ କରି ଯାଉଥିଲି। ଏହି ଯିବା ଆସିବା ଯୋଗୁ ମାଇକେଲ କ୍ରୁଜ୍‌ଙ୍କ ସହିତ ମୋର ବନ୍ଧୁତା ନିବିଡ଼ ହୋଇଥିଲା।

ସେତେବେଳକୁ ମାଇକେଲଙ୍କ ମନରେ ଭାରତ ପ୍ରତି ଏକ ଦୃଢ଼ ଆବେଗିକ ସମ୍ପର୍କ ଜନ୍ମ ନେଇ ସାରିଥିଲା । ସୈନ୍ଧବ-ଗାଙ୍ଗେୟ ଉପତ୍ୟକା ଏବଂ ଲଦାଖର ପରିବେଶ ସୁରକ୍ଷା କାର୍ଯ୍ୟରେ ସେତେବେଳକୁ ସେ ନିବିଡ଼ ଭାବରେ ଜଡ଼ିତ ହୋଇ ସାରିଥିଲେ । ଲଦାଖ ଓ କୁଲ୍ଲୁ ଉପତ୍ୟକାର ନିଖୁଣ ସୌନ୍ଦର୍ଯ୍ୟ ତାଙ୍କ ମନକୁ ଗଭୀର ଭାବରେ ଆଚ୍ଛନ୍ନ କରି ରଖିଥିଲା ।

■

ଭାରତ ଆଗମନ

ଦୁଇ ପ୍ରକାର ଦେଶାନ୍ତରୀ ଅଛନ୍ତି। ସେମାନଙ୍କ ମଧ୍ୟରୁ ଥୋକାଏ ଦାରିଦ୍ର୍ୟ, କ୍ଷୁଧା କିମ୍ବା ରାଜନୈତିକ ଦଣ୍ଡ ଭୋଗି ନିଜ ଦେଶ ଛାଡ଼ିବାକୁ ବାଧ ହୋଇଥାଆନ୍ତି; ଅର୍ଥାତ, ସେମାନେ ନିଜ ପେଟପାଟଣା ଓ ସ୍ଥିତି ଲାଗି ଦେଶ ତ୍ୟାଗ କରିଥାଆନ୍ତି। ଆଉ କିଛି ଲୋକ ନିଜ ଦେଶରେ ଯେଉଁସବୁ ସୁବିଧା ସୁଯୋଗ ପାଉଛନ୍ତି ତା'ଠାରୁ ଅଧିକ କିଛି ପାଇବା ଆଶାରେ ନିଜର ଉତ୍ତମ ଭବିଷ୍ୟତ ଓ ମନରେ ସ୍ୱପ୍ନ ରଖି ବିଦେଶ ଯାଇଥାଆନ୍ତି। ମୋର ଦୃଢ଼ ବିଶ୍ୱାସ ଓ ମୁଁ ନିଶ୍ଚିତ ଯେ ଭାରତୀୟ ଉପମହାଦେଶରୁ ଦେଶାନ୍ତରୀ ହେଉଥିବା ଅଧିକାଂଶ ଲୋକ ପ୍ରଥମ ପର୍ଯ୍ୟାୟଭୁକ୍ତ ନୁହନ୍ତି। ତେଣୁ ମୁଁ ଦ୍ୱିତୀୟ ଗୋଷ୍ଠୀର ବୋଲି ନିଜକୁ ଭାବିବି। କିନ୍ତୁ ସତରେ କ'ଣ ମୁଁ ଦ୍ୱିତୀୟ ଗୋଷ୍ଠୀର ? ମୁଁ ଭାବେ, ଆଉ ଗୋଟିଏ ଗୋଷ୍ଠୀର ଦେଶାନ୍ତରୀ ଅଛନ୍ତି, ଯେଉଁଥିରେ ମୁଁ ସାମିଲ ଏବଂ ମୋ ଭଳି ଆହୁରି ଅନେକ ଏହି ବର୍ଗର ବୋଲି ବିବେଚିତ ହେବେ। ମୁଁ ଆମେରିକାକୁ ଦେଶାନ୍ତରୀ ହେବି ବୋଲି ଆସି ନ ଥିଲି। ଏକଥା ନିଶ୍ଚିତ ଯେ ଆମେରିକାକୁ ଖଣ୍ଡିଏ ଗ୍ରୀନ୍‌କାର୍ଡ ଧରି ମୁଁ ଆସିଥିଲି। କାରଣ ଏଭଳି ଖଣ୍ଡିଏ ଗ୍ରୀନ୍‌କାର୍ଡ ନେଇ ଆସିଲେ ହିଁ ଓକଲାହୋମା ବିଶ୍ୱବିଦ୍ୟାଳୟ କର୍ତ୍ତୃପକ୍ଷ ମୋତେ ନିର୍ଦ୍ଦିଷ୍ଟ ଅବଧିପାଇଁ ଏକ ଅଧ୍ୟାପକ ଚାକିରି ପ୍ରଦାନ କରିପାରିବେ ବୋଲି ପରାମର୍ଶ ଦେଇଥିଲେ। ସେମାନେ ମୋ ପାଇଁ ସବୁପ୍ରକାର ବ୍ୟବସ୍ଥା ଓ କାଗଜପତ୍ର ପ୍ରସ୍ତୁତ କରିଥିଲେ। ମୁଁ କେବଳ କଲିକତାରୁ ଗ୍ରୀନ୍‌କାର୍ଡ ଖଣ୍ଡିକ ସଂଗ୍ରହ କରିଥିଲି। କିନ୍ତୁ ମୁଁ ନିଜକୁ କେବେ ଦେଶାନ୍ତରୀ ବୋଲି ଭାବୁ ନ ଥିଲି। କାରଣ ଆମେ (ମୋ ପରିବାର) ଦେଶାନ୍ତର ହେଉ ନ ଥିଲୁ କିମ୍ବା ନିଜ ମାତୃଭୂମିକୁ ସବୁଦିନ ପାଇଁ ଛାଡ଼ି ନୂଆ ଓ ଆହରଣ କରୁଥିବା ଦେଶରେ ସ୍ଥାୟୀ ଭାବେ ବସବାସ କରିବାକୁ ଯାଉ ନ ଥିଲୁ। ମୁଁ ଭାବଥିଲି ଯେ ଆମେରିକାକୁ କେବଳ ଗୋଟିଏ ପ୍ରଫେସର ପଦ ପାଇ ଯାଉଥିଲି ଓ ସେଥିପାଇଁ କଲିକତା ବିଶ୍ୱବିଦ୍ୟାଳୟରୁ ଛୁଟି ନେଇଥିଲି। ଯଦି

ସମ୍ଭବ ହୁଏ ସେଠାରେ କିଛି ଗବେଷଣା କରିବି, ଯାହାକି ମୁଁ ଭାରତରେ ଯୋଗାଡ଼ କରିପାରି ନ ଥିଲି। ଆମେରିକାରେ ପିଲାମାନଙ୍କୁ ଉତ୍ତମ ଶିକ୍ଷା ଦେଇପାରିବି। ସମ୍ଭବତଃ ସେମାନେ ଭାରତଠାରୁ ଅଧିକତର ଗୁଣାତ୍ମକ ମାନର (ମୋତେ ଜଣା ନ ଥିଲା କେଉଁ ଦୃଷ୍ଟିରୁ ତାହା ଉନ୍ନତ ମାନର!) ଶିକ୍ଷା ପିଲାମାନେ ପାଇପାରିବେ। ପୁଣି ସମୟକ୍ରମେ ଏବଂ ବେଶି ଦିନ ବିଳମ୍ବ ନ କରି ଭାରତକୁ ଫେରିଆସିବି! ତେଣୁ ଧୀରେ ଧୀରେ ମୋ ମନ ଭିତରେ ଭାରତକୁ ଫେରିବାର ଯନ୍ତ୍ରଣାଟି ମୁଁ ଅନୁଭବ କରୁଥିଲି। କଲିକତାକୁ ଫେରିବାର ଦୀପଟି ମୋ ହୃଦୟ ଭିତରେ ମିଞ୍ଜିମିଞ୍ଜି ହୋଇ ଜଳୁଥିଲା, ଯାହାକି ଥିଲା ମୋ ପାଇଁ ଏକ ସ୍ୱପ୍ନ। ଏବେ ତାହା ପ୍ରତ୍ୟାବର୍ତ୍ତନର ସ୍ୱପ୍ନରେ ରୂପାନ୍ତରିତ ହୋଇଥିଲା। ତେଣୁ ଅଧିକ ଦିନ ସେଠାରେ ନ ରହି ଫେରିବାର ଧାରଣା ହିଁ ମୋ ମନରେ ବଦ୍ଧମୂଳ ହୋଇ ରହିଥିଲା। କିନ୍ତୁ ମୋର ଅବଚେତନରେ ଏବଂ ଜାଣିବା ପରିସର ବାହାରେ ଏହାର ଠିକ୍ ବିପରୀତ ଘଟି ଚାଲିଥିଲା। ତଥାପି ଭାରତ ଫେରିବା ଆଶା ମୋ ମନରୁ ଯାଉ ନ ଥିଲା। ତୁମେ ନିଜ କର୍ମକ୍ଷେତ୍ରରେ ଯେତେ ସଫଳତା ହାସଲ କରନା କାହିଁକି, ଯେତେ ଅଧିକ ଅର୍ଥ ଉପାର୍ଜନ କରୁଥାଅ ପଛେ ଏବଂ ପରିବାରର ଭବିଷ୍ୟତ ଯେତେ ସୁରକ୍ଷିତ ରହିଥିଲେ ସୁଦ୍ଧା ତୁମ ସତ୍ତାକୁ କେବଳ ସ୍ୱଦେଶ ପ୍ରତ୍ୟାବର୍ତ୍ତନର ଭାବନା ହିଁ ପ୍ରକୃତ ଆନନ୍ଦ ଦେଇପାରିବ। ସେହି ସମୟରେ ଏହି ଦୁଇ(କିମ୍ବା ତିନି) ବର୍ଗର ଦେଶାନ୍ତରୀମାନେ, ଯେଉଁମାନଙ୍କୁ ଏକ ବୋଲି କୁହାଯାଇପାରେ ଅଥବା ମୋ ମତରେ ଅଧିକତର ଲୋକ ସେଇଆ ହିଁ ଭାବୁଥିଲେ। ନୂତନ ସମ୍ଭାବନାର ଭୂମିର ମୂଳ ସ୍ୱପ୍ନ ଧୀରେ ଧୀରେ 'ଡାୟାସପୋରା'ଠାରୁ ପୁଣି ଥରେ ନିଜ ଦେଶକୁ ଫେରିଆସିବାର ସ୍ୱପ୍ନ ସମୟ କ୍ରମେ ତୁମ ମନକୁ ଘାରିବା ସୁନିଶ୍ଚିତ। ଇହୁଦୀମାନଙ୍କ ଭାଗ୍ୟ ହିଁ ସବୁ ଦେଶାନ୍ତରୀଙ୍କ ଭାଗ୍ୟ ବୋଲି ଏ ଦିଗରେ ବିବେଚନା କରାଯାଇପାରେ।

ତୁମ ଜୀବନକାଳ ମଧ୍ୟରେ ସେହି ସ୍ୱପ୍ନ ସାକାର ହେବା ପୂର୍ବରୁ ତୁମେ ଯେତେ ଥର ପାର ସେତେ ଅଧିକ ଥର ନିଜ ମାତୃଭୂମିକୁ ବୁଲି ଆସିବା ଉଚିତ୍। ଏଭଳି ଭ୍ରମଣ ତୁମ ମନରୁ 'ଡାୟାସପୋରା' ଚତୁଃପାର୍ଶ୍ୱରେ ଘେରି ରହିଥିବା ମୂଳ କଳ୍ପନାକୁ ସମୟାନ୍ତରେ ବଦଳାଇ ଦେବାରେ ସହାୟକ ହେବ। ତୁମେ ଫେରୁଥିବ, କିନ୍ତୁ ଶେଷ ଥର ପାଇଁ ନୁହେଁ। ତୁମେ ଯେତେବେଳେ ବି ଫେରୁଥିବ ସେତେବେଳେ ନିଜ ମାତୃଭୂମିକୁ ଛାଡ଼ିଯାଇଥିବାର ଆତ୍ମଗ୍ଲାନି ତୁମକୁ ବାରମ୍ବାର ଦଂଶନ କରୁଥିବ। ତୁମକୁ ଲାଗୁଥିବ ଯେ ଯେଉଁ ଲୋକମାନେ ତୁମ ଉପରେ ଏତେ ଆସ୍ଥା ସ୍ଥାପନ କରିଥିଲେ, ଏବେ ତୁମେ ସେମାନଙ୍କ ପାଖରେ ଠିଆହୋଇ ପାରୁନାହଁ। ତୁମେ ସେମାନଙ୍କୁ କହୁଥିବ ଯେ ସେମାନଙ୍କ ଲାଗି ତଥାପି ତୁମେ ବଞ୍ଚି ରହିଛ, ତୁମ ହୃଦୟରେ ଏବେ ସୁଦ୍ଧା ନିଜ

ମାତୃଭୂମିକୁ ସ୍ନେହରେ ଧରି ରଖିଛ, ତା'ର ପରମ୍ପରାକୁ ମନ ଭିତରେ ସ୍ମରଣ ରଖିଛ ଏବଂ ସମୟ ଓ ସୁଯୋଗ ଆସିଲେ ତୁମେ ପୁଣି ଫେରିଆସିବ।

ସତରେ କ'ଣ ତୁମକୁ ଏ ଦେଶ ଆଉ ଲୋଡୁଛି ? ନ୍ୟୁୟର୍କରେ ଥିବା ଜଣେ ଭାରତୀୟ କୂଟନୀତିଜ୍ଞ, ଯାହାଙ୍କୁ ମୁଁ ପ୍ରେସିଡେନ୍ସି କଲେଜରେ ପଢ଼ିବା ଦିନଠାରୁ ଜାଣିଥିଲି, ଥରେ ଆମେ କଥାବାର୍ତ୍ତା ହେବାବେଳେ ଜାଣିବାକୁ ପାଇଲେ ଯେ ଏହା ଭିତରେ ମୁଁ ଜଣେ ଦାର୍ଶନିକ ପାଲଟି ଯାଇଛି। ଏକଥା ଜାଣିବା ପରେ ସେ ମନ୍ତବ୍ୟ ଦେଇଥିଲେ ଯେ ଦାର୍ଶନିକଙ୍କ ବିନା ଭାରତ ନିଜ କଥା ନିଜେ ବୁଝିପାରିବ। ତା'ର ଅର୍ଥ ହେଲା - ଏବେ ଭାରତର ଯାହା ଦରକାର ସେମାନେ ହେଲେ ଇଞ୍ଜିନିୟର, ଡାକ୍ତର ଓ ବୈଜ୍ଞାନିକ। ଏହାର ଏକ ବିପରୀତ ଉଦାହରଣ ସ୍ୱରୂପ ଆମେ ସଚିନ ଗାଙ୍ଗୁଲି ଯିଏ କି କଲିକତାର ଜଣେ ତରୁଣ ଓ ପ୍ରଭାବୀ ଦାର୍ଶନିକ, ତାଙ୍କ କଥାକୁ ବିଚାର କରିପାରିବା। ସଚିନଙ୍କ ଜୀବନରେ ଅସମୟରେ ହିଁ ପୂର୍ଣ୍ଣଚ୍ଛେଦ ପଡ଼ିଥିଲା। ଥରେ ସେ ମୋତେ କଥା ଛଳରେ କହିଥିଲେ, 'ଜିତେନ୍‌ଦା',ବ୍ରେନ୍ ଡ୍ରେନ୍ କହିଲେ କ'ଣ ବୁଝାଏ ସେକଥା ଆଜିଯାଏ ମୁଁ ଭଲଭାବରେ ବୁଝି ପାରିଲିନି। ଯେଉଁମାନେ ଦେଶଛାଡ଼ି ଗଲେ, ଯାଆନ୍ତୁ। ଦେଶ ତ ସେମାନଙ୍କ ଯିବା ପରେ ସୁଦ୍ଧା ଆହୁରି ଭଲ କରୁଛି (ହାଲୁକା ଭାବେ ଅବଶ୍ୟ ସେ ଏଭଳି ମନ୍ତବ୍ୟ ଦେଇଥିଲେ)। ଆମ ଦେଶରେ ଆହୁରି ଅନେକ ବିଜ୍ଞଲୋକ ଅଛନ୍ତି'। ସମ୍ଭବତଃ ସଚିନ ଏକଥା କହିବାକୁ ଚାହୁଁଥିଲେ ଯେ ଯେଉଁମାନଙ୍କର ଭାରତ ଉପରେ ଆସ୍ଥା ଓ ବିଶ୍ୱାସ ରହିଛି, ସେମାନଙ୍କ ଉପରେ ଦେଶ ନିର୍ଭରଶୀଳ ହୋଇପାରିବ। ଯେଉଁମାନେ ବିଦେଶ ଭୂଇଁରେ ଯାଇ ସେମାନଙ୍କ ଭାଗ୍ୟ ଅଣ୍ଡାଳୁଛନ୍ତି, ସେମାନଙ୍କ ଉପରେ ଦେଶ ଆଦୌ ଭରସା କରିବା ଉଚିତ ନୁହେଁ। ନ୍ୟୁୟର୍କ ସିଟିର ଲୋକାଲ୍ ଟ୍ରେନ୍‌ରେ ଜନଗହଳି ଭିତରେ ଯେଉଁ ଭାରତୀୟମାନେ ଖୁନ୍ଦିଖାନ୍ଦି ହୋଇ ଯାତ୍ରା କରୁଛନ୍ତି, ସେମାନଙ୍କ ଉପରେ ଭାରତ ଆସ୍ଥା ଓ ବିଶ୍ୱାସ ପ୍ରକଟ କରିବାର କୌଣସି କାରଣ ନାହିଁ। ତେଣୁ ସେମାନଙ୍କ କଥା ଭାବି କିମ୍ବା ସେମାନଙ୍କୁ ଗୁରୁତ୍ୱ ପ୍ରଦାନ କରିବାର ଆବଶ୍ୟକତା ନାହିଁ। (ପରେ ଦେଶ ଡଲାର ମୁଦ୍ରାକୁ ସ୍ୱାଗତ କରିଥିଲା ଅବଶ୍ୟ, କିନ୍ତୁ ସେମାନଙ୍କୁ ନୁହେଁ)।

ଏକଥା ଅବଶ୍ୟ ସତ। ଭାରତକୁ ଯେତେବେଳେ କେହି ବୁଲିଆସେ, ସଦାବେଳେ ସମ୍ଭ୍ରମ ରକ୍ଷାକରିବା ଉଚିତ୍। ବିଦେଶରେ ଅର୍ଜନ କରିଥିବା ସମ୍ପଦକୁ ଦେଖେଇବାର କୌଣସି ଆବଶ୍ୟକତା ନାହିଁ (ତୁମକୁ ଅନ୍ୟମାନେ କହିପାରନ୍ତି ଯେ ଭାରତରେ ତୁମଠାରୁ ଆହୁରି ବଡ଼ ବଡ଼ ଧନୀ ଲୋକମାନେ ଅଛନ୍ତି)। ତୁମ ତିନି ବେଡ୍‌ରୁମବାଲା ବଙ୍ଗଳା, ଦି' ଦି'ଟା ଦାମୀ କାର୍ ରଖିବାଭଳି ଗ୍ୟାରେଜ୍‌ଥିବା ଘର,

ଗାଡ଼ିଘୋଡ଼ା ଏବଂ ଅନ୍ୟ ସକଳ ପ୍ରକାର ଇଲେକ୍ଟ୍ରୋନିକ୍ସ ସରଞ୍ଜାମ ତୁମ ଜୀବନକୁ ସହଜସାଧ୍ୟ କରିଥାଇପାରେ। କିନ୍ତୁ ସତ କଥାଟି ହେଲା, ଜଣେ ଭବିଷ୍ୟତ ସନ୍ଧାନୀ ଦେଶାନ୍ତରୀ ଲୋକ ନା ଭାରତୀୟ ସଂସ୍କୃତିକୁ ବୁଝେ, ନା ପାଶ୍ଚାତ୍ୟ ସଂସ୍କୃତିରେ ତା'ର ଦଖଲ ଥାଏ। ସେ କେବଳ ନୂଆକରି ହାତରେ ପଡ଼ିଥିବା ସୁନା ସନ୍ଧାନରେ ସବୁବେଳେ ଦୌଡୁଥାଏ (ଯେତେ ପରିମାଣର ହୋଇଥାଉ ପଛେ)। ଯଦି ସେ ଜଣେ ବୈଜ୍ଞାନିକ, ବିଜ୍ଞାନ ସମ୍ବନ୍ଧୀୟ ଗବେଷଣା ସୁଯୋଗ ପଛରେ ଧାଏଁ। ଯଦି ସେ ଜଣେ ପ୍ରଯୁକ୍ତିବିତ୍, ତେବେ ସେ କେବଳ ପ୍ରଯୁକ୍ତିକୁ ଉପଯୋଗ କରିବାର ଚିନ୍ତାଧାରରେ ବିହ୍ୱଳିତ ନ ହୋଇ ଏହାର ବିକାଶରେ ମଧ୍ୟ ନିଜର ଯୋଗଦାନ କରିଥାଏ। ଏହି କ୍ରମରେ ଏକ ଚିରାଚରିତ ଢଙ୍ଗରେ ସେ ନିଜ ହୃଦୟର ଗଭୀରତମ ସ୍ଥାନରେ କିଛି ମାତ୍ରାରେ ଆଶ୍ୱାସନା ପାଇବା ଲକ୍ଷ୍ୟରେ ଧର୍ମଆଡ଼କୁ ମୁହଁ ବୁଲାଇଥାଏ। ଆଜିକାଲି ଆମେରିକାର ଚାରିଆଡ଼େ ମନ୍ଦିରମାନ ମୁଣ୍ଡ ଟେକିବାରେ ଲାଗିଛି। ଭାରତରେ ଥିଲାବେଳେ ଯେଉଁ ଲୋକମାନେ କେବେ ମନ୍ଦିର ଦ୍ୱାର ମାଡ଼ି ନ ଥାଆନ୍ତି ଓ ଧର୍ମ ପ୍ରତି ସଦାବେଳେ ଏକ ଉଦାସୀନ ମନୋଭାବ ପ୍ରଦର୍ଶନ କରିଥାଆନ୍ତି, ସେମାନେ ଆମେରିକାରେ ମନ୍ଦିରକୁ ନିୟମିତ ଯା'ଆସ କରନ୍ତି। ସେଠାରେ ବସି ଭଜନ ଗାଆନ୍ତି ଓ ଅନ୍ୟାନ୍ୟ ରୀତିନୀତି ପାଳନ କରିଥାଆନ୍ତି। ଅନେକ ଲୋକ ନିଜେ ସୁଦ୍ଧା ଏକଥା ସ୍ୱୀକାର କରି ନ ଥାଆନ୍ତି ଯେ ଇତି ମଧ୍ୟରେ ସେମାନଙ୍କର ହୃଦୟରେ ପରିବର୍ତ୍ତନ ଘଟିସାରିଛି, ଅର୍ଥାତ୍ ଧର୍ମାନ୍ତରଣ। ଯଦି କେବେ ଆବଶ୍ୟକ ପଡ଼େ, ସେମାନେ କହନ୍ତି ଯେ ନିଜ ପିଲାମାନଙ୍କ ଖୁସିପାଇଁ ସେମାନେ ଏଭଳି କରିଛନ୍ତି କିମ୍ୱା ନିଜ ମୂଳ ପିଣ୍ଡକୁ ଫେରିଯିବା ଏକ ଫେସନ୍। ସେହି ଲୋକମାନେ ଯେତେବେଳେ ଭାରତ ବୁଲି ଆସନ୍ତି, କଲିକତା, ଦିଲ୍ଲୀ ଅବା ବମ୍ବେରେ ହେଉ, ନିଜ ସାଙ୍ଗମାନଙ୍କ ସହିତ ମଦ ପିଇବା ଲାଗି ପଞ୍ଚତାରକା ହୋଟେଲରେ ଯାଇ ବସନ୍ତି। ସେତେବେଳେ ସେମାନଙ୍କ ପାଇଁ ସାଧୁସନ୍ଥ, ତୀର୍ଥାଟନ ଅବା ମନ୍ଦିର ଦର୍ଶନ କୌଣସି ଅର୍ଥ ରଖେନାହିଁ। ଏପରିକି ସେମାନଙ୍କ ପିଲାଙ୍କ ପାଇଁ ଏହାର କୌଣସି ଆବଶ୍ୟକତା ନ ଥାଏ।

୧୯୮୯ ମସିହା ପର୍ଯ୍ୟନ୍ତ ଭାରତକୁ ମୋର ବୁଲିଆସିବାର ଦୁଇଟି ଉଦ୍ଦେଶ୍ୟ ଥିଲା- ବୋଉକୁ ଦେଖିବା ଏବଂ କଲିକତା ଭ୍ରମଣ। ବୋଉର ଦେହାନ୍ତ ହେବାପରେ କେବଳ ରହିଯାଇଥିଲା କଲିକତା। କଲିକତା ଯାହା ତା'ର କୋଟି କୋଟି ଦରିଦ୍ର ଲୋକ, ରାସ୍ତାଘାଟର ମଇଳା, ଯାନବାହନରୁ ବାହାରୁଥିବା କଳା ଧୂଆଁ, ରାସ୍ତାଘାଟରେ ଜନଗହଳି ଓ ବିପର୍ଯ୍ୟସ୍ତ ଅବସ୍ଥା, ଝୁମ୍ପୁଡ଼ି ବସ୍ତିର ଦାରିଦ୍ର୍ୟ ଓ ଏହିଭଳି ଆହୁରି ଅନେକ କାରଣ ଲାଗି ସୁପ୍ରସିଦ୍ଧ ଥିଲା। ପ୍ରଥମେ ମୁଁ ତାରା ଚାଟାର୍ଜୀଙ୍କ ବାଲିଗଞ୍ଜରେ ଥିବା

ଗୋଟିଏ ବିରାଟ ବଙ୍ଗଳାରେ ରହୁଥିଲି। ତାରା ଥିଲେ କଲିକତା ବିଶ୍ୱବିଦ୍ୟାଳୟର ଜଣେ ପୂର୍ବତନ ଛାତ୍ରୀ। ତାରା ମୋତେ ତାଙ୍କ ପରିବାର ଆଡ଼କୁ ଟାଣି ତାଙ୍କ ସ୍ୱାମୀ ଓ ଚାରି ପିଲାଙ୍କ ମନରେ ମୋ ପାଇଁ ଏକ ସ୍ୱତନ୍ତ୍ର ସ୍ଥାନ ସୃଷ୍ଟି କରିପାରିଥିଲେ। ତା'ପରେ ଥିଲେ ସ୍ୱାମୀ ଲୋକେଶ୍ୱରାନନ୍ଦ, ଯିଏ ତାଙ୍କର ଗାମ୍ଭୀର୍ଯ୍ୟ ଓ ଅମାୟିକ ବ୍ୟକ୍ତିତ୍ୱ ଏବଂ ଅକଳ୍ପନୀୟ ଆତିଥ୍ୟ ପାଇଁ ମୋ ମନରେ ଭକ୍ତି ଓ ଶ୍ରଦ୍ଧା ଜଗାଇଥିଲେ। ରାମକୃଷ୍ଣ ମିଶନ ଇନଷ୍ଟିଚ୍ୟୁଟ୍‌ର ବିନ୍ୟସ୍ତ ଓ ବିସ୍ତୀର୍ଣ୍ଣ ପରିସର ମଧ୍ୟରେ ଅବସ୍ଥାନ କଲେ ମୋତେ କେମିତି ଘରେ ରହିଲା ଭଳି ଲାଗେ। ଯେତେବେଳେ ବି ଭାରତ ଯାଇ ସେଠାରେ ଅବସ୍ଥାନ କରୁଥିଲି, ରାମକୃଷ୍ଣ ମିଶନ ଇନଷ୍ଟିଚ୍ୟୁଟ୍‌ରେ ବିଭିନ୍ନ ପ୍ରସଙ୍ଗ ଉପରେ ବକ୍ତୃତାମାନ ଦେଉଥିଲି। ସବୁବେଳେ ସ୍ୱାମୀଜୀ ମୋତେ ତାଙ୍କର ଜଣେ ପ୍ରିୟ ଅତିଥିଭାବରେ ବିବେଚନା କରୁଥିଲେ। ସେଠାରେ ରହିବା, ଖାଇବା ପାଇଁ ମୋ'ଠାରୁ କୌଣସି ଶୁଳ୍କ ମଧ୍ୟ ନେଉ ନ ଥିଲେ। ମୋର ବକ୍ତୃତା କାର୍ଯ୍ୟକ୍ରମ ଶିବାନନ୍ଦ ହଲ୍‌ରେ ହିଁ ଆୟୋଜନ କରାଯାଉଥିଲା ଏବଂ ସାଧାରଣତଃ ଅନେକ ଶ୍ରୋତା ସେହି କାର୍ଯ୍ୟକ୍ରମରେ ଯୋଗ ଦେଉଥିଲେ। କିନ୍ତୁ ମୁଁ ଜାଣେନା ସେଭଳି ବକ୍ତୃତା କେତେ ଜଣ ପ୍ରକୃତରେ ବୁଝି ପାରୁଥିଲେ। ମୁଁ ଧୀରେ ଧୀରେ ଲକ୍ଷ୍ୟ କଲି ଯେ କଲିକତାରେ ଦେଉଥିବା ଭାଷଣ ଆମେରିକା ଓ ୟୁରୋପରେ ଉପସ୍ଥାପନ କରୁଥିବା ବିଜ୍ଞାନସମ୍ମତ ନିବନ୍ଧଠାରୁ ଭିନ୍ନ ଆକାର ଧାରଣ କରିଛି। ପାଶ୍ଚାତ୍ୟ ଜଗତରେ 'ପେପର'କହିଲେ ଏହାକୁ 'ପେଷାଦାରୀ','ପାଣ୍ଡିତ୍ୟପୂର୍ଣ୍ଣ' ଏବଂ'ବିଜ୍ଞାନସମ୍ମତ'ବୋଲି ବିବେଚନା କରାଯାଏ। କିନ୍ତୁ କଲିକତା ଭାଷଣ ମୁଁ କଲିକତାରେ ହିଁ ପ୍ରସ୍ତୁତ କରୁଥିଲି। କୌଣସି ଗ୍ରନ୍ଥାଗାରର ସହାୟତା ନେଉ ନ ଥିଲି। ଏହା ଥିଲା ମୋ ମନରେ ଥିବା ବିପୁଳ ଆବେଗ ଏବଂ ଆଗ୍ରହର ଏକ ବାସ୍ତବ ପ୍ରତିଫଳନ। ଗୋଟିଏ ଦୃଷ୍ଟିରୁ ବିଚାର କଲେ ଉଭୟ ଥିଲା ପରସ୍ପରର ପରିପୂରକ। କିନ୍ତୁ ମୋର ଜଣେ ଘନିଷ୍ଠ ବନ୍ଧୁ ଏହାକୁ 'ସାଗେରୀ' ବୋଲି କହୁଥିଲେ, ତାହା ହିଁ କଲିକତା ଭାଷଣର ସ୍ୱରୂପ ଥିଲା ବୋଲି ମୋର ଆଶଙ୍କା ହେଉଥିଲା। ମୁଁ ସେହିଭଳି ଉଚ୍ଚାଟନର ଶିକାର ହେଉଥିଲି କି? କିନ୍ତୁ, ମୋ ମନକୁ ଏକ ବୌଦ୍ଧିକ,'ବିଜ୍ଞାନସମ୍ମତ'ଦର୍ଶନ, ଚିନ୍ତନ କେବେ ଆକ୍ରାନ୍ତ କରି ନ ଥିଲା। ମୋର ଯୁବାବସ୍ଥାର ପୁରୁଣା ଆଗ୍ରହ ଥିଲା- ଗାନ୍ଧି ଓ ଶ୍ରୀ ଅରବିନ୍ଦ। ଏପର୍ଯ୍ୟନ୍ତ ସେ ଚିନ୍ତାଧାରା ମୋ ମନରୁ ସମ୍ପୂର୍ଣ୍ଣ ଭାବରେ ଦୂର ହୋଇ ନ ଥିଲା। କାଣ୍ଟଙ୍କ ଭଳି ମୁଁ ବିଶ୍ୱାସ କରୁଥିଲି ଯେ ନିଜସ୍ୱ ବୈଜ୍ଞାନିକ ଚାରିତ୍ରିକ ବୈଶିଷ୍ଟ୍ୟ ସତ୍ତ୍ୱେ ଦର୍ଶନ ଶାସ୍ତ୍ର ହେଉଛି *Welt weisheit* ର ଏକ ତତ୍ତ୍ୱ। ହସେର୍ଲଙ୍କ ଚିନ୍ତାଧାରାରେ ଜଣେ ଦାର୍ଶନିକ ମାନବ ସମାଜର ଗୋଟିଏ 'କାରକ'ହେବା ଉଚିତ୍- ଏଭଳି ଚିନ୍ତାଧାରା ମଧ୍ୟ ମୋ

ମନରୁ ମରି ନ ଥିଲା। ତେବେ ଏହି ଦୁଇଟିଯାକ ଧାରଣା ମଧ୍ୟରେ ମୁଁ କିଭଳି ସମନ୍ୱୟ ରକ୍ଷା କରିବି ? କଲିକତା ବକ୍ତୃତା ହିଁ ଏହିଭଳି ଏକ ସମନ୍ୱୟରୁ ସୃଷ୍ଟି ବୋଲି ମୋତେ ଲାଗେ। ଏସବୁ ସମ୍ପୂର୍ଣ୍ଣ ସଫଳ ବୋଲି ମୁଁ କହିପାରିବି ନାହିଁ। ଅନ୍ୟମାନଙ୍କ ନିକଟରେ ପରିଚିତ ହେବି ବୋଲି କଲିକତାରେ ମୁଁ ବକ୍ତୃତା ଦେଉ ନ ଥିଲି। କେବଳ ମୋ ବନ୍ଧୁମାନଙ୍କୁ ମୁଁ ସୂଚାଇବାକୁ ଚାହୁଁଥିଲି ଯେ ମୁଁ କ'ଣ ଓ କିପରି ଭାବେ ଚିନ୍ତା କରୁଛି। ମୁଁ ସେମାନଙ୍କୁ ମୋର ବନ୍ଧୁତାର ପ୍ରତିଦାନ ଲେଉଟାଇ ଦେଉଥିଲି। ଏହି ସ୍ଥାନରେ ହିଁ ମୁଁ ପଢ଼ିଥିଲି ଓ ମାନସିକ ସ୍ତରରେ ପୁଷ୍ଟ ହୋଇଥିଲି। ଏହିଠାରେ ହିଁ ମୁଁ ଦର୍ଶନଶାସ୍ତ୍ର ଅଧ୍ୟୟନ କରିଥିଲି। ଏହି ସ୍ଥାନରେ ମୋର ଘନିଷ୍ଠ ବନ୍ଧୁତା ସୃଷ୍ଟି ହୋଇଥିଲା ଏବଂ ମାନବୀୟ ମୂଲ୍ୟବୋଧର ଭାବନା ମୋ ମନରେ ଜନ୍ମ ନେଇଥିଲା। ତେଣୁ ମୁଁ ସେହି ଭାଷଣ ଦେବାବେଳେ ଏଠାରେ ଆଲୋଚନା ସୃଷ୍ଟି କରିବାକୁ ଚାହୁଁଥିଲି ଏବଂ ସେମାନଙ୍କୁ ଅନୁଭବ କରାଇବାକୁ ଚାହୁଁଥିଲି ଯେ ସେମାନଙ୍କ ଭାବନାର ମୁଁ ମଧ୍ୟ ଅଂଶବିଶେଷ। ଏ ଦୃଷ୍ଟିରୁ ମୁଁ ସଫଳ ହୋଇଥିଲି। ଏହି ସଫଳତାର ମାତ୍ରା ଥିଲା ସହଜ, କିନ୍ତୁ ମୋ ପାଇଁ ତାହା ଥିଲା ବେଶ୍ ଆନନ୍ଦମୟ ଓ ଉପଭୋଗ୍ୟ।

୧୯୯୪ ମସିହାରେ ଯାଦବପୁର ବିଶ୍ୱବିଦ୍ୟାଳୟ ମୋତେ ସମ୍ମାନସୂଚକ ଡକ୍ଟରେଟ୍ ଉପାଧି *(honoris causa)* ପ୍ରଦାନ କରି ସମ୍ମାନିତ କରିଥିଲା। ମୁଁ ମନେ ମନେ ବିହ୍ୱଳିତ ହୋଇଥିଲି ଯେ ଯାଦବପୁର ସହିତ ଇତି ମଧ୍ୟରେ ମୋ ନିଜ ଶିକ୍ଷାନୁଷ୍ଠାନ କଲିକତା ବିଶ୍ୱବିଦ୍ୟାଳୟଠାରୁ ସୁଦ୍ଧା ମୁଁ କିପରି ଅଧିକ ଘନିଷ୍ଠ ହୋଇପାରିଥିଲି। ସେତେବେଳେ ମୁଁ କଲିକତା ବିଶ୍ୱବିଦ୍ୟାଳୟକୁ କ୍ୱଚିତ ବୁଲି ଯାଉଥିଲି। ରାମକୃଷ୍ଣ ମିଶନ ଇନଷ୍ଟିଚ୍ୟୁଟ୍‌ଠାରୁ କଲେଜ ଛକ ବେଶ୍ ଦୂର। ସେତେବେଳକୁ ଦର୍ଶନ ବିଭାଗ ଆଲିପୁରଠାରେ ଥିବା ଏକ ନୂଆ କୋଠାଘରକୁ ସ୍ଥାନାନ୍ତରିତ ହୋଇସାରିଥାଏ। ସେଠାରେ ଥିବା ଅଧ୍ୟାପକମାନେ ଭାବୁଥିଲେ ଯେ ମୁଁ ସେମାନଙ୍କୁ ଅସମୟରେ ଛାଡ଼ି ଚାଲିଯାଇଥିଲି। ଅପରପକ୍ଷେ ଯାଦବପୁର ବିଶ୍ୱବିଦ୍ୟାଳୟ ଥିଲା ରାମକୃଷ୍ଣ ମିଶନ ଇନଷ୍ଟିଚ୍ୟୁଟ୍‌ଠାରୁ ନିକଟତର। ସେଠାକାର ଦର୍ଶନ ବିଭାଗର ଦୁଇଜଣ ସଦସ୍ୟ- ଦେବୀ ପ୍ରସାଦ ଚଟ୍ଟୋପାଧ୍ୟାୟ ଓ ପ୍ରଣବ ସେନ୍ ମୋ ଚିନ୍ତନ ପ୍ରତି ଗଭୀର ଭାବେ ଆଗ୍ରହୀ ଥିଲେ। ସୁଖାଞ୍ଜନ ଶାହା ଓ ପ୍ରଦ୍ୟୋତ ମୁଖାର୍ଜୀ ଭାରତୀୟ ଦର୍ଶନଶାସ୍ତ୍ର ଉପରେ ଯେଉଁ ଅଧ୍ୟୟନ କରୁଥିଲେ, ସେଥିପ୍ରତି ମୋର ଆଗ୍ରହ ଥିଲା। କ୍ରିଷ୍ଣା ରାୟ ଓ ଛନ୍ଦା ଗୁପ୍ତା ସେତେବେଳକୁ ମୋ ପରିବାରର ପ୍ରାୟ ସଦସ୍ୟ ଭାବରେ ପରିଗଣିତ ହେଉଥିଲେ। ମୁଁ ମଧ୍ୟ ସେମାନଙ୍କ ସହ ବେଶ୍ ଘନିଷ୍ଠ ହୋଇ ସାରିଥିଲି ଏବଂ ସେମାନଙ୍କ ସ୍ନେହ ମୋତେ ବେଶ୍ ଆନନ୍ଦିତ କରିଥିଲା। ଯାଦବପୁର ବିଶ୍ୱବିଦ୍ୟାଳୟ ମୋତେ ସମ୍ମାନସୂଚକ

ଡକ୍ଟରେଟ ପ୍ରଦାନ କରିବା ସମ୍ବାଦ ମୋତେ ବିସ୍ମିତ କରିଥିଲା । ମୁଁ ସେଠାରେ ନା ଥିଲି ଛାତ୍ର, ନା ସେଠାରେ କେବେ ଅଧ୍ୟାପକ ଥିଲି । ବାଣୀ ସେଠାରୁ ତା'ର ଡିଗ୍ରୀ ହାସଲ କରିଥିଲା । ତେଣୁ ପାରିବାରିକ ଦୃଷ୍ଟିରୁ ସାମାନ୍ୟ ସଂଯୋଗ ଥିଲା । କିନ୍ତୁ ସେହି ବିଶ୍ୱବିଦ୍ୟାଳୟକୁ ଯାଇ ଦର୍ଶନ ବିଭାଗରେ ମୁଁ ଅନ୍ୟୂନ ଦଶବର୍ଷ ଅଧ୍ୟାପନା କରିଥିଲି । ତେଣୁ ସେମାନଙ୍କର ଏହି ସମ୍ମାନକୁ ମୁଁ ଧନ୍ୟବାଦର ସହ ଗ୍ରହଣ କରିଥିଲି ।

ଏ ଖବର ଓଡ଼ିଶାରେ ପହଞ୍ଚିଥିଲା । ସେତିକିବେଳେ ମୁଁ ଭୁବନେଶ୍ୱରର ଉତ୍କଳ ବିଶ୍ୱବିଦ୍ୟାଳୟର କୁଳପତିଙ୍କଠାରୁ ଟେଲିଫୋନ୍ ବାର୍ତ୍ତା ପାଇଥିଲି । ସେ ମୋତେ କହିଥିଲେ ଯେ ପ୍ରଥମେ ଉତ୍କଳ ବିଶ୍ୱବିଦ୍ୟାଳୟରୁ ମୁଁ ଏଭଳି ସମ୍ମାନସୂଚକ ଡକ୍ଟରେଟ ପାଇବା କଥା । 'ଆପଣ କ'ଣ ଓଡ଼ିଶାର ସୁଯୋଗ୍ୟ ସନ୍ତାନ ନୁହନ୍ତି ?'ସେ ଦୁଃଖ ପ୍ରକଟ କରିଥିଲେ ଯେ ସେମାନଙ୍କୁ ପ୍ରଥମେ ଏଭଳି ସମ୍ମାନ ପ୍ରଦାନ କରିବାର ସୁଯୋଗ ପ୍ରାପ୍ତ ହୋଇ ନ ଥିଲା । ବାସ୍ତବପକ୍ଷେ, ଇତି ପୂର୍ବରୁ, ପ୍ରାୟ ଦଶ ବର୍ଷ ତଳେ ବର୍ଦ୍ଧମାନ ବିଶ୍ୱବିଦ୍ୟାଳୟ ମୋତେ ସମ୍ମାନସୂଚକ ଡି.ଲିଟ୍ ଉପାଧି ପ୍ରଦାନ କରିଥିଲା । ଉତ୍କଳ ବିଶ୍ୱବିଦ୍ୟାଳୟ କର୍ତ୍ତୃପକ୍ଷ ମୋତେ ଅନୁରୋଧ କରିଥିଲେ ଯେ ବାଣୀ ଓ ମୁଁ ବିଶ୍ୱବିଦ୍ୟାଳୟର ଅତିଥିଭାବରେ ବିଶ୍ୱବିଦ୍ୟାଳୟକୁ ଆସିପାରିବୁ କି ? ତାହାହେଲେ ବିଶ୍ୱବିଦ୍ୟାଳୟର ବୃହତ୍ତର ସମାଜ ମୋତେ ଉପଯୁକ୍ତ ଭାବେ ସମ୍ମାନ ପ୍ରଦର୍ଶନ କରିପାରିବେ । ମୁଁ ସେମାନଙ୍କ କଥାରେ ଖୁସିରେ ରାଜି ହୋଇଥିଲି । ପ୍ରଥମ ଥରପାଇଁ ଆମେ ଓଡ଼ିଶା ଆସି ଆମ ଘରେ ରହି ନ ଥିଲୁ । ଭୁବନେଶ୍ୱର ରେଳଷ୍ଟେସନରେ ପହଞ୍ଚିଲା ପରେ ଆମକୁ ସିଧା ବିଶ୍ୱବିଦ୍ୟାଳୟର ଅତିଥି ଭବନକୁ ନିଆଯାଇଥିଲା । ପ୍ରଥମ ଥରପାଇଁ ସାମ୍ବାଦିକ,ଟିଭି ରିପୋର୍ଟର, ସାହିତ୍ୟ ସମୀକ୍ଷକ, ଛାତ୍ର ପ୍ରତିନିଧି (ଏବଂ ସେମାନଙ୍କ ସହିତ ବିଶ୍ୱବିଦ୍ୟାଳୟର ଅଧ୍ୟାପକମାନେ) ସଦାବେଳେ ମୋ ପାଖରେ ଘେରି ରହିଥିଲେ । ସେମାନଙ୍କ ସହ କଥାବାର୍ତ୍ତା କଲାବେଳେ ସଭିଏଁ ଚେତାଇ ଦେଇଥିଲେ ଯେ ପ୍ରଥମତଃ ମୁଁ ଜଣେ ଓଡ଼ିଆ ଏବଂ ତାହା ହିଁ ମୋର ମୂଳ ପରିଚୟ । ପୁଣି ଗୋପବନ୍ଧୁ ଓ ନବକୃଷ୍ଣ ଚୌଧୁରୀ ଭ୍ରାତାଙ୍କ ଭଣଜା । ଏଥି ସହିତ ସେମାନେ ମୋର ବାପା ଓ ଭାଇଙ୍କ କଥା ମଧ୍ୟ ସୂଚାଇଥିଲେ । ମୁଁ ମଧ୍ୟ ଓଡ଼ିଶା ପ୍ରତି ମୋ ମନରେ ଥିବା ସ୍ନେହ ଓ ଆବେଗକୁ ସେମାନଙ୍କ ନିକଟରେ ପ୍ରକଟ କରିଥିଲି । ଇତି ପୂର୍ବରୁ ମୁଁ ଯେତେବେଳେ ଓଡ଼ିଶାକୁ ଆସୁଥିଲି, ସେତେବେଳେ ଆମ ଗାଆଁକୁ ଯାଉଥିଲି । ମୁଁ ମୋ ଗାଆଁର ଓଡ଼ିଶାକୁ ଦେଖିଥିଲି । ଓଡ଼ିଶା ଛାଡ଼ିବା ପରେ ରାଜ୍ୟରେ ଯେଉଁ ନୂଆ ମଧ୍ୟମବର୍ଗ ମୁଣ୍ଡ ଟେକିଥିଲା, ସେମାନଙ୍କ ବିଷୟରେ ମୁଁ ବିଶେଷ ଜାଣି ନ ଥିଲି ।

ଗୋଟିଏ ଦୃଷ୍ଟିରୁ କହିଲେ ସାମଗ୍ରିକ ଭାବରେ ଭାରତ ପାଇଁ ଏହା ସୁଦ୍ଧା

ପ୍ରଯୁଜ୍ୟ ଓ ସତ୍ୟ। କଲିକତା ମଧ୍ୟ ସେଥିରେ ସାମିଲ। ଗତ ତିନି ଦଶନ୍ଧି ଭିତରେ ଭାରତରେ ସବୁକିଛି ବଦଳି ସାରିଛି। ଏକ ଅତି ସମ୍ଭ୍ରାନ୍ତ, ପାଶ୍ଚାତ୍ୟ ସଂସ୍କୃତିରେ ପ୍ରଭାବିତ (ବରଂ ଆମେରିକା ସଂସ୍କୃତିରେ ଉବୁଟୁବୁ) ମଧ୍ୟମ ବର୍ଗ ଦେଶରେ ମୁଣ୍ଡ ଟେକିଛି। ସେମାନେ ଭୋଜିଭାତରେ ସ୍ୱଚ୍ଛନ୍ଦରେ ମଦ୍ୟପାନ କରି ନୃତ୍ୟଗୀତରେ ମସଗୁଲ ହୋଇପାରୁଛନ୍ତି। ଏପରିକି ଜନ୍ମଦିନ ଉତ୍ସବରେ ସୁଦ୍ଧା। ଯୁବକମାନେ ମାଇକେଲ ଜାକ୍‌ସନ୍ ଓ ଅନ୍ୟ ଅଭାଣ୍ଟ୍ ଗାର୍ଡେ ଶ୍ରେଣୀୟ ସଙ୍ଗୀତଜ୍ଞମାନଙ୍କ କଥା ଆଲୋଚନା କରିପାରୁଛନ୍ତି। ଦିଲ୍ଲୀ ଓ ବମ୍ବେରେ ବସବାସ କରୁଥିବା ଲୋକମାନେ ନିଜ ପରିବାରକୁ ଧରି ହଂକଂ, ସିଙ୍ଗାପୁର, ଲଣ୍ଡନ, ନ୍ୟୁୟର୍କ ଭଳି ସ୍ଥାନକୁ ଛୁଟି ମନାଇବାକୁ ଅବା ସପିଂ କରିବାକୁ ଯାଇପାରୁଛନ୍ତି। ଯୁବ ଜ୍ଞାନୀଗୁଣୀମାନେ ବିଘଟନବାଦକୁ ନିଜ ଆଚରଣ (ଅଥବା ଏ ସମ୍ପର୍କରେ ଆଲୋଚନା)ରେ ପ୍ରଦର୍ଶନ କରୁଛନ୍ତି। ଗାନ୍ଧି ଦେଶକୁ ପଛୁଆ କରିଦେଇଛନ୍ତି ବୋଲି ସେମାନେ ବିବେଚନା କରୁଛନ୍ତି। ଯେଉଁମାନେ ସେମାନଙ୍କର ପାଶ୍ଚାତ୍ୟବାଦ ସହିତ ହିନ୍ଦୁତ୍ୱ ରାଜନୈତିକ ମହତ୍ୱାକାଙ୍‌କ୍ଷାକୁ ସଂଯୋଗ କରୁଛନ୍ତି ସେମାନେ ସର୍ବସାଧାରଣରେ ଘୋଷଣା କରିପାରୁଛନ୍ତି ଯେ ଗଡ୍‌ସେ ଯଦି ଗାନ୍ଧୀଙ୍କୁ ପୂର୍ବରୁ ହତ୍ୟା କରିଥାଆନ୍ତେ ତେବେ ଭଲ ହୋଇଥାଆନ୍ତା। ଅନ୍ୟମାନେ- ରାଜନୀତିରେ ଥିବା ଉଦାରପନ୍ଥୀମାନେ ଭାବନ୍ତି ଯେ ପ୍ରଯୁକ୍ତି ସମ୍ପର୍କରେ ଗାନ୍ଧିଙ୍କ ଭାବନା ପୁରୁଣାକାଳିଆ। ଭାରତକୁ ଉଚ୍ଚ ପ୍ରଯୁକ୍ତିର ପ୍ରବେଶକୁ ତାଙ୍କରି ଚିନ୍ତାଧାରା ହିଁ ବିଳମ୍ବିତ କରାଇଥିଲା। ଏପରିକି କଲିକତାରେ- ଯେଉଁଠାରେ କି ଛାତ୍ରଭାବରେ ଓ ପରେ ବିଶ୍ୱବିଦ୍ୟାଳୟର ଅଧ୍ୟାପକ ରୂପେ ଆମେ ଉଦାରପନ୍ଥୀ ସମାଜବାଦୀ ରାଜନୀତିର ଚିନ୍ତାଧାରାରେ ଅନୁପ୍ରାଣିତ ହୋଇ ଗାନ୍ଧି ଓ ମାର୍କ୍ସଙ୍କୁ ଏକତ୍ର ଯୋଡ଼ିବାକୁ ପ୍ରୟାସ କରୁଥିଲୁ- ମୁଁ ସେଠାରେ ଆଜିର ଯୁବ ଛାତ୍ରମାନେ କହୁଥିବାର ଶୁଣିଛି: ଏବେ ଦେଶ ପ୍ରଗତିର ମାର୍ଗରେ ଆଗେଇ ଚାଲିଛି। ହିନ୍ଦୁତ୍ୱର ଆଦର୍ଶବାଦ ଫେରି ଆସୁଛି। ମୁଁ ଭିତରେ ଭିତରେ ଶିହରି ଉଠେ। ଅଜଣା ଅବିଶ୍ୱାସ ଓ ଭୟ ମୋ ଭିତରେ ଜାଗିଉଠେ। ଏଭଳି ପରିବର୍ତ୍ତନ ସହିତ ଆଉ ଗୋଟିଏ କଥା ସଂଯୋଗ କରାଯାଇପାରେ। ଏପରିକି କଲିକତାରେ ସୁଦ୍ଧା ଯୁବକମାନେ ନିଶାସେବନ କରୁଛନ୍ତି (ଏକଥା ମୁଁ କେବଳ ଶୁଣିଛି)। ମୋର ଏହା ବିଶ୍ୱାସ ହୁଏନାହିଁ। ତିନି ଦଶନ୍ଧି ତଳେ ଯେଉଁ କଲିକତାକୁ ମୁଁ ଛାଡ଼ି ଯାଇଥିଲି, ସେହି କଲିକତାକୁ ହିଁ ମୋ ମନ ଭିତରେ ମୁଁ ଧରି ରଖିଛି। ସହରର ସେହି ତିନି ଦଶନ୍ଧି ତଳର ଛବି ମୋ ମନରେ ଆଙ୍କିହୋଇ ରହିଛି।

ଦେଶ ଯେତେ ଅଧିକ ପାଶ୍ଚାତ୍ୟଧର୍ମୀ ହେବ, ଭାରତ ମୋ ମନରୁ ସେତିକି ଦୂରେଇ ଯିବ। କାରଣ ଯେଉଁ ଭାରତକୁ ମୁଁ ମୋ ଚିନ୍ତା ଓ ଚେତନାରେ ଧରି ରଖିଛି

ସେଥିରେ କୌଣସି ପରିବର୍ତ୍ତନକୁ ମୁଁ ଗ୍ରହଣ କରିପାରିବି ନାହିଁ। ସଂସ୍କୃତ ଦାର୍ଶନିକ ପରମ୍ପରାରେ ମୁଁ ଦିନକୁ ଦିନ ଯେତିକି ଅଧିକ ଆଗ୍ରହୀ ହୋଇପଡୁଛି, 'ହାଇଟେକ୍'ର ଆକ୍ରମଣକୁ ମୋ ମନ ସେତିକି ପ୍ରତ୍ୟାଖ୍ୟାନ କରୁଛି। ମୁଁ ଗାନ୍ଧିଙ୍କର ସେହି ଗ୍ରାମ୍ୟକୈନ୍ଦ୍ରିକ ଭାରତ ସହିତ ଜଡ଼ିତ ହୋଇ ରହିବାକୁ ଇଛା କରୁଛି। ଭାରତ କେବେ ତିଷ୍ଠି ନ ଥିଲା କିମ୍ବା ତିଷ୍ଠି ରହିବ, ତାହା ଯଦି ବିଶ୍ୱାସ କରାଯାଏ ତଥାପି ଭାରତ ସମ୍ପର୍କରେ ମନରେ ଏକ ସୁନ୍ଦର ରୋମାଣ୍ଟିକ୍ ଚିତ୍ର ସୃଷ୍ଟି ହୁଏ। ଗଲା ୩୦ ବର୍ଷ ଧରି ପ୍ରତି ବର୍ଷ ମୁଁ ଭାରତକୁ ବୁଲି ଆସୁଥିବାବେଳେ ସବୁଠାରୁ ଆଶ୍ଚର୍ଯ୍ୟର କଥା ହେଉଛି, ମୋ ମନରୁ ସେହିଭଳି ଏକ ଚିତ୍ରକୁ ମୁଁ କେବେ ଦୂରେଇ ଦେବାକୁ ସକ୍ଷମ ହୋଇପାରିନାହିଁ। ହୋଇପାରେ ମୋ ମନରେ ଏକ ନିଛକ ସ୍ୱପ୍ନ ବସା ବାନ୍ଧି ରହିଛି। ପ୍ରତି ଜିନିଷକୁ ଦେଖିବାର ମାର୍ଗ ଏବଂ ସାଇତି ରଖିବା ପାଇଁ ଯଥାର୍ଥ। ମୋ ଭଳି ଜଣେ ଚିନ୍ତକ ଲାଗି ସବୁଠାରୁ ଶକ୍ତିଶାଳୀ କାର୍ଯ୍ୟଟି ହେଲା- ବାସ୍ତବ ଦୃଷ୍ଟିକୋଣରୁ ଚିନ୍ତନର ଦୁର୍ବଳତା ସତ୍ତ୍ୱେ- 'ବିଶ୍ଳେଷଣ' କରିବା। ଭାରତୀୟ ଚିନ୍ତନର ପୁନଃ ବିଶ୍ଳେଷଣ ପାଇଁ ମୁଁ ମୋର ସମସ୍ତ ପ୍ରୟାସ ଏପର୍ଯ୍ୟନ୍ତ ସୁଦ୍ଧା ଜାରି ରଖିଆସିଛି।

■

ଦାର୍ଶନିକ ଯାତ୍ରା, ମୂଳଆଧାର ଓ ଧର୍ମ

ମୋର ଯେତିକି ମନେ ଅଛି, ସେପରି କୌଣସି ନିର୍ଦ୍ଦିଷ୍ଟ ଅନୁଭୂତି କଥା ମନେ ପଡୁନାହିଁ, ଯାହା ମୋତେ ସାରା ଜୀବନ ଦର୍ଶନଶାସ୍ତ୍ରରେ ବୁଡି ରହିବା ଲାଗି ଉଚ୍ଚାଟିତ କରିଥିଲା। କେବଳ ଯେ ମୋଟା ମୋଟା ଦର୍ଶନଶାସ୍ତ୍ର ଗ୍ରନ୍ଥ ଭିତରେ ବୁଡି ରହିଲେ ଏହି ପ୍ରସଙ୍ଗରେ ଆଗ୍ରହ ସୃଷ୍ଟି ହୋଇଥାଏ,ତାହା ନୁହେଁ। ମୁଁ ପ୍ରଥମେ ଯେତେବେଳେ ଦର୍ଶନଶାସ୍ତ୍ରରେ ପ୍ରବେଶ କଲି ଓ କଲେଜରେ ପଢୁଥିଲି, ତାହା ହେଉଛି ସ୍ୱାଧୀନତା ସଂଗ୍ରାମର ଚରମ ମୁହୂର୍ତ୍ତ। ଦେଶ ସ୍ୱାଧୀନ ହେବାଲାଗି ଦିନ ପାଖେଇ ଆସୁଥାଏ। ପରିବାର ଭିତରେ ଜଣେ ମାମୁ ଓ ତାଙ୍କ ପତ୍ନୀ ଥିଲେ ଗାନ୍ଧିବାଦୀ। ଆଉ ଜଣେ ମାମୁ ଓ ତାଙ୍କ ପତ୍ନୀ ଥିଲେ ମାର୍କ୍ସବାଦୀ। ଯେଉଁ ବୌଦ୍ଧିକ ପ୍ରସଙ୍ଗଟି ମୋତେ ଏହାର କିଛି ବର୍ଷ ପରେ ଗଭୀର ଚିନ୍ତାରେ ବୁଡାଇ ମୋ ମନରେ ଏକ ଦାର୍ଶନିକ ଧାରଣା ସୃଷ୍ଟି କରିଥିଲା ତାହା ଥିଲା – 'ଗାନ୍ଧି ବନାମ ମାର୍କ୍ସ'। ଏହାର ଏକ ସଂକୀର୍ଣ୍ଣ ପ୍ରଶ୍ନ ମଧ୍ୟ ମନରେ ଉଙ୍କି ମାରିଥିଲା: 'ଅହିଂସାର ସଫଳତା ଓ ଆବଶ୍ୟକତା' ଯାହାକି ସ୍ୱାଧୀନତା ଲାଭର ଏକ ଢାଞ୍ଚା ଭାବରେ ଉପଯୋଗ କରାଯାଇପାରିବ। ଆଉ ଜଣେ ଲେଖକ ଯାହାଙ୍କୁ ମୁଁ ମୋର କଲେଜର ପ୍ରଥମ ବର୍ଷ ପଢ଼ାପଢ଼ି ଆରମ୍ଭ କରିଥିଲି, ସେ ମଧ୍ୟ ମୋ ମନକୁ ଆନ୍ଦୋଳିତ କରିବା ଆରମ୍ଭ କରିଥିଲେ। ସେ ଥିଲେ ଶ୍ରୀ ଅରବିନ୍ଦ। ଅରବିନ୍ଦଙ୍କ ଆଡ଼କୁ ଯାହା ମୋତେ ଆକର୍ଷିତ କରିଥିଲା, ତାହା ସେ ଜଣେ ଯୋଗୀ ଭାବରେ ନୁହେଁ କିମ୍ବା ଜଣେ ବିଦ୍ୱାନ ରୂପରେ ନୁହେଁ, ବରଂ ଭାରତୀୟ ସ୍ୱାଧୀନତା ଆନ୍ଦୋଳନରେ ଗାନ୍ଧିଙ୍କ ଆବିର୍ଭାବ ପୂର୍ବରୁ ତାଙ୍କର ଭୂମିକା ମୋ ମନକୁ ଅଧିକ ଆନ୍ଦୋଳିତ କରିଥିଲା। ଅରବିନ୍ଦଙ୍କ ଭାଇ, ବାରିନ୍ ଘୋଷ ନିଶ୍ଚିତ ଭାବରେ ଜଣେ ଚରମପନ୍ଥୀ ଥିଲେ ଏବଂ ବ୍ରିଟିଶ ବିରୋଧୀ ଆନ୍ଦୋଳନ, ଯାହାକି ବଙ୍ଗ ଭଙ୍ଗ ପରେ ମୁଣ୍ଡ ଟେକିଥିଲା ସେଥିରେ ତାଙ୍କର ଅଗ୍ରଣୀ ଭୂମିକା ଥିଲା। ତେଣୁ ଅରବିନ୍ଦଙ୍କୁ ମୁଁ

ସେହି ରାଜନୈତିକ ଗୋଷ୍ଠୀର ସଦସ୍ୟ ଭାବରେ ହିଁ ଧରି ନେଇଥିଲି । ସେତେବେଳେ ମୋ ମନରେ ଏକ ପ୍ରଶ୍ନ ଉଙ୍କି ମାରିଥିଲା । ଗାନ୍ଧିଙ୍କ ନେତୃତ୍ୱ ଭାରତ ପାଇଁ ଉତ୍ତମ କି ନୁହେଁ । ଧୀରେ ଧୀରେ ମୁଁ ଯେତେବେଳେ ଅରବିନ୍ଦଙ୍କ ଦ୍ୱାରା ଲିଖିତ ଅଧିକ ଜଟିଳ ପୁସ୍ତକମାନ ଅଧ୍ୟୟନ କଲି, ସେତେବେଳେ ତାଙ୍କର ବିଶାଳ ଆଧ୍ୟାତ୍ମିକ ଚିନ୍ତନ ଏବଂ ସେସବୁର ମନନ ପ୍ରତି ମୋ ମନରେ ଆଗ୍ରହ ସୃଷ୍ଟି ହେବାରେ ଲାଗିଲା । ବିଶେଷ କରି ଶଙ୍କରଙ୍କ ମାୟାବାଦକୁ ପ୍ରତ୍ୟାଖ୍ୟାନ କରି ସେ ଯେତେବେଳେ ଏହାକୁ ଅତିକ୍ରମ କରିଥିବା କଥା ଦାବି କଲେ । ମୁଁ ଯେତେବେଳେ ଯାଇ କଲିକତାର ପ୍ରେସିଡେନ୍ସି କଲେଜରେ ପଢ଼ିବା ଲାଗି ପହଞ୍ଚିଲି, ସେତେବେଳେ ଦୁଇଟି ଦାର୍ଶନିକ ପ୍ରଶ୍ନ ମୋ ମନକୁ ସମ୍ପୂର୍ଣ୍ଣରୂପେ ଆଚ୍ଛନ୍ନ କରି ରଖିଥିଲା- 'ଗାନ୍ଧି ବନାମ ମାର୍କ୍ସ' ଏବଂ 'ଶ୍ରୀ ଅରବିନ୍ଦ ବନାମ ଶଙ୍କର' । ପ୍ରଥମ ପ୍ରସଙ୍ଗଟିକୁ ନେଇ ମୁଁ ଗାନ୍ଧିଙ୍କ ଆଡ଼କୁ ଅଧିକ ଢଳିଥିଲି । ଯଦିଚ ସେତେବେଳକୁ ମାର୍କ୍ସଙ୍କର ଅଧିକାଂଶ ଦାର୍ଶନିକ ରଚନାବଳୀକୁ ମୁଁ ପଢ଼ି ସାରିଥିଲି, ତଥାପି ମୁଁ ସେତେବେଳେ ମାର୍କ୍ସବାଦୀ ନ ଥିଲି । ପ୍ରେସିଡେନ୍ସି କଲେଜରେ ମୋର ଅଧିକାଂଶ ସହପାଠୀ ଥିଲେ ମାର୍କ୍ସିଷ୍ଟ । ସେମାନଙ୍କ ସହ ଆଲୋଚନା ଓ ତର୍କଯୁଦ୍ଧରେ ଭାଗ ନେବାଲାଗି ମୁଁ ମାର୍କ୍ସଙ୍କ ରଚନାମାନ ପଢ଼ାପଢ଼ି କରୁଥିଲି । ଏହାର ଢେର ପରେ ନ୍ୟୁୟର୍କରେ ଅଧ୍ୟାପନା କରୁଥିବା ସମୟରେ ମାର୍କ୍ସଙ୍କ ଚିନ୍ତନକୁ ମୁଁ ଆଗ୍ରହର ସହ ଗ୍ରହଣ କରିବା ଆରମ୍ଭ କଲି । ଯାହା ସେପର୍ଯ୍ୟନ୍ତ ମୁଁ ଅଣଦେଖା କରି ଆସିଥିଲି ତାହା ଥିଲା- ମାର୍କ୍ସଙ୍କୁ କେବଳ ଭୌତିକବାଦ ଦୃଷ୍ଟିରୁ ବିବେଚନା କଲେ ତା'ର ଗୁରୁତ୍ୱପୂର୍ଣ୍ଣ ଅଂଶକୁ ହିଁ ହରାଇ ବସିବା । ଯେତେବେଳେ ମାନବୀୟ ଶ୍ରମ ଇତିହାସର ଭାଗ୍ୟ ନିର୍ଦ୍ଧାରଣ କରୁଛି, ସେତେବେଳେ ଶ୍ରମ ଯେତିକି ଆଧ୍ୟାତ୍ମିକ, ଚିନ୍ତନ ଦୃଷ୍ଟିକୋଣରୁ ସେତିକି ଉଦ୍ଦେଶ୍ୟନିହିତ । ଏହାପରେ ଐତିହାସିକ ଭୌତିକବାଦ ବନାମ ଚିନ୍ତାର ଗାଠନିକ ଶକ୍ତିକୁ ନେଇ ମୋ ମନରେ ପୂର୍ବରୁ ଯେଉଁ ଦ୍ୱନ୍ଦ୍ୱଟି ରହିଥିଲା, ତାହା ଧୀରେ ଧୀରେ ଦୂରେଇ ଯାଇଥିଲା । ଅନ୍ୟ ଯେଉଁ ଚିନ୍ତାଟି ମୋ ମନରେ କଲେଜ ଦିନଠାରୁ ବସାବାନ୍ଧି ରହିଥିଲା, ତାହା ହେଲା ଇତିହାସରେ ବ୍ୟକ୍ତିସତ୍ତାର ଭୂମିକା । ଏହି ପ୍ରସଙ୍ଗ ଉପରେ ପ୍ଲେଖାନୋଭଙ୍କ ପ୍ରବନ୍ଧ ମୋତେ ସନ୍ତୁଷ୍ଟ କରିପାରି ନ ଥିଲା । ମାର୍କ୍ସଙ୍କ ଚିନ୍ତାଧାରାର ଗଭୀରତାକୁ ବୁଝିବା ଲାଗି ମୋତେ ହେଗେଲଙ୍କ ରଚନାମାନ ପଢ଼ିବାକୁ ପଡ଼ିଥିଲା । ତାହା ଫଳରେ ମାର୍କ୍ସଙ୍କ ସମ୍ପର୍କରେ ମୋର ବୋଧଶକ୍ତି ଯେତିକି ଗଭୀର ହେବାରେ ଲାଗିଲା ଏବଂ ମୁଁ ଏଙ୍ଗେଲ୍ସ ଓ ଲେନିନ୍‌ଙ୍କ ଦୃଷ୍ଟିରୁ ମାର୍କ୍ସଙ୍କୁ ଯେତିକି ମାତ୍ରାରେ ବୁଝିଥିଲି ସେଥିରୁ ଦୂରେଇବାରେ ଲାଗିଲି । ତେବେ ଗାନ୍ଧିଙ୍କୁ ମାର୍କ୍ସବାଦର ବିରୋଧ ପ୍ରସଙ୍ଗଟି ମୋ ମନରେ ଯଥାରୀତି

ଉଜ୍ଜୀବିତ ରହିଥିଲା। ଯେହେତୁ ମୁଁ ସଦାବେଳେ ମହାତ୍ମାଙ୍କ ପକ୍ଷଭୁକ୍ତ ହୋଇ ରହି ଆସିଥିଲି, ସେହି ଦୃଷ୍ଟିରୁ 'ଯୁଗଚେତନା'(Zeitgeist)କୁ ଜଣେ ବ୍ୟକ୍ତି ହିସାବରେ ଯେତେଦୂର ବିରୋଧ କରିବା କଥା ମୁଁ ତାହା କରି ଚାଲିଲି। ଟାଗୋରଙ୍କ କବିତା ***'ଏକଲା ଚଲୋ, ଏକଲା ଚଲୋ'*** ଯାହାକି ମହାତ୍ମାଙ୍କର ଏକ ପ୍ରିୟ କବିତା ଥିଲା, ତାହା ମୋତେ ମଧ୍ୟ ଉଦ୍‌ବୁଦ୍ଧ କରିଥିଲା।

ପ୍ରେସିଡେନ୍ସି କଲେଜରେ ପଢୁଥିବା ବର୍ଷଗୁଡ଼ିକରେ ମୋତେ ଅନ୍ୟ ଯେଉଁ ଦାର୍ଶନିକ ଚିନ୍ତାଧାରାଟି ଆଚ୍ଛନ୍ନକରି ରଖିଥିଲା, ତାହାଥିଲା - ଏ ସଂସାର ଏବଂ ସେଥିରେ ବସବାସ କରୁଥିବା ସଶରୀର ଜୀବମାନେ କ'ଣ କେବଳ ଅସତ୍ୟ ନା ବ୍ରହ୍ମର ବାସ୍ତବ ସ୍ୱରୂପ, ଯାହାକି ଶଙ୍କର କହିଛନ୍ତି ! ନା ବ୍ରହ୍ମର ନିଜସ୍ୱ ସୃଜନଶକ୍ତି ବଳରେ ଏହା ଆତ୍ମ ବିଭକ୍ତିକରଣ, ଯାହା ଅରବିନ୍ଦ ଦର୍ଶାଇଛନ୍ତି ? ମୁଁ ଯେତେବେଳେ କଲେଜକୁ ଆସିଲି, ମୋ ମନରେ ଅରବିନ୍ଦଙ୍କ ସପକ୍ଷରେ ଏକ ବଦ୍ଧମୂଳ ଧାରଣା ବସା ବାନ୍ଧିସାରିଥିଲା। କଲିକତାରେ ମୋର ଗଭୀର ପ୍ରୟାସ ସତ୍ତ୍ୱେ ଏହି ଧାରଣା ହିଁ ଚାରିବର୍ଷ ଧରି ମୋ ମନକୁ ସେହିଭଳି ଆକ୍ରାନ୍ତକରି ରଖିଥିଲା। ଶଙ୍କରଙ୍କୁ ପଢ଼ିବା ଓ ବୁଝିବା ପାଇଁ ମୁଁ ଗଭୀର ପ୍ରୟାସ ଆରମ୍ଭ କଲି। ତଥାପି ତାଙ୍କର ମାୟାବାଦକୁ ନା ସମ୍ପୂର୍ଣ୍ଣରୂପେ ବୁଝିପାରିଲି ନା ତାକୁ ଗ୍ରହଣ କରିପାରିଲି। ମୁଁ ଯାହା ବୁଝିଲି, ତାହା ହେଲା- ଶଙ୍କରଙ୍କ ଦୃଷ୍ଟିରେ ସଂସାର ହେଉଛି ଅବାସ୍ତବ। ଶଙ୍କର ଏଥିପାଇଁ ଏକ ନୂତନ ମାର୍ଗର ପ୍ରବର୍ତ୍ତନ କରିଥିଲେ- 'ବାସ୍ତବ ଅବା ଅବାସ୍ତବ ହେଉ, ତାହା ଅବର୍ଣ୍ଣନୀୟ।' ବ୍ରହ୍ମ ଶୁଦ୍ଧଚେତନ ହୋଇଥିବାରୁ ଏହାର ମୂଳ ଆଧାର ଭାବରେ ଗ୍ରହଣୀୟ। କିନ୍ତୁ ଏସବୁ ସତ୍ତ୍ୱେ ମୋତେ ସବୁକିଛି ଅବୋଧ ଲାଗିଲା। ମୁଁ ଏହାକୁ ନା ବୁଝିଲି ନା ଗ୍ରହଣ କରିପାରିଲି। ମାୟା ବ୍ରହ୍ମର ସୃଜନଶକ୍ତି ଭାବରେ ରହିଛି ନା ନାହିଁ। ବ୍ରହ୍ମର ନିଜସ୍ୱ ସ୍ୱଭାବରେ ଯେହେତୁ ବ୍ରହ୍ମାଣ୍ଡୀୟ ଅଜ୍ଞତା ରହିଛି, ତାହା ଗୋଟିଏ ବାସ୍ତବତାର ସ୍ୱରୂପକୁ ଲୁଚାଇ ଦେଉଛି ଅବା ବିକୃତ କରିଦେଉଛି। ମୋର କେବଳ ଏହା ହିଁ ଧାରଣା ହେଲା। ବ୍ରହ୍ମ ଏବଂ ଅଦ୍ୱୈତ ମଧ୍ୟରେ ଥିବା ଦ୍ୱୈତବାଦ କଦାପି ଅଦ୍ୱୈତ ଦର୍ଶନ ଦୃଷ୍ଟିରୁ ପରସ୍ପରର ପରିପୂରକ ଓ ଅନୁକୂଳ ନୁହେଁ ଏବଂ ମୋ ମନରେ ଥିବା ଉତ୍କଣ୍ଠାଟି ହେଲା ଏହା ଯେ ଯଦି ବ୍ରହ୍ମକୁ ଅଜ୍ଞାନ ସମ୍ପୂର୍ଣ୍ଣ ରୂପେ ଘୋଡ଼ାଇ ଦେବାକୁ ସକ୍ଷମ, ତେବେ କେଉଁ ଶକ୍ତି ପୁଣି ଥରେ ବ୍ରହ୍ମ ଉପରୁ ପରଦା ଉଠାଇ ପାରିବାକୁ ସକ୍ଷମ ? ଏ ପ୍ରଶ୍ନ ମୋ ମନରେ ଏକ ଦ୍ୱନ୍ଦ୍ୱ ସୃଷ୍ଟି କରିଚାଲିଥିଲା। ସୂତା ଓ ସାପ ମାୟାର ଆଚରଣ ଉପରେ ମୋର ସନ୍ଦେହ ଜାତ ହେଲା। ଏହା ବ୍ରହ୍ମର ଆଧ୍ୟାତ୍ମିକ ସ୍ଥିତି- ମାୟାକୁ ବୁଝିବା ପାଇଁ ସବୁଠାରୁ ଅନୁପଯୁକ୍ତ ବୋଲି ମୁଁ ମନେ ମନେ ଭାବୁଥିଲି। କଲେଜ ଜୀବନରେ

ମୋ ମନକୁ ଯେଉଁ ଦୁଇଟି ସମସ୍ୟା ଆଚ୍ଛନ୍ନକରି ରଖିଥିଲା, ଏହା ନିଃସନ୍ଦେହ ଯେ ଗାନ୍ଧିବାଦୀ ଦର୍ଶନର ଗୂଢ଼ ଶକ୍ତି ଉପରେ ସେ ସମୟରେ ମୋର କିଛି ଧାରଣା ଥିଲା। କାରଣ ସେତେବେଳକୁ ରୁଷିଆର ସମାଜବାଦୀ ପେଟିକାର କଙ୍କାଳ ଉନ୍ମୋଚିତ ହୋଇ ନ ଥିଲା। ଷ୍ଟାଲିନଙ୍କ ଦ୍ୱାରା କରାଯାଉଥିବା ଗଣହତ୍ୟା ଏବଂ ମିଛିମିଛିକା ବିଚାର ସମ୍ପର୍କରେ ଯେଉଁସବୁ କାହାଣୀମାନ ଆମେ ଶୁଣିବାକୁ ପାଉଥିଲୁ, ତାହାକୁ ମୋର ମାର୍କ୍ସବାଦୀ ବନ୍ଧୁମାନେ ପୁଞ୍ଜିବାଦୀ ପ୍ରୋପାଗଣ୍ଡା (ଏକ ସୁଗମ ଆତ୍ମ-ପ୍ରବଞ୍ଚନା)ଠାରୁ ଅନ୍ୟ କିଛି ନୁହେଁ ବୋଲି ବିବେଚନା କରୁଥିଲେ।

ସେହି ସମୟରେ ଗୋଟିଏ ପଟେ ମୁଁ ଜ୍ଞାନତତ୍ତ୍ୱ ସହ ପରିଚିତ ହେବାବେଳେ ଅନ୍ୟ ପକ୍ଷେ *ନବ୍ୟ-ନ୍ୟାୟ* ତର୍କଶାସ୍ତ୍ର ସଂସ୍ପର୍ଶରେ ଆସିଥିଲି। ବିଶ୍ଳେଷଣାତ୍ମକ ଚିନ୍ତନ ପ୍ରତି ମୋ ମନରେ ଥିବା ଉତ୍କଣ୍ଠା ମୋତେ ଉଭୟ କ୍ଷେତ୍ର ପ୍ରତି ଆକୃଷ୍ଟ କରିଥିଲା। ମୁଁ ଉଭୟ କ୍ଷେତ୍ରରେ ମୋର ସାମର୍ଥ୍ୟର ଉପଯୋଗ କରିଥିଲି। ଗୋଟିଏ ପଟେ କାଣ୍ଟୀୟ ଜ୍ଞାନ ମୀମାଂସାକୁ ଉପଭୋଗ କରିବା ସହିତ *ନବ୍ୟ-ନ୍ୟାୟ* ତତ୍ତ୍ୱର ପ୍ରମାଣକୁ ମଧ୍ୟ ଉତ୍ତମ ରୂପେ ଅଧ୍ୟୟନ କରିଚାଲିଲି। ଏହା ଫଳରେ ପୂର୍ବରୁ ମୋ ମନରେ ଥିବା ସଂଶୟ ସବୁ ଧୀରେ ଧୀରେ ଦୂର ହେବାକୁ ଲାଗିଲା, ଯେପରି ଜାହାଜଟିଏ ଗଭୀର ସମୁଦ୍ର ମଧ୍ୟରେ ଯେତିକି ଦୂରକୁ ଯାଏ, ଉପକୂଳ ସେତିକି ଅସ୍ପଷ୍ଟ ହୋଇଥାଏ। ତେବେ ମୋର ସନ୍ତୁଷ୍ଟି ପାଇଁ ଏବେ ସୁଦ୍ଧା ସେସବୁ ଅସମାହିତ ରହିଛି। ଧୀରେ ଧୀରେ ମୋର ଦାର୍ଶନିକ ରଚିରେ ପରିବର୍ତ୍ତନ ଘଟିଚାଲିଲା। ପୂର୍ବରୁ ମୋ ମନରେ ଥିବା ରାଜନୀତିକ ଏବଂ ଯୁଗାନ୍ତଶାସ୍ତ୍ରୀୟ ଧାରଣାରୁ ମୁଁ ମୁକୁଳିବାକୁ ଆରମ୍ଭ କଲି। ସେସବୁ ସମୟକ୍ରମେ ଅଧିକ ତାତ୍ତ୍ୱିକ ପାଲଟିଗଲା।

(୨)

ଏହା ପରେ ମୋ ଚିନ୍ତାଧାରାକୁ ଆଉ ଦୁଇଟି ନୂଆ ପ୍ରଶ୍ନ ସମ୍ପୂର୍ଣ୍ଣରୂପେ ଆଚ୍ଛନ୍ନ କରିଚାଲିଲା। ଗେଟିଂଗେନରେ ଅଧ୍ୟୟନବେଳେ ଗଣିତଶାସ୍ତ୍ର ଅଧ୍ୟୟନର ପ୍ରୟାସ ପ୍ଲାଟୋନିଜିମ ପ୍ରସଙ୍ଗ ନେଇ ମନକୁ ଆନ୍ଦୋଳିତ କରିଚାଲିଲା। ହ୍ୱାଇଟ୍‌ହେଡ୍ ଏବଂ ହସେର୍ଲଙ୍କ '*Logical Investigations*' ଅଧ୍ୟୟନ କରିବା ମୋତେ ଅଦୃଶ୍ୟ ସତ୍ତା ଯଥା- ପ୍ରସ୍ତାବ, ସଂଖ୍ୟା ଓ ସେଟ୍‌କୁ ବିଶ୍ୱାସ କରିବା ଲାଗି ଧାରଣା ଯୋଗାଇଲା। କଲିକତାରେ ମୁଁ ପ୍ଲାଟୋଙ୍କ '***ଡାଏଲଗ୍***'କୁ କିଛିଦିନ ପଢ଼ିଥିଲି ଏବଂ ପ୍ଲାଟୋଙ୍କ ***ମେଟାଫିଜିକ୍ସ*** ପ୍ରତି ମଧ୍ୟ ଆଗ୍ରହ ପ୍ରକଟ କରିଥିଲି। ଏବେ ସେହି ଧାରଣା ମୋ ମନକୁ ଆହୁରି ସୁଦୃଢ଼ କରିଚାଲିଲା। ଏହି ସମୟରେ ମୁଁ ଅବହିତ ହେଲି ଯେ ଇଂଲଣ୍ଡ ଓ

ଆମେରିକାରେ ଧୀରେ ଧୀରେ ପ୍ଲାଟୋନିଜିମ ବିରୋଧୀ ବିଶ୍ଳେଷକ ଚିନ୍ତକମାନଙ୍କ ପ୍ରଭାବ ବୃଦ୍ଧି ପାଇବାରେ ଲାଗିଛି। ସେତେବେଳକୁ ଫ୍ରେଜେ, ରସେଲ ଓ ହ୍ୱାଇଟ୍‌ହେଡ୍‌ଙ୍କ ଭଳି ଚିନ୍ତକମାନେ ସଂସାରରୁ ବିଦାୟ ନେଇ ସାରିଥାଆନ୍ତି। ସେମାନଙ୍କ ଅନୁଗାମୀ ଶିଷ୍ୟ ଯଥା- କାରନାପ୍, କ୍ୱାଇନ୍ ଓ ରାଇନ୍‌ଙ୍କ ଭଳି ପିଢ଼ି ମୁଣ୍ଡ ଟେକିସାରିଥାଆନ୍ତି, ଯେଉଁମାନେ ନିଜର ଗୁରୁମାନଙ୍କ ଐତିହ୍ୟକୁ 'ସଂରକ୍ଷିତ' ରଖିବା ପ୍ରକ୍ରିୟାରେ ସେମାନଙ୍କ ଦର୍ଶନକୁ ଖଣ୍ଡନ କରି ଚାଲିଥାଆନ୍ତି ଏବଂ ନିଜ ନିଜର ଦର୍ଶନବାଦକୁ ପ୍ରତିଷ୍ଠା କରିବାରେ ବ୍ୟସ୍ତ ଥାଆନ୍ତି। ସେପରି ଅବସ୍ଥାରେ ମୁଁ ନିଜକୁ ନିଜେ ପଚାରିବାକୁ ଲାଗିଲି: ପ୍ଲାଟୋନିଜିମକୁ ସୁରକ୍ଷିତ ରଖିହେବ କି ? ସେଥିପାଇଁ ଯଦି ଆବଶ୍ୟକ ପଡ଼େ ସେଥିରେ ସଂଶୋଧନ ଘଟାଯିବା ସମ୍ଭବ କି? ତାହା ପୁଣି ସେଥି ପ୍ରତି ହେଉଥିବା ପ୍ରଚଣ୍ଡ ସମାଲୋଚନାକୁ ସାମ୍ନା କରି। ମୁଁ ଯେଉଁ ପ୍ଲାଟୋନିଜିମର ସମାଲୋଚକଙ୍କୁ ସାମ୍ନା କରିବାକୁ ଚାହୁଁଥିଲି, ତାହା ଥିଲା 'ତାର୍କୀକ ଅନୁଭବବାଦ' ବିରୋଧରେ, ଯେଉଁମାନେ ନିଜର ଅନୁଭବବାଦୀ ପୃଷ୍ଠଭୂମିରେ ସମସ୍ତ ଅବାସ୍ତବ ଏବଂ ଅଦୃଶ୍ୟ ଇନ୍ଦ୍ରିୟ ଅନୁଭବମୁକ୍ତ ବସ୍ତୁ ଉପରେ କୌଣସି ଆସ୍ଥା ସ୍ଥାପନ କରୁ ନ ଥିଲେ। ପ୍ଲାଟୋନିଜିମର ଏହି ସମାଲୋଚକମାନେ ପ୍ରାୟ ଦୁଇ ଦଶନ୍ଧି ସରିକି ମୁଣ୍ଡ ଟେକିସାରିଥିଲେ। ସେମାନେ ଅନୁଭବବାଦୀ ନ ଥିଲେ, ବରଂ ଥିଲେ ଇତିହାସବାଦୀ, ଯେଉଁମାନେ ସବୁପ୍ରକାର କାଳ୍ପନିକ ଚିନ୍ତାକୁ ଅଣ-ଐତିହାସିକ ବୋଲି ବିବେଚନା କରୁଥିଲେ। ତେଣୁ ସେମାନଙ୍କ ମତରେ ପ୍ଲାଟୋନିଜିମରେ ବସ୍ତୁର ଐତିହାସିକ ସଂରଚନାରେ କୌଣସି ସ୍ଥାନ ନ ଥିଲା। ଏହାକୁ ଆଂଶିକ ଭାବରେ କେବଳ ଗ୍ରହଣ କରାଯାଇପାରେ ବୋଲି ସେମାନେ ବିବେଚନା କରୁଥିଲେ। ଫ୍ରେଜେ, ହ୍ୱାଇଟ୍‌ହେଡ୍ ଓ ହସେର୍ଲଙ୍କ ବିରୋଧରେ କ'ଣ ଏଭଳି ସମାଲୋଚନା ଯଥାର୍ଥ ?- ବୋଲି ମୋ ମନରେ ପ୍ରଶ୍ନ ଉଠିଥିଲା।

ହସେର୍ଲଙ୍କ ଫେନୋମେନୋଲୋଜି ଦର୍ଶନଶାସ୍ତ୍ର ଆଉ ଗୋଟିଏ ଜଟିଳ ପ୍ରଶ୍ନକୁ ନେଇ ମୋ ମନକୁ ଆନ୍ଦୋଳିତ କରିଚାଲିଲା। ଫେନୋମେନୋଲୋଜି ଆମକୁ ସଜ୍ଞାନରେ ପ୍ରତ୍ୟେକ କଥାକୁ କିପରି ଭାବରେ ଉପସ୍ଥାପନ କରିବାକୁ ହୁଏ ତାହା ପଚାରିଥାଏ। ସେହିସବୁ ପ୍ରସଙ୍ଗ ଅବା ବସ୍ତୁର ଅର୍ଥକୁ ନେଇ ଆମେ ସଚେତନ ଅବସ୍ଥାନରେ ଯେଉଁ ଅନୁଭୂତି ଉପଲବ୍ଧ କରିଥାଉ ତାହା ସୂଚାଇଥାଏ। ଚେତନାକୁ ଉଦ୍ଦେଶ୍ୟମୂଳକ ଓ ଅର୍ଥ ପ୍ରଦାନକାରୀ ବୋଲି ବିବେଚନା କରିବା ସହ ଆଧାତ୍ମିକ (ଉଦାହରଣ ସ୍ୱରୂପ,ଜାଗତିକ ଗଠନ ଭୂମିକାରେ) ଭୂମିକାରେ ଏହା ଚେତନା ଜାଗ୍ରତକାରୀ ବୋଲି ମଧ୍ୟ ଗ୍ରହଣ କରାଯାଇଥାଏ, ଯାହାକି ଦର୍ଶନଶାସ୍ତ୍ରର ମୂଳ ଆଧର ଓ ନୀତି ଭାବରେ ବିବେଚିତ। ଯେତେବେଳେ ଜର୍ମାନୀରେ ଏହି ଚିନ୍ତାଧାରା ବଳବତ୍ତର

ଥିଲା ସେତେବେଳେ ୱିଟ୍‌ଗେନ୍‌ଷ୍ଟାଇନ୍ ଭାଷାକୁ ମହିମାମଣ୍ଡିତ କରିଚାଲିଥିଲେ- ଜାଗତିକ ଗଠନ ଭୂମିକାରେ, ପ୍ରଥମେ *'Tractatus'* ମାଧ୍ୟମରେ ଏହାକୁ ଏକ ବାସ୍ତବତାର ଗଢ଼ଣ ପ୍ରତିଫଳିତ କରିବାର ଗୋଟିଏ ଅନୁକୂଳ ବ୍ୟବସ୍ଥା ଭାବରେ, ଏବଂ ଏହା ପରେ ଭାଷା ରୂପରେ - ଆମେ ଯେଉଁସବୁ ଖେଳ ଖେଳୁ, ଓ ଯାହାର ସାର୍ବଜନୀନ ନିୟମ ଭିତରେ ଚେତନାର ଗୋପନୀୟତା ପ୍ରତିବଦଳରେ ସେସବୁର ଅର୍ଥ ନିରୂପିତ ହୋଇଥାଏ। ଗେଟିଂଗେନ୍‌ରୁ ଭାରତ ଫେରିବା ପରେ, ମୁଁ ସେଇ ଦ୍ୱନ୍ଦ୍ୱ ଭିତରକୁ ସିଧାସଳଖ ଲମ୍ଫ ପ୍ରଦାନ କଲି: *'ଚେତନା'* ନା *'ଭାଷା'*? ଖୁବ୍ ଧୀର ସ୍ଥିର ଭାବରେ ଅଥଚ ବେଶ୍ ଦୃଢ଼ତାର ସହିତ, ଏହି ପ୍ରଶ୍ନର ବିବିଧ ଦିଗ ଓ ପ୍ରସଙ୍ଗ ସନ୍ଧାନରେ ଲିପ୍ତ ରହିଲି। 'ଚେତନା' କ'ଣ ଗୋଟିଏ ଶବ୍ଦ ନୁହେଁ, ଯାହାର ମୂଳ ଆସ୍ଥାନ ସେଇ ଭାଷା -ଖେଳ ଭିତରେ ନାହିଁ? ଏବଂ ଭାଷା - ଯାହାକି ମୂଳତଃ ଏକ କଥନ କାର୍ଯ୍ୟ - ତାହା କ'ଣ ଚେତନାର ଏକ ସାଧନ ନୁହେଁ କି? ଦ୍ୱିତୀୟ ହ୍ରାସ (*Reduction*)ଟିର ପରିସର ଭିତରେ କ'ଣ ପ୍ରଥମ ହ୍ରାସଟି ଆସେନାହିଁ କି? ସେହିଭଳି ଏହି ଦୁଇଟିଯାକ ହ୍ରାସ ପ୍ରକ୍ରିୟାରେ -ଯଥା ଚେତନାରୁ ଭାଷାକୁ ଏବଂ ଭାଷାରୁ ଚେତନା ସ୍ତରକୁ - କିଛି ଉଦ୍‌ବୃତ୍ତ ନ ଥାଏ ଯାହାକୁ ହ୍ରାସ କରିବାକୁ ଖୋଜା ପଡ଼େ? ଯଦି ତାହା ହୋଇଥାଏ ତେବେ ସମଗ୍ର ପ୍ରକଳ୍ପଟିକୁ ଏକ ବିଫଳତା ବୋଲି ଗ୍ରହଣ କରାଯିବ ନାହିଁ କି? ଯେତେବେଳେ ଶବ୍ଦ- ଖେଳ ଭିତରେ ଚେତନା ଅବସ୍ଥାନ କରେ, ତାହାର ଏଭଳି ସ୍ଥିତି ସମ୍ପର୍କରେ ସମସ୍ତେ ଅବହିତ ରହିଥାଆନ୍ତି। କିନ୍ତୁ ଯେତେବେଳେ ଭାଷା କେବଳ କଥନର ଚେତନା ସ୍ତରକୁ ହ୍ରାସ ପାଏ, ସେତେବେଳେ ଭାଷାର ଇତିହାସ, ଏହାର ଐତିହାସିକ ଲକ୍ଷଣ ଚେତନାର ଉପସ୍ଥିତିଠାରୁ ପୃଥକ୍ ହୋଇଯାଇଥାଏ। ଏହାର ପ୍ରତ୍ୟୁତ୍ତରରେ ଯଦି ଭାଷାକୁ ଏକକ ଭାବରେ *la parle* ରୂପେ ବିବେଚନା କରା ନ ଯାଏ, ବରଂ ଏହାକୁ *la langue* ବୋଲି ଗ୍ରହଣ କରାଯାଏ, ତା'ହେଲେ ଚେତନା ମଧ୍ୟ ବର୍ତ୍ତମାନର ସ୍ୱଚ୍ଛତାର ସୀମା ଅତିକ୍ରମ କରି ଅନୁରୂପ ଭାବରେ ବିସ୍ତାରିତ ହୋଇଯିବ - ସ୍ମୃତିର ଗଭୀରତମ ପ୍ରଦେଶ ଭିତରେ ବିଲୀନ ହୋଇଯିବ, ଏବଂ ବର୍ତ୍ତମାନ ସୁଦ୍ଧା ଅଚିନ୍ତ୍ୟ ଆକଳନ ପର୍ଯ୍ୟାୟକୁ ଚାଲିଯିବ। ଯେକୌଣସି ବସ୍ତୁର ଭାଷାତାତ୍ତ୍ୱିକ ଅର୍ଥ ଓ ସାଧାରଣ ଅର୍ଥ ଚେତନା ପାଇଁ ଗୋଟିଏ ଅବା ସମାନ ଆଲୋଚନାର ଦୁଇଟି ପ୍ରସଙ୍ଗ ପରି ପ୍ରତୀୟମାନ ହେବ। କିନ୍ତୁ ଭାଷା ବଚନ ସ୍ତରକୁ ହ୍ରାସ ପାଇବା ମଧ୍ୟ ତ୍ରୁଟିଯୁକ୍ତ ନୁହେଁ କି? କାରଣ, ଗୋଟିଏ ଭାଷା ପାଇଁ ଏହାର ଏକ ଜାଗତିକ/ ସାମୟିକ ଭୌତିକତା ରହିବା ନିହାତି ଜରୁରି କି? ତା'ହେଲେ ଭାଷାର ଏହି ଜାଗତିକତା କ'ଣ? ବରଂ ତାହା ଚେତନାର ଭୌତିକ

ସ୍ୱରୂପତା ବୋଲି ଗ୍ରହଣ କରାଯିବ କି? ଏଭଳି ବିଚାର ସେପର୍ଯ୍ୟନ୍ତ ଜାରି ରହିଲା ଯେତେବେଳେ '*ଚେତନା*' ଅଧିକ '*ବ୍ୟାପକ*' ବୋଲି ପ୍ରମାଣସିଦ୍ଧ ହେଲା ଏବଂ ଭାଷାକୁ ଏହାର ଅଦମ୍ୟ ସାମର୍ଥ୍ୟ ସତ୍ତ୍ୱେ ଅବ୍ୟକ୍ତ ନୀରବତା ମଧ୍ୟରେ ଅତିକ୍ରମ କରି ହେବା ପରି ମନେ ହେଲା। ଆଉ ଗୋଟିଏ ଦ୍ୱନ୍ଦ୍ୱ ପଛରେ ମଧ୍ୟ ମୁଁ ସେତେବେଳେ ଧାଉଁଥିଲି ଓ ସେକଥା ମୁଁ ବୋଷ୍ଟନଠାରେ ଆୟୋଜିତ ବିଶ୍ୱ ଦର୍ଶନ କଂଗ୍ରେସ ଅଧିବେଶନରେ ମୋର '*ବିଂଶ ଶତାବ୍ଦୀର ଦର୍ଶନର ମୂଳ ଆଧାର*'ଶୀର୍ଷକ ବକ୍ତୃତା ପ୍ରଦାନ ଅବସରରେ ସୂଚାଇଥିଲି। ତାହା ହେଲା: ଚେତନା ଓ ଭାଷା ଅନ୍ୟ କୌଣସି ଏକ ତୃତୀୟ ଧାରଣାରେ ଏକତ୍ରିତ ହୁଅନ୍ତି କି? ଏହା ହାଇଡେଗରଙ୍କ'*Dascin*' ନା ହେଗେଲଙ୍କ '*Geist*'? ଏଭଳି ପ୍ରଶ୍ନ ପଚାରିବା ଅର୍ଥ ମୁଁ ହେଗେଲ ଓ ହାଇଡେଗରଙ୍କ ଚିନ୍ତାଧାରା ଭିତରେ କେଉଁଠି ଗୁଡ଼େଇହୋଇ ଅଟକି ଯାଇଥିଲି। ଏପରି ଚିନ୍ତନର ମାର୍ଗ ଏତେ ମାତ୍ରାରେ ଜଟିଳ ହୋଇପଡ଼ିଥିଲା ଯେ ସେଥିରୁ ମୁକୁଳିବାର କୌଣସି ସରଳ ସମ୍ଭାବ୍ୟ ସୂତ୍ର ମୋତେ ଦିଶୁ ନ ଥିଲା।

ଏଭଳି ଜଟିଳତା ପଛରେ ଥିବା କାରଣଟି ହେଲା ଭାରତୀୟ ଦର୍ଶନର ଅତିରିକ୍ତ ଦିଗ ଯାହାକି ମୋ ଚିନ୍ତନ ସହ ସଦାବେଳେ ଜଡ଼ିତ ହୋଇ ରହିଆସିଥିଲା; ଏପରିକି ଯେତେବେଳେ ସେପରି କୌଣସି ପ୍ରସଙ୍ଗ ନ ଥିବ, ସେତେବେଳେ ସୁଦ୍ଧା କାୟା ପଛରେ ଛାୟା ପରି ନିଶ୍ଚିତ ଭାବରେ ତାହା ମୋ ଚିନ୍ତନ ସହିତ ଯୋଡ଼ିହୋଇ ରହିଥିଲା। ସବୁଠାରୁ କୌତୂହଳର କଥା, ଅଧିକାଂଶ ସମୟରେ ଏଭଳି ସମ୍ପର୍କ ଓଲଟା ହୋଇଯାଏ – ସେତେବେଳେ ଭାରତୀୟ ଦର୍ଶନ ମୁଖ୍ୟ ଆଧାର ଓ ଆଲୋଚ୍ୟ ପ୍ରସଙ୍ଗ ପାଲଟିଯାଏ। ହସେର୍ଲ ଓ ଫେନୋମେନୋଲୋଜିର ପ୍ରଚ୍ଛନ୍ନ ଉପସ୍ଥିତି ତ ଅବଶ୍ୟ ସେମାନଙ୍କ କାର୍ଯ୍ୟ କରି ଚାଲିଥାଆନ୍ତି। '*ପ୍ଲାଟୋନିଜିମ୍ ବନାମ ଆଣ୍ଟି- ପ୍ଲାଟୋନିଜିମ୍*' ଏବଂ '*ଚେତନା ବନାମ ଭାଷା*' ଭଳି ଦୁଇଟି ଦାର୍ଶନିକ ଚିନ୍ତନକୁ ନେଇ ମୋ ମନରେ ଲାଗି ରହିଥିବା ଦ୍ୱନ୍ଦ୍ୱ, ଯାହା ବିଷୟରେ ମୁଁ ପୂର୍ବବର୍ତ୍ତୀ କେଇ ପୃଷ୍ଠାରେ ଉଲ୍ଲେଖ କରିସାରିଛି, ତାହାରି ଭିତରେ ମୁଁ ସଦାସର୍ବଦା ବୁଡି ରହିଥିଲି। ଯେତେବେଳେ ପାଶ୍ଚାତ୍ୟ ଦର୍ଶନ ପରିପ୍ରେକ୍ଷୀରେ ଏହି ଦୁଇଟିଯାକ ପ୍ରସଙ୍ଗ ଉପରେ ମୋର କାର୍ଯ୍ୟ ଜାରି ରଖିଲି, ସେତେବେଳେ ଭାରତୀୟ ଚିନ୍ତନର ମହାନ୍ ପରମ୍ପରା ଆଡ଼କୁ କିପରି ଆକର୍ଷିତ ହୋଇ ନ ଥାଆନ୍ତି ଅବା ସେଥିରୁ କିଛି ଅଧ୍ୟୟନ କରି ନ ଥାଆନ୍ତି? ବୌଦ୍ଧଧର୍ମ ଥିଲା *ଆଣ୍ଟି- ପ୍ଲାଟୋନିକ୍* ପକ୍ଷରେ, କିନ୍ତୁ ବୟାକରଣିକମାନେ ଏହାର ଅମୂର୍ତ୍ତ ଅର୍ଥ ଉପସ୍ଥାପନ କରୁଥିଲେ – ସତ୍ତା (*sphotas*) ଏବଂ ନବ୍ୟ-ନୟାୟିକମାନେ ଅମୂର୍ତ୍ତ ସତ୍ତାକୁ ବିଭିନ୍ନ ରଙ୍ଗ ଓ ଆଲୋକରେ ଆଗ୍ରହର ସହ ବଖାଣୁଥିଲେ। ଅଦ୍ୱୈତ ବେଦାନ୍ତ ଚେତନା (*cit*)କୁ ସେମାନେ ମୂଳ ଆଧାର

ରୂପ ଧରିଥିଲେ; କିନ୍ତୁ ଏ ଦିଗରେ ନିଶ୍ଚିତ ହେବାକୁ ହେଲେ ଚେତନାକୁ ଉଦ୍ଦେଶ୍ୟରହିତ (ନିର୍ବିଷୟ) କରିବାକୁ ପଡ଼ିବ। ବୟାକରଣିକ ଭର୍ତ୍ତୃହରି ଯଦି ଭାଷା ସହିତ ସଫଳ ଭାବରେ ସମ୍ମିଶ୍ରଣ ଘଟାଇ ନ ଥାଆନ୍ତେ, ତେବେ ସେ କୌଣସି ଚେତନାର ସନ୍ଧାନ ପାଇ ନ ଥାଆନ୍ତେ। କାରଣ,ଏହି ଦୁଇଟିଯାକ ପ୍ରସଙ୍ଗ ପରିଶେଷରେ ଅଭିନ୍ନ ବୋଲି ପ୍ରମାଣିତ।

ମୋର ଦାର୍ଶନିକ ଯାତ୍ରା ଯେତିକି ମାତ୍ରାରେ ପ୍ରାଚ୍ୟ ବିଦ୍ୟା ମାଧ୍ୟମରେ ଥିଲା, ସେତିକି ଥିଲା ପାଶ୍ଚାତ୍ୟ ବିଦ୍ୟା ମାର୍ଗରେ। ଏଥିରେ ପୁଣି ମୁଁ ଆହୁରି ଅନେକ ଉପ-ମାର୍ଗର ପଥିକ ହେବାକୁ ପ୍ରୟାସ କରିଛି ଓ ତା'ପରେ ସମୟକ୍ରମେ ସେଥିରୁ ନିବୃତ୍ତ ହୋଇଛି। ତହିଁରୁ ଗୋଟିଏ ହେଲା 'ତୁଳନାତ୍ମକ ଦର୍ଶନ'। ଏହି ମାର୍ଗରେ ଜଣେ ଦାର୍ଶନିକ ପ୍ରାଚ୍ୟ ସହ ପାଶ୍ଚାତ୍ୟ ଦର୍ଶନକୁ ତୁଳନା କରିଥାଏ (ସେଥିରେ ପ୍ରାଚ୍ୟ ଓ ପାଶ୍ଚାତ୍ୟର ବିଭିନ୍ନ ଗୋଷ୍ଠୀ, ତଥ୍ୟ, ବାଦ, ଏବଂ ତତ୍ତ୍ୱମାନ ରହିଥାଏ)। ଏଭଳି ପ୍ରୟାସ କାହିଁକି କେଜାଣି ମୋତେ ଆଦୌ ଆକର୍ଷିତ କରି ନ ଥିଲା। ଏହାର ଅନ୍ୟ ସବୁ କାରଣ ମଧ୍ୟରୁ ଗୋଟିଏ ହେଲା ଏଇଆ ଯେ ମୁଁ ନିଜକୁ କେଉଁ ସ୍ଥାନରେ ଅବସ୍ଥାପନ କରିବି ତାହା ସ୍ଥିର କରିପାର ନ ଥିଲି। କାରଣ ନିଜକୁ ନିରପେକ୍ଷ ସ୍ଥାନରେ ରଖିଲେ ହିଁ ଉଭୟକୁ ତୁଳନା କରିପାରିବି। କିନ୍ତୁ ପ୍ରାଚ୍ୟ ଓ ପାଶ୍ଚାତ୍ୟକୁ ଛାଡ଼ି ମୁଁ ଏଥିପାଇଁ ଆଉ କୌଣସି ଭୂମି ପାଇଲିନାହିଁ। ଆଉ ଗୋଟିଏ ଉପ-ମାର୍ଗ ବି ଥିଲା - ପ୍ରାଚ୍ୟ ଦର୍ଶନରୁ ଏଣୁ ତେଣୁ କିଛି ସଂଗ୍ରହ କରିବା ଓ ପାଶ୍ଚାତ୍ୟ ଦର୍ଶନ ଧାରାରୁ ସେଇଭଳି କିଛି ଜୁଟାଇବା ଏବଂ ସେସବୁକୁ ଏକତ୍ରିତ କରି ଏଭଳି ଏକ ଧାରା ସୃଷ୍ଟି କରିବା ଯାହାକୁ 'ବିଶ୍ୱ ଦର୍ଶନ' ବୋଲି କୁହାଯିବ। କିନ୍ତୁ ଏଭଳି ମାର୍ଗର ନିରୁତା କୃତ୍ରିମତା ମୋତେ ସେଥିରୁ ନିବୃତ୍ତ ରଖିଲା। ତା'ଛଡ଼ା 'ବିଶ୍ୱ ଦର୍ଶନ'ର ଏଭଳି ନାମଟି ମୋତେ କେମିତି ଏକ ମିଛ ସଂଜ୍ଞା ପରି ମନେ ହେଲା। ଚିନ୍ତନ କହିଲେ କେବଳ କିଛି ଧାରଣାକୁ ଏକଜୁଟ କରିବାକୁ ବୁଝାଏନାହିଁ, ସତେ ଯେମିତି ସେସବୁ ଖଣ୍ଡିଏ ଖଣ୍ଡିଏ ପଥର! ଚିନ୍ତନ ସେଇ ପଥର ଭିତରେ ପ୍ରବେଶ କରି ପାରୁଥିବା ଦରକାର, ସେସବୁ ଧାରଣାର ଜଟିଳତାକୁ ସରଳ କରୁଥିବା ଆବଶ୍ୟକ, ନିଜର ଚଳନରେ ଏହାକୁ ଏକ ସାବଲୀଳ ଧାରାରେ ରୂପାନ୍ତରୀତ କରୁଥିବା ଉଚିତ ଏବଂ ସେହି ସାବଲୀଳ ଧାରାରୁ ଏକ ନୂତନ ଆକାର ସୃଷ୍ଟି ହେଉଥିବା ବାଞ୍ଛନୀୟ। ଅଧିକନ୍ତୁ, ଦର୍ଶନର ମୂଳ ନିର୍ଯ୍ୟାସଟି କୌଣସି ସିଦ୍ଧାନ୍ତରେ ଉପନୀତ ହେବାରେ ନିହିତ ନ ଥାଏ; ବାଦ ଅବା ସ୍ଥିତିରେ ନ ଥାଏ କିମ୍ବା ଗଠିତ ବ୍ୟବସ୍ଥାରେ ନ ଥାଏ; ଏହା ଚିନ୍ତନ ପ୍ରକ୍ରିୟାରେ ଥାଏ ଯାହା ସେସବୁକୁ ଆଗକୁ ଆଗେଇ ନିଏ। କୌଣସି ପ୍ରକ୍ରିୟା ବିନା ସେସବୁ ସିଦ୍ଧାନ୍ତ ଏକ ନିଷ୍ପ୍ରାଣ ଶରୀର ସଦୃଶ।

ତେଣୁ ଭାରତରେ ମୋର ପୂର୍ବସୂରୀମାନେ ଯେଉଁସବୁ ମାର୍ଗ ଅନୁସରଣ କରିଥିଲେ, ମୁଁ ତାକୁ ପ୍ରତ୍ୟାଖ୍ୟାନ କଲି। ଉଦାହରଣ ସ୍ୱରୂପ, ରାଧାକୃଷ୍ଣନ୍‌ଙ୍କର ଅଧିକାଂଶ ଚିନ୍ତନ ମୋତେ ଭାରି ନୀରସ ଲଗିଲା; ସତେ ଯେମିତି ସେସବୁ ମୋତେ ନିଷ୍ପ୍ରାଣ କଲାପରି ଅନୁଭୂତ ହେଲା। ଅନ୍ୟ ପକ୍ଷରେ, ଅରବିନ୍ଦ ଏବଂ କୃଷ୍ଣଚନ୍ଦ୍ର ଭଟ୍ଟାଚାର୍ଯ୍ୟ (ଏବଂ ତାଙ୍କ ପୁଅ କାଳିଦାସ) ମୋତେ ଏ ଦିଗରେ ମାର୍ଗ ପ୍ରଦର୍ଶନ କଲେ। ଭାରତୀୟ ଦର୍ଶନରୁ ହିଁ ମୋତେ ନିଜସ୍ୱ ଚିନ୍ତନର ବିକାଶ ଘଟାଇବାକୁ ପଡ଼ିଥିଲା ଏବଂ ପାଶ୍ଚାତ୍ୟ ପରମ୍ପରାରୁ ମଧ୍ୟ ସେହି ଭଳି ଚିନ୍ତାଧାରାକୁ ଆଗକୁ ଆଗେଇ ନେବାରେ ମୁଁ ସକ୍ଷମ ହୋଇଥିଲି। ଏହି ଦୁଇଟିଯାକ ଧାରାର ସଫଳ ମିଶ୍ରଣ ନ ଘଟିଲା ପର୍ଯ୍ୟନ୍ତ, ମୁଁ ପ୍ରାଚ୍ୟ ଅବା ପାଶ୍ଚାତ୍ୟ ସମ୍ପର୍କରେ ଚିନ୍ତା କରିପାରୁ ନ ଥିଲି ଅବା ତାହା ଭିତରେ ଥିବା ପ୍ରଭେଦକୁ ଜାଣିପାରୁ ନ ଥିଲି। ତା'ଛଡ଼ା ଦାର୍ଶନୀକରଣର ଗୋଟିଏ ଧାରା ହେଲା- ଏହା ସମସ୍ତ ଉଚ୍ଚତର ବିବିଧତା ପାଇଁ ଉଦ୍ଦିଷ୍ଟ ଏବଂ ତାହା ମୋ ମନରେ କେବଳ ଦାନା ବାନ୍ଧି ନ ଥିଲା, ଅନ୍ୟ ପକ୍ଷରେ ସରଳ ପ୍ରବାହ ଭାବରେ ଆଗକୁ ପ୍ରବାହିତ ହୋଇଥିଲା। ବାହ୍ୟିକ ତୁଳନା 'ଏକତ୍ରିକରଣ' ଠାରୁ ତାହା ସମ୍ପୂର୍ଣ୍ଣ ମୁକ୍ତ ଥିଲା। ଏହି ଲକ୍ଷ୍ୟ ପଥରେ ମୁଁ ଅନୁଗାମୀ ହୋଇଥିଲି।

(୩)

ପାଶ୍ଚାତ୍ୟ ଦର୍ଶନ ଶାସ୍ତ୍ର ଭିତରେ, ମୋ ଆଗ୍ରହ ଏବେ ସୁଦ୍ଧା ହସେର୍ଲ ଓ କାଣ୍ଟଙ୍କୁ ନେଇ କେନ୍ଦ୍ରୀଭୂତ, ଯେମିତି ଗଲା ତିନି ଦଶନ୍ଧି କି ତା'ଠାରୁ ଅଧିକ ସମୟ ଧରି ରହି ଆସିଛି। ହସେର୍ଲଙ୍କ କଥା ଚିନ୍ତା କରିବା ଅର୍ଥ ହାଇଡେଗରଙ୍କ କଥା ଭାବିବା ସଙ୍ଗେ ସମାନ। ହାଇଡେଗର ଥିଲେ ହସେର୍ଲଙ୍କ ଅପରପାର୍ଶ୍ୱ, ଯାହାକୁ ବାହ୍ୟିକ ନୁହେଁ, ବରଂ ହସେର୍ଲଙ୍କ ଚିନ୍ତନ ଭିତରୁ ହିଁ କଳ୍ପନା କରାଯାଇପାରେ। କାଣ୍ଟଙ୍କ କ୍ଷେତ୍ରରେ ମଧ୍ୟ ଏହା ହିଁ ସତ୍ୟ -କାଣ୍ଟଙ୍କ କଥା ଯଦି ଚିନ୍ତା କରାଯାଏ, ତେବେ ହେଗେଲଙ୍କ କଥା ଅବଶ୍ୟ ମନକୁ ଆସିବ, ଯିଏକି କାଣ୍ଟଙ୍କ ଭିତରୁ ହିଁ ବିଶ୍ଳେଷଣ କରିଥିଲେ ଓ ବିରୋଧ ମଧ୍ୟ କରିଥିଲେ।

'ହସେର୍ଲ - ହାଇଡେଗର' - ଏହି ଶୀର୍ଷକଟି କେବଳ ଦୁଇଜଣ ଦାର୍ଶନିକଙ୍କ ଚିନ୍ତନକୁ ସୂଚୀତ କରେନାହିଁ, ସେମାନଙ୍କର ଆତ୍ମିକ ସମ୍ପର୍କକୁ ସୂଚାଏନାହିଁ ଅଥବା ବିରୋଧାଭାଷକୁ ପ୍ରକଟିତ କରେନାହିଁ, ଅପରପକ୍ଷେ ଦର୍ଶନ ଶାସ୍ତ୍ରର ସମଗ୍ର କାହାଣୀ ଓ ଦୁର୍ଦ୍ଦଶାକୁ ମଧ୍ୟ ଉନ୍ମୋଚନ କରେ। ଗୁରୁ ଜୀବନର ଶେଷ ମୁହୂର୍ତ୍ତ ପର୍ଯ୍ୟନ୍ତ ଚିନ୍ତନ ମାର୍ଗରେ ନିରବଚ୍ଛିନ୍ନ ଭାବରେ ନୂଆ ନୂଆ ସତ୍ୟର ସନ୍ଧାନରେ ବ୍ରତୀ ଥିଲେ, ଯେପରି

ସକ୍ରେଟିସ୍‌ଙ୍କ ବିଷପାନକୁ 'ବଞ୍ଚିବାକୁ ମୃତ୍ୟୁ'ର ଘଟଣା ବୋଲି ଅଭିହିତ କରାଯାଇଥାଏ। ତାହାର ଅନୁରୂପ ଥିଲା ହସେର୍ଲ - ହାଇଡେଗରଙ୍କ ସମ୍ପର୍କ। ୟୁରୋପରେ ଘନୀଭୂତ ତର୍କହୀନତାର ଘନ ବାଦଲ ଆଗରେ ନିଜର ତର୍କସିଦ୍ଧତାକୁ ବଳି ଚଢ଼ାଇବାକୁ ପ୍ରତ୍ୟାଖ୍ୟାନ କରି, ହସେର୍ଲ ନିଜର ଶିଷ୍ୟ ହାଇଡେଗରଙ୍କ ଦ୍ୱାରା ଶରବ୍ୟ ହୋଇଥିଲେ, ଅନେକ ଅପମାନ ଓ ଲାଞ୍ଛନା ସହ୍ୟ କରିଥିଲେ ଏବଂ ସମୟକ୍ରମେ ଯେତେବେଳେ ତାଙ୍କର ଦେହାନ୍ତ ଘଟିଲା, ତାଙ୍କ ମରଶରୀରକୁ ଗୋଟିଏ କ୍ୟାଥୋଲିକ୍ ଗୀର୍ଜାଘରର ପ୍ରାଚୀର କଡ଼ରେ କବର ଦିଆଯାଇଥିଲା। ଗୁରୁ ନିଜକୁ କଠୋର ଶୃଙ୍ଖଳାରେ ଦୀକ୍ଷିତ କରିଥିଲେ,ଏବଂ ଉତ୍ତରାଧିକାରୀ ଶିଷ୍ୟ ଯୁକ୍ତିସିଦ୍ଧତା ପରିବର୍ତ୍ତେ ଯୁକ୍ତିହୀନତାର ଅଯାଚିତ ଜୟଗାନ କରି ଏକଛତ୍ରବାଦୀ ଶାସକଙ୍କ ପ୍ରିୟପାତ୍ର ହୋଇପାରିଥିଲେ। ପରିଶେଷରେ ନିଜର ଦୋଷକୁ ସ୍ୱୀକାର କରିବା ପରିବର୍ତ୍ତେ ଏହାକୁ ଘୋଡ଼ାଇବା ସକାଶେ ନାନା ଛଳନାର ଆଶ୍ରୟ ନେଇଥିଲେ। ହସେର୍ଲ - ଯେପରି ଶୃଙ୍ଖଳିତ ଭାବରେ ନିଜର ଚିନ୍ତନ ପ୍ରକ୍ରିୟା ବଜାୟ ରଖିଥିଲେ ତାହା ମୋତେ ମୁଗ୍ଧ କରିଥିଲା ଏବଂ ମୋ ପାଇଁ ସେ ଥିଲେ ସକ୍ରେଟିସ୍‌ଙ୍କ ସଦୃଶ। ସକ୍ରେଟିସ୍ ଥିଲେ ମହାନ୍ ପାଶ୍ଚାତ୍ୟ ଚିନ୍ତନର ମୂର୍ତ୍ତିମନ୍ତ ପ୍ରବକ୍ତା ଓ ମୁଖ୍ୟ ପ୍ରତିନିଧି। ଏହା ନିଃସନ୍ଦେହ ଯେ ହାଇଡେଗର ଜଣେ ବିରାଟ ଦାର୍ଶନିକ ଥିଲେ, କିନ୍ତୁ ଅନେକ ପ୍ରକାର ଯୁକ୍ତିହୀନତା, ଯଥା -ରୋମାଣ୍ଟିକ୍ ଜାତୀୟତାବାଦ, ଯୁକ୍ତିବାଦୀତାର ବିରୁଦ୍ଧାଚରଣ, ଜର୍ମାନ ପରମ୍ପରାର ରହସ୍ୟବାଦୀକରଣ ଏବଂ ନିଜ ଚିନ୍ତା ଓ ଚେତନାକୁ କାହାଣୀ ସଦୃଶ ଅତିରଞ୍ଜନ ବ୍ୟାଖ୍ୟାରେ ସେ ବିଶ୍ୱାସୀ ଥିଲେ। ଯଦିଚ ମୋର ସ୍ୱାଭାବିକ ଭାବନାରେ ମୁଁ ହାଇଡେଗରଙ୍କୁ କଦାପି ଗୁରୁତ୍ୱର ସହ ଗ୍ରହଣ କରିବା ସପକ୍ଷରେ ନୁହେଁ, ତଥାପି ତାଙ୍କର ବ୍ୟକ୍ତିଗତ ସ୍ଖଳନ ପ୍ରତି ଆଖି ବୁଜିଦେବା ସକାଶେ ମୋତେ ହାନା ଆରେଣ୍ଟ୍ ପ୍ରରୋଚିତ କରିଥିଲେ ଏବଂ କେବଳ ତାଙ୍କର ଗୁରୁତ୍ୱପୂର୍ଣ୍ଣ ଚିନ୍ତାଧାରା ଅଧ୍ୟୟନ କରିବା ସକାଶେ ପରାମର୍ଶ ଦେଇଥିଲେ। ମୁଁ ହାଇଡେଗରଙ୍କଠାରୁ ତାଙ୍କର ବ୍ୟାଖ୍ୟାତ୍ମକ ଚିନ୍ତନ (*hermeneutic thinking*) ଆହରଣ କରିଥିଲି ଏବଂ ହସେର୍ଲଙ୍କଠାରୁ ଜଟିଳ ବ୍ୟାଖ୍ୟାତ୍ମକ, ବୈଜ୍ଞାନିକ ଚିନ୍ତନ ଅଧ୍ୟୟନ ନିମନ୍ତେ ପ୍ରୟାସୀ ହୋଇଥିଲି। ଏହି ଦୁଇ ପ୍ରଭାବଶାଳୀ ଚିନ୍ତନ ହିଁ ଅଶୀ ଦଶକରେ ମୋ ଗବେଷଣାତ୍ମକ ଅଧ୍ୟୟନର ମୁଖ୍ୟ କାର୍ଯ୍ୟ ଥିଲା।

ହସେର୍ଲଙ୍କ ପାଇଁ ହାଇଡେଗର ଯାହା ଥିଲେ ହେଗେଲଙ୍କ ଲାଗି କାଣ୍ଟ୍ ସେଇଆ ଥିଲେ। ମାନବୀୟ ଅବବୋଧ ଓ ଏହାର ବ୍ୟାପ୍ତି ଉପରେ କାଣ୍ଟ୍ ଯେଉଁ ସୀମା ନିର୍ଦ୍ଧାରଣ କରିଥିଲେ - ଯଦ୍ୱାରା, ପରିଣାମତଃ, ମାନବ ଓ ଦେବତା ମଧ୍ୟରେ ଥିବା ସୀମାରେଖାକୁ ମଧ୍ୟ ସେ ଲିଭାଇ ଦେଇଥିଲେ। ଏହି ବେଦାନ୍ତୀୟ ସୂତ୍ରଟି ମୋତେ କିପରି ଅତି ସୂକ୍ଷ୍ମ

ଭାବରେ ଆକର୍ଷିତ କରିଥିଲା ଏବଂ ମୁଁ ଆଗ୍ରହର ସହ ହେଗେଲଙ୍କ 'ଫେନୋମେନୋଲୋଜି' ଅଧ୍ୟୟନ ଓ ଅଧ୍ୟାପନାରେ ଲିପ୍ତ ରହିଥିଲି। ମୋ ମନରେ ଥିବା କାଣ୍ଟିଆନ୍ ପରିସୀମାର ଧାରଣା ଧୀରେ ଧୀରେ କେଉଁ ନିର୍ଦ୍ଦିଷ୍ଟ ବିନ୍ଦୁରେ ମାନବୀୟ ଅବବୋଧ ଓ ଆଦର୍ଶର ଐତିହାସିକ-ବିକାଶମୂଳକ ଧାରଣା ଆଡ଼କୁ ଢଳିଥିଲା, ସେକଥା ମୁଁ ନିଜେ ଜାଣେନା। ଏବେ ସୁଦ୍ଧା ମୁଁ କାଣ୍ଟଙ୍କ '*Critique of Pure Reason*' ବିଷୟ ଅଧ୍ୟାପନା କରେ; ସେଥିରେ ଥିବା ମାନବୀୟ ଆଶୁଗ୍ରାହୀ ପ୍ରଜ୍ଞା, ଯାହାକି ଚିନ୍ତନ ପ୍ରକ୍ରିୟାର ଅନ୍ୟ କାହା ଦ୍ୱାରା ପ୍ରଭାବିତ ନ ହୋଇ ସ୍ୱାଧୀନ ଭାବରେ ବୁଝିବାକୁ ଓ ବୁଝେଇବାକୁ ଚେଷ୍ଟା କରେ। କିନ୍ତୁ ହେଗେଲୀୟ ଅନ୍ତର୍ଦୃଷ୍ଟି ଯେହେତୁ ଗ୍ରହଣୀୟତା ଓ ସ୍ୱତଃପ୍ରବୃତ୍ତତା ମଧ୍ୟରେ ପ୍ରଦତ୍ତ ଓ ଗଢ଼ଣ ଭିତରେ ବୈଷମ୍ୟର ରେଖା ଟାଣିଥାଏ, ତେଣୁ ଏହା ବ୍ୟାଖ୍ୟାର ଯେଉଁ ସ୍ତରରେ ରହିଛି, ସେହି ପର୍ଯ୍ୟାୟ ପର୍ଯ୍ୟନ୍ତ ସମ୍ପ୍ରସାରିତ କରିବାକୁ ପଡ଼ିଥାଏ ଯଦ୍ୱାରା ତାହା ବୋଧଗମ୍ୟ ହୋଇଥାଏ। ଯଥା ଶକ୍ତି - ମୁଁ ମୋ ସାମର୍ଥ୍ୟ ମତେ ହେଗେଲୀୟ ଚିନ୍ତନର ସୀମାକୁ, ସମ୍ଭବତଃ ଆଧିକ୍ୟକୁ ଜାଣିପାରିଥାଏ। ଅନ୍ତତଃ ପକ୍ଷେ, ସେଥିରୁ ଦୁଇଟିକୁ: ଯାହା ହେଲା ତାଙ୍କର '*ୟୁରୋ-କୈନ୍ଦ୍ରିକତା*' (*Eurocentricity*) ଓ '*ନିରଙ୍କୁଶ ସିଦ୍ଧାନ୍ତ*' (*Absolutism*)କୁ ବୁଝିପାରିଥାଏ। ମୁଁ ଚେତନା (*Consciousness*)ର ଇତିହାସ ଉପରେ ଦୃଷ୍ଟି ପକାଇଲି, କାରଣ, ଏହାର କୌଣସି ଅନ୍ତ ନାହିଁ; ଅର୍ଥାତ୍, '*ନିରଙ୍କୁଶ ଅବବୋଧ*' (*Absolute knowing*) ମଧ୍ୟରେ ଏହାର ପରିସମାପ୍ତି ଘଟି ନ ଥାଏ। ସେହିଭଳି ମାନବୀୟ ଆତ୍ମା ସମ୍ପର୍କରେ ଆଫ୍ରିକୀୟ, ଚାଇନିଜ୍ ଓ ଭାରତୀୟ ଅନୁଭୂତି ବିଷୟରେ ମୋ ମନରେ ଥିବା ପ୍ରଗତିଶଳୀ ବର୍ଣ୍ଣନାକୁ ସ୍ଥାନ ଦେବାକୁ ପ୍ରୟାସୀ ହେଲି। ହେଗେଲଙ୍କ'*Phenomenology*'ର ପୁନର୍ଲିଖନ ମୋ ମନରେ ଅହେତୁକ ଆଗ୍ରହ ସୃଷ୍ଟି କଲା ସତ, କିନ୍ତୁ ପ୍ରତ୍ୟେକ ଚିନ୍ତକଙ୍କ ମନରେ କୌଣସି ନା କୌଣସି ସେପରି ଏକ ସ୍ୱପ୍ନ ଥାଏ ଏବଂ ତାକୁ ଏକଥା ମଧ୍ୟ ଉତ୍ତମ ରୂପେ ଜ୍ଞାତ ଥାଏ ଯେ ସେ ସ୍ୱପ୍ନ କଦାପି ସାକାର ହୋଇପାରିବ ନାହିଁ। କିନ୍ତୁ ଏପରି 'ନିୟନ୍ତ୍ରିତ ଧାରଣା'(*regulative idea*) ତୁମକୁ ଜଣେ ଚିନ୍ତକର ପରିଚୟ ପ୍ରଦାନ କରିଥାଏ।

ହେଗେଲଙ୍କ ସମ୍ପର୍କରେ ଏକ ପୁନର୍ଲିଖନ ଗ୍ରନ୍ଥ ରଚନା କରିବା ଉଦ୍ଦେଶ୍ୟରେ ହିଁ ହସେର୍ଲଙ୍କ ପରବର୍ତ୍ତୀ ଲେଖାମାନ ମୋ ପାଇଁ ଅତି ଗୁରୁତ୍ୱପୂର୍ଣ୍ଣ ବୋଲି ସାବ୍ୟସ୍ତ ହୋଇଥିଲା। ହେଗେଲଙ୍କ 'ନିରଙ୍କୁଶବାଦ' (*Absolutism*) ଠାରୁ ସମ୍ପୂର୍ଣ୍ଣ ଭାବରେ ମୁକ୍ତ ରହି, ମାନବୀୟ ଭାବନା ଦିଗରେ ଅବାଧ ଭାବରେ ଆଗକୁ ଅଗ୍ରସର ହେବା ଲକ୍ଷ୍ୟରେ, ମୁଁ ମୋର ଯୋଜନା ପ୍ରସ୍ତୁତ କରିଥିଲି; କିନ୍ତୁ ଦୁର୍ଯୋଗକୁ ଏବେସୁଦ୍ଧା ସେଇ

ହେଗେଲ- ହସେର୍ଲଙ୍କ '*ୟୁରୋ-କୈନ୍ଦ୍ରିକତା*' (*Eurocentricity*)ରେ ପ୍ରଭାବିତ ହୋଇ ଆଗକୁ ଅଗ୍ରସର ହେବାର ମାର୍ଗ ପାଇଛି। ହେଗେଲ ଓ ହସେର୍ଲଙ୍କ ମିଶ୍ରଣ ପ୍ରାଚ୍ୟ ଓ ଆଫ୍ରିକୀୟ ଜ୍ଞାନ ସମ୍ପର୍କରେ ଆମକୁ ଅନୁଭୂତ କରାଉଛି। ମୁଁ କିନ୍ତୁ ପ୍ରଥମରୁ ଭାବିଥିଲି ଯେ 'ଫେନୋମେନୋଲୋଜି' ଉପରେ ସମ୍ପୂର୍ଣ୍ଣ ଏକ ନୂଆ ପୁସ୍ତକ ରଚନା କରିବି।

(୪)

ପ୍ରେସିଡେନ୍ସି କଲେଜରେ ଛାତ୍ର ଜୀବନଠାରୁ ଏପର୍ଯ୍ୟନ୍ତ ମୁଁ ଦୀର୍ଘ ପଥ ଅତିକ୍ରମ କରିସାରିଛି। ଏକଥା ମଧ୍ୟ ଉଲ୍ଲେଖ କରିସାରିଛି ଯେ ମୋ ଚିନ୍ତାଧାରା ପୂର୍ବରୁ କେତେ ପରିମାଣରେ ସୈଦ୍ଧାନ୍ତିକ ଥିଲା ଏବଂ ପୂର୍ବରୁ ରାଜନୈତିକ ଓ ପାରଲୌକିକ ଆଗ୍ରହକୁ ମୁଁ ପଛରେ ପକାଇ ସାରିଥିଲି। ଏବେ ପ୍ରାୟ ତିରିଶ ବର୍ଷ ପରେ, ବାସ୍ତବତାର ଭାବନା, ଯାହାକୁ କି ପୂର୍ବରୁ ମୁଁ ହେୟଜ୍ଞାନ କରି ଆସିଥିଲି, ପୁଣି ଥରେ ମୋ ମନକୁ ଆଚ୍ଛନ୍ନ କରିବାକୁ ଲାଗିଲା। ମୋର ଗେଟିଂଗେନ୍‌ର ପ୍ରଫେସର ଯୋଶେଫ୍ କନିଗ୍‌ଙ୍କର ସୈଦ୍ଧାନ୍ତିକ ଓ ବାସ୍ତବତା ମଧ୍ୟରେ ଥିବା ବୈଷମ୍ୟ ସମ୍ପର୍କୀତ ଅବବୋଧ, ଯାହାକି ମୋ ମନରେ ସୁପ୍ତ ଅବସ୍ଥାରେ ଏଯାଏଁ ରହି ଆସିଥିଲା, ୧୯୮୦ ଦଶକରେ ପୁଣି ଥରେ ମୁଣ୍ଡ ଟେକିଥିଲା। ହାନା ଆରେଣ୍ଟଙ୍କ ନିବନ୍ଧମାନ ଗାନ୍ଧିବାଦୀ ବାସ୍ତବବାଦ ପ୍ରତି ମୋ ମନକୁ ଅଧିକ ଦୃଢ଼ୀଭୂତ କରିବାରେ ଲାଗିଲା। ତେଣୁ 'ସିଦ୍ଧାନ୍ତ' ଓ 'ବାସ୍ତବତା' ମଧ୍ୟରେ ଏକ ସ୍ପଷ୍ଟ ବିଭାଜନ ରେଖା ଟାଣିବା ଦିଗରେ ମୁଁ ଅଧିକାଂଶ ସମୟ ବିନିଯୋଗ କରିବାରେ ଲାଗିଲି। ମୋ ମନ ଭିତରେ ବିଶ୍ୱାସ ବଦ୍ଧମୂଳ ହେଲା ଯେ ସେହି ବୈଷମ୍ୟ ମୋର ଫେନୋମେନୋଲୋଜି ସଂଶୋଧନ ଢାଞ୍ଚା ଗଠନରେ ବିଶେଷ ଭାବରେ ସହାୟକ ହେବ। ସେତେବେଳକୁ ଆଦର୍ଶ ଓ ରାଜନୈତିକ ଚିନ୍ତାଧାରାର ଗୁରୁତ୍ୱ ପ୍ରଶ୍ନକୁ ନେଇ ମୋ ମନରେ ନୂତନ ଧାରଣା ଜନ୍ମ ନେଇ ସାରିଥିଲା। ଧର୍ମକୁ ନେଇ ହିନ୍ଦୁମାନଙ୍କ ଧାରଣା ଯାହାକି ମୁଁ ମୋ ମନରୁ ଏପର୍ଯ୍ୟନ୍ତ ପ୍ରତ୍ୟାଖ୍ୟାନ କରିଆସିଥିଲି, ତାହା ମୂଳ ଆଧାର ଭାବରେ ଘନୀଭୂତ ହେବାରେ ଲାଗିଲା। ଯଦି ଆଉ ଗୋଟିଏ ଦଶନ୍ଧି ପାଇଁ ମୁଁ ଚିନ୍ତା କରେ, ତାହା ମୋ ଅଧ୍ୟୟନର ମୂଳ ପ୍ରସଙ୍ଗ ହେବ।

ସେହି ପଥ କେତେ ଚମତ୍କାର ଓ ଉପଭୋଗ୍ୟ ହୋଇଛି! ଏହି ଯାତ୍ରା ମୋ ଚିନ୍ତନ ଜୀବନର ଅନ୍ତଃକରଣରେ ସମ୍ପୂର୍ଣ୍ଣ ରୂପେ ସାକାର ହୋଇଛି। ପ୍ରକାଶନ ଏହାର ମାଇଲଖୁଣ୍ଟ, ଯାହାକି ବାହ୍ୟିକ ଓ ଅନିଶ୍ଚିତ ପରିସ୍ଥିତି ଦେଇ ଗତି କରିଛି। ଲୋକମାନଙ୍କ ଦୃଷ୍ଟିପଥରୁ ମୁକ୍ତ ରହି, ମନର ଏହି ଜୀବନ ବେଶ୍ ଫଳପ୍ରସୂ ହୋଇଛି; ବିଶେଷ କରି

ଯେତେବେଳେ ଏହା ଧର୍ମକୁ ଦୂରେଇ ଦେବାରେ ସକ୍ଷମ ହୋଇଥିଲା। ଧର୍ମର ମୋଟା ମୋଟା ପରସ୍ତର ବିଶ୍ୱାସ ଓ ବଦ୍ଧମୂଳ ଧାରଣା, ମୋ ପାଇଁ ଅର୍ଥହୀନ ହୋଇପଡ଼ିଛି। ଏହା ମୋ ପାଇଁ କେବଳ ପ୍ରକୃତି, ଜୀବନ ଓ ବ୍ୟକ୍ତିର ପବିତ୍ରତା ସକାଶେ ଏକ ସୂକ୍ଷ୍ମ ସ୍ତର ଭାବରେ ତିଷ୍ଠି ରହିଛି, ଏବଂ କର୍ମର ଏକ ଆସ୍ତରଣ ରୂପେ ଯାହାକୁ ଆମେ - ରୀତିନୀତି ଓ ଧର୍ମ ବୋଲି କହୁ -ଯାହା ମୋ ପାଇଁ ହେଉଛି ହେଗେଲୀୟ 'ନୈତିକ ଜୀବନ' ('*sittlichkeit*'), ଏକ ପରମ୍ପରା ଯାହା ବାହାରେ ଠିଆ ହେବାକୁ ମୋ ପାଇଁ ତିଳେ ହେଲେ ସ୍ଥାନ ନାହିଁ। ଯେତେବେଳେ ଧର୍ମ ନିରର୍ଥକ ବୋଲି ମୋ ମନରେ ଆଉ କିଛି ଅବବୋଧ ରହିଲାନାହିଁ, ଦାର୍ଶନିକ ଚିନ୍ତନର ଜୀବନ ତା'ର ସ୍ଥାନ ନେଲା ଓ ସ୍ୱାୟତ୍ତତା ପ୍ରତିପାଦନ କଲା। ଜଣେ ଦାର୍ଶନିକ ନିରୀଶ୍ୱରବାଦୀ ହେବା ଆବଶ୍ୟକ, କିନ୍ତୁ ତା'ର ଚତୁଃପାର୍ଶ୍ୱରେ ଥିବା ପବିତ୍ରତା ପ୍ରତି ସେ ସମ୍ବେଦନଶୀଳ ଓ ଶ୍ରଦ୍ଧାଶୀଳ ରହିବା ବାଞ୍ଛନୀୟ। ଯଦି ସଂସାରରେ ଈଶ୍ୱର ବୋଲି କିଛି ରହିବନାହିଁ, ସେତେବେଳେ ଯାଇ ଚିନ୍ତନ ଓ କର୍ମ ଯେଉଁ ପୂର୍ଣ୍ଣ ମହତ୍ତ୍ୱ ଦାବି କରନ୍ତି, ତାହା ପ୍ରାପ୍ତ ହୋଇପାରିବ।

(୫)

ଦାର୍ଶନିକ ତଥାପି ଜଣେ ସ୍ୱୟଂସମ୍ପୂର୍ଣ୍ଣ ମଣିଷ : ତା'ର ଚିନ୍ତନ ଯେତେ ସୁଦୂରପ୍ରସାରୀ ଅବା ବ୍ରହ୍ମାଣ୍ଡୀୟ ହୋଇଥାଉ ନା କାହିଁକି ତଥାପି ସେ ଚିନ୍ତନ ଏକ ସମାବିଷ୍ଟ, ଐତିହାସିକ ଦୃଷ୍ଟିକୋଣରୁ ସାଂସ୍ଥିତିକ, ଜୈବିକ ଦୃଷ୍ଟିରୁ ସଂଗଠିତ, ସାମାଜିକ ଦୃଷ୍ଟିକେରଣରୁ ଆଧାରିତ, ଭାଷାତାତ୍ତ୍ୱିକ ଦୃଷ୍ଟିରୁ ସ୍ଥାନୀୟ ଏବଂ ସାଂସ୍କୃତିକ ଦିଗରୁ ବିଚାର କଲେ ଅନୁକୂଳିତ ସତ୍ତା ବୋଲି ଜଣାପଡ଼ିବ। ଏହା ଏକ ବିଚିତ୍ର କଥା ଯେ ସେ ଏହିସବୁ ବାଧାବିଘ୍ନକୁ ଅତିକ୍ରମ କରି ତା'ର ଚିନ୍ତନରେ ବୃହତ୍ତର ବିଶ୍ୱ ନିକଟରେ ନିଜକୁ ଉନ୍ମୋଚିତ କରିପାରେ।

ମୁଁ ଜଣେ ଓଡ଼ିଆ, କଟକରେ ମୋର ଜନ୍ମ। ମୋ ବାପା ଜଣେ ଗ୍ରାମୀଣ ବାଳକ ଭାବରେ ପଢ଼ି ବଢ଼ିଥିଲେ। ମୋର ସେହି ଗ୍ରାମୀଣ ପରିଚୟଟି ଅଲିଭା ଅକ୍ଷର ଭାବରେ ମୋ ସତ୍ତାରେ ଖୋଦେଇ ହୋଇ ରହିଛି। ସେହି ଗାଆଁର ଚାରିତ୍ରିକ ବୈଶିଷ୍ଟ୍ୟ - ତା'ର ଆତ୍ମା, ତା'ର ଗଛଲତା, ତା'ର ପୋଖରୀ, ତା'ର ସବୁଜିମା, ତା'ର ମନ୍ଦିର, ତା'ର ଗାଈଗୋରୁ -ସେମାନେ ସଭିଏଁ ଯେଉଁ ଭାଷାରେ ମୋ ସହ ଭାବ ବିନିମୟ କରନ୍ତି, ତାହା ମୁଁ ବୁଝିପାରେ। ମୋର ଦୁଇଟିଯାକ ମାଆ ମଧ୍ୟ ଗାଆଁର - ସେମାନଙ୍କ ଭିତରୁ ଜଣକ ଗର୍ଭରୁ ମୁଁ ଭୂମିଷ୍ଠ ହୋଇ ଏ ଦୁନିଆର ଆଲୋକକୁ ଦେଖିଥିଲି। ସେଇ

ଦୁଇଟିଯାକ 'ଉତ୍ପତ୍ତି' ହିଁ ମୋ ସତ୍ତାର ଦୁଇଟି ଘଟକ। ତଥାପି ମୋର ଦର୍ଶନର କୌଣସିଟି ଦିଗ ସେମାନଙ୍କ ଉପରେ ଆଲୋକପାତ କରେନାହିଁ।

ମୋତେ ଜନ୍ମ ଦେଲାପରେ, ସାରା ସଂସାରରେ ଘୂରି ବୁଲିବା ସକାଶେ ସେମାନେ ମୋତେ ମୁକ୍ତ କରି ଦେଇଥିଲେ। ମୋତେ ମଧ୍ୟ ମୋ ନିଜ ଡିଏନଏ ଜଣାନାହିଁ, ଯାହାକୁ ମୋର କାର୍ମିକ ଉତ୍ତରାଧିକାର ବୋଲି କୁହାଯାଏ। ତଥାପି ମୋର ଚିନ୍ତନ ଅବାଧରେ ଆଗକୁ ଅଗ୍ରସର ହୋଇଚାଲିଛି। ମୋର ଉତ୍ପତ୍ତି ଓ ଉତ୍ତରାଧିକାର ମୋତେ ମୁକ୍ତ କରିଦେଇଛନ୍ତି।

ସତର ବର୍ଷ ବୟସରେ ମୁଁ ବଙ୍ଗଳାକୁ ସ୍ଥାନାନ୍ତରୀତ ହୋଇଥିଲି, ଅର୍ଥାତ୍, ମୋ ନିଜ ଭୂମିରୁ ଉତ୍ପାଟିତ ହୋଇଥିଲି। ସେଠାରେ ଅବା କିପରି ଚେର ଲମ୍ବେଇ ପାରିଥାଆନ୍ତି ? ସେଠାରେ ମୁଁ ସେ ଭାଷା ଶିଖିଲି, ସାଙ୍ଗସାଥୀ କଲି ଓ ଆଗକୁ ବିସ୍ତାରିତ ହେଲି। ସେ ନୂଆ ଆଧାର ପୁଣି ମୋତେ ମୁକ୍ତ କରିଦେଲା। ମୂଳ ଚେର ସ୍ମୃତିରେ ରହିଗଲା। ସ୍ମୃତି ପୁଣି ଲେଉଟିବାକୁ ଚାହିଁଲା ଓ ଯାହା ପାଇଲା ତାହା କେବଳ ଅତୀତରୁ ଚେନାଏ। ମୁଁ ଯେବେ ଆମ ଗାଆଁକୁ ଯାଏ, ସେତେବେଳେ ସେଇ ଚେନା ଚେନା ଅତୀତ ମୋର ପ୍ରତିଟି ସତ୍ତାକୁ ଜାବୁଡ଼ି ଧରନ୍ତି। କିନ୍ତୁ ମୋର ବର୍ତ୍ତମାନର ସତ୍ତା ଅନ୍ୟତ୍ର ଗଠିତ, ଅର୍ଥାତ୍, କଲିକତାରେ। ମୁଁ ଯେତେବେଳେ ଜର୍ମାନୀ ଗଲି, ମୋ'ଠାରେ ଏକ ମୌଳିକ ପରିବର୍ତ୍ତନ ଘଟିବା ମୁଁ ଲକ୍ଷ୍ୟ କଲି। ସେଠାରୁ କିଛି ବର୍ଷ ପରେ ଆମେରିକାକୁ ସ୍ଥାନାନ୍ତର ହୋଇଥିଲି। ଜର୍ମାନ ଭାଷା ଓ ଜର୍ମାନ ଦର୍ଶନ ମୋ ସତ୍ତାର ଏକ ଅଙ୍ଗ ପାଲଟି ଯାଇଥିଲା। ମୁଁ ତା'ରି ମାଧ୍ୟମରେ ଚିନ୍ତା କରିବାକୁ ଲାଗିଲି। ତେବେ ଆମେରିକାରେ ମୋ'ଠାରେ ସେପରି କୌଣସି 'ଚେରଧରା' ଘଟି ପାରିଲାନି। ତୁମେ ତୁମର ସେଇ ଚେରକୁ ନିଅ, ତା'ର ଶାଖାକୁ ନେଇ ଆମେରିକାରେ ପହଞ୍ଚାଅ ଓ ସେମାନଙ୍କ ସହ ବସବାସ କର – ସେଠାରେ କେବଳ କିଛିଟା ପରିବର୍ତ୍ତନ ଓ ସଂରଚନା ହିଁ ଲକ୍ଷ୍ୟ କରିପାରିବ। କିନ୍ତୁ ତୁମେ ତଥାପି ସେଠାରେ ଏକ ଛିନ୍ନମୂଳ ସତ୍ତା ହୋଇ ରହିଥିବ।

ତେଣୁ ମୋ'ଠାରେ ଏଭଳି ପରସ୍ତ ପରସ୍ତ ଚେରଧରା ରହିଛି ଏବଂ ଯେତେ ଜୋର୍ କରି ସେସବୁକୁ ଭିଡ଼ି ଧରିବା ସମ୍ଭବ ମୁଁ ସେସବୁକୁ ଜାବୁଡ଼ି ଧରିଛି। ତଥାପି, ମୋ ଚିନ୍ତନରେ ସଦାବେଳେ ମୁଁ ସେସବୁଠାରୁ ମୁକ୍ତ ରହିବାକୁ ଚାହେଁ। ସକଳ ପ୍ରକାର ପରମ୍ପରା ଅତିକ୍ରମ କରି, ବୈଚାରିକତା ଦୃଷ୍ଟିରୁ ଚିନ୍ତା କରିବା ଏବଂ ମୋ କ୍ଷେତ୍ରରେ ଭାରତୀୟ, ଜର୍ମାନ ଓ ଆମେରିକୀୟ ପରମ୍ପରାଠାରୁ ମୁକ୍ତ ରହିବା – ମୋତେ ବେଳେବେଳେ ବିସ୍ମିତ କରେ। ପରମ୍ପରା ଜଣେ ବ୍ୟକ୍ତିର ଜୀବନକୁ ପରିପାଳନ ଓ

ପରିପୁଷ୍ଟ କରେ, ପ୍ରାଣଶକ୍ତି ପ୍ରଦାନ କରେ। ତା'ପାଇଁ ଏକ ସାର୍ଥକ ଦୁନିଆ ଉପଲବ୍ଧ କରାଇବାକୁ ସକ୍ଷମ କରାଏ। ଏଥି ସହିତ ଏଭଳି ଆଁ'ମାନ ମେଲା କରେ ଯାହା ଦେଇ ଅନ୍ୟ ପରମ୍ପରା ସହିତ ସମ୍ପର୍କ ସ୍ଥାପନ କରାଯାଇପାରେ। କୌଣସି ପରମ୍ପରା କଦାପି ଏକ ଗବାକ୍ଷରୁଦ୍ଧ ଅଭେଦ୍ୟ ଦୁର୍ଗ ହୋଇ ନ ପାରେ। ମୁଁ କେବଳ ଜଣେ ଓଡ଼ିଆ ନୁହେଁ, ଜଣେ ଭାରତୀୟ ମଧ୍ୟ। ଜଣେ ମଣିଷ ବି। ତେଣୁ ସମଗ୍ର ମାନବୀୟ ଚେତନାର ଇତିହାସ ମୋର ସତ୍ତା ଓ ଚେତନାକୁ ଗଢ଼ିବାରେ ସହାୟକ ହୋଇଛି। ସେହି ଦୃଷ୍ଟିରୁ ମୋତେ ଲାଗେ ଯେ ମୁଁ ହେଉଛି ଅନେକ ପ୍ରଗାଢ଼ ବୃତ୍ତର କେନ୍ଦ୍ରବିନ୍ଦୁ। ମୋର ଚେତନା ଭିତରେ ସେଇସବୁ ବୃତ୍ତଗୁଡ଼ିକୁ ଅନୁଭବ କରିବା ହେଉଛି ଜଣେ ବିଶ୍ୱ ଦାର୍ଶନିକ ହେବା। ଅନ୍ୟ ପରମ୍ପରା ସହ ଆଲୋଚନା କରିବା ଅର୍ଥ, ନିଜ ସହ ବାର୍ତ୍ତାଳାପ କରିବା ସଙ୍ଗେ ସମାନ।

(୬)

ମୋର ଦାର୍ଶନିକ ଯାତ୍ରାକ୍ରମରେ ଏବଂ ନିଜର ଚେର (ମୂଳ) ଖୋଜିବା ପ୍ରକ୍ରିୟାରେ, ମୋ ନିଜ ଧର୍ମୀୟ ବିଶ୍ୱାସରେ କ'ଣ ପରିବର୍ତ୍ତନ ଘଟିଛି, ସେକଥା ନିର୍ଦ୍ଧାରଣ କରିବା ମୋ'ପକ୍ଷେ ଅସ୍ୱାଭାବିକ ନୁହେଁ। ଏବେ ସୁଦ୍ଧା ମୋର ପାଠକମାନଙ୍କ ମନରେ ଏକଥା ସ୍ପଷ୍ଟ ହୋଇ ସାରିଥିବ ଯେ ସେସବୁ ଅଧିକତର ମୁଁ ହରାଇ ସାରିଛି -ଯଦ୍ୟପି, ମୁଁ ଏଠାରେ ଗୋଟିଏ କଥା କହିବାକୁ ଚାହିଁବି, 'ଧାର୍ମିକତା' (*Religiosity*) କହିଲେ ଯାହା ବୁଝାଯାଏ ତାହାର ମୂଳପିଣ୍ଡକୁ ମୁଁ ସଯତ୍ନରେ ନିଜ ଭିତରେ ସଂରକ୍ଷିତ ରଖିଛି। ଜୀବନ କାହାଣୀର ଏହା ଗୁରୁତ୍ୱପୂର୍ଣ୍ଣ କଥା ନୁହେଁ ଯେ କାହାଣୀ କେଉଁଠି ଶେଷ ହେଲା, ବରଂ ଜୀବନ କେଉଁ ପଥରେ ପରିଚାଳିତ ହେଲା, ଧର୍ମ ଦୃଷ୍ଟିରୁ ଏହା ବିଶେଷ ମାନ୍ୟତା ରଖେ।

ଧର୍ମକର୍ମରେ ଅତି ମାତ୍ରାରେ ବିଶ୍ୱାସୀ ଗୋଟିଏ ପରିବାରରେ ମୋର ଜନ୍ମ, ଯେଉଁଠି ଜୀବନ ସଦାବେଳେ ପରିବାରର ସେଇ ମନ୍ଦିର ଚତୁଃପାର୍ଶ୍ୱରେ ହିଁ କେନ୍ଦ୍ରିତ ଥିଲା। ବୈଷ୍ଣବ ପରମ୍ପରାରେ ଲାଳିତପାଳିତ ହୋଇ କୃଷ୍ଣଙ୍କ ଜୀବନ କାହାଣୀ ପ୍ରତି ମୋ ମନରେ ବିଶେଷ ଶ୍ରଦ୍ଧା ଭାବ ସୃଷ୍ଟି ହୋଇଥିଲା। ଈଶ୍ୱରଙ୍କୁ ପ୍ରାର୍ଥନା କରି ମୁଁ ତାଙ୍କ ଭଜନ ଗାନ କରୁଥିଲି। ଗାଆଁରେ ଥିବାବେଳେ ତ ଗାଆଁଲୋକମାନେ ଅଖଣ୍ଡ ଭଜନ ଗାନ କରୁଥିଲେ। କୃଷ୍ଣଙ୍କ ଭଜନ ହେଉ କି ତାଙ୍କ ନାମ ସଂକୀର୍ତ୍ତନ ହେଉ ବେଳେବେଳେ ଚବିଶ ଘଣ୍ଟା ଧରି ଓ ଆଉ କେତେବେଳେ ଏକାଦିକ୍ରମେ ଦିନ ଦିନ ଧରି। ସେସବୁ ଥିଲା ଅତି ମାତ୍ରାରେ ଭାବପ୍ରବଣର ଅନୁଭୂତି – ସେଥିରେ ଭଜନ ଓ

କୀର୍ତ୍ତନ ଗାନ ଓ ନୃତ୍ୟ ସବୁ କିଛି ସାମିଲ ଥିଲା। ଗୋଟିଏ ବାରବର୍ଷର ଶିଶୁ ପାଇଁ ଯିଏକି ଦିବ୍ୟାତ୍ମାଙ୍କୁ ଦର୍ଶନ କରିବ ବୋଲି ମନେ ମନେ ଆଶା ବାନ୍ଧି ରହୁଥିଲା - ସେଇ ଚିନ୍ତା ତା'ମନରୁ କେବେ ବି ଦୂରେଇ ଯାଇ ନ ଥିଲା। ତେବେ ସେପରି ସୌଭାଗ୍ୟ କେବେ ମୋତେ ଯୁଟିନାହିଁ। ଯେହେତୁ ମୋ ବାପା କେବେ ବ୍ରାହ୍ମଣ୍ୟବାଦୀ ପୁରୋହିତ ପ୍ରାଧାନ୍ୟ ସ୍ୱଭାବରେ ବିଶ୍ୱାସୀ ନ ଥିଲେ, ଆମ ଘରେ ଥିବା ପ୍ରଭୁ ଜଗନ୍ନାଥଙ୍କ ରୀତିନୀତି ସମ୍ପାଦନ ଲାଗି ସେ ମୋତେ ହିଁ ପ୍ରୋତ୍ସାହିତ କରୁଥିଲେ। ଆମ ପରିବାରର ଠାକୁରଘରେ ମହାପ୍ରଭୁ ଜଗନ୍ନାଥ ଥିଲେ ସବୁଠାରୁ ବଡ଼ ଦିଅଁ। ମୁଁ ତାଙ୍କ ପାଖରେ ଆରତି କରିବାବେଳେ ଖୁସି ହେଉଥିଲି, ଯେଉଁଥିରେ ଅନ୍ୟସବୁ କଥା ସହିତ ଦିଅଁଙ୍କ ଆଗରେ ଜଳନ୍ତା ଆରତି ଦୀପକୁ ଅତି ସଯତ୍ନରେ ଓ ସୁନ୍ଦର ଭାବରେ ହଲାଇବା ମୋର ଅନ୍ୟତମ କାମ ଥିଲା। ମୋର ଏଇ ପ୍ରାତ୍ୟହିକ ଦିଅଁସେବା ନୀତି ମୋ ବାପାଙ୍କୁ ଏତେ ମାତ୍ରାରେ ମୁଗ୍ଧ କରିଥିଲା ଯେ ସେଭଳି ଧାର୍ମିକ ଜୀବନକୁ ପ୍ରଶଂସା କରିବା ମୋ ଜୀବନର ଅଂଶବିଶେଷ ପାଲଟି ଯାଇଥିଲା।

ପନ୍ଦର ବର୍ଷ ବୟସରେ, ଶ୍ରୀ ଅରବିନ୍ଦଙ୍କ ଆଦର୍ଶରେ ପ୍ରଭାବିତ ହୋଇ ମୁଁ ଯୋଗାଭ୍ୟାସ ଓ ଧ୍ୟାନ କରିବା ଆରମ୍ଭ କରିବି ବୋଲି ଭାବିଲି। ସେତେବେଳକୁ ମୋର ପ୍ରାରମ୍ଭିକ ଜୀବନର ବୈଷ୍ଣବ ରୀତିନୀତି ଧୀରେ ଗୌଣ ପାଲଟି ସାରିଥିଲା, ଯଦିବା ସେକଥା ମନେ ପଡ଼ିଲେ ଆଜି ସୁଦ୍ଧା ମୋ ଆଖିରେ ଲୁହ ଜକେଇ ଆସେ ଓ ଭାବାବେଗରେ ମୋ କଣ୍ଠ ବାଷ୍ପରୁଦ୍ଧ ହୋଇଯାଏ। ଅରବିନ୍ଦଙ୍କ ଲେଖା ପଢ଼ି ମୋ ମନରେ ଯେଉଁ ବିଶ୍ୱାସଟି ଜନ୍ମିଥିଲା ତାହା ହେଲା, ଧ୍ୟାନ ଓ ଯୋଗାଭ୍ୟାସ ଦ୍ୱାର ମୋ ଦୈହିକ ସତ୍ତାରେ ଈଶ୍ୱରୀୟ ସତ୍ତା ପ୍ରବେଶ କରିବ ଓ ମୋ ଭିତରେ ରହି ମୋତେ ପଥ ପ୍ରଦର୍ଶନ କରିବ ଓ ଜାଗତିକ ପରିବର୍ତ୍ତନ ସକାଶେ ମୋର ଶକ୍ତି ଓ ସାମର୍ଥ୍ୟର ଉପଯୋଗ କରିବ। ଗାନ୍ଧିବାଦ ପ୍ରତି ମୋ ମନରେ ଥିବା ମାତ୍ରାତିରିକ୍ତ ଶ୍ରଦ୍ଧାକୁ ଏଭଳି ଚିନ୍ତାଧାରାଟି ଭଲ ଭାବରେ ଖାପ ଖାଉଥିଲା, ଯାହା ଫଳରେ ମାନବ ଜାତିକୁ ରକ୍ଷା କରି ହେବ ଓ ତା'ର କଲ୍ୟାଣ ସାଧନ କରି ହେବ। ଅରବିନ୍ଦ ମୋ ମନରେ ଧାରଣା ବଦ୍ଧମୂଳ କରିଥିଲେ ଯେ ରାଜନୀତି ଓ ଧର୍ମକୁ ମାନବ ସମାଜର ସେବା ଓ ଆଧ୍ୟାତ୍ମିକତା ସକାଶେ ଯୋଗାଭ୍ୟାସ ମାଧ୍ୟମରେ ଏକା ସଙ୍ଗେ ଆହରଣ ଓ ଅନୁସରଣ କରାଯାଇପାରିବ ଓ କରାଯିବା ଉଚିତ। ଏକ ସମ୍ଭାବ୍ୟ ନୂତନ ଧର୍ମ ଯେଉଁଥିରେ କି ସାମାଜିକ ଓ ରାଜନୈତିକ ସଂସ୍କାର ନିହିତ, ତାହା ଗାନ୍ଧିଙ୍କ ମାଧ୍ୟମରେ ମୋ ମନକୁ ଆସିଥିଲା। ତା'ପରେ ମୁଁ ବାହାରିଥିଲି ଆଉ ଏକ ନୂଆ ଧର୍ମ ସନ୍ଧାନରେ, ଯେଉଁଥିରେ ଗାନ୍ଧି ଓ ଅରବିନ୍ଦଙ୍କୁ ଏକତ୍ରିତ କରିହେବ। ମୋ ମନରେ ଧାରଣା ସୃଷ୍ଟି ହେଲା ଯେ ଯୋଗ ଓ ସାମାଜିକ/

ରାଜନୈତିକ କାର୍ଯ୍ୟକଳାପ ଅବିଚ୍ଛିନ୍ନ - ସ୍ୱାମୀ ବିବେକାନନ୍ଦ କ'ଣ ଏହାର ପ୍ରବକ୍ତା ନୁହନ୍ତି କି ? ସେଥିରେ ମୋର ଧର୍ମ ସମ୍ବନ୍ଧୀୟ ଧାରଣା ଆହୁରି ଦୃଢ଼ୀଭୂତ ହେଲା ଓ ଏବେ ମୁଁ ବୈଷ୍ଣବ ରୀତିନୀତିରୁ ହୁଗୁଳିଗଲି ଏବଂ ଏହା ମୋତେ ଏଭଳି ଏକ ସୁଦୃଢ଼ ମଞ୍ଚ ପ୍ରଦାନ କଲା ଯାହା ଉପରେ ଠିଆ ହୋଇ ମାର୍କ୍ସବାଦକୁ ଚାଲେଞ୍ଜ ଓ ପରାହତ କରାଯାଇପାରିବ ।

ଧର୍ମର ରାଜନୈତିକ ପରିଣତିରେ ଏପରି ଆତ୍ମବିଶ୍ୱାସର ନିର୍ଣ୍ଣାୟକ ଯୋଗରେ ହିଁ ନିହିତ ରହିଛି ବୋଲି ମୋର ବି.ଏ. ଫାଇନାଲ ବର୍ଷ **'କଲିକତାର ଭୟଙ୍କର ଗଣହତ୍ୟା'** ସମୟରେ ପ୍ରମାଣିତ ହୋଇଥିଲା । ସେ ସମୟଟି ପୁଣି ଥିଲା ଭାରତରେ ବ୍ରିଟିଶ୍ ଶାସନର ଶେଷ ବର୍ଷ । ସେଇଭଳି ସଂହାରଲୀଳା ଭିତରେ ଜୀବନ ବଞ୍ଚି, ମୁଁ ଦେଖିଥିଲି ଯେ ହିନ୍ଦୁ ଓ ମୁସଲମାନମାନେ କିପରି ପରସ୍ପରଙ୍କୁ ହଜାର ହଜାର ସଂଖ୍ୟାରେ ହତ୍ୟା କରି ଚାଲିଥିଲେ । ସେତେବେଳେ ନିଜକୁ ନିଜେ ପ୍ରଶ୍ନ କରିଥିଲି - ଧର୍ମର ମୂଲ୍ୟବୋଧ କ'ଣ ଏବଂ ଶହ ଶହ ବର୍ଷ ଧରି ଶାନ୍ତିପୂର୍ଣ୍ଣ ଭାବରେ ସହାବସ୍ଥାନ କରିଆସୁଥିବା ଲୋକମାନେ ସେଇ ଧର୍ମ ନାମରେ ଆଜି କାହିଁକି ଏଭଳି ଅମାନବୀୟ ହିଂସାକୁ ଆପଣାଇଛନ୍ତି ? ଗାନ୍ଧିଙ୍କ ମାର୍ଗଟି ଥିଲା ମନରେ ବାସ୍ତବ ଧର୍ମୀୟ ଭାବନା ଉଦ୍ରେକ କରିବା ଯାହା ପାରସ୍ପରିକ ସମ୍ମାନବୋଧ ଓ ସହନଶୀଳତା ସୃଷ୍ଟି କରିପାରିବ । ମହାତ୍ମା ଗାନ୍ଧି ଯେତେବେଳେ କଲିକତାକୁ ଆସୁଥିଲେ, ତାଙ୍କୁ ଦେଖିବା ଲାଗି ମୁଁ ସଭାସ୍ଥଳକୁ ଦୌଡ଼େ; ତାଙ୍କ ପ୍ରାର୍ଥନା ସଭାରେ ସାମିଲ ହୁଏ, ଯେଉଁଠାରେ ସବୁ ପ୍ରମୁଖ ଧର୍ମର ବାଣୀମାନ ପାଠ କରାଯାଏ । ତାହା ମୋତେ ପ୍ରଭାବିତ କରେ ସତ, କିନ୍ତୁ ମୁଁ ଭିନ୍ନ ପ୍ରକାର ଚିନ୍ତା କରେ । ଯଦି ମୋ ଜୀବନରେ ଧର୍ମକୁ ସମ୍ପୂର୍ଣ୍ଣ ରୂପେ ଗୁରୁତ୍ୱହୀନ ଭାବରେ ଗ୍ରହଣ କରିଥାଆନ୍ତି, ତା'ହେଲେ ଧର୍ମର ମହତ୍ତ୍ୱ ଅଧିକ ଫଳପ୍ରସୂ ହୋଇ ନ ଥାଆନ୍ତା କି ?

ମୁଁ ଯେତେବେଳେ ବିନୋବାଙ୍କ **'ପଦଯାତ୍ରା'**ରେ ତାଙ୍କ ସହ ସାମିଲ ହୋଇଥିଲି, ସେ ମହାରାଷ୍ଟ୍ରର ସାଧୁସନ୍ଥମାନଙ୍କ 'ଭକ୍ତିମାର୍ଗ' ସମ୍ପର୍କରେ ଆଲୋଚନା କରୁଥିଲେ । ତୁକାରାମ ଓ ଜ୍ଞାନେଶ୍ୱରଙ୍କ କଥା କହିଲାବେଳେ ତାଙ୍କ ଆଖି ଲୁହ ଛଳଛଳ ହୋଇ ଯାଉଥିଲା । କବୀରଙ୍କ କଥା ବଖାଣିଲା ବେଳକୁ ବି ସେଇ ଅବସ୍ଥା । ଧର୍ମର ସାହାରା ନେଇ ସାମାଜିକ ପରିବର୍ତ୍ତନ ଘଟାଇବାର ପୁଣି ଏକ ପ୍ରୟାସକୁ ମୁଁ ତାଙ୍କଠାରେ ଦେଖିଥିଲି । ବିନୋବା ସଦାବେଳେ ସାଧାରଣ ଲୋକଙ୍କ ବୁଝିବା ଭଳି ସରଳ ଭାଷା ବ୍ୟବହାର କରୁଥିଲେ । ଯେତେବେଳେ ତେଲଙ୍ଗାନାର ଜଣେ ଜମିଦାର ପ୍ରଥମ କରି ଭୂଦାନ କରିବେ ବୋଲି ବିନୋବାଙ୍କ ନିକଟକୁ ଆସିଲେ, ସେ ତାଙ୍କଠାରେ ଈଶ୍ୱରଙ୍କ

ସାନ୍ନିଧ୍ୟ ଅନୁଭବ କରିଥିଲେ। ମୋ ନିଜ ଭିତରେ ମଧ୍ୟ ଅନୁରୂପ ଧରଣର ଭାବନା ମନକୁ ଆନ୍ଦୋଳିତ କରିବାର ମୁଁ ଅନୁଭବ କରିଥିଲି। କିନ୍ତୁ ଭୂଦାନ- ଆନ୍ଦୋଳନର ପ୍ରଗତି ଅଥବା ଗାନ୍ଧିବାଦୀ ସର୍ବୋଦୟ ସମ୍ମିଳନୀର ଲକ୍ଷ୍ୟ ହାସଲ ମୋତେ ଏକ ନୂଆ ଧରଣର ପରିକଳ୍ପନାରେ ଉଭୟ ସାଧନା ଓ ସିଦ୍ଧି ଦିଗରୁ ଉଚ୍ଚାଟିତ କରିବାକୁ ଆରମ୍ଭ କଲା। ଧର୍ମ ସହିତ ଏହାର କି ସମ୍ବନ୍ଧ ଅଛି ? ବିନୋବା ଅଧିକାଂଶ ସମୟରେ ତାଙ୍କର ପ୍ରାଜ୍ଞ ଭାବନାରେ, 'ଧର୍ମ' ଶବ୍ଦକୁ ଗୁରୁତ୍ୱ ପ୍ରଦାନ କରୁ ନ ଥିଲେ। ବରଂ ସେ ବିଜ୍ଞାନକୁ ଆତ୍ମଜ୍ଞାନ ସହିତ ସମ୍ମିଶ୍ରଣ ଘଟାଇବା ଉପରେ ଅଧିକ ମହତ୍ତ୍ୱ ଦେଉଥିଲେ; ଏହାର କାରଣ କ'ଣ ? ଆଧୁନିକ ବିଜ୍ଞାନ ଓ ଆଣବିକ ଅସ୍ତ୍ର କାଳରେ ଧର୍ମ ନୁହେଁ, ଆଧ୍ୟାତ୍ମିକତା ଅଧିକ ଆବଶ୍ୟକ ବୋଲି ସେ କହୁଥିଲେ। ତା'ହେଲେ 'ଆଧ୍ୟାତ୍ମିକତା' କହିଲେ କ'ଣ ବୁଝାଏ ?

ପୁଣି ଥରେ ମୋ ମନ ସେଇସବୁ ବ୍ୟକ୍ତିତ୍ୱଙ୍କ ଆଡ଼କୁ ଲେଉଟିଯାଏ, ଯେଉଁମାନଙ୍କୁ ମୁଁ ଆଧ୍ୟାତ୍ମିକତାର ପ୍ରତୀକ ବୋଲି ଭକ୍ତି କରୁଥିଲି - ଶ୍ରୀ ରାମକୃଷ୍ଣ, ବିବେକାନନ୍ଦ, ଗାନ୍ଧି, ଅରବିନ୍ଦ, ଟାଗୋର ଏବଂ କୃଷ୍ଣ ପ୍ରେମ ଓ ରମଣ ମହର୍ଷି। କିନ୍ତୁ ସେମାନେ ସମସ୍ତେ କ'ଣ ସେଇ ଧର୍ମର ଭାଷା 'ଈଶ୍ୱର', 'ଦିବ୍ୟତ୍ୱ'ର କଥା କହୁ ନ ଥିଲେ କି? ମୁଁ କ'ଣ ଧର୍ମର ଭାଷାକୁ ସମ୍ପୂର୍ଣ୍ଣ ଭାବରେ ପ୍ରତ୍ୟାଖ୍ୟାନ କରିପାରିବି ଓ ତା'ସହିତ ଜଡ଼ିତ ବିଶ୍ୱାସକୁ ଅସ୍ୱୀକାର କରିପାରିବି ? ଆଉ ତା' ସହିତ ଆଧ୍ୟାତ୍ମିକତାର ଆସ୍ଥା ସାଙ୍ଗରେ ନିଜକୁ ବାନ୍ଧି ରଖିପାରିବି ? ତାହା ଥିଲା ମୋର ଶେଷ ଉପାୟ। ୧୯୮୦ ଦଶକ ଶେଷ ବେଳକୁ ମୁଁ ତାହା ହିଁ କରିବାକୁ ସକ୍ଷମ ହୋଇଥିଲି।

ତାହାରି ଭିତରେ, ମୋ ବୋଉର ଧର୍ମକୁ ନେଇ ତା'ମନରେ ସୃଷ୍ଟ ସଂଘାତକୁ ଲକ୍ଷ୍ୟ କରିବାର ଅନୁଭୂତି ବି ମୋର ହୋଇଥିଲା। ୧୯୭୦ ଦଶକରେ ମୁଁ ଥରେ ଆମେରିକାରୁ ଭାରତ ଲେଉଟିଥାଏ - ସେତେବେଳେ ସେ ଜଣେ ଗୁରୁଙ୍କଠାରୁ ଦୀକ୍ଷା ନେବା ଉଚିତ ହେବ କି ନାହିଁ ବୋଲି ମୋତେ ପଚାରିଥିଲା। ବୋଉ ମୋତେ ଏଭଳି ପ୍ରଶ୍ନ ପଚାରିବା ମୋତେ ବିସ୍ମିତ କରିଥିଲା। ଧର୍ମକୁ ନେଇ ମୋ ମନର ଏଭଳି ଧାରଣା ତା' ଆସ୍ଥାକୁ ବ୍ୟାହତ କରି ନ ଥିଲା। ମୁଁ ତାକୁ ଧରି ତାରା ଚାଟାର୍ଜୀଙ୍କ ବାପାଙ୍କ ନିକଟକୁ ଗଲି ଯାହାଙ୍କର ଏଭଳି ପ୍ରସଙ୍ଗରେ କିଛି ଗୂଢ଼ ଜ୍ଞାନ ଥିଲା। ବୃଦ୍ଧ ଭଦ୍ରବ୍ୟକ୍ତି ଜଣକ କେଇ ଘଣ୍ଟା ଧରି ବୋଉ ସହିତ କଥାବାର୍ତ୍ତା କଲେ। ପରିଶେଷରେ ବୋଉ ତା'ର ମନ ସ୍ଥିର କରିଥିଲା। ତା'ପରେ ସେ ଓଡ଼ିଶା ଫେରିଗଲା ଓ ଜଣେ ସ୍ଥାନୀୟ ସାଧୁ, ବାୟାବାବାଙ୍କ ଠାରୁ ଦୀକ୍ଷା ଗ୍ରହଣ କଲା। ତା'ପରଠାରୁ ସେଇ ସାଧୁଙ୍କ ଆଶ୍ରମରେ ସେ ଢେର୍ ସମୟ ବିତାଇବାକୁ ଆରମ୍ଭ କଲା ଓ ବାୟାବାବାଙ୍କ ଉପଦେଶ

ଓ ପରାମର୍ଶ ତା'ମନକୁ ପ୍ରଶାନ୍ତି ଦେଇଥିଲା। ମୁଁ ବି ମନେ ମନେ ଭାରି ଖୁସି ହେଲି। ୧୯୮୦ ଦଶକ ପ୍ରାରମ୍ଭରେ ଗୁରୁଙ୍କର କାଳ ହୋଇଗଲା ଓ ତା'ପରେ ବୋଉ ନିଜକୁ ବଡ଼ ଅସହାୟ ମନେ କଲା। କାରଣ, ବୋଉ ଭାବିଥିଲା ଯେ ଗୁରୁଙ୍କ ଆଧ୍ୟାତ୍ମିକ ମାର୍ଗଦର୍ଶନରେ ସେ ମରଣ ପର୍ଯ୍ୟନ୍ତ ଜୀବନ ବିତେଇ ପାରିବ। ବୋଉ ଏକୁଟିଆ ହୋଇଗଲା ପରେ ବେଳେବେଳେ ମୋ ସହିତ ମୁକ୍ତ ମନରେ କଥାବାର୍ତ୍ତା ହୁଏ। ଶେଷ ବେଳକୁ ସେ ଏପରି କହିଲା ଯାହା ମୋତେ ଆଶ୍ଚର୍ଯ୍ୟ ଲାଗିଥିଲା। ସେ କହିଲା, 'ମୋତେ ଦୀକ୍ଷିତ କରାଇବାରେ ସକ୍ଷମ ହୋଇଥିବାରୁ ମୁଁ ତୋ ପାଖରେ ଋଣୀ। ଏବେ ମୁଁ ଖୁସିରେ ସଂସାର ଛାଡ଼ି ଯିବାକୁ ପ୍ରସ୍ତୁତ ଅଛି।' ଆଉ ତା'ପରେ ପରେ ଆମ ପାରିବାରିକ ମନ୍ଦିରରେ ଦିନେ ସନ୍ଧ୍ୟା ଆଳତୀ ହେଉଥିବାବେଳେ, ସମସ୍ତେ ଖୋଳ କରତାଳ, ଘଣ୍ଟ ଘଣ୍ଟା ବଜାଇ ଭଜନ କରୁଥିବାବେଳେ ହିଁ ସେ ଶାନ୍ତିରେ ଆଖି ବୁଜିଥିଲା। ବୋଉର ବିଦାୟ ସହ, ମୋର ଏ ସଂସାରରୁ ଯାହା କିଛି ଧର୍ମ ସମ୍ବନ୍ଧୀୟ ଆବଶ୍ୟକତା ଥିଲା -ଅବା ଯାହା ମୁଁ ଚାହୁଁଥିଲି, ସେଥିରେ ପୂର୍ଣ୍ଣଚ୍ଛେଦ ପଡ଼ିଗଲା।

ପୂର୍ବାପେକ୍ଷା ଏବେ ମୋ ମନରେ ଧାରଣା ସ୍ପଷ୍ଟତର ହୋଲା ଯେ ମୋର ଈଶ୍ୱରଙ୍କ ଉପରେ ବିଶ୍ୱାସ ନାହିଁ। ତା'ହେଲେ ଏକଥା ସଂସାରକୁ ନ କହିବି କାହିଁକି - *ଏର୍ଣ୍ଣବନ୍ଧୁ ସର୍ବେ-* ପୂରାପୂରି ଦୃପ୍ତ କଣ୍ଠରେ? ତା'ପରେ ମୁଁ ନିଜକୁ ଜଣେ '*ଶବ୍ଦାର୍ଥ ଅଜ୍ଞେୟବାଦୀ*' ('*semantic agnostic*') ବୋଲି ଘୋଷଣା କଲି। 'ଈଶ୍ୱର'କହିଲେ କ'ଣ ବୁଝାଏ ତାହା ମୁଁ ବାସ୍ତବ ପକ୍ଷେ ବୁଝି ନ ଥିଲି। ମୋ ସାଙ୍ଗମାନେ ମୋତେ ପଚାରନ୍ତି,'କୌଣସି ଅଦୃଶ୍ୟ ଶକ୍ତିକୁ କ'ଣ ତୁମେ ଉପଲବ୍ଧି କରନାହିଁ?' ଏକଥା ସତ ଯେ ମୁଁ ଅନେକ ଭିନ୍ନ ଭିନ୍ନ କଥାରେ ବିଶ୍ୱାସୀ ଥିଲି। କିନ୍ତୁ ମୁଁ ଯେଉଁ ଭିନ୍ନ ଭିନ୍ନ କଥାକୁ ବିଶ୍ୱାସ କରୁଥିଲି ତାକୁ 'ଈଶ୍ୱର' ବୋଲି କାହିଁକି କୁହାଯିବ? ତାହା ଈଶ୍ୱର ନ ହୋଇ ଅନ୍ୟ କିଛି ବୋଲି କୁହା ନ ଯିବ କାହିଁକି? ଉପନିଷଦରେ ଯାହାକୁ 'ବ୍ରହ୍ମ' ବୋଲି କୁହାଯାଇଛି ତାହା ଉପରେ ମୋର ଅଧିକ ଆସ୍ଥା ଓ ତାହାକୁ ମୁଁ ଅଧିକ ଉତ୍ତମ ରୂପେ ବୁଝେ। କିନ୍ତୁ ବ୍ରହ୍ମକୁ ଈଶ୍ୱର ବୋଲି ବିଶ୍ୱାସ କରିବା କେବଳ ମାନସିକ ବିଭ୍ରାନ୍ତି ବୋଲି କୁହାଯିବ।

ଥରେ ଈଶ୍ୱର ବିଶ୍ୱାସକୁ ସ୍ପଷ୍ଟ ଭାବରେ ଓ ବିନା ଦ୍ୱିଧାରେ ମୁଁ ପ୍ରତ୍ୟାଖ୍ୟାନ କରିବା ପରେ, ତାହା ସମ୍ପର୍କରେ ସକଳ ପ୍ରକାର ବିଭ୍ରାନ୍ତକର ଆଲୋଚନା ଓ ଅସ୍ପଷ୍ଟତା ସତ୍ତ୍ୱେ, ଆଧ୍ୟାତ୍ମିକତା ପ୍ରତି ମୋ ମନରେ ଆହୁରି ଆଗ୍ରହ ସୃଷ୍ଟି ହୋଇ ଚାଲିଲା। ଦର୍ଶନ ଶାସ୍ତ୍ର, ଯାହାକୁ ସଂସାରତତ୍ତ୍ୱର ଆଧ୍ୟାତ୍ମିକ ସନ୍ଧାନର କ୍ଷେତ୍ର ବୋଲି ବିବେଚନା କରାଯାଏ, ତାହା ଧୀରେ ଧୀରେ ମୋ ମନରେ ସ୍ପଷ୍ଟତର ହେବାକୁ ଲାଗିଲା। ତାହାର ଗୂଢ଼ାର୍ଥ

ବୁଝା ପଡ଼ିଲା । ମୋ ପାଇଁ ମହତ୍ତ୍ୱ ରଖୁଥିବା 'ଧାର୍ମିକତା' (*'Religiosity'*)କୁ ମୁଁ ପୁଣି ଥରେ ଫେରି ପାଇବାକୁ ଲାଗିଲି । ଏବେ ମୋ ପାଇଁ ଧାର୍ମିକତାର ଅର୍ଥ ହେଲା - ପ୍ରତ୍ୟେକ ବସ୍ତୁର ଅଲଘୁକରଣୀୟ ପବିତ୍ରତା: ଯଥା, ଜୀବନର ପବିତ୍ରତା, ମାନବିକତାର ପବିତ୍ରତା, ଓ ପ୍ରକୃତିର ପବିତ୍ରତା; ଜୀବନକୁ ସୁରକ୍ଷିତ ରଖିବାର ନୈତିକ ଦାୟିତ୍ୱବୋଧ, ନିଜର ସର୍ବଶ୍ରେଷ୍ଠ ସାମର୍ଥ୍ୟ ଅନୁସାରେ ମଣିଷର ବିସ୍ତାରଣ ଓ ବିକାଶ - ସଂକ୍ଷେପରେ କହିଲେ, ହ୍ୱାଇଟ୍‌ହେଡ୍‌ଙ୍କ କହିବା ଅନୁସାରେ 'ବିଶ୍ୱ-ନିଷ୍ଠା' ।

ମୁଁ ଈଶ୍ୱରଙ୍କ ସତ୍ତାକୁ ଅସ୍ୱୀକାର କରେ ନାହିଁ; କାରଣ, ମୁଁ ମଧ୍ୟ ଏକ ଜାଗତିକ ଭୌତିକବାଦୀ ଚିନ୍ତାଧାରାରେ ବିଶ୍ୱାସୀ ଯେ ସଂସାର ଅନେକ ପ୍ରକାର ଭୌତିକ ପଦାର୍ଥର ସମଷ୍ଟି । ଅପର ପକ୍ଷେ, ଭୌତିକବାଦକୁ ଏକ ଅନୁଚିତ ଦର୍ଶନ ଭାବରେ ମୁଁ ପ୍ରତ୍ୟାଖ୍ୟାନ କରେ । ଆଦର୍ଶବାଦ ମୋ ପାଇଁ ହେଲା ଏକ ଗ୍ରହଣୀୟ ଦର୍ଶନ । କିନ୍ତୁ ଈଶ୍ୱରଙ୍କ ସତ୍ତା ପ୍ରସଙ୍ଗରେ ଏସବୁର କିଛି ଦେଣ-ନେଣ ନାହିଁ । ପ୍ରସଙ୍ଗଟି ହେଲା, 'ଈଶ୍ୱର' କହିଲେ କ'ଣ ବୁଝାଏ, ସେକଥା ଆମେ ବୁଝୁନା; କିମ୍ବା ସେହି ଆଲୋକିତ 'ଈଶ୍ୱର' ମଣିଷର କି ଆବଶ୍ୟକତା ପୂରଣ କରନ୍ତି, ସେକଥା ମୋର ବୋଧଶକ୍ତି ବହିର୍ଭୂତ । ପାରମ୍ପରିକ ଧର୍ମୀୟ ବିଶ୍ୱାସ ମୋର ଉଭୟ ଚିନ୍ତନ ଓ କର୍ମକୁ ବ୍ୟାହତ କରେ ।

ସେହି ସଂକଟରୁ ମୁକୁଳି, ମୁଁ ମୁକ୍ତ ଭାବରେ ଚିନ୍ତା କରେ । ଚିନ୍ତନ ବଡ଼ କଠିନ କାର୍ଯ୍ୟ; ଏବଂ ଚିନ୍ତନର ମାର୍ଗ ଅନୁସରଣ କରିବା ଆହୁରି କଷ୍ଟସାଧ୍ୟ । ଏହି ପଥ ଅନୁସରଣ କଲାବେଳେ ପାଦ ଖସି ଯିବାକୁ ଜଣେ ଚିନ୍ତକ ସବୁଠାରୁ ବଡ଼ ସୌଭାଗ୍ୟ ବୋଲି ଆଶା କରେ । ଏହି ପରିପ୍ରେକ୍ଷୀରେ ମୋତେ, ମୋର ପ୍ରିୟ ବାନ୍ଧବୀ ହାନା ଆରେଣ୍ଟ୍‌ଙ୍କ ଭଳି ସୌଭାଗ୍ୟ ଯୁଟନ୍ତା କି !

■

ଗତ ତିନି ଦଶନ୍ଧିରେ ଆମେରିକାର ଜୀବନଧାରା

ମୁଁ ଯେତେବେଳେ ପ୍ରଥମ ଥର ଯୁକ୍ତରାଷ୍ଟ୍ର ଆମେରିକାରେ ପହଞ୍ଚିଥିଲି, ସେତେବେଳେ ଭିଏତନାମରେ ଘମାଘୋଟ ଯୁଦ୍ଧ ଚାଲିଥିଲା ଓ ମୁଁ ଟେଲିଭିଜନ ପରଦାରେ ରାଷ୍ଟ୍ରପତି ଜନସନ୍‌ଙ୍କୁ କମ୍ୟୁନିଷ୍ଟମାନେ ପରାଜିତ ହେବା ପର୍ଯ୍ୟନ୍ତ ଏ ଯୁଦ୍ଧ ଜାରି ରହିବ ବୋଲି ଭାଷଣ ଦେବାର ଦେଖିଥିଲି। ତା'ର ଦି'ବର୍ଷ ପରେ ମୁଁ ଯେତେବେଳେ ସେଠାରୁ ଫେରିଲି, ସେତେବେଳକୁ ଏ ଯୁଦ୍ଧ ବିରୁଦ୍ଧରେ ଆମେରିକାରେ ଛାତ୍ର ପ୍ରତିବାଦ ଆନ୍ଦୋଳନ ଶିଖର ଛୁଇଁଥିଲା। ଜଣେ ଗ୍ରାଜୁଏଟ୍ ଛାତ୍ରଙ୍କ ତୁଣ୍ଡରୁ ସେତେବେଳେ ଗୋଟିଏ ପ୍ରଶ୍ନ ଶୁଣି ମୁଁ ଆଶ୍ଚର୍ଯ୍ୟ ହୋଇଥିଲି। ସେ ମୋତେ ପଚାରିଥିଲେ - ଯେତେବେଳେ ଅତୀତର ଯେକୌଣସି ସମୟ ତୁଳନାରେ ଦେଶ (ଆମେରିକା) ତା'ର ସର୍ବାଧିକ ଆଦର୍ଶଗତ ମହାନତା ହରାଇ ବସିଛି, ସେତେବେଳେ ମୁଁ ଆମେରିକା ଆସିବାରେ ସେ ବିସ୍ମିତ ! ତା'ର କହିବା କଥା, ଅତୀତରେ ଏପରି ଘଟନା କେବେ ଘଟି ନ ଥିଲା। ସେତେବେଳେ ଛାତ୍ରମାନେ ଷ୍ଟାନ୍‌ଫୋର୍ଡ ବିଶ୍ୱବିଦ୍ୟାଳୟ ପରିସରରେ ବ୍ୟାପକ ପୋଡ଼ାଜଳା କରିଥିଲେ (ପ୍ରଖ୍ୟାତ ଭାରତୀୟ ସମାଜଶାସ୍ତ୍ରୀ ଏମ. ଏନ. ଶ୍ରୀନିବାସ ସେହି ଅଗ୍ନିକାଣ୍ଡରେ ତାଙ୍କର ସବୁ 'ରିସର୍ଚ୍ଚ ନୋଟ୍' ହରାଇଥିଲେ)। କଲମ୍ବିଆ ବିଶ୍ୱବିଦ୍ୟାଳୟରେ ତ ପିଲାମାନେ ପ୍ରଶାସନିକ ବିଲଡିଂକୁ ପୂରାପୂରି ଦଖଲ କରିନେଇଥିଲେ। ନର୍ମାନ୍‌ରେ ବିଶ୍ୱବିଦ୍ୟାଳୟ ପରିସରରେ ବିକ୍ଷୋଭକାରୀ ଛାତ୍ରମାନେ ଭିଏନନାମ ଜାତୀୟ ପତାକା ଉତ୍ତୋଳନ କରିଥିଲେ। ଓହାଇଓର କେଣ୍ଟ୍ ଷ୍ଟେଟ୍‌ରେ, ନେସନାଲ ଗାର୍ଡଙ୍କ ଗୁଳିମାଡ଼ରେ ଅନେକ ଛାତ୍ର ପ୍ରାଣ ହରାଇଥିଲେ। ସେତେବେଳେ ଆମେରିକାର ଅଧିକାଂଶ କ୍ୟାମ୍ପସ୍ ଅଶାନ୍ତିରେ ଜଳୁଥିଲା ବୋଲି କୁହାଯାଇପାରେ।

ଏଭଳି ରାଜନୈତିକ ଅଶାନ୍ତିରୁ ଜନ୍ମ ନେଇଥିଲା ଆଧାତ୍ମିକ କ୍ଷୁଧା । ସେତେବେଳେ ଉଭୟ ରାଜନୈତିକ କ୍ଷମତା କେନ୍ଦ୍ର ଓ ଚର୍ଚ୍ଚର ସର୍ବମାନ୍ୟତା ପ୍ରତି ଲୋକଙ୍କ ମନରେ ସନ୍ଦେହ ସୃଷ୍ଟି ହେବା ଆରମ୍ଭ କରିଥିଲା - ଏବଂ ସେଥିରୁ ମୁଣ୍ଡ ଟେକିଥିଲା *'ହିପ୍ପୀ ଆନ୍ଦୋଳନ'* ଓ *'ଉଡ୍‌ଷ୍ଟକ୍ ସଙ୍ଗୀତ ଉତ୍ସବ'* । ଆଧାତ୍ମ୍ୟ ସନ୍ଧାନରେ ଯୁବଗୋଷ୍ଠୀ ପ୍ରାଚ୍ୟମୁହାଁ ହୋଇଥିଲେ (ଏବଂ ସେହି ଅନୁସାରେ ଗୁରୁମାନଙ୍କର ଆବିର୍ଭାବ ଘଟିଥିଲା) । ମାଦକ ଦ୍ରବ୍ୟ ସେବନ, ବିଶେଷ କରି ନିଜର ଚେତନାଶକ୍ତି ଜାଗ୍ରତ କରିବା ସକାଶେ ମାରିଜୁଆନା (ଗଞ୍ଜେଇ) ସେବନ, ଅବାଧ ଯୌନାଚାର ଓ ସାମଗ୍ରିକ ଭାବରେ ଏକ ନୂଆ ବ୍ରାଣ୍ଡ୍‌ର ଆଧାତ୍ମିକତାର ସନ୍ଧାନରେ ସଭିଏଁ ବାହାରିଥିଲେ । ମୁଁ ଯେତେବେଳେ ନିଉ ସ୍କୁଲରେ ପ୍ରଥମେ ଅଧ୍ୟାପନା ଆରମ୍ଭ କଲି, ମୋ ଶ୍ରେଣୀକକ୍ଷରେ ଖୁନ୍ଦାଖୁନ୍ଦି ହୋଇ ପିଲା ବସୁଥିଲେ । କିନ୍ତୁ ଧୀରେ ଧୀରେ ଯେତେବେଳେ ଆଲୋଚନା ପ୍ରସଙ୍ଗ ବହିର୍ଭୂତ ହେବାରେ ଲାଗିଲା, ସେତେବେଳେ ଶ୍ରେଣୀକକ୍ଷର ପିଲାଙ୍କ ସଂଖ୍ୟା ଅଧା ଡଜନକୁ କମି ଆସିଥିଲା । ସେଥିରେ 'ଚେତନା ଜାଗ୍ରତ' ଭଳି ପ୍ରସଙ୍ଗ ହ୍ରାସ ପାଇଥିଲା । ଭାବିଲେ ଆଶ୍ଚର୍ଯ୍ୟ ଲାଗେ, କେନେଡି ଓ ଜନସନ୍‌ଙ୍କର ଗୋଟିଏ ରାଜନୈତିକ ଭୁଲ୍ ଆମେରିକାର ଯୁବଗୋଷ୍ଠୀଙ୍କ ଜୀବନ ଓ ସଂସ୍କୃତିରେ ଏତେ ବ୍ୟାପକ ପରିବର୍ତ୍ତନ ଘଟାଇଥିଲା ! ଏକ ସମ୍ପୂର୍ଣ୍ଣ ନୂଆ ଆଦର୍ଶବାଦ, କିଛି ନୂଆ ଓ ଆଦର୍ଶ ଲାଭର ତୀବ୍ର ଇଚ୍ଛା ସମୟକ୍ରମେ ମୁଣ୍ଡ ଟେକିଲା । ଏହାର ଅନୁପସ୍ଥିତି ବିଷୟରେ ମୋର ଛାତ୍ର ଡେଭିଡ୍ ପାୱାର ବେଶ୍ ବିସ୍ତୃତ ଭାବରେ କ୍ଷୋଭର ସହ ଆଲୋଚନା କରିଛନ୍ତି ।

ତିରିଶ ବର୍ଷ ପରେ, ଆଜି ଯେତେବେଳେ ମୁଁ ପୁଣି ଥରେ ପଛକୁ ଫେରି ଚାହେଁ, ଆମେରିକାର ଜୀବନ ଓ ଆଦର୍ଶରେ ବ୍ୟାପକ ପରିବର୍ତ୍ତନ ଘଟିଥିବା ମୁଁ ଲକ୍ଷ୍ୟ କରେ ! ସେତେବେଳେ ରାଜନୈତିକ ଦୃଶ୍ୟପଟ୍ଟରେ ଯେଉଁସବୁ କୀର୍ତ୍ତିମାନ ଘଟିଥିଲା, ସେଗୁଡ଼ିକ ହେଲା: କେନେଡ଼ି ଭ୍ରାତା ଓ ମାର୍ଟିନ୍ ଲୁଥର କିଙ୍ଗ୍ ଜୁନିଅର (ଯାହାଙ୍କ ସହିତ ମୁଁ କଲିକତାରେ ଏକତ୍ର ନୈଶଭୋଜନ କରିଥିଲି)ଙ୍କ ହତ୍ୟା, ଭିଏତନାମ ଯୁଦ୍ଧରେ ଆମେରିକାର ଶୋଚନୀୟ ପରାଜୟ ଓ ମାର୍କିନ୍ ସେନାଙ୍କ ପ୍ରତ୍ୟାବର୍ତ୍ତନ, ୱାଟରଗେଟ୍ କେଲେଙ୍କାରୀ ଓ ମହାଭିଯୋଗରୁ ବର୍ତ୍ତିବା ସକାଶେ ରାଷ୍ଟ୍ରପତି ନିକ୍ସନଙ୍କ ଇସ୍ତଫା (ନିକ୍ସନ ହ୍ୱାଇଟ୍ ହାଉସ୍ ଛାଡ଼ିବାର ଦୃଶ୍ୟ ମୁଁ ଟେଲିଭିଜନ୍ ପର୍ଦ୍ଦାରେ ଦେଖିଥିଲି) ଏବଂ ରୋନାଲ୍ଡ ରିଗାନଙ୍କ ଯୁଗର ଅୟମାରମ୍ଭ ଯାହାକି ଜନ ଆସକ୍ତିର ମାତ୍ରାଧିକ ପ୍ରଦର୍ଶନ ଥିଲା, ଆତ୍ମ-ଅଭ୍ୟୁଦୟ, ସିଭିଲ୍ ରାଇଟ୍ସ, ସକାରାତ୍ମକ କାର୍ଯ୍ୟାନୁଷ୍ଠାନ ଏବଂ ଦାରିଦ୍ର୍ୟ ଦୂରୀକରଣ ଯୋଜନା ଭଳି କାର୍ଯ୍ୟପନ୍ଥା ଦୃଷ୍ଟିରୁ ଘଣ୍ଟାର କଣ୍ଟାକୁ ଓଲଟା ଘୂରାଇବାର ଏକ ପ୍ରୟାସ । ଆଉ ଯଦି ନିକଟ ଅତୀତର ଘଟଣାବଳୀ କଥା କୁହାଯାଏ

ତେବେ ମାର୍କିନ୍ କଂଗ୍ରେସରେ ନୂଆ କରି ରିପବ୍ଲିକାନ୍‌ମାନଙ୍କ ସଂଖ୍ୟାଗରିଷ୍ଠତା ହାସଲ, ନିଉଟ୍ ଗାଙ୍ଗରିଚ୍‌ଙ୍କ '*କନସର୍ଟ ୱିଥ୍ ଆମେରିକା*', ଯେଉଁଥିରେ ସ୍ୱାର୍ଥ ସିଦ୍ଧି ଭଳି ଉପକ୍ରମର ଆଦର୍ଶ ଭରି ରହିଛି (*ଆ ଲା' ଆୟାନ ରାଣ୍ଡ*) କଥା ତ ମୁଁ ଅବଶ୍ୟ କହିବି। ଏସବୁ ଦୀର୍ଘକାଳୀନ ଆଧାରରେ ସମସ୍ତଙ୍କ ପାଇଁ ଉପକାରସିଦ୍ଧ ହେବ ବୋଲି ଆଶା କରାଯାଉଥିଲା। ସେହିଭଳି ରସ୍ ଲିମ୍ବ୍‌ଙ୍କ ସାର୍ବଜନୀନ ଦୃଷ୍ଟିରୁ ପରିବର୍ତ୍ତନ ପାଇଁ ରୀତିମତ ସଚେତନ ପ୍ରୟାସ, ମହିଳାମାନଙ୍କ ଅଧିକାର ନିମନ୍ତେ ନାରୀବାଦୀ ଆନ୍ଦୋଳନ ଯାହାକି ଏକ ନୂତନ ସଚେତନତା (ତଥା ସାମାଜିକ ପରିବର୍ତ୍ତନ) ଘଟାଇଥିଲା, ଏହାକୁ 'ନାଜିରୂପକ' ଯୁକ୍ତିବାଦୀମାନଙ୍କ ସହଯୋଗରେ 'ଫେମିନାଜି' ଆନ୍ଦୋଳନରେ ପରିଣତ କରିବା ଏବଂ 'ଉଦାରବାଦୀ' ଆଲୋଚନାର ପରିଣାମକୁ ବୌଦ୍ଧିକ ଉନ୍ନତବର୍ଗଙ୍କ ଦାୟିତ୍ୱହୀନ ଓ ସ୍ୱାର୍ଥ-ସାଧନକାରୀ ଆଦର୍ଶବାଦ ବୋଲି ଅଭିହିତ କରିବା। ଏହା କି ପ୍ରକାର ବିରାଟ ପରିବର୍ତ୍ତନ! ଏକଦା ଉଦାରବାଦକୁ ଆଦର୍ଶ ଚରିତ୍ର ଏବଂ ଦାରିଦ୍ର୍ୟ ଓ ବର୍ଣ୍ଣବୈଷମ୍ୟବାଦ ଦୂରୀକରଣ ପାଇଁ ଉଦ୍‌ବେଳନ ବୋଲି ବିବେଚନା କରାଯାଉଥିଲା! କିନ୍ତୁ ବର୍ତ୍ତମାନ, ନବେ ଦଶକରେ, ଅଧିକାଂଶ ଉଦାରବାଦୀ ବୌଦ୍ଧିକ ବ୍ୟକ୍ତିବିଶେଷଙ୍କୁ ଅପମାନିତ ଓ ଅପଦସ୍ଥ କରାଯାଉଛି ଏବଂ ସ୍ୱାର୍ଥ ସାଧନରେ ଲିପ୍ତ ରକ୍ଷଣପନ୍ଥୀ (*କନଜରଭେଟିଭ୍*)ମାନଙ୍କୁ ପ୍ରଶଂସା କରାଯାଉଛି! 'ଜନକଲ୍ୟାଣ' (*ୱେଲ୍‌ଫେୟାର*) ଆଜି ଏହାର ହିତଧାରକଙ୍କୁ ଦୁର୍ନୀତିଗ୍ରସ୍ତ କରୁଛି ବୋଲି କୁହାଯାଉଛି। ସେମାନଙ୍କୁ ଚିର ଦିନ ଲାଗି ଦାରିଦ୍ର୍ୟର ପଞ୍ଜୁରୀରେ ଆବଦ୍ଧ କରି ଦିଆଯାଉଛି ବୋଲି ଯୁକ୍ତି ଦର୍ଶାଯାଉଛି। ୧୯୮୦ ଦଶକରେ '*ରିଗାନ ଡେମୋକ୍ରାଟ୍*'ମାନେ ଯୁବ ଡେମୋକ୍ରାଟ୍ ଭାବରେ ରିଗାନପନ୍ଥୀ ଅର୍ଥନୀତିକ ସଂସ୍କାରକୁ ('ଯୋଗାଣ ପାର୍ଶ୍ୱିକ ଅର୍ଥନୀତି'କୁ ପରିବର୍ତ୍ତନ ଓ ଧନୀକ ଶ୍ରେଣୀର ଲୋକଙ୍କ ପାଇଁ ଟିକସ ହ୍ରାସ) ଗ୍ରହଣ କରିଥିଲେ; କିନ୍ତୁ ଆଜି, କ୍ଲିଣ୍ଟନପନ୍ଥୀ ଡେମୋକ୍ରାଟ୍‌ମାନେ (ଏବଂ ଏହା ସହିତ ଟୋନୀ ବ୍ଲେୟାର ନେତୃତ୍ୱାଧୀନ ଶ୍ରମିକ ଦଳର ସଦସ୍ୟଗଣ) ରିପବ୍ଲିକାନ୍ କାର୍ଯ୍ୟକ୍ରମକୁ 'ଅପହରଣ' କରିନେଇଛନ୍ତି ଓ ଜନକଲ୍ୟାଣ ବଜେଟ ଅର୍ଥ ପରିମାଣକୁ ହ୍ରାସ କରୁଛନ୍ତି ବୋଲି ବିବେଚନା କରାଯାଉଛି। ଯେତେବେଳେ ବିଂଶ ଶତାବ୍ଦୀ ଶେଷ ହେବାକୁ ଯାଉଛି, ସେତେବେଳେ ଏକ ପ୍ରକାର ମଧ୍ୟମ ମାର୍ଗରେ ଗତିଶୀଳ ରାଜନୈତିକ ଅର୍ଥବ୍ୟବସ୍ଥା ରାଜତ୍ୱ କରିବା ପରି ପ୍ରତୀୟମାନ ହେଉଛି।

ସୋଭିଏତ୍ ସାମ୍ରାଜ୍ୟର ପତନ ୟୁରୋପୀୟ କମ୍ୟୁନିଜିମ୍‌ର ମଧ୍ୟ ଅନ୍ତ ଘଟାଇଥିଲା ଏବଂ ଏହା ସ୍ଥାନରେ ପୁଞ୍ଜିବାଦୀ ଅର୍ଥନୀତିକୁ ଅବସ୍ଥାପିତ କରିଥିଲା। ଆଦର୍ଶବାଦ ଆଉ ବିଶ୍ୱର ଏକ ଶକ୍ତି ହୋଇ ରହିନାହିଁ ଏବଂ ବିଭିନ୍ନ ଆଦର୍ଶବାଦ ମଧ୍ୟରେ ଥିବା

ମତାନ୍ତର ଧୀରେ ଧୀରେ ଦୂରେଇ ଯାଉଛି । ଯୁକ୍ତରାଷ୍ଟ୍ର ଆମେରିକାରେ ଏବେ କେବଳ ଗୋଟିଏ ଆଦର୍ଶବାଦର ସ୍ୱର ଶୁଣିବାକୁ ମିଳୁଛି, ଏବଂ ତାହା ହେଲା, 'ମୁକ୍ତ- ବଜାର- ଅର୍ଥନୀତି' । କିନ୍ତୁ କେହି ଏକଥା ଅନୁଭବ କରିପାରୁନାହାଁନ୍ତି ଯେ ଆଜି ଯେଉଁ ମୁକ୍ତ ବଜାର ଅର୍ଥନୀତି ନିଜର ପ୍ରାଧାନ୍ୟ ବିସ୍ତାର କରିଚାଲିଛି ତାହା ଆଡାମ୍ ସ୍ମିଥ୍‌ଙ୍କ ମୁକ୍ତ ବଜାର ଅର୍ଥନୀତି ଠାରୁ ସମ୍ପୂର୍ଣ୍ଣ ଭିନ୍ନ । ଏହି ଭିନ୍ନତା ପାଇଁ ମୁଖ୍ୟତଃ ତିନିଗୋଟି କାରଣ ଦାୟୀ: ସର୍ବସାଧାରଣ ସାମଗ୍ରୀକୁ ପ୍ରୋତ୍ସାହିତ କରିବା ସକାଶେ ସରକାରଙ୍କର ବ୍ୟାପକ ନିୟନ୍ତ୍ରଣ ବ୍ୟବସ୍ଥା ରହିଛି, ଅଥବା ଅନ୍ତତଃପକ୍ଷେ ସାର୍ବଜନୀନ ବିପଦକୁ ଏଡ଼ାଇବା ସକାଶେ ତାହା ରହିଛି । ସରକାରୀ ନିୟନ୍ତ୍ରଣରେ ଥିବା ବିପୁଳ ପ୍ରତିରକ୍ଷା ଏବଂ ଅସ୍ତ୍ରଶସ୍ତ୍ର ଉତ୍ପାଦନ, ଯଦିଚ ସେସବୁର ଉତ୍ପାଦନ ନିମନ୍ତେ ବେସରକାରୀ ଠିକାଦାରମାନଙ୍କୁ ଅନୁମତି ଦିଆଯାଉଛି, ତଥାପି ସେସବୁର ନିୟନ୍ତ୍ରଣ ଓ ବିପଣନ ରାଷ୍ଟ୍ର ଦ୍ୱାରା ହିଁ ସମ୍ପାଦିତ ହେଉଛି । ଶେଷରେ, ସେହିସବୁ କମ୍ପାନୀମାନଙ୍କ ମାଲିକାନାରେ ଥିବା ଅଂଶଧନକୁ ମ୍ୟୁଚୁଆଲ୍ ଫଣ୍ଡ୍ ଜରିଆରେ କୋଟି କୋଟି ସାଧାରଣ ଲୋକ କିଣି ଚାଲିଛନ୍ତି । ଏହା ପଛର ବାସ୍ତବତାଟି ହେଲା, ନୂତନ ପ୍ରଯୁକ୍ତି ପୁରୁଣା ଆଦର୍ଶ ଉପରେ ପ୍ରାଧାନ୍ୟ ବିସ୍ତାର କରିଚାଲିଛି - ତାହା ସମାଜବାଦ ହୋଇଥାଉ ଅବା ମୁକ୍ତ ବଜାର, ସେକଥା ଜାଣିବା ନିରର୍ଥକ । ଆମ ବୋଧଶକ୍ତି ବହିର୍ଭୂତ ଏକ ନୂଆ ଧରଣର ସମାଜ ଦିଗବଳୟରୁ ମୁଣ୍ଡ ଟେକିବାକୁ ଆରମ୍ଭ କରିଛି ।

ଏଭଳି ଏକ ନିର୍ଦ୍ଦିଷ୍ଟ ଜଟିଳ ପରିସ୍ଥିତିରେ ମୁଁ ବାଟବଣା ହେବା ପରି ମୋତେ ଲାଗୁଛି । ଯେତେବେଳେ ଆଜକୁ ତିରିଶ ବର୍ଷ ତଳେ ଭାରତ ଛାଡ଼ିଥିଲି, ମୁଁ ଅପେକ୍ଷାକୃତ ନିଶ୍ଚିତ ଭାବରେ ଏକଥା କହିପାରେ ଯେ ସେତେବେଳେ ମୁଁ ଜଣେ ଗାନ୍ଧିବାଦୀ ସମାଜବାଦୀ (ରାଷ୍ଟ୍ରପନ୍ଥୀ ସମାଜବାଦୀ ନୁହେଁ) ଥିଲି । ମୁଁ ଭାରତରେ ଯେଉଁ 'ପୁଞ୍ଜିବାଦ'ର ଧାରଣା ସହିତ ବଢ଼ିଥିଲି ତାହା ଆମପାଇଁ ଏକ ଅପମାନଜନକ ଶବ୍ଦ ସଦୃଶ ଥିଲା । ଜଣେ ପୁଞ୍ଜିବାଦୀ ଲୋକକୁ ଅତିମାତ୍ରାରେ ନିର୍ଦ୍ଦୟ ଓ ସ୍ୱାର୍ଥପର ବ୍ୟକ୍ତିଭାବରେ ବିବେଚନା କରାଯାଉଥିଲା । ସେ ଦୟନୀୟ ଓ ଦାରିଦ୍ର୍ୟ ମଧ୍ୟରେ ସଢୁଥିବା ଶ୍ରମିକମାନଙ୍କ କଠିନ ପରିଶ୍ରମରୁ ନିଜପାଇଁ ଅର୍ଥ ଉପାର୍ଜନ କରୁଥିଲା । 'ସମାଜବାଦ' ଶବ୍ଦ ଅନୁରୂପ ଭାବରେ ବଦାନ୍ୟ ଏବଂ ନୈତିକତା ଦୃଷ୍ଟିରୁ ଏକ ପ୍ରଶଂସନୀୟ ଶବ୍ଦ (ଷ୍ଟାଲିନ୍‌ଙ୍କ ଶାସନ କାଳରେ ଏଥି ସହିତ ଜଡ଼ିତ ନିର୍ଦ୍ଦୟ ଦମନଲୀଳା ସତ୍ତ୍ୱେ) ଭାବରେ ବିବେଚନା କରାଯାଉଥିଲା । ତୁମେ ଯଦି ଆମେରିକାରେ ବସବାସ କରିବ, ତେବେ ଏଭଳି ଶବ୍ଦର ଅର୍ଥ ସଂପୂର୍ଣ୍ଣରୂପେ ଓଲଟା ବୋଲି ଜାଣିବାକୁ ପାଇବ । 'ସମାଜବାଦ'ର ଅର୍ଥ କିଛି ମାତ୍ରାରେ ଘୃଣ୍ୟ । କାରଣ ସେଠାରେ ବ୍ୟକ୍ତି ସ୍ୱାଧୀନତାକୁ

ଶୋଚନୀୟ ଭାବରେ ପ୍ରତ୍ୟାଖ୍ୟାନ କରାଯାଇଥିବା ଭଳି ଏହାକୁ ବିବେଚନା କରାଯାଏ। ଅପର ପକ୍ଷରେ ପୁଞ୍ଜିବାଦୀଙ୍କୁ ସେହିଭଳି ଚରିତ୍ରଭାବରେ ରୂପାୟିତ କରାଯାଇଥାଏ, ଯିଏ ନିଜର ଆତ୍ମପ୍ରଚେଷ୍ଟା ଫଳରେ ଅନ୍ୟମାନଙ୍କ ପାଇଁ କର୍ମସଂସ୍ଥାନ ସୃଷ୍ଟି କରିଛନ୍ତି ଏବଂ ଯିଏ ମୁକ୍ତ ଉଦ୍ୟୋଗ, ଉପକ୍ରମ ଓ ମାନବୀୟ ସାମର୍ଥ୍ୟର ନମୁନା ରୂପେ ବିବେଚିତ।

ଆମେରିକାରେ ବସବାସ କରୁଥିବା ମୋର ଅନେକ ଭାରତୀୟ ବନ୍ଧୁ- ଡାକ୍ତର, ବୈଜ୍ଞାନିକ ଓ ପ୍ରଯୁକ୍ତିବିଦ୍ ମଧ୍ୟ ମନରେ ଏହିଭଳି ଧାରଣା ପୋଷଣ କରନ୍ତି। ସେମାନେ ଏଭଳି ଅର୍ଥର ନୂତନ ପରିବର୍ତ୍ତନକୁ ଅଧିକ ପସନ୍ଦ କରନ୍ତି। ଏକଥା ନୁହେଁ ଯେ ଜଣେ ନିଜସ୍ୱ ଚିନ୍ତନରେ ଏଭଳି ପରିବର୍ତ୍ତିତ ମହତ୍ତ୍ୱରେ ପହଞ୍ଚିଥାଏ। ବରଂ ଅତି ପ୍ରଭାବଶାଳୀ ଗଣମାଧ୍ୟମ(*ୱାଲଷ୍ଟ୍ରିଟ୍ ଜର୍ଣ୍ଣାଲ*କୁ ମିଶାଇ)ଏହା ସମସ୍ତଙ୍କ ମନରେ ଏକ ଆରାମଦାୟକ ଆତ୍ମସନ୍ତୋଷ ପହଞ୍ଚାଇଥାଏ। କିନ୍ତୁ ସତ କ'ଣ, ତାହା ସମସ୍ତଙ୍କୁ ଜଣା। ଅନ୍ୟଥା ତୁମେ କାହିଁକି ଏତେ ଧନୀ ଓ କ୍ଷମତାଶାଳୀ ହୋଇଥାଆନ୍ତ? ଏବଂ ସମାଜବାଦୀ ଋଷିଆ କାହିଁକି ଖଣ୍ଡ ଖଣ୍ଡ ହୋଇଯାଇଥାଆନ୍ତା? ଅନ୍ୟମାନଙ୍କ ସହ କଥାବାର୍ତ୍ତା କଲାବେଳେ ମୁଁ ଯୁକ୍ତି କରିବାକୁ ଚେଷ୍ଟା କରିଛି ଯେ ଏଭଳି ଉଦାହରଣ କଦାପି ପ୍ରସଙ୍ଗଟିକୁ ପ୍ରତିପାଦିତ କରେ ନାହିଁ। ତେବେ ଆମେରିକୀୟ ଜୀବନରେ କେବଳ ସ୍ୱାର୍ଥ ହାସଲକାରୀ ପ୍ରୟାସ ନିହିତ ନାହିଁ, ଅପରପକ୍ଷେ ପର୍ଯ୍ୟାପ୍ତ ମାତ୍ରାର ସାମାଜିକ ଅବବୋଧ, ଅନ୍ୟମାନଙ୍କ ପାଇଁ ସମବେଦନା, ଅନ୍ୟପାଇଁ ସ୍ୱାର୍ଥ ତ୍ୟାଗ, ଗୋଷ୍ଠୀଗତ ଭାବନା ମଧ୍ୟ ରହିଛି। ଯଦି ଆଜି ଋଷିଆର ପତନ ଘଟିଛି, ତେବେ ସେଥିପାଇଁ ସେମାନଙ୍କ ମନରେ ସମାଜବାଦୀ ଭାବନାର ଅଭାବ ଯୋଗୁ ନୁହେଁ, ବରଂ ଷ୍ଟାଲିନ୍ ଓ ଲେଲିନ୍‌ପନ୍ଥୀ ଦୁର୍ଦ୍ଧର୍ଷ ଏକଛତ୍ରବାଦୀ ଶାସନକୁ ଦାୟୀ କରାଯାଇପାରେ।

ଆମେରିକୀୟ ଗଣମାଧ୍ୟମ ଦ୍ୱାରା ସୃଷ୍ଟି କରାଯାଇଥିବା ଏଭଳି ଚିନ୍ତାଧାରାରେ ଅନେକ ଗୁରୁତ୍ୱପୂର୍ଣ୍ଣ ସତ୍ୟର ଅଭାବ ରହିଛି। ବ୍ୟକ୍ତି ସ୍ୱାଧୀନତା କହିଲେ ସ୍ୱାର୍ଥପରତାକୁ ବୁଝାଇ ନ ଥାଏ। ଅପର୍ଯ୍ୟାପ୍ତ ସ୍ୱାର୍ଥହାସଲ ପାଇଁ ପ୍ରୟାସ କରିବା ମଧ୍ୟ ସ୍ୱାଧୀନତାର ଶିଖରକୁ ବୁଝାଇ ନ ଥାଏ। ସାମାଜିକ ଶୃଙ୍ଖଳା କହିଲେ କେବଳ କିଛି ବ୍ୟକ୍ତିଙ୍କ ସମଷ୍ଟିକୁ ବୁଝାଏ ନାହିଁ ଯେଉଁଥିରେ ସଭିଏଁ ନିଜ ନିଜ ସ୍ୱାର୍ଥରେ ଲିପ୍ତ ରହିଥାଆନ୍ତି। ବରଂ ଏଥିପାଇଁ ଯାହା ଆବଶ୍ୟକ ତାହା ହେଲା ସମସ୍ତେ ମୁକ୍ତଭାବରେ ଏକ ସାମାଜିକ ଭାବନା ସୃଷ୍ଟି କରିବାର କାରକ ହେବା; ଯାହା ଅନ୍ୟ ଉପରେ ଜୋର ଜବରଦସ୍ତ ଭାବରେ ଲଦି ଦିଆଯାଇ ନ ଥାଏ ବରଂ ତାହା ସ୍ୱତଃପ୍ରବୃତ୍ତ ଭାବରେ ଉପଭୋଗ କରିହୁଏ। କୌଣସି କ୍ଷେତ୍ରରେ ସୁଦ୍ଧା ସ୍ୱାର୍ଥପରତାକୁ ସର୍ବଶ୍ରେଷ୍ଠ ମାନବୀୟ ମୂଲ୍ୟବୋଧ ବୋଲି ବିବେଚନା କରାଯାଇ ନ ପାରେ। ଅନ୍ୟପାଇଁ ସ୍ୱାର୍ଥତ୍ୟାଗ ଏବଂ ବଦାନ୍ୟତା

ସେହି ସ୍ଥାନରେ ବିରାଜମାନ କରିବା ଉଚିତ। ଆମେରିକୀୟ ସମାଜ ଏସବୁ ପ୍ରଦର୍ଶନ କରେ ସତ, କିନ୍ତୁ ଯେଉଁ ତତ୍ତ୍ୱଟିକୁ ସେମାନେ ଉପସ୍ଥାପନ କରନ୍ତି ତାହା ଏକ ଭିନ୍ନ କଥା ସୂଚାଏ। ସେ ତତ୍ତ୍ୱଟି କାର୍ଯ୍ୟ କରିଥାଏ କାରଣ, ଏକ ବ୍ୟାପକ ପରୋପକାରୀ ଭାବନା ଏହା ପଛରେ ରହିଛି, ଯାହାକି ଜୀବନକୁ ପରିଚାଳିତ କରିଥାଏ।

ଗାନ୍ଧିବାଦର ଏବେସୁଦ୍ଧା ଯଥାର୍ଥତା ରହିଛି ବୋଲି ମୁଁ ଅନୁଭବ କରେ। ମାତ୍ରାଧିକ ଲୋଭ ଆତ୍ମ ପ୍ରବଞ୍ଚନା ମାତ୍ର, ଯାହାକି ଆଜକୁ ପଚିଶଶହ ବର୍ଷ ପୂର୍ବେ ପ୍ଲାଟୋ ଜାଣିପାରିଥିଲେ। ଗୋଷ୍ଠୀତନ୍ତ୍ର ପୁଞ୍ଜିବାଦ ଓ ସମାଜବାଦର ଏକ ତୃତୀୟ ବିକଳ୍ପ ଯୋଗାଇଥାଏ ଏବଂ ସୂଚନା ପ୍ରଯୁକ୍ତି ଏକ ବିକେନ୍ଦ୍ରୀକୃତ ଅର୍ଥନୀତିର ଗାନ୍ଧିବାଦୀ ଆଦର୍ଶକୁ ସହାୟକ ହୋଇଥାଏ ବୋଲି ମୋର ଧାରଣା ହୁଏ।

■

ବଚନ ରକ୍ଷା

ମୁଁ ମୋ ବୋଉକୁ କଥା ଦେଇଥିଲି ଯେ ତା'ର ଦେହାନ୍ତ ପରେ ତା' ଅସ୍ଥିକୁ ନେଇ ଗଙ୍ଗାରେ ବିସର୍ଜନ କରିବି ଗୟାଠାରେ ସବୁ ପ୍ରକାର ଆବଶ୍ୟକ ରୀତିନୀତି ସମ୍ପାଦନ କରିବି। ହିନ୍ଦୁ ଧର୍ମରେ ଆସ୍ଥା ରଖୁଥିବା ପ୍ରତ୍ୟେକ ବ୍ୟକ୍ତି ଚାହେଁ ଯେ ସେ ମଲା ପରେ ଧର୍ମୀୟ ପରମ୍ପରା ଅନୁସାରେ ସବୁ କ୍ରିୟାକର୍ମ ହେଉ। ୟା'ଭିତରେ ବୋଉ ମରିବାର ନଅ ବର୍ଷ ବିତି ସାରିଥିଲା ଏବଂ ତାକୁ ଦେଇଥିବା କଥା ପାଳନ କରିବି ବୋଲି ମୁଁ ତଥାପି ଆଶା ବାନ୍ଧି ରହିଥିଲି। କିନ୍ତୁ ତା'ରି ଭିତରେ ଯେତେବେଳେ ମୋ ବଡ଼ଭାଇଙ୍କର କାଳ ହୋଇଗଲା ଓ ମୋ ସ୍ୱାସ୍ଥ୍ୟ ବି ମଝିରେ ମଝିରେ ଖରାପ ହୋଇ ମୁଁ ଦବିବାକୁ ଲାଗିଲି, ମୋ ମନକୁ ଗୟା ଯାଇ ବୋଉର ଅସ୍ଥି ବିସର୍ଜନ ଜନିତ ଶେଷକୃତ୍ୟ ସମ୍ପନ୍ନ କରିବା କଥା ସଦାବେଳେ ଘାରିଲା ଓ ମୁଁ ମନେ ମନେ ସ୍ଥିର କରି ନେଲି ଯେ ଯଥା ଶୀଘ୍ର ପିତୃକର୍ମ ଶେଷ କରିବି। କିନ୍ତୁ କଲିକତାଠାରୁ ମୁଁ କ'ଣ ବାର ଘଣ୍ଟାର ଟ୍ରେନ୍‌ଯାତ୍ରା କରିପାରିବି ? ପୁଣି ସେଠାରେ ସବୁପ୍ରକାର କାର୍ଯ୍ୟ- ଅସ୍ଥି ବିସର୍ଜନ ଓ ପିଣ୍ଡଦାନ ଆଦି କାର୍ଯ୍ୟ ଏକୁଟିଆ ସମ୍ଭାଳି ପାରିବି ? ସେତେବେଳ ବାଣୀର ଯାହା ସ୍ୱାସ୍ଥାବସ୍ଥା, ସେଥିରେ ସେ ମୋ ସହ ଯିବା ଅବସ୍ଥାରେ ନ ଥିଲା। ଏତିକିବେଳେ ବୀଣା ଗୁପ୍ତା ଓ ତା'ର ସ୍ୱାମୀ ମଦନ ମୋ ଆଡ଼କୁ ସହାୟତାର ହାତ ବଢ଼ାଇଥିଲେ।

କିନ୍ତୁ ପ୍ରଥମେ ମୁଁ ବୁଝେଇ କହିବାକୁ ଚାହେଁ ଯେ ମୋ ଭଳି ଜଣେ ଆତ୍ମ-ଘୋଷିତ ନାସ୍ତିକ ଓ ୟୁରୋପରେ ଶିକ୍ଷାପ୍ରାପ୍ତ ବିଶ୍ଳେଷକ ଚିନ୍ତକ ଓ ପାଶ୍ଚାତ୍ୟ ଦୁନିଆରେ ପ୍ରାୟ ତିରିଶବର୍ଷ ଧରି ବସବାସ କରି ଆସୁଥିବା ମଣିଷ ଗୟାରେ ନିଜ ବୋଉର ଅସ୍ଥି ବିସର୍ଜନ ଜନିତ କର୍ମ ସାରିବାକୁ କାହିଁକି ଏତେ ମାତ୍ରାରେ ତତ୍ପର ହୋଇପଡ଼ିଥିଲା। ପୁଣି ସେ କର୍ମରେ ପରଲୋକଗତ ଆତ୍ମା ପ୍ରତି ପିଣ୍ଡଦାନ କରିବାକୁ ପଡ଼ିବ। ଏହି ପୁସ୍ତକରେ ଅନ୍ୟତ୍ର ମୁଁ ସ୍ପଷ୍ଟ ଭାବରେ ଏକଥା କ'ଣ କହିନାହିଁ ଯେ ମୃତ୍ୟୁ ପରବର୍ତ୍ତୀ

ଜୀବନରେ ମୁଁ ଆଦୌ ବିଶ୍ୱାସୀ ନୁହେଁ? ତେଣୁ ମୋର ମଧ୍ୟ ବିଶ୍ୱାସ ନାହିଁ ଯେ ମୋ ବାପା-ବୋଉଙ୍କ ଦେହାନ୍ତ ପରେ ସେମାନଙ୍କ ଆଉ କୌଣସି ସତ୍ତା ଅଛି। ତେବେ ଗୟା ଯାଇ ସେଠାରେ ପିଣ୍ଡଦାନ କର୍ମ ଶେଷ କରିବା ଲାଗି ମୁଁ ଗ୍ରହଣ କରିଥିବା ସିଦ୍ଧାନ୍ତ ପଛରେ ଦୁଇଟି କାରଣ ଥିଲା: ପ୍ରଥମତଃ, ବୋଉକୁ ଦେଇଥିବା ବଚନ ରକ୍ଷା, ଏବଂ ସ୍ୱର୍ଗରେ ଥାଇ ପୁଅ ହିସାବରେ ମୁଁ ଏଭଳି ପ୍ରତିଶ୍ରୁତି ରକ୍ଷା କରୁଛି ବୋଲି ବୋଉ ଦେଖୁ ଏପରି ଭାବନା ଦୃଷ୍ଟିରୁ ଆଦୌ ନୁହେଁ। ପାସ୍କାଲ୍‌ଙ୍କ ଭଳି ମୋର ଯୁକ୍ତି ହେଲା, ଯଦି ସେ ସେଠାରେ ନାହିଁ, ମୁଁ ମୋର ପ୍ରତିଶ୍ରୁତିରୁ ଓହରିଯିବା ଉଚିତ ହେବନାହିଁ। ଯଦିବା ମୋର ବିଶ୍ୱାସ ଭୁଲ୍ ହୋଇଥାଏ ଏବଂ ସେ ସେଠାରେ ଥାଇ ମୋତେ ଲକ୍ଷ୍ୟ କରୁଥାଏ ମୋର ପ୍ରତିଶ୍ରୁତି ରକ୍ଷା ଓ ତା'ର ଅନୁପାଳନ ତାକୁ ଅବଶ୍ୟ ଖୁସି କରିବ। ବୋଧହୁଏ କେତେକାଂଶରେ 'ପୁନର୍ଜନ୍ମ'ରୁ ତାକୁ 'ରକ୍ଷା' କରିପାରେ। ସେ ଯାହା ହେଉ, ଯେତେ କଷ୍ଟ ପଡୁ ପଛେ ମୁଁ ଗୟା ଯିବାକୁ ସ୍ଥିର କଲି।

ଦାର୍ଶନିକ ଦୃଷ୍ଟିକୋଣରୁ କହିଲେ, ମୁଁ ଯଦିଚ ଏବେ ଆଉ ଗଭୀର ଆଧ୍ୟାତ୍ମିକ ଭାବନାରେ ଆସ୍ଥା ରଖେନାହିଁ, ତଥାପି ଏଭଳି ପିଣ୍ଡଦାନ, ଅସ୍ଥି ବିସର୍ଜନ ଭଳି 'ରୀତି ନୀତି' କରିବା ଆବଶ୍ୟକ ବୋଲି ମୋର ବିଶ୍ୱାସ ରହିଛି। ଏଭଳି ଚିନ୍ତାଧାରା (ଧାରଣା) ଦୃଷ୍ଟିରୁ, ମୁଁ ମୀମାଂସା ଦର୍ଶନର ଚିନ୍ତକମାନଙ୍କ ଦ୍ୱାରା ଯେତିକି ମାତ୍ରାରେ ପ୍ରଭାବିତ, କନଫୁସିଅସଙ୍କ ମତବାଦରେ ସେତିକି ପରିମାଣରେ ବିଶ୍ୱାସୀ। ଗୋଷ୍ଠୀ (ସମ୍ପ୍ରଦାୟ)ର ସଦସ୍ୟମାନଙ୍କୁ ଯେଉଁ ମୌଳିକ ଅନ୍ତର୍ଦୃଷ୍ଟି ଏକତା ସୂତ୍ରରେ ବାନ୍ଧି ରଖିଥାଏ, ସେମାନେ ହେଉଛନ୍ତି ସେଇ ପରମ୍ପରାର ଉତ୍ତରାଧିକାରୀ। ସେମାନେ ପରସ୍ପର ମଧ୍ୟରେ ଯେତିକି ସୈଦ୍ଧାନ୍ତିକ ବିଶ୍ୱାସ ଆଦାନ ପ୍ରଦାନ କରି ନ ଥାଆନ୍ତି, ତତୋଧିକ ପରିମାଣରେ ସାଧାରଣ ସାମାଜିକ ରୀତିନୀତିରେ ସାମିଲ ହୋଇଥାଆନ୍ତି (ସେଥିରେ ଉତ୍ସବାନୁଷ୍ଠାନ ଓ ପାରମ୍ପରିକ ରୀତିନୀତି ଅର୍ନ୍ତଭୁକ୍ତ)। ଏଭଳି ଉତ୍ସବାନୁଷ୍ଠାନରେ ସାମିଲ ହେଉଥିବା ଲୋକମାନଙ୍କ ମଧ୍ୟରେ ତାତ୍ତ୍ୱିକ ଆତ୍ମ-ବିଶ୍ଳେଷଣ ବସ୍ତୁତଃ, ପରସ୍ପରଠାରୁ ଭିନ୍ନ ହୋଇପାରେ, କିନ୍ତୁ ସେଭଳି କାର୍ଯ୍ୟକ୍ରମର ଅଂଶବିଶେଷ ସମସ୍ତ ସଦସ୍ୟଙ୍କୁ ଏକତା ସୂତ୍ରରେ ବାନ୍ଧି ରଖେ ଯାହାକି ସହଭାଗୀ ସାମାଜିକ ଢାଞ୍ଚା ଉପରେ ଆଧାରିତ। ତେଣୁ, ସେହି ନ୍ୟାୟରେ ଯଦିଚ ମୁଁ ଜଣେ ନାସ୍ତିକ, ମୁଁ ଅତି ଆଗ୍ରହର ସହିତ ପୂଜାପାଠ, ଧର୍ମାନୁଷ୍ଠାନ ଅବା ରୀତିନୀତିରେ ଅଂଶଗ୍ରହଣ କରିଥାଏ। ହିନ୍ଦୁ ପରମ୍ପରା ସହ ମୁଁ ଜଡ଼ିତ ବୋଲି ସେସବୁ ମୋତେ ଆକର୍ଷିତ କରିଥାଏ, ଯଦ୍ୟପି ମୁଁ କୌଣସି ପ୍ରକାର ହିନ୍ଦୁ ପରମ୍ପରାରେ ଆଦୌ ବିଶ୍ୱାସୀ ନୁହେଁ।

ତେଣୁ ଶୀତଦିନିଆ ଗୋଟିଏ ସକାଳେ, ବୀଣା ଓ ମଦନ ଗୁପ୍ତାଙ୍କୁ ସାଙ୍ଗରେ

ଧରି ମୁଁ ହାଓଡା ଷ୍ଟେସନରୁ ଗୟା ଅଭିମୁଖେ ଯାଉଥିବା ଗୋଟିଏ ଟ୍ରେନ୍ ଧରିଲି । ବୀଣା ଆମ ଯାତ୍ରାର ସବୁ ପ୍ରକାର ବନ୍ଦୋବସ୍ତ କରିଥିଲା । ମୁଁ ଯେତେବେଳେ ରାମକୃଷ୍ଣ ମିଶନରୁ ରେଳଷ୍ଟେସନ୍ ଅଭିମୁଖେ ବାହାରିଲି, ସେତେବେଳକୁ ମୋ ଦେହରେ ଜର ଥିଲା; ମୋ ଦେହ ଉଷୁମ ଲାଗୁଥିଲା ଓ ହିକ୍କା ରୀତିମତ ଦମାରେ ପରିବର୍ତ୍ତିତ ହୋଇ ସାରିଥିଲା । ଷ୍ଟେସନରୁ ଟ୍ରେନ୍ ଛାଡ଼ିବାକୁ କେଇ ଘଣ୍ଟା ବିଳମ୍ବ ହୋଇଗଲା । ଏମିତି ଅବସ୍ଥାରେ ଷ୍ଟେସନରେ ଅପେକ୍ଷା କରିବା ମୋ ପାଇଁ ଖୁବ୍ ଅଶ୍ୱସ୍ତିକର ଥିଲା । ବୀଣା ମୋ ମୁଣ୍ଡ ଉପରେ ଖଣ୍ଡେ କମ୍ବଳ ଘୋଡ଼େଇ ଦେଲା ଓ ଆମେ ଯେଉଁ କାର୍‌ରେ ଷ୍ଟେସନକୁ ଯାଇଥିଲୁ ସେଥିରେ ମୋତେ ବସେଇ ବିଶ୍ରାମ ନେବାକୁ କହିଲା । ଗୋଟିଏ ରାତିର ଟ୍ରେନ୍ ଯାତ୍ରା ପରେ ଆମେ ଗୟା ଷ୍ଟେସନରେ ପହଞ୍ଚିଲୁ । ସେତେବେଳକୁ ମୁଁ ଜରରେ ଗୋଟାପଣେ କମ୍ପୁଥିଲି । ତା'ପରେ ଆମେ କାର୍‌ରେ ବୋଧଗୟାରେ ଗୋଟିଏ ହୋଟେଲକୁ ଗଲୁ ଓ ସେଠାରେ ପହଞ୍ଚିବା ମାତ୍ରେ ମୁଁ ଶେଯରେ ଶୋଇପଡ଼ିଲି । ଅର୍ଦ୍ଧସୁପ୍ତ ଅବସ୍ଥାରେ ମୋର ସେଇ ଭଳି ହିକ୍କା ଜାରି ରହିଥିଲା । ତା'ପର ଦିନ ସକାଳେ ଆମର ମନ୍ଦିରକୁ ଯିବାର ଥିଲା ଯେଉଁଠାରେ ପିଣ୍ଡଦାନ ରୀତିନୀତି ସମ୍ପାଦନ ହେବାର ଥିଲା ।

ବୋଧଗୟା ହେଉଛି ସେହି ସ୍ଥାନ ଯେଉଁଠାରେ ଗୌତମ ଦିବ୍ୟଜ୍ଞାନ ପ୍ରାପ୍ତ ହୋଇ ବୁଦ୍ଧରେ ପରିଣତ ହୋଇଥିଲେ । ସେ ଭୂଇଁରେ ପାଦ ଥାପିବା ଥିଲା ରୋମାଞ୍ଚକର । କିନ୍ତୁ ସେତେବେଳକୁ ମୁଁ ଜରରେ ଥରୁଥିଲି । ଆମେ ଯେତେବେଳେ ବୋଧଗୟାଠାରୁ ରିକ୍ସାରେ ବସି ଗୟା ଯାଉଥିଲୁ, ତା'ର ମୋଟ ଦୂରତା ପ୍ରାୟ ଛଅ ମାଇଲ । ସେତେବେଳେ ଫଲ୍‌ଗୁ ନଦୀ କୂଳେ କୂଳେ ଆମ ରିକ୍ସାଟି ଆଗକୁ ଗଡ଼ି ଚାଲିଥିଲା । ମୋ ମନରୁ ଏକଥା ଏଡ଼େଇ ଯାଇ ପାରିଲାନି ଯେ ଦିବ୍ୟଜ୍ଞାନ ପ୍ରାପ୍ତ ହେବା ପରେ, ଗୌତମ ସିଦ୍ଧାର୍ଥ ଏଇ ଫଲ୍‌ଗୁ ନଦୀ କୂଳେ କୂଳେ କାଶୀ ପର୍ଯ୍ୟନ୍ତ ଚାଲି ଚାଲି ଯାଇଥିଲେ ଯେଉଁଠାରେ ସେ ତାଙ୍କର ପ୍ରଥମ ଦିବ୍ୟବାଣୀ ପ୍ରଦାନ କରିଥିଲେ । ରାସ୍ତାର ଦୁଇପଟେ ବଡ଼ ବଡ଼ ପାହାଡ଼ମାନ ମୁଁ ଦେଖି ପାରୁଥିଲି । ବୁଦ୍ଧଙ୍କ ସମୟରେ ଏସବୁ ପାହାଡ଼ ଅବଶ୍ୟ ଥିଲା, କିନ୍ତୁ ସେଇ ଏକା ବୃକ୍ଷଲତା ନ ଥିଲା । ସେତେବେଳ ତୁଳନାରେ ନଦୀଶଯ୍ୟା ଏବେ ଅବଶ୍ୟ ଅଧିକ ପ୍ରଶସ୍ତ ହୋଇସାରିଥିଲା । ବୁଦ୍ଧ ଯେଉଁ ଦୁର୍ବା ଉପରେ ଚାଲି ଚାଲି ଯାଇଥିବେ ତାହା ନଦୀ ଶଯ୍ୟାରେ ଆଜି ନିଶ୍ଚୟ ଥିବ । ସେଦିନ ଏହି ପବିତ୍ର ଯୁବ ଦିବ୍ୟପୁରୁଷଙ୍କ ଦର୍ଶନ କରିବା ଲାଗି ପାର୍ଶ୍ୱବର୍ତ୍ତୀ ଗ୍ରାମମାନଙ୍କରୁ ଲୋକମାନେ ଧାଇଁ ଆସିଥିଲେ । ଆଜକୁ ପ୍ରାୟ ଅଢ଼େଇ ହଜାର ବର୍ଷ ପୂର୍ବର ସେଇ କଳ୍ପିତ ପରିବେଶରେ ମୋ ମନ ବେଶ୍ ସ୍ୱଚ୍ଛନ୍ଦରେ ବିଚରଣ କରିଚାଲିଥିଲା । ବୁଦ୍ଧ କ'ଣ ଗୟା ବାଟ ଦେଇ କାଶୀ ଅଭିମୁଖେ ପ୍ରସ୍ଥାନ କରିଥିଲେ ? ସେତେବେଳେ ଗୟାର

ପୂଜକବର୍ଗ ତାଙ୍କ ପ୍ରତି କିଭଳି ଆଚରଣ ପ୍ରଦର୍ଶନ କରିଥିବେ ?

ଏଇ ବର୍ଣ୍ଣନାକୁ ଆଗକୁ ବଢ଼ାଇବା ପୂର୍ବରୁ ମୋର ବାନ୍ଧବୀ ଓ ତ୍ରାଣକର୍ତ୍ତୀ ସାଜିଥିବା ବୀଣା ଗୁପ୍ତା ସମ୍ପର୍କରେ କେଇ ପଦ କହିବା ଉଚିତ ମଣିବି। ବୀଣାର ପରିବାର ପଞ୍ଜାବର ଅମ୍ବାଲା ସହରର ଅଧିବାସୀ। କିନ୍ତୁ ବୀଣାର ଜନ୍ମ କଲିକତାରେ ଓ ସେ ସେଇଠି ପଢ଼ି ବଢ଼ିଥିଲା। ସମୟକ୍ରମେ ସେ ଶାନ୍ତିନିକେତନକୁ ଦର୍ଶନ ଶାସ୍ତ୍ର ଅଧ୍ୟୟନ କରିବାକୁ ଆସିଥିଲା। ସେଇଠି ମୁଁ ସେତେବେଳେ ପଢ଼ାଉଥିବା କେତୋଟି କ୍ଲାସ୍‌ରେ ସେ ଯୋଗ ଦେଇଥିଲା। କିନ୍ତୁ ପ୍ରକୃତରେ ମୁଁ ତାକୁ ପ୍ରଥମେ ଭେଟିଥିଲି ଆମେରିକାରେ। ସେଠାରେ *ନ୍ୟାସନାଲ ଏଣ୍ଡୋମେଣ୍ଟ୍ ଫର୍ ଦି ହ୍ୟୁମାନିଟିଜ୍* ପକ୍ଷରୁ ପ୍ରାୟୋଜିତ ମୋର ଏକ ଗ୍ରୀଷ୍ମକାଳୀନ ସେମିନାରରେ ସେ ସାମିଲ ହୋଇଥିଲା। ସେତେବେଳକୁ ସେ ମିଶୋରୀ ବିଶ୍ୱବିଦ୍ୟାଳୟରେ ଅଧ୍ୟାପନା ଆରମ୍ଭ କରିସାରିଥିଲା। ତା'ପରେ ଯେତେବେଳେ ପୁଣି ଥରେ ପନ୍ଦର ବର୍ଷ ପରେ ମୁଁ ତାକୁ ଭେଟିଲି, ସେତେବେଳକୁ ସେ ଜଣେ ପୂର୍ଣ୍ଣକାଳୀନ ପ୍ରଫେସର ହୋଇ ସାରିଥିଲା ଏବଂ ତା'ର ଅବଧାରଣା ସମ୍ପର୍କୀତ ଅଦ୍ୱୈତ ବେଦାନ୍ତ ଉପରେ ଖଣ୍ଡେ ବହି ମଧ୍ୟ ଛପି ସାରିଥିଲା ଓ ***ସାକ୍ଷ୍ୟ-ଚେତନା*** ତତ୍ତ୍ୱ (*ୱିଟ୍‌ନେସ୍-କନସିଅସ୍‌ନେସ୍*) ଉପରେ ଆଉ ଖଣ୍ଡେ ଗ୍ରନ୍ଥ ରଚନା ପାଇଁ ସେ ପ୍ରୟାସ କରୁଥିଲା। ସେଇ ବହି ଖଣ୍ଡିକ ସେତେବେଳେ ବାହାରିବାର ଥିଲା, ଯେତେବେଳେ ସେ ମୋତେ ସାଙ୍ଗରେ ଧରି ଗୟା ଯିବାକୁ ତା'ଆଡୁ ପ୍ରସ୍ତାବ ଦେଇଥିଲା। ଅଦ୍ୱୈତ ବେଦାନ୍ତର ଜଣେ ଧୂରୀଣ ବିଦୂଷୀ ଭାବରେ ମୋର ସବୁ ପାଣ୍ଡୁଲିପି ପ୍ରସ୍ତୁତିରେ ସେ ଅଦ୍ୟାବଧି ମୋତେ ସାହାଯ୍ୟ କରିଆସୁଛି। ଗଲା କେଇବର୍ଷ ଧରି ମୋର ସବୁ ପାଣ୍ଡୁଲିପି ତା'ର ଅଭିଜ୍ଞ ସମ୍ପାଦନା ମାଧ୍ୟମରେ ଆଗକୁ ବଢ଼ିଛି। ଏବେ ମୁଁ ଅନୁଭବ କରୁଛି ଯେ ତା'ର ସହାୟତା ବିନା ମୋର କୌଣସି ଲେଖା କଦାପି ଛାପା ପାଇଁ ଚୂଡ଼ାନ୍ତ ହୋଇପାରିବନି ! ସେ ନିଜର ସୃଜନ ସମୟ ଅପଚୟ କରି ମୋତେ କେତେ ସାହାଯ୍ୟ ନ କରୁଛି - ଯଦ୍ୟପି କେବଳ ମୋରି ସ୍ୱାର୍ଥ ପାଇଁ ସେ ଅନେକ ଗବେଷଣା ପ୍ରକଳ୍ପରେ ବ୍ୟସ୍ତ ରହିଆସିଛି।

ସେମିତି ପ୍ରବଳ ଜର ଓ କ୍ରମାଗତ ହିକ୍କା ସହିତ ଧୋତି ଖଣ୍ଡେ ପିନ୍ଧି ଓ ଦେହରେ ଶାଲ୍ ଖଣ୍ଡିଏ ବେଢ଼େଇ ହୋଇ ମୁଁ ମନ୍ଦିରରେ ଠିଆ ହୋଇ ରହିଲି। ସେଠାକାର ପୂଜପ କାହିଁକି କେଜାଣି ନଦୀ ଜଳରେ ଗୋଡ଼ ଧୋଇ ଆସିବାକୁ ମୋତେ କହିଲେନାହିଁ। ସଂସ୍କୃତ ଶ୍ଳୋକ ଉଚ୍ଚାରଣ କରି କରି ମୁଁ ତାଙ୍କ ପଛେ ପଛେ ଅନୁଧାବନ କଲି। ମୋର ଧ୍ୟାନ ସଂସ୍କୃତ ଶ୍ଳୋକ ଓ ମନ୍ତ୍ର ଉପରେ ନିବଦ୍ଧ ଥିଲା ଓ ସେସବୁର ଅର୍ଥ ମୁଁ ମନେ ମନେ ବୁଝିବାକୁ ପ୍ରୟାସ କରୁଥିଲି (ତାହା ମୋ ଲାଗି ବୁଝିବା ଏତେଟା

କଷ୍ଟସାଧ୍ୟ ନ ଥିଲା)। ତା'ରି ଭିତରେ ଜାଗତିକ ଶୃଙ୍ଖଳାରେ ମୁଁ ନିଜକୁ ଅବସ୍ଥାପିତ କରିବାକୁ ଚାହୁଁଥିଲି ଯେଉଁଥିରୁ ସେସବୁ ଶ୍ଳୋକର କିଛି ଅର୍ଥ ବୁଝାପଡ଼ିବ। ମୋର ପୂର୍ବଜମାନଙ୍କ ପାଇଁ ଏଭଳି ପ୍ରାର୍ଥନା କରିବାରେ ମୋତେ ଆଦୌ କିଛି ସମସ୍ୟା ହେଉ ନ ଥିଲା। ସେମାନେ ମୋର ମାତା-ପିତା, ପୂର୍ବଜ ଓ ପରଲୋକଗତ ତିନି ଭାଇ ଥିଲେ। କିନ୍ତୁ ଯେତେବେଳେ ମୁଁ ଅନୁଭବ କଲି ଯେ ପୁରୋହିତ ମହାଶୟ ମୋତେ କେବଳ ମୋ ପୂର୍ବଜମାନଙ୍କ ପାଇଁ ନୁହେଁ, ସଂସାରର ସମସ୍ତ ମୃତ ପ୍ରାଣୀଙ୍କ ମୁକ୍ତି ପାଇଁ ପ୍ରାର୍ଥନା କରିବାକୁ କହୁଛନ୍ତି, ମୋତେ କେମିତି ଉଲ୍ଲସିତ ଲାଗିଲା। 'ଯେଉଁମାନେ ଏ ସଂସାରରୁ ବିଦାୟ ନେଇ ସାରିଛନ୍ତି ଓ ସେମାନଙ୍କ ପାଇଁ ପ୍ରାର୍ଥନା କରିବାକୁ କେହି ନାହାନ୍ତି; ଯେଉଁମାନଙ୍କୁ ବନସ୍ତରେ ବାଘ ଖାଇଯାଇଛି; ଯେଉଁମାନେ ଆତ୍ମହତ୍ୟା କରିଛନ୍ତି (ଏବଂ ସେହି କାରଣରୁ ଦେବତାମାନଙ୍କୁ ପ୍ରାର୍ଥନା କରିବାକୁ ଅସମର୍ଥ); ଯେଉଁମାନେ ସର୍ପ ଦଂଶନରେ ପ୍ରାଣ ହରାଇଛନ୍ତି ଏବଂ ଯେଉଁମାନଙ୍କ ପାଇଁ ସଂସାରରେ ରୋଦନ କରିବାକୁ କେହି ନାହିଁ, ପିଣ୍ଡଦାନ କରୁଥିବା ପୁରୋହିତ ବୋଲୁଥିବା ସଂସ୍କୃତ ମନ୍ତ୍ରର ଅର୍ଥ ସେଇଆ ବୋଲି ମୁଁ ମନେ ମନେ ହୃଦୟଙ୍ଗମ କଲି। ଏମିତି ଭାବରେ ପୁରୋହିତଙ୍କ ଶ୍ରାଦ୍ଧ କର୍ମ ଜାରି ରହିଲା। ମୋ ବୋଉର ଅସ୍ଥି ବିସର୍ଜନ କରି ପିଣ୍ଡଦାନ କରିବାକୁ ଆସି ଏବେ ସଂସାରର ସମସ୍ତ ବିଦାୟୀ ଆତ୍ମାଙ୍କ ପାଇଁ ପ୍ରାର୍ଥନା କରୁଛି ବୋଲି ମୁଁ ଅନୁଭବ କଲି। ଉଭୟଙ୍କ ପାଇଁ କରୁଥିବା ପ୍ରାର୍ଥନା ଭିତରେ କିଛି ପାର୍ଥକ୍ୟ ଅଛି କି ବୋଲି ମୁଁ ଚିନ୍ତା କରୁଥିଲି।

ପିଣ୍ଡଦାନ କର୍ମ ସାରିବା ପରେ ଆମେ ହୋଟେଲକୁ ଲେଉଟି ଆସିଲୁ। ସେତେବେଳକୁ ମୋର ହିକ୍କାର ମାତ୍ରା ଆହୁରି ବଢ଼ିଯାଇଥିଲା ଓ ମୋର ପଞ୍ଜରା ହାଡ଼ସବୁ ଦରଜ ହୋଇସାରିଥିଲା। ମୋତେ ଚିକିତ୍ସା କରିବା ଲାଗି ଜଣେ ଡାକ୍ତରଙ୍କ ସହ ପରାମର୍ଶ କରିବା ସକାଶେ ବୀଣା ତୁରନ୍ତ ଟାଉନକୁ ଗଲା ଓ ଡାକ୍ତର ମୋତେ ପାନେ କଡ଼ା ନିଦ ଔଷଧ ଖାଇବାକୁ ଦେଲେ। ତା'କୁ ଖାଇବା ପରେ ପରେ ମୁଁ ଗାଢ଼ ନିଦରେ ଶୋଇଗଲି। ସେଇ ଦିନ ରାତିରେ ମୋତେ ବୀଣା ଗୋଟିଏ ରିକ୍ସାରେ ବସାଇ ଷ୍ଟେସନକୁ ଆଣିଲା, କିନ୍ତୁ ସେକଥା ମୋର ଅସ୍ପଷ୍ଟ ଭାବରେ ଯାହା ମନେ ପଡୁଛି। କଲିକତାଗାମୀ ଆମ ଟ୍ରେନ୍ ଛାଡ଼ିବାକୁ ଆହୁରି ଦଶ ଘଣ୍ଟା ବିଳମ୍ବ ଥିଲା। ବାହାରେ ଅସମ୍ଭବ ଶୀତ ଓ ପ୍ଲାଟଫର୍ମ ଏତେ ଜନାକୀର୍ଣ୍ଣ ଯେ ବସିବା ତ ଦୂରର କଥା, ପାଦ ଥାପିବାକୁ ସୁଦ୍ଧା ଜାଗା ଟିକେ ନ ଥିଲା। ସେତେବେଳ ପର୍ଯ୍ୟନ୍ତ ନିଦ ଔଷଧର ପ୍ରଭାବ ମୋ'ଠାରୁ ଛାଡ଼ି ନ ଥିଲା। ସେଦିନ ଟ୍ରେନ୍‌ରେ ବସିବା କଥା ମୋର ଝାପ୍‌ସା ମନେ ଅଛି। ତା'ପରଦିନ ପ୍ରାୟ ମଧ୍ୟାହ୍ନରେ ମୋର ନିଦ ଭାଙ୍ଗିଲା ବେଳକୁ ମୁଁ ଦେଖିଲି

ଟ୍ରେନ୍‌ର ଗୋଟିଏ ବର୍ଥରେ ମୁଁ ଶୋଇଛି। ମୋର ଆଉ ହିକ୍କା ଉଠୁ ନ ଥିଲା। ଦେହରୁ ଜର ବି ସମ୍ପୂର୍ଣ୍ଣ ରୂପେ ଓହ୍ଲେଇ ସାରିଥିଲା। ମୋତେ କିନ୍ତୁ ଭାରି ଦୁର୍ବଳ ଲାଗୁଥିଲା ଓ ଶରୀର ଖୁବ୍ ହାଲୁକା ଲାଗୁଥିଲା। ମନେ ମନେ ଗଲା ଦି'ଦିନର କଥା ସ୍ମରଣ କରି ଭାବୁଥିଲି, ସେସବୁ ସ୍ୱପ୍ନ ନା ବାସ୍ତବତା ଥିଲା! କଲିକତାରେ ଓହ୍ଲେଇବା ମାତ୍ରେ ଆମେ ଡ୍ରାଇଭରକୁ ରାମକୃଷ୍ଣ ମିଶନ୍ ଇନ୍‌ଷ୍ଟିଚୁଟ ଅଫ୍ କଲଚରକୁ ନେବା ଲାଗି କହିଲୁ। ପୂର୍ବରୁ ବୀଣା ତା'ର ଭାଉଜ ପାଖକୁ ଖବର ପଠାଇ କାର୍ ବ୍ୟବସ୍ଥା କରି ରଖିଥିଲା। ଗତ ଦୁଇ ଦିନ ଧରି ଆଦୌ କିଛି ଖାଇ ନ ଥିଲି କହିଲେ ଚଳେ। ବୀଣା ପ୍ରସ୍ତାବ ଦେଲା, ଆମେ କିଛି ଖାଇବା ପୂର୍ବରୁ ଅବଶିଷ୍ଟ ରୀତନୀତି ଶେଷ କରିନେବା ଦରକାର। ତେଣୁ ସେଠାରୁ ଆମେ ଗଙ୍ଗାଘାଟକୁ ଗଲୁ। ଘାଟର ପ୍ରଶସ୍ତ ପାହାଚପଙ୍‌କ୍ତି ଦେଇ ମୁଁ ନଦୀକୂଳକୁ ଯାଇ ଆଣ୍ଠୁଏ ପାଣିରେ ଠିଆହେଲି ଓ ସେଇଠି ସେଇ ପବିତ୍ର ଜଳଧାରରେ ବୋଉର ଚିତାଭସ୍ମ ବିସର୍ଜନ କରିଦେଲି। ସେଇ ଗୋଳିଆ ଜଳଧାରରେ ବୋଉର ଚିତାଭସ୍ମ ମୋରି ଆଖି ଆଗରେ ଗଙ୍ଗାଜଳରେ କୁଆଡ଼େ ଉଭେଇଗଲା।

ସବୁ କାମ ସାରି ରାମକୃଷ୍ଣ ମିଶନକୁ ଫେରିଲି ଓ ମନରେ ଖୁବ୍ ଆଶ୍ୱସ୍ତି ଓ ଆନନ୍ଦ ଅନୁଭବ କଲି। ଇତି ପୂର୍ବରୁ ଜୀବନରେ କେବେ ଏତେ ଆତ୍ମତୃପ୍ତି ଅନୁଭବ କରି ନ ଥିବା ପରି ଲାଗିଲା। ସେତିକିବେଳେ ପ୍ରଥମ ଥର ପାଇଁ ମନକୁ ଆସିଲା - ଆଜକୁ ପ୍ରାୟ ପନ୍ଦର ବର୍ଷ ତଳେ ଥରେ ଗ୍ରୀଷ୍ମଦିନେ ଆମେ ଖରାଛୁଟି କଟେଇବାକୁ ଆସି ଲେକ୍ ମାର୍କେଟ୍ ପାଖରେ ରହୁଥିଲୁ। ମୁଁ ସେତେବେଳେ ଜରରେ କତରାଲଗା ହୋଇଥିବାବେଳେ ମୋ ବୋଉ ଆମ ପାଖରେ ଆସି ରହୁଥିଲା। ସେତେବେଳେ ମୋର ଏତେ ଅସମ୍ଭାଳ ହିକ୍କା ଉଠୁଥିଲା ଯେ ମୁଁ ଅସ୍ତବ୍ୟସ୍ତ ହୋଇ ପଡୁଥିଲି। ଦିନରାତି, ଚବିଶ ଘଣ୍ଟା ସେମିତି ହିକ୍କା ଲାଗି ରହୁଥିଲା। ନିଦରେ ଶୋଇଲାବେଳେ ସୁଦ୍ଧା ବନ୍ଦ୍ ହେଉ ନ ଥିଲା। ବାଣୀ କହିଲା,'ସେତେବେଳେ ବୋଉ ତୁମ ଶେଯ ପାଖରେ ରାତିସାରା ଜଗି ବସି ରହୁଥିଲେ।' ଏଥର କିନ୍ତୁ ତା'ରି ଆତ୍ମାର ସନ୍ଧାନରେ ମୁଁ ଯାଇଥିଲି। ବୋଉ ମୋର କ'ଣ ଗୟାରେ ଥିଲା? ସେକଥା ଭାବିଲା ବେଳକୁ କେମିତି ଭୌତିକ ଭୌତିକ ଲାଗିଲା। ଡର ମାଡ଼ିଲା। ମୋ ବୋଉର ବିୟୋଗରେ ଯେଉଁ ଶୂନ୍ୟତା ସୃଷ୍ଟି ହୋଇଥିଲା, ବୀଣା ତା'ର ଭରଣା କରିଦେଲା।

ଏସବୁ ଘଟଣା ସେଇବର୍ଷ ଘଟିଥିଲା ଯେଉଁ ବର୍ଷ ମୁଁ ସତୁରୀ ବର୍ଷରେ ପାଦ ଥାପିଥିଲି। ସେ ବର୍ଷ ଭୁବନେଶ୍ୱରଠାରେ ଏସୀୟ ଓ ତୁଳନାତ୍ମକ ଦର୍ଶନ ସୋସାଇଟି ଏବଂ ଉତ୍କଳ ବିଶ୍ୱବିଦ୍ୟାଳୟର ମିଳିତ ଆନୁକୂଲ୍ୟରେ ଗୋଟିଏ ଆନ୍ତର୍ଜାତୀୟ ସମ୍ମାନର ଆୟୋଜନ କରାଯାଇଥିଲା। ସେତେବେଳେ ଦର୍ଶନ ସୋସାଇଟିର ଅଧ୍ୟକ୍ଷ ଥିଲେ

ବୀଣା ଗୁପ୍ତା । ସେଇ କାର୍ଯ୍ୟକ୍ରମଟି ଥିଲା ମୋ ପାଇଁ ଭାବୋଦ୍ଦୀପକ । ବୀଣା ବହୁ କଷ୍ଟ ସ୍ୱୀକାର କରି ମୋର ବହୁ ସହକର୍ମୀ, ସୁହୃଦ୍ ଓ ଛାତ୍ରଛାତ୍ରୀଙ୍କ ଠାରୁ ସଂଗ୍ରହ କରିଥିବା ଚିଠିପତ୍ରକୁ ନେଇ ଏକ 'ଲେଦର ବାଉଣ୍ଡ୍' ଭଲ୍ୟୁମ୍ ପ୍ରସ୍ତୁତ କରିଥିଲା । ସମ୍ମାନରେ ସେମାନେ ମୋତେ ଉପହାର ସ୍ୱରୂପ ସେଇ ଗ୍ରନ୍ଥଟି ପ୍ରଦାନ କରିଥିଲେ । ସାଧାରଣ ଭାବରେ ମୁଁ ଯେତିକି ଖୁସି ହେବା କଥା, ତା'ଠାରୁ ଅଧିକ ମାତ୍ରାରେ ଏଇ ଘଟଣାଟି ମୋ ମନକୁ ଛୁଇଁଥିଲା । କାରଣ, ଏହି ଅଭିନନ୍ଦନ କାର୍ଯ୍ୟକ୍ରମଟି ଓଡ଼ିଶାରେ ଆୟୋଜିତ ହୋଇଥିଲା ଏବଂ ସେଥିରେ ପାଶ୍ଚାତ୍ୟ ରାଷ୍ଟ୍ରର ମୋର ଅନେକ ସୁହୃଦ୍‌ଙ୍କ ଠାରୁ ପରିବାରର ସଦସ୍ୟମାନେ ସୁଦ୍ଧା ଉପସ୍ଥିତ ଥିଲେ । ଉତ୍କଳ ବିଶ୍ୱବିଦ୍ୟାଳୟର କୁଳପତି ମଧ୍ୟ ଏହି କାର୍ଯ୍ୟକ୍ରମରେ ସାମିଲ ହୋଇ ମୋତେ ଏକ ମାନପତ୍ର ପ୍ରଦାନ କରିଥିଲେ । ମୁଁ ବିଶ୍ୱବିଦ୍ୟାଳୟର ଜଣେ ପ୍ରାକ୍ତନ ଛାତ୍ର ନୁହେଁ କି ?

୧୯୯୮ ମସିହାରେ ଏହି ଅଧ୍ୟାୟର ଏମିତି ପରିସମାପ୍ତି ଘଟିଥିଲା ।

■

ଉପସଂହାର

ସ୍ୱାମୀ ଲୋକେଶ୍ୱରାନନ୍ଦଙ୍କର ପରଲୋକ ଘଟିବା ସହିତ ମୋତେ କଲିକତାର ରାମକୃଷ୍ଣ ମିଶନ ଇନଷ୍ଟିଚ୍ୟୁଟ୍ ଅଫ୍ କଲଚର ଛାଡ଼ି ଅନ୍ୟତ୍ର ସ୍ଥାନାନ୍ତରିତ ହେବାକୁ ପଡ଼ିଥିଲା । ଆମେ କଲିକତାରେ ଗୋଟିଏ ଫ୍ଲାଟ୍ କିଣିଲୁ ଓ ଗୃହପ୍ରବେଶ ପୂର୍ବରୁ ସେଠାରେ ଦି'ଦିନ ରହି ସବୁ ପ୍ରକାର ପୂଜାପାଠ ଶେଷ କଲୁ । ସେଇ ବର୍ଷ ଓଡ଼ିଶା ଉପକୂଳରେ ଏକ ଅଭୂତପୂର୍ବ ମହାବାତ୍ୟା ସଙ୍ଘଟିତ ହେଲା ଓ ସେଥିରେ ବ୍ୟାପକ ଧନଜୀବନ କ୍ଷୟକ୍ଷତି ଘଟିଲା ଓ ସେଥିରେ ଆମ ଗାଆଁର ଅଧିକାଂଶ ଘର ଭାଙ୍ଗିରୁଜି ଯାଇଥିଲା । ମୋ ବଡ଼ ଭଉଣୀ ସେଥିରେ ଚାଲିଗଲା ଓ ମରିବାର କିଛି ଦିନ ପୂର୍ବରୁ ସେ ତା'ର ଦାର୍ଶନିକ ଭାଇ କଥା ସଦାବେଳେ ଗପି ହେଉଥିଲା । ବାଣୀର ଆଣ୍ଠୁଗଣ୍ଠି ବାତ ଯା'ଭିତରେ ଆହୁରି ବଢ଼ି ଯାଇଥିଲା ଓ ସବୁ କାମରେ ମୁଁ ତାକୁ ସାହାଯ୍ୟ କରିବାକୁ ପଡୁଥିଲା । ବୀଣା ନିରବଚ୍ଛିନ୍ନ ଭାବରେ ତା'ର ସମ୍ପାଦନା କାର୍ଯ୍ୟ ଜାରି ରଖିଥିଲା ।

ହସେର୍ଲଙ୍କ ଉପରେ ମୁଁ ଯେଉଁ ବଡ଼ ବହି ଖଣ୍ଡିଏ ଲେଖିବି ବୋଲି କାମ କରୁଥିଲି ତା'ର ଲେଖାଲେଖି କାମ ସେଯାଏଁ ଆରମ୍ଭ କରି ନ ଥିଲି । ବୀଣାର ସାହାଯ୍ୟରେ କିନ୍ତୁ ମୁଁ ଅନେକ ବହି ଲେଖି ସାରିଥିଲି । ସେଥିରୁ ଅଧିକାଂଶ ଥିଲା ଭାରତୀୟ ଦର୍ଶନ ଶାସ୍ତ୍ର ସମ୍ବନ୍ଧୀୟ, ଆଉ କେତୋଟି ଥିଲା *ଫେନୋମେନୋଲୋଜି* ଉପରେ । ସେସବୁ ବହି ଏବେ ପ୍ରକାଶ ଅପେକ୍ଷାରେ ଥିଲା । ବୀଣା ମଧ୍ୟ ଆଉ ଗୋଟିଏ ଅଭିନନ୍ଦନ ଗ୍ରନ୍ଥ (*Festchrift*) ସମ୍ପାଦନା କରୁଥିଲା ଯାହାର ସେ ନାମକରଣ କରିଥିଲା '*The Empirical and the Transcendental: A Fusion of Horizons*' ।

ଜୀବନ ବେଶ୍ ଆନନ୍ଦମୟ ଥିଲା ଏବଂ ଜୀବନ ସମ୍ପର୍କରେ ମୋର କୌଣସି

ଓଜର ଆପତ୍ତି ନ ଥିଲା । ଯୁବାବସ୍ଥାରେ ମୁଁ ଯାହାସବୁ କରିବି ବୋଲି ମନେ ମନେ ସ୍ୱପ୍ନ ଦେଖିଥିଲି, ସେସବୁ ମୁଁ କରି ନ ଥିଲି ଅବା କରିବାରେ ସଫଳ ହୋଇ ନ ଥିଲି । ସେହିସବୁ କାର୍ଯ୍ୟ ମଧ୍ୟରେ ଥିଲା, ଗ୍ରାମ୍ୟ ସ୍ତରରେ ଗାନ୍ଧିବାଦୀ ସାମାଜିକ ଓ ରଚନାତ୍ମକ କାର୍ଯ୍ୟ, ରାଜନୈତିକ ସକ୍ରିୟତା, ଯୋଗାଭ୍ୟାସ ଇତ୍ୟାଦି । ମୁଁ କିନ୍ତୁ କେବଳ ଚିନ୍ତନରେ ହିଁ ମୋ ଜୀବନକୁ ସମର୍ପିତ କରିଥିଲି ଯାହାର କି କ୍ୱଚିତ୍ ବାହ୍ୟିକ ପରିପ୍ରକାଶ ଦେଖିବାକୁ ମିଳୁଥିଲା । ମୁଁ ଯେଉଁସବୁ ବହି ଲେଖିଥିଲି ସେସବୁ ମୋର ଚିନ୍ତନର ଫଳଶ୍ରୁତି ନ ଥିଲା, ବରଂ ସେହି ପ୍ରକ୍ରିୟାର ବିଭିନ୍ନ ପର୍ଯ୍ୟାୟ ହିଁ ଥିଲା । ସେହି ପ୍ରକ୍ରିୟାର ନିଜସ୍ୱ ପରିଣାମ ଥିଲା ।

ଭାରତ ବାହାରେ ଜୀବନ ଥିଲା ଅତୀବ କଷ୍ଟସାଧ୍ୟ – ମୋର ବାହ୍ୟିକ ଜୀବନ ସକାଶେ ତାହା ଆରାମଦାୟକ ଅବଶ୍ୟ ଥିଲା, କିନ୍ତୁ ଅନ୍ତଃକରଣରେ ଖୁବ୍ କଠିନ । ମୁଁ ଆପଣାଇଥିବା ଏଭଳି ଜୀବନ ମୋତେ ଆବେଗିକ ପୁଷ୍ଟି ଉତ୍ସରୁ ବଞ୍ଚିତ କରିଥିଲା । କିନ୍ତୁ ଆଦରିଥିବା ଦେଶରେ ସାରା ଜୀବନ ବିତାଇବାର ମଧ୍ୟ ନିଜସ୍ୱ ସୁଫଳ ଥିଲା । ଆମେରିକାରେ ତୁମେ ଚାହିଁଲେ ସେଠାକାର ଚଳଚଞ୍ଚଳ ବୌଦ୍ଧିକ ଜୀବନର ଅଂଶବିଶେଷ ହୋଇପାରିବ । ଭାରତର ସମୁନ୍ନତ ଦାର୍ଶନିକ ଐତିହ୍ୟ ସହିତ ଆମେରିକାର ସଦା-ଜାଗ୍ରତ ବୌଦ୍ଧିକ ଜୀବନକୁ ଯୋଡ଼ି ପାରିଲେ ସେଥିରୁ ଜଣେ ପର୍ଯ୍ୟାପ୍ତ ଫାଇଦା ପାଇପାରିବ । କେବଳ ଯଦି ତୁମେ ଆମେରିକୀୟ ଚିନ୍ତନରେ – କ୍ଷମତାର ଚାପରେ – ଆମେରିକାକୁ ବିଶ୍ୱବ୍ରହ୍ମାଣ୍ଡର କେନ୍ଦ୍ରବିନ୍ଦୁ ବୋଲି ହେତୁ କରି ଭୁଆଁ ନ ବୁଲ । ବିଶ୍ୱରେ ଯେତିକି ମାନବ ଗୋଷ୍ଠୀ ଅଛନ୍ତି ସେତିକ କେନ୍ଦ୍ରବିନ୍ଦୁ ରହିଛି । ମହାବାତ୍ୟାରେ ମାଟିରେ ମିଶି ଯାଇଥିବା ମୋ ଗାଆଁ ବି ସେଥିରୁ ଗୋଟିଏ ।

ଜୀବନ ଅସମ୍ପୂର୍ଣ୍ଣ, ଏବଂ ହାଇଡେଗରଙ୍କ ଭାଷାରେ ତାହା ମୃତ୍ୟୁ ଦିଗରେ ଚିରନ୍ତନ ଧାବମାନ । କିନ୍ତୁ, ତାଙ୍କର ଏକଦିଗଦର୍ଶୀ ବ୍ୟାଖ୍ୟାନରେ ହାଇଡେଗର ମାନବୀୟ ସ୍ଥିତିର ସ୍ୱରୂପକୁ ଭୁଲ୍ ଭାବରେ ବୁଝିଥିଲେ । ଏହିସବୁ ଚିରନ୍ତନ ଆତ୍ମାତିକ୍ରମଣ ମଧ୍ୟରେ ଆତ୍ମ-ସନ୍ଦର୍ଭର ସ୍ଥିର ବିନ୍ଦୁଟିକୁ ହସେର୍ଲ ଅଧ୍ୟାତ୍ମିକ ଅହଂକାର ଭାବନା ରୂପରେ ବର୍ଣ୍ଣନା କରିଛନ୍ତି । ତାହା ବାହ୍ୟିକ ଦିଗରେ ଲକ୍ଷ୍ୟହୀନ ବିଚ୍ଛୁରଣ ପ୍ରକ୍ରିୟା ଭାବରେ ଆତ୍ମ- ବିସ୍ମୃତିକୁ ପ୍ରତିହତ କରିଥାଏ । ବଞ୍ଚିବାର ପ୍ରକ୍ରିୟା ନିଜର ଚିର-ନୂତନ ପ୍ରକଳ୍ପ ଭାବରେ ସଦାସର୍ବଦା ସେହି କେନ୍ଦ୍ରକୁ ବାରମ୍ବାର ଫେରିଆସିବାକୁ ପ୍ରୟାସ କରିଥାଏ ଏବଂ ସେହିଠାରେ ପୁଣି ଏକୀଭୂତ ହୋଇଥାଏ ।

ମୋର ମୃତ୍ୟୁରେ ଜୀବନ ତା'ର ଅପୂର୍ଣ୍ଣତାରେ ପୂର୍ଣ୍ଣତା ପ୍ରାପ୍ତ ହେବ । ତା'ପରେ

ଏହା ଅନ୍ୟମାନଙ୍କ ମୂଲ୍ୟାୟନର ପ୍ରସଙ୍ଗ ପାଲଟିଯିବ। ମୂଲ୍ୟାୟନ ପାଇଁ ମୌଳିକ ପ୍ରଶ୍ନଟି ହେବ, 'ଏହାର ମୂଳ ପ୍ରସଙ୍ଗଟି କ'ଣ?' ଏହା କୌଣସି ସରଳ ଆଦର୍ଶଗତ ପ୍ରଶ୍ନ ନୁହେଁ: 'ସେ ଲୋକଟି ଜଣେ ଭଲ ନା ଖରାପ ଲୋକ ଥିଲା?' ମୋ ପାଇଁ, ଏ ଜୀବନ ବଞ୍ଚିବା ଯଦି ସଫଳ ହୋଇଛି, ତେବେ ତାହା ଏକ ଅଧ୍ୟାତ୍ମିକ ପ୍ରକ୍ରିୟା। ତେବେ ଏହା କ'ଣ ଉପଭୋଗ୍ୟ, ସୁସଂଗତ, ଓ ପରିପୂର୍ଣ୍ଣ?

୧୫ ଅକ୍ଟୋବର ୨୦୦୦

ପରିଶିଷ୍ଟ: ଦର୍ଶନଶାସ୍ତ୍ରକୁ ମୋର ଅବଦାନ

ଯେତେଦୂର ସମ୍ଭବ, ହାଇଡେଗାର ମନ୍ତବ୍ୟ ଦେଇଥିଲେ ଯେ ପ୍ରତ୍ୟେକ ଦାର୍ଶନିକଙ୍କ ଜୀବନରେ ଗୋଟିଏ ମୁଖ୍ୟ ସମସ୍ୟା ଥାଏ ଯାହାକି ସବୁ ଦିଗରୁ, ଭିନ୍ନ ଭିନ୍ନ ମାତ୍ରାରେ, ଏବଂ ବିଭିନ୍ନ ଉପାୟରେ ତାଙ୍କୁ ଆଚ୍ଛନ୍ନ କରି ରଖିଥାଏ - ଯେମିତି ସଙ୍ଗୀତ ପ୍ରସଙ୍ଗକୁ ନେଇ ଘଟିଥାଏ।

ଏଭଳି ଏକ ମୁଖ୍ୟ ସମସ୍ୟା ବ୍ୟତୀତ, ମୁଁ ଯୋଡ଼ିବାକୁ ଚାହିଁବି ଯେ, ଜଣେ ଦାର୍ଶନିକ ମଧ୍ୟ କିଛି କିଛି ଗ୍ରନ୍ଥ, ଅଥବା କିଛି ଚିତ୍ର ପ୍ରସଙ୍ଗ ସହିତ ସାରା ଜୀବନ ପେଷି ହେଉଥାଏ ଏବଂ ସେମାନେ ତାଙ୍କୁ ସାରା ଜୀବନ ଜଳଜଳ କରି ଚାହିଁ ରହିଥାଆନ୍ତି।

ଚିନ୍ତନ ଜୀବନର ପ୍ରାରମ୍ଭିକ ପର୍ଯ୍ୟାୟରେ ଯେଉଁ ସମସ୍ୟାଟି ମୋର ଚିନ୍ତାଧାରାକୁ ଆବୋରି ବସିଥିଲା ତାହାକୁ 'ଆଦର୍ଶଗତ ସମସ୍ୟା' (*'ପ୍ରୋବ୍ଲେମ୍ ଅଫ୍ ପ୍ଲାଟୋନିଜିମ୍'*) ବୋଲି କୁହାଯାଇପାରେ। ପ୍ଲାଟୋନିକ୍ ବୋଲି ସେପରି କିଛି ସତ୍ତା ଅଛି କି? ଯାହାକୁ ଜର୍ମାନମାନେ ଆଦର୍ଶବାଦୀ ସତ୍ତା ବୋଲି କହିଥାଆନ୍ତି ଓ ତର୍କଶାସ୍ତ୍ରୀମାନେ ଯାହାକୁ ଭୌତିକ ସତ୍ତାହୀନ ବା ଭାବନାନିହିତ ସତ୍ତା (*ଆବଷ୍ଟ୍ରାକ୍ଟ ଏଣ୍ଟିଟିଜ୍*) ବୋଲି ଦର୍ଶାଇ ଥାଆନ୍ତି? ମୋର ଧାରଣା ହୋଇଥିଲା ଯେ ହଁ, ସେମିତି କିଛି ଅଛି। ତେଣୁ ମୋର ପ୍ରାରମ୍ଭିକ ପର୍ଯ୍ୟାୟର ଅନେକ ଗବେଷଣା କାମ - ଗେଟିଂଗେନ୍‌ର ସନ୍ଦର୍ଭ ସମେତ - ସୂଚାଏ ଯେ ସେଭଳି ସତ୍ତାକୁ ଅଧିବାସ୍ତବତା ଦୃଷ୍ଟିରୁ ପ୍ରତ୍ୟାଖ୍ୟାନ କଲେ ଚଳିବନାହିଁ। କିନ୍ତୁ ଯଥା ଶୀଘ୍ର ମୁଁ ଅନୁଭବ କରିଥିଲି ଯେ *'ପ୍ଲାଟୋନିଜିମ୍'* ନାମରେ ଯାହା କିଛି କୁହାଯାଏ ତାହା ବାସ୍ତବପକ୍ଷେ ଅନେକ ସତ୍ତାର ସମଷ୍ଟି; ସେହି କ୍ଷେତ୍ରର ନିର୍ଯ୍ୟାସ ଓ ଅର୍ଥକୁ ପରିପ୍ରକାଶ କରିବାର ପ୍ରାରମ୍ଭିକ ଅବସ୍ଥା। ଥରେ ସେହି ଜୀବସତ୍ତାବିଦ୍ୟା ପୁନଃ-ସଂସ୍ଥାପିତ ହେବା ପରେ, ସେଥିରୁ ଅନେକ ପ୍ରଶ୍ନର ସାମ୍ନା କରିବାକୁ ପଡ଼ିଥାଏ। ତାହା ଅଧିବାସ୍ତବବାଦିତା ଠାରୁ କ'ଣ ମନସ୍ତାତ୍ତ୍ୱିକ- ତାର୍କିକ ହ୍ରାସ (*ସାଇକୋଲୋଜିଜିମ୍*)ଏବେ ସୁଦ୍ଧା ସେତିକି

ଯଥାର୍ଥତା ବହନ କରେ କି ? ଯଦିବା ଆମେ *'ସାଇକୋଲୋଜିଜିମ୍'*କୁ ଅସ୍ୱୀକାର କରିବା, ତଥାପି ଆମ ମନ ସେକଥା କିପରି ବୁଝିବ ଅଥବା ସେସବୁକୁ ବର୍ଗୀକରଣ କରିପାରିବ ? ସେଇସବୁ ପ୍ରଶ୍ନ ସଦାବେଳେ ବଞ୍ଚି ରହିଛି; ତେଣୁ ମୁଁ ସେ ପ୍ରଶ୍ନର ସନ୍ଧାନରେ ରହିଛି ଏବଂ 'ଫେନୋମେନୋଲୋଜି'ଉପରେ ମୋର ସଦ୍ୟତମ ଲିଖନରେ ସେସବୁର ଉତ୍ତର ଦେବାକୁ ପ୍ରୟାସ କରିଛି - ତାହା ପୁଣି ପ୍ରାୟ ଚାରି ଦଶନ୍ଧି ପରେ। ଏହିସବୁ ପ୍ରଶ୍ନମାନ ମୋର ଚିନ୍ତା ଚେତନାରେ ହସେର୍ଲ ଓ ଫ୍ରେଜେଙ୍କୁ ସଂଯୋଗ କରନ୍ତି। ସେହିସବୁ ପ୍ରଶ୍ନଗୁଡ଼ିକ ଭିତରେ ମୁଁ ଗୋଟିଏ କେନ୍ଦ୍ରବିନ୍ଦୁ ପାଏ ଯେଉଁଠାରେ ମୁଁ ବିଶ୍ଲେଷଣାତ୍ମକ ଦର୍ଶନ ଓ ପାଶ୍ଚାତ୍ୟ ଦର୍ଶନ ମଧ୍ୟରେ ସାମଞ୍ଜସ୍ୟ ରକ୍ଷା କରିବାର ପ୍ରୟାସ କରେ। ସେଠାରେ ସଂଜ୍ଞାର ଏକ ସନ୍ତୋଷଜନକ ତତ୍ତ୍ୱ ଚତୁଃପାର୍ଶ୍ୱରେ କେତେଗୁଡ଼ିଏ ପ୍ରସଙ୍ଗ ଠୂଳ ହୁଏ। ଏହା ନିଃସନ୍ଦେହ ଯେ,*'ରିଡକ୍ସନିଷ୍ଟ ସାଇକୋଲୋଜିଜିମ୍'*କୁ ପ୍ରତ୍ୟାଖ୍ୟାନ କରାଯିବା ଉଚିତ। କିନ୍ତୁ ଏହା ସହିତ ମାନସିକ ଓ ଆଦର୍ଶଗତ ଅର୍ଥକୁ ମଧ୍ୟ ଏକତ୍ରିତ କରାଯିବା ଆବଶ୍ୟକ, ଯେଉଁଥିପାଇଁ ମନର ଦୁଇଟି ପର୍ଯ୍ୟାୟ - ବାସ୍ତବ କାର୍ଯ୍ୟ ଓ ଆଦର୍ଶଗତ ଅର୍ଥ - ମଧ୍ୟରେ ଏକ ସମ୍ପୂର୍ଣ୍ଣ ନୂଆ ଅବଧାରଣାର ଆବଶ୍ୟକତା ରହିଛି।

'ଫେନୋମେନୋଲୋଜି' ଉପରେ ମୋର ଗବେଷଣା ଆରମ୍ଭ କରିବାର ଢେର୍ ପୂର୍ବରୁ, ମୁଁ ନବ୍ୟ-ନ୍ୟାୟ ଜ୍ଞାନ ମୀମାଂସା ଦିଗରେ ମୋର ଅଧ୍ୟୟନ ଆରମ୍ଭ କରିଥିଲି ଯାହାର ଫଳଶ୍ରୁତି ଥିଲା *'Gangesh's Theory of Truth'* - ଏଥି ସହିତ ମୁଁ ମଧ୍ୟ ଅନ୍ୟାନ୍ୟ ବେଦାନ୍ତ ଶାସ୍ତ୍ର ଅଧ୍ୟୟନ ଜାରି ରଖିଥିଲି। ଏହାର ପରିଣାମ ସ୍ୱରୂପ ଗତ କିଛି ବର୍ଷ ମଧ୍ୟରେ ମୋର ଭାରତୀୟ ଦର୍ଶନ ସମ୍ପର୍କୀତ ରଚନା ସମ୍ଭବପର ହୋଇପାରିଛି। *'Gangesh's Theory of Truth'* ହେଉଛି ଗଙ୍ଗେଶଙ୍କର ସତ୍ୟର ଜ୍ଞାନ ଉପରେ ଲିଖିତ ଏକ ଅଧ୍ୟାୟର ଇଂରାଜୀ ଅନୁବାଦ ଏବଂ 'ପ୍ରାମାଣ୍ୟ' ତତ୍ତ୍ୱ ସମ୍ପର୍କୀତ ସମସ୍ତ ପ୍ରଶ୍ନ ଓ ଯୁକ୍ତିର ବିସ୍ତୃତ ବ୍ୟାଖ୍ୟା। ଏହି ଦର୍ଶନ ଗ୍ରନ୍ଥଟିର ସେପରି କୌଣସି ବିଶେଷ ମୌଳିକ ଅବଦାନ ନାହିଁ। ଏଥିରେ ନବ୍ୟ-ନ୍ୟାୟ ସିଦ୍ଧାନ୍ତକୁ କେବଳ ବ୍ୟାଖ୍ୟା କରାଯାଇଛି। ମୂଳ ଗ୍ରନ୍ଥ ପ୍ରତି ନିଷ୍ଠାବାନ୍ ରହି ସେଥିରେ ଏପରି ଭାଷ୍ୟ କରାଯାଇଛି ଏବଂ ସେଥିରେ ପଣ୍ଡିତ ପରମ୍ପରାକୁ ଅନୁସରଣ କରାଯାଇଛି। ଏଥି ସହିତ ଏଥିରେ 'ପ୍ରାମାଣ୍ୟ' ଉପରେ ବିଭିନ୍ନ ବାଦର ତତ୍ତ୍ୱକୁ ବିଶ୍ଲେଷଣାତ୍ମକ ଧାରାରେ ବ୍ୟାଖ୍ୟା କରାଯାଇଛି। ***'ତତ୍ତ୍ୱ ଚିନ୍ତାମଣି'***ର ***'ପ୍ରତ୍ୟକ୍ଷ୍ୟଚାଖଣ୍ଡ'***ରୁ ଅନ୍ୟ କେତେକ ଅଧ୍ୟାୟର ମଧ୍ୟ ଅନୁବାଦ କରାଯାଇଛି ଯାହା ଅସମାପ୍ତ ଏବଂ ଆଶା କରୁଛି ଯେ ଖୁବ୍ ଶୀଘ୍ର ତାହା ସମ୍ପୂର୍ଣ୍ଣ ହୋଇପାରିବ।

ଭାରତୀୟ ଦର୍ଶନ ଉପରେ ଲିଖିତ ପ୍ରବନ୍ଧ (*Papers*) ଯାହାକି ମୁଁ ପାଖାପାଖି

ଗତ ତିରିଶ ବର୍ଷ ମଧ୍ୟରେ ପ୍ରକାଶ କରିଛି, ସେଥିରେ ମୁଁ ଭାରତୀୟ ତର୍କଶାସ୍ତ୍ର, ଅର୍ଥର ତତ୍ତ୍ୱ (*Theory of Meaning*), ବାସ୍ତବବାଦ- ଆଦର୍ଶବାଦ ବିତର୍କ ସହିତ ଜଡ଼ିତ ବିଭିନ୍ନ ପ୍ରସଙ୍ଗ, '*ପ୍ରମାଣ*' ତତ୍ତ୍ୱର ସ୍ୱଭାବ, '*ଶବ୍ଦ*'କୁ '*ପ୍ରମାଣ*' ଧାରଣାରୁ ହ୍ରାସ, ଏବଂ '*ଶ୍ରୁତି*'ର '*ଅପୁରୁଷେୟ*' ଦାବି ଆଦି ସମ୍ପର୍କରେ ଆଲୋଚନା କରିଛି। ଏଭଳି ଅଧ୍ୟୟନ ଓ ସେଥିରୁ ସୃଷ୍ଟ ନିଷ୍କର୍ଷକୁ '*Reason and Tradition in Indian Philosophy*' ପୁସ୍ତକରେ ଏକତ୍ର ସନ୍ନିବେଶିତ ହୋଇଛି। ଏହା ବ୍ୟତୀତ ପ୍ରାଚୀନ ଚିନ୍ତନ ଓ ତତ୍ତ୍ୱର ନୂତନ ତର୍ଜମାମାନ (ଯଥା- *Theory of Quasi-sinn* ଯାହାକୁ ଅର୍ଥର '*ନବ୍ୟ ନ୍ୟାୟ*'ର ଉତ୍ତରଦାୟୀ ଭାବରେ ବିବେଚନା କରାଯାଇଛି) ଏଥିରେ ରହିଛି। ଏହି ଗ୍ରନ୍ଥରେ ମୁଁ ସ୍ମୃତି, ଇତିହାସ ଓ ଗଣିତକୁ ସ୍ମୃତିର ଅଲିଭା ପ୍ରକାରଭେଦ ଭାବରେ ଗ୍ରହଣ କରିବାକୁ ଯୁକ୍ତି ଉପସ୍ଥାପନ କରିଛି। ଏହି ଗବେଷଣାର ପରବର୍ତ୍ତୀ ପ୍ରବହମାନ ଧାରା ସ୍ୱରୂପ କର୍ମ-ତତ୍ତ୍ୱ (*action- theory*) ସ୍ୱାଧୀନତା ଓ କଳାକୁ ଅଧ୍ୟୟନ କ୍ଷେତ୍ର ଭାବରେ ବିଚାର କରାଯାଇଛି ଓ ତାହା ଏହି ପୁସ୍ତକରେ ହିଁ ମୁଁ ଶେଷ କରିଛି। ଏହି ଦୁଇଟି କ୍ଷେତ୍ର ମଧ୍ୟରେ ଯୋଗସୂତ୍ର ରକ୍ଷା ନିମନ୍ତେ ମୁଁ ୧୯୯୨ ମସିହାରେ କଲିକତାରେ ଦେଇଥିବା ଅନେକ ଭାଷଣ ରହିଛି ଯାହା '*Theory and Practice*' ଭାବରେ ପୁସ୍ତକ ଆକାରରେ ପ୍ରକାଶ ପାଇଛି। ସେହିଭଳି '*Theory and Practice in Indian Thought*' ଶୀର୍ଷକରେ କେତେକ ପତ୍ରପତ୍ରିକା (*ଜର୍ଣ୍ଣାଲ*)ରେ ମଧ୍ୟ ପ୍ରକାଶିତ ହୋଇଛି। ସେହିସବୁ ପ୍ରକାଶନରେ ମୁଁ ଭାରତୀୟ ଚିନ୍ତନର ଅନେକ ବିଭାବର ଶୁଦ୍ଧ ତାତ୍ତ୍ୱିକ ଚରିତ୍ର ବୋଲି ପ୍ରାଧାନ୍ୟ ଆରୋପ କରିଛି ଏବଂ ଏହାକୁ ଏକ କର୍ମ ଓ ତତ୍ତ୍ୱ ଭାବରେ ବିବେଚନା କରିଛି। ମୁଁ ସେଥିରେ ଯୁକ୍ତି ଦର୍ଶାଇଛି ଯେ ବିଭିନ୍ନ ଧର୍ମରେ ମୋକ୍ଷକୁ ଭିନ୍ନ ଭିନ୍ନ ତାତ୍ତ୍ୱିକ ଚିନ୍ତନରେ ଆଚ୍ଛନ୍ନ କରି ଦିଆଯାଇଛି।

ଗତ ପାଞ୍ଚ ବର୍ଷ ମଧ୍ୟରେ କେତେଗୋଟି ନିବନ୍ଧରେ ମୁଁ ଦ୍ୱନ୍ଦ୍ୱାତ୍ମକ ଜ୍ଞାନ (*dialectical knlwledge*)ର କେତେକ ଉତ୍ପୀଡ଼କ ବୈଶିଷ୍ଟ୍ୟ, ଏବଂ ଅଦ୍ୱୈତ ବେଦାନ୍ତର ଅଜ୍ଞତାଠାରୁ ନେଇ ବୌଦ୍ଧ ଦର୍ଶନ ଓ ଶଙ୍କରଙ୍କ ସମାଲୋଚନାରେ ଥିବା ଅସନ୍ତୋଷ ଭାବ ଏବଂ ବେଦାନ୍ତର ବିଭିନ୍ନ ମାର୍ଗ ଆଦି ସମ୍ପର୍କରେ ବୋଧ, ତର୍ଜମା ଠାରୁ ଏହାକୁ ଆଧୁନିକ ଭାରତୀୟ ଚିନ୍ତନ ଅନୁସାରେ ବ୍ୟାଖ୍ୟା କରିଛି।

ହସେର୍ଲଙ୍କ *Phenomenology* ବିଶ୍ଲେଷଣ ପାଇଁ ମୋର ନିରବଚ୍ଛିନ୍ନ ପ୍ରୟାସ ଜାରି ରହିବା ବ୍ୟତୀତ (ତାଙ୍କର *Nachlass* ସହିତ ସମଗ୍ର କୃତି ପରିପ୍ରେକ୍ଷୀରେ) ମୁଁ କାଣ୍ଟ, ହେଗେଲ୍ ଓ ହସେର୍ଲଙ୍କ ପରମ୍ପରାର ଆଧ୍ୟାତ୍ମିକ ଦର୍ଶନର ପୁନର୍ଗଠନ ଓ ଯୌକ୍ତିକତା ଉପରେ ମଧ୍ୟ କାର୍ଯ୍ୟ କରିଛି। ଏହାକୁ ପୁନର୍ଗଠିତ କଲାବେଳେ ମୋର ଯୁକ୍ତିଟି ହେଲା,

ଆଧ୍ୟାତ୍ମିକ ଅନ୍ତର୍ନିହିତତା (ଯାହାଙ୍କ ଜୀବନରେ ସକଳ ଅର୍ଥର ଏକ ଉତ୍ପତ୍ତି ରହିଛି) ହେଉଛି ଐତିହାସିକ,(ଏହି କ୍ଷେତ୍ରରେ ମୁଁ ହେଗେଲ୍‌ଙ୍କ *Phenomenology* ନିକଟରେ ଋଣୀ) ଭୌତିକ (*Corporeal*) ଓ ଭାଷାତାତ୍ତ୍ୱିକ (ହସେର୍ଲଙ୍କ ଅର୍ନ୍ତଦୃଷ୍ଟି ନିକଟରେ ଋଣୀ) ତଥା ଆନ୍ତଃ- ଭୌତିକ (*Marlean- Ponty* ଙ୍କୁ ଅନୁସରଣ ପୂର୍ବକ)। ଏହା ବ୍ୟତୀତ ଡେରିଡାଙ୍କ ଭଳି ବିଘଟନବାଦୀ ଓ ଫୁକୋଙ୍କ ପରି ଇତିହାସବିଦ୍‌ମାନଙ୍କ ଆଧ୍ୟାତ୍ମିକ ଦର୍ଶନ ସମାଲୋଚନାର ଉତ୍ତର ଦେବାକୁ ମଧ୍ୟ ମୁଁ ପ୍ରୟାସ କରିଛି।

ତେବେ ଆଧୁନିକୋତ୍ତରବାଦୀଙ୍କ ସହିତ ଏଭଳି ଆଲୋଚନା ଓ ତର୍କ ଜାରି ରହିଥିବାବେଳେ, ମୁଁ ମଧ୍ୟ ମୋର ନିଜସ୍ୱ ଚିନ୍ତନକୁ ଏବଂ ସେସବୁର କେତେକ ମହତ୍ତ୍ୱପୂର୍ଣ୍ଣ ଅନ୍ତର୍ଦୃଷ୍ଟିକୁ ଉପଯୋଗ କରିଛି। ପରିଚୟକୁ ବୈଷମ୍ୟର ବ୍ୟବସ୍ଥା ସ୍ତରକୁ ହ୍ରାସ କରିଛି। ତେଣୁ ମୁଁ ପରିଚୟ ସ୍ଥିରତାକୁ ସ୍ୱାର୍ଥପରତାର ପର୍ଯ୍ୟାୟ ଏବଂ ସାଂସ୍କୃତିକ ପରିଚିତିକୁ ବୈଷମ୍ୟ ବ୍ୟବସ୍ଥା ସ୍ତରକୁ ଅବକ୍ଷୟ ଭାବରେ କହିଆସିଛି ଯାହାର ପରିଣାମ ସ୍ୱରୂପ ସାଂସ୍କୃତିକ ସମ୍ପର୍କବାଦ ଏବଂ ମୌଳିକତା ଦୃଷ୍ଟିରୁ ଭିନ୍ନ ସଂସ୍କୃତି ମଧ୍ୟରେ ତାରତମ୍ୟହୀନତା ମାତ୍ରାତିରିକ୍ତ ଭାବରେ ମିଶ୍ରିତ ପ୍ରତ୍ୟୟମାନ ହୋଇଛି। ପ୍ରଥମତଃ, ସଂସ୍କୃତିକୁ ଏକ ବୃତ୍ତ (ହାଇଡେଗାରଙ୍କ ମତାନୁସାରେ) ଭାବରେ ବିବେଚନା କରି ମୁଁ ବୌଦ୍ଧିକ ବୋଧଶକ୍ତିର ସମ୍ଭାବନାକୁ ସମର୍ଥନ କରିଚାଲିଛି ଏବଂ ସେଥିରେ ଅନ୍ତର୍ବିଭାଜକ ବୃତ୍ତମାନ ରହିଥିବା ଦର୍ଶାଇଛି। ତା'ପରେ ମୁଁ ଏକ ସଂସ୍କୃତିକୁ ବୃତ୍ତ ଭାବରେ ଉପସ୍ଥାପନ କଲି ଓ ସେହି ଯୁକ୍ତିକୁ ପ୍ରମାଣିତ କରିବାଲାଗି ଦର୍ଶାଇଲି ଯେ ଏକ 'ବୈଷମ୍ୟ ବ୍ୟବସ୍ଥା'ରୁ ହିଁ ସାଂସ୍କୃତିକ ଐକ୍ୟ ଗଠନ କରାଯାଇପାରିବ। 'ଆନ୍ତଃ-ସାଂସ୍କୃତିକ' (*ଇଣ୍ଟର-କଲଚରାଲ*) ଓ 'ଅନ୍ତଃ-ସାଂସ୍କୃତିକ' (*ଇଣ୍ଟ୍ରା- କଲଚରାଲ*) ମଧ୍ୟରେ ଥିବା ବୈଷମ୍ୟ ଧୀରେ ଧୀରେ ତୁଟିଯାଇଥାଏ ଏବଂ ଏହା ପରେ ଆମକୁ ଯାହା ୱେଲଚ୍‌ଙ୍କ ଭାଷାରେ 'ସଂସ୍କୃତି ବହିର୍ଭୂତ' (*ଟ୍ରାନ୍ସକଲଚରାଲ*) ସ୍ଥିତିକୁ ଗ୍ରହଣ କରିବାକୁ ପଡ଼ିଥାଏ। ଗତ ପାଞ୍ଚ ବର୍ଷ ମଧ୍ୟରେ ମୋର କଲିକତା ବକ୍ତୃତାରୁ ହିଁ ପ୍ରଥମେ ଏଭଳି ଧାରଣା ଜନ୍ମ ନେଇଥିଲା। ସେହିସବୁ ବକ୍ତୃତା ଅକ୍ସଫୋର୍ଡ ୟୁନିଭର୍ସିଟି ପ୍ରେସ୍, ଦିଲ୍ଲୀଙ୍କ ଦ୍ୱାରା ପ୍ରକାଶିତ ମୋର ***'ଦି ସେଲ୍ଫ ଆଣ୍ଡ ଇଟ୍‌ସ୍ ଅଦର୍'*** ପୁସ୍ତକରେ ସନ୍ନିବେଶିତ ହୋଇଛି।

ଚିନ୍ତର ପଥ ସଦାବେଳେ ଆତ୍ମିକ ହୋଇ ନ ଥାଏ। ଭାରତରେ ଅନେକ ଛାତ୍ର, ସହକର୍ମୀ ଓ ବନ୍ଧୁଙ୍କର ଏଥିରେ ଅବଦାନ ରହିଛି: ଆମେରିକା ଓ ଜର୍ମାନୀର ଅସଂଖ୍ୟ ବନ୍ଧୁଙ୍କର ମଧ୍ୟ ଅନୁରୂପ ଭୂମିକା ଅଛି। କିନ୍ତୁ ମୁଁ ଯେଉଁ ସ୍ଥିତିର ବୋଝ ମୁଣ୍ଡାଇଛି, ସେ କଷ୍ଟ ମୋର। ଏ ମାର୍ଗ ଏବେ ସୁଦ୍ଧା ଉନ୍ମୁକ୍ତ ଅଛି। ଚିନ୍ତନ ମାର୍ଗରେ କେବେ ପୂର୍ଣ୍ଣଚ୍ଛେଦ ପଡ଼ି ନ ଥାଏ। ■

BLACK EAGLE BOOKS

www.blackeaglebooks.org
info@blackeaglebooks.org

Black Eagle Books, an independent publisher, was founded as a nonprofit organization in April, 2019. It is our mission to connect and engage the Indian diaspora and the world at large with the best of works of world literature published on a collaborative platform, with special emphasis on foregrounding Contemporary Classics and New Writing.

www.ingramcontent.com/pod-product-compliance
Lightning Source LLC
Chambersburg PA
CBHW060554080526
44585CB00013B/555